ERIK H. ERIKSON

Kindheit
und Gesellschaft

ERNST KLETT VERLAG

STUTTGART

Aus dem Englischen übersetzt von
Marianne von Eckardt-Jaffé
Die Originalausgabe erschien unter dem Titel
CHILDHOOD AND SOCIETY
© W. W. Norton & Comp. Inc., New York 1950, 1963.

Vierte Auflage 1971
Über alle Rechte der deutschen Ausgabe verfügt der Ernst Klett Verlag, Stuttgart
Fotomechanische Wiedergabe nur mit Genehmigung des Verlages
Druck: Omnitype-Gesellschaft, Stuttgart
Printed in Germany
ISBN 3-12-902130-2

INHALT

DRITTER TEIL

DAS WACHSTUM DES ICH

VORWORT ZUR ZWEITEN AUFLAGE

Als ich das Vorwort zur ersten Auflage noch einmal durchlas, fiel mir der Ausdruck »Reisetagebuch durch Begriffe« ins Auge, und ich unterstrich ihn, denn ich suchte nach einer Formel, die das Schicksal dieses Buches erklären könnte. Ursprünglich verfaßt, um die psychiatrische Ausbildung amerikanischer Ärzte, Psychologen und Sozialfürsorger zu ergänzen, hatte es seinen eigenen Weg genommen, war in Colleges und Universitäten, in die akademischen Ausbildungsstätten verschiedenartiger Gebiete und in eine Anzahl fremder Länder gelangt. Eine zweite Auflage und damit die Frage einer Überarbeitung waren zur praktischen Notwendigkeit geworden.

Der Gedanke, daß dieses Buch so vielfach von jüngeren wie von älteren Menschen gelesen wurde, die es nicht auf der Grundlage klinischer Erfahrungen beurteilen konnten, hat mich zeitweise beunruhigt. Ehe ich mit der Überarbeitung begann, habe ich das Problem mit meinem Anfängerseminar in Harvard (1961–62) aufgegriffen und gefunden, daß die personelle Einheit, die, im Guten wie im Schlechten, ein Reisetagebuch charakterisiert, jungen Studenten tatsächlich helfen kann, einen ersten angeleiteten Überblick über ein Gebiet zu gewinnen, das aus so vielen verschiedenen Quellen in ihre Bewußtheit ihrer selbst und in ihren Wortschatz eindringt. Übrigens beschlossen meine Studenten fast einstimmig, daß ich keinerlei drastische Veränderungen vornehmen solle – als wäre das Herumfeilen an einem in jüngeren Jahren verfaßten Tagebuch einer Reise nicht eines der Vorrechte älterer Leute. Ich danke ihnen für ihren Eifer und ihre Sorgfalt.

Aber das Buch hatte auch bei der Ausbildung beruflich mit der Psychoanalyse befaßter Studierender Verwendung gefunden. Auch hier bin ich zu dem Schluß gekommen, daß seine Unzulänglichkeiten untrennbar vom Wesen dieses Buches als Niederschrift der ersten Phasen des Reisetagebuchs eines einzelnen Forschenden sind. Und wie so viele erste Reisen vermittelt es Eindrücke, die sich beim Wiedersehen als unauslöschbar oder unkorrigierbar erweisen. Ich habe daher nur revidiert, um meine ursprünglichen Absichten klar zu machen, und nur Material hinzugefügt, das aus der gleichen Periode meiner Arbeit stammt.

So weit Änderungen vorgenommen wurden, habe ich vor allem einmal die Passagen korrigiert, die ich beim Wiederlesen selbst nicht ganz verstand. Zweitens habe ich Beschreibungen und Erklärungen erweitert oder verbessert, die von Studierenden, gleichgültig welcher Fakultät, häufig mißverstanden wurden, oder in bezug auf die wiederholt Fragen auftauchten. Längere Hinzufügungen finden sich vor allem am Ende des ersten Teiles und vielfach im dritten Teil. Schließlich habe ich noch einige Fußnoten beigefügt, die sich kritisch mit dem befassen, was ich vor einhalb Jahrzehnten schrieb, und auf meine späteren Arbeiten Bezug nehmen, die die Themen weiterführten, die ich damals anschnitt.

Meine Dankesworte im Vorwort der ersten Auflage erwähnen den Namen David Rapaports nicht, der kürzlich verstorben ist. Er hatte mein Manuskript gelesen, aber seine Vorschläge (die – was ich denen, die ihn kannten, kaum zu sagen brauche – unerhört detailliert waren) gelangten nicht mehr in meine Hände, ehe das Buch in Druck ging. In den folgenden Jahren arbeiteten wir zusammen, und er machte mir – mehr als irgendjemand sonst, einschließlich meiner selbst – die theoretischen Folgerungen aus meiner Arbeit und deren Beziehung zu den theoretischen Schlüssen anderer Psychoanalytiker und Psychologen deutlich. Ich kann nur dankbar auf einige seiner Schriften verweisen, die erschöpfende Bibliographien enthalten.

Längere Zusätze zur zweiten Auflage basieren auf den beiden Aufsätzen »Sex Differences in the Play-Construction of Pre-Adolescents« (Journal of Orthopsychiatry, XXI, 4, 1951) und »Growth and Crises of the ‚Healthy Personality'« Symposium on the Healthy Personality (1950, Herausgeber M. J. E. Senn, New York, Josiah Macy, Jr. Stiftung)[1].

Center for the Advanced Study in the
Behavioral Sciences
Stanford, Kalifornien
März 1963

Erik Homburger Erikson

---

[1] Deutsch: Wachstum und Krisen der gesunden Persönlichkeit, Psyche VII, Heft 1 u. 2. Stuttgart 1953/4.

Vorworte geben dem Autor Gelegenheit, seine nachträglichen Überlegungen an den Anfang zu stellen. Er blickt auf das zurück, was er
geschrieben hat, und kann dem Leser sagen, was ihm bevorsteht.
Zum ersten: Dies Buch entsprang der Praxis der Psychoanalyse.
Seine wichtigsten Kapitel beruhen auf spezifischen Situationen, die
nach Deutung und Abhilfe verlangten: Angst bei kleinen Kindern,
die apathische Passivität der amerikanischen Indianer, seelische Ver-
wirrungen bei Kriegsteilnehmern, die Arroganz der jungen National-
sozialisten. Die analytische Methode stößt hier, wie bei allen Situationen, auf Konflikte; denn das erste Arbeitsgebiet, dem sich diese
Methode zuwandte, war das der psychischen Störungen. Durch das
Werk Freuds wurde der neurotische Konflikt zu jenem Anteil des
menschlichen Verhaltens, der bisher am gründlichsten erforscht wurde.
Aber dieses Buch verzichtet auf die einfache Schlußfolgerung, daß
unsere relativ weitgehende Kenntnis der Neurosen uns gestatten
würde, Massenphänomene – Kultur, Religion, Revolution – als
Analogien zu Neurosen anzusehen, um sie auf diese Weise unseren
Begriffsbildungen zugänglich zu machen.
Wir wollen einen anderen Weg einschlagen.
Die Psychoanalyse hat sich heute der Untersuchung des Ich zugewandt, der Erforschung des Kernes des Individuums. Sie verlagert
ihren Akzent von der konzentrierten Untersuchung der Bedingungen,
die das individuelle Ich entstellen und lähmen, auf die Frage nach den
Wurzeln des Ich in der Gesellschaft. Aber wir gehen diesen Weg nicht,
um auf Grund einer hastigen Gesellschaftsdiagnose ein ebenso hastiges
Heilrezept anzubieten, sondern um erst einmal den skizzenhaften Entwurf unserer Methode zu vervollständigen. In solchem Sinn handelt es
sich hier also um ein psychoanalytisches Buch über die Beziehung des
Ich zur Gesellschaft.
Es ist ein Buch über die Kindheit. Man kann Werk um Werk über
Geschichte, Gesellschaft und Moral durchblättern, und wird wenige
Hinweise darauf finden, daß alle Menschen als Kinder beginnen und
alle Völker aus ihren Kinderstuben hervorgehen. Es ist eine menschliche Eigenschaft, eine lange Kindheit zu durchleben; es gilt als zivili-
siert, eine noch längere Kindheit zu haben. Die lange Kindheit macht

aus dem Menschen einen technischen und geistigen Virtuosen, aber sie entläßt ihn auch mit einem Restbestand an emotionaler Unreife, der ihm sein Leben lang anhaftet. Während Stämme und Nationen auf vielerlei intuitive Weisen die Kinderaufzucht und Erziehung dazu ausnutzen, ihre jeweilige Form reifer menschlicher Identität zu erzielen – ihre spezifische Version der Integrität – sind und bleiben sie von den irrationalen Ängsten verfolgt, die aus eben dem Kindheitszustand stammen, den sie in ihrer jeweils spezifischen Art ausgenutzt haben. Was kann ein Kliniker davon wissen? Ich glaube, daß die psychoanalytische Methode im wesentlichen eine historische Methode ist. Selbst wo sie sich auf medizinische Daten richtet, deutet sie sie als Funktionen früherer Erfahrungen. Wenn man feststellt, daß die Psychoanalyse die Konflikte zwischen den ausgereiften und den infantilen, den gegenwartsangepaßten und den archaischen Schichten des Geistes untersucht, so heißt das, daß sie die psychologische Evolution durch die Analyse des Individuums untersucht.

Gleichzeitig erhellt sie die Tatsache, daß die Geschichte der Menschheit ein gigantischer Stoffwechselvorgang aus individuellen Lebensabläufen ist.

Ich möchte sagen, daß es sich bei meinem Buch um eine Untersuchung historischer Prozesse handelt. Aber der Psychoanalytiker ist ein merkwürdiger, vielleicht neuartiger Historiker. Während er sich die Aufgabe stellt, das, was er beobachtet, zu beeinflussen, wird er zum Teil des historischen Prozesses, den er untersucht. Als Therapeut muß er sich seiner Reaktionen auf das beobachtete Objekt bewußt sein: seine »Gleichungen« als Beobachter werden zu den eigentlichen Beobachtungsinstrumenten. Daher können und sollen weder die terminologische Anpassung an die objektiveren Wissenschaften noch eine würdevolle Distanzierung von den Forderungen des Tages die psychoanalytische Methode davon abhalten, das zu sein, was H. S. Sullivan »teilnehmend« nannte, und zwar systematisch teilnehmend.

In diesem Sinn ist dieses Buch subjektiv und muß es sein, ein *Reisetagebuch durch Begriffe*. Ich unternehme keinen Versuch, repräsentativ in meinen Zitaten oder systematisch in meinen Hinweisen zu sein. Man gewinnt im ganzen wenig bei der Bemühung, vage Meinungen durch Zitate ähnlich vager Ansichten aus anderen Zusammenhängen zu stützen.

Dieser Versuch erfordert eine kurze Darstellung meiner Ausbildung und meiner allgemeinen intellektuellen Verpflichtungen. Ich bin von der Kunst her zur Psychologie gelangt, was den Umstand erklären, wenn auch nicht rechtfertigen mag, daß der Leser zeitweise finden wird, ich malte Zusammenhänge und Hintergründe, wo er lieber Hinweise auf Fakten und Begriffe sähe. Ich mußte aus einer konstitutionellen Notwendigkeit eine Tugend machen, indem ich das, was ich zu sagen habe, auf repräsentative Schilderungen gründe, statt auf theoretische Argumente.

Ich begegnete Kindern zuerst in einer kleinen amerikanischen Schule in Wien, die von Dorothy Burlingham und Eva Rosenfeld geführt und von Peter Blos geleitet wurde. Meine klinische Karriere begann ich als das, was man gewöhnlich einen Kinderanalytiker nennt. Anna Freud und der verstorbene August Aichborn leiteten mich dabei an. Ich legte mein Examen am Wiener Psychoanalytischen Institut ab.

Henry A. Murray und seine Mitarbeiter an der Psychologischen Klinik in Harvard führten mich in die Persönlichkeitstheorie ein. Durch all die Jahre genoß ich den Vorzug, in langen Gesprächen mit Anthropologen in Kontakt zu kommen, in erster Linie mit Gregory Bateson, Ruth Benedict, Martin Loeb und Margaret Mead. Scudder Mekeel und Alfred Kroeber führten mich in die »Feldarbeit« ein. Im Zweiten Teil werde ich ihnen noch ganz besonders zu danken haben. Meine tiefe und allseitige Verpflichtung gegenüber Margaret Mead läßt sich unmöglich im einzelnen aufführen.

Meine vergleichenden Ansichten über die Kindheit entwickelte ich im Verlauf von Untersuchungen, zu denen ich anfänglich durch Lawrence K. Frank angeregt wurde. Ein Stipendium der Josiah Macy, Jr., Stiftung ermöglichte es mir, mich einer Untersuchung über den frühen Beginn infantiler Neurosen, die in Yale durchgeführt wurde, anzuschließen (Department of Psychiatry, School of Medicine and Institute of Human Relations); und ein Stipendium vom General Education Board gestattete es mir, für einige Zeit an Jean Walker Macfarlane's Repräsentativ-Erhebungen über kalifornische Kinder (Längsschnittuntersuchungen) teilzunehmen (Institute of Child Welfare, University of California, Berkeley).

Meine Frau Joan Erikson hat dies Buch herausgegeben. Bei der Vervollständigung des Manuskripts wurde ich von Helen Meiklejohn beraten, weiterhin von Gregory Bateson, Wilma Lloyd, Gardener und Lois Murphy, Laurence Sears und Don MacKinnon. Ich bin ihnen allen dankbar.

Im Text erscheinen einige fiktive Namen: Sam, Anni und Peter, der Matrose, Jim, der Sioux und Fanny, die Schamanin, Jane, Mary und andere. Es waren die Patienten und Untersuchungsobjekte, die mir, ohne es zu wissen, durch ihr erhellendes und klares Verhalten jene »Musterbeispiele« lieferten, die sich durch Jahre meinem Gedächtnis einprägten und an Bedeutsamkeit und Reichweite zunahmen. Ich hoffe, daß meine Berichte zugleich auch meine Würdigung ihrer Teilhaberschaft an dieser Klärungsarbeit zum Ausdruck bringen.

Ich verdanke bestimmte Daten, die in diesem Buch aufgeführt werden, meiner Arbeit mit folgenden Arbeitsgruppen und Einzelforschern: Harvard Medical School, Department of Neuropsychiatry – Frank Fremont-Smith, M.D.; Yale School of Medicine, Department of Psychiatry – Felice Begg-Emery, M.D., Marian Putnam, M.D. und Ruth Washburn; Menninger Foundation, Southard School, Topeka, Kansas – Mary Leitch, M.D.; Children's Hospital of the East Bay, Oakland, California, Child Development Center – Wilma Lloyd; Mount Zion Hospital, Veteran's Rehabilitations Clinic, San Francisco – Emanuel Windholz, M.D.; Child Guidance Clinics, San Francisco, Public Schools.

Teile des Buches beruhen auf früher veröffentlichten Untersuchungen, besonders auf: »Configurations in Play – Clinical Observations« (Psychoanalytic Quarterly); »Problems of Infancy and Early Childhood« (Cyclopaedia of Medicine, 2. revidierte Ausgabe, Davis und Co); »Studies in the Interpretation of Play: I. Clinical Observation of Play Disruption in Young Children« (Genetic Psychology Monographs); »Observations on Sioux Education« (Journal of Psychology); »Hitlers Imagery and German Youth« (Psychiatry); »Observations on the Yurok: Childhood and World Image« (University of California Publications in American Archaeology and Ethnology); »Childhood and Tradition in Two American Indian Tribes« (in: The Psychoanalytic Study of the Child, I, International Universities Press); »Ego Development and Historical Change« (in: The Psychoanalytic Study of the Child, II, International Universities Press).

Orinda, Kalifornien   *Erik Homburger Erikson*

ERSTER TEIL

Die Kindheit und die Modalitäten des sozialen Lebens

ERSTES KAPITEL

RELEVANTES UND RELATIVES IN DER KRANKENGESCHICHTE

Auf jedem Gebiet gibt es ein paar ganz einfache Fragen, die peinlich bleiben, weil die immer wieder sich an ihnen entzündenden Debatten nur zu Fehlschlägen führen und selbst die Erfahrensten zu eifernden Narren stempeln können. In der Psychopathologie – der Lehre von den seelischen Krankheiten – betrafen solche Fragen fast immer Sitz und Ursprung einer nervösen Störung. Hat sie einen sichtbaren Ursprung? Sitzt sie im Körper oder im Geist, im Individuum oder in seiner Gesellschaft?

Jahrhundertelang kreiste diese Frage um die kirchliche Auseinandersetzung über den Ursprung des Wahnsinns. War es ein Teufel, der da innen hauste, oder war es eine akute Entzündung des Gehirns? Solch eine einfache Gegenüberstellung scheint jetzt längst überholt. In den letzten Jahren sind wir zu dem Schluß gekommen, daß eine Neurose psychisch *und* somatisch ist, psychisch *und* sozial und *zwischen*menschlich.

Aber in den meisten Fällen wird die Diskussion erweisen, daß auch diese neuen Definitionen nur verschiedene Formen der Kombination so gesonderter Begriffe wie Psyche und Soma, Individuum und Gruppe sind. Wir sagen jetzt »und« statt »entweder – oder«, aber wir halten wenigstens an der semantischen Annahme fest, daß der Geist eine »Sache« sei, die vom Körper getrennt ist und die Gesellschaft eine »Sache« jenseits des Individuums.

Die Psychopathologie ist das Kind der Medizin, die ihren erhabenen Ursprung aus der Frage nach dem Sitz und der Ursache der Krankheiten nahm. Unsere gelehrten Institutionen widmen sich dieser Frage, was sowohl den Leidenden wie den Helfenden jene magische Bestätigung gibt, die wissenschaftliche Tradition und Prestige ausstrahlen. Es ist beruhigend, eine Neurose für eine Krankheit zu halten, da sie sich ja wie ein Leiden anfühlt. Sie ist auch tatsächlich häufig von umschriebenen somatischen Leiden begleitet. Und wir besitzen exakte Methoden, der Krankheit zu begegnen, sei es beim einzelnen, sei es beim Auftreten von Epidemien. Diese Methoden haben zu einem schnellen Absinken vieler Krankheiten und zu einer Abnahme der Sterblichkeit bei anderen geführt.

Doch etwas Merkwürdiges geschieht. Während wir versuchen, uns die Neurose als eine Krankheit vorzustellen, beginnen wir allmählich, das Problem der Krankheit neu zu überdenken. Statt zu einer besseren Definition der Neurose zu gelangen, entdecken wir, daß manche weitverbreiteten Krankheiten, wie etwa Herz- und Magenleiden, einen neuen Sinn bekommen, wenn wir sie als Äquivalente neurotischer Symptome oder jedenfalls als Äquivalente von Symptomen einer zentralen Störung auffassen, statt als einen peripheren Vorgang in isoliert befallenen Teilen.

Hier rückt der neueste Sinn der »klinischen« Methode merkwürdig nahe an ihre älteste Bedeutung. »Klinisch« bezeichnete einst die Funktion eines Priesters am Krankenbett, wenn der körperliche Kampf zu Ende zu gehen schien und die Seele der Führung zu ihrer einsamen Begegnung mit ihrem Schöpfer bedurfte. Es gab tatsächlich im Mittelalter eine Zeit, wo der Arzt verpflichtet war, einen Priester zu rufen, wenn es ihm selbst nicht gelang, den Patienten innerhalb einer bestimmten Zahl von Tagen zu heilen. Es wurde dabei angenommen, daß in solchen Fällen die Krankheit das war, was wir heute spiritosomatisch nennen könnten. Das Wort »klinisch« hat seither längst sein kirchliches Gewand abgestreift. Aber es ist im Begriff, etwas von seiner alten Bedeutung zurückzugewinnen, wenn wir erfahren, daß ein neurotischer Mensch, gleichgültig wo und wie und wann er sich krank fühlt, im Kerne verstümmelt ist, gleichgültig was man als diesen geordneten oder ordnenden Kern anspricht. Er wird vielleicht nicht vor der einsamen Begegnung mit seinem Schöpfer stehen, aber er erlebt jene lähmende Einsamkeit, jene Isolierung und Zersetzung des Erlebens, die wir neurotische Angst nennen. Es wäre für den Psychotherapeuten sicher beruhigend, in biologischen und physikalischen Analogien Festigkeit und Trost finden zu können, aber vor allem anderen hat er es mit der *menschlichen Angst* zu tun. Darüber kann er wenig sagen, was nicht seine ganze Denkweise verrät. Ehe er sich über weitere Nutzanwendungen verbreitet, sollte er daher wohl ausdrücklich feststellen, wo er mit seiner ärztlichen Auffassung steht.

Dieses Buch beginnt konsequenterweise mit einem Beispiel aus der Pathologie – nämlich mit dem plötzlichen Ausbruch einer heftigen somatischen Störung bei einem Kind. Unser Vorgehen soll dabei nicht darin bestehen, irgendeinen einzelnen Aspekt oder Mechanismus dieses Falles zu isolieren und erschöpfend zu behandeln; wir wollen nur versuchen, das Gebiet der Störung abzugrenzen.

18

1. Eine nervöse Krise bei einem kleinen Jungen: Sam

Eines frühen Morgens erwachte die Mutter eines kleinen dreijährigen Jungen in einer Stadt Nordkaliforniens durch merkwürdige Geräusche, die aus dem Zimmer des Kindes drangen. Sie eilte an sein Bett und fand ihn in einem erschreckenden Anfall. Ihr kam vor, als sähe dieser Anfall genau so aus wie die Herzattacke, an der die Großmutter des Jungen fünf Tage vorher gestorben war. Sie rief einen Arzt, der Sams Anfall als epileptisch bezeichnete. Er verordnete Beruhigungsmittel und ließ das Kind in ein Krankenhaus der nahen Großstadt überführen. Die Krankenhausärzte wollten sich wegen der Jugend des Patienten und des durch die Mittel verursachten Betäubungszustandes, in dem das Kind eingeliefert wurde, auf keine Diagnose festlegen. Nach der Entlassung, wenige Tage später, schien der Junge vollkommen gesund; alle neurologischen Reflexe waren in Ordnung.

Aber einen Monat später fand Sam im Hof einen toten Maulwurf und geriet darüber in krankhafte Erregung. Seine Mutter versuchte, seine äußerst scharfsinnigen Fragen über alles, was mit dem Tod zusammenhing, zu beantworten. Nur widerstrebend ging er schlafen, nachdem er erklärt hatte, daß seine Mutter offenbar auch nichts wüßte. In der Nacht schrie er auf, erbrach und fing um Augen und Mund herum zu zucken an. Diesmal traf der Arzt rechtzeitig genug ein, um die Symptome zu beobachten, die in einem schweren Krampfzustand der ganzen rechten Körperhälfte gipfelten. Die Klinik schloß sich der Diagnose des Arztes »Epilepsie, vermutlich auf Grund einer Hirnläsion in der linken Hemisphäre« an. Als zwei Monate später ein dritter Anfall eintrat, nachdem der Junge versehentlich einen Schmetterling in der Hand zerdrückt hatte, fügte die Klinik ihrer Diagnose einen Zusatz an: »auslösender Faktor: Psychische Reize«. Mit andern Worten heißt das, daß der Junge auf Grund irgendeiner zerebralen Anomalie eine niedrige Schwelle für Krampfausbrüche besitzt. Aber es war ein psychischer Reiz, die Vorstellung des Todes, der ihn über diese Schwelle gerissen hatte. Anderweitig boten weder seine Geburtsgeschichte, noch der Verlauf seiner frühen Kindheit, noch sein neurologischer Zustand zwischen den Anfällen Anhaltspunkte spezifisch pathologischer Art. Sein allgemeiner Gesundheitszustand war ausgezeichnet. Er war gut ernährt, und das Elektroencephalogramm zeigte z. Z. nur an, daß eine Epilepsie »nicht ausgeschlossen werden konnte«. Worin bestand der »psychische Reiz«? Offensichtlich hatte er etwas mit dem Tode zu tun:

Toter Maulwurf, toter Schmetterling – und dann erinnern wir uns an die Bemerkung der Mutter, daß Sam in seinem ersten Anfall gerade wie seine sterbende Großmutter ausgesehen hatte.

Beim Tod der Großmutter hatte sich folgendes abgespielt: Vor einigen Monaten war sie, die Mutter des Vaters, zu ihrem ersten Besuch im neuen Heim der Familie in X. eingetroffen. Es herrschte dabei eine Unterströmung von Spannungen, die die Mutter mehr irritierten, als sie damals selbst bemerkte. Der Besuch hatte für sie den Beigeschmack einer Prüfung: Hatte sie es mit dem Ehemann und dem Kind richtig gemacht? Dazu kamen ängstliche Sorgen über den Gesundheitszustand der Großmutter. Der kleine Junge, der damals dazu neigte, Leute zu necken, wurde gewarnt, da das Herz der Großmutter nicht allzu stark sei. Er versprach, sie in Frieden zu lassen, und zuerst ging auch alles gut. Trotzdem ließ die Mutter die beiden ungern allein zusammen, besonders da die erzwungene Zurückhaltung dem lebhaften kleinen Jungen schwer zu fallen schien. Die Mutter fand, daß er zunehmend blaß und gespannt aussah. Als sie eines Tages schnell für eine Weile fortgegangen war und das Kind in der Obhut der Schwiegermutter zurückgelassen hatte, fand sie bei ihrer Rückkehr die alte Frau in einem Herzanfall auf dem Fußboden liegend. Wie die Großmutter später berichtete, war das Kind auf einen Stuhl geklettert und heruntergefallen. Es bestand guter Grund zu der Annahme, daß er sie geneckt und absichtlich etwas getan hatte, was sie ihm verboten hatte. Die Großmutter war monatelang krank, erholte sich nicht und starb schließlich, ein paar Tage vor dem ersten Anfall des Kindes.

Der Schluß war naheliegend, daß das, was die Ärzte »psychische Reize« genannt hatten, in diesem Fall mit dem Tod der Großmutter zusammenhing. Tatsächlich erinnerte sich die Mutter jetzt auch an eine Sache, die ihr seinerzeit irrelevant erschienen war – daß Sam nämlich am Abend vor dem Anfall beim Zubettgehen seine Kissen so aufgestapelt hatte, wie es die Großmutter immer machte, um den Blutandrang nach dem Kopf zu vermeiden, und daß er fast sitzend eingeschlafen war – wie die Großmutter.

Merkwürdigerweise bestand die Mutter darauf, daß Sam nichts vom Tode der Großmutter wisse. Am Morgen nach dem Ereignis hatte sie selbst dem Kind erzählt, daß die Großmutter auf eine lange Reise nach Norden gegangen sei. Er hatte geweint und gefragt: »Warum hat sie mir nicht ,auf Wiedersehen' gesagt?« Man erzählte ihm, daß es zu spät gewesen sei. Als dann eine geheimnisvolle lange Kiste aus dem Haus

getragen wurde, erklärte man ihm, daß darin Großmutters Bücher
seien. Aber Sam hatte weder gesehen, daß die Großmutter so viele
Bücher mitgebracht, noch daß sie sie gelesen hätte, und er sah keinen
rechten Grund für all die Tränen, die die eilig versammelten Verwandten über einer Bücherkiste vergossen. Ich bezweifelte natürlich, ob der
Junge die Geschichte wirklich geglaubt hatte. Und tatsächlich stellte
sich heraus, daß sich die Mutter über einige Bemerkungen des kleinen
Neckteufels Gedanken gemacht hatte. Als er einmal etwas finden sollte,
was er nicht suchen mochte, sagte er: »Das ist auf 'ner langen Reise bis
nach Seattle!« In einer Spielgruppe, die er später auf Grund meines
Behandlungsplanes besuchte, baute der sonst lebhafte Junge in ver-
träumter Konzentration unzählige Varianten länglicher Kisten, deren
Öffnungen er sorgfältig verbarrikadierte. Seine Fragen in jener Zeit
legten die Vermutung nahe, daß er mit der Vorstellung experimentierte, wie es wäre, in solch einer Kiste eingesperrt zu sein. Aber er
weigerte sich, den verspäteten Erklärungen seiner Mutter zuzuhören,
die nun fast flehend die Darstellung anbot, daß die Großmutter tatsächlich gestorben sei. »Du lügst«, meinte er, »sie ist in Seattle, ich
werde sie wiedersehen.«

Aus dem wenigen, was bisher über den Jungen berichtet wurde, geht
hervor, daß er ein recht eigenwilliger, lebhafter und über sein Alter
hinaus intelligenter kleiner Bursche war, der sich nicht leicht zum Narren halten ließ. Seine ehrgeizigen Eltern hatten große Pläne mit dem
einzigen Sohn. Mit seinem Verstand konnte er aufs College und auf
die Medizinische Akademie gehen oder vielleicht Jurist werden. Sie
unterstützten den lebhaften Ausdruck seiner intellektuellen Frühreife
und Neugier. Immer war er eigenwillig gewesen und von den ersten
Tagen an nicht imstande, ein »nein« oder »vielleicht« als Antwort hinzunehmen. Sobald er den Arm ausstrecken konnte, schlug er auch schon
zu – eine Neigung, die in der Umgebung, in der er geboren und erzogen worden war, nicht als ungesund galt: eine Umgebung mit rassisch gemischter Bevölkerung, in der er in frühem Alter schon den Eindruck gewonnen haben mußte, daß es sicherer war, zuerst zuzuschlagen
– auf alle Fälle! Aber nun lebten sie als einzige jüdische Familie in
einer kleinen, aufblühenden Stadt. Sie mußten ihrem Jungen beibringen, andere Kinder nicht mehr zu schlagen, den Damen nicht zu
viele Fragen zu stellen und – um Himmels willen und auch um des
Geschäftes willen – die feinen Christen fein zu behandeln. In seinem
früheren Milieu war das Idealbild eines kleinen Jungen der rauhe

Bursche (auf der Straße) und der fixe Junge (daheim). Das Problem war nun, schnell das zu werden, was die christlichen Bürger der Mittelklasse »einen netten, kleinen Jungen, obwohl er jüdisch ist« nennen würden. Sam hatte eine bemerkenswert intelligente Leistung vollbracht, als er seine Aggressivität in der Weise anpaßte, daß er ein kleiner Witzbold wurde.

Hier gewinnt nun der »psychische Reiz« neue Dimensionen. Erst einmal war Sam immer ein erregbares und aggressives Kind gewesen. Versuche anderer, ihn einzuschränken, machten ihn zornig; seine eigenen Versuche, sich selbst in Schranken zu halten, brachten unerträgliche Spannung mit sich. Wir könnten das seine *konstitutionelle Intoleranz* nennen, wobei »konstitutionell« nur heißen soll, daß wir diese Intoleranz nicht auf irgendetwas Früheres zurückführen können; er war einfach immer so gewesen. Ich muß aber hinzufügen, daß sein Zorn nie lange dauerte, und daß er nicht nur ein äußerst liebevolles, sondern auch ungewöhnlich ausdrucksfähiges und überschwängliches Kind gewesen war – alles Züge, die ihm halfen, die Rolle dessen zu übernehmen, der gutmütige Streiche liebt. Um die Zeit der Ankunft seiner Großmutter herum hatte ihm aber, wie sich jetzt herausstellte, etwas seinen Humor geraubt. Er hatte ein anderes Kind hart geschlagen; ein bißchen Blut tropfte, ein Strafgericht drohte. Er, der lebensvolle Extrovertierte, wurde gezwungen, mit der Großmutter, die man nicht necken durfte, in der Wohnung zu bleiben.

War seine Aggressivität Teil einer epileptischen Konstitution? Ich weiß es nicht. An seiner Lebhaftigkeit war nichts Hektisches oder Fiebriges. Zutrifft, daß seine ersten drei größeren Anfälle alle mit Gedanken über den Tod in Verbindung standen und zwei spätere mit der Abreise seines ersten bzw. zweiten Therapeuten. Auch seine viel häufigeren, kleinen Anfälle, die in starrem Blick, Würgen und den Bruchteil einer Sekunde dauernder Bewußtlosigkeit bestanden, aus der er oft mit der verwirrten Frage: »Was ist passiert?« zurückkehrte, traten häufig unmittelbar nach plötzlichen aggressiven Akten oder Worten seinerseits auf. Es konnte sich darum gehandelt haben, daß er einen Stein nach einem Fremden warf oder sagte: »Gott ist ein Stinktier« oder »die ganze Welt ist voller Stinktiere« oder zu seiner Mutter »du bist eine Stiefmutter«. Waren es diese Ausbrüche primitiver Aggression, für die er dann in einem Anfall Sühne leisten mußte? Oder handelte es sich um verzweifelte Versuche, durch heftige Aktivität das Vorgefühl einer drohenden Attacke zu entladen.

Das waren die Eindrücke, die ich aus der Krankengeschichte des Arztes und den Berichten der Mutter gewann, als ich zwei Jahre nach Beginn der Krankheit die Behandlung des Jungen übernahm. Bald sollte ich einen seiner kleineren Anfälle beobachten. Wir hatten Domino gespielt und, um seine Reizschwelle festzustellen, hatte ich ihn dauernd verlieren lassen, was übrigens keineswegs leicht war. Er wurde sehr blaß, und sein ganzes Strahlen verschwand. Plötzlich stand er auf, nahm eine Gummipuppe und schlug mich damit fest ins Gesicht. Dann verwandelte sich sein Blick in ein zielloses Starren, er würgte, als wenn er erbrechen müsse, und schwankte leicht. Zu sich kommend sagte er mit rauher, drängender Stimme »wir wollen weiterspielen« und sammelte die umgefallenen Dominosteine auf. Kinder sind in der Lage, in räumlichen Gestaltungen dasjenige auszudrücken, was sie nicht sagen können oder zu sagen wagen. Während er sie schnell wieder ordnete, baute er dabei ein längliches, rechteckiges Gebilde: eine Miniaturausgabe der großen Kisten, die er früher im Kindergarten so gerne gebaut hatte. Die Dominosteine sahen alle nach innen. Wieder bei vollem Bewußtsein bemerkte er, was er gemacht hatte und lächelte ganz schwach.

Ich hatte den Eindruck, daß er bereit war zu hören, was ich zu verstehen glaubte. Ich sagte:»Wenn du die Punkte auf deinen Steinen sehen wolltest, müßtest du in dieser kleinen Kiste drinnen sein, wie ein toter Mensch in einem Sarg.«

»Ja«, flüsterte er.

»Das heißt wohl, daß du Angst hast, du könntest vielleicht sterben müssen, weil du mich eben geschlagen hast.«

Atemlos:»Muß ich?«

»Natürlich nicht. Aber als sie deine Großmutter im Sarg forttrugen, hast du wohl gedacht, daß du sie sterben gemacht hast, und daß du deswegen selber sterben mußt. Drum hast du im Kindergarten die großen Kisten gebaut, gerade so, wie diese kleine heute. In Wirklichkeit mußt du jedesmal, wenn du solch einen Anfall gehabt hast, gedacht haben, du würdest sterben.«

»Ja«, sagte er ein wenig dümmlich, denn er hatte ja tatsächlich mir gegenüber nie zugegeben, daß er den Sarg der Großmutter gesehen und immer gewußt hatte, daß sie tot war.

Man könnte sich vorstellen, daß dies nun die ganze Geschichte ist. Ich hatte aber in der Zwischenzeit mit der Mutter zusammen gearbeitet und dabei ihren Teil an der Angelegenheit kennengelernt – einen sehr wesentlichen Anteil. Denn wir können sicher sein, daß, was immer für tiefe »psychische Reize« im Leben eines kleinen Kindes wirksam werden, sie identisch mit den neurotischen Konflikten der Mutter sind. Tatsächlich gelang es der Mutter jetzt, gegen schwere emotionale Widerstände sich an einen Vorfall zu erinnern, bei dem, mitten in ihren eifrigsten Vorbereitungen für die Ankunft der Schwiegermutter, Sam ihr eine Puppe ins Gesicht geworfen hatte. Ob es nun absichtlich gewesen war oder nicht, er hatte nur zu gut gezielt; einer ihrer Vorderzähne hatte sich gelockert! Ein Vorderzahn ist in vieler Hinsicht ein kostbarer Besitz. Die Mutter hatte sofort zurückgeschlagen, fester und zorniger als je zuvor. Sie hatte nicht »Zahn um Zahn« gefordert, aber eine Wut gezeigt, die weder sie noch er bei ihr vermutet hätten. Oder hatte Sam schon vorher gewußt, daß sie so sein konnte? Das ist eine entscheidende Frage. Denn ich glaube, daß die niedrige Toleranzschwelle gegen Aggressionen bei diesem Kind durch das allgegenwärtige Mitschwingen des Themas der Gewalttätigkeit in dieser Familie noch herabgesetzt wurde.

Jenseits und über allen individuellen Konflikten ist das gesamte Milieu dieser Kinder ehemaliger Flüchtlinge aus Gettos und Pogromen von dem Problem des besonderen Schicksals der Juden angesichts von Zorn und Gewalttat durchtränkt. Es hatte alles so bezeichnend mit einem Gott begonnen, der mächtig, zornig, rächend aber auch trauervoll bewegt war, alles Haltungen, die er der langen Reihe von Patriarchen, von Moses bis herab zu den Großeltern des Jungen, vererbt hatte. Und alles hatte mit der waffenlosen Hilflosigkeit des erwählten, aber über die Welt zerstreuten jüdischen Volkes gegenüber der umgebenden Welt immer potentiell gewalttätiger Christen geendet. Diese Familie hatte das jüdische Schicksal herausgefordert, indem sie sich selbst in einer christlichen Umgebung isoliert hatte. Aber sie trugen ihr Schicksal als eine innere Wirklichkeit mit sich, inmitten dieser Christen, die ihnen ihre neue, wenn auch etwas schwankende Sicherheit nicht aktiv verweigerten.

Es ist wichtig, hier zu ergänzen, daß unser Patient in dem für ihn unglücklichsten Zeitpunkt in diese Konflikte seiner Eltern mit ihren Vorfahren und ihren neuen Nachbarn hineingeriet. Denn er durchlief in diesem Moment eine Reifungsphase, die durch eine entwicklungsmäßige Intoleranz gegenüber Einschränkungen charakterisiert ist. Ich spreche hier von der rapiden Zunahme der lokomotorischen Energie in dieser Entwicklungsphase, der geistigen Neugier und einer sadistischen Art kindlicher Bosheit, die gewöhnlich im Alter von drei oder vier Jahren eintritt und sich je nach den Verschiedenheiten der Sitten und der individuellen Temperamente äußert. Zweifelsohne war unser Patient in dieser wie in anderen Hinsichten frühreif. Jedes Kind neigt in dieser Phase dazu, gesteigerte Intoleranz gegen Einschränkungen der freigewählten Bewegung und des ununterbrochenen Fragens zu zeigen. Eine kraftvolle Zunahme der Initiative in Tat und Phantasie macht das heranwachsende Kind in diesem Stadium besonders verletzlich gegenüber dem Talion-Prinzip – und Sam war unangenehm nah an die Zahn-um-Zahn-Gerichtsbarkeit geraten. In dieser Zeit gibt ein kleiner Junge gerne vor, ein Riese zu sein, da er sich vor Riesen fürchtet; aber er weiß allzu genau, daß seine Füße viel zu klein für die Stiefel sind, die er in der Phantasie trägt. Darüber hinaus bringt jede Frühreife immer eine relative Isolierung und eine Störung im inneren Gleichgewicht mit sich. Die Toleranz des Jungen für die Angst seiner Eltern war also im selben Moment besonders niedrig, wo das Eintreffen der Großmutter den schon bestehenden sozialen und wirtschaftlichen Tagesproblemen latente Abstammungskonflikte hinzufügte.

Das ist nun unser erstes »Beispiel« einer menschlichen Krise. Aber bevor wir es weiter sezieren, lassen Sie mich noch ein Wort zum therapeutischen Vorgehen sagen. Es wurde dabei der Versuch gemacht, die pädiatrische mit der psychoanalytischen Arbeit zu synchronisieren. Die Dosierung der beruhigenden Medikamente wurde allmählich herabgesetzt, während die psychoanalytische Beobachtung begann, die schwachen Punkte der emotionalen Toleranzschwelle des Kindes ausfindig zu machen und sie auszugleichen. Die für diese schwachen Stellen spezifischen Reize wurden nicht nur mit dem Kind, sondern auch mit seinem Vater und seiner Mutter besprochen, so daß auch sie ihre Rolle revidieren und eine gewisse Einsicht gewinnen konnten, ehe ihr frühreifes Kind sie in seinem Verständnis für sich selbst und für sie überflügelte.

Eines Nachmittags, bald nach der Episode, bei der ich ins Gesicht geschlagen worden war, fand unser kleiner Patient seine Mutter, die sich auf der Couch ausruhte. Er legte die Hand auf ihre Brust und sagte: »Nur ein ganz ungezogener Junge würde gern auf seine Mutter springen und auf sie treten; nur ein ganz ungezogener Junge würde so was tun. Stimmt's nicht, Mutti?« Die Mutter lachte und meinte: »Wetten, daß du es grad gerne möchtest? Ich glaube, daß ein ganz guter kleiner Junge wohl denken könnte, daß er das gerne täte, aber er würde doch wissen, daß er es nicht wirklich tun will« – oder etwas dieser Art. Solche Dinge sind schwer auszudrücken, und es kommt nicht so sehr auf Worte an. Was dabei zählt, ist der Geist des Gesagten und die innere Überzeugung, daß es die zwei verschiedenen Arten gibt, Dinge zu wollen, die durch Selbstbeobachtung von einander geschieden und anderen mitgeteilt werden können. »Ja, aber ich werde es nicht tun«, war seine Antwort und er fügte hinzu: »Herr E. fragt immer, warum ich Sachen werfe, er verdirbt alles.« Dann sagte er schnell, »heute abend gibt es keine Szene, Mutti«.

So lernte der Junge, seine Selbstbeobachtung mit eben der Mutter zu teilen, gegen die seine Wutausbrüche sich zu richten pflegten, und sie zur Verbündeten seiner Einsichten zu machen. Es war von höchster Wichtigkeit, daß dies erreicht worden war, denn es ermöglichte dem Jungen, seine Mutter und sich selbst zu warnen, wenn er das Herannahen jenes merkwürdigen, kosmischen Zornes fühlte oder wenn er die (oft sehr geringfügigen) somatischen Anzeichen einer Attacke beobachtete. Die Mutter nahm dann sofort Verbindung mit dem Kinderarzt auf, der völlig im Bilde war und ausgezeichnet mit uns zusammenarbeitete. Er verordnete dann irgendwelche vorbeugenden Maßnahmen. So wurden kleinere Anfälle auf seltene und leicht vorübergehende Vorfälle reduziert, die der Junge allmählich mit einem Minimum an Erregung zu handhaben lernte. Größere Anfälle traten nicht mehr auf.

Der Leser könnte hier mit Recht einwenden, daß solche Anfälle bei kleinen Kindern sowieso aufhören können, ohne daß irgendwelche derart komplizierten Prozeduren angewandt werden. Das ist möglich. Es soll hier kein Anspruch auf die Heilung einer Epilepsie durch psychoanalytische Behandlung erhoben werden. Wir beanspruchen weniger – und erstreben in gewisser Art mehr.

Wir haben den »psychischen Reiz« untersucht, der in einer bestimmten Periode im Lebenszyklus des Patienten dazu beitrug, eine latente Möglichkeit zu epileptischen Anfällen manifest werden zu lassen. Unsere Form der Untersuchung erlangt Kenntnisse, indem sie dem Patienten Einsichten vermittelt, und sie heilt ihn, indem sie Teil seines Lebens wird. Gleichgültig wie alt er ist, wenden wir uns an seine Fähigkeit, sich selbst zu verstehen, sich zu kontrollieren und zu planen. Damit können wir u. U. eine Heilung herbeiführen oder eine spontane Ausheilung beschleunigen – kein geringer Beitrag, wenn man an den Schaden denkt, den das habituell-Werden und die ständige Wiederholungstendenz solch schwerer neurologischer Stürme anrichten. Aber wenn wir auch weniger beanspruchen als die Heilung der Epilepsie, so möchten wir im Prinzip doch glauben, daß wir mit der therapeutischen Erforschung eines Abschnitts aus dem Leben eines Kindes einer ganzen Familie halfen, eine Krise in ihrer Mitte als Krise in der Familiengeschichte zu erkennen. Denn eine psychosomatische Krise ist in dem Maß eine emotionale Krise, als das kranke Individuum auf latente Krisen bei wichtigen Personen seiner Umgebung spezifisch reagiert. Das heißt nun ganz entschieden nicht, jenen Personen die *Schuld* an der Krankheit zuzuschreiben. Tatsächlich bestand ein groß Teil des »psychischen Reizes«, nach dem wir suchten, gerade aus den Selbstvorwürfen der Mutter, daß sie mit jenem einen harten Schlag, den sie dem Kind versetzt hatte, dessen Hirn geschädigt haben könne: Denn dieser Selbstvorwurf vertiefte und verstärkte die allgemeine Angst vor Gewalttätigkeiten, die die Familie charakterisierte. Vor allem aber war die Angst der Mutter, daß sie dem Jungen geschadet haben könne, der Gegenspieler und somit eine emotionale Verstärkung dessen, was wir am Ende als den wirklich dominanten, pathogenen »psychischen Reiz« erschlossen – nämlich der Angst des Jungen, daß auch seine Mutter infolge seiner Attacke und seiner generellen sadistischen Taten und Wünsche sterben könne.

Nein, Vorwürfe helfen nichts. Solange es ein Gefühl von Vorwurf gibt, gibt es auch irrationale Versuche, eine Wiedergutmachung für den angerichteten Schaden zu leisten – und solche schulderfüllte Wiedergutmachung stiftet häufig nur noch größeren Schaden. Was wir hoffen, wäre, daß der Patient und seine Familie aus unserer Erhellung ihrer Geschichte eine tiefere Demut vor den Prozessen gewinnen könnten, die uns alle lenken, und die Fähigkeit, sie einfacher und aufrichtiger zu durchleben. Was aber sind sie?

Das Wesen unseres Falles legt es nahe, unsere weitere Untersuchung mit den *dem Organismus inhärenten Prozessen* zu beginnen. Wir werden hier vom Organismus mehr als von einem Prozeß, als von einer Sache sprechen. Denn wir befassen uns mit der homöostatischen Qualität des lebendigen Organismus und nicht mit den pathologischen Einzelheiten, die sich durch eine Sektion demonstrieren ließen. Unser Patient litt an einer somatischen Störung von einer Art und einer Intensität, die an die Möglichkeit einer somatischen Hirnreizung anatomischen, toxischen oder sonstigen Ursprungs denken ließen. Eine derartige Schädigung ließ sich nicht nachweisen; aber wir müssen die Frage aufwerfen, was für eine Last ihr Vorhandensein dem Kinde für sein

Leben auferlegt hätte. Selbst wenn die Schädigung nachweisbar wäre, würde sie natürlich nur eine mögliche, wiewohl notwendige Krampfbedingung darstellen. Als Ursache des Krampfes könnte sie nicht angesprochen werden, da wir annehmen müssen, daß eine ganze Anzahl von Individuen mit einer ähnlichen zerebralen Pathologie lebt, ohne je einen Anfall zu haben. Der Hirnschaden würde also nur die Entladung von Spannung, gleichgültig aus welcher Quelle, in konvulsiven Stürmen erleichtern. Gleichzeitig wäre er ein immer gegenwärtiger Mahner an einen inneren Gefahrenpunkt, an eine geringe Toleranz gegenüber Spannungen. Man kann sagen, daß solch eine innere Gefahr die Toleranzschwelle des Kindes gegenüber äußeren Gefahren herabmindern kann, wie sie besonders in den Ängsten und Reizbarkeiten der Eltern gesehen werden, deren Schutz so dringend benötigt wird, gerade wegen der inneren Gefahr. Ob eine Hirnläsion auf diesem Wege dahin führen könnte, daß das Temperament des Jungen ungeduldiger und reizbarer würde, oder ob seine Reizbarkeit (die er mit anderen Verwandten teilte und der er von seiten anderer Verwandter ausgesetzt war) die Hirnläsion bedeutungsvoller machen könnte, als sie bei einem anderen Kind in einer anderen Umgebung wäre – das ist eine der vielen Fragen, auf die es keine Antwort gibt.

Alles, was wir sagen können, ist, daß im Zeitpunkt der Krise sowohl Sams »Konstitution« wie sein Temperament und seine Entwicklungsphase spezifische Züge gemeinsam hatten: sie konvergierten alle in Richtung einer Intoleranz gegen Beschränkungen der lokomotorischen Freiheit und des aggressiven Ausdrucks.

Aber Sams Bedürfnis nach körperlicher und geistiger Betätigung war nicht nur physiologischer Art. Es bildete einen wichtigen Anteil seiner Persönlichkeitsentwicklung; es gehörte zu seinen Verteidigungswaffen. In gefährlichen Situationen wandte er etwas an, was wir die »antiphobischen« Abwehrmechanismen nennen: war er erregt, so griff er an, und wo er auf Probleme traf, die andere als beunruhigend empfanden und unter Umständen deshalb lieber umgingen, da stellte er mit angstvoller Eindringlichkeit Fragen. Diese Abwehrmechanismen wiederum paßten vorzüglich zu dem, was sein früheres Milieu gutgeheißen hatte – wo man ihn am reizendsten fand, wenn er am schlauesten und am zähesten war. Bei einer Verschiebung des Blickpunktes zeigt sich nun, daß viele der Einzelheiten, die ursprünglich als Teile seines physiologischen und geistigen Rüstzeugs imponierten, einem sekundären Organisationsprozeß angehörten, den wir *die Organisierung der Erfah-*

rung im individuellen Ich nennen wollen. Wie noch im einzelnen darzustellen sein wird, schützt dieser zentrale Prozeß die Kohärenz und die Individualität der Erfahrung, indem er das Individuum auf die Entgegennahme von Schocks schaltet, wie sie bei plötzlichen Kontinuitätsbrüchen im Organismus oder im Milieu drohen. Dieser Prozeß befähigt das Individuum, innere und äußere Gefahren zu antizipieren, und setzt es in die Lage, seine Anlagen mit den gegebenen sozialen Möglichkeiten zu integrieren. Damit verleiht er dem Individuum ein Gefühl kohärenter Individuation und Identität: Man selbst zu sein, in Ordnung zu sein, auf dem besten Wege zu sein, das zu werden, wofür andere Menschen einen in den glücklichsten Momenten halten. Offensichtlich versuchte unser kleiner Junge, ein intelligenter kleiner Spaßvogel und Fragensteller zu werden, eine Rolle, die sich ihm anfangs als erfolgreich gegenüber jeder Gefahr erwiesen hatte und die nun plötzlich selbst Gefahr provozierte. Wir haben gesehen, wie diese Rolle (die ihn vorzüglich auf die Rolle des erwachsenen jüdischen Intellektuellen vorbereitete) durch die veränderten Entwicklungen und Wandlungen in der weiteren Umgebung und im eigenen Heim völlig entwertet wurde. Solch eine Entwertung macht das Abwehrsystem unwirksam: wo der »Antiphobiker« nicht angreifen kann, fühlt er sich Angriffen ausgesetzt, erwartet und provoziert sie sogar. In Sams Fall stammte der »Angriff« aus einer somatischen Quelle.

»Rollen« aber entstammen dem dritten Prinzip der Organisierung, dem *sozialen*. Das menschliche Wesen ist zu jedem Zeitpunkt, von der ersten Bewegung bis zum letzten Atemzug, Einflüssen geographischen und historischen Zusammenhangs unterworfen. Ein menschliches Wesen ist so in jedem Augenblick Organismus, Ich und Mitglied einer Gesellschaft und in allen drei Organisationsprozessen begriffen. Sein Leib ist Schmerz und Spannungen ausgesetzt, sein Ich der Angst, und als Mitglied der Gesellschaft unterliegt er der Panik, die in seiner Gruppe mehr oder weniger latent wirkt.

Hier kommen wir nun zu unserem ersten klinischen Postulat. Daß es keine Angst ohne körperliche Spannung gibt, scheint unmittelbar einleuchtend. Aber wir müssen einsehen lernen, daß es keine individuelle Angst gibt, die nicht eine latente Besorgnis widerspiegelt, die der unmittelbaren und weiteren Gruppe gemeinsam ist. Ein Individuum fühlt sich isoliert und von den Quellen der kollektiven Macht ausgeschlossen, wenn es (und sei es auch nur im geheimen) eine Rolle übernimmt, die in seiner Gruppe als besonders schlecht gilt – etwa die eines Säufers oder Mörders, eines weibischen Burschen oder Schwächlings, der sich ausnützen läßt, oder was immer für herabsetzende Bezeichnungen in seinem Umkreis üblich sind. In Sams Fall hatte der Tod der Großmutter nur bestätigt, was die Christenkinder (bzw. ihre Eltern) angedeutet hatten – daß er nämlich ein überwältigend schlechter Junge sei. Hinter all dem stand die Tatsache, daß er »anders« war, ein Jude, etwas, was ihn keineswegs nur, oder etwa in erster Linie, durch die Nachbarn zum Bewußtsein gebracht wurde: Seine eigenen Eltern hatten ja beständig darauf hingewiesen, daß man als kleiner Jude besonders gut zu sein hatte, um nicht besonders schlecht zu sein. Um allen relevanten Faktoren gerecht werden zu können, müßte unsere Untersuchung hier weit in die großen geschichtlichen Zusammenhänge zurückreichen; sie müßte nichts weniger unternehmen, als das Schicksal dieser Familie aus der Mainstreet zurückzuverfolgen bis in das Getto einer fernen östlichen Provinz Rußlands und bis zu all den brutalen Ereignissen der großen jüdischen Diaspora.

Wir sprechen von drei Prozessen, dem somatischen, dem Ich-Prozeß und dem Gesellschaftsprozeß. Innerhalb der Geschichte der Wissenschaft waren diese drei Prozesse drei verschiedenen wissenschaftlichen Disziplinen zugeordnet – der Biologie, der Psychologie und den Sozialwissenschaften – deren jede untersuchte, was sie isolieren, zählen und sezieren konnte: einzelne Organismen, isolierte geistige Individualitäten, soziale Aggregate. Das so erworbene Wissen ist ein Wissensstoff aus Fakten und Zahlen, ein Wissen von Lokalisation und Ursachenwirkung und führte zu der Debatte über die Zuordnung der einzelnen Punkte zu dem einen oder dem anderen Prozeß. Unser Denken ist beherrscht von dieser Dreiteilung, weil wir nur durch die geistreichen Methodologien dieser Disziplinen überhaupt etwas wissen. Unglücklicherweise ist dieses Wissen aber an die Bedingungen, unter denen es erarbeitet wurde, gebunden: Der Organismus wird seziert oder Untersuchungen unterzogen, die geistige Individualität tritt in Experimente oder Befragungen ein, die sozialen Aggregate werden in die Dimension statistischer Tabellen übertragen. In allen Fällen also beeinflußt die jeweilige wissenschaftliche Disziplin die zu beobachtende Materie von vornherein, indem sie deren Gesamtlebenssituation aktiv auflöst, um einen isolierten Teil ihren Instrumenten oder Begriffen zugänglich zu machen.

Unser ärztliches Problem und unsere Tendenz verhalten sich anders. Wir untersuchen menschliche Krisen, indem wir therapeutisch in sie eintreten. Wir entdecken dabei, daß die drei erwähnten Prozesse drei Aspekte eines einzigen Prozesses sind – des menschlichen Lebens, wobei die Betonung auf beiden Worten gleichermaßen liegt. Somatische Spannung, individuelle Angst und Gruppenpanik sind also nur verschiedene Weisen, in denen menschliche Angst sich den verschiedenen Methoden der Beobachtung darbietet. Die ärztliche Ausbildung sollte alle drei Methoden umfassen, ein Ideal, dem die Untersuchungen dieses Buches als tastende Versuche gewidmet sind. Betrachten wir jede relevante, bedeutsame Einzelheit eines gegebenen Falles, so können wir uns der Überzeugung nicht entziehen, daß der Sinn eines solchen Einzelpunktes, der in einem der drei Prozesse »lokalisiert« sein kann, mitbestimmt wird durch seinen Sinn in den beiden anderen Prozessen. Ein Einzelpunkt in einem Prozeß gewinnt an Relevanz, indem er anderen Punkten innerhalb der anderen Prozesse Bedeutsamkeit verleiht und von ihnen her Bedeutsamkeit bezieht. Ich hoffe, daß wir allmählich zutreffendere Worte für diese *Relativität in der menschlichen Existenz* finden werden.

Für die Katastrophe also, die wir in unserem ersten Fall beschrieben, kennen wir keine »Ursache«. Statt dessen finden wir innerhalb aller drei Prozesse eine Konvergenz spezifischer Intoleranzen, welche die Katastrophe retrospektiv verständlich, retrospektiv wahrscheinlich macht. Die so gewonnene Verständlichkeit erlaubt uns aber nicht, rückwärts zu gehen und Ursachen ungeschehen zu machen. Sie gestattet uns nur, ein Kontinuum, dessen einer Aspekt die Katastrophe war, zu verstehen, ein Aspekt, der nun seinen Schatten auf jene Einzelheiten zurückwirft, die seine Ursache zu sein scheinen. Die Katastrophe ist geschehen, und wir müssen uns selbst nun in die Nach-Katastrophen-Situation als heilendes Agens einschalten. Niemals werden wir erfahren, wie dieses Leben eigentlich war, ehe es unterbrochen wurde, ja, wir werden tatsächlich niemals erfahren, wie dieses Leben war, bevor wir mit ihm in Berührung kamen. Das sind die Bedingungen, unter denen wir therapeutische Forschung betreiben.

Zum Vergleich und zur Bestätigung wenden wir uns jetzt einer anderen Krise zu, diesmal bei einem Erwachsenen. Das im Vordergrund stehende Symptom ist wieder ein somatisches. Es besteht in schweren Kopfschmerzen, die aber ihren Ursprung einem der Notstandsmomente des sozialen Lebens verdanken, nämlich dem Frontleben im Kriege.

2. Eine Kampfkrise bei einem Marinesoldaten

Ein junger Lehrer von Anfang Dreißig wurde mit der Diagnose
»psychoneurotische Kriegsbeschädigung« aus der Armee entlassen. Seine
Symptome, in erster Linie Kopfschmerzen, die ihn zeitweilig erwerbs-
unfähig machten, verfolgten ihn in seiner ersten Friedens-Anstellung.
In einer Klinik für Kriegsteilnehmer wurde er über den Beginn der
ganzen Angelegenheit befragt. Er gab dabei folgende Schilderung:

Eine Gruppe von Marinesoldaten, die eben erst den Strand erreicht
hatte, lag in stockdunkler Nacht an einem pazifischen Landekopf in
nächster Nähe des feindlichen Feuers. Sie waren einmal rauhe und
zähe Männer gewesen, überzeugt, daß sie alles aushalten könnten,
und sie benahmen sich auch noch so. Sie hatten immer das Gefühl
gehabt, daß sie sich darauf verlassen konnten, daß »die oben« sie nach
dem ersten Ansturm ablösen und es der Infanterie überlassen würden,
die eroberten Positionen zu halten. Irgendwie hatte es immer dem
Geist ihrer Gruppe widerstrebt, im Graben zu liegen. Und gerade das
war nun geschehen. Und als es geschah, waren sie nicht nur einem
verdammten Scharfschützenfeuer von irgendwoher ausgesetzt, sondern
auch einem sonderbaren Gemisch von Ekel, Wut und Angst – in ihren
Mägen.

Da lagen sie nun. Das »Unterstützungs«-Feuer der Marine brachte
nicht gerade viel Unterstützung. Irgendetwas schien wieder einmal
schief zu gehen. Wie nun, wenn »die oben« zu der Ansicht kamen,
man könne sie warten lassen, vielleicht aufgeben?

Unter diesen Männern lag unser Patient. Daß er selbst jemals Patient
werden könnte, wäre wohl das letzte gewesen, was ihm damals in den
Sinn kam. Tatsächlich war er Sanitäter. Den Vorschriften gemäß unbewaffnet, schien ihn die langsam anschwellende Welle von Wut und
Angst unter den Männern nicht zu berühren. Es war, als könne sie ihn
einfach nicht erreichen. Irgendwie fühlte er sich als Mitglied des Sanitätskorps richtig am Platz. Die untergründige gespannte Wut der Leute
vermittelte ihm nur das Gefühl, daß sie wie Kinder seien. Er hatte
immer gerne mit Kindern gearbeitet und hatte den Ruf, besonders gut
mit zähen jungen Burschen auszukommen. Aber er selber war kein
zäher Bursche. Tatsächlich hatte er zu Kriegbeginn das Sanitätskorps
gewählt, da er sich nicht entschließen konnte, ein Gewehr zu tragen.
Er empfand niemandem gegenüber irgendwelchen Haß. (Während er
in der ärztlichen Befragung diese exaltierten Gefühle von damals

erinnerte, wurde deutlich, daß er tatsächlich zu gut gewesen sein mußte, um wahr zu sein, auf alle Fälle für die Marine, denn weder trank er, noch rauchte er – und er fluchte niemals!) Er fand es wunderbar, den Männern nun zeigen zu können, daß auch er es aushielt und mehr als das, daß er den Jungens helfen konnte, es ebenfalls auszuhalten, und daß er sich nützlich machen könnte, wenn der Angriff vorüber war. Er hielt sich in der Nähe seines Sanitätsoffiziers, eines Mannes wie er selbst, zu dem er aufblicken und den er bewundern konnte.

Unser Sanitäter konnte sich später nie mehr ganz an das erinnern, was weiterhin in jener Nacht geschah. Er hatte nurmehr isolierte Erinnerungen, die mehr traumhaft als real erschienen. Er behauptete, daß die Sanitäter den Befehl erhalten hätten, Munition abzuladen statt ein Lazarett aufzuschlagen, daß der Sanitätsoffizier irgendwie sehr wütend wurde und gemeine Ausdrücke brauchte, und daß irgendwann einmal irgendjemand ihm eine Maschinenpistole in die Hand drückte. Hier hörte seine »Erinnerung« völlig auf.

Am nächsten Morgen fand sich der Patient (denn das war er jetzt) in dem schließlich improvisierten Lazarett wieder. Er hatte über Nacht eine schwere fieberhafte Darmerkrankung entwickelt. Den Tag verbrachte er im Dämmerzustand der Beruhigungsmittel. Abends griff der Feind aus der Luft an. Alle bewegungsfähigen Männer suchten Deckung oder halfen den Kranken, in Deckung zu gehen. Er selbst war wie gelähmt, unfähig sich zu rühren, und, was noch viel schlimmer war, unfähig anderen zu helfen. Zum erstenmal empfand er jetzt Angst, wie so viele mutige Männer sie in dem Augenblick erlebten, wo sie sich aktionsunfähig im Bett liegend fanden.

Am nächsten Tag wurde er evakuiert. Als er nicht mehr unter Beschuß war, fühlte er sich ruhiger – zumindesten glaubte er es, bis an Bord die erste Mahlzeit ausgeteilt wurde. Der metallische Lärm des Meßgeschirrs schlug wie Gewehrsalven durch seinen Kopf. Er schien überhaupt keine Abwehrmöglichkeiten mehr gegen diese Geräusche zu besitzen, die so unerträglich waren, daß er unter die Decke kroch, solange die anderen aßen. Von da an wurde sein ganzes Leben durch die rasenden Kopfschmerzen zur Qual. War er zeitweise schmerzfrei, so war er nervös, lebte in gespannter Erwartung eventueller metallischer Geräusche und wurde wütend, wenn sie eintraten. Sein Fieber (oder eigentlich das, was es veranlaßt hatte) war vorüber. Seine Kopfschmerzen und seine Nervosität aber machten eine Rückkehr in die Staaten und seine baldige Entlassung notwendig.

Wo saß diese Neurose? Denn eine Kriegs-Neurose war es, wenn wir der Diagnose seiner Ärzte glauben wollen. Vom physiologischen Standpunkt aus hatten das Fieber und der toxische Zustand den ersten Kopfschmerz begründet, aber nur den ersten.

Wir müssen hier eine Frage aufwerfen, die scheinbar weit von dem Problem des Kopfschmerzes abliegt. Warum war dieser Mann eigentlich ein so guter Mensch? Denn selbst jetzt, praktisch mitten in den unangenehmsten Nachkriegszuständen, schien er außerstande, Ärger in Worten auszudrücken oder ihm sonst ein Ventil zu schaffen. Er war tatsächlich überzeugt, daß der laute Zorn seines Sanitätsoffiziers in jener Nacht ihm alle Illusionen geraubt und ihn dadurch der Angst preisgegeben habe. Warum war er so gut, und warum konnte Zorn ihn so schockieren?

Ich forderte ihn auf, einmal den Versuch zu machen, seine Abneigung gegen Zornäußerungen zu überwinden und alle Dinge aufzuzählen, die ihn am Tage vor unserer Besprechung irgendwie irritiert hatten – sei es auch in ganz geringem Grade. Ihm fiel folgendes ein: das Vibrieren vorüberfahrender Omnibusse, schrille Stimmen, wie von Kindern in der Schule, das Quietschen von Reifen, Erinnerungen an Schützenlöcher, in die man sich eingrub, und wo es Ameisen und Eidechsen gab, das schlechte Essen bei der Marine, die letzte Bombe, die ziemlich nahe eingeschlagen hatte, mißtrauische Menschen, Leute, die stehlen, Zylinderhüte, eingebildete Menschen »aller Rassen, Farben oder Religionen«, Erinnerungen an seine Mutter. Die Einfallsreihe des Patienten hatte von metallischen Geräuschen und anderen direkten Kriegserinnerungen zu Diebstahl und Mißtrauen und – zu seiner Mutter geführt.

Es stellte sich heraus, daß er seine Mutter seit seinem vierzehnten Lebensjahr nicht mehr gesehen hatte. Die Familie war damals wirtschaftlich und moralisch im Abstieg gewesen. Er hatte das Haus ganz plötzlich verlassen, nachdem seine Mutter in betrunkener Wut ein Gewehr auf ihn gerichtet hatte. Er hatte die Waffe gepackt, zerbrochen und aus dem Fenster geworfen. Dann war er für immer fortgegangen. Er hatte die stille Unterstützung eines väterlichen Mannes, seines damaligen Arbeitschefs genossen, der ihm weiterhalf. Als Dank dafür hatte er diesem Manne versprochen, niemals zu trinken, zu fluchen oder sich sexuell gehen zu lassen, – vor allem aber, niemals ein Gewehr zu berühren. Er war ein fleißiger Student und guter Lehrer geworden und ein Mensch von ungewöhnlich ruhigem Temperament – zumindest an der Oberfläche – bis zu jener Nacht, am Strand im Pazifik, wo inmitten der wachsenden Wut und Panik seiner Männer sein väterlicher Offizier in ein paar leidenschaftlichen Flüchen explodiert war und unmittelbar darauf irgend jemand ihm eine Maschinenpistole in die Hand gedrückt hatte.

Es gab viele Kriegsneurosen dieser Art. Ihre Opfer befanden sich in einem dauernden Zustand latenter Panik. Sie fühlten sich sowohl von plötzlichen, lauten Geräuschen, wie von Symptomen, die blitzartig ihren Körper erfaßten, gefährdet oder attackiert: plötzlichem Zittern, Wellen von Fieberhitze, von Kopfschmerzen. Aber ebenso hilflos waren sie ihren Gefühlen gegenüber: alles, was zu plötzlich oder zu intensiv auf sie einstürmte, erregte merkwürdig kindischen Ärger oder eine grundlose Angst: sei es eine Wahrnehmung oder ein Gefühl, ein Gedanke oder eine Erinnerung. Was bei diesen Männern erkrankt war, war ihr System der Abschirmung, die Fähigkeit, tausend Reizen keine Aufmerksamkeit zuzuwenden, Reizen, wie wir sie in jedem Moment gewahr werden, die wir aber, um der Dinge willen, auf die wir uns gerade konzentrieren, unbeachtet lassen können. Schlimmer noch war, daß diese Männer weder fest schlafen, noch auf gute Weise träumen konnten. Durch lange Nächte schwebten sie zwischen der Scylla unerträglicher Geräusche und der Charybdis von Angstträumen, die sie aus dem Schlaf rissen, wenn es ihnen Augenblicke lang gelungen war, fest einzuschlafen. Tagsüber waren sie außerstande, sich an bestimmte Dinge zu erinnern; sie verliefen sich in der eigenen Nachbarschaft oder entdeckten plötzlich, mitten in einem Gespräch, daß sie, ohne es zu wollen, Dinge falsch dargestellt hatten. Sie konnten sich also nicht auf die typischen *Prozesse des richtig funktionierenden Ich* verlassen, durch die beim Gesunden Zeit und Raum organisiert werden und die Realität geprüft und erkannt wird.

Was war geschehen? Handelte es sich hier um Symptome physikalisch erschütterter, körperlich geschädigter Nerven? In manchen Fällen begann der Zustand zweifellos mit solchen Schäden oder zumindest mit einer momentanen Traumatisierung körperlicher Art. Aber häufiger trafen verschiedene Faktoren zusammen, um eine echte Krise auszulösen und sie auf die Dauer aufrecht zu erhalten. Der vorliegende Fall weist alle diese Faktoren auf: das Schwinden der Gruppenmoral und das allmähliche Anschwellen einer zuerst unmerklichen Gruppenpanik auf Grund von Zweifeln an der Führerschaft, erzwungene Bewegungslosigkeit unter feindlichem Feuer, das nicht lokalisiert und erwidert werden konnte; die Verlockung, in einem Lazarettbett »aufzugeben« und schließlich die sofortige Evakuierung und damit der fortdauernde Konflikt zwischen zwei inneren Stimmen. Offensichtlich sagte die eine: »laß dich doch ruhig heimbringen, sei kein Trottel« – und die andere: »laß die Kameraden nicht im Stich, wenn sie es aushalten, kannst du es auch.«

Was mich am meisten bei diesen Männern beeindruckte, war der Verlust des inneren Identitätsgefühls. Sie wußten, wer sie waren; sie besaßen eine persönliche Identität. Aber es war, als ob ihr Leben subjektiv nicht mehr zusammenhinge – und nie wieder zusammenhängen könnte. Es handelte sich um eine zentrale Störung dessen, was ich damals begann, *Ich-Identität* (Ego-Identity) zu nennen. An diesem Punkt unserer Untersuchungen genügt es vorerst festzustellen, daß dieses Identitätsgefühl die Fähigkeit vermittelt, sein Selbst als etwas zu erleben, das Kontinuität besitzt, das »das Gleiche« bleibt, und dementsprechend handeln zu können. In vielen Fällen gab es im entscheidenden Augenblick des Zusammenbruchs eine scheinbar unschuldige Einzelheit – wie etwa die Maschinenpistole in der widerstrebenden Hand unseres Sanitäters: ein Symbol des Bösen, das die Prinzipien bedroht, mittels derer das Individuum versucht hatte, seine persönliche Integrität und seinen sozialen Status im zivilen Leben aufrecht zu erhalten. In ähnlicher Weise brach die Angst auch oft mit dem plötzlichen Gedanken durch: Du müßtest ja jetzt zu Hause sein, du solltest das Dach anstreichen, die Rechnung zahlen, den Chef sprechen, jenes Mädchen anrufen; und das verzweifelte Gefühl, daß alles das, was eigentlich sein sollte, nun niemals sein würde. Dies Gefühl wiederum schien unlösbar verwoben mit einem Aspekt des Lebens in diesem unseren Lande, der später ausführlich besprochen werden soll – der Tatsache nämlich, daß viele unserer jungen Männer ihre Lebenspläne und ihre Identität versuchsweise an dem Prinzip orientieren, das die frühe Geschichte unseres Kontinents nahelegte: das Prinzip, daß ein Mann die Freiheit der unmittelbaren Entscheidung haben muß, daß er diese Freiheit bewahren und verteidigen muß, sein Recht zu wählen, selbst zu entscheiden und Gelegenheiten beim Schopf zu packen. Natürlich lassen sich auch Amerikaner nieder, und sie können sogar ganz großartig seßhaft werden. Aber sich mit Überzeugung niederzulassen setzte für sie die Gewißheit voraus, daß sie weiterziehen könnten, sobald sie wollten – und zwar sowohl geographisch wie sozial sich weiter bewegen, oder auch beides zugleich. Es ist die Freiheit der Wahl, die hier den Ausschlag gibt, und die Überzeugung, daß keiner dich festhalten kann oder dich herumstoßen. So gewinnen kontrastierende Symbole überragende Bedeutung: Symbole von Besitz und Status und Unveränderlichkeit und Symbole der Wahl, des Wechsels und der Aggression. Je nach der unmittelbaren Situation können diese Symbole die Bedeutung von Gut oder Böse annehmen. Bei unserem Patienten war das Gewehr zum Symbol des Niedergangs seiner Familie geworden und vertrat all die wuterfüllten, häßlichen Dinge, die er beschlossen hatte *nicht* zu tun.

Hier schienen also wiederum drei gleichzeitig ablaufende Prozesse, anstatt sich auszugleichen, ihre jeweiligen Gefahren wechselweise verstärkt zu haben: 1. Die Gruppe. Die Männer wollten die Situation als Gruppe, mit einer bestimmten Identität innerhalb der Wehrmacht ihres Landes, fest in der Hand behalten. Statt dessen verursachte das Mißtrauen in die Führung eine aufrührerische Panik. Unser Patient begegnete dieser Stimmung, aus der er sich unmöglich selbst heraushalten konnte, durch die defensive Haltung, die er so oft im Leben eingenommen hatte, die Haltung des überlegenen, gelassenen und toleranten Erziehers von Kindern. 2. Der Organismus des Patienten. Dieser ringt um die Aufrechterhaltung der Homöostasis unter dem Andrang sowohl der (subliminalen) Panik, als der Symptome einer akuten Infektion, wird aber durch den Ausbruch des schweren Fiebers sabotiert. Der Mann stemmt sich bis zum Punkt des Zusammenbruchs dagegen, und zwar auf Grund jener anderen Überzeugung, daß er nämlich »alles aushalten« könne. 3. Das Ich des Patienten. Schon überbelastet durch die Gruppenpanik und das ansteigende Fieber, gegenüber denen er zunächst nicht nachgeben will, wird das Gleichgewicht des Patienten noch weiterhin durch den Verlust einer äußeren Unterstützung eines inneren Ideales verwirrt: eben die Vorgesetzten, auf die er sich verlassen hatte, befahlen ihm (oder mindestens glaubte er das), seinen symbolischen Schwur zu brechen, auf dem sein Selbstbewußtsein so schwankend begründet war. Zweifellos öffnet der Vorfall die Schleusen seiner infantilen Bedürfnisse, die er auf ungewisse Zeit hin so fest verschlossen gehalten hatte. Denn bei all seiner Starre war nur ein Teil seiner Persönlichkeit wirklich zur Reife gelangt, während ein anderer Teil sich nur durch die Hilfsmechanismen, die jetzt zusammenbrachen, aufrechterhalten hatte. Unter diesen Umständen konnte er die Untätigkeit während des Luftangriffes nicht ertragen, und etwas in ihm gab nur zu leicht dem Angebot nach, sich evakuieren zu lassen.

Hier ändert sich nun die Situation und bringt neue Verwicklungen mit sich. Viele Männer fühlten sich nämlich, wenn sie erst einmal aus der Gefahrenzone fortgebracht worden waren, unbewußt verpflichtet, weiterhin zu leiden und zwar körperlich zu leiden, um die Evakuierung zu rechtfertigen, von der späteren Entlassung gar nicht zu reden, die viele Männer sich auf Grund einer »reinen Neurose« nie hätten verzeihen können. Nach dem ersten Weltkrieg wurde viel von Rentenneurosen gesprochen – Neurosen, die unbewußt verlängert wurden, um sich dauernder finanzieller Hilfe zu versichern. Die Erfahrung des zweiten Weltkrieges vermittelt, im Gegensatz zu diesen Kompensationsneurosen, die Einsicht in eine Über-Kompensationsneurose, d. h. in den unbewußten Wunsch, weiterhin zu leiden, um die Schwäche, Andere im Stich gelassen zu haben, zu überkompensieren; denn manche dieser »Eskapisten« waren treuer als sie es selbst wußten. Auch unser gewissenhafter Patient hatte oft das Gefühl, als würde er von quälenden Schmerzen »durch den Kopf geschossen«, sobald ihm bewußt wurde, daß er sich einige Zeit, ohne es zu merken, wohler gefühlt hatte.

Wir können wohl mit einiger Sicherheit sagen, daß dieser Mann ohne die besonderen Situationen von Krieg und Kampf nicht in dieser besonderen Art zusammengebrochen wäre – wie ja auch die meisten Ärzte darin übereinstimmten, daß der kleine Sam ohne eine gewisse somatische Entsprechung nicht derartig schwere Anfälle bekommen hätte. In beiden Fällen liegt aber das psychologische und das therapeutische Problem darin, zu verstehen, wie die zusammenwirkenden Umstände eine zentrale Abwehr schwächten, und was für eine spezifische Bedeutung dem daraus erwachsenden Zusammenbruch zukommt.

Die zusammenwirkenden Umstände, die wir beobachteten, stellen eine Summe aus Veränderungen im Organismus dar (Erschöpfung und Fieber); Veränderungen im Ich (Zusammenbruch der Ich-Identität) und Veränderungen im Milieu (Gruppenpanik). Solche Veränderungen aggravieren sich gegenseitig, wenn die traumatische Plötzlichkeit des Einbruches der einen Art von Veränderung die ausgleichende Kraft auf den beiden anderen Gebieten lähmt, oder wenn eine Konvergenz der Leitthemen allen gleichzeitigen Veränderungen eine hohe wechselseitige Spezifität verleiht.

Wir fanden einer derartige Konvergenz im Falle von Sam, wo es sich um ein Problem der Feindseligkeit handelte, das plötzlich sowohl in seinem Milieu wie in seiner Entwicklungsphase, in seinem körperlichen Zustand wie in seiner Ich-Verteidigung kritisch in den Brennpunkt rückte. Sowohl Sams Fall, wie der des Marinesoldaten, wiesen beide noch einen zweiten gefährdenden Zug auf – nämlich ein allgemeines Überhandnehmen der Veränderungen, ein Zustand, der dort auftritt, wo zu viele Hilfsmechanismen innerhalb aller drei Sphären gleichzeitig bedroht werden.

Wir haben hier zwei menschliche Krisen vorgestellt, um einen gemeinsamen klinischen Gesichtspunkt deutlich zu machen. Die dabei wirksamen Gesetzmäßigkeiten und Mechanismen sollen im Hauptteil des vorliegenden Buches besprochen werden. Die dargestellten Fälle sind dabei nicht typisch. In der täglichen Routinearbeit der Klinik bieten nur wenige Fälle einen so dramatischen und klar umrissenen »Anfang«, noch bezeichnen ja diese Anfänge wirklich den Beginn der Störung, die den Patienten ergriffen hat: sie bezeichnen nur Momente konzentrierten und repräsentativen Geschehens. Aber wir sind nicht allzu weit vom klinischen und tatsächlich auch historischen Gebrauch abgewichen, wenn wir Fälle zu Demonstrationszwecken auswählten, die in ungewöhnlich dramatischer Weise die Prinzipien beleuchten, die allgemein gelten. Diese Prinzipien lassen sich in einer didaktischen Formel ausdrücken. Die Relevanz einer gegebenen Einzelheit in einer Krankengeschichte leitet sich aus der Relevanz anderer Einzelheiten her, denen sie Relevanz verleiht, und von denen sie, eben durch die Tatsache dieses Beitrags, zusätzliche Bedeutung bezieht. Um einen gegebenen psychopathologischen Fall zu verstehen, geht man so vor, daß man jeweils die Reihe beobachtbarer Veränderungen untersucht, die am zugänglichsten erscheinen, entweder weil sie das sichtbare Symptom beherrschen, oder weil man eine Untersuchungsmethode gerade für diese Reihe von Einzelheiten beherrscht, – sei es für die somatischen Veränderungen, sei es für die Persönlichkeitswandlungen oder für die betreffenden sozialen Umwälzungen.

Wo immer man ansetzt, wird man noch zweimal von neuem beginnen müssen. Fängt man mit dem Organismus an, so wird man später klären müssen, welche Bedeutung die organischen Veränderungen innerhalb der anderen Prozesse gewinnen und wie erschwerend diese Bedeutung ihrerseits für die Heilungsversuche des Organismus ist. Um dies wirklich zu verstehen, ist es unerläßlich, ohne Angst vor sinnloser Doppelarbeit die Daten noch einmal von neuem durchzugehen und, sagen wir, einmal mit den Variationen in den Ichprozessen zu beginnen, wobei man jeden Einzelpunkt in Beziehung zur Entwicklungsphase und zum Zustand des Organismus und weiterhin zur Geschichte der sozialen Zusammenhänge des Patienten setzen muß. Das wiederum macht eine dritte Form der Rekonstruktion notwendig, nämlich die der Familiengeschichte des Patienten und der Veränderungen in seinem sozialen Dasein, die sowohl von seinem veränderten körperlichen Zustand, wie auch von seiner Ichentwicklung her Bedeutung gewinnen – wie sie ihrerseits jenen Bedeutung verleihen. Mit anderen Worten: da es unmöglich ist, zu irgend einer einfachen Reihenfolge und Kausalkette mit klarer Lokalisierung und umschriebenem Beginn zu kommen, kann nur eine dreifache Buchführung (oder, wenn man will, ein systematisches Imkreisegehen) allmählich die Relevanzen und die Relativitäten aller bekannten Daten erhellen. Die Tatsache, daß all das unter Umständen zu keinem klaren Anfang führt, und weder mit einer anschaulichen Rekonstruktion der Pathogenie noch einer wohlbegründeten prognostischen Formulierung endet, ist für die Darstellung in unseren Krankenblättern zwar erschwerend, könnte aber für unsere therapeutischen Bemühungen gleichgültig sein. Wir müssen uns nämlich darauf gefaßt machen, daß wir nicht nur alle drei Prozesse gleichzeitig verstehen lernen müssen, sondern sie auch gleichzeitig zu beeinflussen suchen. Das bedeutet, daß wir bei unserer besten klinischen Leistung oder in den besten Augenblicken unserer klinischen Arbeit nicht angestrengt an all die Relativitäten denken, die dabei beteiligt sind, so klar wir sie vielleicht bei Ärztezusammenkünften und in zusammenfassenden Darstellungen aufzeigen können; wir müssen auf sie einwirken, indem wir uns selbst ihnen hinzufügen.

Es ist nicht der Zweck dieses Buches, die therapeutischen Aspekte unserer Zeit darzustellen. Nur in den Schlußfolgerungen werden wir das Problem der Psychotherapie als spezifischer Form menschlicher Beziehung nochmals berühren. Unsere Formel für das ärztliche Denken wurde hier hauptsächlich als Exposition für den Aufbau dieses Buches aufgestellt.

In den weiteren Abschnitten des ersten Teiles will ich die biologischen Grundlagen der psychoanalytischen Theorie Freuds, also den zeitlichen Ablauf der *libidinösen Entwicklung* besprechen und sie zu dem in Beziehung setzen, was wir bis jetzt über das Ich wissen und was wir über die Gesellschaft zu wissen beginnen. Der zweite Teil handelt von einem Dilemma im *gesellschaftsbildenden* Prozeß – nämlich von der Erziehung der Indianerkinder – besonders soweit er die zeitlichen Abläufe der frühen Kindheit und deren Bedeutung für die Entwicklung grundlegender sozialer Modalitäten betrifft.

Der dritte Teil wird sich mit der Ich-Psychologie befassen, wie sie in der Pathologie des Ichs und in den normalen kindlichen Spielakten zum Ausdruck kommt. Wir werden dabei zu einem zeitlichen Ablaufplan von psycho-sozialen Phasen des Ich gelangen, die sich in der Mitte zwischen körperlichen Phasen und sozialen Institutionen abspielen. Im Licht dieser Einsichten wollen wir im vierten Teil des Buches ausgewählte Aspekte des Endes der Kindheit und des Eintritts ins Erwachsenenalter unter den sich ändernden Bedingungen der Industrialisierung in Amerika, Deutschland und Rußland kritisch untersuchen. Das wird uns eine historische Grundlage für unseren Versuch liefern, denn die Menschheit muß sich heute entscheiden, ob sie es sich leisten kann, die Ausnutzung der Kindheit als Arsenal irrationaler Ängste fortzusetzen, oder ob die Beziehung zwischen Erwachsenem und Kind – wie andere Ungleichheiten – zur Position einer Partnerschaft innerhalb einer vernünftigen Ordnung der Dinge erhoben werden kann.

ZWEITES KAPITEL

DIE THEORIE DER INFANTILEN SEXUALITÄT

1. Zwei klinische Episoden

Als Einführung zu einer Übersicht über Freuds Theorien des kindlichen Organismus als einer Kraftzentrale sexueller und aggressiver
Energien möchte ich die Beobachtungen an zwei Kindern vorlegen, die
im Kampf mit ihren eigenen Eingeweiden merkwürdig und völlig
festgefahren schienen. Wollen wir die sozialen Bezüge und Bedeutungen der Ausscheidungs- und anderen Körperöffnungen verstehen, so
müssen wir vorerst einmal auf die üblichen Vorurteile bezüglich der
untersuchten Kinder und der beobachteten Symptome verzichten. Die
Symptome erscheinen merkwürdig; die Kinder sind es nicht. Aus guten
physiologischen Gründen liegen die Ausscheidungsorgane der Zone
am fernsten, die unser vorzüglichster zwischenmenschlicher Vermittler
ist – nämlich dem Gesicht. Wohlerzogene Erwachsene ignorieren die
Eingeweide, soweit sie gut funktionieren, als die nicht gesellschafts-
fähige Kehrseite der Dinge. Aber gerade aus diesem Grund eignet sich
die Fehlfunktion der Gedärme vorzüglich für vage Erlebnisse und
geheime Reaktionen. Bei Erwachsenen verbirgt sich dies Problem hinter
somatischen Klagen; bei Kindern tritt es in scheinbar rein eigensinnigen
Gewohnheiten zu Tage.

Anni, ein vierjähriges Mädchen, betritt, von ihrer besorgten Mutter
halb sanft gezogen, halb energisch geschoben, mein Arbeitszimmer.
Sie leistet keinen Widerstand, erhebt keinen Protest, aber ihr Gesicht
ist blaß und mürrisch, ihre Augen haben einen leeren, nach innen
gewendeten Ausdruck, und sie lutscht heftig am Daumen.

Ich bin über Annis Schwierigkeiten unterrichtet. Sie scheint ihr
Gleichgewicht verloren zu haben; einerseits ist sie viel zu babyhaft,
andererseits zu ernsthaft, zu unkindlich. Drückt sie Überschwenglich-
keit aus, so ist es eine reine Explosion und verwandelt sich schnell in
Albernheit. Ihre störendste Angewohnheit aber ist es, die Entleerung
zurückzuhalten, wenn sie aufgefordert wird, sie zu erledigen, um sie
dann während der Nacht oder häufiger am frühen Morgen, ehe die
verschlafene Mutter sie zu fassen bekommt, eigensinnig in ihrem Bett

abzusetzen. Vorwürfe nimmt sie schweigend hin, mit einer Verträumt-
heit, hinter der sich eine offensichtliche Hoffnungslosigkeit verbirgt.
Diese verzweifelnde Hoffnungslosigkeit scheint in letzter Zeit zu-
genommen zu haben, anschließend an einen Unfall, bei dem das Kind
von einem Auto angefahren wurde. Der körperliche Schaden war nur
geringfügig, aber das Mädchen hat sich seither noch weiter aus dem
Bereich der elterlichen Kommunikation und Kontrolle zurückgezogen.

Beim Eintreten läßt das Kind die Hand der Mutter los und betritt
mein Zimmer mit dem automatischen Gehorsam eines Gefangenen, der
keinen eigenen Willen mehr hat. Im Spielzimmer steht sie in einer
Ecke, lutscht heftig am Daumen und wendet mir eine nur sehr reser-
vierte Aufmerksamkeit zu.

Im sechsten Kapitel werde ich auf das dynamische Kräftespiel bei
solch einer Begegnung zwischen Kind und Psychotherapeut eingehen
und im einzelnen aufzeigen, was während dieser ersten Augenblicke
gegenseitiger Abschätzung meiner Ansicht nach in der Seele des Kindes
und meines Wissens nach in meiner eigenen vor sich geht. Ich werde
dann die Rolle besprechen, die die Beobachtung des Spiels bei unserer
Arbeit einnimmt. Hier bin ich nur daran interessiert, als Sprungbrett
für die theoretische Diskussion, einen klinischen Fall darzustellen.

Das Kind zeigt deutlich, daß ich nichts aus ihm herausbekommen
werde. Zu seinem wachsenden Erstaunen und seiner Erleichterung stelle
ich ihm aber überhaupt keine Fragen. Ich erzähle ihm nicht einmal, daß
ich sein Freund sei und daß es mir vertrauen könne. Statt dessen fange
ich an, aus Bauklötzen ein Haus auf dem Boden zu bauen. Da gibt es
ein Wohnzimmer, eine Küche, ein Schlafzimmer mit einem kleinen
Mädchen in einem Bett, dicht neben dem eine Frau steht; es gibt ein
Badezimmer, dessen Türe offen ist und eine Garage mit einem Mann,
der neben einem Auto steht. Dieser Aufbau soll natürlich die übliche
Morgensituation darstellen, wenn die Mutter versucht, das kleine Mädchen »rechtzeitig« aufzunehmen, während der Vater eben dabei ist, das
Haus zu verlassen.

Zunehmend fasziniert von der wortlosen Darstellung eines Problems, gerät unsere Patientin in Bewegung. Sie verzichtet auf ihren
Daumen, um Platz für ein breites Grinsen zu schaffen, bei dem sie
sämtliche Zähne zeigt. Ihr Gesicht rötet sich, und sie kommt eilig zu
meinem Spielzeugaufbau herüber. Mit einem kräftigen Stoß befördert
sie die Puppe, die die Frau darstellt, hinaus, schlägt die Badezimmertür
zu und läuft zum Spielzeugschrank, um drei blanke kleine Autos zu

holen, die sie in die Garage neben den Mann stellt. Sie hat also meine »Frage« beantwortet: sie will tatsächlich nicht, daß das Spielzeugkind seiner Mutter gibt, was seiner Mutter ist, und sie brennt darauf, dem Vater mehr zu geben als er eigentlich brauchen kann.

Ich staune noch über die Intensität ihres aggressiven Überschwangs, als sie ihrerseits plötzlich von einer völlig andersartigen Reihe von Gefühlen überwältigt scheint. Sie bricht in Tränen und verzweifeltes Gewimmer aus: »Wo ist meine Mammi?« In panischer Hast ergreift sie eine Handvoll Bleistifte von meinem Schreibtisch und läuft ins Wartezimmer. Sie drückt die Stifte der Mutter in die Hand und setzt sich dicht neben sie. Der Daumen kommt wieder in den Mund, das Gesicht des Kindes wird unzugänglich, und ich kann sehen, daß das Spiel vorbei ist. Die Mutter will mir die Stifte zurückgeben, aber ich bedeute ihr, daß ich sie heute nicht brauche. Mutter und Kind gehen.

Eine halbe Stunde später läutet das Telefon. Sie hatten kaum ihre Wohnung erreicht, als das kleine Mädchen seine Mutter fragt, ob es mich am selben Tag noch einmal besuchen kann. Morgen ist ihm nicht bald genug. Mit Zeichen der Verzweiflung besteht es darauf, daß die Mutter mich sofort anruft, um eine Verabredung für denselben Tag zu treffen, damit das Kind mir die Stifte zurückgeben könne. Über das Telefon muß ich dem kleinen Mädchen versichern, daß ich seine gute Absicht hoch schätze, und daß es mir recht ist, wenn es die Stifte bis morgen behält.

Am nächsten Tag sitzt Anni zur vereinbarten Zeit neben ihrer Mutter im Warteraum. In der einen Hand hält sie die Bleistifte – unfähig, sie mir zu überlassen. Mit der anderen umklammert sie einen kleinen Gegenstand. Sie zeigt keine Neigung, mit mir zu kommen. Plötzlich wird eindeutig bemerkbar, daß sie sich eingeschmutzt hat. Als sie hochgenommen wird, um zur Toilette gebracht zu werden, fallen die Bleistifte auf den Boden und mit ihnen der Gegenstand aus der anderen Hand. Es ist ein winziges Spielzeughündchen, dessen eines Bein abgebrochen ist.

Ich muß hier ergänzen, daß zu jener Zeit ein Nachbarshund im Leben des Kindes eine Rolle spielte. Auch dieser Hund schmutzt ein; aber er wird dafür geschlagen, das Kind wird es nicht. Und dieser Hund war ebenfalls kürzlich von einem Auto überfahren worden, nur hatte er dabei ein Bein verloren. Ihr Freund in der Tierwelt ist also in vielem wie sie – nur noch viel mehr so! Und es geht ihm viel schlechter. Erwartet sie, ebenso bestraft zu werden?

Ich habe hier die Umstände einer Spielsituation und eines infantilen Symptoms geschildert. Ich will nicht weiter auf die Relativitäten und Relevanzen eingehen, die zu der geschilderten Situation führten; ich will auch nicht darstellen, wie der tote Punkt schließlich in der Zusammenarbeit mit den Eltern und dem Kind überwunden wurde. Ich verstehe und teile das Bedauern mancher Leser, daß wir hier nicht in der Lage sind, den therapeutischen Prozeß und das weitere (und bessere) Leben dieses Kindes zu verfolgen. Statt dessen muß ich den Leser bitten, diese Episode als »Musterbeispiel« hinzunehmen und sie mit mir zu analysieren.

Das kleine Mädchen war nicht aus eigenem freien Willen zu mir gekommen. Es hatte sich nur von seiner Mutter bringen lassen, derselben Mutter, gegen die allem Anschein nach seine Verstimmung sich richtete. Nachdem es einmal in meinem Zimmer war, hatte mein wortloses Spiel es offensichtlich für einen Augenblick vergessen lassen, daß seine Mutter im Vorraum saß. War es in vielen Stunden nicht in Worten hätte sagen können, konnte es innerhalb weniger Minuten nicht-verbaler Kommunikation ausdrücken: es »haßte« seine Mutter und »liebte« seinen Vater. Aber nachdem es dies ausgedrückt hatte, mußte es wohl etwas ähnliches erlebt haben, wie Adam, als er die Stimme Gottes hörte: »Adam, wo bist Du?« Es war gezwungen, für seine Tat zu sühnen, denn es liebte seine Mutter doch auch und brauchte sie. Gerade in seiner Panik aber tat das kleine Mädchen zwanghaft, was ambivalente Menschen immer tun: während sie sich anschicken, einer Person Genugtuung zu leisten, kränken sie »aus Versehen« eine andere. So nahm sie meine Stifte, um die Mutter zu beschwichtigen, und wollte dann die Mutter zwingen, ihr zu helfen, Wiedergutmachung zu leisten.

Am nächsten Tage war der Eifer des Kindes, sich mit mir zu versöhnen, gelähmt. Ich vermute, ich war jetzt der Verführer geworden, der Kinder dazu bringt, in unbewachten Momenten zu verraten, was niemand wissen oder sagen soll. Kinder zeigen immer derartige Reaktionen, wenn sie das erste Mal geheime Gedanken zugegeben haben. Wenn ich es nun ihrer Mutter sagte? Und wenn ihre Mutter sich weigerte, sie nochmals zu mir zu bringen, so daß sie ihre unbedachten Handlungen nicht wieder gut machen konnte? So weigerte sie sich überhaupt zu handeln und ließ ihre Symptome sprechen.

Einschmutzen stellt einen Konflikt der Sphinkteren dar, ein anales und urethrales Problem. Wir wollen diesen Aspekt der Situation als *zonalen* Aspekt bezeichnen, da er eine *Körperzone* betrifft. Bei näherer

Betrachtung wird aber deutlich, daß das Verhalten dieses Kindes, selbst wo es nicht anal im Zonensinn ist, die Qualität eines Sphinkterproblems hat. Man könnte fast sagen, daß das ganze kleine Mädchen ein vielfacher Schließmuskel geworden ist. Sowohl im Gesichtsausdruck, wie in seiner emotionalen Kommunikation verschließt es sich meistens, um sich selten und krampfhaft zu öffnen. Als wir ihm eine Spielsituation anbieten, damit es sich in deren »Unwirklichkeit« preisgeben und enthüllen kann, vollführt es zwei Akte: es schließt in heftiger Abwehr die Badezimmertür des Puppenhauses, und es schenkt in manischer Freude dem Puppenvater drei blanke Autos. Immer tiefer verstrickt in den Widerspruch der einfachen Daseinsweisen (Modalitäten) des Gebens und Nehmens, gibt es der Mutter, was es mir weggenommen hat und möchte dann verzweifelt mir zurückgeben, was es seiner Mutter gab. Wieder bei mir, halten seine verkrampften kleinen Hände Stifte und Spielzeug fest, aber lassen sie plötzlich fallen, als ebenso plötzlich der Schließmuskel selbst seinen Inhalt freigibt.

Offensichtlich also fällt dieses kleine Mädchen, das unfähig scheint, das Problem zu meistern, wie man gibt, ohne zu nehmen (vielleicht: wie man den Vater liebt, ohne die Mutter zu berauben), auf einen automatischen Wechsel zwischen retentiven und eliminativen Akten zurück. Diesen Wechsel zwischen Zurückhalten und Gehenlassen, zwischen Behalten und Hergeben, zwischen Sich-Öffnen und Schließen wollen wir den *modalen* Aspekt der Situation nennen. Die anal-urethralen Schließmuskeln stellen also die anatomischen Modelle für die *retentiven und eliminativen* Seinsweisen dar, die ihrerseits eine große Vielfalt an weiteren Verhaltensweisen charakterisieren können, die gemäß einer augenblicklich weitverbreiteten klinischen Gewohnheit (und ich glaube, einer schlechten Gewohnheit) als »anal« bezeichnet werden.

Die gleiche Beziehung zwischen Zone und Modus konnte bei diesem Kind in seinen Momenten ausgesprochener Babyhaftigkeit beobachtet werden. Wenn es von dem Organmodus »Inkorporieren« (Einverleiben) beherrscht ist, wird es ganz Mund und Daumen, als ob durch diesen Kontakt zwischen seinen eigenen Körperteilen ihm Milch des Trostes zuflösse. Aber wenn sie aus diesem Rückzug in sich selbst wieder herauskommt, kann die junge Dame tatsächlich recht munter werden, die Mutterpuppe mit Fußtritten traktieren und die Autos mit glühendem Gesicht und kehligem Lachen an sich drücken. Von der retentiv-eliminativen Position scheint also ein Weg der Regression weiter nach innen (sozial) und rückwärts (entwicklungsmäßig) zu führen, während ein progressiver und aggressiver Weg nach außen und vorwärts führt, zu einer Initiative hin, die aber sofort Schuldgefühle verursacht. Dies umschreibt nun jene Art von erschwerter Krise, in der ein Kind oder eine Familie unter Umständen Hilfe brauchen.

Die Wege einer derartigen Regression und Progression sind das Thema unseres Kapitels. Ich möchte, um weiterhin die systematische Beziehung zwischen Zonen und Modi zu demonstrieren, eine zweite Episode darstellen, die diesmal einen kleinen Jungen betrifft.

Man hatte mich darüber unterrichtet, daß Peter sich angewöhnt hatte, seine Entleerung zurückzuhalten – zuerst jeweils für ein paar Tage, aber in letzter Zeit bis zu einer Woche. Man hatte mich dringend um Eile gebeten, als Peter, zusätzlich zu einer Wochenportion Fäces noch einen großen Einlauf in seinen kleinen vierjährigen Körper aufgenommen und dort zurückgehalten hatte. Er sah tatsächlich elend aus und stützte, als er sich unbeobachtet glaubte, seinen aufgetriebenen Leib gegen eine Wand. Sein Kinderarzt war zu der Überzeugung gekommen, daß diese Leistung nicht ohne energische Unterstützung von der emotionellen Seite her zustande kommen konnte, obwohl er vermutete, was sich später röntgenologisch bestätigte, daß der Junge zu diesem Zeitpunkt ein vergrößertes Kolon entwickelt hatte. Obgleich eine Neigung zu einer Kolondehnung ursprünglich an der Symptomentstehung beteiligt sein mochte, war das Kind zweifellos von einem Konflikt gelähmt, den es nicht in Worten ausdrücken konnte. Der lokale physiologische Zustand mußte später mit Diät und Übung angegangen werden. Vorerst einmal schien es dringend notwendig, so schnell als möglich den Konflikt zu erkennen und eine Kommunikation mit dem Kind herzustellen, um seine Mitarbeit zu gewinnen.

Es war meine Gewohnheit, ehe ich mich entschied, die Behandlung eines Familienproblems zu übernehmen, eine Mahlzeit mit der Familie in ihrer Wohnung einzunehmen. Ich wurde meinem zukünftigen kleinen Patienten als Bekannter der Eltern vorgestellt, der gerne die ganze Familie kennenlernen wollte. Der kleine Junge war eines jener Kinder, die mich daran zweifeln lassen, ob es eigentlich klug ist, sich Kindern gegenüber auch nur im geringsten zu verstellen. Als wir uns zu Tisch setzten, sagte er in ausgesprochen gekünsteltem Ton zu mir: »Sind Träume nicht merkwürdig?« Während seine älteren Brüder schnell und mit erquickendem Appetit aßen und dann in den Wald hinterm Haus verschwanden, improvisierte er fast fieberhaft eine Reihe spielerischer Bemerkungen, die, wie wir gleich sehen werden, seine vorherrschenden und beunruhigenden Phantasieinhalte verrieten. Es ist bezeichnend für die Ambivalenz solcher Sphinkterprobleme, daß die Patienten geradezu besessen eben das Geheimnis preisgeben müssen, das so mühevoll in ihren Eingeweiden zurückgehalten wird. Ich möchte hier einige von Peters träumerischen Bemerkungen, zusammen mit meinen stillen Überlegungen während und nach der Mahlzeit aufzählen: »Ich wollte, ich hätte einen kleinen Elefanten hier in meinem Haus. Aber dann würde er wachsen und wachsen und würde mein Haus zerplatzen.« In diesem Augenblick ißt der Junge gerade, was wohl bedeutet, daß sein Inneres bis zum Zerreißpunkt anschwillt.

»Schau mal die Biene – die möchte den Zucker in meinem Bauch kriegen.« »Zucker« klingt euphemistisch, aber er übermittelt die Vorstellung, daß der Junge etwas Kostbares in seinem Bauch hat und daß jemand es darauf abgesehen hat.

»Ich hab was Schlimmes geträumt. Ein paar Affen sind an dem Haus 'rauf und 'runtergeklettert und haben versucht, 'reinzukommen und mich zu kriegen.« Die Bienen wollten an den Zucker in Peters Bauch, nun wollen die Affen in sein Haus und an ihn gehen. Zunehmendes Essen in seinem Bauch – wachsendes Elefantenbaby im Haus – Bienen, die in seinem Bauch den Zucker wollen – Affen, die im Haus hinter ihm her sind.

Nach dem Essen gab es Kaffee im Garten. Peter setzte sich unter einen kleinen Tisch, zog die Stühle heran, als wollte er sich verbarrikadieren und sagte: »Jetzt bin ich in meinem Zelt, und die Bienen können nicht an mich heran.« Wieder ist er innerhalb einer Schutzmauer und wird von eindringenden Tieren bedroht.

Nachher zeigte er mir sein Zimmer. Ich bewunderte die Bilderbücher und sagte: »Zeig mir das Bild, das Du am liebsten hast, in dem Buch, das Du am liebsten magst.« Ohne Zögern brachte er ein Bild, auf dem ein Lebkuchenmann im Wasser auf den offenen Rachen eines schwimmenden Wolfes zutrieb. Aufgeregt meinte er: »Der Wolf frißt gleich den Lebkuchenmann, aber das tut dem nicht weh, denn (laut) *der ist nicht lebendig* und Essen kann nicht spüren, wenn mans ißt!« Ich stimmte ihm völlig zu, während ich gleichzeitig überlegte, daß die spielerischen Bemerkungen des Jungen in der Vorstellung zusammenliefen, daß, was immer sich in seinem Bauch angesammelt hatte, lebendig sei, und daß die Gefahr bestand, daß es entweder ihn, den Jungen,

»zerplatzte«, oder daß es selbst verletzt würde. Um diesen meinen Eindruck nachzuprüfen, bat ich ihn, mir das Bild aus irgend einem anderen Buch zu zeigen, das ihm am nächtsbesten gefiel. Er brachte sofort ein Buch mit dem Titel »Die kleine Lokomotive, die es konnte«, und suchte nach einer Seite, die einen rauchenden Zug zeigte, der in einen Tunnel hineinfuhr, während er auf der nächsten Seite wieder herauskam – ohne Rauch. »Siehst Du«, sagte Peter, »der Zug ist in den Tunnel hineingefahren und im Dunkeln ist er totgegangen!« Etwas Lebendiges ging in einen dunklen Durchgang und kam tot daraus hervor. Ich zweifelte nicht mehr daran, daß der kleine Junge in einer phantastischen Vorstellung lebte, wonach er mit irgend etwas Kostbarem und Lebendigem angefüllt war; wenn er es festhielt, würde es ihn zersprengen, wenn er es losließ, konnte es tot oder verletzt herauskommen. Mit anderen Worten: er war schwanger.

Der Patient bedurfte der unmittelbaren Hilfe durch Deutung. Ich möchte klarstellen, daß ich nichts davon halte, arglosen Kindern sexuelle Aufklärungen aufzudrängen, ehe eine zuverlässige Beziehung hergestellt ist. Hier aber fühlte ich, daß experimentelles Handeln geboten war. Ich kam auf seine Liebe für kleine Elefanten zurück und schlug vor, gemeinsam Elefanten zu zeichnen. Nachdem wir eine gewisse Übung darin erreicht hatten, alle äußeren Anhängsel und Zubehöre einer Elefantendame und mehrerer Elefantenbabys zu zeichnen, erkundigte ich mich, ob er wisse, woher die Elefantenbabys kämen. Gespannt kam die Antwort: »Nein«, – obwohl ich durchaus den Eindruck hatte, daß er mich damit nur herausfordern wollte. So zeichnete ich, so gut ich konnte, einen Querschnitt der Elefantendame samt ihrer inneren Einrichtungen, wobei ich ganz deutlich machte, daß es zwei Ausgänge gebe – einen für den Darm und einen für die Babys. »Das wissen manche Kinder nicht«, sagte ich, »sie denken, daß die Entleerungen und die Babys bei Tieren und Frauen aus der selben Öffnung herauskommen.« Ehe ich mich über die Gefahren verbreiten konnte, die man bei so mißverstandenen Verhältnissen erwarten durfte, erzählte er mir sehr aufgeregt, daß seine Mutter, als sie mit ihm schwanger war, einen Gürtel gebraucht habe, damit er nicht herausfiele, wenn sie auf dem Klosett saß – und daß er für ihre Öffnung zu groß gewesen sei, so daß man einen Schnitt in ihren Bauch machen mußte, um ihn herauszulassen. Ich hatte tatsächlich nicht gewußt, daß er durch Kaiserschnitt zur Welt gekommen war, aber nun zeichnete ich ihm den Aufriß einer Frau und stellte dasjenige richtig, was er von den Erklärungen seiner Mutter behalten hatte. Ich fügte hinzu, daß es mir so vorkomme, als meine er, er sei schwanger. Obwohl das in Wirklichkeit ja unmöglich sei, sei es doch wichtig, die Gründe seiner Phantasien zu verstehen; wie er wohl gehört habe, sei es mein Beruf, die Gedanken der Kinder zu verstehen und wenn er wolle, würde ich morgen wiederkommen, um unsere Unterhaltung fortzusetzen. Er wollte; und nachdem ich fortgegangen war, produzierte er eine übermenschliche Entleerung.

Es bestand kein Zweifel, daß dieser Junge, nachdem einmal sein Bauch von zurückgehaltenen Fäces aufgetrieben war, auf den Gedanken gekommen war, schwanger zu sein und nun Angst entwickelte, »loszulassen«, da er sich oder »das Baby« verletzen könnte. Was hatte ihn aber zuerst veranlaßt, seine Fäces zurückzuhalten? Was hatte zu diesem Zeitpunkt bei dem Kind einen emotionellen Konflikt hervorgerufen, der seinen Ausdruck in der Retention und der Schwangerschaftsphantasie fand? Der Vater des Jungen gab mir den Schlüssel zu der unmittelbaren Ursache des Stillstands bei dem Kind. »Wissen Sie«, meinte er, »der Junge fängt an, genau wie Myrtle auszusehen.« »Wer ist Myrtle?« »Sie war zwei Jahre lang sein Kindermädchen und ist vor drei Monaten gegangen.« »Kurz bevor seine Symptome so viel schlimmer wurden?« »Ja.«

Peter also hatte eine wichtige Person aus seinem Leben verloren: sein Kindermädchen. Ein Mädchen aus Asien mit sanfter Stimme und weichen Händen, war sie Jahre hindurch sein größter Trost gewesen, wenn die Eltern abwesend waren. Beide standen nämlich im Beruf. Er hatte nun in den letzten Monaten angefangen, das Mädchen auf wilde, bubenhafte Art anzugreifen, und sie schien seine entschieden »männliche« Annäherungsweise im Stillen zu billigen und sogar zu genießen. In ihrem Heimatland galt ein solches Verhalten nicht als befremdlich, sondern war durchaus die Regel. Dort allerdings hatte es als Teil einer Gesamtkultur seinen Sinn. Peters Mutter aber konnte, wie sie zugab, das Gefühl nicht ganz unterdrücken, daß an der plötzlichen Männlichkeit des Jungen und der Art, wie sie sich Myrtle gegenüber manifestieren durfte, etwas grundlegend verkehrt sei; und tatsächlich paßte es auch nicht ganz in *ihre* Kultur. Es wurde ihr plötzlich bewußt, daß sie ihr Kind einer Fremden zur Erziehung überlassen hatte, und sie beschloß, es nun selbst wieder zu übernehmen. So war es in einer Periode keimender, provozierter und plötzlich mißbilligter Männlichkeit, in der das Mädchen fortging. Ob es selbst gekündigt hatte oder weggeschickt wurde, war für das Kind kaum wichtig. Was zählte war, daß er also einer sozialen Klasse angehörte, die bezahlte Ersatzmütter anderer Rassen oder Klassen beschafft. Vom Standpunkt des Kindes aus wirft diese Situation eine Reihe von Problemen auf. Hast du deine Ersatzmutter gerne, so wird dich deine richtige Mutter häufiger und mit leichterem Gewissen verlassen. Lehnst du sie nur leise ab, so wird dich deine Mutter mit leisen Gewissensbissen verlassen. Magst du sie gar nicht, und kannst überzeugende Szenen heraufbeschwören, so wird deine Mutter sie wegschicken – nur um jemand ähnlichen oder schlimmeren anzustellen. Und wenn du sie zufällig sehr gerne hast – auf deine eigene Weise oder auf ihre eigene Weise, – so wird deine Mutter sie ganz bestimmt früher oder später wegschicken.

In Peters Fall kam zu der Verletzung die Kränkung durch einen Brief von dem Mädchen, das von seinem Zustand gehört hatte und nun ihr bestes tat, um ihm zu erklären, warum es fortgegangen war. Ursprünglich hatte sie ihm erzählt, daß sie heiraten wolle, um ein eigenes Baby zu haben. Angesichts der Gefühle des Jungen war das schon schlimm genug. Nun teilte sie ihm mit, daß sie statt dessen eine andere Stelle angenommen habe. Sie schrieb: »Siehst Du, ich gehe immer zu einer neuen Familie, wenn das Kind, für das ich sorge, zu groß wird. Ich pflege am liebsten Babys.« Hier geschah dem Jungen nun etwas. Er hatte versucht, ein großer Bub zu sein. Sein Vater war ihm dabei keine große Hilfe gewesen, da er häufig verreist war, präokkupiert von einer Beschäftigung, die zu kompliziert war, um sie seinem Sohn zu erklären. Die Mutter hatte ihn fühlen lassen, daß sein männliches Verhalten, in der Form, wie das Kindermädchen sie angeregt oder doch gebilligt hatte, unannehmbar sei. Das Mädchen selbst hatte kleine Kinder lieber.

So »regredierte« er. Er wurde babyhaft und abhängig und in der verzweifelten Angst, noch mehr zu verlieren, *hielt er fest.* Das hatte er früher schon einmal getan: vor langer Zeit, als Baby, hatte er seinen ersten Trotz demonstriert, indem er das Essen im Munde behielt. Später, als man ihn auf die Toilette setzte und verlangte, daß er nicht aufstehen solle, ehe er fertig sei, wurde er weder fertig noch stand er auf – bis seine Mutter ihre Versuche aufgab. Nun also hielt er seine Darmentleerungen zurück – und vieles andere, denn er wurde auch schmallippig, ausdruckslos und steif. All das war natürlich ein einziges Symptom mit einer Vielzahl untereinander verknüpfter Bedeutungen. Die einfachste Bedeutung war: ich halte fest, was ich habe, und ich will mich nicht mehr bewegen, weder vorwärts noch rückwärts. Aber wie wir aus seinem Spiel erkannten, konnte das Objekt seines Festhaltens in verschiedener Weise gedeutet werden. Offenbar hatte er zuerst, als er noch glaubte, daß die Pflegerin ein Kind erwarte, sie festzuhalten versucht, indem er selbst die Pflegerin wurde und vorgab, auch schwanger zu sein. Seine gleichzeitige allgemeine Regression demonstrierte, daß auch er ein Baby sei, und also ebenso klein wie irgend eines der Kinder, denen die Pflegerin sich zugewendet hatte. Freud nennt diesen Vorgang die *Überdeterminierung* der Bedeutung eines Symptoms. Die überdeterminierten Einzelpunkte sind aber immer miteinander systematisch verknüpft: der Knabe identifiziert sich mit *beiden Partnern einer verlorenen Beziehung;* er ist die schwangere Pflegerin und das kleine Kind, das sie früher liebte. Identifizierungen, die aus Verlusten erwachsen, nehmen solche Formen an. Wir werden die verlorene Person und wir werden wieder die Person, die wir waren, als die Beziehung in Blüte stand. Dieser Vorgang erklärt vieles, was uns an scheinbar widerspruchsvoller Symptomatologie begegnet.

Wir können aber erkennen, daß hier die *Retention* der Modus ist und der Ausscheidungstrakt die Modellzone, die dazu verwendet wird, das Zurückhalten, das Festhalten und das Einhalten zu dramatisieren. Nachdem es einmal so aussah, als trage er tatsächlich das Äquivalent eines kleinen Kindes in sich, fiel ihm wieder ein, was seine Mutter über seine Geburt erzählt hatte und über die Gefahren für Mutter und Kind. Er durfte also nicht loslassen.

Die Deutung dieser Angst hatte eine dramatische Besserung zur Folge, die das unmittelbare Mißbehagen und die Gefahr löste und die gehemmte Autonomie und knabenhafte Initiative des Kindes freisetzte. Aber nur eine Kombination diätetischer und gymnastischer Maßnahmen, zusammen mit vielen Besprechungen mit Mutter und Kind, konnte schließlich eine Reihe leichterer Rückfälle überwinden.

2. Libido und Aggression

Wir haben zwei pathologische Episoden kennengelernt, eine aus dem Leben eines Mädchens und eine aus dem eines Knaben. Die Ereignisse wurden wegen ihrer klaren und durchschaubaren Struktur ausgewählt. Aber was für Gesetzmäßigkeiten sind es, die derartige Vorkommnisse erklären könnten?

Freud und die frühen Analytiker wiesen als erste auf die psychologisch unerforschten Regionen und Körperöffnungen als Zonen vitaler Bedeutung für emotionale Gesundheit und Krankheit hin. Natürlich beruhten ihre Theorien auf Beobachtungen an erwachsenen Patienten. Es lohnt sich vielleicht, kurz zu zeigen, inwieweit ein erwachsener Patient, der psychoanalytisch beobachtet wird, Analogien für das bietet, was wir bei unseren kindlichen Patienten sahen.

Die neurotische »Analität« eines Erwachsenen kann zum Beispiel in einer übertriebenen rituellen Beschäftigung mit den Entleerungsfunktionen unterm Deckmantel exakter Hygiene zum Ausdruck kommen, oder in einem allgemeinen Bedürfnis nach absoluter Ordnung, Reinlichkeit und Pünktlichkeit. Mit anderen Worten: solch ein Patient würde eher anti-anal als anal erscheinen; er wäre sowohl einer verlängerten Retention, als auch unkontrollierter Entleerung abgeneigt. Aber gerade seine antianalen Vermeidungen würden ihn schließlich veranlassen, mehr Energie und Gedanken an anale Angelegenheiten zu wenden, als zum Beispiel ein durchschnittlicher Mensch, der eine leise Tendenz hat, Entleerungsbefriedigungen zu genießen oder zu verwerfen. Die Konflikte solch eines Patienten über die Modi der Retention und Elimination können in einer allgemeinen übermäßigen Gehemmtheit zum Ausdruck kommen, die sich nun fest in seinem Charakter verankert hat. Solch ein Mensch wäre außerstande loszulassen: nur unter sorgfältig ritualisierten Bedingungen könnte er seine Zeit, sein Geld, seine Zuneigung (in welcher Reihenfolge auch immer) verausgaben. Die Psychoanalyse aber würde zeigen, daß er bestimmten Personen gegenüber mehr oder weniger bewußte, eigentümlich schmutzige Phantasien und gewalttätig-feindselige Wünsche nach totaler Entleerung hegt – besonders gegenüber ihm Nahestehenden, die genötigt sind, Ansprüche auf seine inneren Schätze zu erheben. Mit anderen Worten, er würde sich als höchst ambivalent in seinen Liebesbeziehungen erweisen und häufig als der Tatsache völlig unbewußt, daß die vielen willkürlich gesetzten Vorschriften und Verbote, die seine persönlichen Hemmungen schützen, zu gleicher Zeit autokratische Versuche darstellen, andere zu beherrschen. Während seine Akte retentiver und passiver Feindseligkeiten ihm selbst und seinen erwählten Opfern häufig nicht zum Bewußtsein kommen, wird er doch ständig getrieben sein, etwas, das er tatsächlich nur in der Phantasie getan hat, wieder ungeschehen zu machen, Genugtuung zu leisten, etwas wieder gut zu machen. Aber gerade so wie das kleine Mädchen, das versucht hatte, sein Festhalten und sein Hergeben ins Gleichgewicht zu bringen, verstrickt er sich nur immer tiefer in Konflikte. Und gerade wie dieses

Kind würde auch der erwachsene Zwangskranke ein eigensinniges Bedürfnis nach Strafe zeigen, weil es seinem Gewissen – und er hat ein eigentümlich strenges Gewissen – leichter erscheint, bestraft zu werden, als im Geheimen zu hassen und dabei frei auszugehen. Es schiene ihm leichter, weil sein egozentrischer Haß es ihm unmöglich macht, den erlösenden Kräften der Gegenseitigkeit zu vertrauen. Was beim Kind noch frei für vielfältigen Ausdruck und für eine Fortentwicklung ist, das ist so beim Erwachsenen zum fixierten Charakter geworden.

Freud fand bei der Rekonstruktion der Frühgeschichte solcher Fälle regelmäßig Krisen der Art, wie unsere kindlichen Patienten sie in statu nascendi demonstrieren. Ihm verdanken wir die erste konsequente Theorie, die die Tragödien und Komödien rings um die Körperöffnungen systematisch erfaßt. Mit der Entwicklung dieser Theorie widerlegte er mit einem Schlag die ganze Unaufrichtigkeit und künstliche Vergeßlichkeit seiner Zeit, die die gesamten »niedrigen« Funktionen ins Bereich der Scham, fragwürdiger Witze und morbider Phantasien verbannt hatte. Er sah sich zu dem Schluß gezwungen, daß diese Tragödien und Komödien wesentlich sexueller Natur seien und entschloß sich, sie dementsprechend darzustellen. Er erkannte, daß Neurotiker und Perverse nicht nur in ihren Haltungen gegenüber ihren Mitmenschen infantil sind, sondern daß sie auch regelmäßig in ihrer genitalen Sexualität gestört sind und zu offenen oder versteckten Befriedigungen und Lustgewinnen aus anderen als den genitalen Körperzonen tendieren. Außerdem stehen alle ihre sexuellen Störungen ebenso wie ihre soziale Infantilität in systematischer Beziehung zu ihrer frühen Kindheit und insbesondere zu Zusammenstößen zwischen kindlichen Körperimpulsen und den unerbittlichen Erziehungsmethoden der Eltern. Er schloß daher, daß bestimmte Zonen der Lustbefriedigung während aufeinanderfolgender Kindheitsphasen mit *Libido* ausgestattet sind, einer Energie, die vor Freud nur dann offiziell und wissenschaftlich als *sexuell* anerkannt wurde, wenn sie, am Ende der Kindheit, *genital* wurde. Freud kam zu dem Schluß, daß reife genitale Sexualität das Endprodukt einer infantilen Sexualentwicklung ist, die er dementsprechend *Prägenitalität* nannte. Der soeben beschriebene Zwangsneurotiker war daher für Freud ein Individuum, das auf einer Phase seiner infantilen Sexualität fixiert oder teilweise dorthin regrediert war, eine Phase, die er die *anal-sadistische* nannte[1].

[1] Sigmund Freud, Drei Abhandlungen zur Sexualtheorie, Gesammelte Werke, V (1905), Imago, London.

Ähnlich erwiesen sich andere emotionale Leiden als Fixierungen an oder Regressionen auf andere infantile Zonen und Phasen. Süchtige zum Beispiel sind, wie einst der Säugling, abhängig von der Einverleibung von Substanzen durch den Mund oder die Haut, die ihnen sowohl das Gefühl körperlicher Sättigung als auch gefühlsmäßiger Erfüllung vermitteln. Aber sie sind sich nicht bewußt, daß sie sich danach sehnen, wieder Säuglinge zu sein. Nur wenn sie jammern und prahlen und Ansprüche stellen, werden ihre enttäuschten säuglingshaften Seelen sichtbar.

Manisch-depressive Patienten andererseits erleben sich als hoffnungslos oder auch als angefüllt mit etwas Bösem und Feindlichem, das zerstört werden muß – oder dann wieder so durchtränkt von plötzlicher Güte, daß ihr Machtgefühl, ihr Überschwang keine Grenzen kennt und keine Beschränkungen duldet. Dabei kennen sie weder die Quelle noch das Wesen all dieser inneren Gutheit und Schlechtigkeit.

Hysteriker, soweit sie Frauen sind, verhalten sich so, als wären sie sonderbar hingeopfert, angegriffen und abgestoßen von Dingen, und doch tief fasziniert von ihnen: während sie genital frigide sind, sind sie doch beständig mit Ereignissen beschäftigt, die bei näherer Analyse die hinnehmende Rolle der Frau dramatisieren. Unbewußt sind sie von ihrer sexuellen Rolle besessen, obwohl (oder weil) diese weit zurück in ihrer Kindheit einmal unannehmbar geworden ist. Allen diesen gequälten Menschen also, seien es Süchtige, Depressive oder Gehemmte, ist es irgendwie mißlungen, die eine oder andere der infantilen Phasen zu integrieren, und sie wehren sich nun selbst gegen diese infantilen Verhaltensweisen – eigensinnig, erschöpfend, erfolglos.

Andererseits gibt es für jede Unterlassung durch Verdrängung eine korrespondierende Ausübung durch Perversion. Da gibt es jene Erwachsenen, die ohne jede Verhüllung der ursprünglichen infantilen Verhaltensweise die vollständigste sexuelle Befriedigung, deren sie überhaupt fähig sind, durch aktive oder passive Reizung des Mundes erleben. Da gibt es jene, die den Anus jeder anderen Körperöffnung vorziehen, die sich für den Geschlechtsverkehr anbietet. Und da gibt es Pervertierte, die am liebsten Genitalien ansehen oder ihre eigenen zur Schau stellen; und jene, die ihre Genitalien impulsiv promiskuös anwenden möchten, um rein sadistisch andere menschliche Wesen »zu besitzen«.

Nachdem Freud schließlich die systematische Beziehung zwischen den sexuellen Akten, die der Neurotiker unbewußt ersehnt und den Akten,

die der Perverse unverhüllt ausübt, erfaßt hatte, konnte er in der
Errichtung der Struktur seiner Libidotheorie weitere Fortschritte machen. Libido also ist jene sexuelle Energie, mit der andere Zonen als
die Genitalien in der Kindheit besetzt sind, und die die vitalen Funktionen, wie Nahrungsaufnahme, Verdauungsregulierung und motorische Bewegung mit spezifischer Lust intensiviert. Erst nachdem eine
bestimmte Reihe solch prä-genitaler Verwendungen der Libido erfolgreich durchlaufen ist, reift die Sexualität des Kindes zu einer kurz-
lebigen, infantilen Genitalität heran, die sofort wieder mehr oder
weniger »latent«, transferiert und abgelenkt werden muß. Denn der
genitale Apparat ist noch unausgereift und die ersten Objekte der
unausgereiften sexuellen Begierde bleiben durch universell gültige
Inzest-Tabus für immer unerreichbar.

Was die Überreste prägenitaler Wünsche anbelangt, so gestatten alle
Kulturen ein gewisses Maß an nicht-genitalen Sexualspielen, die als
Perversion nur dann bezeichnet werden sollten, wenn sie sich anschik-
ken, die Vorherrschaft der echten Genitalität zu verdrängen und zu
ersetzen. Eine beträchtliche Menge der prägenitalen Libido aber wird
sublimiert – d. h. sie wird von sexuellen auf nichtsexuelle Ziele abge-
leitet. So kann z. B. ein Teil der kindlichen Neugierde bezüglich der
»Vorgänge« im Körperinneren der Mutter zu einem Interesse am Funktionieren von Maschinen und chemischen Experimenten beitragen, oder
der Schüler mag eifrig an den »Brüsten der Weisheit« saugen, wo er
einst greifbarere Nahrung aus sinnennaheren Gefäßen suchte; oder er
kann alle möglichen Dinge in allen möglichen Behältnissen sammeln,
statt seinen Darm zu überladen. In den prägenitalen Strebungen, die
verdrängt statt durchlebt und erledigt, sublimiert oder zum Sexualspiel
zugelassen werden, sah Freud die wichtigste Quelle neurotischer
Spannung.

Die erfolgreichsten Sublimierungen sind natürlich Bestandteil und
Grundelement aller kulturellen Bemühungen und als sexuelle Derivate
nicht mehr erkennbar. Nur wo die Beschäftigung damit zu angestrengt,
zu bizarr, zu ausschließlich wird, kann der sexuelle Ursprung solcher
Strebungen beim Erwachsenen erkennbar werden. An diesem Punkt ist
die Sublimierung aber schon nahe an die Grenze des Zusammenbruchs
gelangt, und war vermutlich von Anfang an nicht echt. Hier nun
wurde Freud, der Arzt, zum Kritiker seines Zeitalters: der Vikto-
rianischen Epoche. Er kam zum Schluß, daß die Gesellschaft in ihrer
Forderung nach unmöglichen Sublimierungsleistungen zu blind auto-

kratisch auftritt. Eine gewisse sexuelle Energie allerdings muß und kann sublimiert werden. Darum gib der Gesellschaft unter allen Umständen was ihr zusteht; aber zuerst einmal gib dem Kinde jene libidinöse Lebenskraft, die lohnende Sublimierungen überhaupt erst ermöglicht.

Nur derjenige, der sich speziell mit den extremen Verworrenheiten psychischer Störungen, aber auch mit den recht verbreiteten bizarren Charaktertendenzen beschäftigt, kann voll ermessen, welch klares und vereinfachendes Licht die Libidotheorie in diese dunklen Abgründe brachte, die Theorie einer beweglichen sexuellen Energie, die zu den »höchsten«, wie zu den »niedersten« Formen menschlicher Strebungen beiträgt – und oft zu beiden Formen zu gleicher Zeit.

Es bleiben aber noch immer weitreichende theoretische und terminologische Probleme zu lösen. Fest entschlossen, seine Aufmerksamkeiten den wirklich entscheidenden Problemen der Psychologie zuzuwenden, fand Freud, daß die Wiederentdeckung der Sexualität das nächstliegende und wichtigste Problem war. Hier stellte sich die Aufgabe, eine historische Lücke mit Hilfe einer Terminologie zu überbrücken, die sonderbar aus alter Weisheit und modernem Denken gemischt ist. Da ist z. B. der Ausdruck: Hysterie. Die Griechen hatten angenommen (oder hatten zumindest ihre Vorstellungen in einer Form ausgedrückt, die zu sagen schien), daß die Hysterie der Frau durch das Losreißen des Uterus von seiner Verankerung verursacht würde: er wandert dann im Körper umher, zwickt hier und verstopft dort. Für Freud bedeutete das natürlich nicht ein reales Organ, sondern vielmehr eine genitale Vorstellung, die von ihrem Ziel dissoziiert ist und eine Blockierung der libidinösen Versorgung der Genitalien verursacht (Frigidität). Die libidinöse Versorgung konnte auf dem Wege irgendeiner symbolischen Assoziation mit infantilen Zonen und Modi konvertiert und räumlich verlagert worden sein. Ein Würgegefühl im Hals kann eine defensive Ausstoßungstendenz am oberen Körperpol ausdrücken, anstatt des genitalen Hungers am unteren Pol. Um die Tatsache auszudrücken, daß die von den Genitalien abgezogene Libidinisierung sich überall auf diese Weise manifestieren kann, benützte Freud die thermodynamische Ausdrucksweise seiner Zeit, den Ausdruck von der »Erhaltung und Umformung von Energie«. Das Ergebnis war, daß vieles, was ursprünglich als Arbeitshypothese gedacht war, nun Ansprüche zu erheben schien, die weder die Beobachtung noch das Experiment auch nur versuchsweise bestätigen konnten. Große Neuerer sprechen immer in den

Analogien und Gleichnissen ihrer Zeit. Auch Freud mußte den Mut aufbringen, das zu akzeptieren, was er selbst seine »Mythologie« nannte und damit zu arbeiten. Echte Einsichten überleben ihre ersten Formulierungen.

Ich habe den Eindruck, als habe Freud mit seiner Formulierung der Libido etwas vollbracht, was dem schöpferischen Werk George Stewarts[2] analog ist. Stewart machte in seinem Buch »Sturm« ein Gewitter zur zentralen Figur seiner Erzählungen. Er schildert Lebenslauf und Persönlichkeit eines Naturereignisses. Es ist, als ob Welt und Menschen nur zum Ruhme dieses Sturmes existieren – ein Blickpunkt, der sich als machtvolle Bereicherung unserer Perspektive überdimensionaler Ereignisse in und um uns erweist. Auch die frühe Psychoanalyse beschreibt die menschlichen Motivationen so, als sei die Libido die primäre Substanz, während die individuellen Ichs nur defensive Puffer und verletzliche Schichten zwischen dieser Primärsubstanz und einer vagen, umgebenden »äußeren Welt« willkürlicher und feindseliger gesellschaftlicher Konventionen seien.

Hier aber übertrifft der Arzt den Autor. Der Arzt lernt es, die Stürme, die er als erster identifizierte und beschrieb, nun auch zu erforschen und ärztlich zu beherrschen. Durch die Darstellung des Lebens der Libido steigerte Freud sowohl unseren theoretischen Scharfsinn als auch unsere therapeutischen Wirkungsmöglichkeiten gegenüber all den Schäden des persönlichen und des Gruppenlebens, die aus der gedankenlos falschen Handhabung der Sinnlichkeit stammen. Ihm war es klar und uns, die wir es mit neuen Gebieten des Seelischen, (dem Ich), mit anderen Arten von Patienten (Kindern, Psychotikern), mit neuen Anwendungsgebieten der Psychoanalyse (auf die Gesellschaft) zu tun haben, wird es immer klarer, daß wir nach dem richtigen Platz der Libidotheorie innerhalb der Gesamtheit der menschlichen Existenz suchen müssen. Während wir immer mehr individuelle Lebensabläufe erforschen sollten, indem wir die möglichen Wechselfälle ihrer Libido verfolgen, müssen wir die Gefahr vermeiden lernen, lebende Menschen in die Rolle von Marionetten eines sagenhaften Eros zu pressen – weder der Therapie noch der Theorie zum Gewinn.

Freud, der Theoretiker, wiederum ging weiter als Freud, der Arzt. Er wollte mehr erreichen als Pathologisches zu erklären und zu heilen. Physiologe durch Neigung und Übung, zeigte Freud, daß die normale

---

[2] George R. Stewart, Storm, Random House, New York 1941.

Sexualität sich in Phasen entwickelt, ein Wachstum, das er in systematische Verbindung mit der gesamten epignetischen Entwicklung des Menschen brachte.

Denn als Freud begann, das Problem der Sexualität zum Ziel seiner Untersuchung zu machen, stellte er fest, daß die damalige Sexualwissenschaft, sowohl die populäre wie die fachliche, die Sexualität als eine neue Entität auffaßte, die im Zeitpunkt der Pubertät als Ergebnis neu einsetzender physiologischer Veränderungen plötzlich in Erscheinung tritt. Die Sexualwissenschaft stand mit ihren Einsichten etwa da, wo im Mittelalter die Embryologie gestanden haben muß, als der Begriff des Homunkulus allgemein akzeptiert wurde, des winzigen, aber völlig ausgebildeten präformierten Menschen, der im Samen des Mannes darauf wartet, in die Gebärmutter einer Frau zu gelangen, um sich dort auszudehnen und dann ins Leben hinauszutreten. Heute versteht die Embryologie die epignetische Entwicklung als schrittweises Wachstum der fötalen Organe. Ich glaube, daß die Freudschen Gesetze des psycho-sexuellen Wachstums am besten in Analogie mit der physiologischen Entwicklung in utero zu verstehen sind.

In der Aufeinanderfolge der Entwicklung hat jedes Organ seinen bestimmten Entstehungsmoment. Dieser Zeitfaktor ist ebenso wichtig wie der Ort der Entstehung. Wenn sich z. B. das Auge nicht im vorgesehenen Zeitpunkt zu entwickeln beginnt, »wird es nie mehr imstande sein, zur völligen Ausbildung zu gelangen, da der Augenblick für das schnelle Heranwachsen eines anderen Teiles dann gekommen sein wird, und dieser die Tendenz hat, die weniger aktive Region zu dominieren und die verspätete Tendenz zur Aug-Ausbildung zu unterdrücken«.[3]

Nachdem das Organ zur rechten Zeit in seine Ausbildung eingetreten ist, bestimmt noch ein weiterer Zeitfaktor das kritischste Stadium seiner Entwicklung. »Ein gegebenes Organ muß während des frühen Stadiums in seiner Entwicklung unterbrochen werden, um völlig unterdrückt oder grob modifiziert zu werden ... Nachdem ein Organ sich erfolgreich aus seiner Anlage entwickelt hat, kann es wohl gelähmt oder zwerghaft werden, aber seine wesentliche Struktur und seine tatsächliche Existenz kann durch eine Unterbrechung des Wachstums nicht mehr zerstört werden.«[4]

---

[3] C. H. Stockard, The Physical Basis of Personality, W. W. Norton & Co., Inc., New York, 1931.
[4] Ebd.

Das Organ, das den Zeitpunkt seines Auftretens versäumt, ist nicht nur als Entität zum Untergang bestimmt, es gefährdet zugleich die gesamte Hierarchie der Organe. »Daher hat die Hemmung eines schnell sich entwickelnden Teiles nicht nur die Tendenz, seine Entwicklung zeitweise zu unterdrücken, sondern die vorzeitige Abgabe der Vorherrschaft an ein anderes Organ macht es dem gehemmten Teil unmöglich, wieder dominierend zu werden, so daß es für dauernd modifiziert bleibt.«[5] Das Ergebnis einer normalen Entwicklung besteht in der richtigen Beziehung von Größe und Funktion zwischen den Körperorganen: die Leber steht im richtigen Größenverhältnis zum Magen und den Därmen, Herz und Lunge sind richtig auf einander abgestimmt, die Kapazität des Gefäßsystems ist genau proportional dem Körper als ganzem. Durch Entwicklungshemmungen können ein oder mehrere Organe unproportional klein bleiben: Das wird die funktionelle Harmonie stören und einen defekten Menschen hervorbringen.

Wenn »das richtige Maß« und »die normale Reihenfolge« gestört sind, kann das Ergebnis ein »monstrum in excessu« oder ein »monstrum in defectu« sein. »Die Tatsache, daß das normale Individuum zwischen diesen beiden willkürlichen Klassen der Abnormität steht, bedeutet nichts anderes, als daß die abnormen Abweichungen einfache Modifikationen der normalen Bedingungen darstellen, die Folge ungewöhnlicher Reduktionen im Entwicklungstempo während bestimmter kritischer Stadien sind.«[6]

Der kritischste Zeitpunkt hinsichtlich möglicher organischer Mißbildungen sind die Monate vor der Geburt. Einmal geboren, hat der Körper sich entweder erfolgreich aus seiner Anlage entwickelt, oder aber kann bald als zu geschädigt für ein integriertes Reifewachstum erkannt werden. Noch ist der Säugling ein »präcerebrales« Bündel, das nur einer langsamen Zunahme von begrenzten Reizarten und Reizintensitäten zugänglich ist und das nunmehr den chemischen Austausch des Mutterschoßes gegen die mütterliche Fürsorge innerhalb des Erziehungssystems seiner Gesellschaft ausgetauscht hat. Wie der reifende Organismus in seiner Entfaltung fortschreitet, indem er nun nicht mehr neue Organe entwickelt, sondern in vorgesetzter Reihenfolge lokomotorische, sensorische und soziale Fähigkeiten ausbildet, wird in der Literatur über die kindliche Entwicklung dargestellt. Die Psychoanalyse hat hierzu das Verständnis für die mehr idiosynkratischen Erfahrungen und Konflikte beigesteuert, durch die ein Individuum zu einer bestimm-

---

[5] Ebd.   [6] Ebd.

ten Person wird. Ob es sich dabei um kulturell anerkannte Gewohnheiten des Kindes handelt, für die Tests entwickelt wurden, da sie
offensichtlich Stufen zu gewissen Fähigkeiten darstellen, oder um
inoffizielle Eigenheiten des Kindes, die das offene Entzücken, oder
eine geheime Sorge der Mütter bilden – in erster Linie muß man sich
darüber im klaren sein, daß das gesunde Kind, wenn es halbwegs
richtig angeleitet wird, in der Reihenfolge dieser Gewohnheiten nur
inneren Entwicklungsgesetzen folgt, den Gesetzen nämlich, die in
seiner vorgeburtlichen Periode ein Organ nach dem anderen entstehen
ließen und die nun eine *Aufeinanderfolge von Möglichkeiten für
bedeutsame Wechselwirkungen mit der Umwelt schaffen.* Während
diese Wechselwirkungen von Kultur zu Kultur weitgehend schwanken
– worüber gleich zu sprechen sein wird –, bleiben das richtige Tempo
und die richtige Reihenfolge kritische Faktoren für diese aufeinander-
folgenden Manifestationen.

Vom Standpunkt der »Libidoökonomie« des individuellen Kindes
könnten wir sagen, daß bei unseren beiden kleinen Patienten Ausmaß
und Reihenfolge keimender Impulse gestört wurden: sie blieben beim
Thema der analen Retention und Elimination stecken, etwa wie eine
Grammophonplatte mit einer schadhaften Rille. Immer wieder kehrten
sie zu kleinkindhaften Themen zurück, und immer wieder mißlang der
Versuch, zum nächsten Thema zu gelangen – zur richtigen Handhabung
ihrer Gefühle für ihnen wichtige Personen des anderen Geschlechts.
Annis Liebe zu ihrem Vater ließ sich aus ihrer übermächtigen Entladung manischer Freude ahnen, als sie dem Puppenvater die drei
blanken Autos schenkte; während in Peters Fall sein phallisches Verhalten gegenüber der Pflegerin den pathogenen Ereignissen unmittelbar
vorausging. Die Libidotheorie würde darauf hinweisen, daß die rektale
Abführung in dem einen Fall und die Ansammlung im Colon andererseits diesen Kindern zu einem Zeitpunkt sexuelles Vergnügen bereitet
hatte, das sie jetzt zu wiederholen suchten – nur daß ihr nunmehr
gestörtes Bremssystem sie weiter und schneller regredieren ließ, als
beabsichtigt war. Aber da sie nicht mehr unschuldige Säuglinge waren,
die die noch untrainierte Darmfunktion genießen, lebten diese Kinder
offenbar in Phantasien, in denen sie verhaßte Personen ausschieden
(erinnern wir uns, wie Anni die Mutterpuppe mit dem Fuß wegstieß)
und geliebte zurückhielten, während gleichzeitig das Ergebnis ihrer
Taten in all seinen erschreckenden Konsequenzen einen sadistischen

Triumph über die Eltern darstellte, die sie beherrschen wollten. Zweifellos lag sowohl Triumph wie auch Angst in den Augen des kleinen Mädchens, wenn es am frühen Morgen in seinem beschmutzten Bett saß und die Mutter hereinkam. Auch das geistesabwesende Gesicht des Knaben drückte stille Befriedigung aus, selbst wenn er sich unbehaglich fühlen mußte. Die armen Mütter aber wußten aus ihren kurzwährenden und höchst schmerzlichen Versuchen, daß die Dinge nur noch schlimmer wurden, wenn man auf die Tyrannei des Kindes mit Zorn reagierte. Denn man kann sagen was man will, diese Kinder liebten und wollten geliebt werden, und auch sie würden die Freude über eine geglückte Leistung dem Triumph des haßerfüllten Mißlingens weitaus vorgezogen haben. Man darf ein Kind niemals mit seinen Symptomen verwechseln.

Vielleicht könnte man sagen, daß Kinder, die solche Erlebnisse haben, auf Gnade und Ungnade jener zweiten Urmacht ausgeliefert sind, deren Existenz im System der Psychoanalyse anschließend an den Libidobegriff angenommen wurde – einem Zerstörungsinstinkt, einem Todestrieb. Ich kann dies Problem hier nicht weiter besprechen, weil es im Wesentlichen ein philosophisches Problem ist, das auf Freuds ursprüngliche Verhaftung an eine Mythologie der Urinstinkte zurückgeht. Seine Nomenklatur und die daraus sich entwickelnde Diskussion haben die klinische Untersuchung einer Kraft überschattet und unklar gemacht, auf die wir überall in unserem Material stoßen, ohne daß es zu einer wesentlichen Klärung gekommen ist. Ich spreche von der *Wut*, die immer entsteht, wenn bei einem Individuum Aktivität verhindert oder gehemmt wird, die für sein Gefühl der Bemeisterung, der Beherrschung, lebensnotwendig ist. Was aus dieser Wut wird, wenn sie nun ihrerseits unterdrückt werden muß, und worin ihre Rolle bei und ihr Beitrag zu der irrationalen Feindseligkeit und Zerstörungslust der Menschheit besteht, ist offensichtlich eine der schicksalsschwersten Fragen, der sich die Psychologie gegenübersieht. Um konkreter zu bestimmen, was für Kräfte in einer gegebenen klinischen Situation wirksam sind, wird sich vielleicht die Frage besser eignen, was eigentlich von uns erwartet wird. Vielleicht können wir die Kräfte fassen, die wir zu verstehen suchen, indem wir unsere Funktion innerhalb der Situation klären.

Ich würde meinen, daß es unsere Aufgabe ist, zwischen dem kindlichen Patienten und seinen Eltern die Gegenseitigkeit der Funktion wiederherzustellen, so daß an Stelle einer Reihe von ergebnislosen, schmerzlichen und zerstörerischen Versuchen, einander zu beherrschen, eine wechselseitige Regulation tritt, die die Selbststeuerung sowohl beim Kind wie bei den Eltern wiederherstellt.

Das Rezept verrät die Diagnose. Die betreffende Familie hat im Laufe des gemeinsamen Heranwachsens eine gewisse gegenseitige Regulation als Gruppe verloren. Infolgedessen hat jedes Familienmitglied irgendwie die seinem Alter und seinem Stand innerhalb der Familie angemesseene Selbststeuerung verloren. Anstatt sich selbst zu steuern und der gegenseitigen Gruppenregulierung zu dienen, hat jedes Familienmitglied Ersatzbereiche gesucht und gefunden, autonome Gebiete, die die anderen ausschließen: die Eltern in hektischer Arbeit und im gesellschaftlichen Leben, die Kinder im einzigen Bereich scheinbar absoluter Autonomie, das ihnen zur Verfügung steht, in ihrem Körper. Die Autoerotik ist eine wichtige Waffe in diesem Guerillakrieg, denn sie verschafft dem Kind eine scheinbare Unabhängigkeit von der verlorenen Gegenseitigkeit mit anderen. Solche ganz mit sich selbst beschäftigte Autonomie entspricht aber nicht den wirklichen Verhältnissen. Denn während das Kind scheinbar die Lust seiner Körperzonen genießt, verwendet es Seinsweisen der Organe (Organmodi) in feindseligen Phantasien, andere Menschen durch totale Usurpationen zu beherrschen, sei es mit sadistischer, sei es mit masochistischer Betonung. Nur diese Verquickung aber, in der das Organ gegen das Selbst oder gegen andere gerichtet wird, veranlaßt es, ein Vehikel der Aggression (im gebräuchlichen, mehr feindseligen Sinne) zu werden. Bevor dies geschieht, sind die Angehungsweisen der Organe naive, d. h. vor-feindselige Verhaltensformen des Ergreifens der Dinge, Annäherungsmodi, Arten und Weisen, Beziehungen zu suchen: das ist es, was »ad-gredere« bedeutete, bevor daraus »Agression« wurde.

Eltern, die die Entwicklung einer Anzahl von Kindern miterleben, müssen fortgesetzt einer Anforderung gewachsen sein: sie müssen sich zusammen mit den Kindern entwickeln. Wir verfälschen die Situation, wenn wir in der Weise abstrahieren, daß wir annehmen, die Eltern »hätten« bei Geburt des Kindes diese oder jene eigene Persönlichkeit und verstießen nun, statisch beharrend, gegen das arme kleine Ding. Dieses schwache und sich beständig ändernde kleine Wesen nämlich setzt die ganze Familie in Bewegung. Kleine Kinder beherrschen und erziehen ihre Familien genau so weitgehend, wie sie von jenen beherrscht werden: wir können ruhig sagen, daß eine Familie ein Kind erzieht, indem sie von ihm erzogen wird. Welche Reaktionsformen auch biologisch gegeben sind und welches Schema auch entwicklungsmäßig vorgegeben ist, sie müssen als eine Reihe von *Möglichkeiten für wechselnde Grundformen gegenseitiger Regulation* angesehen werden.

Es könnte aussehen, als gäbe ich diesen Gesichtspunkt wieder preis, wenn ich nun zu einer Übersicht über das gesamte Gebiet dessen schreite, was Freud die prägenitalen Phasen und die erogenen Zonen der Kindheit nannte, und wenn ich versuche, eine Brücke zwischen der klinischen Erfahrung und den Beobachtungen an Gesellschaftsformen zu schlagen. Denn ich werde wieder von biologisch gegebenen Möglichkeiten sprechen, die sich zusammen mit dem Organismus des Kindes entwickeln. Ich glaube nicht, daß ohne ihre grundlegenden biologischen Formulierungen die Psychoanalyse ein brauchbares Arbeitssystem bleiben könnte, so sehr diese Formulierungen auch der Überprüfung bedürfen.

Aus semantischen und begrifflichen Gründen wird der nächste Abschnitt der schwierigste sein – für den Leser und auch für mich selbst. Ich habe angedeutet, wo wir uns auf dem diesseitigen Ufer, dem Ufer der klinischen Betrachtungsweise befinden; jetzt muß ein Brückenbau begonnen werden, dessen beabsichtigtes Ende auf dem jenseitigen Ufer dem Leser im Augenblick noch nicht kenntlich sein kann.

Um mir meine Aufgabe zu erleichtern, werde ich im Laufe meiner Darlegungen die endgültige Version einer »Landkarte« der Prägenitalität rekonstruieren, die ich vor über zehn Jahren das erste Mal veröffentlicht habe. Landkarten – um Lincoln zu paraphrasieren – sind die Art Dinge, die der Art Leuten helfen, denen derartige Dinge helfen. Um dem Leser die vollste Möglichkeit zu geben, seine eigene Art zu bleiben, will ich versuchen, dies Kapitel so zu schreiben, daß das, was überhaupt verständlich ist, mit und ohne Karte verstanden werden kann.

Mit »Verständlichkeit« meine ich, daß der Leser in der Lage sein sollte, sein Wissen und seinen Wortschatz mit meiner Art, das Problem in Worte zu fassen, zu vergleichen. Es liegt in der Natur des Problems selbst, daß seine Beschreibung und seine Bewertung von Beobachter zu Beobachter und von Zeitpunkt zu Zeitpunkt verschieden sind. Wir wollen den Versuch machen, auf Grund unserer eigenen Beobachtungen eine Ordnung und eine Reihenfolge relevanter Ereignisse aufzuzeichnen.

Welche Art von Ereignissen wollen wir in unsere Karte eintragen? Wie »normativ« (im statistischen Sinn) sind diese Ereignisse, welchen Aussage- und welchen Voraussagewert haben unsere Karten?

64

Lassen Sie uns das normative Verhalten eines kleinen Jungen vor einem Spiegel betrachten, wie Gesell das untersucht[7]. Der Psychologe, der die Absicht hat, »das wahrnehmende, das zugreifende und das anpassende Verhalten« im Alter von 56 Wochen zu untersuchen, hebt (»in gemäßigt entschiedenem Vorgehen«) einen Vorhang vor einem lebensgroßen Spiegel, vor den das Kind gesetzt wurde. Es wird festgestellt, daß der nackte kleine Junge abwechslungsweise sein Spiegelbild und das des Untersuchers ansieht, während er sich vorbeugt, auf den Spiegel schlägt, sich auf die Knie aufrichtet, sich auf den Spiegel zu und wieder zurück bewegt, den Spiegel mit dem Mund berührt, sich entfernt usw. Arnold Gesell zeigte mir einmal die Originalserie der Aufnahmen, und es war deutlich, daß auf einigen Bildern, die nicht in den Atlas aufgenommen worden waren, der kleine Junge eine Erektion hatte. Dies Stückchen sexuellen Verhaltens, obwohl es keineswegs abnorm ist, hat nichts mit der als normativ zu fotografierenden Reihenfolge von Akten zu tun. Dies Verhalten war zur Testung nicht zugelassen. Es ist recht eigentlich in eine anständige Gesellschaft eingebrochen. Aus kulturellen Gründen scheint es fehl am Platz zu sein, denn bis zu dem Zeitpunkt, wo die Zoologen auf dem Gebiet der menschlichen Sexualität auftauchten, experimentierte man mit der Sexualität nicht. Auch aus systematischen Gründen scheint dies Verhalten fehl am Platz, da solch sexuelles Verhalten zwar vorkommt, aber doch nicht die Regel ist. In einer gegebenen Situation kann es eintreten oder nicht; es ist nicht »normativ«. Wenn es aber doch vorkommt und das in einem ungeeigneten Augenblick – d. h. wenn jemand in der Nähe denkt, es sollte nicht vorkommen (z. B. die Mutter), dann kann es bei diesem jemand eine drastische Reaktion auslösen, die nur in einem ungewöhnlichen und beunruhigenden Wechsel der Stimme, aber auch in einer allgemeinen diffusen Haltung zum Ausdruck kommen kann. Dies alles kann, und kann auch nicht, in Beziehung zu einer Person oder in einem Zeitpunkt des Lebenszyklus eintreten, welche dem Ereignis entscheidende Wichtigkeit für die Beziehung des Kindes zu sich selbst, zum Geschlecht, zur Welt, verleihen. Geschieht dies, so kann es einen Psychoanalytiker viele Monate kosten, diese Ereignisse zu rekonstruieren, wobei ihm keine normativen Karten zur Verfügung stehen. Denn diese Einzelheiten des Verhaltens betreffen Gebiete des Körpers, die reichlich mit Nervenendigungen versorgt und durch die Reaktion der

---

[7] Arnold Gesell, An Atlas of Infant Behavior, Vol. I, Yale University Press, New Haven 1934.

Umwelt aufs ausdrücklichste mit besonderen Bedeutungen belegt sind. Was wir also versuchen müssen, in unsere Karte einzutragen, ist die annähernde Reihenfolge der Stadien, in denen, gemäß unserem allgemeinen und klinischen Wissen, sowohl die nervöse Erregbarkeit als die Koordination der »erogenen« Organe und die selektive Reaktionsbereitschaft bedeutsamer Umweltspersonen imstande sind, entscheidende Zusammenstöße hervorzurufen.

3. Zonen, Modi und Modalitäten

A. MUND UND SINNE

Der erste solche Zusammenstoß tritt ein, wenn das Neugeborene, das jetzt seiner Symbiose mit dem mütterlichen Körper beraubt ist, an die Brust gelegt wird. Seine angeborene, mehr oder weniger koordinierte Fähigkeit, durch den Mund aufzunehmen, trifft auf die mehr oder weniger koordinierte Fähigkeit und Willfährigkeit der mütterlichen Brust, es zu nähren und willkommen zu heißen. In dieser Zeitspanne lebt und liebt das Kind durch und mit dem Mund und die Mutter lebt und liebt durch und mit ihren Brüsten. Für sie ist das höchst abhängig von der Liebe, deren sie von anderen sicher sein kann, von der Selbstwertung, die den Stillakt begleitet – und von der Reaktion des Neugeborenen. Für es aber ist die orale Zone nur der Brennpunkt einer ersten, allgemeinen Annäherungsweise – nämlich der Einverleibung. Das Kind ist in diesem Zeitpunkt von der Lieferung von »Material« aller Art direkt an die aufnehmenden Pforten seines Organismus abhängig. Zumindest für die ersten paar Wochen kann es nur reagieren, wenn und wann Material in sein Erlebnisfeld eingebracht wird. Da es gewillt und in der Lage ist, an geeigneten Objekten zu saugen und zu schlucken, was immer diese an geeigneten Flüssigkeiten von 'sich geben, so ist es auch bald gewillt und imstande, mit seinen Augen »aufzunehmen«, was in sein visuelles Feld eintritt. (Als wäre es fast schon bereit, auch Dinge festzuhalten, öffnet und schließt es, auf die richtigen Reize hin, seine Fäuste.) Auch sein Tastsinn scheint dasjenige aufzunehmen, was sich gut anfühlt. Aber alle diese Bereitschaften sind höchst verletzlich. Um sicher zu stellen, daß seine ersten Erfahrungen das Neugeborene nicht nur am Leben erhalten, sondern auch dazu beitragen, seine empfindlichen Atem-, Kreislauf- und Stoffwechselrhythmen zu koordinieren, müssen die Angebote an seine Sinnesorgane die richtige Intensität haben und im richtigen Zeitpunkt eintreten; im anderen Fall geht seine Willigkeit, aufzunehmen, plötzlich in diffuse Abwehr über. Während also ganz klar ist, was *geschehen muß*, damit das Kleinkind am Leben bleibt (die notwendige Minimalversorgung) und *was nicht geschehen darf*, damit es nicht stirbt, oder in seiner Entwicklung schwer geschädigt wird, (die maximal tragbare Versagung) gehen die Meinungen darüber, was geschehen *darf*, recht weit auseinander und die verschiedenen Kulturen machen ausgedehnten Gebrauch von ihrem Recht, darüber zu entscheiden, was sie für brauchbar halten und worauf sie als unerläßlich bestehen. Manche Menschen glauben, daß ein Säugling, damit er sich nicht selbst die Augen auskratzt, unbedingt während des ganzen ersten Lebensjahres vollständig in Wickelbänder gewickelt werden muß, aber auch, daß er gewiegt oder gefüttert werden muß, sobald er wimmert. Andere Menschen sind überzeugt, daß das Kind so früh wie möglich die Freiheit seiner strampelnden Gliedmaßen erleben sollte, aber »natürlich« gezwungen werden muß, solange auf seine Mahlzeiten zu warten, bis es buchstäblich blau im Gesicht wird. All das hängt von dem Gesamtziel und dem System der jeweiligen Kultur ab. Wie im nächsten Kapitel gezeigt werden soll, scheint den willkürlichen Varianten der kulturellen Prägung ein tieferes Wissen oder zumindest ein unbewußter Plan zugrunde zu liegen: tatsächlich bieten homogene Kulturen für eben die Wünsche, die Ängste und den Zorn, die sie in der Kindheit provozieren, einen gewissen kompensatorischen Ausgleich im späteren Leben. Was also »gut für das Kind« ist, was ihm geschehen darf, hängt von dem ab, was aus ihm werden soll, und wo auf der Welt es das werden soll.

Während also der Modus der Einverleibung diese Phase beherrscht, muß man sich mit der Tatsache vertraut machen, daß das Funktionieren jeder Körperöffnungszone des Vorhandenseins aller anderen Daseinsweisen als Hilfsmodi bedarf. So gibt es während der ersten Einverleibungsphase schon ein Hinunterpressen mit Hilfe von Kiefern und Gaumen (den sekundären Einverleibungsmodus), es gibt das Aufstoßen der Nahrung und das Ausspucken (den eliminativen Modus), und es gibt das Verschließen der Lippen (den retentiven Modus). Bei lebhaften Kindern kann man eine generalisierte Tendenz zum Einbohren des ganzen Kopfes und Halses beobachten, eine Neigung, sich an der Brustwarze, ja, an der ganzen Brust festzuklammern (oral-eindringend). Jeder einzelne dieser Hilfsmodi kann bei Kindern besonders betont sein, bei anderen kann er unmerklich bleiben; und dann wieder können solche Modi durch das Fehlen oder den Verlust der inneren Steuerung und durch das Fehlen oder den Verlust der gegenseitigen Regulierung mit den Quellen der Nahrung und des oralen Lustgewinnes fast zur alleinigen Herrschaft gelangen.

Diese wechselseitigen Beziehungen zwischen einer Zone einerseits und allen Modi andererseits wird in der ersten Reihe unserer Karte folgendermaßen dargestellt[8]:

Jeder große Kreis soll den Gesamtorganismus darstellen. Innerhalb desselben unterscheiden wir 3 Zonen: (a) Die »oral-sensorische«, die die Gesichtsöffnungen und den oberen Verdauungstrakt umfaßt; (b) die »anale«, die Ausscheidungsorgane; (c) die Genitalien.

(Das Gewicht liegt dabei mehr auf den neurologischen Zusammenhängen als auf der anatomischen Nachbarschaft: die urethrale Zone z. B. gilt als Teil der analen und zugleich als Teil der genitalen Zone, je nach der Innervation, die mobilisiert wird.)

Jeder kleine Kreis repräsentiert einen Organ-Modus.

    1 = einverleibend 1
    2 = einverleibend 2
    3 = retentiv (fest- oder zurückhaltend)
    4 = eliminierend (ausscheidend oder ausstoßend)
    5 = eindringend

Abb. 1

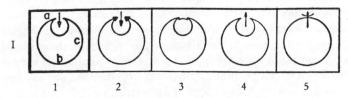

I

    1   2   3   4   5

In der ersten oralen Phase (I) beherrscht der einverleibende Modus die orale Zone. Wir nennen diese Phase aber besser die *oral-respiratorisch-sensorische Phase*, da in dieser Zeit der erste einverleibende Modus das Verhalten aller dieser Zonen beherrscht, einschließlich der gesamten Hautfläche. Die Sinnesorgane und die Haut sind also rezeptiv und zunehmend hungrig nach angemessenen Reizen. Die Ausbreitung der *einverleibenden Angehungsweise* von ihrem Brennpunkt in der oralen Zone auf die sensitiven Zonen der gesamten Körperoberfläche wird durch das verstärkte Ausziehen des großen Kreises in Figur I, 1 dargestellt.

Die anderen Kreise (2, 3, 4, 5) stellen die Hilfsmodi dar: den zweiten oraleinverleibenden (beißenden), den oral-retentiven, den oral-eliminierenden und

---

[8] Hinweise auf die Abbildungen erscheinen in kleinerem Druck, damit der Leser, falls er das bevorzugt, erst das Kapitel lesen und dann die Karte studieren kann.

den oral-eindringenden. Diese Seinsweisen erlangen unterschiedliche Bedeutung, je nach dem individuellen Temperament, bleiben aber stets dem ersten einverleibenden Modus untergeordnet, es sei denn, die wechselweise Regulierung der Zone mit der versorgenden Mutter ist gestört, entweder durch den Verlust der inneren Steuerung beim Kind oder durch unfunktionelles Verhalten auf der Seite der Mutter.

Ein Beispiel für die fehlende innere Steuerung wäre der Pylorospasmus, der die Nahrung kurz nach der Aufnahme wieder ausstößt. In solchen Fällen steht der oral-eliminative Modus *neben* dem einverleibenden, der eigentlich dominieren sollte. Sie werden regelmäßig gleichzeitig erlebt, ein Umstand, der in schweren Fällen und unter ungeeigneter Behandlung die grundlegende Orientierung eines Individuums ein für alle mal in fehlerhafter Richtung festlegen kann. Die Folge kann eine frühe Überentwicklung des retentiven Modus sein, ein orales Sich-Verschließen, das zu generalisiertem Mißtrauen gegen alles Eintretende führt, da ja die Erfahrung besteht, daß dies nicht dazubleiben pflegt.

Als Beispiel für den Verlust der wechselseitigen Regulierung mit der mütterlichen Versorgungsquelle kann das gewohnheitsmäßige Entziehen der Brustwarze während des Stillens dienen, weil die Mutter gebissen wurde oder fürchtet, gebissen zu werden. In solchen Fällen kann der orale Apparat, anstatt sich entspanntem Saugen hinzugeben, vorzeitig einen Beißreflex entwickeln. Unser klinisches Material vermittelt häufig den Eindruck, als ob solch eine Situation das Modell für eine der tiefgreifendsten Störungen der interpersonalen Beziehung darstellte. Das Individuum hofft zu bekommen, die Quelle wird entzogen, worauf reflektorisch versucht wird, festzuhalten und zu nehmen, aber je fester man hält, desto entschiedener entfernt sich die Quelle. Wir wollen uns aber jetzt vom Klinischen weg dem Normativen zuwenden.

Dehnt sich der Radius der kindlichen Wahrnehmung, der Koordination und der Empfänglichkeit aus, so trifft er mit den erzieherischen Grundformen seines Kulturkreises zusammen und lernt so die grundlegenden Modalitäten der menschlichen Existenz kennen, sowohl auf persönliche, wie auf die kulturell bedeutsame Weise. Diese grundlegenden Modalitäten werden auch in vielen Sprachen höchst exakt ausgedrückt, wo es sich um die Definition zwischenmenschlicher Verhaltensweisen handelt. Wir können uns daher an diesem Punkt mit einigen der einfachsten Worte behelfen, anstatt neue lateinische Kombinationen erfinden zu müssen.

Bekommen (wenn es nicht bedeutet »einzufangen«) heißt: empfangen und nehmen, was gegeben wird. Das ist die erste soziale Modalität, die im Leben erlernt wird. Es klingt aber einfacher als es ist. Denn der tastende und ungefestigte neugeborene Organismus lernt diese Modalität nur, indem er lernt, sein Organsystem in Übereinstimmung mit der Art zu regulieren, in der die mütterliche Umgebung ihre Methoden der Säuglingsfürsorge organisiert. Es ist also klar, daß die günstigste Gesamtsituation, in die die Bereitschaft des Kindes »zu bekommen« inbegriffen ist, in seiner wechselseitigen Regulation mit einer Mutter liegt, die ihm gestattet, seine Mittel des Bekommens zu entwickeln und zu koordinieren, wie auch sie ihre Mittel des Gebens entwickelt und koordiniert. Auf diese Koordination steht eine hohe Prämie an libidinöser Freude, eine libidinöse Lust,·die mit dem Ausdruck »oral« nur unzulänglich formuliert scheint. Mund und Brustwarze scheinen dabei die bloßen Zentren einer allgemeinen Aura von Wärme und Wechselseitigkeit zu werden, die nicht nur von diesen Zentralorganen, sondern von den beiden Gesamtorganismen entspannt genossen und beantwortet werden. Die so sich entwickelnde Wechselseitigkeit der Entspannung ist von höchster Bedeutung für die erste Erfahrung eines freundlichen »Anderen«. Man könnte (natürlich etwas mystisch) sagen, daß das kleine Kind, indem es so *bekommt, was gegeben wird,* und indem es lernt, *jemanden dazu zu gewinnen, für es zu tun,* was es getan haben möchte, die nötige Ich-Grundlage entwickelt, um ein Gebendes zu werden. Wo das mißlingt, zerfällt die Situation in eine Vielfalt von Versuchen, durch Zwang oder in der Phantasie zu herrschen, statt durch Wechselseitigkeit. Der Säugling wird versuchen, durch ziellose blinde Aktivität zu kriegen, was er durch zentrales Saugen nicht bekommen kann, er wird sich erschöpfen oder seinen eigenen Daumen entdecken und auf die Welt pfeifen. Auch die Mutter kann versuchen, die Angelegenheit zu forcieren, wenn sie dem Kind die Brustwarze in den Mund drängt, nervös die Fütterungszeiten und Nahrungszusammensetzung wechselt und außerstande ist, sich während der anfangs unter Umständen schmerzhaften Stillprozedur zu entspannen.

Es gibt natürlich Methoden, solch eine Situation zu mildern, die Wechselseitigkeit aufrecht zu erhalten, indem man dem Kind all das gibt, was es durch gute künstliche Sauger immerhin bekommen kann, und es für das, was es oral entbehren muß, durch Befriedigungen anderer Rezeptoren zu entschädigen: durch die Lust, die es aus dem Getragenwerden, dem Erwärmtsein, aus Anrede und Anlächeln und aus dem Wiegen empfangen kann. Wir können es uns nicht leisten, in unserem Heilungsbestreben an Erfindungskraft nachzulassen. Immerhin scheint es (hier wie anderwärts) so, als könnten wir die Heilung unterstützen und vereinfachen, wenn wir einen Bruchteil der Energie, den wir auf sie verwenden, einer wohlüberlegten Vorbeugung widmen würden.

Nun zur zweiten Phase, während derer die Fähigkeit zu aktiverer und besser gesteuerter Annäherung durch Einverleibung und die daraus gewonnene Lust wachsen und reifen. Die Zähne entwickeln sich und mit ihnen die Lust, *auf* harte Dinge zu beißen, *durch* Dinge durchzubeißen und Teile *von* Dingen abzubeißen.

Erlauben wir uns, etwas mit den von uns gewählten Formen und Bildern zu spielen, so entdecken wir, daß der beißende Modus dazu dient, eine Vielfalt anderer Betätigungen zu subsumieren (wie es auch der erste Einverleibungsmodus tat). Die Augen, anfangs Teil eines passiven Systems, das Eindrücke aufnahm, wie sie eben kamen, haben nun gelernt, zu fixieren, zu isolieren, Gegenstände vom undeutlicheren Hintergrund abzuheben, sie zu »erfassen« und ihnen zu folgen. Die Organe des Hörens haben ebenfalls gelernt, bedeutsame Geräusche isoliert zu unterscheiden, sie zu lokalisieren und eine entsprechende Haltungsänderung zu lenken (Heben und Drehen des Kopfes, Aufrichten und Drehen des Oberkörpers); die Arme haben gelernt sich auszustrecken und die Hände absichtsvoller und zweckentsprechender zu greifen.

Mit alledem wird eine Anzahl zwischenmenschlicher Verhaltensformen begründet, die um die soziale Modalität des Nehmens und Festhaltens von Dingen kreisen, von Dingen, die mehr oder weniger freiwillig angeboten und gegeben werden, und von Dingen, die mehr oder weniger die Tendenz haben, sich zu entziehen. Während das Kind lernt, seine Lage zu verändern, sich umzudrehen und ganz allmählich aufzusetzen, muß es die Mechanismen des Greifens, des Untersuchens und des sich Aneignens alles dessen, was in seiner Reichweite liegt, vervollständigen.

Wir fügen nun Phase II an unsere Karte (Abb. 2)[9]. In Phase II, Modus 2 (zugreifendes und beißendes Einverleiben) herrscht die orale Phase vor. Der

---

[9] In der ersten Auflage war die Karte so aufgebaut, daß sie – wie ein Schriftsatz – von oben nach unten zu lesen war. In der Zwischenzeit habe

Fortschritt von Phase I zu Phase II (und später zu weiteren Phasen) wird also als diagonale Fortbewegung von unten links nach oben rechts dargestellt. Fortbewegung soll hier heißen, daß die kindliche Libido sich weiterbewegt, um nun ein zweites Organ mit Macht zu begaben, was wiederum zu der Integration einer neuen sozialen Modalität führen wird: *dem Nehmen.* Eine neue Phase bedeutet nicht die Einführung einer neuen Zone oder eines neuen Modus, sondern die Bereitschaft, beide ausschließlicher zu erleben, sie koordinierter zu bewältigen und ihre soziale Bedeutung mit einer gewissen Endgültigkeit zu integrieren.

Abb. 2

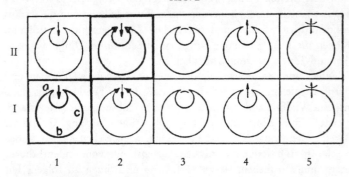

Was aber, wenn dieser Prozeß behindert, beschleunigt oder angehalten wird? Denn nun muß entweder eine horizontale oder eine vertikale Abweichung in die Karte eingetragen werden. Die horizontale Abweichung (von I, 1 nach I, 2) entspricht einem vorzeitigen Fortschreiten zum Modus der nachfolgenden Phase: der Mund des Säuglings, statt entspannt zu saugen, klemmt sich zusammen. Die vertikale Abweichung (I, 1 nach II, 1) stellt ein Beharren auf einem Modus dar, der sich als befriedigend erwiesen hatte. Die horizontale Abweichung führt also zu einer *Zonen*fixierung, d. h. das Individuum verharrt bei oralen Lustformen mit den Eigentümlichkeiten verschiedener Modi. Die vertikale Fixierung ist eine *Modus*fixierung, d. h. das Individuum neigt zu einer Überentwicklung des Modus I in verschiedenen Zonen. Es wird immer *bekommen* wollen, sei es durch den Mund und die Sinne, sei es durch andere Öffnungen, Rezeptoren oder Verhaltensweisen. Diese Art der Fixierung wird später auf andere Zonen übertragen werden.

In diesem Stadium aber kann selbst die freundlichste Umgebung das Kind nicht vor einer traumatischen Veränderung bewahren – eine der schwersten, weil das Kind zu jung ist und die auftretenden Schwierig-

---

ich die wiederholte Empfehlung akzeptiert, wonach eine Karte, die Wachstum darstellt, aufsteigend gestaltet werden sollte, wie Stammbäume oder die bildlichen Darstellungen evolutionärer Abstammungen.

keiten so diffus sind. Ich spreche von der allgemeinen Entwicklung der Impulse und Mechanismen des aktiven Zugreifens, dem Durchbruch der Zähne und der zeitlichen Nachbarschaft dieser Prozesse zum Abstillen und der zunehmenden Trennung von der Mutter, die in diesem Zeitpunkt vielleicht wieder zur Arbeit geht oder wieder schwanger ist oder auch beides.

Denn hier ist es, wo »gut« und »böse« in die Welt des Kindes eintreten, falls nicht sein Glaube an sich selbst und andere schon in der ersten Phase durch ungebührlich provozierte oder verlängerte Paroxysmen der Wut und Erschöpfung erschüttert wurde. Es ist natürlich unmöglich, zu wissen, was der Säugling fühlt, wenn seine Zähne »von innen bohren« – in eben der oralen Höhlung, die bisher der Hauptsitz der Lust war, und ein Sitz vorzüglich der Lust. Welch masochistisches Dilemma ergibt sich aus der Tatsache, daß die Spannung und der Schmerz, die von den Zähnen – diesen inneren Saboteuren – verursacht werden, sich nur dadurch lindern lassen, daß man nur noch fester beißt? Das fügt dem körperlichen Dilemma auch noch ein soziales, interpersonales hinzu. Denn wo das Stillen bis in die Beißperiode fortgesetzt wird (und im allgemeinen ist das die Regel auf der Erde) muß man nun lernen, wie man das Saugen fortsetzt ohne zu beißen, damit die Mutter nicht aus Schmerz oder Ärger die Brustwarze entzieht. Unsere klinische Erfahrung deutet darauf hin, daß dieser Punkt in der Frühgeschichte des Individuum Ursprung einer schlimmen Spaltung ist, wo der Zorn gegen die nagenden Zähne und der Zorn gegen die entziehende Mutter, der Zorn auf den eigenen machtlosen Zorn, alle zusammen zu einem machtvollen Erlebnis sadistischer und masochistischer Verwirrung führen, das ganz allgemein den Eindruck hinterläßt, daß man irgend wann einmal seine Einheit mit dem mütterlichen Nährboden zerstört hat. Diese früheste Katastrophe in der Beziehung des Individuums zu sich selbst und zur Welt ist vermutlich der ontogenetische Beitrag zur biblischen Paradiessage, wo die ersten Menschen für immer das Recht verwirkten, mühelos zu nehmen, was ihnen einst zur Verfügung stand; sie bissen in den verbotenen Apfel und erzürnten Gott. Wir verstehen, daß sowohl die Empfindlichkeit wie die Allgemeingültigkeit dieses Vorgangs es um so wichtiger erscheinen lassen, die frühe Einheit tief und befriedigend zu gestalten und das Kind sanft und beruhigend und ohne vermeidbare Erschwerung dem unvermeidlichen Übel entgegenzuführen.

Angesichts der ersten oralen Phase sprachen wir von einer wechselseitigen Regulierung zwischen der Verhaltensform des Kindes, Dinge zu bekommen und der Art der Mutter (der Kultur), sie zu geben. Es gibt aber Stadien, die sich durch eine so unvermeidliche Entwicklung von Wut und Zorn auszeichnen, daß eine wechselseitige Regulierung durch komplementäres Verhalten nicht die richtige Form sein kann, ihnen zu begegnen. Der Zorn beim Zahnen, die Wutanfälle der motorischen und analen Machtlosigkeit, das Erlebnis des Mißlingens beim Hinfallen etc. – alles das sind Situationen, in denen gerade die Intensität zu ihrer eigenen Niederlage beiträgt. Eltern und Kulturen nützen diese infantilen Zusammenstöße mit den inneren Kobolden zur Verstärkung äußerer Forderungen aus. Aber Eltern und Kulturen müssen diesen Phasen auch insoweit gerecht werden, daß sie Sorge tragen, im Prozeß der fortschreitenden Entwicklungsstufen so wenig als möglich der ursprünglichen Wechselseitigkeit verloren gehen zu lassen.

Das Abstillen sollte also nicht einen plötzlichen Verlust der Brust und gleichzeitig auch den Verlust der beruhigenden Nähe der Mutter bedeuten, es sei denn, die kulturelle Situation ist so homogen, daß man sich darauf verlassen kann, daß andere Frauen sich ähnlich wie die Mutter anfühlen und anhören. Ein drastischer Verlust der gewohnten Mutterliebe ohne hinlänglichen Ersatz kann in diesem Zeitpunkt (unter auch sonst erschwerenden Bedingungen) zu einer akuten infantilen Depression oder zu einem milden aber chronischen Zustand der Trauer führen, der dem gesamten weiteren Leben einen depressiven Unterton verleihen kann.[10] Aber selbst unter den günstigsten Bedingungen hinterläßt diese Phase den Bodensatz eines Urgefühls von Schlechtem, von Verhängnis und eine weltweite Sehnsucht nach einem verlorenen Paradies.

Die orale Phase bildet also beim Kind die Ursprünge des *Grundgefühls des Vertrauens* und des *Grundgefühls des Schlechten* aus, die durch das ganze Leben Quelle der Urangst und der Urhoffnung bleiben. Diese Dinge sollen in einem späteren Kapitel als erster Kernkonflikt der sich ausbildenden Persönlichkeit näher besprochen werden.

---

[10] René Spitz nannte das die »anaklitische Depression«. Ausführliches darüber findet sich in seinen Beiträgen zu »The Psychoanalytic Study of the Child«, Band I–IV, International Universities Press, New York 1945–49 und in: Die Entstehung der ersten Objektbeziehungen, Beihefte zur Psyche, Ernst Klett, Stuttgart 2. A. 1959.

Als Freud von der Selbsterhaltung sprach, meinte er, daß sich am Anfang des Lebens die Libido mit dem Bedürfnis verband, sich durch Saugen und Beißen am Leben zu erhalten. Nicht daß die bloße Aufnahme von Nahrung die libidinösen Bedürfnisse befriedigt hätte. Levy hat in seinem berühmten Experiment mit jungen Hunden und Küken nachgewiesen, daß in dieser Gruppe von Jungtieren eine unabhängige Quantität an Bedürfnis nach Saugen und Picken über die reine Nahrungsaufnahme hinaus vorliegt. Bei menschlichen Wesen, die mehr durch Erziehung und weniger durch den Instinkt leben, setzt man hinsichtlich der angeborenen und angeregten Bedürfnisquantitäten eine große kulturelle Variierbarkeit voraus. Was wir hier diskutieren, sind *potentielle* Grundformen, die nicht übersehen oder unter ein gewisses Minimum reduziert werden dürfen, ohne daß man Schäden riskiert, – die aber andererseits in spezifischer Weise angeregt werden müssen, um zur vollen Entwicklung zu gelangen. Es ist aber klar, daß die orale Erotik und die Entwicklung der sozialen Modalitäten des »Bekommens« und des »Nehmens« auf dem Bedürfnis beruhen, zu atmen, zu trinken, zu essen und durch Stoffwechsel zu wachsen.

Was wäre nun die Selbsterhaltungsfunktion in der Analerotik? Vor allem wird die gesamte Prozedur der möglichst vollständigen Entleerung von Darm und Blase durch ein Wohlgefühl angenehm gemacht, das etwa ausdrückt: »gut gemacht!« Dies Gefühl muß zu Beginn des Lebens Mißbehagen und Spannungen aufwiegen, die in der Periode, wo die Eingeweide lernen, ihre tägliche Arbeit zu verrichten, recht häufig sind. Zwei Entwicklungen geben diesen analen Erlebnissen allmählich das notwendige Gewicht: das Auftreten von besser geformtem Stuhl und die allgemeine Ausbildung des Muskelsystems, das der Dimension der ergreifenden Aneignung diejenige der freiwilligen Hergabe, des Fallenlassens und Wegwerfens hinzufügt. Diese beiden Entwicklungen zusammen bedeuten eine zunehmende Fähigkeit, abwechselnd willentlich zurückzuhalten und auszustoßen. Soweit es sich um die Analität im eigentlichen Sinne handelt, hängt in diesem Augenblick alles davon ab, ob die kulturelle Umgebung etwas daraus zu machen wünscht oder nicht. Es gibt, wie wir sehen werden, Kulturen, wo die Eltern das anale Verhalten ignorieren und es den größeren Kindern überlassen, das Krabbelkind in die Büsche zu führen, so daß dessen Wunsch, die Angelegenheit zu erledigen, allmählich mit dem Wunsche zusammenfällt, die Älteren zu imitieren. Unsere westliche Zivilisation hingegen hat sich entschlossen, die Sache ernster zu nehmen, *wie* ernsthaft hängt dabei von der Verbreitung der mittelständischen Moral und des Ich-Ideals eines mechanisierten Körpers ab. Es wird dabei nämlich angenommen, daß frühe und rigorose Reinlichkeitserziehung nicht nur die häusliche Atmosphäre »anständiger« gestaltet, sondern daß sie für die Entwicklung von Ordnung und Pünktlichkeit absolut unerläßlich ist. Ob dem so ist oder nicht, wollen wir später besprechen. Zweifellos aber gibt es unter den Neurosenträgern unserer Zeit jenen Zwangstyp, der mehr mechanische Pünktlichkeit und Sparsamkeit, sowohl in Dingen der Zuneigung wie der Fäces, besitzt, als für ihn und auf die Dauer auch für die Gesellschaft gut ist. In weiten Kreisen unserer Kultur ist die Reinlichkeitserziehung zu dem offenbar schwierigsten Punkt in der Erziehung des Kindes geworden. Was aber macht das anale Problem eigentlich potentiell so schwierig?

Die anale Zone bietet sich, mehr als jede andere, für die Darstellung des eigensinnigen Haftens an widersprechenden Impulsen an, einmal weil sie die modale Zone für zwei einander widersprechende Annäherungsmodi ist, die zu einander ablösenden werden müssen, den Modi der *Retention* und *Elimination* nämlich. Außerdem sind die Schließmuskeln nur ein Teil des gesamten Muskelsystems mit seiner allgemeinen Dualität von Spannung und Entspannung, Beugung und Streckung. Die Entwicklung der Muskulatur verschafft dem Kind in der Fähigkeit zu greifen und festzuhalten, zu werfen und wegzustoßen, Dinge heranzuholen oder sie in Distanz zu halten, eine zunehmende Macht über die Umgebung. Diese ganze Phase, die im Deutschen »Trotzalter« heißt, wird zu einem Kampf um die Autonomie. Denn während das Kind fähig wird, fester auf seinen Füßen zu stehen, entwirft es seine Welt als »Ich« und »Du«, »mein« und »dein«. Jede Mutter weiß, wie erstaunlich fügsam ein Kind in dieser Phase sein kann, wenn es beschlossen hat, daß es das, was es tun soll, tun will. Aber es ist schwer, das richtige Rezept zu finden, damit das Kind gerade das tun möchte, was es soll. Jede Mutter weiß, wie liebevoll ein Kind in diesem Stadium sich anschmiegen kann und wie rücksichtslos es plötzlich den Erwachsenen wegzustoßen sucht. Auf dieser Stufe neigt das Kind dazu, sowohl Dinge zu sammeln, als sie preiszugeben, sich an Besitztümer zu klammern und sie aus dem Fenster zu werfen. Alle diese scheinbar widersprechenden Tendenzen also erfassen wir mit der Formel vom *retentiv-eliminativen Modus.*

76

Was nun die neuen sozialen Modalitäten betrifft, die in dieser Zeitspanne entwickelt werden, so liegt der Akzent auf der einfachen Antithese von *Hergeben* und *Festhalten,* deren Art, Verhältnis und Reihenfolge von entscheidender Bedeutung für die Entwicklung sowohl der individuellen Persönlichkeit wie der kollektiven Haltungen sind.

Das Problem der wechselseitigen Regulierung wird jetzt seiner schwersten Prüfung unterworfen. Besteht die äußere Kontrollinstanz darauf, durch zu starres oder zu frühes Training das Kind seiner eigenen Versuche zu berauben, allmählich seine Eingeweide und andere ambivalente Funktionen nach freier Wahl und freiem Willen zu steuern und zu beherrschen, so steht es wieder vor einer doppelten Auflehnung und einer doppelten Niederlage. Machtlos im eigenen Körper (wobei es oft seine Fäces fürchtet, als seien sie feindselige Ungeheuer, die in seinem Inneren hausen) und machtlos draußen, ist es wieder genötigt, Befriedigung und Herrschaft entweder in der Regression oder in unechtem Fortschritt zu suchen. Mit anderen Worten: Entweder wird es zu seiner früheren oralen Herrschaftsform zurückkehren, d. h. Daumenlutschen, weinerlich und anspruchsvoll werden; oder es wird feindselig und zudringlich, wobei es seine Fäces als Munition benutzt und eine Autonomie vorspiegelt, eine Fähigkeit, ohne irgendjemanden auszukommen, an den es sich anlehnen könnte, eine Fähigkeit, die es tatsächlich noch keineswegs erlangt hat. (In unseren beiden Beispielen haben wir Regressionen zu dieser Haltung beobachtet.)

Fügen wir unserer Karte die anal-urethral-muskuläre Phase hinzu, so kommen wir zu der Formulierung, die Abbildung 3 zeigt.

Die Diagonale hat sich bis zur Erreichung des retentiven und eliminativen Modus (3, 4) in der anal-urethralen Zone (unterer Teil der Kreise) in der neuen Phase III ausgedehnt. Die dick ausgezogene Linie des Kreises selbst bedeutet wieder eine Generalisierung dieser Modi im ganzen sich entwickelnden Muskelsystem, das, ehe es komplizierteren und verschiedenartigeren Aufgaben dienen kann, eine gewisse Form der Selbststeuerung hinsichtlich des zweifachen Ausdrucks (wie etwa Loslassen und Festhalten) erreicht haben muß. Wo diese Beherrschung durch eine Fehlentwicklung in der anal-urethralen Sphäre gestört ist, setzt sich eine dauernde Überbetonung der Retention und / oder der Elimination fest, die zu verschiedenartigen Störungen in der Zone selbst (spastisches Rectum oder Colon), im Muskelsystem (allgemeine Schlaffheit oder Rigidität), in zwanghaften Phantasien (paranoide Ängste vor feindseligen Substanzen im eigenen Körper) und im sozialen Umkreis führen kann (Versuche, die Umgebung durch zwanghafte Systematisierung zu beherrschen). An dieser Stelle wird es möglich, die klinische Anwendung der bis jetzt noch unvollendeten Karte zu illustrieren. Wir berichteten,

Abb. 3

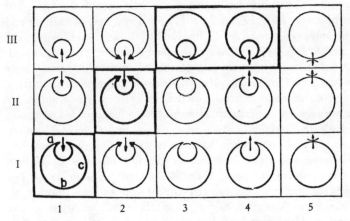

daß unser anal-retentiver Junge in früher Kindheit eine Periode durchlaufen hatte, wo er Nahrung im Munde zurückhielt und sich generell »verschloß«. Solch ein von der Norm »abweichendes« Verhalten, das natürlich ohne die ernsthafte Wendung, die es in unserem Fall nahm, vorübergehen kann, wird durch Verdickung der Linie in II, 3 in unserer Karte eingetragen. Während das Kind den Versuch aufgab, seine Mutter festzuhalten (II, 2), versuchte es andererseits die Situation durch Zurückhalten der Nahrung zu beherrschen, eine Modifizierung des Verhaltens, die es für Schwierigkeiten in Phase III prädestinierte, wo der Säugling lernen sollte, »loszulassen«. Die wirkliche Krise aber trat ein, als er eben im Begriff war, diese Phase hinter sich zu lassen: er regredierte und hielt auf Gedeih und Verderb fest.

Andere Fluchtwege, die den Kindern zur Verfügung stehen, sind ebenfalls aus der Karte ersichtlich. Die Modi III, 2 und III, 1 (anal-urethrale Einverleibung) begegnen den Kinderärzten konkret, die Kinder von Gegenständen befreien müssen, die sie sich in den Anus gesteckt haben. Beim urethralen Gegenstück zu dieser Gewohnheit werden Strohhalme und kleine Stöckchen in die Urethra eingeführt. Derartige konkrete Modusausdrücke kommen vor, sind aber selten. Verbreiteter sind Phantasien ähnlicher Art, die Wegbereiter zukünftiger Perversion sein können. Jede anale Fixierung auf einen dieser Modi kann besonders zu homosexuellen Haltungen führen, wobei Phantasievorstellungen zugrunde liegen, als könne durch anale Einverleibung ewige Liebe und fortdauernde Herrschaft erreicht werden. Bei Mädchen liegen angesichts der Tatsache, daß bei ihnen das Greifen und Festhalten nicht in Mund und Anus fixiert zu bleiben oder pervertiert zu werden braucht, die Dinge etwas anders; das Verhalten kann normal von der Vagina übernommen werden und dort als echtes genitales Verhalten imponieren. Wir werden später bei der Besprechung der Genitalität auf diesen Punkt zurückkommen.

Der andere mögliche »seitliche Fluchtweg« liegt in einer unangemessenen Betonung von Modus III, 5 – d. h. die Verwendung von Fäces als »Munition

78

um auf Leute zu schießen«. Das kann die Form aggressiver Entleerung oder Deponierung von Kot annehmen. Viel verbreiteter natürlich ist der Ausdruck dieser Tendenz im Gebrauch von Schimpfworten, die auf Kot Bezug nehmen – eine magische Art, den Feind anzugreifen und höchst bequem, wenn er dies durchgehen läßt.

Welche fortbestehenden Eigenschaften wurzeln nun in dieser muskulären und analen Phase? Dem Gefühl innerer Güte entspringen Autonomie und Stolz; dem Gefühl der Schlechtigkeit, Zweifel und Scham. Um Autonomie zu entwickeln, bedarf es einer entschieden ausgeprägten und überzeugend fortbestehenden Zustandes frühen Vertrauens. Das Kind muß das Gefühl bekommen, daß sein Grundglaube an sich selbst und an die Welt (der bleibende Schatz, der aus den Konflikten der oralen Phase gerettet wurde), durch seine plötzlichen, gewalttätigen Wünsche, selber zu wählen, sich fordernd anzueignen und eigensinnig auszuscheiden und wegzuwerfen, nicht in Gefahr gerät. Innere Festigkeit muß es gegen die mögliche Anarchie seines noch ungeübten Urteils schützen, gegen seine Unfähigkeit zu unterscheiden, was es festhalten und was es loslassen will. Seine Umgebung muß ihm Halt geben in seinem Wunsche »auf eigenen Füßen zu stehen«, damit es nicht von dem Gefühl überwältigt wird, sich vorzeitig und töricht exponiert zu haben, dem Gefühl, das wir Scham nennen; aber auch von jenem sekundären Mißtrauen sollte man es bewahren, jenem Blick nach rückwärts, den wir Zweifel nennen. *Autonomie* contra *Scham* und *Zweifel* ist daher der zweite Kernkonflikt, dessen Lösung eine der grundlegenden Aufgaben des Ich ist.

C. LOKOMOTORIK UND DIE GENITALIEN

Ich habe bisher keine Altersstufen erwähnt. Wir nähern uns nun dem Ende des dritten Lebensjahres, wo das aufrechte Gehen Leichtigkeit und Kraft gewinnt. In Büchern über kindliche Entwicklung wird zwar behauptet, daß das Kind schon lange vorher »gehen kann«: aber für uns steht es noch nicht wirklich auf eigenen Füßen, solange es nur imstande ist, diese Leistung mehr oder weniger mit Unterstützung für eine kurze Zeitspanne durchzuführen. Das Ich hat das Gehen und Laufen in die Sphäre der Bemeisterung erst dann inkorporiert, wenn das Schwergewicht im eigenen Innern erlebt wird, wenn das Kind vergessen kann, daß es das Gehen »tut« und statt dessen ausfindig macht, was es alles *mit* dem Gehen *tun* kann. Erst dann werden seine Beine ein unbewußter Teil seiner selbst, anstatt eine Art Anhängsel zu sein, die der Fortbewegung dienen.

Um einmal zurückzublicken: die erste Station am Wege war die völlige Entspannung im Liegen. Das Vertrauen, das auf der Erfahrung beruht, daß die Grundmechanismen des Atmens, Verdauens, Schlafens usw. eine beständige und vertraute Beziehung zu der angebotenen Nahrung und den angebotenen Bequemlichkeiten haben, gibt der sich entwickelnden Fähigkeit, sich zur sitzenden, dann zur stehenden Haltung aufzurichten, inneren Antrieb. Die zweite Station (die gegen Ende des zweiten Jahres erreicht wird) heißt nicht nur sicher sitzen zu können, sondern dabei auch nicht zu ermüden, eine Leistung, die es allmählich ermöglicht, das Muskelsystem für feinere Differenzierungen und autonomere Methoden der Wahl und Verwerfung zu gebrauchen, um Dinge aufzubauen – und sie mit Krach wegzuwerfen.

Die dritte Station findet das Kind imstande, sich unabhängig und kraftvoll zu bewegen. Es ist nicht nur bereit, seine Geschlechtsrolle zu entdecken, sondern es fängt auch an, entweder seine Rolle im Wirtschaftsprozeß zu begreifen, oder auf alle Fälle zu verstehen, welche Rollen eine Nachahmung lohnen. Es kann jetzt unmittelbar mit seinen Altersgenossen in Kontakt treten und unter der Anleitung älterer Kinder oder fachlicher weiblicher Führung allmählich in die kindliche Politik des Kindergartens, der Straßenecke und des Bauernhofes eintreten. Sein Lernen ist jetzt »eindringend« – es führt von ihm selbst weg auf dem Wege aggressiver Assoziationen und Kombinationen zu immer neuen Tatsachen und Fähigkeiten; und nun wird es der Unterschiede zwischen den Geschlechtern tatsächlich gewahr. Das eröffnet nun den Weg für die infantile Genitalität, und für die erste Ausformung des *eindringenden* und des *umschließenden Modus*.

Die infantile Sexualität muß ihrem Wesen nach natürlich rudimentär bleiben, ein reines Versprechen kommender Dinge. Wird sie nicht durch spezifische Versagungen oder spezifische Bräuche (wie organisiertes Sexualspiel) zu vorzeitiger Manifestation angeregt, so wird sie im allgemeinen zu nichts anderem führen, als zu einer Reihe faszinierender Erlebnisse, die erschreckend und sinnlos genug sind, um in der Phase, die Freud die »Latenzperiode« nannte, verdrängt zu werden – d. h. während der langen Verzögerung der körperlichen sexuellen Reife.

Die sexuelle Orientierung des Knaben in dieser Phase ist phallisch. Während zweifellos schon früher Erektionen auftreten (entweder reflektorisch oder in deutlich sexueller Reaktion auf Dinge und Menschen, die beim Kind intensive Gefühle auslösen) entwickelt sich nun ein zentriertes Interesse an den Genitalien beider Geschlechter, gleichzeitig mit einem Drang, sexuelle Akte auszuüben. Beobachtungen an primitiven Gesellschaften zeigen, daß Koitusakte zwischen Kindern von drei oder vier Jahren vorkommen können – Akte, die nach dem Gelächter der Zuschauer zu schließen, in erster Linie spielerische Nachahmungen sind. Derartig unverhüllte spielerische Akte dienen vermutlich dazu, eine Entwicklung zu erleichtern, die potentiell gefahrvoll ist; nämlich die ausschließliche Ausrichtung früher sexueller Impulse auf die Eltern, besonders dort, wo ein vollständiges Tabu für den Ausdruck solcher Wünsche besteht. Denn die lokomotorische Meisterung und der Stolz, nun groß zu sein und fast so stark wie Vater und Mutter, erfahren ihren schwersten Rückschlag durch die einfache Tatsache, daß man in der genitalen Sphäre weit unterlegen ist; und weiterhin, daß man selbst in ferner Zukunft niemals der Vater in der sexuellen Beziehung zur Mutter oder in der sexuellen Beziehung zum Vater die Mutter sein kann. Die tiefgehenden Konsequenzen dieser Einsichten bilden das, was Freud den Ödipuskomplex nannte.

Dieser Terminus hat die Dinge natürlich insofern kompliziert, als er das, was in der Kindheit zu folgern wäre, mit dem vergleicht, was aus der Geschichte von König Ödipus zu folgern wäre. Der Name stellt somit eine Analogie zwischen zwei Unbekannten dar. Der Gedanke ist der, daß Ödipus, der unwissentlich seinen Vater tötete und seine Mutter heiratete, zum mystischen Helden wurde und von der Bühne her tiefes Mitleid und Schrecken verbreitete, weil der Besitz der Mutter ein weltweiter und in der ganzen Welt tabuierter Wunsch ist.

Die Psychoanalyse verifiziert in ihrer täglichen Arbeit die einfache Tatsache, daß Knaben ihre erste genitale Zuneigung den mütterlichen Erwachsenen zuwenden, die ihrem Körper in jeder anderen Beziehung Behaglichkeit spenden, und daß sie ihre erste sexuelle Rivalität gegen diejenigen Personen entwickeln, die die genitalen Besitzer jener mütterlichen Wesen sind. Daraus, wie Diderot, den Schluß zu ziehen, daß der kleine Knabe, wenn er die Kraft eines Mannes hätte, seine Mutter vergewaltigen und seinen Vater ermorden würde, ist sinnlos. Denn hätte er diese Kraft, dann wäre er kein Kind und brauchte nicht mehr bei seinen Eltern zu leben – in welchem Falle er vermutlich andere Sexualobjekte bevorzugen würde. Tatsächlich heftet sich aber die infantile Genitalität an die Beschützer und Ideale der Kindheit und erleidet dadurch intensive Komplikationen, vor allem durch Bemächtigungsphantasien.

Der *eindringene* Modus, der das Verhalten in diesem Stadium weitgehend beherrscht, charakterisiert eine Vielzahl gestaltmäßig »gleicher« Betätigungen und Phantasien. Das Eindringen in die Leiber anderer Menschen durch körperliche Angriffe, das Eindringen in Ohr und Gedanken anderer durch aggressives Reden, das Eindringen in den Raum durch kraftvolle Fortbewegung gehören hierzu. Im allgemeinen scheint deutlich zu sein, daß die Sexualakte der Erwachsenen Kindern in diesem Alter als gefährliche Akte wechselweiser Aggression erscheinen müssen. Selbst wo es Gruppen-Sexualspiele gibt, scheint das Kind die Sexualität der Älteren auf der männlichen Seite als eindringend und sich aufdrängend und auf der weiblichen Seite als spinnenhafte Einverleibung zu deuten; und das besonders, wo Dunkelheit das Sexualleben der Großen umgibt, wo Geräusche, die es begleiten, als Ausdruck von Schmerzen mißdeutet werden, wo wiederholt Menstrualblut beobachtet wird und wo (nicht selten) bei unzulänglich befriedigten Eltern eine feindselige Nachwirkung bemerkt wird.

Mädchen haben jetzt eine schwierige Zeit, weil sie erkennen müssen, daß ihnen, obwohl ihre lokomotorische, geistige und soziale »Eindringlichkeit« genau so zunimmt wie bei den Jungen, etwas fehlt: der Penis. Während der Junge dies deutlich erektionsfähige und greifbare Organ besitzt, um daran seine Träume vom Groß- und Erwachsensein zu knüpfen, kann die Klitoris des Mädchens Träume von sexueller Gleichwertigkeit nicht bekräftigen. Das kleine Mädchen hat nicht einmal Brüste als analog faßbare Unterpfänder der Zukunft; seine mütterlichen Instinkte sind auf Spielphantasien und Kinderhüten verwiesen. Wo die Forderungen des Wirtschaftslebens und die Vernunft seines gesellschaftlichen Planes die weibliche Rolle und ihre spezifischen Machtmöglichkeiten und Kompensationen verdeutlichen, wird all das natürlich leichter integriert und die weibliche Solidarität errichtet. Im anderen Fall kann das Mädchen, zusammen mit den grundlegenden Modi des weiblichen *Aufnehmens* und des mütterlichen *Umschließens* entweder eine quengelnde, fordernde, zugreifende Haltung entwickeln oder es gerät in die Richtung einer anklammernden, übermäßig abhängigen Kindlichkeit.

Die Karte kann nun fast vervollständigt werden. Sowohl in Abb. 4 (männlich), wie in Abb. 5 (weiblich) fügen wir die Reihe IV hinzu, d. h. die lokomotorische und infantil-genitale Phase, während welcher der Modus des Eindrin-

Abb. 4

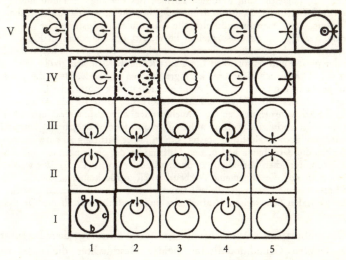

gens (5) durch heftige Fortbewegung, aggressive geistige Haltung und sexuelle
Phantasien und Betätigungen zum Ausdruck gelangt. Beide Geschlechter haben
an der generellen Entwicklung ambulatorischer und eindringender Verhaltens-

Abb. 5

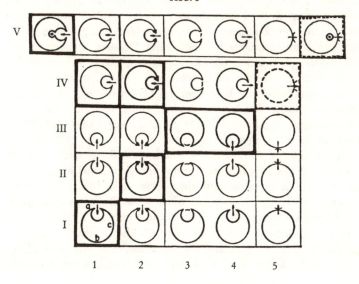

weisen teil, obgleich beim Mädchen Formen des verlangenden und mütterlichen Aufnehmens (1, 2) sich in dem Maße entwickeln, wie das durch frühere Erfahrung, Temperament und kulturelle Akzentuierung bestimmt ist.

Abb. 5 zeigt den psycho-sexuellen Fortschritt des Mädchens in Phase IV als eine Rückkehr zur einverleibenden Angehungsweise, wie sie ursprünglich auf der oralen und sensorischen Linie entwickelt wurden. Ich glaube, das ist kein zufälliges Ergebnis unserer kartographischen Methode. Denn das Mädchen gleicht in dieser Phase das potentiell-kraftvollere motorische Dasein des Knaben mit der Möglichkeit reicherer sensorischer Unterscheidungsfähigkeit und mit den wahrnehmenden und annehmenden Zügen späterer Mutterschaft aus. Es neigt auch wieder dazu, abhängiger und fordernder zu werden, und es wird ihm auch tatsächlich gestattet, sich in dieser Richtung zu entwickeln, – außer wo die betreffende Kultur den Hilfsmodus des eindringenden und lebhaft lokomotorischen Verhaltens zu unterstützen wünscht (IV, 5). Wir werden später noch auf die allgemeine Ausbeutbarkeit zurückkommen, die das Los der Frau war, und zwar gerade auf Grund dieser nahen Beziehung zwischen ihren genitalen Seinsweisen (Aufnehmen und Umschließen) zu der Oralität (Einverleiben).

Die ambulatorische und infantil-genitale Phase fügt dem Inventar der sozialen Grundmodalitäten beider Geschlechter diejenige des »Machens« im Sinne des etwas erstreben, etwas erreichen und besitzen wollen, kurzum, sich an etwas »heranmachen« hinzu. Es gibt keinen einfacheren, stärkeren Ausdruck, als das amerikanische »to make« (a woman, a girl), um ihm den früher aufgezählten Modalitäten zur Seite zu stellen. Das Wort »machen« in diesem Sinn läßt an direkte Attacke, an die Lust im Wettstreit, an Festhalten an einem Ziel, an die Freude der Eroberung denken. Beim Knaben bleibt der Akzent auf dem »Tun« durch phallisch-eindringende Modi; beim Mädchen wandelt er sich früher oder später in ein »sich heranmachen«, ein Bewirken und Erobern durch Schmeicheln und Provozieren oder durch mildere Formen des »Fallenstellens« – d. h. in dem das Mädchen sich anziehend und liebenswert macht. Das Kind entwickelt so die Requisiten zur sexuell differenzierten Initiative, d. h. für die Wahl von Zielen und für die Ausdauer ihrer Verfolgung.

Aber plötzlich stößt diese allgemeine Initiativebereitschaft auf ihren Erzfeind, auf die Notwendigkeit, ihren sexuellen Antriebskern räumlich und zeitlich zu verschieben: denn dieser sexuelle Kern ist sowohl biologisch unfertig, wie kulturell durch Inzest-Tabus ausgeschlossen. Die ödipalen Wünsche (die in der Versicherung des Knaben, daß er seine Mutter heiraten und sie stolz und glücklich machen wird und in der Feststellung des Mädchens, daß es seinen Vater heiraten und viel besser für ihn sorgen wird, so einfach und vertrauensvoll zum Ausdruck kommen) führen zu vagen Phantasien, die an Mord und Vergewaltigung rühren. Die Konsequenz ist ein tiefes Schuldgefühl, ein merkwürdiges Gefühl, insofern es für immer anzudeuten scheint, daß das Individuum ein Verbrechen begangen habe – was ja schließlich tatsächlich nie geschehen ist und auch biologisch ganz ausgeschlossen war. Diese geheimnisvolle Schuld trägt aber dazu bei, das ganze Gewicht der Initiative auf sozial wünschenswerte Ideale und unmittelbare, praktische Ziele hinzulenken, auf die wißbare Welt der Tatsachen und auf Methoden, Dinge zu machen, statt Menschen zu zwingen, etwas zu tun.

Das setzt allerdings voraus, daß für den dritten Kernkonflikt der im Kapitel über das Ich besprochen werden soll, eine dauerhafte Lösung gefunden wurde, – nämlich für den Konflikt zwischen Initiative und Schuld.

Damit sind wir zum Ende unserer Neudarstellung der Theorie der infantilen Sexualität gelangt, die in Wirklichkeit eine Theorie der prägenitalen Stadien ist, die zu einer rudimentären Genitalität hinführen. Aber wir müssen sowohl dem Text wie unserer Karte eine weitere Entwicklungsphase hinzufügen, nämlich einen rudimentären generativen Modus, der die dämmernde Vorahnung der Tatsache darstellt, daß die Genitalität eine zeugende Funktion hat. Im vierten und letzten Teil dieses Kapitels wollen wir ein paar Beweise vorbringen, die auf etwas hindeuten, was dem Kliniker wohl bekannt ist, und womit er arbeitet, auch wenn er es nicht immer in Begriffe fassen kann: daß sich nämlich Knaben und Mädchen nicht nur durch die Verschiedenheiten von Organen, Fähigkeiten und Rollen unterscheiden, sondern auch durch eine einzigartige Qualität des Erlebens. Sie ist das Ergebnis der Organisation, die das Ich aus all dem schafft, was man hat, fühlt und antizipiert. So genügt es also niemals, die Geschlechter durch die Art zu charakterisieren, in der sie sich von einander unterscheiden – obgleich dieser Unterschied durch die kulturellen Rollen kontrapunktiert wird. Vielmehr wird jedes Geschlecht durch eine Einzigartigkeit charakterisiert, die seinen Unterschied vom anderen Geschlecht wohl enthält, aber dadurch noch nicht voll bestimmt ist; eine Einzigartigkeit, die auf den vorgeformten Funktionen des künftigen Besämers und der zukünftigen Trägerin von Kindern, gleichgültig innerhalb welchen Systems von Arbeitsteilung und kulturellem Stil, begründet ist. Hier sind die Modi des Eindringens und des Umschließens im Dienst der Produktion und Zeugung polarisiert.

In Reihe V (Abb. 4 und 5) wird die rudimentäre »genitale Phase« vorweg-
genommen. Der zusätzliche kleine Kreis im männlichen wie im weiblichen
Inneren bezeichnet zwei neue Modi, den weiblichen generativen (VF) und
den männlichen generativen (VM) und bringt die Tatsache zum Ausdruck,
daß sowohl das weibliche Aufnehmen wie das männliche Eindringen hier
beginnen, sich auf eine dunkel geahnte innere Möglichkeit hin zu orientieren:
auf das Zusammenkommen von Ei und Samen im Zeugungsakt.

Während aber unsere Methode, die Karte zu entwickeln *additiv* war, als
tauchte auf jeder Stufe etwas vollkommen Neues auf, sollte die Gesamtkarte
nun noch einmal neu gesehen werden, nämlich als Darstellung einer *sukzes-
siven Differenzierung* von Teilen, die alle in irgend einer Form von Anfang
bis Ende da sind, und immer innerhalb eines organischen Ganzen, des reifenden Organismus. In diesem Sinne kann angenommen werden, daß die zuletzt
hinzugefügten Modi (männlich und weiblich generativ) während der ganzen
früheren Entwicklung ein zentraler, wenn auch rudimentärer Faktor waren[11].

D. PRÄGENITALITÄT UND GENITALITÄT

Ein System bedarf einer Utopie. Für die Psychoanalyse liegt die
Utopie in der »Genitalität«. Sie wurde ursprünglich als Integration
der prägenitalen Phasen bis zu einem Punkt der Perfektion aufgefaßt,
der es späterhin (nach der Pubertät) möglich machen würde, drei
schwierige Punkte in Einklang zu bringen: (1) den genitalen Organismus mit prägenitalen sexuellen Bedürfnissen in Einklang zu bringen;

---

[11] Die Karte ist nun vollständig. Vielen wird sie als eine allzu stereotype
Form erscheinen, um den Phänomenen des frühkindlichen Lebens gerecht zu
werden. Eine derartige Stereotypie kann tatsächlich daher kommen, daß
das Schema von klinischen Beobachtungen seinen Ausgang nahm. Nun ist
die Frage, um wieviel weiter uns solch eine Schematisierung führen kann.
Daß der Begriff der Modus-Betonung auf nichtklinische Daten anwendbar
ist, wird am Schluß des Kapitels deutlich, seine Anwendbarkeit auf kulturelle
Phänomene zeigt sich im zweiten Teil. Es gibt noch einen anderen Grund, die
weitere Diskussion des Schemas zu vertreten, den deutlich zu machen ich nicht
kompetent genug bin, mein Gefühl nämlich, daß die Beziehung von Modalitäten und Zonen auf ein biologisches und entwicklungsgeschichtliches Prinzip
hindeutet. Konrad Lorenz brachte das zum Ausdruck, als er bei einer
Tagung der Welt-Gesundheits-Organisation in Genf ausrief: »Was mich
bei dem Diagramm, das Erikson uns eben zur Demonstration dieser Unterschiede zeigte, so aufregt ist, daß es mit sehr wenigen oder ganz ohne Veränderungen auf Tiere angewendet werden kann, die weder einen Penis noch
eine Vagina haben, niemals gehabt haben und niemals haben werden. Die
Zonentheorie trifft somit für diese Tiere gewiß nicht zu, aber die Prinzipien
des Diagramms tun es.« (Siehe: Discussion in Child Development, Bd. IV,
Tavistock Pbls. Ltd., London 1960, S. 149).

(2) den Einklang zwischen Liebe und Sexualität zu schaffen; (3) die sexuellen, die generativen und die werkproduktiven Grundformen des Verhaltens in Einklang zu setzen.

Tatsächlich erweisen sich alle Neurotiker bei näherer Untersuchung als gehemmt in ihrem sexuellen Zyklus: ihre Intimität ist gestört, während sie versuchen, sich möglichen Partnern zu nähern, während sie den sexuellen Akt einleiten, ausüben oder beenden, oder während sie sich von den jeweiligen »Teilen« und vom Partner wegwenden. Hier sind die Spuren der Prägenitalität deutlich zu erkennen, wenn sie auch selten ins Bewußtsein treten. Im Tiefsten würden neurotische Menschen lieber einverleiben oder festhalten, eliminieren oder sich eindrängen, anstatt die Wechselseitigkeit der genitalen Beziehungsformen zu genießen. Viele andere würden lieber unterwerfen oder unterworfen werden, zerstören oder zerstört werden, als in reifer Form zu lieben, und das oft, ohne in irgend einem klassifizierbaren, diagnostizierbaren und heilbaren Sinn neurotisch zu sein. Zweifellos kann ein vielseitiges Sexualvorspiel den prägenitalen Überresten am besten gerecht werden. Aber die Beziehung zwischen Sexualität und Spiel, Spiel und Arbeit, Arbeit und Sexualität bedarf einer späteren ausführlichen Besprechung.

An diesem Punkt kann nun auf der Karte gezeigt werden, in welcher Weise prägenitale Abweichungen die Genitalität stören. In Abb. 4 (männlich) dürfen der Modus der weiblichen Fortpflanzung (V F) und die Modi V, 1 und V, 2 nicht zu wörtlich genommen werden. Die Rudimente eines Gebärwunsches werden in der Identifikation mit und der Unterstützung des Weiblichen verwendet oder sie werden in schöpferischem Tun absorbiert. Für die rezeptiven Tendenzen besitzt das männliche Organ keine morphologische Entsprechung des Mundes, obwohl es in der Umgebung und hinter der Peniswurzel Rudimente eines weiblichen Organes gibt, die bei passiv-rezeptiven Individuen erotisiert werden. Im übrigen müssen Mund und Anus die sexuellen Restbestände der Einverleibungswünsche des Mannes übernehmen. Modus V, 1 würde, wenn er dominant oder ebenso dominant wird wie V, 5 eine Akzentuierung der genitalen Aufnahmebereitschaft bedeuten, den Versuch zu nehmen statt zu geben. Eine Dominanz von V, 2 stellt das männliche »Biest« dar, d. h. den Homosexuellen, der den Verkehr mit Männern sucht, um mehr oder weniger bewußt ihre Macht sich einzuverleiben. Modus V, 3 bedeutet eine retentive Haltung, V, 4 eine eliminative Form des männlichen Genitalverhaltens; viele Formen gehemmter und unvollständiger Ejakulation gehören hierher. V, 5 wurde als phallisch-aggressive Haltung beschrieben. Diese Abweichungen können also nun in der Richtung der Modusfixierung zu anderen Zonen zurückverfolgt werden, woher sie ursprünglich stammten und wohin sie unter Umständen regredieren. In der reifen männlichen Sexualität müssen alle diese Modi integriert und der Herrschaft des männlichzeugenden Modus (VM) unterstellt sein.

Die letzte Reihe der Abb. 5 (weiblich) hat einen doppelten Anwendungs-
bereich: einmal auf das Sexualleben, andererseits auf das Gebären (und die
Kinderpflege). VF wurde als dominierende Endposition dargestellt. V, 1 und
V, 2 bezeichnen die häufigste Abweichung: relative Frigidität in der Vereinigung, entweder mit rezeptiver Passivität oder mit sexueller Habsucht –
im schlimmsten Falle eine Unfähigkeit, genital zu geben und damit die Leistung des Mannes anzuerkennen, die trotzdem gefordert, quälerisch verlangt
und provoziert wird. V, 3 ist die Unfähigkeit, so nachzugeben und zu entspannen, daß der Mann eindringen kann, die Unfähigkeit, ihn zu einem
Wohlgefühl gelangen zu lassen oder loszulassen. V, 4, die eliminative Genitalität, drückt sich in gehäuften orgastischen Spasmen aus, wobei es zu keinem
einmaligen adäquaten Erlebnis kommt. V, 5 bedeutet die nicht umgewandelte
phallische Position, wie sie in der ausschließlich klitoralen Erotik und in allen
Formen eindringlicher Nötigung zum Ausdruck kommt. VM bedeutet bei
einer Frau die Fähigkeit, sich mit der zeugenden Rolle des Mannes zu identifizieren und an ihr teilzunehmen, was sie zu einem verständnisvollen Kameraden und entschlossenen Führer ihrer Söhne macht. Schöpferische Fähigkeiten
bei beiden Geschlechtern verlangen außerdem ein bestimmtes Verhältnis zwischen VM und VF. Für beide Karten, die männliche wie die weibliche, gilt
die Regel, daß alle Abweichungen, wenn sie dem dominanten Modus untergeordnet bleiben, so normal sind, als sie häufig sind. Wo sie an die Stelle
des normalerweise dominierenden Modus treten, führen sie zu Gleichgewichts-
störungen im gesamten Libidohaushalt, die nicht lange bestehen können, ohne
die sozialen Modalitäten des Individuums entscheidend zu entstellen. Das
wiederum kann nicht zu oft vorkommen, ohne das soziale Leben einer Gruppe
zu verzerren, es sei denn, die Gruppe kann die Situation dadurch ordnen,
daß sie Untergruppen für von der Norm abweichende Individuen schafft.

Aber gibt es Prägenitalität nur für die Genitalität? Mir scheint, nicht.
Tatsächlich scheint das eigentliche Wesen der Prägenitalität in der Ab-
sorption libidinöser Interessen bei der frühen Begegnung des wachsenden Organismus mit einem bestimmten Stil der Kinderaufzucht zu
liegen, in der Umformung der eingeborenen Angehungsformen des
Organismus (der Aggression) in die sozialen Modalitäten der Kultur.
Um noch einmal mit dem zu beginnen, was wie ein biologischer
Anfang erscheint: wenn wir sagen, Tiere haben Instinkte, so meinen
wir, daß zumindest die niederen Formen relativ angeborene, relativ
frühe, fertig anwendbare Seinsweisen mitbringen, um mit einem Ausschnitt der Natur in Wechselwirkung zu treten, als Teil dessen sie
überlebten. Diese Verhaltensformen wechseln von Art zu Art außerordentlich, aber innerhalb einer Spezies sind sie sehr starr; Tiere
können wenig lernen. Wir müssen daran denken, daß unsere domesti-
zierten Nutztiere und unsere Haustiere, die wir so leicht als Maßstab
für die Tierwelt nehmen, in hohem Grad ausgelesene und gezüchtete

Wesen sind, die gelernt haben, unseren praktischen und emotionalen
Bedürfnissen zu dienen, während wir für sie sorgen. Was sie von uns
lernen, verbessert keineswegs ihre Chancen, in irgend einem Ausschnitt
der Natur oder in irgendwelchem Zusammenwirken mit ihresgleichen
zu überleben. In diesem Zusammenhang fragen wir nicht, was ein
individuelles Tier lernen kann, sondern was eine Species ihren Jungen
von Generation zu Generation vermitteln kann.

Bei höheren Tierformen beobachten wir eine *Instinktteilung* (ein
Ausdruck, der hier in Anlehnung an den Begriff »Arbeitsteilung«
verwendet wird). Hier ist es die wechselseitige Regulation zwischen
instinktiver Kontaktsuche beim Jungen und instinktiver Kontakt-
hergabe seitens der Alten, die das adaptive Funktionieren beim Jungen
ergänzen. Man hat z. B. beobachtet, daß bestimmte Säugetiere die
Defäkation nur dadurch erlernen, daß das Muttertier das Rektum des
Jungen beleckt. Wir könnten nun annehmen, daß die menschliche
Kindheit und die menschliche Erziehung nur die höchste Form solch
instinktiver Wechselbeziehungen darstellten. Aber die dem Menschen
angeborenen Triebe sind keine Instinkte, noch auch sind die komple-
mentären Triebe der Mutter ausschließlich instinktiv. Keiner der beiden
trägt die Grundform der Vollendung in sich, der Selbsterhaltung, der
Wechselwirkung mit irgend einem Segment der Natur; Tradition und
Bewußtsein müssen sie organisieren.

Als Tier ist der Mensch nichts. Es ist sinnlos, von einem menschlichen Kind zu sprechen, als wäre es ein Tier im Prozeß der Domesti-
zierung, oder von seinen Instinkten als fixierten Verhaltensformen,
in die eine autokratische Umwelt eingreift oder sie formt. Die »eingeborenen Instinkte« des Menschen sind Triebfragmente, die während
der verlängerten Kindheit gesammelt, organisiert und mit Sinn und
Bedeutung begabt werden müssen, und zwar durch Methoden der
Erziehung und Unterrichtung, die von Kultur zu Kultur verschieden
sind und durch die Tradition bestimmt werden. Hier liegt die Chance
des Menschen, als Organismus, als Glied einer Gesellschaft und als
Individuum. Hier liegt auch seine Begrenzung. Denn während das Tier
überlebt, wo sein Natursegment voraussagbar genug bleibt, um seinen
eingeborenen Grundverhaltungsweisen instinktiver Reaktion zu entsprechen, oder wo diese Reaktionen die Elemente für notwendig
werdende Mutationen mitenthalten, überlebt der Mensch nur, wo die
traditionelle Erziehung ihm ein Gewissen vermittelt, das ihn führt,
ohne ihn zu vernichten und das zugleich fest und elastisch genug ist,

um sich den Wechselfällen seines geschichtlichen Standortes anzupassen. Die frühkindliche Erziehung nutzt zu diesem Zweck die vagen *instinkthaften* Kräfte aus (sexuelle und aggressive), die den instinktiven Verhaltensweisen Energie verleihen, und die beim Menschen gerade wegen seiner minimalen *instinktiven* Ausrüstung in hohem Grade beweglich und plastisch sind.[12]

Wir wollen hier nur zu einer ersten vorläufigen Einsicht in den zeitlichen Ablauf und in die systematische Beziehung der Organmodi der Prägenitalität gelangen, welche die Grundorientierung festlegen, die ein Organismus oder seine Teile in Hinsicht auf einen anderen Organismus oder dessen Teile und auf die Welt der Dinge haben kann. Ein Wesen mit Organen kann Dinge oder andere Wesen in sich aufnehmen; es kann sie festhalten oder hinauslassen; es kann in sie eindringen. Wesen mit Organen können solche modalen Akte auch mit Teilen eines anderen Wesens vollziehen. Das menschliche Kind erlernt während seiner langen Kindheit diese Weisen der körperlichen Annäherung und mit ihnen die Modalitäten des sozialen Lebens. Es lernt im Raum und in der Zeit zu existieren, während es schon lernt, ein Organismus in der Raum-Zeit seiner Kultur zu sein. Jede so erlernte Teilfunktion beruht auf einer gewissen Integration aller Organmodi sowohl untereinander wie mit dem Weltbild ihrer Kultur.

Nehmen wir das intellektuelle Funktionieren als Beispiel einer Teilfunktion, so sehen wir, daß es durch Organmodi beherrscht und verzerrt werden kann. Wir entdecken ein Stück Wissen; während wir es uns einverleiben, erfassen wir denjenigen Teil, der uns der Aneignung wert scheint. Wir verdauen es, indem wir versuchen, es auf unsere eigene Art zu verstehen, indem wir es zu anderen Wissensstücken assimilieren; wir halten Teile davon fest, während wir andere eliminieren; und wir geben es an andere weiter, wo sich die entsprechende Verdauung oder Aussaat wiederholt. Und ebenso wie die Arten und Weisen der erwachsenen Genitalität die mehr oder weniger verzerrten Spuren früher Organmodus-Erfahrungen aufweisen können, so kann die Intellektualität eines Menschen durch die Unter- oder Überentwicklung des einen oder anderen Grundmodus charakterisiert sein. Manche greifen so gierig nach Wissen, wie die Ziege des Karikaturisten, die

---

[12] Revidierungen und Klärungen der psychoanalytischen Triebtheorie finden sich in den Arbeiten von H. Hartmann, E. Kris und R. Loewenstein, The Psychoanalytic Study of the Child, Band I–IV, International Universities Press, New York 1945–49.

gefragt wurde, ob sie kürzlich ein gutes Buch gefressen habe; andere schleppen ihr Wissen in eine Ecke und nagen daran wie an einem Knochen; wieder andere verwandeln sich in ein Lagerhaus für Wissen, ohne Hoffnung, es je verdauen zu können; andere bevorzugen es, Wissen auszuschwitzen und auszuteilen, das weder verdaut, noch verdaulich ist – und intellektuelle Vergewaltiger spielen ihre Pointen aus, mit denen sie die Abwehr unempfänglicher Zuhörer durchlöchern.

Das alles sind aber nur Karikaturen, die illustrieren sollen, daß nicht nur der genitale Geschlechtsverkehr, sondern auch jede andere Form des menschlichen Verkehrs sich auf einem richtigen (oder falschen) Verhältnis der prägenitalen Organmodi entwickelt, und daß jede Form des menschlichen Umgangs durch eine relative Gegenseitigkeit der Annäherungsweisen oder durch einseitige Formen der Aggression charakterisiert werden kann. Um ein bestimmtes Verhältnis herzustellen, verwendet der Prozeß der Gesellschaftsbildung sowohl die Requisiten früher Sexualenergie, wie früher Angehungsmodi. Durch die traditionelle Erziehung ergänzt er die fragmentarischen Triebe, mit denen das Menschenkind geboren wird. Mit anderen Worten: während beim jungen, nicht menschlichen Säugetier Instinktfragmente (relativ) vollständiger in (relativ) kürzerer Zeit durch die instinktive Fürsorge der Elterntiere integriert werden, sind die viel fragmentarischeren Verhaltensweisen des menschlichen Kindes vom Prozeß der Tradition abhängig, welcher die elterlichen Reaktionen leitet und ihnen Sinn verleiht. Das Ergebnis dieser variablen Ergänzung und Vervollständigung von Trieb-Verhaltensformen durch die Tradition – so großartig es in seinen kooperativen Errungenschaften und in seinen erfindungsreichen Spezialisierungen und Verfeinerungen ist – bindet doch das Individuum für immer an die Traditionen und Institutionen seines Kindheitsmilieus und liefert es der – nicht immer logischen und gerechten – Selbstherrlichkeit seines inneren Herren, seines Gewissens, aus.

4. Genitale Modi und räumliche Modalitäten

Das Kapitel begann mit zwei klinischen Episoden, in denen gezeigt wurde, daß Zonen und Modi ebensowohl das Spiel wie die Symptome und Verhaltensweisen zweier kleiner Patienten beherrschen. Beschließen möchte ich das Kapitel mit Beobachtungen, die an einer großen Zahl von Kindern gemacht wurden, die nicht Patienten, sondern Forschungsgegenstand einer Entwicklungsuntersuchung waren, die an der Universität von Kalifornien durchgeführt wurde.[13] Auch handelte es sich nicht um Kinder im Spielalter. Zehn, elf und zwölf Jahre alt, waren sie schon ein Jahrzehnt lang regelmäßig beobachtet und befragt worden. Alle wahrnehmbaren Aspekte des Wachstums und der Entwicklung ihres Geistes und ihrer Persönlichkeit waren sorgfältig registriert worden. Als ich der Studiengruppe beitrat, um ihre Aufzeichnungen zu überprüfen, kamen wir auf den Gedanken, daß es interessant sein könnte, an dieser umfangreichen Stichprobe den klinischen Grundsatz nachzuprüfen, der uns bei derartigen Beobachtungen wie denen von Peter und Anns Spielen geleitet hatte, den Grundsatz nämlich, daß die Spielbeobachtung den aus anderen Quellen abzuleitenden Daten bedeutsame Hinweise hinzufügen kann. Würde ein geeignetes Vorgehen mir Musterbeispiele von Spielverhalten liefern, die als lebendiger Schlüssel zu den in den Akten der Untersuchung angesammelten Daten dienen könnten? Hier ließe sich vielleicht das, was ich aus Krankengeschichten gelernt hatte, auf fortschreitende Lebensgeschichten anwenden.

Ich beschaffte einen Spieltisch und eine zufällige Auswahl von Spielsachen und lud die Knaben und Mädchen der Untersuchung, jeweils einzeln, ein, hereinzukommen und sich vorzustellen, der Tisch wäre ein Filmatelier und die Spielsachen Schauspieler und Kulissen. Ich forderte die Kinder dann auf, »auf dem Tisch eine aufregende Szene aus einem ausgedachten Film aufzubauen«.

Ich gab diese Anweisung, um den vorwiegend Elfjährigen die Kränkung zu ersparen, mit »Kinderkram« spielen zu müssen; gleichzeitig bestand die Vorstellung, daß dies ein hinlänglich unpersönlicher »Anreiz« für den unbefangenen Gebrauch der Phantasie sei. Aber hier ergab sich die erste Überraschung: obgleich im Verlauf von mehr als anderthalb Jahren etwa 150 Kinder zusammen ungefähr 450 Szenen aufbauten, waren nicht mehr als ein halbes Dutzend echte Filmszenen darunter, und nur wenige Puppen wurden nach einem bestimmten Schauspieler benannt. Stattdessen arrangierten die Kinder, nach einem Moment des Nachdenkens, wie von einem inneren Vorhaben geleitet ihre Szenen, erzählten mir eine kurze Geschichte mehr oder weniger aufregenden Inhalts und überließen mir die Aufgabe, herauszufinden,

---

[13] J. W. Macfarlane, Studies in Child Guidance. I. Methodology of Data Collection and Organisation, Society for Research in Child Development Monographs, Vol. III, No. 6, 1938.

was (wenn überhaupt etwas) diese Gestaltungen bedeuteten. Ich erinnerte mich aber, daß vor Jahren, als ich mit einer kleinen Gruppe von Studenten aus Harvard und Radcliffe, alles älteren Semestern in Anglistik, eine ähnliche Methode ausprobierte, wobei »dramatische Szenen« aufgebaut werden sollten, nicht eine Szene an Shakespeare oder sonst ein Drama erinnerte. Es scheint also, daß derartige unbestimmte Instruktionen denselben Effekt haben, wie die Aufforderung »frei zu assoziieren« in der psychoanalytischen Sitzung (d. h. die Aufforderung, ohne Selbstzensur die Gedanken wandern und die Worte strömen zu lassen), wie es tatsächlich im Interview mit Kindern auch der Vorschlag hat, zu spielen: scheinbar zufällige Themen tauchen auf, die sich bei näherer Untersuchung als in enger Beziehung zur Dynamik der Lebensgeschichte des Betreffenden stehend erweisen. In der vorliegenden Untersuchung bildete das, was ich schließlich als »einzigartige Elemente« bezeichnete, häufig den Schlüssel zu derartigen bedeutsamen Beziehungen. Zum Beispiel war einer der wenigen farbigen Jungen in unserer Untersuchung und der Kleinste unter diesen, zugleich das einzige Kind, das seine Szene *unter* dem Tisch aufbaute. Damit gibt er uns einen schlagenden und erschreckenden Hinweis auf die Bedeutung seiner lächelnden Unterwürfigkeit: er wußte, »wo sein Platz war«. Oder denken wir an die einzige Szenengestaltung, in der der Klavierstuhl unter das Klavier geschoben ist, so daß ganz deutlich wird, daß hier niemand spielt. Da das Mädchen, das diese Szene baute, die einzige Versuchsperson war, deren Mutter Musikerin ist, steht zu vermuten, daß die dynamische Bedeutung musikalischer Geräusche in dieser Kindheit (wenn auch noch andere Daten darauf hindeuten) unsere Aufmerksamkeit verdient.

Schließlich ist noch einer der wichtigsten Fälle zu erwähnen, wo ein Kind im Spiel ein Wissen um etwas verrät, wovon man vermutete, es wisse es nicht: Man hatte behauptet, einem – inzwischen verstorbenen – Mädchen, das an einer bösartigen Blutkrankheit litt, sei nicht bekannt, daß es nur durch ein neues Mittel, das noch im Erprobungsstadium stand, am Leben erhalten wurde. Es konstruierte die einzige von einem Mädchen gebaute Ruine und stellte in die Mitte ihrer Szene »ein Mädchen, das auf wunderbare Weise ins Leben zurückgekehrt ist, nachdem es den Göttern geopfert wurde«. Dieses Beispiel sollte nicht an das schwierige Problem der Deutung unbewußter Inhalte rühren, sondern zeigen, daß sich die Szenen oft genug als lebenswahr erwiesen. Das ist aber nicht, was hier besprochen werden soll. Ich möchte hier ausschließlich die Manifestationen der Macht der Organmodi in räumlichen Modalitäten in Erwägung ziehen.

Um das Maß meines Erstaunens glaubhaft zu machen, unter dem, was ich schließlich (im Gegensatz zu *einzigartigen* Elementen) als die *gemeinsamen* Elemente in den Gestaltungen dieser Kinder bezeichnete, Organmodi anzutreffen, muß ich den, wahrscheinlich unglaubhaft klingenden, Anspruch erheben, nie versucht zu haben, irgend etwas Bestimmtes zu erwarten. Ich war tatsächlich entschlossen, die Neuartigkeit der Erfahrung zu genießen, mit so vielen, und noch dazu gesunden, Kindern zu arbeiten. Bereit zu sein, sich überraschen zu lassen, gehört zur Disziplin des Klinikers; denn ohne das würden klinische »Entdeckungen« bald die instruktive Qualität neuer (oder wirklich bestätigender) Funde verlieren.

Abb. 6

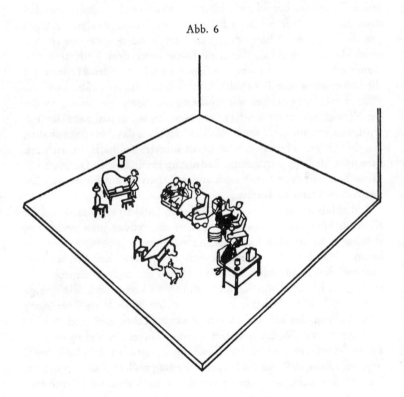

Während ein Kind nach dem anderen sich mit der Gewissenhaftigkeit eines Handwerksmeisters auf seine Aufbauten konzentrierte, die »ganz richtig« sein mußten, bevor es verkündete, daß es mit seiner Aufgabe fertig sei, wurde ich mir allmählich der Tatsache bewußt, daß ich lernte, unterschiedliche Gestaltungen von Knaben und von Mädchen zu erwarten. Um ein Beispiel zu geben, das uns unmittelbar auf den Modus des weiblichen Umschließens bringt (IV, 1), so bauten Mädchen viel öfters als Jungens einen Raum in der Form eines Kreises von Möbeln, ohne Wände, auf. Manchmal wurde ein kreisförmiger Aufbau von Möbeln von irgend etwas Drohendem, das in den Kreis eindrang, durchstoßen, selbst wenn es etwas Komisches war, wie etwa ein Schwein (siehe Abb. 6) oder von »Vater, der auf einem Löwen reitend nach Hause kommt«. Eines Tages baute ein Junge solch eine »weibliche« Szene, mit wilden Tieren als Eindringlingen, und ich empfand jene Unruhe, die, meiner Vermutung nach, häufig einem Experimentator seine innersten Erwartungen verrät. Und tatsächlich rief der Junge beim Weggehen, als er fast schon an der Tür war, »da ist ja was verkehrt hier«, kam zurück und arrangierte seine Tiere mit einem Ausdruck von Erleichterung entlang einer Tangente zum Kreis der Möbel. Nur ein einziger Junge baute eine derartige Konstruktion und ließ sie so stehen, und das zweimal. Er war fett und von effiminiertem Körperbau. Als eine Schilddrüsenbehandlung bei ihm allmählich Wirkung zeigte, baute er bei seiner dritten Konstruktion (eineinhalb Jahre nach der ersten) den höchsten und schlankesten aller Türme, wie das von einem Jungen zu erwarten war ...

Daß sein Turm, nun wo er selbst endlich schlank wurde, der allerschlankste war, ist eines jener »einzigartigen« Elemente, die daran denken lassen, daß irgend ein Gefühl des eigenen körperlichen Selbst die räumlichen Modalitäten dieser Aufbauten beeinflußt. Von hier war es nur noch ein Schritt zu der Annahme, daß die Modalitäten, die jedem Geschlecht *gemeinsam* sind, irgend etwas von dem Gefühl, männlich oder weiblich zu sein, zum Ausdruck bringen.

Damals geschah es, daß ich Dankbarkeit für die Untersuchung empfand, auf die wir uns eingelassen hatten. Denn Bauklötze liefern ein wortloses Medium, das sich leicht zählen, messen und in bezug auf das räumliche Arrangement vergleichen läßt. Gleichzeitig erscheinen sie so unpersönlich geometrisch, daß sie am wenigsten durch kulturelle Nebenbedeutungen und individuelle Inhalte kompromittiert sind. Ein Klotz ist beinahe nichts als ein Klotz. Es erscheint daher verblüffend (außer man sähe es als reine Funktion des Themenunterschiedes an), daß Knaben und Mädchen sich sowohl nach der *Zahl* der verwendeten Steine, als nach den aufgebauten *Gestaltungen* unterschieden[14].

So machte ich mich daran, diese Gestaltungen in den einfachsten Ausdrücken zu definieren, wie Türme, Gebäude, Straßen, Durchfahrten, komplizierte Einfriedigungen, einfache Einfriedigungen, Innenräume mit Wänden und Innenräume ohne Wände. Ich gab dann zwei objektiven Beobachtern[15] Fotografien der Spielszenen, um zu sehen, ob sie hinsichtlich des Vorliegens oder des Fehlens derartiger Gestaltungen (und Kombinationen von Gestaltungen) zu Übereinstimmung

Abb. 7

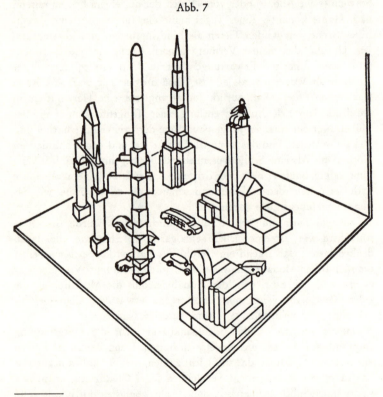

---

[14] M. P. Honzik, Sex Differences in the Occurrence of Materials in the Play Constructions of Preadolescents, Child Development, XXII, 15–35.
[15] Frances Orr und Alex Sherriffs.

gelangen konnten. Sie stimmten »signifikant« überein, worauf bestimmt werden konnte, wie oft diese Gestaltungen nach Aussage der Beobachter (die nichts über meine Erwartungen wußten) in den Aufbauten von Jungen und von Mädchen aufgetreten waren. Ich will ihre Schlußfolgerungen hier in allgemeiner Form zusammenfassen. Der Leser darf überzeugt sein, daß jeder erwähnte Punkt bei mehr (und häufig bei beträchtlich mehr) als zwei Dritteln der Gestaltungen des jeweils aufgeführten Geschlechts auftritt, und daß beim restlichen Drittel besondere Bedingungen vorliegen, von denen sich häufig nachweisen läßt, daß sie »die Regel bestätigen«.

Der signifikanteste Geschlechtsunterschied lag in der Tendenz der Knaben, Strukturen, Gebäude, Türme oder Straßen (siehe Abb. 7) zu bauen; die Mädchen neigten dazu, den Spieltisch als Inneres eines Hauses zu verwerten, wobei sie Bauklötze nur in einfacher Weise, in geringer Zahl oder gar nicht benutzten (siehe Abb. 6).

Hohe Strukturen also überwogen bei den Gestaltungen der Knaben. Aber das Gegenteil der Erhebung, der *Absturz*, war für sie ebenso typisch: Ruinen oder eingestürzte Strukturen fanden sich ausschließlich bei den Jungen. (Die eine Ausnahme habe ich bereits erwähnt.) Regelmäßig erscheint in Verbindung mit den allerhöchsten Türmen etwas in der Art eines Trends nach abwärts, aber in so unterschiedlichen Formen, daß nur »einzigartige« Elemente das illustrieren können: ein Junge baute nach langem Zögern seinen außerordentlich hohen und gut durchkonstruierten Turm wieder ab, um die endgültige Gestaltung einer einfachen und niedrigen Struktur ohne irgendwelchen »aufregenden« Gehalt zu errichten; ein anderer balancierte seinen Turm höchst bedrohlich und erklärte dazu, daß die unmittelbare Gefahr des Einsturzes das »aufregende« Element in seiner Geschichte sei, ja eigentlich die Geschichte *war*. Ein Junge, der einen besonders hohen Turm baute, legte eine männliche Puppe an dessen Fuß und erzählte dazu, daß dieser Bub vom Turm oben heruntergefallen sei; wieder ein anderer ließ die Puppe, die einen Jungen darstellt, hoch auf einem von mehreren komplizierten Türmen sitzen, sagte aber, daß dieser Junge einen Nervenzusammenbruch habe (Abb. 7). Der höchste Turm wurde von unserem kleinsten Jungen errichtet, und, wie schon bemerkt, baute ein farbiger Junge den seinen *unter* dem Tisch. Alle diese Variationen machen deutlich, daß *die Variable hoch/tief* eine *männliche Variable* ist. Nachdem ich eine Anzahl von Fallberichten über diese Kinder durchgearbeitet habe, würde ich dem noch hinzufügen, daß extreme

Höhen (in ihrer Kombination mit einem Element des Zusammenbruchs oder Sturzes) ein Bedürfnis nach Überkompensation eines Zweifels an der eigenen Männlichkeit oder eine Angst um sie widerspiegeln.

Die Aufbauten der Knaben enthielten weniger Menschen und Tiere innerhalb eines Hauses. Eher kanalisierten sie den Verkehr von Autos, Tieren und Indianern. Und sie blockierten den Verkehr: der einzelne Polizist war die von den Jungens am häufigsten verwendete Puppenfigur (Abb. 8).

Abb. 8

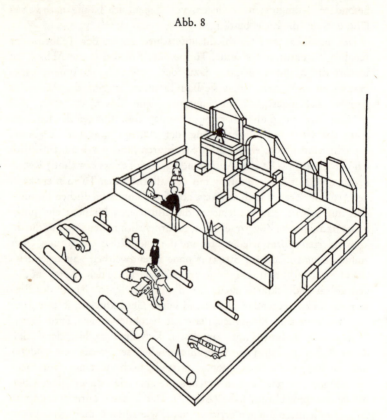

Mädchen bauten selten Türme. Taten sie es, so ließen sie sie nahe am Hintergrund stehen oder sich dagegen lehnen. Der höchste Turm, den ein Mädchen baute, stand überhaupt nicht auf dem Tisch, sondern auf einem Regal in einer Nische hinter dem Tisch.

Wenn »hoch« und »tief« männliche Variablen sind, dann sind »offen« und »geschlossen« weibliche Modalitäten. Von einer überwiegenden Mehrzahl von Mädchen wurde das Innere von Häusern ohne Wände aufgebaut. Stellte es eher ein Heim als eine Schule dar, dann spielte häufig ein kleines Mädchen Klavier: eine bemerkenswert zahme »aufregende Filmszene« für Mädchen dieses Alters. In vielen Fällen drückten diese Interieurs ausgesprochnen Frieden aus.

In einer Anzahl von Fällen aber trat eine Störung ein. Ein eindringendes Schwein stürzt die Familie in Verwirrung und zwingt das Mädchen, sich hinter dem Klavier zu verstecken; eine Lehrerin ist auf das Pult gesprungen, weil ein Tiger in den Raum eindringt. Während die solchermaßen erschreckten Personen meist Frauen sind, ist das eindringende Element immer ein Mann, ein Junge oder ein Tier. Ist es ein Hund, dann ist es ausdrücklich der Hund eines Jungen. Sonder-

Abb. 9

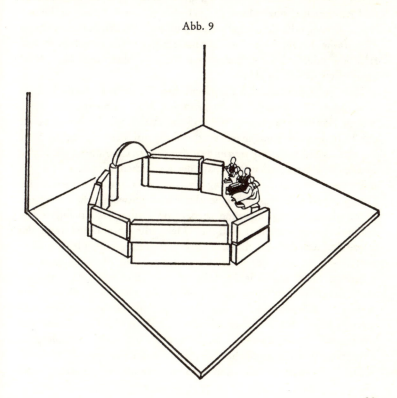

99

barerweise aber führt diese Vorstellung einer eindringenden Kreatur nicht zu der defensiven Errichtung von Wänden oder dem Schließen von Toren. Vielmehr besitzt die Mehrzahl dieser Einbrüche ein Element von Humor und angenehmer Erregung.

Einfache Einfriedigungen mit niederen Wänden und ohne Schmuck waren die größten Strukturen, die von Mädchen gebaut wurden. Aber diese Einfriedigungen hatten häufig ein sorgfältig ausgebautes Tor (Abb. 9): das einzige Gestaltungselement, an dessen Konstruktion und reicher Ausschmückung Mädchen interessiert waren. Von einer Blokkierung des Eingangs oder einer Verstärkung der Wände ließ sich bei weiterer Untersuchung nachweisen, daß sie akute Ängste in bezug auf die weibliche Rolle widerspiegelten.

Die bedeutsamsten Unterschiede zwischen den Geschlechtern bei der Verwendung des Spielraumes ergaben also in Summa folgende Modalitäten: bei den Knaben waren die hervorstechenden Variablen Höhe und Absturz und starke Bewegung (Indianer, Tiere, Autos) und deren Kanalisierung oder deren Aufhalten (Polizist); bei den Mädchen waren es einfache Innenräume, die geöffnet sind, einfach eingefriedet und friedlich, oder in die eingedrungen wird. Knaben schmücken hohe Strukturen, Mädchen Tore.

Es ist jetzt deutlich, daß die räumlichen Tendenzen, die diese Konstruktionen beherrschen, an die *genitalen Modi* erinnern, die wir in diesem Kapitel besprachen, und daß sie tatsächlich der Morphologie der Sexualorgane weitgehend entsprechen: auf der männlichen Seite *äußere* Organe, *aufrichtbaren* und *eindringenden* Charakters, die höchst *bewegliche* Spermazellen leiten; auf der weiblichen Seite *innere Organe* mit einem vorraumartigen *Zugang*, der zum statisch erwarteten Ovum führt. Gibt das nun eine akute und zeitweilige Betonung der Modalitäten der Sexualorgane wieder, auf Grund des Erlebnisses der herannahenden sexuellen Reifung? Mein klinisches Urteil (und das kurze Studium der »dramatischen Produktionen« von College-Studenten) lassen mich zu der Vorstellung neigen, daß die Dominanz der genitalen Modi über die Modalitäten der räumlichen Organisation einen tiefgreifenden Unterschied im Raumsinn der beiden Geschlechter widergibt, selbst angesichts der Tatsache, daß die sexuelle Differenzierung offensichtlich den entscheidensten Unterschied im Grundplan des menschlichen Körpers mit sich bringt, der seinerseits die biologische Erfahrung und die gesellschaftliche Rolle mitbestimmt.

Die Spielkonstruktion kann also als räumlicher Ausdruck einer

Vielzahl gesellschaftlicher Bedeutungen angesehen werden. Die Tendenz eines Knaben, Bewegungen nach außen und nach oben darzustellen, kann also einfach noch ein weiterer Ausdruck eines allgemeinen Verpflichtungsgefühls sein, sich als stark und aggressiv, als beweglich und unabhängig in der Welt zu zeigen und einen »hohen Standard« zu erreichen. Die Darstellung von häuslichen Interieurs durch die Mädchen (mit ihrem deutlichen Vorläufer im kindlichen Puppenspiel) würden dann bedeuten, daß sie sich auf die vorempfundene Aufgabe konzentrieren, ein Haus zu führen und Kinder großzuziehen.

Aber diese Deutung im Sinn des gesunden Menschenverstands wirft mehr Fragen auf, als sie beantwortet. Wenn die Jungens beim Bauen dieser Szenen in erster Linie an ihre gegenwärtigen oder vorweggenommenen Rollen denken, warum werden dann nicht die Puppen, die Jungens darstellen, von ihnen am meisten verwendet? Der Polizist ist ihr Favorit; aber wir können mit Sicherheit sagen, daß wenige von ihnen planen, Polizisten zu werden, oder glauben, daß wir das von ihnen erwarten. Warum bauen die Jungens bei ihren Spielkonstruktionen niemals Sportplätze? Mit der Erfindungsgabe, die eine starke Motivation hervorbringt, hätte sich das sicher bewerkstelligen lassen, wie sich aus der Konstruktion eines Fußballfeldes, mit Tribünen und allem, ersehen ließ. Aber dieser Aufbau stammte von einem Mädchen, die zu der Zeit dick und bubenhaft war und »affektiert kurzgeschnittene Haare« trug – was alles an eine »einzigartige« Determination bei ihr denken läßt.

Wie schon erwähnt, rückte während der frühen Stadien der Untersuchung der zweite Weltkrieg immer näher und brach schließlich aus; ein Flieger zu sein, wurde jetzt zu einer der intensivsten Hoffnungen vieler Jungen. Aber der Pilot rangierte in seiner bevorzugten Behandlung (im Spielaufbau) nur über dem Mönch und dem Baby; der Polizist hingegen kommt zweimal so oft vor wie der Cowboy, der sicherlich das unmittelbarere Rollenideal dieser Jungens aus dem Westen ist und am meisten den Kleidern entspricht, die sie tragen und den Haltungen, die sie annehmen.

Besteht die wichtigste Motivation der Mädchen in der Liebe zu ihren gegenwärtigen Heimstätten und in der Vorausahnung ihrer künftigen unter Ausschaltung aller Strebungen, die sie vielleicht mit den Knaben teilen könnten, so würde das doch noch nicht unmittelbar erklären, warum die Mädchen weniger und niedrigere Wände um ihre Häuser bauten. Die Liebe zum Heim könnte verständlicherweise zu einer

Zunahme hoher Wände und geschlossener Türen als Garanten der Intimität und Sicherheit führen. Die Mehrzahl der Mädchenpuppen in diesen friedlichen Familienszenen spielen Klavier oder sitzen mit ihren Familien im Wohnzimmer: kann das tatsächlich als repräsentativ für das angesehen werden, was diese Mädchen tun möchten oder wovon sie denken, sie sollten behaupten, sie möchten es tun, wenn man sie auffordert, eine aufregende Filmszene zu bauen?

Wenn ein klavierspielendes kleines Mädchen ebenso spezifisch für die Darstellung eines friedlichen Inneren in den Gestaltungen der Mädchen ist, wie der vom Polizisten angehaltene Verkehr für die Straßenszenen der Jungen, so kann das erste als Ausdruck des *Bravseins innerhalb des Hauses* verstanden werden; das zweite als *Vorsicht draußen*. Eine derartige Betonung auf Bravsein und Vorsichtigsein als Antwort auf die ausdrückliche Instruktion, eine »aufregende Filmszene« zu bauen, legt den Gedanken nahe, daß bei diesen Reaktionen dynamische Dimensionen und akute Konflikte zum Ausdruck kommen, die sich durch eine Theorie der bloßen Fügsamkeit gegenüber kulturellen und bewußten Idealen nicht erklären lassen.

Der Nachweis von Organmodi in diesen Spielgestaltungen kann uns folglich an die Tatsache erinnern, daß Erleben im Grundplan des Körpers verankert ist. Jenseits der Organ-Modi und ihrer anatomischen Modelle sehen wir die Andeutung einer männlichen und weiblichen Raumerfahrung. Ihre Umrisse werden deutlicher, wenn wir an Stelle der bloßen Gestaltungen die spezifischen Funktionen bemerken, die in den verschiedenartigen Weisen, Bausteine zu benützen (oder nicht zu benützen) mit Nachdruck hervorgehoben werden. Manche Konstruktionen (Durchfahrten, Tunnels, Kreuzungen) dienen der *Kanalisierung* des Verkehrs. Andere Strukturen sind Ausdruck einer *aufrichtenden, konstruierenden* und *sorgfältig ausarbeitenden* Tendenz. Einfache Wände andererseits *umschließen* und *schließen* ein, während offene Interieurs *sicher halten*, ohne die Notwendigkeit eines Ausschlusses der Außenwelt.

Der strukturierte Raum und die geschilderten Szenen deuten zusammen folglich auf jene wechselseitige Durchdringung des Biologischen, Kulturellen und Psychologischen hin, die der Gegenstand dieses Buches ist. Wenn die Psychoanalyse bisher noch das Psychosexuelle vom Psychosozialen unterscheidet, so habe ich in diesem Kapitel unternommen, eine Brücke zwischen beiden zu bauen.

Weiterhin wollen wir zu zeigen suchen, daß Kulturen auf dem bio-

logisch Gegebenen aufbauen und nach einer Trennung der Funktion
zwischen den Geschlechtern streben, die gleichzeitig innerhalb des
Körperschemas durchführbar, für die jeweilige Gesellschaft bedeutungsvoll und für das individuelle Ich leicht zu handhaben ist[16].

---

[16] Für weitere Berichte über diese Untersuchung siehe »Sex Differences in
the Play Configurations of Pre-Adolescents« (Geschlechtsunterschiede in den
Spielgestaltungen Vorpubertierender), American Journal of Orthopsychiatry,
XXI, No. 4, 1951; verändert in: Childhood in Contemporary Cultures, Margaret Mead und Martha Wolfenstein (Herausgeber) Chicago 1955; und in:
Discussions of Child Development, Vol. III; Tavistock Publications, London
1958, und International Universities Press, New York 1958. In allerletzter
Zeit habe ich Gelegenheit gehabt, die ersten Stadien einer Untersuchung der
Spielgestaltung Vorpubertierender in Indien zu beobachten. Erste Eindrücke
zeigen an, daß die allgemeinen Charakteristika des Spieluniversums deutlich
und in Übereinstimmung mit Unterschieden in der sozialen Welt differieren,
während die Geschlechtsunterschiede durch die räumlichen Modalitäten ausgedrückt werden, wie ich sie hier beschrieben habe. Ein endgültiges Wort darüber kann aber erst gesagt werden, wenn die weiteren Untersuchungen durch
Kamalini Sarabhai und ihre Mitarbeiter am B. M.-Institut in Ahmodabad
vorliegen.

ZWEITER TEIL

Die Kindheit
in zwei amerikanischen Indianerstämmen

Wenn wir nun von Kindern und Kranken uns den Indianern zuwenden, so folgen wir damit dem traditionellen Vorgehen der modernen Forschung, die sich in den Randgebieten unserer komplizierten, erwachsenen Welt nach einer vereinfachten Darstellung jener Gesetze umsieht, nach denen der Mensch lebt. Die Untersuchung der Stereotypie geistiger Fehlfunktion ist ein solches Gebiet: Freud sagte, daß Kristalle ihre unsichtbare Struktur offenbaren, wenn sie zerbrechen. Auf dem Gebiet der Kindheit suchen wir durch das Studium der schrittweisen Entwicklung von Etwas aus Nichts oder zumindest von etwas Komplizierterem aus etwas Einfacherem Regeln zu entdecken. Schließlich wenden wir uns der kulturellen Primitivität als der offenbaren Kindheit der Menschheit zu, wo die Menschen uns in dem einen Augenblick so naiv wie Kinder erscheinen, im nächsten besessen wie Wahnsinnige. Die vergleichende Forschung auf diesen drei Gebieten förderte tatsächlich viele verblüffende Analogien zutage. Aber der konsequente Versuch, diese scheinbaren Parallelen zwischen der gesamtmenschlichen Situation eines Wilden, eines Kindes und eines symptombesessenen Erwachsenen auszuwerten, hat sich als irreführend erwiesen. Wir wissen jetzt, daß der Primitive seine eigene erwachsene Normalität, seine eigene Form der Neurosen und Psychosen hat, und daß er, was am wichtigsten ist, auch seine eigenen Variationen der Kindheit besitzt.

Bis in die letzten Jahrzehnte war die Kinderaufzucht ein anthropologisches Niemandsland. Selbst Anthropologen, die jahrelang unter Eingeborenen gelebt hatten, übersahen, daß diese Stämme ihre Kinder auf irgend eine systematische Art erzogen. Die Experten übernahmen vielmehr stillschweigend die allgemeine Ansicht, daß Wilde überhaupt keine Kindererziehung kennen, und daß die Primitiven »wie die kleinen Tiere« aufwachsen – eine Vorstellung, die bei den übererzogenen Mitgliedern unserer Kultur entweder zornige Verachtung oder ein romantisches Hochgefühl erregte.

Die Entdeckung der primitiven Erziehungssysteme macht nun deutlich, daß primitive Gesellschaften weder infantile Stadien der Menschheit, noch erstarrte Abwandlung der stolzen progressiven Normen sind, die wir repräsentieren: sie stellen eine in sich vollständig abgeschlossene Form reifen menschlichen Lebens dar, das oft von einer Einheitlichkeit und einfachen Integrität ist, die wir manches Mal beneiden könnten. Wir wollen den Versuch unternehmen, die charakteristischen Züge mancher dieser Lebensformen wiederzuentdecken, indem wir zwei Musterbeispiele aus dem Leben der amerikanischen Indianer untersuchen.

Die Menschen, die kollektiv als amerikanische Indianer bezeichnet werden, bilden heute eine sehr mannigfaltige Minderheit. Als stabile Gesellschaft sind sie ausgerottet. Es trifft zwar zu, daß sich Reste ihrer zeitlosen Kultur finden lassen: in uralten Nachklängen, die sich hoch oben auf den Mesas erhalten haben, nur ein paar Meilen von unseren betriebsamen Autostraßen entfernt und in einigen wenigen, ungeheuer würdevollen aber kulturellen mumifizierten Individuen. Selbst da, wo isoliert alte indianische Lebensformen von Regierungsstellen tolerant unterstützt oder vom Fremdenverkehrsgewerbe ausgenützt werden, sind sie nicht mehr Teil einer sich selbst erhaltenden sozietären Existenz.

Man könnte die Frage aufwerfen, warum ich gerade amerikanische Indianerstämme als Illustration für das verwende, was ich zu sagen habe: warum nicht Material auswerten, das ein anderer Forscher in Gebieten gesammelt hat, die noch wirklich primitiv sind? Meine Antwort lautet: weil dieses Buch sich nicht nur mit Fakten befaßt, sondern auch mit der klinischen Erfahrung, diese Fakten herauszufinden; und ich verdanke meine lehrreichsten Erfahrungen einigen Anthropologen, die mir vorschlugen, sie auf ihren Forschungsfahrten zu begleiten, um ihre Lieblingsstämme unter den Indianern kennenzulernen. Es war der verstorbene H. Scudder Mekeel, der mich in das Arbeitsgebiet einführte, indem er mich in ein Reservat der Sioux-Indianer in Süd-Dakota mitnahm; und es war Alfred Kroeber, der mir später half, das Bild des Sioux (der allzu leicht als »der« Indianer schlechthin gilt) stichhaltigen Vergleichen zu unterziehen. Er nahm mich zu seinen Yuroks mit, einem fischenden und Eicheln sammelnden Stamm an der pazifischen Küste.

Diese Berührung mit der Anthropologie erwies sich aus folgenden Gründen als lohnend: meine Führer hatten mir, ehe wir uns auf die Reise begaben, persönliche Notizen und anderes Material überlassen. Da die fraglichen Stämme ihre erste und dauerhafte Liebe in der ethnologischen Feldarbeit waren, konnten die beiden Forscher mir auf dem Wege persönlicher Mitteilung viel mehr sagen, als im Zeitpunkt ihrer Originaluntersuchung zur wissenschaftlichen Veröffentlichung geeignet

schien.[1] Sie hatten ihre vertrauten und ihnen vertrauenden Gewährs-
männer unter den ältesten Mitgliedern des Stammes, die allein noch
sich an die alten Gebräuche der stammesgemäßen Kindererziehung er-
innerten. Zu alledem hatten beide Forscher eine gewisse psychoanalytische Ausbildung durchgemacht und bemühten sich darum, diese mit
ihrer antropologischen Arbeit zu integrieren. Wenn ich ihnen dabei in
gewissem Maße als Katalysator diente, so war es, weil ich selbst als
Kinderanalytiker soeben im Begriff stand, die Dinge zu formulieren,
die ich im vorangehenden Kapitel zu umreißen suchte. In dem Gefühl,
daß es uns gemeinsam vielleicht gelingen würde, einige Punkte aus der
jüngeren Geschichte der amerikanischen Eingeborenen richtig zu formulieren, brachten mich die beiden Forscher mit ihren bevorzugten und
best ausgebildeten Gewährsleuten zusammen und baten diese eindring-
lich, so mit mir zu sprechen, wie sie mit ihnen selbst gesprochen hätten,
hätten sie selber nur früher gewußt, was es über einer Anzahl von bedeutsamen Einzelpunkten in Kindheit und Gesellschaft zu fragen gab.

---

[1] A. L. Kroeber, »The Yurock« in: Handbook of the Indians of California,
Bureau of American Ethnology, Bulletin 78, 1925. H. S. Mekeel, A modern
American Community in the Light of its Past, Dissertation zur Erlangung
der Doktorwürde an der philosophischen Fakultät der Yale University, 1932.

DRITTES KAPITEL

JÄGER ÜBER DER PRÄRIE

1. Der historische Hintergrund

Zur Zeit unserer Reise nach Süd-Dakota war Scudder Mekeel der Gebietsstellvertreter des Beauftragten für indianische Angelegenheiten. Unsere Untersuchung hatte den unmittelbaren und dringenden Zweck, den Versuch zu machen, festzustellen, woher die tragische Apathie kam, mit der die Kinder der Sioux-Indianer viele der Dinge, die ihnen in dem ungeheuer durchdachten und kostspieligen Experiment der staatlichen Indianererziehung beigebracht wurden, schweigend hinnahmen, um sie dann schweigend wieder beiseite zu legen. Es war deutlich genug, was mit diesen Kindern nicht stimmte: es gab für sie zwei Rechte, ein weißes und ein indianisches Recht. Aber nur durch die Untersuchung dieser Diskrepanz fanden wir Überreste dessen, was für die Kinder der Prärie einst recht gewesen war. Um dem klinischen Wesen unserer Untersuchung treu zu bleiben, muß ich das Material über die frühere Kindererziehung einführen, das hier mit großer Ausführlichkeit und unter Berücksichtigung aller Umstände vorgelegt wird. Um auf eine Lichtung vorzustoßen, wo sich die Materie der frühen Kindheit und der Gesellschaft in besserem Licht erkennen läßt, muß ich den Leser durch das dornige Gestrüpp der heutigen Rassenbeziehungen führen. Das Pine Ridge Indianerreservat liegt in der südwestlichen Ecke von Süd-Dakota entlang der Grenze von Nebraska. Es teilt das Schicksal der hügeligen Hochebenen:

> Der langsam heiße Wind des dörrenden Sommers,
> Der unerbittliche Griff des treibenden Schneesturms;
> Und keinen hältst du auf,
> Und keiner sagt dir anderes als
> »Ich streite nicht, ich sage es dir nur«.[1]

Hier leben achttausend Mitglieder des Stammes der Oglala, eines Unterstammes der Sioux oder Dakota, auf dem Land, das ihnen die Regierung zugewiesen hat. Als die Indianer sich in diesem Reservat

---

[1] Carl Sandburg, The People, Yes, Harcourt Brace, New York 1936.

niederließen, ging ihre politische und wirtschaftliche Unabhängigkeit in die Hände der Vereinigten Staaten über, unter der Bedingung, daß die Regierung alle Weißen davon abhielt, in diesem Gebiet zu jagen oder sich niederzulassen.

Nur der hoffnungsloseste Romantiker wird erwarten, in einem heutigen Indianerreservat irgend etwas von dem zu finden, was dem Bilde des alten Dakota entspricht, der einst die Verkörperung des echten Indianers darstellte – ein Krieger und Jäger voller Kraft, Schlauheit und Grausamkeit. Bis vor kurzem schmückte sein Bild die amerikanische 5-Cent-Münze, ein merkwürdiger Tribut an eine merkwürdige Beziehung; denn dieser besiegte Vorgänger nimmt damit einen Platz ein, der sonst Monarchen und Präsidenten vorbehalten ist. Aber seine historische Wirklichkeit stammt aus ferner Vergangenheit.

Gut war das Leben auf den Hochebenen von Dakota, ehe der weiße Mann kam ... Büffel wanderten in dunklen Massen über das Grasland. Die schwarzen Hügel und die Felsgebirge waren lebendig von Hirsch und Biber, Bären und anderem Wild ... Meist blieb der Hunger ihren Zelten ferne.[2]

In einem beweglichen System von »Banden« organisiert, folgten die Dakotas in langen Reihen zu Pferde und mit Wagen dem Büffel. In bestimmten Zeitabständen sammelten sie sich in gut organisierten Lagern, wo sie ihre leichten Zelte aufschlugen. Alles, was sie gemeinsam betrieben – das Lagerleben, die großen Büffeljagden, die Tänze – war streng geregelt. Aber andauernd folgten kleinere Gruppen, farbig und lärmend, dem Drang, von der Hauptmasse des Volkes fort hinauszuziehen, auf Kleinwildjagd, um Pferde zu stehlen und den Feind zu überfallen. Die Grausamkeit der Sioux war unter den frühen Siedlern sprichwörtlich. Sie wendeten diese Grausamkeit rücksichtslos auch gegen sich selbst, wenn sie in einsamer Selbstfolterung eine wegweisende Vision des Großen Geistes suchten.

Aber dies ehemals stolze Volk war von einer Reihe apokalyptischer Katastrophen befallen worden, als hätten sich Natur und Geschichte zu einem totalen Krieg gegen ihre zu männlichen Kinder vereint. Man muß sich daran erinnern, daß die Sioux, nur wenige Jahrhunderte bevor die Weißen sich unter ihnen niederließen, vom oberen Missouri und Mississippi auf die Hochebene gekommen waren und ihr Leben rund um die Jagd auf den Büffel organisiert hatten. Die relative Kürze dieser Anpassung mag wohl die Erklärung dafür sein, daß, wie Wissler es ausdrückte, »die Sioux geistig und als Volk starben, als der Büffel starb«.

[2] P. I. Wellmann, Death on the Prairie, Macmillan, New York 1934.

Der Körper des Büffels hatte nicht nur Nahrung und Material für Kleidung, Bedeckung und Behausung geliefert, sondern auch all die Gebrauchsgegenstände wie Taschen und Boote, Bogensehnen und Schnüre zum Nähen, Becher und Löffel. Medizin und Schmuck wurden aus Teilen des Büffels gefertigt; sein getrockneter Mist diente im Winter als Brennstoff. Gruppenverbände und Jahreszeiten, Zeremonien und Tänze, die Mythologie und die Spiele der Kinder priesen seinen Namen und sein Bild.[3]

Erst also verschwand der Büffel. Die Weißen, die darauf brannten, Handelswege nach den grünen Weiden des Westens zu errichten, störten die Jagdgründe und schlachteten nur zum Sport Hunderttausende von Büffeln. Auf der Suche nach Gold brachen sie in die schwarzen Hügel ein, die Heiligen Berge der Sioux, ihr Wildreservoir und ihre Winterzuflucht. Die Sioux versuchten, diese Verletzung ihrer frühen Verträge mit den Generälen der Regierung von Krieger zu Krieger zu besprechen, aber sie entdeckten, daß »die Grenze« weder das Recht der Föderation noch das der Indianer kannte.

Die wilde, sporadische Kriegsführung kam erst 1890 endgültig zu ihrem Ende, als die 7. Kavallerie den – viele Jahre früher erfolgten – Tod ihres Kameraden, General Custers, rächte. In dem Massaker von Wounded Knee wurden Hunderte von Sioux von einer vierfachen Übermacht wohlbewaffneter Soldaten getötet, obwohl die Mehrzahl sich bereits ergeben hatte. »Die Leichen mancher Frauen und Kinder wurden zwei oder drei Meilen enfernt gefunden, bis wohin sie verfolgt und wo sie getötet worden waren.[4] Ansichtskarten dieser Leichen konnte man noch 1937 in Pine Ridge's einzigem Drugstore und Limonadeausschank kaufen.

Während dieser geschichtlichen Periode der Suche nach neuen wirtschaftlichen Grundlagen trafen die Sioux in aufeinander folgenden Wellen mit vielen Arten neuer Amerikaner zusammen, die die rastlose Suche des weißen Mannes nach Raum, Macht und einer völkischen Identität repräsentierten. Die umherziehenden Fallensteller und Pelzhändler erschienen dem nomadischen Sioux durchaus annehmbar. Sie teilten die Entschlossenheit der Indianer, den Wildbestand zu erhalten, sie brachten Messer und Gewehre, Glasperlen und Kochtöpfe, und sie heirateten indianische Frauen und wurden ihnen gute Ehemänner. Auch manche amerikanischen Generale waren durchaus annehmbar und wur-

---

[3] C. Wissler, Depression and Revolt, Natural History, 1938, Bd. 41, No. 2.
[4] Wellmann, a.a.O.

den tatsächlich fast zu Göttern erhoben, aus dem einfachen Grunde, daß sie gut gekämpft hatten. Selbst die Negerkavallerie paßte noch in die Wertbegriffe der Sioux. Für ihre eindrucksvollen Attacken zu Pferde erhielten sie den kostbaren Namen »Schwarze Büffel«. Auch der geheiligte Glaube an den Menschen, den die Quäker und die frühen Missionare demonstrierten, verfehlte seinen Eindruck auf die Würdenträger und religiösen Führer der Sioux nicht. Aber auf ihrer Suche nach passenden Bildern, mit deren Hilfe sie Vergangenheit und Zukunft in Verbindung bringen konnten, fanden die Sioux jene Klasse des weißen Mannes am unannehmbarsten, die dazu bestimmt war, ihnen die Segnungen der Zivilisation beizubringen – nämlich die Regierungsbeamten.

Die junge und gärende amerikanische Demokratie verlor den Frieden gegen die Indianer, als es ihr nicht gelang, einen klaren Plan, entweder der Eroberung oder der Kolonisierung, der Bekehrung oder der Befreiung zu entwickeln, und stattdessen den Fortgang der Geschichte einer willkürlichen Aufeinanderfolge von Repräsentanten überließ, die jeweils das eine oder das andere dieser Ziele verfolgten und so eine Inkonsequenz zeigten, die die Indianer als Unsicherheit und als schlechtes Gewissen deuteten. Bürokratie ist kein Ersatz für Politik, und nirgends wird der Widerstreit zwischen demokratischer Ideologie und Praxis offenbarer, als in der Hierarchie eines zentralisierten Verwaltungsapparates. Dafür hatten die älteren Indianer, die im Geist einer Demokratie von Jägern erzogen worden waren, die jeden potentiellen Diktator und Kapitalisten abschleifen mußte, ein scharfes, um nicht zu sagen ein maliziöses Auge. Es ist schwer, sich die exponierte und allzu verantwortliche Rolle vorzustellen, in der die Vertreter der Regierung sich damals fanden. Doch kamen manche aus reiner Humanität gut zurecht.

Aber dann folgte der Guerillakrieg um die Kinder, der den Beginn der föderativen Erziehung in den Augen der älteren Sioux alles andere als erfreulich gestaltete. An manchen Orten wurden »Kinder so gut wie entführt, um sie zwangsweise in die Regierungsschulen zu bringen. Ihre Haare wurden kurz geschnitten und ihre indianische Kleidung fortgeworfen. Es war ihnen verboten, ihre eigene Sprache zu sprechen. Das Leben in der Schule stand unter militärischer Disziplin, und die Befolgung der Vorschriften wurde durch körperliche Strafen erzwungen. Diejenigen, die beharrlich an ihren alten Gebräuchen festhielten oder die fortliefen und wieder eingefangen wurden, kamen ins Gefängnis. Eltern, die sich auflehnten, kamen ebenfalls ins Gefängnis.

Womöglich hielt man die Kinder jahrelang in den Schulen fest, um sie dem Einfluß ihrer Familien zu entziehen.«[5] Diese Gesamthaltung wurde erst 1920 völlig aufgegeben.

Während all dieser Zeit berührte nur ein Typus des weißen Mannes die Phantasie des Indianers bis zu dem Grade, daß er seine Kleidung, seine Haltung, seine Gebräuche und die Spiele seiner Kinder beeinflußte: der Cowboy. Von 1900 bis 1917 machten die Sioux einen entschiedenen Versuch, eine Viehwirtschaft aufzubauen und von ihr zu leben. Aber angesichts der höheren Gewalten sowohl der Bodenerosion wie des mittelwestlichen Viehkapitals sah sich Washington zu dem Erlaß gezwungen, wonach die Sioux auf dem ihnen überlassenen Land keine Cowboys sein durften. Der Verlust ihrer Herden, die sich schnell vermehrt hatten und die spätere Landhausse, die aus dem unvorbereiteten Sioux einen kleinen kapitalistischen Verschwender machten, waren moderne Katastrophen, die psychologisch dem Verlust des Büffels gleichkamen. Kein Wunder, daß manche Missionare die adlernasigen Sioux davon überzeugten, daß sie der verlorene Stamm Israels seien und unter Gottes ewigem Fluch stünden.

Dann folgte die letzte Periode, in der man von den Sioux erwartete, daß sie Farmer auf dem ihnen überlassenen Land würden, dessen Humus schon von Wind und Regen abgetragen und das eben von der großen Trockenheit ergriffen wurde. Selbst heute ist nur ein Bruchteil dieses Landes für den Anbau von Weizen, Mais und Roggen geeignet.

So ist es zu verstehen, daß die Sioux beständig und ergebnislos die Regierung wegen gebrochener Versprechungen und administrativer Fehler früherer Regime anklagten. Was die Weißen betrifft, so haben selbst diejenigen, die hilflos gegen ihren Willen an Fehlern oder Treulosigkeiten beteiligt waren, nie geleugnet, daß derartiges vorgekommen sei. Wir kennen Berichte amerikanischer Generale und Beauftragter an die Regierung und an den Kongreß, die von der tiefen Scham sprechen, die diese Männer empfanden, als sie den würdevollen Vorwürfen der alten Indianer zuhören mußten. Das Gewissen des amerikanischen Volkes war tatsächlich zeitweilig so wach und bereitwillig, daß Sentimentalisten und Politiker es zu Zwecken ausnützen konnten, die einer realistischen Behandlung des Indianerproblems nur nachteilig waren.

---

[5] G. McGregor, Warriors without Weapons, University of Chicago Press 1946.

Die Regierung hat die Truppen zurückgezogen und eine imponierende und humane Organisation für die Indianer geschaffen. Der Verwaltungsbeamte wurde durch den Lehrer, den Arzt und den Anthropologen ersetzt. Aber die Jahre der Enttäuschung haben in den Indianern der Hochebene eine Vertrauenslosigkeit hinterlassen, wo sie es sich kaum mehr leisten können, zu mißtrauen. Der Indianer, der ehemals ein Mann war, dem Unrecht geschah, kann heute dem verglichen werden, was der Psychiater einen »Kompensationsneurotiker« (Rentenneurotiker) nennt; er bezieht sein ganzes Sicherheits- und Identitätsgefühl aus dem Zustand eines Menschen, dem man etwas schuldig ist. Und doch steht zu vermuten, daß, selbst wenn die Millionen Büffel und das Gold der schwarzen Berge zurückerstattet werden könnten, die Sioux nicht imstande wären, die Gewohnheiten der Abhängigkeit zu vergessen oder eine Gemeinschaft aufzubauen, die der heutigen Welt angepaßt wäre, einer Welt, die schließlich den Eroberern ebenso wie den Eroberten befiehlt.

Kein Wunder also, daß dem Besucher im Reservat nach kurzer Zeit das Gefühl befällt, Teil eines Zeitlupenfilms zu sein, als hielte eine historische Last das Leben rings um ihn auf. Zugegeben, die Stadt Pine Ridge sieht so ziemlich aus wie eine ländliche Kreisstadt irgendwo in den ärmeren Teilen des mittleren Westens. Die Regierungsgebäude und Schulen sind sauber, geräumig und gut besetzt. Die Lehrer und Beamten, Indianer wie Weiße, sind gut rasiert und freundlich. Aber je länger man im Reservat bleibt, je weiter man umherwandert und je genauer man zusieht, desto deutlicher wird, daß die Indianer selbst wenig Eigentum besitzen und es schlecht verwalten. Scheinbar ruhig, meist freundlich, aber im allgemeinen langsam und apathisch, zeigen die Indianer erstaunliche Zeichen von Unterernährung und Krankheit. Nur bei gelegentlichen rituellen Tänzen und dann auch bei den betrunkenen Schlägereien in den Lokalen außerhalb des Reservats, wo billiger Alkohol verkauft wird, kann man noch etwas von der gewaltigen Energie ahnen, die unter der trägen Oberfläche glimmt.

Zur Zeit unseres Besuches in Pine Ridge schien das indianische Problem irgendwo zwischen dem majestätischen Kreislauf der feuchten und der trockenen Jahres-Zyklen, der göttlichen Verschwendung des demokratischen Prozesses und der fröhlichen Rücksichtslosigkeit des freien Unternehmer-Systems stecken geblieben zu sein. Und wir wissen, daß für die, die unvorbereitet in diese Räder geraten, die Mühle der Proletarisierung schnell und fein mahlt. Hier verliert das Indianerproblem seine alte Patina und verschmilzt mit den Problemen der farbigen Minderheiten, der städtischen sowohl wie der ländlichen, die darauf warten, daß geschäftige demokratische Prozesse Zeit für sie finden.

2. Jim

Eines Tages trafen Mekeel und ich beim Händler einen mageren und redlichen jungen Sioux, offensichtlich einen der assimilierten Absolventen der Mittelschule, die, wie die Erfahrung uns gelehrt hatte, gerade darum seelisch noch verwirrter und beunruhigter sind. Jim hatte vor Jahren das Reservat verlassen, um ein Mädchen aus einem nahe verwandten Stamm zu heiraten und bei ihren Leuten auf der Hochebene zu leben. Nach einer Unterhaltung, in der wir ihm erklärten, was meine Aufgabe hier bei den Indianern sei, sagte er uns, daß die Art, wie seine Kinder erzogen würden, ihn nicht befriedige. Er wollte, wir wären in sein Reservat gekommen, anstatt hierher nach Pine Ridge, so daß seine Frau und er die Dinge mit uns besprechen könnten. Wir versprachen ihm, bald einmal einen Ausflug nach seinem Wohnort zu unternehmen.

Als wir uns der einfachen und sauberen Wohnstelle näherten, spielten seine kleinen Söhne das Lieblingsspiel aller Indianerjungens, einen Baumstumpf mit dem Lasso zu treffen, während ein kleines Mädchen untätig auf seinen Knien saß und mit seinen geduldigen Händen spielte. Jims Frau arbeitete im Haus. Wir hatten einige zusätzliche Lebensmittel mitgebracht, da wir die Erfahrung gemacht hatten, daß mit Indianern nichts in ein paar Stunden erledigt werden kann. Unsere Unterhaltung würde sich der langsamen, bedächtigen, scheuen Art unserer Gastgeber anzupassen haben. Jims Frau hatte einige weibliche Verwandte eingeladen, an der Unterhaltung teilzunehmen. Von Zeit zu Zeit trat sie an die Türe, um über die Prärie zu schauen, die sich nach allen Seiten erstreckte und in der Ferne mit der weißen Prozession langsam ziehender Wolken verschmolz. Während wir so saßen und wenig sprachen, hatte ich Zeit über die Frage nachzudenken, was wohl Jims Platz innerhalb der lebenden Generationen seiner Leute sein mochte.

Die wenigen langhaarigen alten Männer unter den augenblicklichen Bewohnern dieser Reservationen erinnern sich noch der Tage, als ihre Väter Herren der Prärie waren, die den Vertretern der Regierung gleichberechtigt entgegentraten. Nachdem die Periode der eigentlichen Kämpfe vorüber war, hatten diese Indianer die ältere Generation der weißen Amerikaner näher kennengelernt, deren Gott gar kein so entfernter Verwandter des Großen Geistes der Indianer war, und deren Vorstellung von einem kämpferischen, aber auch würdevollen und hilfsbereiten Leben sich nicht allzu weit von den mutigen und großmütigen Zügen des »guten Mannes« der Indianer unterschied. Die zweite Generation der Indianer kannte Jagd und Pelzhandel nur mehr vom Hörensagen. Sie hatten angefangen, das parasitische Leben mit Hilfe der Regierungszuteilungen als ihr unveräußerliches verbrieftes Recht und damit als »natürliche« Lebensform anzusehen.

Jim gehörte offensichtlich der dritten Generation an, die in den vollen Genuß der von der Regierung gewährten Erziehung in Internatsschulen gelangt war und die glaubt, daß sie mit ihrer höheren Bildung besser für den Umgang mit dem weißen Mann gerüstet sei. Aber diese Generation kann sich auf keine grundlegende Leistung mehr berufen – abgesehen von einer gewissen oberflächlichen Anpassung – denn die Mehrzahl von ihnen hat ebensowenig Vorstellungen von der Zukunft als sie allmählich von der Vergangenheit hat. Diese jüngste Generation findet sich also zwischen der eindrucksvollen Würde ihrer Großeltern, die sich ehrlich weigern, daran zu glauben, daß der weiße Mann für immer dableiben wird, und dem weißen Manne selbst, der das Gefühl hat, daß der Indianer darauf beharrt, ein ziemlich unpraktischer Überrest einer toten Vergangenheit zu bleiben.

Nach einer Weile gedankenvollen Schweigens kündigte Jims Frau an, daß die weiblichen Verwandten jetzt kämen. Es verstrichen einige Minuten, ehe auch wir die beiden Gestalten in der Ferne entdecken konnten. Als sie schließlich herankamen, gab es scheue, aber doch amüsierte Begrüßungen ringsumher, und wir setzten uns im Schatten der Tannen im Kreise nieder. Zufällig saß ich auf der höchsten Obstkiste (Stühle sind in der Prärie knapp). Ich meinte scherzend, daß es unbequem sei, wie ein Pfarrer auf der Kanzel zu stehen und drehte die Kiste auf die flachere Seite. Aber es stellte sich heraus, daß sie in dieser Lage zu schwach war, und so mußte ich sie wieder umdrehen. Jim stellte daraufhin seinen Sitz schweigend so, daß auch er so hoch saß wie ich. Ich erinnere dies nur als einen jener Fälle, die typisch für den stillschweigenden Takt sind, den die Indianer zu zeigen pflegen.

Während Jim schlechthin sorgenvoll aussah, hatte seine Frau den Ausdruck eines Menschen, der sich auf eine ernsthafte Unterhaltung gefaßt macht, aber schon vorher zu festen Ansichten gekommen ist. Mekeel und ich hatten beschlossen, in der Unterhaltung nicht direkt auf Jims häusliche Schwierigkeiten zu sprechen zu kommen – was immer sie sein mochten – sondern die Gruppe um ihre Meinung zu dem zu fragen, was wir in Pine Ridge über die verschiedenen Phasen im Leben der Kinder auf der Hochebene gehört hatten. So sprachen wir über die Gebräuche bei der Geburt und der Kinderaufzucht und erhielten bruchstückweise Berichte über die ehemaligen Sitten und die Veränderungen in neuer Zeit. Die Frauen waren durchaus humorvoll, obwohl ihr verlegenes Lächeln bewies, daß sie nicht gewagt hätten, im Beisein von Männern gewisse Dinge zu erwähnen, hätte Mekeel nicht aus seinem Wissen heraus bestimmte Details angeführt, die sie verblüfften und ihr Gedächtnis, aber auch ihre Kritik herausforderten. Sie hatten offensichtlich nie vermutet, daß solche Details die Weißen interessieren könnten oder irgend etwas mit der Welt zu tun hätten, wie sie sich in der englischen Sprache widerspiegelte.

Jim trug nicht viel zu dem Gespräch bei, das mehrere Stunden dauerte. Als wir die Periode um die Mitte des ersten Lebensjahrzehnts besprachen, wurde der Kontrast zwischen seinem düsteren Schweigen und der amüsierten Toleranz der Frauen gegenüber den verschiedenen Weisen, in denen Kinder manche Tätigkeiten des erwachsenen Lebens vorwegnehmen, immer deutlicher. Schließlich wurde es Zeit zum Essen, und die Frauen gingen ins Haus, um alles vorzubereiten. Nun war Jim an der Reihe, und er kam direkt auf sein Problem zu sprechen. Seine Kinder gebrauchten beim Spiel sexuelle Ausdrücke, und das konnte er nicht dulden. Seine Frau lachte darüber und auch über ihn und behauptete, daß alle Kinder solche Worte gebrauchten, und daß es gar nichts zu bedeuten habe. Er aber war höchst empfindlich gegenüber der Unterstellung der Weißen, daß Indianer unanständig seien und unerquickliche sexuelle Angewohnheiten hätten. Wir gaben zu, daß die Weißen die Indianer insgeheim beschuldigten, sexuell ausschweifend zu sein, daß aber schließlich alle Völker ihren Nachbarn gerade die Perversionen vorwerfen, deren sie sich am meisten schämen; ja, daß sie ihren eigenen Perversionen gerne fremde Namen geben. Aber Jim wollte diese Angelegenheit nicht relativieren. Er vertrat die Ansicht, daß die Sioux in Wirklichkeit »starke« Männer seien, die ihre sexuellen Bedürfnisse beherrschten und ihren Kindern nicht erlaubten, obszöne Worte zu benutzen; er sähe keinen Grund, warum seine Kinder etwas tun sollten, was einem Siouxkind nicht gestattet sei. Er demonstrierte damit also, daß er im Grunde stets die Ansicht vertreten hatte, daß die Sioux »stärker« seien als der nahe verwandte Stamm seiner Frau, dem gegenüber er tatsächlich die gleichen Vorurteile hegte, wie sie die Weißen gegenüber seinem Stamm, den Sioux, hatten. Diese Widerspiegelung der Vorurteile der herrschenden Gruppe in den gegenseitigen Diskrimierungen der Untergruppen ist natürlich allgemein in der Welt verbreitet. So kann es vorkommen, daß Indianer mit einem relativ hohen Anteil weißen Blutes ihre reinrassigen Stammesgenossen »Nigger« schimpfen und ihrerseits von diesen als »weißer Abschaum« bezeichnet werden.

Genau so wie es Patienten in therapeutischen Situationen machen, widersprach sich Jim dann so offensichtlich, daß es fast wie ein Bekenntnis klang. Er berichtete, daß ihn bei seinem letzten Besuche daheim die Sprache, die die Kinder seiner Verwandten führten, gestört habe. Er meinte, so etwas wäre nicht möglich gewesen, als er noch klein war. Wir wollten wissen, wer wohl damals solche Ausdrücke verboten habe. »Mein Vater«, war die Antwort.

Weitere Fragen führten zu der Mitteilung, daß Jims Vater den größten Teil seiner Kindheit in der Fremde verbracht hatte. Während Jim sich darüber verbreitete, wurde immer deutlicher, daß die fremde Prägung seinen Vater dazu geführt hatte, nach seiner Rückkehr zu seinem Stamm für seine eigenen Kinder Normen aufzurichten, die sich von denen der anderen Sioux unterschieden. Er hatte damit eine Mauer zwischen seinen Kindern und denen seiner Stammesbrüder errichtet: die Mauer, die Jim jetzt von seinen Kindern trennte – und von sich selbst. Unglücklich, wie er infolge seiner inneren Blockierung geworden war, fand er sich hilflos dabei, Konflikte in seiner eigenen Familie schaffen, weil er darauf bestand, daß seine warmherzige Frau durch ausgesprochene Verbote Gewohnheiten entgegentrat, die sowohl die Sioux als ihr eigener Stamm als eine Sache behandeln, die man schließlich durch Beschämung in Ordnung bringen kann, oder notfalls durch die ruhige Ermahnung der Großeltern.

Wir versuchten, Jim die Macht von Ambivalenzkonflikten klar zu machen. Im Stillen mußte er sich gegen den Wunsch des Vaters aufgelehnt haben, ihn seinen Spielgenossen zu entfremden. Offene Rebellion hatte er um den Preis unterdrückt, daß er jetzt seinen eigenen Kindern antat, was sein Vater ihm getan hatte. Aber da er die stammesfremde Sache seines Vaters niemals wirklich zu der seinen gemacht hatte, erregten seine Haltungen jetzt nur Ärger bei seiner Frau, Verwirrung bei seinen Kindern und lähmenden Zweifel in ihm selbst. Er dachte ein paar Minuten nach und sagte dann: »Ich glaube, Ihr habt mir da etwas gesagt« – ein hohes und wortreiches Lob aus dem Munde eines Indianers. Das Essen wurde zubereitet. Die rebellische Ehefrau und ihre weiblichen Hilfskräfte warteten zeremoniös außerhalb der Türe, bis der Herr des Hauses und seine Gäste ihre Mahlzeit beendet hatten.

Von solcher Art also waren die intimen Unterhaltungen in den Heimstätten der schwermütigen Indianer auf der Hochebene. Sie wurden eine der Hauptquellen für unser Material über die Kindheit der Sioux in den alten Tagen. Offensichtlich gibt es auf diesem Gebiet keine Fakten, die ohne die weitreichendste Bedeutung sind. Jims verzweifelter Versuch, wieder ein Gefühl des »Rechtseins« durch Mittel zurückzugewinnen, die ihm selbst, und denen die zu ihm gehörten, widerstreben, können uns vielleicht einen ersten Einblick in einen merkwürdigen Mechanismus ermöglichen – nämlich die zwanghafte Identifikation des Mannes, dessen stammesmäßige Integrität zerstört worden war, mit dem Zerstörer selbst. Es scheint mir, als hätten die Menschen immer schon gefühlt, was wir erst seit kurzem in Begriffe zu fassen gelernt haben – daß kleine Unterschiede in der Erziehung des Kindes von fortwirkender und oft verhängnisvoller Bedeutung für die Entwicklung verschiedenartiger Weltbilder, Anstandsbegriffe und Identitätsgefühle bei den Völkern sind.

3. Ein Seminar zwischen den Rassen

Eine zweite Quelle wichtigen Materials war ein kleines Seminar, in dem Mekeel und ich mit Erziehern und Sozialarbeitern sowohl weißer wie indianischer Abstammung zusammenarbeiteten, und in dem wir die verschiedenen Ansichten diskutierten, die die Lehrer im Indian Service vertraten. Hier mußte man sich vor allem der Tatsache bewußt sein, daß dieselben Kindheitsfaktoren, die bei neurotischen Konflikten der Verdrängung und Verfälschung anheimfallen, in Gesprächen zwischen zwei Rassen auf eine fast undurchdringliche wechselseitige Abwehrhaltung treffen. Jede Gruppe, gleichgültig welcher Art, scheint von ihren Kindern Opfer zu verlangen, die diese später nur in dem festen Glauben oder in der entschlossenen Annahme ertragen können, daß sie auf nie zu bezweifelnden absoluten Gesetzen des Benehmens beruhen: auch nur ein einziges dieser uneingeschränkten Absoluta in Frage zu

120

stellen, würde bedeuten, alle zu gefährden. So kommt es, daß friedliche Nachbarn in der Verteidigung irgend einer kleinen Einzelheit der Erziehung sich wie zornige Bären, die ihre Jungen in Lebensgefahr glauben, auf die Hinterbeine stellen.

An der Oberfläche klangen die Klagen, die in unserem Seminar vorgebracht wurden, vernünftig und beruflich. Die häufigsten Klagen betrafen das Schulschwänzen: wenn die Indianerkinder in Zweifel gerieten, liefen sie einfach nach Hause. Die zweite betraf das Stehlen oder auf alle Fälle eine grobe Mißachtung der Eigentumsrechte, wie wir sie verstehen. An nächster Stelle folgte die Apathie der Kinder, die alles umfaßte, von Mangel an Ehrgeiz und Interesse bis zum sanften passiven Widerstand gegenüber einer Frage oder Forderung. Schließlich waren die Lehrer der Ansicht, daß es zu viel sexuelle Betätigung unter den Kindern gebe, worunter eine Vielzahl verdächtiger Situationen fielen, vom nächtlichen Ausflug nach einem Tanz bis zum Zusammenkuscheln heimwehkranker kleiner Mädchen in Internatsbetten.

Die Klage, die am seltensten auftauchte, betraf Frechheit, – und doch fühlte man, daß gerade das Fehlen eines offenen Widerstandes die Lehrer beunruhigte, als sei es die geheime Waffe der Indianer. Immer wieder tauchten in der Diskussion verwirrte Klagen darüber auf, daß diese Kinder, gleichgültig was man mit ihnen anstellte, nie eine Antwort zu ihrer Verteidigung vorbrächten. Sie sind stoisch und unverbindlich. Sie geben dir das Gefühl, daß sie dich vielleicht verstehen, bis sich plötzlich herausstellt, daß sie etwas völlig anderes gemacht haben. Du »kommst nicht an sie heran«.

Die tiefe, oft unbewußte Wut, die diese Situation allmählich bei den wohlmeinendsten und diszipliniertesten Lehrern erregt hatte, kam nur in persönlichen Ansichten zum Ausdruck, die die Lehrer hie und da offiziellen Ausführungen hinzufügten. Der Zorn eines alten verwitterten Lehrers wurde durch den ruhigen Hinweis eines indianischen Lehrers auf die Kinderliebe der Indianer entfacht. Er rief laut, daß die Indianer nicht einmal wüßten, was es hieße, ein Kind zu lieben. Aufgebracht begründete er seine Ansicht damit, daß indianische Eltern, die ihr Kind vielleicht drei Jahre lang nicht gesehen hätten, es weder küßten noch weinten, wenn sie schließlich zu Besuch in die Heimschule kämen. Der alte Herr war außerstande, die Erklärung anzunehmen, die von den ältesten Beobachtern bestätigt wurde, daß seit frühesten Zeiten eine derartige Zurückhaltung beim Zusammentreffen indianischer Verwandter herrscht, ganz besonders aber, wenn Nicht-Verwandte zugegen sind. Für ihn standen derartigen Buchweisheiten zwei Jahrzehnte persönlicher und häufiger Beobachtungen entgegen. Er bestand darauf, daß indianische Eltern weniger für ihre Kinder täten, als Tiere für ihre Jungen. Zugegeben, daß die kulturelle Auflösung und die Unfähigkeit, für die Kinder ökonomisch oder geistig zu sorgen, Apathie in den persönlichen Beziehungen zur Folge haben kann, so war es doch erschreckend, solch einem radikalen Mißverständnis zu begegnen, das keineswegs als Überbleibsel aus weniger verständnisvollen Perioden angesprochen werden konnte. Oberst Wheeler, der die Sioux als Eroberer kennengelernt hatte und nicht als Erzieher, »glaubte nicht, daß es irgend eine menschliche Rasse auf Erden gäbe, die ihre Familie mehr liebt als die Indianer Amerikas«. Wer hat recht? War der siegreiche General zu sentimental geworden oder der erschöpfte Lehrer zu zynisch?

Eine Anzahl der heftigsten Meinungen wurden nur privat preisgegeben: »Das Bettnässen ist tatsächlich die schlimmste Schwierigkeit«, meinte ein halbindianischer Lehrer, »aber wir Indianer können dieses Thema nicht in einer Gruppe besprechen, in der auch Frauen sind.« Er war der Überzeugung, daß das Fehlen einer richtigen Reinlichkeitserziehung die Ursache der meisten Erziehungsschwierigkeiten der Indianer sei. Ein weißer Beamter wies von sich aus auf ein Problem hin, das seiner Ansicht nach »wirklich das schlimmste« sei. Unter Berufung auf vertrauliche Bemerkungen medizinischer Autoritäten im Indian Service sagte er: »Die indianischen Eltern gestatten ihren Kindern nicht nur, zu onanieren, sie bringen es ihnen bei.« Er hielt das für die Ursache allen Übels, aber er weigerte sich, die Angelegenheit im Beisein von Indianern zu besprechen. So weit sich Tatsachen feststellen ließen, war weder das Bettnässen noch die Onanie in den Indianerschulen weiter verbreitet, als in Internatsschulen oder Pflegeheimen anderswo. Die Onanie erwies sich tatsächlich als reine Annahme, da niemand sich erinnern konnte, andere als ganz kleine Kinder beobachtet zu haben, die sich berührten.

Es war interessant, daß die »wirklichen«, die gekränktesten und geheimsten Klagen also die Gebiete der frühen Prägung betrafen, die die Aufmerksamkeit der Psychoanalytiker in den westlichen Kulturen erregten, und die wir im Kapitel über die Prägenitalität diskutierten.

Die Weißen als die Aktivsten in Sachen der Erziehung halten offensichtlich jede Unterlassung in der Erziehung, wie etwa die völlige Gleichgültigkeit indianischer Eltern gegenüber analen, urethralen und genitalen Angelegenheiten bei kleinen Kindern, für ein flagrantes Vergehen in ganz entschieden bösartiger Absicht. Die Indianer andererseits, die gegen kleine Kinder nachsichtig und gegen größere nur mit Worten hart sind, sehen in der aktiven Methode der Kinderzucht einen zerstörerischen und durchaus beabsichtigten Versuch, die Kinder zu entmutigen. Die Weißen, so schien ihnen, wollen ihre Kinder dieser Erde entfremden, damit sie mit der äußersten Beschleunigung in die nächste Welt hinüberwechseln. »Sie lehren ihre Kinder, zu weinen,« war die indignierte Bemerkung einer Indianerfrau, als sie im Regierungshospital mit der hygienischen Trennung von Mutter und Kind konfrontiert wurde, besonders aber mit der Verordnung von Regierungspflegerinnen und Ärzten, daß es gut für die Kinder sei, zu schreien, bis sie blau im Gesicht sind. Ältere Indianerinnen, die die Geburt eines Enkels erwarteten, klagten leise, wie die Juden vor ihrer heiligen Mauer, und beweinten die Zerstörung ihrer Nation. Aber selbst gebildete Indianer konnten das Gefühl nicht unterdrücken, daß all die kostspielige Fürsorge, die ihre Kinder erhielten, im Grunde genommen ein diabolisches System darstellte, ihre Nation zu kastrieren. Darüber hinaus bestand auf der indianischen Seite die merkwürdige Annahme, daß die Weißen auch ihre eigenen Kinder zerstören wollten. Seit der frühesten Begegnung zwischen den beiden Rassen fanden die Indianer die Gewohnheit der Weißen, die Kinder zum Gehorsam zu prügeln, höchst abstoßend. Die Indianer erschreckten ein Kind nur, indem sie ihm erzählten, die Nachteule würde es holen – oder der weiße Mann. Was für Konflikte sie so in ihren Kindern schufen und auf die Dauer fixierten, konnten die Indianer nicht einsehen.

Die inoffiziellen Klagen setzen also voraus (wenn wir unsere fortschrittlichsten theoretischen Voraussetzungen anwenden wollen), daß selbst willkürliche Einzelheiten der Erziehung eine definitive Funktion haben, obwohl diese Einsicht in den geheimen Vorwürfen meist als Vehikel gegenseitiger Vorurteile und zur Verhüllung individueller Motivationen und unbewußter Absichten mißbraucht wird. Hier läge wirklich ein Feld für »Gruppentherapie«, die aber nicht die Besserung der einzelnen Teilnehmer, sondern eine Verbesserung der kulturellen Beziehungen zwischen allen Versammelten zum Ziel haben würde. Von den Einzelpunkten, die beim kulturellen Vorurteil eine Rolle spielen, möchte ich drei kurz illustrieren: Achtung vor dem Eigentum, Reinlichkeit, Leistung.

Eines Tages brachte ein Lehrer eine Liste seiner Schüler mit. Es war nichts besonders Bemerkenswertes an diesen Kindern, außer vielleicht der poetische Klang ihrer Namen (sie entsprachen: Stern kommt heraus, Jagd am Morgen, Hat Angst vor Pferden). Sie benahmen sich alle gut, gaben dem weißen Lehrer, was des Lehrers war und der indianischen Familie, was der Familie gebührt. »Sie haben zwei Arten von Wahrheit«, klagte der Lehrer, womit er in höflicher Form ausdrückte, was manche seiner Kollegen meinen, die überzeugt sind, daß die Indianer »geborene Lügner« sind. Mit ihren schulischen Leistungen war er im ganzen zufrieden. Die einzige Schwierigkeit, die er gerne besprochen hätte, betraf einen bestimmten kleinen Jungen, der eine merkwürdig isolierte Existenz unter den anderen Kindern führte, als wäre er irgendwie ausgestoßen.

Wir erkundigten uns bei Weißen und Indianern nach dem Stand der Familie des Kindes. Beide Gruppen charakterisierten den Vater mit den gleichen drei schicksalsschweren Worten »Er hat Geld«. Die regelmäßigen Besuche des Vaters auf der Bank der nächsten Stadt behafteten ihn offenbar mit jenem »fremden Geruch«, den eine Ameise erwirbt, wenn sie das Territorium eines anderen Stammes betritt, so daß sie bei ihrer Rückkehr von ihren eigenen Artgenossen getötet wird. In unserem Fall wird der Verräter offenbar sozial zum Toten, nachdem er und seine Familie ein für alle Mal mit der schlechten Identität dessen, »der sein Geld für sich behält«, behaftet sind. Er verletzt eines der ältesten Prinzipien der Sioux-Ökonomie, die Freigiebigkeit.

Der Gedanke der Aufbewahrung über lange Zeitperioden ist fremd. Wenn ein Mann genug besitzt, um den Hunger wenigstens fürs nächste fern zu halten, genug Zeit zur Meditation und hin und wieder etwas zum Verschenken, so ist er relativ zufrieden ... Wenn ein Mann knapp mit Lebensmitteln ist oder gar nichts mehr hat, so kann er sein Pferd einspannen und mit seiner Familie auf Besuch ziehen. Die Nahrung wird gerecht verteilt, bis nichts mehr übrig ist. Der verachtetste Mann ist der Reiche, der seine Reichtümer nicht an seine Umgebung verteilt. Er ist es, der wirklich »arm« ist.[6]

Im System der Sioux war der krönende Ausdruck des Prinzips des Besitzausgleiches das »Fortgeben«, wobei auf einem Fest zu Ehren eines Freundes oder Verwandten das gesamte Besitztum des Gastgebers den Gästen angeboten wurde. Um die Macht dieses Ideals zu begreifen, muß man selbst heute noch ein Indianerkind bei irgend einer zeremoniellen Veranstaltung beobachten, wie es die mageren Pfennige oder

---

[6] H. S. Mekeel, The Economy of a Modern Teton-Dakota Community, Yale Publications in Anthropology, No. 1–7, Yale University Press, New Haven 1936.

was sonst seine Eltern für eben diese Gelegenheit erspart haben, weggibt. Es strahlt dabei das aus, was wir später als das Gefühl idealer Identität formulieren werden: »Die Art, wie du mich jetzt siehst, ist meine wirkliche Art, und es ist die Art meiner Vorväter.«

Das ökonomische Prinzip des Fortgebens und das hohe Prestige der Freigiebigkeit standen natürlich früher mit der Notwendigkeit im Bunde. Nomaden können nur ein bestimmtes Minimum an Haushaltsbesitz brauchen, das sie mit sich führen. Leute, die von der Jagd leben, hängen von der Freigiebigkeit des glücklichsten und geschicktesten Jägers ab. Aber Notwendigkeiten ändern sich schneller als echte Tugenden, und es stellt eines der paradoxesten Probleme der menschlichen Entwicklung dar, daß Tugenden, die urprünglich der Selbsterhaltung eines Individuums oder einer Gruppe dienten, unter dem Druck anachronistischer Ausrottungsängste erstarren und so im Volk unfähig machen können, sich veränderten Notwendigkeiten anzupassen. Tatsächlich werden solche Überreste alter Tugenden zu eigensinnigen und dabei ungreifbaren Hindernissen für die Umerziehung. Nachdem solche Haltungen einmal ihrer gesamtwirtschaftlichen Bedeutung und der allgemeinen Befolgung verlustig gegangen sind, zerfallen sie. Sie kombinieren sich mit anderen Charakterzügen, von denen manche Individuen mehr, andere weniger besitzen und fließen mit Charakterzügen benachbarter Gruppen zusammen, wie etwa in unserem Fall mit der Verschwendungssucht und Nachlässigkeit der armen Weißen. Am Ende kann weder der Verwaltungsbeamte noch der Lehrer unterscheiden, wann er es mit einer alten Tugend und wann mit einem neuen Laster zu tun hat. Denkt man zum Beispiel an die Unterstützungsschecks und die Zuteilungen von Nahrungsmitteln und Maschinen, die bestimmten Familien auf Grund alter Verträge zustehen und die offiziell nach Bedürfnis und Verdienst verteilt werden: man konnte immer wissen, wann ein Mann derartige »Gaben« erhalten hatte, denn von überall in der Prärie her brachten kleine Wagen seine im Moment weniger glücklichen Verwandten, damit sie in einem Fest primitiven Kommunismus rechtmäßig an den Gaben teilnähmen.

Die erste Einsicht, die sich aus der Besprechung dieser Dinge ergab, war, daß nichts in den Beziehungen zwischen Individuen oder Gruppen unfruchtbarer ist, als ein Versuch, die Ideale des Anderen in Frage zu stellen, indem man nachweist, daß er vom Standpunkt unseres eigenen Bewußtseins aus inkonsequent in seinen Lehren ist. Denn jedes Bewußtsein, sei es das eines Individuums oder einer Gruppe, hat nicht nur seine spezifischen Inhalte, sondern auch seine eigene, ihm eigentümliche Logik, die seine Kohärenz sichert.

»Sie haben keine Initiative«, meinen erbittert die weißen Lehrer; und tatsächlich kann der Antrieb eines Indianerjungen, in Wettbewerb zu treten und sich auszuzeichnen, der unter bestimmten Verhältnissen voll entwickelt ist, unter anderen Umständen vollständig verschwinden. Die Teilnehmer einer Wettlaufmannschaft können plötzlich vor dem Start eines Rennens unsicher werden: warum sollen wir laufen, es ist ja schon sicher, wer gewinnt! Im Hintergrund ihrer Gedanken kann die Überlegung stehen, daß derjenige, der siegt, hinterher keine allzu angenehme Zeit haben wird. Die Geschichte des kleinen Jungen, dessen Vater Geld hat, findet ihre Parallelen im Schicksal aller Indianerkinder, die Anzeichen einer wirklichen Bereitschaft äußern, die Forderung ihrer Lehrer zu erfüllen und die Freude und Befriedigung an ihren Schulleistungen merken lassen. Solche Kinder werden durch den ungreifbaren Spott der anderen wieder auf das allgemeine Niveau heruntergezogen.

Mekeel illustrierte die speziellen Probleme des indianischen Mädchens in seinem Hinweis auf ein besonders tragisches Detail. Den ersten Eindruck, den das kleine Indianermädchen bei seinem Eintritt in eine weiße Schule empfangen muß, ist der, daß sie »schmutzig« ist. Manche Lehrer geben zu, daß sie außerstande sind, ihren Abscheu vor dem heimischen Geruch des Indianerkindes zu verbergen. Das leicht bewegliche Indianerzelt war natürlich weniger mit angesammelten Gerüchen behaftet, als es die heutigen Holzhütten sind. Während seiner Schulzeit werden dem Kind Reinlichkeit, persönliche Hygiene und die standardisierte Eitelkeit der Kosmetik beigebracht. Während das Mädchen andere Aspekte der Bewegungsfreiheit und der Ansprüche der weißen Frau, die ihm mit historisch verheerender Plötzlichkeit vorgeführt werden, noch keineswegs assimiliert hat, kehrt die Heranwachsende hübsch gekleidet und sauber nach Hause zurück. Aber bald kommt der Tag, wo sie von Müttern und Großmüttern ein »schmutziges Mädchen« genannt wird. Denn ein im Sinne der Indianer sauberes Mädchen muß gelernt haben, während der Menstruation bestimmte Dinge zu vermeiden; es darf z. B. bestimmte Nahrungsmittel nicht berühren, die durch diese Berührung verderben sollen. Den meisten jungen Mädchen, die in Heimschulen gelebt haben, scheint es unmöglich, während der Menstruation wieder in den Status einer Aussätzigen zurückzukehren. Und doch sind sie keineswegs so emanzipiert, daß sie sich sicher und wohl fühlen. Fast niemals bietet sich ihnen Gelegenheit, noch auch sind sie wirklich darauf vorbereitet oder willens, das Leben einer amerikanischen Frau zu führen; aber andererseits sind sie nur selten imstande, in den räumlichen Beschränkungen unhygienischer Intimität und in der Armut ihrer Umgebung glücklich zu werden.

Trotz der ideologischen Kluft, wie unsere Beispiele sie illustrieren, muß zugegeben werden, daß viele indianische Eltern ehrliche und auch erfolgreiche Versuche unternommen hatten, ihren Kindern Gehorsam gegen den weißen Lehrer einzuflößen. Trotzdem schienen die Kinder diesen elterlichen Druck als eine Form der Einwilligung zu empfinden, hinter der kein Gefühl tieferer Verpflichtung steht. Die Kinder reagieren mit einer oft unglaublich stoischen Haltung, die uns als eine der erstaunlichsten Tatsachen imponierte, die näher untersucht werden müßte; wie ist es möglich, daß Indianerkinder Jahre hindurch ohne offene Auflehnung oder irgend ein Zeichen innerer Konflikte zwischen zwei Lebensnormen existieren konnten, die unvergleichlich weiter voneinander entfernt sind als die Lebensformen zweier Generationen oder zweier Klassen innerhalb unseres eigenen Kulturkreises. Wir fanden bei den Sioux wenig Anzeichen individueller Konflikte, innerer Spannung oder dessen, was wir Neurose nennen – nichts, was uns die Möglichkeit gegeben hätte, unsere Kenntnisse seelischer Hygiene, wie wir sie verstehen, auf die Lösung des Indianerproblems anzuwenden. Was wir fanden, war eine Erkrankung der Kultur selbst, manchmal in der Form von Verbrechen unter Alkoholeinfluß oder kleinerer Diebstähle, aber größtenteils in der Form einer allgemeinen Apathie und einer ungreifbaren passiven Resistenz gegen jedes weitere und endgültige Eindringen weißer Normen in das indianische Bewußtsein.

Nur bei ein paar »Indianern des weißen Mannes«, die meist mit gutem Erfolg bei der Regierung angestellt sind, fanden wir neurotische Spannung, die in Zwängen, übermäßiger Gewissenhaftigkeit und einer allgemeinen Starrheit zum Ausdruck kommt. Das durchschnittliche Indianerkind scheint nichts von dem zu besitzen, was wir ein schlechtes Gewissen nennen, wenn es sich in passivem Widerstand gegen den weißen Lehrer in sich selbst zurückzieht, noch scheint es auf den Widerspruch mißbilligender Verwandter zu stoßen, wenn es beschließt, die Schule zu schwänzen.

Im ganzen hatten wir den Eindruck, daß der Konflikt zwischen den zwei Welten, in denen beiden das indianische Kind lebt, durch keine echten inneren Konflikte widergespiegelt wird.

Tonus und Tempo des Lebens aber schienen nur in jenen seltenen leuchtenden Momenten etwas von ihrer alten Lebendigkeit zurückzugewinnen, wenn die älteren Mitglieder der Familie oder die Überreste der alten Sippe die Pferdekarren packten, um sich irgendwo in der Prärie zu einem Fest oder einer Feier zu versammeln, Geschenke und Erinnerungen, Klatsch, Witze und Verleumdungen auszutauschen und – bei immer selteneren Gelegenheiten – die alten Tänze zu tanzen. Denn hier geschah es, daß die Eltern dieser Kinder und vor allem ihre Großeltern noch einem Identitätsgefühl am nächsten kamen, das sie noch einmal mit der unbegrenzten Vergangenheit verband, in der es niemanden gegeben hatte als den Indianer, das Wild und den Feind. Der Raum, in dem der Indianer sich zu Hause fühlen konnte, war noch immer grenzenlos und gestattete ihm das freiwillige Zusammentreffen, aber auch das plötzliche Fortziehen und Sich-in-der-Weite-Zerstreuen. Die zentrifugalen Möglichkeiten der weißen Kultur hatte er freudig aufgegriffen, das Pferd, das Gewehr und später das Auto und den Traum vom motorisierten Wohnwagen. Darüber hinaus aber konnte es nur passiven Widerstand gegen die sinnlose Gegenwart und Träume von der Wiederherstellung des Vergangenen geben: wenn die Zukunft wieder in das Ehemalige zurückkehren, die Zeit wieder ahistorisch werden würde, der Raum ohne Ende, die Aktivität grenzenlos zentrifugal und die Herden der Büffel unerschöpflich. Der Stamm der Sioux als Gesamtheit wartet noch immer darauf, daß der Oberste Gerichtshof ihm die schwarzen Berge und die verlorenen Büffel zurückerstattet.

Die von der Regierung eingesetzten Lehrer ihrerseits aber versuchen, einen Lebensplan mit zentripetalen und lokalisierten Zielen zu predigen: Heimstätten, Herde, Bankkonten – alles, was seinen Sinn aus einer Raum-Zeit bezieht, in der das Vergangene überwunden und das volle Maß der Erfüllung in der Gegenwart einem immer höheren Lebensstandard in der immer ferneren Zukunft geopfert wird. Der Weg zu dieser Zukunft ist nicht die äußere Wiederherstellung des Vergangenen, sondern innere Veränderung und ökonomische »Verbesserung«.

So lernten wir, daß geographisch-historische Perspektiven und ökonomische Ziele und Mittel alles umfassen, was eine Gruppe aus ihrer Geschichte gelernt hat, und daher Auffassungen von der Wirklichkeit und Haltungsideale charakterisieren, die nicht in Frage gestellt oder auch nur teilweise ausgetauscht werden können, ohne das Dasein selbst zu bedrohen. Einzelheiten der Erziehung bedeuten, wie wir im Folgenden zeigen wollen, Teil und Gesamt solcher Realitätskonzepte. Wo es möglich ist, bestehen sie in ihrer ursprünglichen Form weiter fort, wo nötig aber in verzerrten Nachahmungen, als beharrliches Zeugnis dafür, daß die von den Eroberern aufgedrängten neuen Lebensformen noch nicht imstande waren, Bilder einer neuen kulturellen Identität ins Leben zu rufen.

4. Erziehung bei den Sioux

A. GEBURT

Die Dakotafrauen, die uns über die alten Methoden der Kinderpflege und Erziehung berichteten, waren zuerst recht zurückhaltend. Erstens einmal waren sie Indianer, dann war Mekeel, den sie als Anthropologen und Freund gekannt hatten, nun Regierungsvertreter; und schließlich war es nicht ganz anständig, mit Männern über Angelegenheiten des menschlichen Körpers zu sprechen. Vor allem das Thema des unumgänglichen Anfangs, die Schwangerschaft nämlich, gab ständig Anlaß zu Gekicher. Obwohl Erbrechen und andere physiologische Schwangerschaftsstörungen bei Indianerinnen selten sein sollen, scheinen sich die Frauen doch während dieser Zeit einer tiefgreifenden Wesensänderung bewußt zu sein, die ihnen im Rückblick peinlich ist.

Es wird behauptet, daß die im allgemeinen sanften Indianerfrauen nur wenn sie schwanger sind ihre Ehemänner beschimpfen und sogar gelegentlich ihre Kinder schlagen. Die verschiedenen Kultursysteme haben offensichtlich verschiedene Abfuhrformen für die tiefe Ambivalenz, die die Frau ergreift, die sich, so sehr sie auch die ersten Zeichen der Schwangerschaft begrüßt haben und sich auf das künftige Kind freuen mag, für neun Monate von einem kleinen und unbekannten, aber völlig diktatorischen Wesen behaust findet.

Die Gebräuche hinsichtlich der Entbindung haben sich natürlich völlig verändert. Weiße Frauen sprechen gewöhnlich mit Empörung von den »unhygienischen« Methoden der älteren Indianerinnen, die sich in oder neben ihrer Wohnstätte ein Bett aus Sand machten, auf dem sie bei der Geburt lagen oder knieten, wobei sie ihre Füße gegen zwei Pfosten stemmten, die in den Boden getrieben wurden und sich mit den Händen an zwei anderen Pfosten festhielten. Aber dieses

Bett, das die Weißen einen »Haufen Schmutz« nannten, scheint ein wichtiger Bestandteil des spezifischen Hygienesystems der Hochlandindianer gewesen zu sein, das vorschrieb, daß alle körperlichen Ausscheidungen dem Sand, dem Wind und der Sonne überlassen werden. Die Manifestationen dieser Vorschrift müssen die Weißen in einige Verlegenheit versetzt haben: Menstruationsbinden und selbst Placentae wurden auf Bäume gehängt, die Körper der Toten auf hohen Plattformen ausgesetzt, die Defäkation vollzog sich auf besonders hierfür bestimmten trockenen Plätzen. Andererseits fällt es dem Indianer schwer, die hygienischen Vorzüge des hölzernen Klosetthäuschens einzusehen, das, obwohl es zugegebenermaßen dezenter ist, wohl Sonne und Wind, nicht aber die Fliegen von den körperlichen Ausscheidungen fernhält.

Weiße und Indianerfrauen stellen regelmäßig fest, daß man bei den Frauen der älteren Generation während der Geburt weder »Stöhnen noch Geschrei« zu hören bekam. Es wird von Indianerfrauen erzählt, die wenige Stunden nachdem sie zurückgelassen worden waren, um einem Kind das Leben zu schenken, ihrem Stamm nachfolgten. Offenbar bot das alte Wanderleben, das ständig Anpassung an den Wechsel der Jahreszeiten, die plötzlichen Züge des Büffels oder die Bewegungen des Feindes verlangte, oft wenig oder gar keine Gelegenheit zur Wochenbettpflege und Erholung.

Die tiefgreifenden Veränderungen in den Gebräuchen der Schwangerschaft und Geburt, die die moderne Hygiene und die Krankenhäuser mit sich bringen, werden von den älteren Indianerinnen nicht nur als eine Gefahr für die Tradition der Stärke angesehen, sondern auch als eine Ungerechtigkeit gegenüber dem Kind, das auf diese Weise lernt, zu weinen »wie ein weißes Baby«.

B. GEBEN UND NEHMEN

Wenn wir nun eine Liste der Daten bringen, die im System der Kinderaufzucht bei den Sioux Bedeutung besitzen, so verdankt die einzelne Angabe ihre Bedeutsamkeit in erster Linie dem Wunsch der Frauen, einen Punkt zu übermitteln, der ihrem traditionellen Ethos am Herzen liegt, aber gelegentlich doch auch unserem Wunsch, einen Punkt nachzuprüfen, der unseren theoretischen Voraussagen am Herzen liegt. Solch eine Liste kann also weder erschöpfend sein, noch völlig schlüssig. Doch hatten wir den Eindruck, daß wir eine erstaunliche Konvergenz zwischen den von den Indianern für ihre alten Methoden angegebenen Begründungen und den psychoanalytischen Überlegungen fanden, durch die wir dazu gelangten, die selben Daten als relevant anzusehen.

Das Kolostrum (das erste wäßrige Sekret der Milchdrüsen) galt bei den Indianern allgemein als giftig für das Kind. Die Brust wurde ihm daher erst gereicht, wenn gute Milch zu strömen begann. Die Indianerinnen waren der Ansicht, daß man einem Kind nicht die ganze Mühe des Trinkens zumuten dürfte, um ihm dann nur eine dünne wäßrige Substanz zu bieten. Der Gedanke dabei war klar: wie sollte ein Kind Vertrauen in eine Welt gewinnen, die es so begrüßte. Infolgedessen wurde die erste Mahlzeit für den Säugling als Willkommengruß der ganzen Gemeinschaft von Verwandten und Freunden bereitet. Sie sammelten die besten Beeren und Kräuter, die die Prärie bot und füllten den Saft in eine Büffelblase, die als brustähnliche Saugflasche zugerichtet war. Eine Frau, die bei jedermann als »gute Frau« galt, stimulierte den Mund des Kindes mit dem Finger und nährte es dann mit dem Saft. In der Zwischenzeit wurde von älteren Frauen, die durch Träume zu diesem Dienst befohlen worden waren, die wäßrige Milch aus der Brust abgesaugt und diese so zur richtigen Funktion angeregt.

Hatte das Kind einmal begonnen, die Brust der Mutter gerne anzunehmen, so wurde es gestillt, sobald es wimmerte, sowohl tags wie nachts. Es wurde ihm dabei auch gestattet, ausgiebig mit der Brust zu spielen. Ein kleines Kind sollte nicht in hilfloser Frustration weinen müssen, obwohl die Meinung bestand, daß das spätere Schreien des Kindes aus Wut »es stark machte«. Es ist auch heute noch zu vermuten, daß die Indianermütter, sobald sie sicher sind, nicht von den Gesundheitsautoritäten gestört zu werden, zu ihren alten »Verwöhnungs«-Sitten zurückkehren.

Das Stillen galt in der alten Gesellschaftsordnung der Sioux als so wichtig, daß, zumindest im Prinzip, nicht einmal die sexuellen Privilegien des Vaters die libidinöse Konzentration der Mutter auf das Stillen stören durfte. Durchfall des Säuglings galt als Folge verwässerter Milch, die durch den Geschlechtsverkehr des Vaters entstanden sein sollte. Dem Ehemann war auferlegt, sich wähend der Stillperiode seiner Frau fernzuhalten. Es wird behauptet, daß diese Stillperiode drei bis fünf Jahre dauern konnte. Man sagte uns, daß der älteste Sohn am längsten gestillt wurde. Die durchschnittliche Stillzeit soll drei Jahre betragen haben. Heute wird sehr viel kürzer gestillt, obwohl es zur Verzweiflung der Gesundheits- und Moralapostel noch immer Fälle von verlängerter Stillzeit gibt. Ein Lehrer erzählte uns, daß noch kürzlich eine Indianerfrau in der Schulpause erschien, um ihren achtjährigen Sohn, der schwer erkältet war, zu stillen. Sie nährte ihn mit derselben besorgten Hingabe, mit der wir unseren schnüffelnden Kindern Vitamine eintrichtern.

Bei den älteren Sioux gab es überhaupt keine systematische Entwöhnung. Manche Mutter mußte aus Gründen, die außerhalb ihres Machtbereiches lagen, abstillen. Im übrigen aber entwöhnten die Kinder ihre Mutter, indem sie sich allmählich anderen Nahrungsmitteln zuwandten. Aber das Kind konnte sich schon viele Monate lang mit anderer Nahrung ernährt haben, ehe es die Brust völlig aufgab, so daß die Mutter inzwischen Zeit fand, das nächste Kind zu bekommen und ihren Milchvorrat aufzufüllen.

Ich erinnere mich in diesem Zusammenhang an eine amüsante Szene. Ein etwa dreijähriger Junge saß auf dem Schoß seiner Mutter und futterte trockene Kekse. Wiederholt wurde er durstig. Mit befehlendem und erfahrenem Griff faßte er dann in die Bluse seiner Mutter (die, wie das früher Sitte war, seitliche Schlitze von den Armlöchern abwärts hatte) und versuchte ihre Brust zu erreichen. Unseretwegen wehrte die Mutter ihn verlegen, aber keineswegs ärgerlich ab, mit den umsichtigen Bewegungen eines großen Tieres, das ein kleines wegschiebt. Er aber ließ deutlich merken, daß er gewohnt war, beim Essen hin und wieder einen Schluck zu bekommen. Die Haltung der beiden verriet mehr, als alle statistischen Angaben über die Frage, wann solch kleine Burschen, wenn sie erst einmal imstande sind, anderen Abenteuern zu folgen, endgültig aufhören, in die Blusen ihrer Mütter zu greifen – übrigens auch in die Bluse jeder anderen Frau, die gerade Milch hat. Denn diese Milch ist Gemeinschaftsbesitz, wo sie den unmittelbaren Bedarf eines Säuglings übersteigt.

Dies Paradies des praktisch unbegrenzten Privilegs auf die Mutterbrust hatte aber ebenfalls seine verbotene Frucht. Um saugen zu dürfen, mußte das Kleinkind lernen, nicht zu beißen. Siouxgroßmütter berichten, was für Mühe sie mit ihren verwöhnten Säuglingen hatten, wenn diese anfingen, die Brustwarzen für ihre ersten kräftigen Beißversuche zu benutzen. Die Alten erzählen mit Vergnügen, wie sie den Kopf des Kindes »aufzubumsen« pflegten und in was für eine wilde Wut es dabei geriet. An diesem Punkte pflegten die Siouxmütter dasselbe zu sagen, was unsere Mütter so viel früher im Leben unserer Kinder sagen: Laß es schreien, davon wird es stark! Besonders die zukünftigen guten Jäger konnten an der Kraft ihrer infantilen Wut erkannt werden.

War das Siouxkind so mit Wut erfüllt, so wurde es jetzt bis zum Halse mit Wickelbändern an das Wiegenbrett gebunden. Es konnte seine Wut nicht durch die übliche heftige Bewegung seiner Glieder ausdrücken. Ich will damit keineswegs sagen, daß das Wiegenbrett oder das feste Wickeln mit Tüchern oder Bändern eine grausame Beschränkung darstellen. Im Gegenteil sind diese Prozeduren zu Anfang zweifellos angenehm feste, mutterschoßartige Dinge, etwas, worin sich das Kind eingehüllt und gewiegt fühlt, während für die Mutter auf diese Weise ein handliches Bündel entsteht, in dem sie das Kind auch während der Arbeit bei sich tragen kann. Aber ich will damit zum Ausdruck bringen, daß die jeweilige Konstruktion des Wiegenbrettes, sein Platz im Hause und die Dauer seiner Anwendung variable Elemente sind, die von den verschiedenen Kulturen zur Einprägung der grundlegenden Erfahrungen und wichtigsten Charakterzüge angewendet werden, die sie in ihren Kindern entwickeln wollen.

Welche Konvergenz können wir zwischen der Oralität des Siouxkindes und den ethischen Idealen des Stammes entdecken? Wir haben die Freigiebigkeit als eine hervorragende Tugend erwähnt, die das Leben der Sioux erfordert. Ein erster Eindruck vermittelt die Vorstellung, daß die kulturelle Forderung nach Freigiebigkeit ihre frühe Grundlage in dem Privileg des Nahrungsgenusses und der Sicherheit hatte, die aus dem unbeschränkten Stillen erwuchs. Die Begleittugend der Freigiebigkeit war die »Stärke«, eine Eigenschaft, die bei den Indianern sowohl wilder als stoischer wie der reine Mut ist. Sie enthält ein leicht ansprechbares Quantum unmittelbar zur Verfügung stehenden Jagd- und Kampfgeistes, die Tendenz, dem Feind sadistisch Schaden zuzufügen und die Fähigkeit, extreme Anstrengungen und Qualen in Leid und Selbstfolterung zu ertragen. Trug die Nötigung, frühe Beißwünsche zu unterdrücken, zu der immer wachen Gewalttätigkeit des Stammes bei? Ist das der Fall, dann kann es nicht ohne Bedeutung sein, daß die freigiebig stillenden Mütter selbst die »Gewalttätigkeit des Jägers« bei ihren zahnenden Säuglingen erweckten und eine schließliche Übertragung der erregten Wut des Kindes auf die Idealbilder des Jagens, Einkreisens, Fangens, Tötens und Stehlens unterstützten.

Wir behaupten keineswegs, daß ihre Behandlung in der Kindheit eine Gruppe von Erwachsenen *veranlaßt*, bestimmte Charakterzüge zu entwickeln, als brauchte man nur ein paar Knöpfe im Erziehungssystem zu drehen, um diese oder jene Art von Stammes- oder Nationalcharakter zu produzieren. Tatsächlich diskutieren wir Charakterzüge nicht im Sinne irreversibler Charakteristika der Persönlichkeit. Wir sprechen von Zielen und Wertungen und der Energie, die ihnen durch Erziehungssysteme zufließt. Solche Werte leben weiter, weil die öffentliche Meinung fortfährt, sie für »natürlich« zu halten, und keine Alternative zuläßt. Sie bestehen fort, weil sie ein wesentlicher Teil des Identitätsgefühls geworden sind, welches das Individuum als Kern seiner inneren Gesundheit und Leistungsfähigkeit bewahren muß. Aber Werte leben nur dann weiter, wenn sie wirtschaftlich, psychologisch und geistig wirksam bleiben. Und ich behaupte, daß sie dazu fortlaufend, Generation um Generation, in der frühen Erziehung des Kindes verankert werden müssen, während die Erziehung ihrerseits, um ihre Konsistenz zu bewahren, in ein System fortlaufender ökonomischer und kultureller Synthese eingebettet sein muß. Denn es ist die Synthese, die in einer Kultur wirksam wird, die immer zunehmend thematische Beziehungen und wechselseitige Verstärkung von Dingen, wie Klima und Körperbau, Wirtschaft und Psychologie, Gesellschaft und Erziehung, miteinander zu verweben strebt.

Wie können wir das zeigen? Unser Beweis müßte darin liegen, daß wir scheinbar irrationalen Vorgängen innerhalb einer Kultur und analogen Problemen in vergleichbaren Kulturen einen kohärenten zusammenhängenden Sinn unterlegen könnten. Wir wollen daher zeigen, wie verschiedene Einzelpunkte unseres Materials durch unsere Annahme Sinn gewinnen könnten und dann von diesem Jägerstamm zu einem Vergleich mit einem Stamm von Fischern kommen.

Wenn wir Siouxkinder beobachteten, wie sie in den dunklen Winkeln der Zelte kauerten, über die Pfade der Prärie wanderten oder sich in großer Zahl um die Tänze am 4. Juli sammelten, so fiel uns auf, daß sie oft die Finger im Mund hielten. Sie (und manche Erwachsenen, meist Frauen) lutschten dabei nicht an den Fingern, sondern spielten an ihren Zähnen herum, klopften oder schlugen dagegen, zogen Kaugummi durch die Zähne oder trieben sonst ein Spiel, an dem Zähne und Fingernägel einer oder beider Hände beteiligt waren. Auch die Lippen spielten dabei keine Rolle, selbst wenn beide Hände so weit in den Mund gesteckt wurden, als überhaupt möglich. Auf unsere

Fragen erhielten wir die erstaunte Antwort: »Ja natürlich, das haben sie immer getan, tut das nicht jeder Mensch?« Als Kliniker konnten wir den Schluß nicht umgehen, daß diese Gewohnheit Erbe und Nachfolger von Beißwünschen sein müsse, die in früher Kindheit rücksichtslos unterbrochen worden waren – wie wir ja auch annehmen, daß das Daumenlutschen und andere Lutschangewohnheiten unserer Kinder (und Erwachsenen) Kompensationen für Saugfreuden darstellen, die durch widersprüchliches Verhalten frustriert oder deren Erfüllung ungewiß geworden war.

Dies führt zu einer weiteren und interessanten Frage: Warum zeigten Frauen häufiger ein derartiges Verhalten als die doch ebenso frustrierten Männer? Wir fanden darauf eine zweifache Antwort: Die Frauen brauchten und mißbrauchten in den alten Zeiten ihre Zähne, um Leder zu kauen und Stachelschweinkiele für ihre Stickereien zu glätten. Ihre Antriebe aus der Periode des Zahnens konnten so auf eine höchst praktische Betätigung angewandt werden. Tatsächlich fand ich eine uralte Frau in ihrem Zelt sitzen und einen Streifen Film träumerisch durch ihre letzten Zähne ziehen, wie sie wohl vor langer Zeit Stachelschweinkiele geglättet hatte. Es scheint so, daß die Zahngewohnheiten bei Kindern und Frauen leichter erhalten bleiben, da sie bei ihnen als »normal« gelten, auch wenn sie heute nicht mehr spezifisch nützlich sind.

Die Freigiebigkeit wurde im Leben des älteren Kindes nicht durch Verbote gefördert, sondern durch das Beispiel der Eltern in ihrer Haltung gegenüber dem Besitz im allgemeinen und dem eigenen Besitz im besonderen. Siouxeltern waren jederzeit bereit, Gebrauchsgegenstände und Schätze herzugeben, wenn ein Besucher sie auch nur bewunderte, wenn es natürlich auch Bräuche gab, die den Enthusiasmus des Gastes im Zaum hielten. Es galt als sehr schlechte Form, auf Gegenstände zu deuten, die offensichtlich das lebensnotwendige Minimum an Ausrüstung darstellten. Die Erwartung andererseits, daß ein Erwachsener seinen Überschuß verteilen sollte und würde, verursachte in den alten Zeiten mancherlei Verblüffung, wenn der inzwischen sprichwörtlich gewordene »schenkende Indianer« einem weißen Freund zwar nicht das überreichte, was der Freund brauchte, sondern was der Indianer entbehren konnte, nur um dann seinerseits mit dem abzuziehen, was der weiße Mann nach Ansicht des Indianers entbehren konnte. Aber all das betraf nur das Eigentum der Eltern. Väter und Mütter, die Anspruch auf guten Charakter und Integrität erhoben, rührten die Besitztümer eines Kindes niemals an, denn der Wert des Eigentums lag in dem Recht des Besitzers, es herzugeben wenn *er* das wollte – d. h. wenn dieses Hergeben sein eigenes Prestige und das der Person erhöhte, in deren Namen er es unter Umständen herzuschenken beschloß. So war das Eigentum eines Kindes sakrosankt, bis es selbst genug eigenen Willen besaß, um über die Verwendung dieses Eigentums zu entscheiden.

C. HALTEN UND LOSLASSEN

Es liegt uns daran, festzustellen, daß die Freigiebigkeit nicht dadurch eingehämmert wurde, daß man Knauserei als schlecht und »Geld« als schmutzig bezeichnete, sondern dadurch, daß man das Herschenken gut nannte. Das Eigentum als solches, mit Ausnahme der schon erwähnten lebensnotwendigen Ausrüstung für die Jagd und für Nähen und Kochen, hatte nichts inhärent Gutes an sich. Die Händler werden nicht müde, von indianischen Eltern zu erzählen, die in die Stadt kommen, um mit ihrem lange erwarteten Geld längst notwendige Vorräte einzukaufen, nur um dann ihren Kindern lächelnd jede Laune zu erfüllen, einschließlich dem Wunsch, neue Apparate zu zerlegen, um am Ende ohne Vorräte wieder nach Hause zu ziehen.

Im Kapitel über die Prägenitalität haben wir ausführlich über den aus der psychoanalytischen Arbeit gewonnenen Eindruck gesprochen, daß eine wesenhafte Beziehung zwischen Festhalten und Hergeben von Besitz einerseits und der infantilen Preisgabe von Exkrementen als Körperbesitz andererseits besteht.

In Bezug auf die Darm- und Blasenerziehung war es dem Siouxkind offenbar gestattet, von alleine zu einer allmählichen Übereinstimmung mit den jeweiligen Gesetzen des Anstandes oder der Reinlichkeit zu gelangen. Obwohl der Händler klagte, daß selbst Fünfjährige, wenn sie mit ihren einkaufenden Eltern in den Laden kommen, in keiner Weise ihre exkretorischen Bedürfnisse beherrschten, sagten die Lehrer aus, daß selbst beim ganz kleinen Indianerkind, sobald es weiß, was von ihm erwartet wird und vor allem, sobald es sieht, daß die älteren Kinder sich entsprechend benehmen, Einschmutzen oder Einnässen in der Tagesschule außerordentlich selten vorkommt. Etwas anderes ist es, daß auch die Indianerkinder, wie die Kinder anderer Kulturen, in Heimschulen häufig bettnässen. Aus irgend welchen Gründen scheint die Enuresis das normale Symptom des heimwehkranken kasernierten Kindes zu sein. Man kann daher keineswegs sagen, daß diese Kinder nicht gelernt hätten, ihre Ausscheidungsfunktionen zu beherrschen; sie scheinen im Gegenteil imstande zu sein sich, ohne zwanghafte Retentions- oder Eliminationstendenzen zu entwickeln, an zwei kulturelle Normen anzupassen. Es ist vorwiegend das Beispiel der anderen Kinder, das zu einer Regelung der Ausscheidungsfunktionen führt, während die Maßnahmen, die den Wechselfällen der Eltern-Kindbeziehung unterworfen sind, dabei eine geringere Rolle spielen. So wird das kleine Kind, sobald es gehen kann, von den älteren bei der Hand genommen und zu der Stelle geführt, die nach allgemeiner Übereinkunft Defäkationszwecken dient. In diesem Zusammenhang läßt sich vermuten, daß das kleine Kind durch die Nötigung nachzuahmen und um das »Beschämtwerden« zu vermeiden, das einen so großen Teil der primitiven Moralität ausmacht, zuerst lernt, sich führen zu lassen. Denn diese scheinbar so »gesetzlosen Wilden« erweisen sich oft als höchst empfindlich gegenüber Klatsch und Andeutungen, daß sie nicht das Richtige getan oder etwas nicht in der richtigen Weise getan hätten. Das Sioux-Kind empfindet zweifellos die wechselnden Wellenlängen des pädagogischen Klatsches, bevor es noch dessen Inhalt im einzelnen ganz versteht, bis allmählich, unvermeidlich, dieser Klatsch es auch selbst erfaßt und seinen autonomen Stolz anfeuert, jemand zu sein, auf den mit Zustimmung geblickt wird; der es in tödliche Angst versetzt, exponiert und allein zu stehen und jede etwa erweckte Auflehnung durch die Erlaubnis zerstreut, sich am Klatsch gegen andere zu beteiligen.

Im allgemeinen kann man sagen, daß die Haltung der Sioux gegenüber den Fäces ihrer Haltung dem Eigentum gegenüber nicht widerspricht. Bei beiden liegt der Akzent stärker auf der freien Lösung und dem Loslassen als auf starrer Zurückhaltung und bei beiden wird die endgültige Regulation auf ein Stadium der Ich-Entwicklung verschoben, wo das Kind schon in der Lage ist, eine autonome Entscheidung zu treffen, die ihm in der Gemeinschaft seiner Gefährten einen unmittelbar greifbaren Status verleiht.

Die ersten strikten Tabus in der Kindheit der Sioux, die in Worten
ausgedrückt werden und denen man nicht entrinnen kann, da sie ein
dichtes Netz von verhöhnendem Klatsch umgibt, betreffen nicht den
Körper und seine Angehungsweisen, sondern vielmehr die Grundformen des sozialen Umgangs. War ein bestimmtes Alter, bald nach
dem fünften Lebensjahr, erreicht, so mußten Bruder und Schwester
lernen, einander nicht mehr direkt anzusehen oder anzusprechen. Das
Mädchen wurde gehalten, sich auf weibliche Spiele zu beschränken,
während der Junge ermuntert wurde, sich den älteren Knaben, zuerst
in Spielen und dann in den Jagdübungen anzuschließen.

Zuerst ein Wort über das Spielen. Ich war sehr gespannt gewesen,
die Spielsachen der Indianerkinder kennenzulernen und ihre Spiele zu
beobachten. Als ich mich das erste Mal einem Lager in der Nähe der
Handelsniederlassung näherte, wobei ich mich sorgfältig bemühte,
uninteressiert zu scheinen, um wenigstens einige Kinder beim Spiele
nicht zu stören, rannten die kleinen Mädchen in die Zelte, um sich mit
bedeckten Beinen und niedergeschlagenen Augen neben ihre Mütter zu
setzen. Ich brauchte einige Zeit, um zu entdecken, daß sie gar nicht
wirklich Angst hatten, sondern sich einfach »anständig« benahmen
(Beweis: sie waren sofort bereit, hinter dem Rücken ihrer Mutter
hervor guck-guck zu spielen). Eines von ihnen aber, eine etwa Sechs-
jährige, saß hinter einem großen Baum und war offensichtlich zu sehr
in ihr Spiel vertieft, um Notiz von mir zu nehmen oder sich den
Gesetzen weiblicher Scheu zu fügen. Ich pirschte mich eifrig an dieses
Kind der Wildnis heran und fand es über eine Kinderschreibmaschine
gebeugt. Seine Lippen und Fingernägel waren rot bemalt.

Selbst die jüngsten Mädchen werden also in ihren Spielen von den
radikalen Veränderungen erfaßt, die ihre älteren Schwestern als Schü-
lerinnen der Internatsschulen erleben. Das wurde sichtbar, als die
Frauen des Lagers mir kleine Zelte, Wagen und Puppen machten, um
zu zeigen, womit sie selbst als Kinder gespielt hatten. Diese Spielsachen waren deutlich dazu bestimmt, kleine Mädchen auf den Weg
der indianischen Mutterschaft zu lenken. Eine Kleine aber, die mit
einem altmodischen Wägelchen spielte, setzte ohne Zögern zwei weibliche Puppen auf den Vordersitz, warf die Babys ins hintere Abteil
und ließ die Damen »ins Kino nach Chadron fahren«. Aber all das ist
doch noch weibliches Spiel. Ein Mädchen würde unerbittlich lächerlich

gemacht, wenn es versuchen wollte, »jungenhafte« Spiele zu treiben oder ein Bubenmädel zu werden. Die in Sport und Spiel der Knaben entwickelten Strebungen haben sich weniger verändert als die der Mädchen, obwohl dabei der Cowboy den Büffeljäger weitgehend verdrängt hat. So wurde ein Baumstumpf, in dessen Nähe ich mich niedergelassen hatte, von dem Bruder des kleinen Mädchens, dessen Puppen zur Stadt fuhren, mit großer Befriedigung mit dem Seil »eingefangen«. Psychologisch wird solch ein Spiel von den älteren Kindern und Erwachsenen noch als ernsthaftes Training betrachtet, obwohl es in Wirklichkeit »zwecklos« geworden ist. Bei einer Gelegenheit lachte ich, meiner Ansicht nach, *mit* einem kleinen Jungen, und nicht mit *über* ihn, der seiner Mutter erzählte, daß er ein Kaninchen mit der bloßen Hand fangen könne. Man ließ mich fühlen, daß ich damit einen gesellschaftlichen faux pas begangen hatte. Derartige Tagträume sind kein »Spiel«. Sie stellen die Vorbereitung auf ein Können und eine Geschicklichkeit dar, die die Entwicklung der Jäger- oder Cowboyidentität sicherstellen.

In dieser Hinsicht ist ein alter Gebrauch von besonderem Interesse, nämlich das Spiel mit »Knochenpferden«, kleinen Knochen von fünf bis zehn Zentimeter Länge, die die Jungen an Stellen sammeln, wo Vieh (früher Büffel) getötet wurde. Je nach ihrer Form werden die kleinen Knochen als Pferde, Kühe oder Stiere bezeichnet und werden entweder dauernd in der Tasche befingert oder bei den gemeinsamen Pferderennspielen und Büffeljagden verwendet. Diese Knochen spielen die gleiche Rolle für die Sioux, wie die kleinen Spielautos im Leben unserer Jungens. Die phallische Gestalt der kleinen Knochen legt den Gedanken nahe, daß sie das Mittel sein könnten, welches dem kleinen Jungen im phallischen und lokomotorischen Stadium ermöglicht, Tagträume von Wettstreit und Aggression, wie sie bei allen männlichen Wesen seines Stammes üblich sind, nachzuhängen, während er seine »Pferde«, »Büffel«, »Kühe« und »Stiere« mit den Fingern betastet. Es war die Aufgabe der älteren Brüder, den kleinen Jungen in dieser Periode mit dem Ethos des Jägers vertraut zu machen und die Treue zwischen Brüdern zum Bindemittel der Dakotagesellschaft zu erheben. Da sie ausschließlich Umgang mit den großtuerischen älteren Knaben hatten, mußten die Kleineren bald genug die Tatsachen erkennen, daß direkte phallische Aggressivität mit der Kühnheit des Jägers gleichgesetzt wurde. Es galt als durchaus »recht« für jeden Jungen, jedes Mädchen zu vergewaltigen, das er außerhalb des Bezirks antraf, der für anständige Mädchen festgelegt war; ein Mädchen, das »seinen Platz« nicht kannte, war seine rechtmäßige Beute, und er durfte sich der Tat rühmen.

Jedes erzieherische Mittel wurde angewandt, um ein Höchstmaß an Selbstvertrauen in dem Knaben zu entwickeln, erst durch die mütterliche Freigiebigkeit, dann durch die brüderliche Ausbildung. Er sollte ein Jäger werden, nach Wild, nach Frauen und nach Inspiration. Die Emanzipation des Knaben von der Mutter und die Lösung jeder regressiven Fixierung an sie wurde durch extreme Betonung seines Rechtes auf Autonomie und seiner Pflicht zur Initiative erreicht. Während ihm unbeschränktes Vertrauen entgegengebracht wurde und er allmählich (mehr durch die eindringliche Wirkung des Beschämtwerdens als durch innere Verbote) lernte, seine Mutter mit Zurückhaltung und äußerstem Respekt zu behandeln, richtete der Knabe offenbar alle seine Frustrations- und Wutgefühle auf die Jagd nach Wild, nach Feinden und nach lockeren Frauen – und gegen sich selbst in der Suche nach spiritueller Macht. Es war ihm gestattet, sich solcher Taten öffentlich und laut zu rühmen, was seinen Vater verpflichtete, Stolz auf seinen hervorragenden Sprößling zu demonstrieren. Es ist nur zu naheliegend, daß solch eine umfassende, von Anfang an betonte Aufforderung, männlich und herrisch aufzutreten, die Errichtung ausgleichender Schutzmaßnahmen bei den Mädchen notwendig machte. Obwohl die Einrichtung dieser Schutzmaßnahmen höchst sinnreich war, wird man doch das Gefühl nicht los, daß die Frauen um des ungebrochenen »Geistes« des Jägers willen ausgenutzt wurden, und in der Tat wird behauptet, daß unter den Siouxfrauen Selbstmorde nicht selten waren, während sie bei den Männern niemals vorkamen.

Das Siouxmädchen wurde dazu erzogen, die Helferin eines Jägers und die Mutter zukünftiger Jäger zu sein. Sie wurde gelehrt zu nähen, zu kochen, Nahrungsmittel zu konservieren und Zelte zu errichten. Zur gleichen Zeit wurde sie einer rigorosen Übung in der Unterwürfigkeit und der regelrechten Angst vor dem Manne unterzogen. Sie lernte mit gemessenen Schritten zu gehen, niemals bestimmte Grenzen, die rings um das Lager festgesetzt wurden, zu überschreiten und – bei wachsender Reife – die Nächte mit fest zusammengebundenen Schenkeln zu verbringen, um einer Vergewaltigung zu entgehen.

Sie wußte, daß ein Mann als Sieger über die Jungfräulichkeit eines Mädchens galt, wenn er behaupten durfte, ihre Scham berührt zu haben. Dieser Sieg durch einfache Berührung entsprach seinem Recht

140

»Schläge zu zählen« – d. h. eine neue Feder in seinem Kopfschmuck zu beanspruchen, sobald es ihm gelungen war, einen gefährlichen Feind im Kampf zu berühren. Für wie ähnlich diese beiden Siege galten, kann man noch jetzt in der »Klatschspalte« einer Schulzeitung erkennen, die die Kinder eines Indianerreservats selbst herausgeben: Dort wird angegeben, wie oft bestimmte Jungen »Schläge« gegen bestimmte Mädchen »gewonnen« haben; d. h. sie geküßt haben. In früheren Zeiten bedeutete allerdings jedes Sichrühmen seitens des Jungen eine Beleidigung für das betreffende Mädchen. Die jungen Mädchen wußten, daß sie während des Jungfernfestes aufgefordert werden konnten, ihren Anspruch auf Jungfräulichkeit gegen Anklagen zu verteidigen. Die Zeremonien dieses Festes bestanden aus symbolischen Akten, die offenbar das Eingeständnis der Wahrheit erzwangen. Jeder Mann, der unter diesen zeremoniellen Bedingungen die Behauptung vorbringen und aufrecht erhalten konnte, daß er die Genitalien eines Mädchens berührt hatte, durfte darauf bestehen, daß sie aus der Elitegruppe ausgestoßen wurde.

Es wäre aber falsch anzunehmen, daß dieser rituelle Krieg zwischen den Geschlechtern innige Liebesbeziehungen ausschloß. In Wirklichkeit war das scheinbar paradoxe Ergebnis dieser Erziehung eine doppelt tiefe Zuneigung zwischen einzelnen, die bereit waren, Prestigepunkte für ihre Liebe zu opfern. Beim jungen Mann bezwang Zärtlichkeit den Stolz so weit, daß er das Mädchen mit dem Ruf der Liebesflöte umwarb und sie mit der Werbungsdecke umhüllte, um sie zu bitten, ihn zum Manne zu nehmen, – und das Mädchen reagierte darauf, ohne andere als ehrenhafte Absichten bei ihm vorauszusetzen und ohne das Jagdmesser zu gebrauchen, das sie stets, auf alle Fälle, bei sich trug.

Das Mädchen wurde also dazu erzogen, dem Jäger zu dienen und auf der Hut vor ihm zu sein – aber auch eine Mutter zu werden, die in ihren Söhnen unter keinen Umständen die Eigenschaften zerstörte, die der Jäger braucht. Mit Hilfe des spottenden Klatsches – »Leute, die diese oder jene unerhörten Dinge tun« – lehrte sie ihre Kinder allmählich, wie sie es selbst von ihrer Mutter gelernt hatte, die Hierarchie der größeren und kleineren Tabus und Pflichten in den Beziehungen zwischen Mann und Mann, Frau und Frau und besonders zwischen Mann und Frau zu beachten. Bruder und Schwester oder Schwiegereltern und Schwiegerkinder verschiedenen Geschlechts durften nicht zusammen sitzen oder Unterhaltungen führen, bei denen sie sich gegenseitig ins Gesicht sahen. Ein Schwager und eine Schwägerin, ein Mädchen und ihr Onkel mütterlicherseits durften nur in scherzhaftem Ton miteinander sprechen.

Diese Verbote und Regelungen waren Teilfunktionen höchst bedeutsamer Beziehungen. Das kleine Mädchen, das alt genug war, um seinen Bruder zu meiden, wußte zugleich, daß es all seine Geschicklichkeit im Nähen und Sticken, auf die es sich von nun an zu konzentrieren hatte, letztlich für die Herstellung und Ausschmückung hübscher Dinge für dessen künftige Frau brauchen würde – und für die Wiegen und Kleidungsstücke seiner Kinder. »Er hat eine gute Schwester«, würde ein hohes Lob für den Krieger und Jäger bedeuten. Der Bruder aber wußte, daß er ihr von allem, was er auf der Jagd oder beim Stehlen erwarb, das Beste geben würde. Die fetteste Beute würde der Schwester zur Verteilung gebracht werden und die Leiche des schlimmsten Feindes ihr zur Zerstückelung überlassen. So würde sie durch die Stärke und Freigiebigkeit des Bruders Gelegenheit finden, wenigstens an einigen Aspekten der großen Augenblicke von Jagd und Krieg aktiv und aggressiv teilzuhaben. Vor allem aber würde sie, wenn sie sich als tugendhaft erwies, beim Sonnentanz die selbst zugefügten Wunden des Bruders waschen und so den spirituellen Triumph seines sublimsten Masochismus teilen. Die erste und grundlegende Vermeidung, diejenige zwischen Bruder und Schwester, wurde so zum Modell aller Respektbeziehungen, der Hilfsbereitschaft und Freigiebigkeit zwischen all den »Brüdern« und »Schwestern« der weiteren Verwandtschaft, während die Treue zwischen Brüdern zum Modell aller Kameradschaft wurde.

Ich glaube, es wäre zu einfach, zu behaupten, daß diese Vermeidungen dazu dienten, »natürlichen« inzestuösen Spannungen zuvorzukommen. Das Extrem, bis zu dem manche dieser Vermeidungen gingen, und der direkte Hinweis darauf, daß die Scherze zwischen Schwägern und Schwägerinnen sexuell sein *sollten*, deuten eher sowohl auf eine raffinierte Provokation wie auf eine Ablenkung möglicher inzestuöser Spannungen. Diese Spannung wurde innerhalb der umfassenden Aufgabe, eine Sozialatmosphäre des Respektes in der inneren Gruppe zu schaffen, ausgenutzt (Respekt gegenüber jedem, entsprechend seinem Familienstatus) und dazu, alle Bedürfnisse nach bewirkendem Beherrschen und allgemeiner Aggressivität, die in der Beißphase provoziert und frustriert worden waren, mit Sicherheit auf die Beute, die Feinde und die Ausgestoßenen abzulenken. Es gab also ein höchst standardisiertes System »richtiger« Beziehungen, das innerhalb der erweiterten Familie Freundlichkeit, Freundschaft und Rücksichtnahme sicherstellte.

142

Das ganze Zugehörigkeitsgefühl hing von der Fähigkeit ab, den Ruf eines Menschen zu erwerben, der es verdiente, »anständig und richtig« genannt zu werden. Wer aber trotz des zunehmenden Druckes der Beschämung in ungehörigem Benehmen verharrte, der wurde das Opfer rücksichtslos beißenden Spottes und tödlicher Verleumdung: als wäre es selbst zum Feinde geworden, da er sich weigerte, an der Ablenkung der gemeinschaftlichen Aggressivität mitzuwirken.

Heutzutage ahnt der Siouxknabe nur noch etwas von jenem Leben, auf das seine Spielrituale ihn noch immer vorbereiten, wenn er die Tänze der älteren Stammesmitglieder beobachtet und (falls er dazu imstande ist) sich daran beteiligt. Diese Tänze sind von weißen Beobachtern oft als wild bezeichnet worden, von Beobachtern, die in ihnen offensichtlich eine doppelte Gefahr witterten, die aus dem allmählich anschwellenden Gruppengeist und aus dem »animistischen« Rhythmus erwächst. Uns hingegen schienen die alten Siouxtänzer, wenn wir sie in einem der einsam liegenden Tanzhäuser beobachteten während die nächtlichen Stunden verrannen, mit ihren glühenden Gesichtern eine immer tiefer werdende Konzentration auf einen Rhythmus auszudrücken, der ihre Körper mit wachsender Exaktheit ergriff. Gesetzmäßigkeit hielt Schritt mit der Wildheit. Im Vergleich dazu war es fast peinlich, das späte Eintreffen einer Gruppe junger Männer zu beobachten, die offensichtlich auch Jazztänze gelernt hatten. Ihr Tanz war völlig ungefüge, und ihr Blick wanderte mit eitlem Ausdruck umher, der die geistige Konzentration der Älteren nur umso eindrucksvoller erscheinen ließ. Alte Indianer suchten bei diesem Schauspiel ein mitleidiges Lächeln hinter vorgehaltenen Händen zu verbergen.

So proklamieren die Tänze und Zeremonien bei Gelegenheit noch immer die Existenz des Mannes mit dem »starken Herzen«, der gelernt hat, die Werkzeuge seiner materiellen Kultur anzuwenden, um seine Macht als Jäger über die Grenzen seines Körpers hinaus auszudehnen. Durch die Beherrschung des Pferdes erlangte er eine Schnelligkeit, über die seine Beine nicht verfügten, um Tier und Feind mit lähmender Plötzlichkeit zu überfallen. Mit Pfeil, Bogen und Tomahawk vervielfältigte er die Kraft und Geschicklichkeit seiner Arme. Der Duft der geheiligten Pfeife gewann ihm den guten Willen der Männer; die Stimme der Liebesflöte die Gunst der Frauen; Zaubermittel brachten ihm alle Arten von Glück, mit einer Macht, die stärker war als der nackte Atem, der bloße Wunsch oder das Wort. Aber dem Großen

Geist darf man sich nur mit der suchenden Konzentration des Mannes nähern, der nackt, allein und unbewaffnet in die Wildnis hinausgeht, um zu fasten und zu beten.

5. Das Übernatürliche

A. DER SONNENTANZ

Wie wir das im letzten Kapitel andeuteten, ist es durchaus möglich, daß das Paradies der Oralität und sein Untergang in der Wut der Beißperiode den individuellen Ursprung des tiefen Schlechtigkeitsgefühls bilden, das die Religion in die Überzeugung von der Ursünde der Welt überträgt. Gebet und Sühne müssen daher der allzu heftigen Begierde nach »der Welt« abschwören und durch demütige Haltung und die Auferlegung flehentlicher Anrufung eine Rückkehr zu körperlicher Kleinheit, technischer Hilflosigkeit und freiwilligem Leiden demonstrieren.

Die bedeutsamste religiöse Zeremonie im Leben der Dakota war der Sonnentanz, der während zweier Viertages-Perioden im Sommer stattfand, »wenn der Büffel fett war, die Wildbeeren reif und das Gras hoch und grün«. Das Fest begann mit rituellen Feiern, dem Dank an den Büffelgeist und der Demonstration der Kameradschaft unter Kameraden. Es folgten Fruchtbarkeitsriten und Akte sexueller Ausschweifung, wie sie ähnliche Riten in vielen Teilen der Welt auszeichnen. Dann gab es Kriegs- und Jagdspiele, die den Wettstreit unter Männern verherrlichten. Die Männer berichteten großsprecherisch von ihren Kriegstaten, Frauen und Mädchen traten vor, um den Ruf der Keuschheit zu beanspruchen. Schließlich wurde die gegenseitige Abhängigkeit des ganzen Volkes durch Akte des Verschenkens und der Verbrüderung verherrlicht.

Der Höhepunkt des Festes wurde mit der Begehung von Selbstfolterungen erreicht, durch die Gelöbnisse erfüllt wurden, die in kritischen Momenten im Laufe des Jahres abgelegt worden waren. Am letzten Tage unterwarfen sich die »Kandidaten des vierten Tanzes« der höchsten Form der Selbsttortur, indem sie sich durch Brust und Rückenmuskeln Holzstäbe trieben, die durch lange Riemen am Sonnenpfahl befestigt waren. Direkt in die Sonne blickend und langsam rückwärts tanzend, konnten sie sich losreißen, indem sie das Muskelfleisch ihrer Brust aufrissen. So wurden sie zur geistigen Elite des Jahres, die durch ihre Leiden das fortdauernde Wohlwollen der Sonne und des Büffelgeistes, der Spender von Zeugung und Fruchtbarkeit sicherstellten. Diese besondere Leistung, sich die Brust ad majorem gloriam aufzureißen, stellte natürlich nur eine der unzähligen Formen dar, in denen rings um die Welt das Schlechtigkeitgefühl gesühnt und die fortdauernde Freigebigkeit des Himmels gesichert werden sollen, und dies häufig nach einem entsprechend ausschweifenden Abschied von allem Fleisch (carne vale).

Die Bedeutung einer institutionalisierten Form der Sühne muß sowohl ontogentisch als ein entsprechender Anteil der typischen Erfahrungsreihen der Mehrheit angesehen werden, wie auch phylogenetisch als Teil eines religiösen Stils. Die spezielle örtliche Variation, von der wir hier sprechen, scheint mir den Gedanken außerordentlich nahezulegen, daß eine Beziehung zwischen dem frühesten erlittenen infantilen Trauma (dem ontogenetischen, jedoch die ganze Kultur betreffenden Verlust des Paradieses) und dem krönenden Ereignis der religiösen Sühne besteht. In unserem Falle könnte man also annehmen, daß die Zeremonie den Höhepunkt all der verschiedenartigen Äußerungen absichtsvoll provozierter Wut an der Mutterbrust während der Beißperiode darstellt, die mit der langen Sauglizenz in Widerstreit liegt. Die Gläubigen wenden die daraus erwachsenden sadistischen Wünsche, der Mutterbrust zu schaden, gegen sich selbst und nehmen ihre eigene Brust zum besonderen Ziel der Selbsttortur. Die Zeremonie folgte demnach dem alten Prinzip des »Aug' um Auge«, nur daß der Säugling natürlich nicht imstande gewesen wäre, die Zerstörung auszuführen, für die der Mann nun freiwillig büßt. Es fällt unserem rationellen Denken schwer, einzusehen – es sei denn, wir haben etwas über die Wege des Unbewußten gelernt – daß versagte Wünsche, und besonders frühe, präverbale und völlig vage Wünsche einen Bodensatz an Sünde zurücklassen können, der tiefer reicht als alle Schuldgefühle über tatsächlich begangene und erinnerte Taten. In unserer Welt vermitteln nur die magischen Worte Jesu ein tiefes Wissen um diese dunklen Dinge. Wir nehmen Sein Wort dafür, daß ein heimlich gehegter Wunsch so gut – oder vielmehr so schlecht – ist, wie die begangene Tat; und daß, welcher Teil unseres Körpers uns mit seinen beständigen Begierden ärgert, er radikal ausgerissen werden sollte. Es ist natürlich nicht erforderlich, daß ein ganzer Stamm oder eine ganze Gemeinde buchstäblich dieser Vorschrift folgt. Statt dessen muß die Kultur für eine Überlieferung magischer Vorstellungen und für ein festes rituelles System Sorge tragen, das einigen außerordentlichen Individuen, die die für ihre Kultur spezifische innere Verdammnis besonders tief empfinden, die Möglichkeit bietet, dramatisch zu beweisen und für alle sichtbar zu machen, daß es eine Rettung gibt. (Es können auch diejenigen sein, die genug theatralische Neigung besitzen, um gerne ein mehr oder minder tragisches Schauspiel aus sich zu machen.)

Heutzutage müssen logische Zweifler unter den Ungläubigen häufig ihre Zuflucht zu Krankheit und scheinbar zufälliger Verstümmelung nehmen, um die unbewußte Vorstellung auszudrücken, daß sie zuviel in dieser Welt verlangt hätten – und damit zum Ziel gekommen waren.

B. AUF DER SUCHE NACH VISIONEN

Wir beginnen allmählich zu verstehen, daß homogene Kulturen über eine systematische Art verfügen, Belohnungen in der Münze höherer Inspiration und gesteigerten Prestiges für eben die Opfer und Versagungen zu gewähren, die das Kind in dem Prozeß des Gut- und Starkwerdens ertragen muß. Aber was geschieht mit denen, die das Gefühl haben, »anders« zu sein und deren persönlichen Bedürfnissen die gebotenen Prestigemöglichkeiten nicht entsprechen? Was geschieht mit den Männern, denen nichts daran liegt, Helden zu sein und den Frauen, die sich nicht ohne weiteres damit abfinden können, Gefährtinnen und Helferinnen von Helden zu sein?

Innerhalb unserer eigenen Kultur lehrte uns Freud, die Träume neurotischer Individuen zu erforschen, um herauszufinden, welche ungetanen Taten sie nicht ertragen konnten ungetan zu lassen, welche Gedanken ungedacht, welche Erinnerungen unerinnert im Verlauf ihrer allzu starren Anpassung. Wir benützen dieses Wissen, um dem leidenden Individuum zu zeigen, wie es einen Platz in seinem kulturellen Milieu finden kann und um ein Erziehungssystem zu kritisieren, das durch die Forderung nach übertriebener Fügsamkeit zu viele Individuen gefährdet – und damit sich selbst.

Die Sioux nutzten, wie viele andere Primitive auch, den Traum zur Lenkung des Starken wie zur Vorbeugung gegen anarchische Abweichungen von der Norm. Tatsächlich warteten die Sioux nicht darauf, daß die Träume der Erwachsenen falsche Entwicklungen registrierten: sie zogen aus, um Träume, oder besser, Visionen zu suchen, so lange noch Zeit war, über einen Lebensplan zu entscheiden. Unbewaffnet und nackt bis auf Lendentuch und Moccasins wanderte der Siouxjüngling in die Prärie hinaus, sich der Sonne, der Gefahr und dem Hunger preisgebend, um der Gottheit seine wesenhafte Demut und sein Bedürfnis nach Führung kundzutun. Diese wurde ihm am vierten Tag in der Form von Visionen zuteil, die dann später von Traumdeutern gedeutet wurden. Die Traumexperten ermutigten die Novizen dann entweder, die üblichen Dinge wie Jagen, Kämpfen oder Pferdestehlen besonders vorzüglich auszuführen; oder kleine bereichernde Variationen in die Institutionen des Stammes einzuführen, indem sie ein Lied, einen Tanz oder ein Gebet erfanden; oder etwas besonderes zu werden, wie etwa ein Arzt oder Priester; oder schließlich sich einer jener wenigen Rollen zuzuwenden, die denen zur Verfügung standen, die anerkanntermaßen von der Norm abwichen. Zum Beispiel: Eine Person, die überzeugt war, sie hätte den Donnervogel gesehen, berichtet dies ihren Ratgebern und galt von nun an bei allen öffentlichen Anlässen als *heyoka*. Sie war verpflichtet, sich so absurd und clownhaft wie möglich zu benehmen, bis die Ratgeber der Ansicht waren, daß der Betreffende sich selbst von seinem Fluch geheilt habe. Wissler berichtet das folgende instruktive *heyoka*-Erlebnis eines Jungen:

Einmal, als ich dreizehn war, im Frühling des Jahres, stand die Sonne tief und Regen und Gewitter drohten, während meine Leute in einem Lager von vier Zelten lebten. Ich hatte einen Traum, daß mein Vater und meine Familie in einem tepee saßen, als der Blitz in ihre Mitte einschlug. Alle waren betäubt. Ich war der erste, der zu Bewußtsein kam. Ein Nachbar schrie laut ums Lager herum. Ich lag zusammengekrümmt, als ich zu mir kam. Es war Zeit, die Pferde hinauszuführen, so tat ich es. Als ich ganz zu mir kam, begann ich zu begreifen, was geschehen war, und daß ich die *heyoka*-Zeremonie ausführen müßte, wenn ich wieder ganz gesund war. Ich hörte einen Herold dies ausrufen, aber ich bin nicht ganz sicher, ob es wirklich war. Ich wußte, daß ich dazu bestimmt war, *heyoka* auszuführen. Ich weinte ein wenig, allein. Ich sagte meinem Vater, ich hätte den Donnervogel gesehen. »Wohl, Sohn«, sagte er, »du mußt es vollenden«. Es wurde mir gesagt, daß ich ein *heyoka* sein muß. Wenn ich die Zeremonie nicht ausführte, würde mich der Blitz töten. Da wurde mir klar, daß ich in der Zeremonie alles förmlich erzählen müsse, was ich erlebt hatte.[7]

Wie man sieht, war es wichtig, daß es dem Träumer gelang, seinen Zuhörern das Gefühl eines Erlebnisses zu übermitteln, das einer anerkannten manifesten Traumform entsprach und in dem er der über-

---

[7] C. Wissler, Societies and Ceremonial Associations in the Oglala Division of the Teton-Dakota, Anthropological Papers of the American Museum of Natural History, Bd. XI, Teil 1, New York 1912.

wältigte Empfänger war, in welchem Falle angenommen wurde, daß die höheren Mächte ihm ein überzeugendes Zeichen geschickt hatten, daß er seinen Lebenslauf in einer bestimmten Weise planen oder ändern müsse. Die Entsühnung konnte, je nach der Auslegung der Ratgeber, in widernatürlichem Verhalten während einer bestimmten Zeitspanne oder während des ganzen Lebens bestehen. Die absurden Betätigungen, die von dem unglücklichen Träumer verlangt wurden, waren entweder einfach albern und sinnlos, oder schreckeinflößend. Manchmal wurde er sogar dazu verdammt, jemanden zu töten. Seine Freunde mußten darauf drängen, daß er sich fügte, denn die Abwehr böser Geister war wichtiger als die Erhaltung des individuellen Lebens.

Wer mit den listenreichen Methoden des Ich vertraut ist, Angst und Schuldgefühle abzuwehren, wird unschwer in den Grimassen des *heyoka* das Verhalten von Kindern wiedererkennen, die den Clown spielen oder sich selbst herabsetzen und auf andere Weise schädigen, weil sie sich fürchten oder von schlechtem Gewissen geplagt sind. Ein Weg, Beleidigungen der Götter zu vermeiden, besteht darin, sich selbst zu demütigen oder sich in der Öffentlichkeit ins falsche Licht zu setzen. Wenn dann jedermann bereit, sich zum Narren halten zu lassen und zu lachen, dann können auch die Geister vergessen und vergeben und sogar Beifall spenden. In unserer Kultur scheinen der Clown mit seiner sprichwörtlichen Melancholie und der Komiker, der Kapital aus seiner eigenen Minderwertigkeit schlägt, professionelle Verkörperungen dieses Abwehrmechanismus darzustellen. Auch bei den Sioux konnte der verachtete *heyoka* sich in seinen Possen als so kunstreich erweisen, daß er schließlich Häuptling wurde.

Andere konnten vom Mond träumen, von einem hermaphroditischen Büffel oder der Doppelfrau und so erfahren, daß sie nicht dem für ihr Geschlecht vorgezeichneten Lebensplan folgen durften. So konnte ein Mädchen der Doppelfrau begegnen, die sie zu einem einsamen Zelt führt:

Wie die Frau an die Türe kommt und hineinschaut, sieht sie die zwei Hirschfrauen, die an der Hinterseite sitzen. Sie weisen sie an, zu wählen, auf welcher Seite sie eintreten will. Entlang der einen Seite liegt eine Reihe von Gerbwerkzeugen, auf der anderen eine Reihe von Beuteln für Kopfschmuck.

Wird die erste gewählt, so sagen sie: du hast falsch gewählt, aber du wirst sehr reich werden. Wählt sie die andere Seite, so sagen sie: du bist auf dem rechten Pfad, alles, was du bekommen sollst, wird ein leerer Beutel sein.[8]

---

[8] Ebd.

Solch ein Mädchen mußte den traditionellen Weg, der sonst der Sioux-Frau vorgeschrieben war, verlassen und in ihrer Suche nach Männern aktiv werden. Man nannte sie *witko* (verrückt), und sie galt als Hure. Aber auch sie konnte durch ihre Kunst berühmt werden und den Status einer Hetäre erreichen.

Ein Junge sieht zum Beispiel, daß der Mond zwei Hände hat, eine hält Pfeil und Bogen, die andere den Lastriemen einer Frau. Der Mond bittet den Träumer zu wählen; greift dieser nach dem Bogen, so kreuzen sich die Hände des Mondes plötzlich und versuchen dem Manne den Riemen aufzudrängen. Der Schläfer versucht aufzuwachen, bevor er ihn genommen hat. Er versucht auch den Bogen zu fassen. In beiden Fällen entgeht er der Strafe für den Traum. Versagt er aber und der Riemen gelangt in seinen Besitz, so ist ihm verhängt, wie eine Frau zu leben.[9]

Zieht es solch ein Junge nicht vor, Selbstmord zu begehen, so muß er seine Laufbahn als Krieger und Jäger aufgeben, und ein *berdache* werden, ein Mann-Weib, das sich wie eine Frau kleidet und Frauenarbeit verrichtet. Die *berdache* waren nicht notwendig homosexuell, obwohl von einigen erzählt wird, sie seien mit anderen Männern verheiratet gewesen, von anderen, die Krieger hätten sie vor Kriegszügen aufgesucht. Die meisten *berdache* aber waren wie Eunuchen, sie galten einfach Frauen gegenüber als ungefährlich und daher als deren gute Gefährten und sogar Lehrer, da sie oft in der Kunst des Kochens und Stickens Hervorragendes leisteten.

Eine homogene Kultur wie die der Sioux verfährt also mit ihren andersartigen, von der Norm abweichenden Individuen in der Weise, daß sie ihnen eine sekundäre Rolle als Clown, Prostituierte, Künstler zuweist, ohne sie aber ganz von der Lächerlichkeit und dem Abscheu zu befreien, welche die große Mehrheit aufrechterhalten muß, um in sich selbst das zu unterdrücken, was die Andersartigen repräsentieren. Allerdings bleibt der Abscheu gegen die Macht der Geister gerichtet, die sich in die Träume des anormalen Individuums eingedrängt haben. Er wendet sich nicht gegen das betroffene Individuum selbst. In dieser Form akzeptieren primitive Kulturen die Macht des Unbewußten. Wenn der Anormale nur den Anspruch erheben kann, überzeugend geträumt zu haben, so gilt von seiner Andersartigkeit, daß sie auf übernatürlichen Heimsuchungen beruht, statt auf individueller Motivierung. Als Psychopathologen müssen wir die Art bewundern, in der

---

[9] T. S. Lincoln, The Dream in Primitive Cultures, Cresset Press, London 1935.

es diesen »primitiven« Systemen gelang, eine elastische Ordnung für Dinge aufzurichten, denen gegenüber fortgeschrittene Kultursysteme oft genug versagten.

6. Zusammenfassung

Die Sioux sind unter traumatischen Bedingungen jener Wirklichkeit verlustig gegangen, die der letzten historischen Form ihrer Gemeinschaftsintegrität angemessen war. Bevor der weiße Mann kam, waren sie kriegerische Nomaden und Büffeljäger. Von den Eindringlingen hingeschlachtet, verschwand der Büffel. Die Sioux wurden Krieger in der Verteidigung und unterlagen. Nicht ohne Freude lernten sie, Vieh zu treiben, statt Büffelherden einzukreisen: das Vieh wurde ihnen fortgenommen. Nur um den Preis, ein kranker Mann zu sein, konnte der Sioux ein seßhafter Ackerbauer auf schlechtem Boden werden. So wurde den Sioux Schritt für Schritt die Grundlage einer kollektiven Identitätsbildung entzogen und damit das Reservoir kollektiver Integrität, aus dem allein das Individuum sein Gewicht als soziales Wesen beziehen kann. Furcht und Hunger haben den Sioux dahin gebracht, seine Gemeinschaftsfunktionen an den nahrungsgewährenden Eroberer abzutreten. Statt vorübergehende Angelegenheit vertraglicher Verpflichtungen zu sein, blieb die staatliche Hilfe auch weiterhin unentbehrlich, und zwar mehr und mehr in der Form dauernder Unterstützung. Gleichzeitig gelang es der Regierung nicht, die alten und die neuen Ideale in Einklang zu setzen und überhaupt den Kern eines in Form und Inhalt neuen Bewußtseins zu begründen. Wir behaupten, daß die frühe Erziehung eines Kindes das sensitive Instrument einer kulturellen Synthese bleibt, bis sich eine andere Synthesemöglichkeit als überzeugend und unumgänglich anbietet.

Das Problem der indianischen Erziehung ist in Wirklichkeit das des kulturellen Kontaktes zwischen einer Gruppe von Beamten einerseits, die die Mittelklasse eines Systems freien Unternehmertums repräsentierten, und den Überresten eines Stammes andererseits, die, sobald sie aus dem Schatten der staatlichen Unterstützung heraustreten, zu den Rechtlosen, den Unterprivilegierten des anderen Systems gehören.

Es ist tatsächlich so, daß die überkommenen Erziehungsprinzipien, die innerhalb der Reste des Stammes noch wirksam sind, die Entwicklung eines »weißen Bewußtseins« untergraben. Die Sioux vertreten hinsichtlich der menschlichen Entwicklung den Standpunkt, daß ein Kind, solange es klein ist, ein Individualist sein darf. Die Eltern zeigen keinerlei feindselige Ablehnung gegenüber dem Körper als solchem und tadeln kindlichen Eigenwillen nicht, besonders nicht bei Knaben. Man kennt keine Verurteilung infantiler Gewohnheiten während der Zeit, in der das Kind das Kommunikationssystem zwischen Selbst, Körper und Seinesgleichen entwickelt, auf dem das kindliche Ich fundiert. Erst wenn es körperlich kräftig und selbstsicher geworden ist, wird von dem Kind gefordert, daß es sich einer Tradition unerbittlicher Verspottung durch die öffentliche Meinung beugt, die sich weit mehr auf sein soziales Verhalten als auf seine Körperfunktionen oder Phantasien richtet. Es wird einer elastischen Tradition eingegliedert, die seinen sozialen Bedürfnissen in streng institutionalisierter Weise gerecht wird. Gefährliche Instinktregungen werden dabei auf äußere Feinde abgelenkt, und die Quelle möglicher Schuld darf immer aufs Übernatürliche projiziert werden. Wir haben gesehen, wie eigensinnig dieses Bewußtsein selbst angesichts der überwältigenden Realität des geschichtlichen Wandels aufrechterhalten wird.

Im Gegensatz dazu waren die herrschenden Klassen der westlichen Zivilisation, die hier durch ihre Bürokratie vertreten sind, der festen Überzeugung, daß eine systematische Regulierung der Funktionen und Impulse in frühester Kindheit der sicherste Garant für eine spätere erfolgreiche soziale Anpassung sei. Sie prägen dem formbaren Säugling und Kleinkind das pausenlose Metronom der Routine ein, um seine ersten Erfahrungen mit seinem eigenen Körper und seiner unmittelbaren körperlichen Umwelt zu regulieren. Erst nachdem diese mechanische Sozialisierung stattgefunden hat, wird das Kind nun ermutigt, sich zu einem eigenwilligen Individualisten zu entwickeln. Das so vorgeprägte Individuum folgt ehrgeizigen Zielen, bleibt aber zwanghaft an eine berufliche Standardisierung verhaftet, die im Verlauf der Wirtschaftsentwicklung zu immer komplizierteren Formen mehr und mehr die persönliche Verantwortlichkeit ersetzt. Die so entstandene Spezialisierung hat der westlichen Zivilisation die Beherrschung der Maschine ermöglicht, aber sie hat auch eine Unterströmung unendlichen Mißbehagens und individueller Desorientierung mit sich gebracht.

Natürlich bedeuten die Belohnungen des einen erzieherischen Systems wenig für die Angehörigen eines anderen Systems, während ihnen die Kosten nur all zu deutlich sind. Der ungestörte Sioux kann nicht begreifen, wie es sich lohnen sollte, nach irgend etwas anderem als der

Restauration zu streben, da sowohl seine rassische wie seine individuelle Historie ihn mit der Erinnerung an Überfluß begabt hat. Das Gewissen des Weißen Mannes hingegen verlangt beständige *Reformen* seiner selbst in der Verfolgung einer Karriere, die zu immer höherem Standard hinführt. Diese Reform fordert ein zunehmend internalisiertes Gewissen, ein Gewissen, das automatisch und unbewußt gegen die Versuchung handelt, ohne die Anwesenheit kritischer Beobachter. Dem indianischen Gewissen hingegen, das mehr mit der Notwendigkeit befaßt ist, innerhalb eines Systems klar umrissener Ehren und Beschämungen peinliche Situationen zu verhindern, fehlt es in Konfliktsituationen, die zu ihrer Lösung einer »inneren Stimme« bedürfen, an Orientierung.

Das System, das der Siouxerziehung zugrunde liegt, ist ein primitives – d. h. es beruht auf der Anpassung einer höchst ethnozentrischen, relativ kleinen Gruppe, die einzig sich selbst als Menschheit empfindet, an einen bestimmten Ausschnitt der Natur. Das primitive kulturelle System erschöpft sich:

In der Spezialisierung des einzelnen Kindes auf eine Hauptlaufbahn – hier die des Büffeljägers;

In der Perfektionierung einer eng begrenzten Anzahl von Werkzeugen, die die Reichweite des menschlichen Körpers in Hinsicht auf die Beute erweitern;

In der Anwendung von Magie als einzigem Mittel, um der Natur den menschlichen Willen aufzudrängen.

Eine solche Selbstbeschränkung fördert die Homogenität. Im Leben der Sioux findet eine sehr weitgehende Synthese geographischer, ökonomischer und anatomischer Grundformen statt, deren gemeinsamer Nenner in der *Zentrifugalität* liegt, wie sie in einer Reihe der hier besprochenen Einzelpunkte zum Ausdruck kommt. Zum Beispiel:

Die soziale Organisation in Banden, die die schnelle Zerstreuung im Raum und die Wanderung der Gruppen erleichtert.

Die Auflösung von Spannungen in dem erweiterten Familiensystem.

Die nomadische Technologie und das schnelle Aufgreifen der Verwendung von Pferd und Gewehr.

Die Verteilung des Besitzes durch das Hergeben.

Die Ablenkung der Aggression auf Beute und auf außerhalb der Gruppe Stehende.

Die Erziehung des Siouxkindes bildete eine feste Grundlage für dies System der Zentrifugalität, indem sie zuerst einen dauerhaften Mittelpunkt des Vertrauens schaffte, nämlich die nährende Mutter, und indem sie dann die Probleme des Zahnens, der infantilen Wut und der motorischen Aggression in einer Weise handhabe, die das höchstmögliche Maß an Wildheit provozierte, in soziale Kanäle leitete und schließlich auf Beute und Feinde losließ. Ich glaube, daß wir es hier nicht mit einer einfachen Kausalität zu tun haben, sondern mit einer wechselseitigen Assimilierung somatischer, geistiger und sozialer Grundformen, die einander verstärken und den Lebensplan der Kultur wirtschaftlich und wirksam gestalten. Nur solch eine Integration bringt das Gefühl hervor, in der Welt zu Hause zu sein. Aber übertragen auf das hier zur Diskussion stehende System führt schon allein der Ausdruck dessen, was einst als erfolgreiches und aristokratisches Verhalten galt – wie etwa die Geringschätzung des Besitzes und die Weigerung, in Wettbewerb zu treten – nur zu einer Einordnung in die untersten Schichten unserer Gesellschaft.

7. Eine Nachuntersuchung

1942, fünf Jahre nach unserer improvisierten Studie, leitete Gordon McGregor, ein Gefährte unseres Aufenthalts in den Indianerreservaten im Jahre 1937, eine intensive und ausgedehnte Untersuchung an zweihundert Kindern aus Pine Ridge. Es war dies ein Teil eines größeren wissenschaftlichen Forschungsprojekts zur Frage der Indianererziehung (Indian Education Research Projekt), in dessen Rahmen detailliertes Material über die Kindheit und die jeweilige stammesmäßige Persönlichkeit bei fünf amerikanischen Indianerstämmen gesammelt werden sollte. Die Untersuchung wurde gemeinsam von der Universität Chikago und dem Indian Service durchgeführt. McGregor und seine Gruppe hatten die uns seinerzeit nicht zur Verfügung stehende Möglichkeit, indianische Kinder während eines ganzen Jahres in der Schule und zu Hause beobachten zu lassen, und zwar durch ein Arbeitsteam, das bereits Erfahrungen sowohl mit anderen Indianerstämmen als mit weißen Kindern gesammelt hatte und mit einer Reihe speziell entwickelter Tests vertraut war. Die Untersuchung darf daher als ein Beispiel der Verifizierung klinischer Eindrücke gelten – und als ein Bericht über Fortschritte.

Ich will hier zuerst einige Bestandteile der alten Kindererziehung kurz zusammenfassen, die – nach McGregors Bericht[10] – sich in der

---

[10] G. McGregor, a. a. O.

einen oder anderen Form, vor allem unter den Vollblut- oder wenig gemischten Indianern der Reservatsbevölkerung, erhalten zu haben scheinen.

McGregor gibt an, daß die Säuglinge heute in ein festes Bündel gewickelt werden, das mit Sicherheitsnadeln zusammengehalten wird. Solange sie herumgetragen werden, werden sie ununterbrochen leicht gewiegt. Manche Kinder werden schon mit neun Monaten abgestillt, andere erst nach 36, die meisten zwischen 11 und 18 Monaten. Daumenlutschen ist wenig verbreitet. In drei Fällen wurden Sauger oder Lutscher beobachtet, einer war aus Gummi, einer aus Schweinefleisch und einer war ein Flaschensauger. Die Gewohnheit, »mit dem Daumennagel gegen die Vorderzähne zu schnellen«, wird als allgemein verbreiteter Brauch bei den Dakota bezeichnet. Das Klopfen gegen die Zähne findet sich vorwiegend bei Frauen und Mädchen.

Die kindliche Entwicklung wird von den Erwachsenen mit Geduld und Vergnügen beobachtet. Das Kind wird nicht angetrieben, schnell laufen oder sprechen zu lernen. Eine Babysprache gibt es nicht. Die Sprache, die dem Kind üblicherweise zuerst beigebracht wird, ist die alte Indianersprache. Für viele Kinder bildet die englische Sprache beim Schuleintritt noch ein Problem.

Die Reinlichkeitserziehung erfolgt in erster Linie durch das Beispiel. Sind keine weißen Menschen in der Nähe, so läuft das Kleinkind ohne Windeln oder Hose umher. Allerdings besteht jetzt eine gewisse Tendenz, die Beherrschung der Ausscheidungen beim Kind zu beschleunigen und bestimmte Lokalitäten für diesen Vorgang zu bestimmen.

Das heutige Dakota-Kind wird sorgfältig dazu erzogen, freigiebig zu sein. Sie erhalten noch immer wertvolle Geschenke, wie etwa Pferde. Kinder von fünf, sechs, sieben Jahren verschenken großzügig – und mit Freude. »Bei einer Beerdigung, wo es vielerlei Geschenke gab, verausgabte ein kleiner Junge aus der Trauerfamilie seinen einzigen Groschen, um künstliches Orangenpulver zu kaufen, damit er den jüngsten Besuchern zeremoniell einen Eimer Orangeade überreichen konnte.« Besitztümer werden manchmal aus der Reichweite der Kinder entfernt, aber sonst nicht gegen sie beschützt, ein Zustand, den weiße Leute »mit Unruhe und höchster Frustration« beobachten.

Die Hauptmittel der Erziehung sind Warnung und Beschämung. Den Kindern wird gestattet, vor Wut zu brüllen, das »macht sie stark«. Schläge, obwohl sie jetzt häufiger vorkommen, sind noch immer selten. Das Beschämen wird in dieser Altersperiode noch intensiver, besonders wenn das Kind sich weiterhin schlecht benimmt. Als schlechtes Benehmen in der Familie gilt noch immer in erster Linie Selbstsucht und Konkurrenzverhalten, das Streben nach Vorteilen, die auf dem Nachteil anderer beruhen. Gespannten Situationen entgeht man, indem man Besuche in entfernteren Heimstätten macht.

Kleine Jungens (statt mit Pfeil und Bogen und Büffelknochen zu spielen) bekommen Seile und Lassos geschenkt und werden, zu Ehren des sechsten Jagdgeistes, angehalten, Hähne und andere kleine Tiere zu jagen. Mädchen spielen »Haushalten« und mit Puppen.

Mit fünf oder sechs Jahren hat das Dakota-Kind ein Gefühl der Sicherheit und gegenseitigen Zuneigung in der Familie gewonnen. Jetzt beginnt eine gewisse Trennung der Geschlechter, aber die Einrichtung des »Vermeidens« ist aufgegeben worden. Dies wird als die auffallendste Veränderung im familiären Verhalten bezeichnet. Nur bei Paartänzen vermeiden Bruder und Schwester einander.

In der Schule lernen die Mischlingskinder, den Wettstreit zu genießen. Im allgemeinen wird sie als Gelegenheit geschätzt, sich zusammenzufinden, wenn man den Banden der Familie entwachsen ist. Doch ziehen sich viele Kinder vor Wettkampfunternehmungen zurück und weigern sich manchmal, überhaupt zu reagieren. »In der Klasse zum Wettkampf aufgefordert zu werden, geht dem Dakotakind gegen den Strich, und es kritisiert die Ehrgeizigen unter seinen Mitschülern.« Diese Schwierigkeit, zusammen mit der Unfähigkeit, englisch zu sprechen, und der Angst vor den weißen Lehrern führt in vielen Fällen zu verlegenem Rückzug oder zum Weglaufen. Das Kind, das nach Hause läuft, wird nicht bestraft; seine eigenen Eltern sind gewöhnt, die Arbeit oder die Gemeinschaft zu verlassen, wenn sie in Verlegenheit geraten oder sich ärgern.

Jüngere Buben schlagen Mädchen häufiger, als das in weißen Schulen üblich ist. Bei älteren Jungen können Wettkampfspiele, wie Baseball, gelegentlich wegen des notwendigen Aufwands an Konkurrenzhaltung zu Verlegenheiten führen. Es besteht aber eine zunehmende Tendenz unter den Jungen, sich zu Hause wie in der Schule zornig zu prügeln.

Die älteren Mädchen führen sich Knaben und Männern gegenüber noch ängstlich auf, reisen stets nur mit anderen Mädchen zusammen, weigern sich zu reiten und halten sich den Knaben vollkommen fern.

Die Internatsschule, die (im Vergleich mit den Heimstätten) äußeren Luxus und reichliche Gelegenheit für verschiedenartige Interessen bietet, verschafft den Kindern die angenehmsten Jahre; und doch bleiben von den Zöglingen, die in die höhere Schule eintreten, nur die wenigsten bis zum Schlußexamen. Früher oder später beginnen sie, die Schule zu schwänzen und bleiben schließlich ganz fort. Die Gründe dafür sind immer wieder Verlegenheit über Situationen, in denen die Probleme von Scham und Wettstreit, von reiner und gemischter Rasse, von Mann und Frau angesichts der sich wandelnden Sitten unlösbar werden. Außerdem scheint auch eine lange Schulzeit keine besser definierte Identität oder ein sicheres Einkommen zu versprechen.

Außer in den Jahren des großen wirtschaftlichen Aufschwungs tendierten die Knaben und Mädchen dazu, im Reservat zu bleiben oder dorthin zurückzukehren. Auf Grund ihrer frühesten Erziehung erscheint die Heimstätte als der sicherste Ort, obwohl die Schuljahre dazu geführt haben, daß nun sowohl die Heimat als die Kinder einander wechselseitig weniger akzeptieren können. Da sie gelernt haben, daß Armut sich vermeiden läßt, stört es die Heranwachsenden, ihren Vater untätig oder hilflos zu sehen; ehrgeiziger geworden, mißbilligen sie die fortdauernde Neigung zur Abhängigkeit von der Regierung; mehr an das weiße Verhalten gewöhnt, empfinden sie den ständigen Druck kritischen Geredes als destruktiv, besonders wenn es das wenige, was sie an weißen Verhaltensformen assimiliert haben, untergräbt. Was sie selbst betrifft, so hat sie das in der Schule Erlernte für eine homogene Entwicklung der Stammesrehabilitierung vorbereitet, die aber durch die Verlockungen der Armee, der Wander- und Industriearbeit an der Auskristallisierung verhindert wird. Diese Tendenzen setzen die jungen Leute den Problemen der ärmsten weißen Landbevölkerung und der farbigen Stadtbevölkerung aus. Nur Soldatsein könnte eine alte Rolle mit neuem Glanz erfüllen – falls gerade Krieg herrscht.

Diejenigen, die sich mit ihren weißen Lehrern identifiziert haben, das College besuchen oder sich für eine Verwaltungslaufbahn vorbereiten, suchen in der Regel Stellungen in anderen Reservaten, um ihrem eigenen doppelten Standard zu entrinnen, der sie zwar als besser geschult ausweist, aber sie doch zwingt, zu schweigen, wenn die Älteren das Wort ergreifen. So gehen der Gemeinde eventuelle Führer verloren. Noch immer gibt es kraftvolle und integere junge Männer und Frauen, aber sie bilden die Ausnahme. Noch haben sich für die Dakota-Kinder keine zuverlässigen neuen Modelle herausgebildet.

Wir haben anhand von McGregors Untersuchungen umrissen, was in der indianischen Kindererziehung unverändert geblieben ist. Lassen Sie uns jetzt sehen, was sich geändert hat.

Die größte Veränderung im Leben der Dakota ist vermutlich im Status der Familie als ganzes zu beobachten. Anstatt eine Stärkung der Autarkie zu fördern, ist die Familie zum Refugium derer geworden, die sich isoliert und untüchtig fühlen. Das stärkste noch verbliebene Band scheint das zwischen Brüdern zu sein – eine gesunde Bindung, die sich leicht auf die Errichtung neuer gemeinschaftlicher Ziele übertragen und für sie nutzbar machen läßt. Die schwächste Beziehung hingegen scheint die zwischen Kindern und ihren Vätern zu sein, die ihnen nichts mehr beizubringen haben und tatsächlich zu Vorbildern dessen geworden sind, was man vermeiden muß. Stattdessen suchen die Knaben die Anerkennung ihrer Altersgenossen zu gewinnen.

Bei den Mädchen sind fast alle alten Vermeidungen aufgegeben oder bis zu einem Punkt abgeschwächt worden, wo sie wenig mehr als leere Höflichkeitsakte darstellen. Eine merkwürdige Mischung von Trauer, Zorn und wieder Scham und Verlegenheit scheint in die Bresche dieser alten Respektsbeziehung eingedrungen zu sein. Erziehung zu haben und eine Anstellung zu bekommen, sind neue und starke Ehrgeizziele, die sich aber offensichtlich bald erschöpfen, da sie sich an keine bestimmten Rollen und Funktionen heften können. Die Kinder empfinden, was die Älteren wissen – daß nämlich (nun mit meinen Worten) »Washington«, das Klima und der Markt jede Vorhersage unmöglich machen.

Bei McGregors Untersuchungen kam eine ausgedehnte »Batterie« von Befragungen und Testen zur Anwendung, um zu einer Formulierung der »Dakotapersönlichkeit« zu gelangen, zu einem zusammengesetzten Bild, das nach seiner Ansicht weder »die Persönlichkeit irgend eines bestimmten Kindes noch die Persönlichkeiten einer Mehrzahl der Kinder darstellt: man könnte nicht sagen, daß es in all seinen Elementen in irgend einem einzelnen Kind vertreten sei, geschweige denn in einer Mehrzahl.« Ich will die bei der Untersuchung angewandte Methode weder in Frage stellen noch diskutieren, sondern nur ein paar Daten zusammenfassen, die ein Licht auf das Innenleben dieser Kinder werfen.

Um eine Frage klarzustellen, die sicherlich mancher Leser gerne gestellt hätte: Die Intelligenz der Dakotakinder liegt um ein weniges über der der weißen Kinder. Ihre Gesundheit hingegen entspricht der der unterprivilegierten weißen Landbewohner. Chronischer Hunger veranlaßt ohne Zweifel Apathie, und ein großer Teil der Langsamkeit, des fehlenden Ehrgeizes und auch der nagenden Bitterkeit des Lebens in den Reservaten ist einfach dem Hunger zuzuschreiben. Aber McGregors Gruppe kam nach erschöpfenden Studien zu dem Eindruck, daß die allgemeine Apathie ebensosehr Ursache als Folge des Hungers ist, da sie in Situationen, die Verbesserungschancen boten, Initiative und Fleiß behinderten.

Das Weltbild der Dakotakinder kommt in thematischen Phantasietests und Erzählungen zum Ausdruck. Bei Nachfolgendem muß daran gedacht werden, daß derartige Tests nicht etwa fragen: wie siehst Du die Welt und wie betrachtest Du Dinge? – da wenige Erwachsene, noch weniger Kinder und kein Indianerkind wüßten, was sie darauf antworten sollten. Die Testleiter zeigen daher ein Bild, erzählen eine Geschichte oder legen den zu Testenden Seiten mit undeutlichen Tintenflecken vor und fragen: was siehst Du *hierin?* – ein Vorgehen, bei dem ein Kind seine Realität vergißt und doch unbewußt seine Enttäuschungen, seine Wünsche und vor allen Dingen seine grundlegende Haltung gegenüber der menschlichen Existenz verrät.

Nach sorgfältiger quantitativer Analyse der vorgebrachten Themen und Wahrnehmungsinhalte stellt sich, nach Ansicht der Testleiter, heraus, daß die Kinder der Dakota die Welt als gefährlich und feindlich beschreiben. Die liebevollen Beziehungen des frühen Familienlebens werden mit sehnsüchtigem Heimweh erinnert. Darüber hinaus scheint die Welt für diese Kinder unbestimmt und wenig zweckvoll zu sein. In ihren Geschichten tragen die Figuren keine Namen, es gibt keine klare Handlung und kein bestimmtes Ende. Dementsprechend sind die Hauptkennzeichen der Äußerungen der Gruppe als ganzes Vorsicht und Negativismus. Schuldgefühl und Zorn kommen in Erzählungen voll kleinlicher und trivialer Kritik, von sinnlosen Schlägereien oder impulsivem Stehlen zum Ausdruck. Wie alle Kinder lieben sie Geschichten, in denen man der Gegenwart entfliehen kann, aber die Vorstellung der Dakota-Kinder wendet sich in die Zeit vor der Ankunft des weißen Mannes zurück. Phantasien vom alten Leben »werden nicht als Berichte vom alten Ruhm vorgebracht, sondern als Befriedigungen, die wiederkehren köɪnten, als Entschädigung für die Mühen und Ängste der Gegenwart«. In den Geschichten der Kinder werden Aktionen meist durch andere veranlaßt und es handelt sich meist um unüberlegte, unzuverlässige und feindliche Aktionen, die zu Streit und zur Zerstörung von Spielzeug und Besitz führen und die beim Erzählenden Trauer, Angst und Ärger auslösen. Die Aktion des Erzählers selbst führt fast immer zu Streit, Schädigung von Besitz, Verstößen gegen Gesetze und zum Diebstahl. Auch Tiere werden als furchterregend dargestellt, und das nicht nur in den traditionellen Fällen von Klapperschlangen, streunenden Hunden und bösen Stieren, sondern auch bei Pferden, mit denen die Kinder doch in Wirklichkeit früh und mit Freude umzugehen lernen. In der Häufigkeit der Themen steht Kummer über den Tod anderer Menschen, über deren Krankheit oder Fortgehen erst an zweiter Stelle hinter der Beschreibung von Feindseligkeiten, die von Menschen oder Tieren ausgehen. Auf der positiven Seite findet sich der universelle Wunsch, ins Kino, auf den Jahrmarkt oder auf Pferdeschauen zu gehen, wo (nach der Deutung der Testleiter) Kinder unter vielen Menschen sein können, ohne mit irgend jemanden Bestimmten sein zu müssen.

Das Ergebnis der Untersuchung ist, daß die Kinder der jüngsten untersuchten Altersgruppe (6–8 Jahre) besser organisierte Persönlichkeiten aufweisen als die der älteren Gruppen; die Gruppe von 9–12 ist die freieste, die mit sich selbst im besten Einvernehmen steht, obwohl sie an Ausdruckskraft und Lebhaftigkeit weit hinter weißen Kindern zurückbleibt. Mit dem Herannahen der Pubertät fangen die Kinder an, sich immer weitgehender in sich selbst zurückzuziehen und das Interesse an der Umwelt zu verlieren. Sie resignieren und werden apathisch und passiv, obwohl dabei ein gewisser Unterschied zwischen Knaben und Mädchen besteht. Die Jungen zeigen eine stärkere Ausdrucksfähigkeit und mehr Ehrgeiz, wenn auch in etwas unausgeglichener Form, während die Mädchen, wenn sie in die Pubertät eintreten, extrem unruhig werden, um anschließend einer Lähmung in all ihren Unternehmungen zu verfallen. Das Stehlen und die Angst vor den bösen Absichten der Gesellschaft scheinen sich in der Reifezeit auf alle Älteren und auf alle, sowohl weiße wie indianische Institutionen um sie her auszudehnen.

Angesichts aller dieser Beobachtungen ist schwer zu verstehen, wie McGregors Gruppe zu ihrem wichtigsten Schluß kommen konnte, nämlich daß »der krüppelhafte und negative« Zustand der Persönlichkeit des Dakotakindes und seine Ablehnung von Leben, Gefühl und Spontaneität »hemmenden Kräften, die früh im Leben des Kindes in Aktion treten«, zuzuschreiben sei. Meine Schlußfolgerung zu alledem wäre, daß die frühe Kindheit bei den Dakota, innerhalb der durch die Armut und die allgemeine Antriebslosigkeit gesetzten Grenzen, eine relativ reiche und spontane Existenz darstellt, die das Schulkind mit einer relativ gelungenen Integration aus der Familie hervorgehen läßt – d. h.

mit gutem Vertrauen und einer gewissen Autonomie und Initiative. Diese Initiative der Altersgruppe zwischen neun und zwölf Jahren wird noch naiv und nicht allzu erfolgreich an Spiel und Arbeit gewendet; in der Pubertät aber wird unentrinnbar deutlich, daß all das, was an Initiative gerettet wurde, keine Identität mehr finden kann. Das Ergebnis ist dann der emotionelle Rückzug und ein generelles Nicht-mehr-Beteiligtsein.

McGregors Material zeigt besonders klar und signifikant, daß der Zusammenbruch der Respektsbeziehungen, zusammen mit den fehlenden Zielen für Initiative die kindliche Wut, die in der frühkindlichen Erziehung ja noch immer provoziert wird, ungenützt und unabgelenkt läßt. Das Ergebnis ist Apathie und Melancholie. Ähnlich wird das Beschämen ohne den Ausgleich erstrebbaren Lohnes zu einer reinen sadistischen Gewohnheit, die aus Rache ausgeübt wird, statt um der Anleitung willen.

Das Bild der erwachsenen Welt als einer feindseligen, so verständlich es auf Grund der sozialen Wirklichkeit ist, scheint noch eine machtvolle Verstärkung aus der Projektion der inneren Wut des Kindes zu erhalten; die Umgebung wird daher nicht nur als verbietend erlebt, sondern auch als zerstörerisch, während geliebte Personen von Abschied und Tod bedroht erscheinen. Ich habe das überzeugende Gefühl, daß das Dakotakind jetzt *projiziert*, wo es in seinem alten System *ablenkte*. Ein schlagendes Beispiel wäre das Pferd, einst ein freundliches Tier, das hier zum Objekt der Projektion wird. Aber gleichzeitig scheint es mir das heute hoffnungslos falsch placierte und verzerrte Urbild eines feindseligen Raubtiers zu sein. In den Tagen des Büffels gab es ein Tier, auf das all die früh erregte affektive Bilderwelt des Jagens und Tötens konzentriert werden konnte. Heute findet eine derartige Initiative kein Ziel. So bekommt das Indianerkind Angst vor seiner eigenen ungenutzten Aggressivität, und derartige Ängste drücken sich darin aus, daß es außerhalb seiner selbst Gefahren sieht, die gar nicht existieren, oder die in der Phantasie übertrieben werden. Innerhalb der sozialen Wirklichkeit wird das impulsive rachsüchtige Stehlen schließlich zum letzten isolierten Ausdruck jener »zugreifenden und beißenden« Wildheit, die einstmals als gut gelenkte Kraft hinter der Jagd und dem Kriegführen stand. Die Angst vor dem Tod oder dem Abschied der Verwandten ist vermutlich ein Anzeichen dafür, daß die Heimstätte in all ihrer Armut den Überrest einer einst integrierten Kultur darstellt; selbst als bloßer Traum von einer Wiederherstellung hat sie mehr

Wirklichkeit – als die Wirklichkeit. So ist es nicht das Erziehungssystem als solches und seine »unterdrückenden Kräfte«, die das Kind in seiner Entwicklung hemmen, sondern der Umstand, daß der integrative Mechanismus der Erziehung nicht dazu ermutigt wurde, ein neues System bedeutsamer sozialer Rollen zu schaffen, die Hoffnung für die Zukunft versprechen, wie das der Fall war, als die Dakota Büffeljäger wurden.

Wir sind froh, von McGregor zu hören, daß die Viehwirtschaft in ständigem Fortschritt begriffen ist, daß der Humus befestigt wird und das hohe Gras wieder zu wachsen beginnt. Aber die Entwicklung einer gesunden Viehwirtschaft machte wieder staatliche Zuschüsse notwendig, die in der vergeßlichen Wiederholung der Geschichte wieder ihren ursprünglichen Charakter eines durch Verträge erworbenen Rechtes zu verlieren beginnen und zum öffentlichen Almosen werden. Industrielle Möglichkeiten locken den Indianer noch immer von einer beharrlichen Konzentration auf seine gemeinschaftliche Rehabilitierung fort, während sie dem Mittellosen nur die niedrige Identität des amerikanischen Erfolgssystems bietet. Aber wenigstens zahlen sie gut, und sie zahlen für geleistete Arbeit statt für verlorene Schlachten im Verlauf des letzten Jahrhunderts. Am Ende bleibt, bei aller Achtung und bei allem Verständnis für die besondere Situation der Indianer und bei den dringendsten Wünschen für den Erfolg ihrer Rehabilitierung, nur der unumgängliche Schluß, daß sie auf die Dauer nur von einem kulturellen und politischen Fortschritt des gesamten ländlichen Proletariats und der farbigen Bevölkerung des Landes profitieren können. Die Systeme der Kinderaufzucht ändern sich nur da zum Besseren, wo die universelle Tendenz in Richtung größerer kultureller Entitäten gefördert wird.

VIERTES KAPITEL

FISCHER AM LACHSFLUSS

1. Die Welt der Yurok

Als Kontrapunkt und zum Vergleich wollen wir uns von den melancholischen Kriegern ohne Waffen einem Stamm von Fischern und Eichelsammlern an der Pazifischen Küste zuwenden, den Yurok[1].

Die Sioux und die Yurok scheinen in den Grundformen ihrer Existenz diametrale Gegensätze zu verkörpern. Die Sioux durchstreiften die weiten Ebenen und entwickelten Raumkonzepte zentrifugaler Beweglichkeit; die wandernden Herden der Büffel und die schweifenden feindlichen Banden bildeten ihren Horizont. Die Yurok dagegen leben in einem engen, bergigen, dicht bewaldeten Flußtal und entlang der Küste seiner Mündung in den Pazifischen Ozean. Außerdem beschränkten sie sich selbst auf die festgelegten Grenzen einer umschriebenen Welt[2]. Ein Umkreis von etwa hundertfünfzig Meilen im Durchmesser, der von ihrem Fluß, dem Klamath, in zwei Hälften geteilt wird, galt für sie als die ganze Welt schlechthin. Den Rest ignorierten sie, und jeder, der irgend eine deutlichere Neigung zeigte, sich in die Gebiete dort draußen vorzuwagen, wurde als »verrückt« oder von »unedler Geburt« ausgestoßen. Sie beteten zu ihren Horizonten, wo ihrer Meinung nach die übernatürlichen »Heimstätten« lagen, aus denen freigiebige Geister ihnen den Lebensstoff zusandten; zu dem (tatsächlich nicht existierenden) See flußaufwärts, aus dem der Klamath strömen sollte; zum Land jenseits des Ozeans, wo der Lachs zu Hause ist; zu der Himmelsgegend, die das Wild sendet und zu dem Ort uferaufwärts, woher das Geld kommen soll. Es gab keine zentrifugal bestimmten Richtungen von Ost und West, Nord und Süd; es gab nur ein »Flußauf« und »Flußab«, ein »Zum-Fluß-hin« und »Vom-Fluß-fort«, und dann, an den Grenzen der Welt (d. h. da, wo die nächsten Stämme lebten) ein elliptisches »Hinten« und »Ringsherum«: eine so zentripetale Welt, als überhaupt denkbar.

---

[1] A. L. Kroeber, »The Yurok«, in: Handbook of the Indians of California, Bureau of American Ethnology, Bulletin 78, 1925.

[2] T. T. Waterman, Yurok Geography, University of California Press, 1920.

Innerhalb dieses beschränkten Existenzradius bestand eine extreme Lokalisation. Ein alter Yurok bat mich, ihn im Wagen zum Heim seiner Vorfahren mitzunehmen. Angekommen deutete er stolz auf eine kaum wahrnehmbare Vertiefung im Boden, die ihrem Aussehen nach eine alte Hausgrube hätte sein können und sagte: hier komme ich her! Solche Gruben behalten für immer den Namen der Familie. Tatsächlich tragen Yurok-Örtlichkeiten nur insoweit Namen, als die Geschichte oder die Mythologie sie ausgezeichnet haben. Diese Mythen erwähnen weder die Berggipfel, noch die riesenhaften Rotholzwälder, die den weißen Touristen so beeindrucken; dagegen bezeichnen die Yuroks bestimmte, unbedeutend anmutende Felsen oder Bäume als »Ursprung« der folgenschwersten Ereignisse.

Das Erwerben und das Festhalten von Besitz ist das, woran der Yurok denkt, wovon er spricht und worum er betet – heute wie ehemals. Jeder Mensch, jede Beziehung, jede Handlung kann genau nach ihrem Wert bemessen werden und Gegenstand des Stolzes oder endloser Streitereien werden. Die Yuroks besaßen schon Geld, ehe sie je einen weißen Mann gesehen hatten. Ihre Währung bestand aus Muscheln verschiedener Größe, die sie in länglichen Beuteln mit sich herumtrugen. Die Muscheln wurden von anderen Stämmen eingehandelt. Die Yuroks selbst natürlich »verirrten« sich niemals an die Stellen der nördlichen Küste, wo sie diese Muscheln in inflatorischer Zahl hätten finden können.

Diese kleine, wohlumschriebene, vom Klamath durchschnittene Welt der Yurok hat nun aber ihren »offenen Mund« in Richtung auf das Meer zu und erlebt jährlich das geheimnisvolle Auftauchen riesiger Mengen mächtiger Lachse, die in die Mündung des Klamath eindringen, seine rauschenden Fälle hinaufschnellen und flußaufwärts verschwinden, wo sie laichen und sterben. Einige Monate später kommen ihre winzigen Nachkommen den Fluß herab und verschwinden in den Weiten des Ozeans, um zwei Jahre später zu ihrem Ursprungsplatz zurückzukehren und ihren Lebenskreis zu beenden.

Die Yuroks sprechen vom »reinen« Leben, nicht vom »starken« wie die Sioux. Die Reinheit besteht im fortwährenden Vermeiden unreiner Berührungen und Beschmutzungen und in beständiger Reinigung von möglichen Beschmutzungen. Hat er Verkehr mit einer Frau gehabt oder mit Frauen im selben Haus geschlafen, so muß der Fischer die »Prüfung« des Schwitzbades bestehen. Er betritt es durch die normale Türe, d. h. ein ovales Loch, durch das selbst ein dicker Mensch käme.

Aber er kann es nur durch eine sehr enge Öffnung verlassen, die nur einem Mann Durchlaß gewährt, der im Essen mäßig und vom Schweiß, den das heilige Feuer erzeugt, schlüpfrig ist. Zur vollen Reinigung muß er im Fluß schwimmen. Ein gewissenhafter Fischer besteht diese Prüfung jeden Morgen.

Dies ist nur ein Beispiel aus einer Reihe von Verrichtungen, die ein Weltbild repräsentieren, in dem die verschiedenen Kanäle der Natur und der Anatomie getrennt gehalten werden müssen. Was durch den einen Lebenskanal strömt, verabscheut die verunreinigende Berührung mit den Inhalten der anderen Kanäle. Der Fluß und der Lachs erlauben nicht, daß in einem Boot irgend etwas gegessen wird. Urin darf nicht in den Fluß gelangen. Das Wild bleibt der Falle fern, wenn Wildfleisch in Berührung mit Wasser gekommen ist. Der Lachs verlangt, daß Frauen auf ihren Fahrten flußauf oder flußab bestimmte Vorschriften befolgen, denn sie könnten menstruieren.

Nur einmal im Jahr, während des Lachszuges, werden alle diese Tabus durchbrochen. Nach komplizierten Zeremonien wird dann ein starker Damm gebaut, der den Zug der Lachse flußaufwärts hemmt und den Yurok die Möglichkeit bietet, einen üppigen Wintervorrat zu fangen. Der Dammbau ist »das größte mechanische Unterfangen der Yurok, ja tatsächlich aller kalifornischen Indianer, und ihr umfänglichstes Gemeinschaftsunternehmen« (Kroeber). Nach zehn Tagen gemeinschaftlichen Fischfangs gehen längs den Ufern des Flusses Orgien von Spaß, Spott und sexueller Hemmungslosigkeit von statten, die an die alten heidnischen Frühlingsfeste Europas und an die Ausschweifungen der Sioux vor dem Sonnentanz erinnern.

Das höchste Fest des Fischdammes stellt also etwas wie ein Gegenstück zum Sonnentanz der Sioux dar. Es beginnt mit einer grandiosen Massendarstellung der Weltenschöpfung und es gibt dabei Aufzüge, die die fortschreitende Entwicklung der Yurok-Ethik von der zentrifugalen Ausschweifung zur festumrissenen Zentripetalität wiederholen, welch letztere schließlich zum Gesetz und zur Sicherung der immerwährenden Versorgung durch übernatürliche Spender wurde. Wir werden auf diese Zeremonie zurückkommen, wenn wir in der Lage sind, sie in Beziehung zur frühen Kindheit der Yurok zu setzen. Das bisher Gesagte zeigt wohl ausreichend, daß die Welt der Yurok sich in Größe und Struktur sehr weitgehend von der der Sioux unterschied – wenn sie nicht überhaupt in fast systematischem Gegensatz zu ihr stand.

Und was für verschiedenartige Menschen sind sie selbst noch heute! Nach dem Anblick der apathischen ehemaligen Herren der Prärie war es fast eine Erleichterung, wenn auch eine mit einem Schock gepaarte Erleichterung, bei der Ankunft in dem damals fast unzugänglichen Yurokdorf als Mitglied einer unwillkommenen weißen Minderheit behandelt und aufgefordert zu werden, bei den Schweinen zu hausen – »das sind ja die Hunde des weißen Mannes«.

Es gibt am unteren Klamath eine Reihe reiner Yurokdörfer. Das größte ist in den Tagen des Goldrausches aus dem Zusammenschluß einiger sehr alter Dörfer entstanden. Es liegt an einer sonnigen Lichtung und ist nur mit dem Motorboot von der Küste aus oder über nebelverhangene, gefahrvolle Straßen zu erreichen. Als ich mich anschickte, ein paar Wochen hier zu verbringen, um weitere Daten über die Kindheit der Yurok zu sammeln und andere zu überprüfen, stieß ich sofort auf das »widerspenstige und mißtrauische Temperament«, das den Yurok als Gruppe zugeschrieben wird.

Glücklicherweise hatte ich an der Küste nahe der Klamathmündung schon einige Yuroks kennengelernt und mit ihnen gearbeitet, und Kroeber hatte mich darauf vorbereitet, Knauserigkeit, Mißtrauen und Ärger zu begegnen, die in Wirklichkeit einfach Volksgebräuche sind. Ich brachte es daher fertig, ihnen ihr Verhalten nicht persönlich anzurechnen – oder mich dadurch wirklich entmutigen zu lassen. So ließ ich mich in einem verlassenen Lager am Fluß nieder und wartete darauf, herauszufinden, was in diesem Fall Besonderes los sein mochte. Es stellte sich auch bald heraus, daß ich an der Küste die tödlichen Feinde einer einflußreichen Familie vom Oberen Fluß besucht und mit ihnen gegessen hatte. Die Fehde datierte aus den achtziger Jahren des letzten Jahrhunderts. Außerdem schien dieser isolierten Gemeinde meine Erklärung unvorstellbar, daß ich zu wissenschaftlichen Zwecken hier sei. Sie vermuteten vielmehr, daß ich ein Agent sein müsse, der gekommen war, um neuerdings entbrannte Besitzfehden (auf Grund des Howard-Wheeler Acts) zu untersuchen. Entsprechend den alten Landkarten, die aber nur in den Köpfen der Leute existierten, besteht das Gebiet der Yurok aus einem wahren Labyrinth von Gemeindeländereien, gemeinsamen Besitztümern und individuellem Familienbesitz. Die Opposition gegen den Wheeler Act, der den Indianern verbietet, ihr Land, außer untereinander, zu verkaufen, hatte die Form von Disputen über die Frage angenommen, was der einzelne Yurok beanspruchen und was er verkaufen dürfe und wann die Akte widerrufen würde. Offensichtlich vermutete man, daß ich die geheime Mission verfolgte, unter falschen Vorgaben die Besitzrechte aufzuspüren, die die Beamten bisher nicht feststellen konnten. Außerdem hatte die tödliche Erkrankung eines jungen Shakerpriesters und der Besuch der höheren Priesterschaft aus dem Norden plötzlich religiöse Vorgänge in Bewegung gesetzt. Lärmende Gebete und Tänze erfüllten die Nacht. Der Shakerismus wurde zur Zeit nicht nur vom Regierungsarzt, mit dem zusammen man mich flußabwärts gesehen hatte, und von den wenigen Überlebenden der alten Kaste der Yurok-Medizinleute bekämpft, sondern auch von dem kürzlich eingetroffenen Missionar. Das war ein Adventist der Sieben Tage, der einzige weiße Mann in der Gemeinde, der mich aber in den Augen der Eingeborenen noch weiter herabgesetzt hatte, da er mich zwar freundlich, aber mit unverhohlener Mißbilligung der Zigarette in meiner Hand begrüßt hatte. Es bedurfte Tage einsamen Wartens, ehe ich mit einigen Indianern die Gründe ihres Mißtrauens besprechen konnte und Gewährsleute fand, die mir halfen, das Bild der traditionellen Yurok-Kindheit weiter zu klären. Erkennt der einzelne Yurok aber erst, daß man als Freund gekommen ist, so verliert er sein vorgeschriebenes Mißtrauen und wird ein ausgezeichneter Berichterstatter.

Die hochmütige und offen feindselig-spöttische Haltung der meisten Yurok dem weißen Mann gegenüber muß meiner Ansicht nach dem Umstand zugeschrieben werden, daß der innere Abstand zwischen Yurok und Weißen nicht so groß ist, wie der zwischen Weißen und Sioux. Es gab mancherlei im zentripetalen ABC des Yurok-Lebens, das nicht erst erlernt zu werden brauchte, als die Weißen kamen. Die Yurok lebten in festen Holzhäusern, die halb in den Boden eingelassen waren. Das wirklich vorhandene Holzhaus steht in der Nähe von Erdgruben, die einst den unterirdischen Teil des Ahnenhauses enthalten haben sollen. Anders als die Sioux, die mit dem Verschwinden des Büffels glötzlich den Mittelpunkt ihres ökonomischen und geistigen Lebens verloren, sehen, fangen, essen und bereden die Yuroks noch heute den Lachs. Wenn der Yurok heute ein Floß steuert oder seine Frau Gemüse zieht, so unterscheiden sich diese Beschäftigungen nicht allzu sehr von dem ursprünglichen Bau von Einbäumen (früher ein Exportartikel), dem Eichelsammeln und dem Tabakanbau der früheren Tage. Vor allem aber hat sich der Yurok sein Leben lang mit Besitz beschäftigt. Er weiß, wie man eine Sache auf Heller und Pfennig berechnet, und er tut es mit tiefer ritueller Überzeugung. Der Yurok brauchte in der geldbewußten weißen Welt diese »primitiven Tendenzen« keineswegs aufzugeben. Sein Groll gegen die Vereinigten Staaten findet daher einen anderen Ausdruck als der wortlose, schwelende, passive Widerstand des Mannes von der Prärie.

Am 4. Juli, wenn die »Trauernden des Jahres« ausbezahlt werden, wurde mir gestattet, an der Zeremonie teilzunehmen. Ich hatte dabei Gelegenheit, eine große Zahl von Kindern zu beobachten, die zusammengeströmt waren, um den nächtlichen Tanz zu sehen, dessen Höhepunkt erst in der Morgendämmerung zu erwarten war. Die Kinder waren kräftig und doch anmutig, von ruhigem Wesen und benahmen sich während der ganzen langen Nacht einwandfrei.

2. Kinderpsychiatrie bei den Yurok

Fanny, eine der ältesten Gewährspersonen Alfred Kroebers, bezeichnete sich als »Doktor« und wurde auch von anderen so genannt. Soweit sie somatische Störungen behandelte oder physiologische Behandlungen nach Yurokart anwandte, konnte ich nicht den Anspruch erheben, beruflich mit ihr zu konkurrieren. Sie betrieb aber auch Psychotherapie mit Kindern, und auf diesem Gebiet konnten wir Erfahrungen austauschen. Sie lachte herzlich über die Psychoanalyse, deren wichtigste therapeutische Prinzipien, wie sich zeigen wird, durchaus in ihren Begriffen ausgedrückt werden konnten. Diese alte Frau war von einer ausstrahlenden Wärme und Freundlichkeit. Wenn ihr Blick und ihr Lächeln sich in Melancholie hinter den wie in Stein geschnittenen Runzeln ihres Gesichtes verbargen, dann wirkte diese Melancholie dramatisch, ihr Sichzurückziehen positiv. Es hatte nichts von der unbeweglichen Trauer, die man manchmal auf den Gesichtern anderer Indianerfrauen findet.

Tatsächlich befand sich Fanny, als wir eintrafen, in einem Zustand düsterer Bedrückung. Wenige Tage zuvor hatte sie, als sie in ihren Garten hinaustrat und das Land überblickte, hundert Fuß unter sich, wo der Klamath den Ozean erreicht, einen kleinen Wal entdeckt, der in die Flußmündung hereinschwamm, ein wenig herumspielte und wieder verschwand. Das erschreckte sie tief. Hatte nicht der Schöpfer bestimmt, daß nur Lachse, Störe und ähnliche Fische die Süßwassergrenze überqueren sollten? Dieser Zusammenbruch einer Grenze konnte nur bedeuten, daß die Weltscheibe langsam ihre horizontale Lage verlor, daß Salzwasser in den Fluß drang und daß eine Flut herannahte, wie jene, die schon einmal die Menschheit zerstört hatte. Fanny erzählte aber nur wenigen Intimen von der Angelegenheit, wobei sie andeutete, daß das Ereignis vielleicht unterbleiben könnte, wenn man nicht zu viel darüber sprach.

Es war leicht, sich mit dieser alten Indianerin zu unterhalten; gewöhnlich war sie heiter und zugänglich, außer wo es sich um Fragen handelte, die zu nahe an tabuierte Dinge rührten. Während unseres Gesprächs hatte Kroeber hinter uns gesessen, zugehört und gelegentlich in die Unterhaltung eingegriffen. Am zweiten Tag bemerkte ich, daß er zeitweise den Raum verließ, und fragte, wohin er gegangen sei. Die alte Frau lachte erheitert und meinte: »Er gibt Dir Chance, allein mich fragen. Du großer Mann jetzt.«

Was sind die Gründe der Kinderneurosen (schlechte Laune, Appetitlosigkeit, Alpdrücken, verbrecherische Neigungen) in der Kultur der Yurok? Wenn ein Kind nach Dunkelwerden einen von den »weisen Leuten« sieht, einer Art kleiner Wesen, die der menschlichen Rasse auf der Erde voranging, so entwickelt es eine Neurose, und wenn es nicht geheilt wird, so kann es unter Umständen sterben. Die »weisen Leute« sollen nicht größer sein als kleine Kinder. Sie sind immer »im Geist«, denn sie kennen keinen sexuellen Verkehr. Mit sechs Monaten sind sie erwachsen, und sie sind unsterblich. Sie vermehren sich durch den Mund, indem die weiblichen Wesen die Läuse der männlichen essen. Die Geburtsöffnung bleibt unklar, aber so viel ist gewiß, daß die »weisen Weibchen« kein »Fraueninneres« haben – d. h. weder Vagina noch Uterus, mit deren Existenz, wie wir noch hören werden, Sünde und soziale Unordnung in die Welt kamen.

Wir bemerken, daß die »weisen Leute« kleinen Kindern verwandt sind. Sie sind klein, oral und magisch und sie kennen weder die Genitalität noch Schuld und Tod. Sichtbar und gefährlich sind sie nur für Kinder, weil diese noch an frühere Stadien fixiert sind und regredieren können, wenn der Reiz des Tageslichts schwindet – wenn sie dann verträumt werden, könnten sie der Kindlichkeit der »weisen Leute« verfallen und ihrer intuitiven und doch anarchischen Art. Denn die »weisen Leute« haben keine soziale Organisation. Sie sind schöpferisch, aber sie kennen keine Genitalität und damit auch nicht, was es bedeutet, »rein« zu sein. So können sie durchaus der Projektion des prägenitalen Kindheitsstadiums in die Phylogenie und die Prähistorie dienen.

Zeigt ein Kind Störungen oder klagt über Schmerzen, die darauf deuten, daß es »weise Leute« gesehen hat, dann geht seine Großmutter

in den Garten oder an den Bach oder wo immer das Kind nach Dunkelwerden gespielt hat, ruft laut und spricht zu den Geistern: »Dies ist
unser Kind, tut ihm nichts Böses.« Nützt das nichts, so wird die Großmutter von nebenan gebeten, dem Kind »ihr Lied zu singen«. Jede
Großmutter hat ihr eigenes Lied. Die Indianerkulturen scheinen ein
erstaunliches Verständnis für die Ambivalenz zu besitzen, das ihnen
sagt, daß in bestimmten Krisen nahe Verwandte weder erzieherischen
noch therapeutischen Nutzen stiften. Hilft auch die Nachbar-Groß-
mutter nicht, so wendet man sich schließlich um Hilfe an Fanny und
vereinbart einen Preis für die Heilung.

Fanny sagt, daß sie es oft fühlt, wenn ein Patient kommt:

> Manchmal kann ich nicht schlafen; jemand sucht mich, daß ich komme und
> ein Doktor bin. Ich trinke kein Wasser und sicher kommt jemand. »Fanny ich
> suche Dich, ich gebe Dir zehn Dollars.« Ich sage: »Ich gehe für fünfzehn
> Dollars.« »Ist in Ordnung.«

Das Kind wird von der ganzen Familie gebracht und in Fannys
Wohnzimmer auf den Fußboden gelegt. Sie raucht ihre Pfeife, »um zu
ihrer Kraft zu kommen«. Dann wird das Kind wenn nötig von Vater
und Mutter festgehalten, während Fanny den ersten »Schmerz« von
oberhalb des Nabels aussaugt. Diese »Schmerzen«, die somatischen
»Ursachen« der Krankheit (obwohl auch sie ihrerseits durch böse Wünsche hervorgerufen sein können), werden als eine Art schleimige, blutige Materialisierung vorgestellt. Um sich auf ihre Aufgabe vorzubereiten, darf Fanny während einer bestimmten Zeit kein Wasser zu sich
nehmen. »Wenn sie saugt, ist es gerade, als ginge ihr Kinn durch dich
hindurch bis zum Rückgrat, aber es tut nicht weh«, berichtet ein Patient.
Aber jeder »Schmerz« hat einen »Gefährten«: Ein Schleimfaden leitet
Fanny an die Stelle des »Gefährten«, der auch ausgesaugt werden muß.

Die Krankheit ist für die Yuroks bisexuell. Das eine Geschlecht wird
in die Nähe des Körperzentrums verlegt, das der Hexerei besonders zugänglich ist, während das andere Geschlecht zu dem befallenen Körperteil wandert, wie der Uterus in der antiken Theorie der Hysterie oder
die verschobenen Organbesetzungen im psychoanalytischen System.

Hat Fanny solcher Art zwei oder drei »Schmerzen« verschluckt, so
geht sie in eine Ecke und kauert sich mit dem Gesicht gegen die Wand
nieder. Sie steckt vier Finger in den Schlund – der Daumen muß dabei
außen bleiben – und erbricht Schleim in einen Korb. Fühlt sie dann,
daß die verschluckten »Schmerzen« hochkommen, so hält sie ihre
Hände »wie zwei Muscheln« vor den Mund und spuckt mit Ge-

räuschen, die sich phonetisch nicht wiedergeben lassen, den »Schmerz« in ihre Hände. Dann tanzt sie und läßt die »Schmerzen« verschwinden. Das wird wiederholt, bis sie das Gefühl hat, daß die Schmerzen aus dem Kind genommen sind.

Dann kommt die »Deutung«. Sie raucht wieder, tanzt und gerät in Trance. Sie sieht ein Feuer, eine Wolke, einen Nebel, setzt sich, füllt ihre Pfeife neu, nimmt einen großen Zug Rauch und hat eine deutlichere Vision, die sie der versammelten Familie etwa folgendermaßen mitteilt: »Ich sehe eine alte Frau in den Kahlen Bergen sitzen und einer anderen Frau etwas Böses wünschen. Darum ist dieses Kind krank.« Kaum hat sie gesprochen, so erhebt sich die Großmutter des Kindes und bekennt, daß sie es war, die an einem bestimmten Tag in den Kahlen Bergen saß und versuchte, eine andere Frau zu behexen. Oder Fanny sagt: »Ich sehe einen Mann und eine Frau ein Geschäft machen (Verkehr haben), obwohl der Mann um Glück gebetet hat und keine Frau berühren sollte.« Daraufhin erhebt sich der Vater oder der Onkel und bekennt seine Schuld. Manchmal muß Fanny einen Toten der Zauberei oder der Perversion beschuldigen, in welchem Fall der Sohn oder die Tochter des Verstorbenen weinend die Untat bekennt.

Fanny besitzt offenbar ein bestimmtes Register von Sünden (vergleichbar etwa den Konflikten unserer psychopathologischen Schulen), die sie unter rituellen Umständen einer bestimmten Störung zuordnet. Dadurch bringt sie die Menschen dahin, Neigungen einzugestehen, die angesichts der kulturellen Struktur voraussagbar sind und die nun gebeichtet werden, was für jedermanns inneren Frieden nur nützlich sein kann. Da Fanny eine hervorragende Stellung in einer primitiven Gemeinschaft einnimmt, stehen ihr natürlich genügend Klatsch und Gerede zu Gebot, um die Schwächen ihrer Patienten zu kennen, noch ehe sie sie zu sehen bekommt und sie ist erfahren genug, in den Gesichtern der Kunden zu lesen, während sie ihrem magischen Geschäft obliegt. Setzt sie dann ein Schuldgefühl, das einer geheimen Aggression oder Perversion entstammt, in Verbindung mit den Symptomen des Kindes, so bewegt sie sich auf gutem psychopathologischen Grund, und wir wundern uns nicht, daß die neurotischen Symptome meist verschwinden, nachdem Fanny ihren Finger auf die zentrale Quelle der Ambivalenz in der Familie gelegt und eine öffentliche Beichte veranlaßt hat.

3. Die Erziehung bei den Yurok

Ich gebe Ihnen im folgenden einige Daten über die Kindheit in der Welt der Yurok:

Die Geburt eines Kindes geht unter dem Schutz oraler Verbote vor sich, zusätzlich zu den genitalen Vorschriften, die wir bei den Sioux fanden. Die Mutter muß während des Geburtsaktes den Mund geschlossen halten. Vater und Mutter essen weder Wild noch Lachs, solange der Nabel des Kindes nicht abgeheilt ist. Die Yurok glauben, daß die Mißachtung dieser Tabus die Ursache für Krämpfe bei dem Kind sei.

Das Neugeborene wird zehn Tage lang nicht an die Brust gelegt, sondern erhält eine Nußsuppe aus einer winzigen Muschel. Das Stillen beginnt dann mit indianischer Freigebigkeit und Häufigkeit. Aber ungleich den Sioux gibt es bei den Yurok eine feststehende Abstillzeit, um den sechsten Lebensmonat des Kindes herum – das ist etwa zu Beginn der Zahnperiode: für Indianer eine minimale Stillzeit. Abstillen heißt bei den Yurok »die Mutter vergessen« und wird, wenn nötig, gegen Ende des ersten Lebensjahres dadurch erzwungen, daß die Mutter für ein paar Tage fortgeht. Die erste feste Nahrung besteht in Lachs- oder Wildfleisch, das kräftig mit Meeralgen gesalzen wird. Salzige Nahrungsmittel sind die »Süßigkeiten« der Yurok. Die Bemühung, die Autonomie des Kindes durch das frühe Abstillen zu beschleunigen, scheint Teil einer allgemeinen Tendenz zu sein, das Kind anzuregen, die Mutter und ihren Schutz zu verlassen, sobald dies möglich und tragbar ist. Diese Bemühung setzt schon in utero ein. Die schwangere Frau ißt wenig, schleppt Holz und verrichtet mit Vorliebe Arbeiten, bei denen sie sich nach vorn beugen muß, damit der Fötus »sich nicht an ihr Rückgrat anlehnt«, d. h. ruht und erschlafft. Häufig reibt sie ihren Bauch, besonders wenn das Tageslicht schwindet, um den Fötus wachzuhalten und einer frühen Tendenz zur Regression zum prähistorischen Zustand vorzubeugen, der, wie wir schon hörten, den Ursprung aller Neurosen darstellt. Später zwingt nicht nur das frühe Abstillen den Säugling, die Mutter aufzugeben; das Wickelbrett, wie die Yurok es verwenden, läßt die Beine des Kindes frei, und diese werden, vom zehnten Lebenstage an, von der Großmutter massiert, um frühe Kriechversuche anzuregen. Die Mitarbeit der Eltern wird dabei durch die Regelung gesichert, daß sie den Geschlechtsverkehr erst wieder aufnehmen dürfen, wenn das Kind kräftige Fortschritte im

Kriechen macht. Am späten Nachmittag und frühen Abend wird das Kind am Schlaf verhindert, damit die Dämmerung nicht für immer seine Augen schließt. Die erste nachgeburtliche Krise hat daher für das Yurokkind andere Qualitäten als die Krise, die der kleine Sioux erlebt. Für das Yurokkind wird sie durch die zeitliche Nähe des Zahnens, der erzwungenen Entwöhnung, des geförderten Kriechens und der schnellen Rückkehr der Mutter zu ihren alten sexuellen Gewohnheiten und zu neuen Geburten bezeichnet.

Wir haben auf die Affinität zwischen der oralen Erziehung des Siouxkindes und den charakteristischen Eigenschaften des Jägers der Hochebene hingewiesen und wir erwarten, daß das neugeborene Yurokkind einen systematisch anderen Empfang gewärtigt. Tatsächlich wird es einer frühen und wenn nötig abrupten Entwöhnung vor oder sofort nach der Entwicklung der Beißphase unterworfen, und das, nachdem es durch eine Reihe von Maßnahmen daran verhindert wurde, sich in, mit und bei seiner Mutter wohl zu fühlen. Es muß dazu erzogen werden, ein Fischer zu sein: einer, der seine Netze für eine Beute bereithält, die, (wenn er sich nur anständig benimmt und auf die richtige Weise »bitte« sagt) zu ihm kommt. Diese inbrünstige Haltung, zu den übernatürlichen Versorgern »bitte« sagen zu wollen, scheint durch einen Bodensatz infantilen Heimwehs verstärkt zu werden. Der Yurok zeichnet sich durch die Fähigkeit aus, zu weinen, während er betet, um dadurch Einfluß auf die nahrungspendenden Mächte jenseits der sichtbaren Welt zu gewinnen. Er glaubt daran, daß tränenreiche Worte, wie etwa »ich sehe einen Lachs«, die mit der inneren Überzeugung einer selbstinduzierten Halluzination ausgesprochen werden, den Lachs herbeiziehen. Er muß dabei aber so tun, als sei er nicht allzu interessiert, sonst entgeht ihm die reiche Beute, und so muß er sich selbst davon überzeugen, daß er es nicht wirklich ernst meint. Nach Meinung des Yuroks sagt der Lachs: »Ich wandere, soweit der Fluß reicht. Ich lasse meine Schuppen in den Netzen zurück, und sie werden sich in Lachse verwandeln, aber ich selber werde vorüberziehen und nicht getötet werden.«

Diese Konzentration auf die Nahrungsquellen wird nicht ohne eine zweite Periode des oralen Trainings in dem Alter, wenn das Kind »Verstand hat«, erreicht – d. h. wenn es wiederholen kann, was man ihm sagt. Es wird behauptet, daß eine Yurokmahlzeit früher eine wahre Zeremonie der Selbstbeherrschung und Selbstbeschränkung darstellte. Das Kind wurde ermahnt, niemals hastig nach Nahrung zu greifen, niemals zu nehmen, ohne um Erlaubnis zu fragen, stets langsam zu essen und niemals um eine zweite Portion zu bitten – ein oraler Puritanismus, der unter Primitiven kaum seinesgleichen hat. Während der Mahlzeiten herrschte eine strenge Sitzordnung, und das Kind wurde angehalten, auf bestimmte Art zu essen; zum Beispiel sollte es nur wenig Essen auf den Löffel nehmen, den Löffel langsam zum Mund führen, den Löffel fortlegen, während es kaute – und vor allem während der ganzen Prozedur an das Reichwerden denken. Während der Mahlzeiten sollte Schweigen herrschen, so daß jedermann seine Gedanken auf Geld und Lachse konzentrieren konnte. Offenbar war dies zeremonielle Verhalten bei den Mahlzeiten dazu geeignet, den sehnsüchtigen Wunsch nach (Nahrungs-) Einnahme noch weiter zu dramatisieren, der durch frühe Entwöhnung von der Brust, vom Kontakt mit der Mutter und von allen regressiven Haltungen entstanden sein mochte. Alles »Wunschdenken« wurde in den Dienst des ökonomischen Strebens gestellt. Ein Yurok konnte sich dahin bringen, Geld von den Bäumen hängen und während der stillen Zeit Lachse im Fluß schwimmen zu sehen, und er glaubte daran, daß solche selbstinduzierten halluzinatorischen Vorstellungen die Segenspender in Aktion setzen könnten.

Später wird für das gleiche ökonomische Bestreben auch die Energie genitaler Tagträume ausgenützt. Im Schwitzbad lernt der ältere Knabe die doppelte Kunst, an Geld zu denken und nicht an Frauen zu denken.

Die Fabeln, die den Kindern erzählt wurden, unterstreichen in interessanter Weise die Verwerflichkeit mangelnder Zurückhaltung. Sie isolieren eine auffällige Einzelheit aus der Physiognomie der Tiere und verwenden sie als ein Argument für »reines Verhalten«:

Die Kahlheit des Bussards stammt daher, daß er seinen ganzen Kopf gierig in einen Topf heißer Suppe gesteckt hat.

Der gierige Aal hat seine Knochen verspielt.

Die Haube des Eichelhäherweibchens ist ihre Klitoris, die sie sich abriß und auf den Kopf steckte, als sie einmal neidisch auf ihren Mann war.

Der Bär war immer hungrig. Er war mit dem Eichelhäherweibchen verheiratet. Eines Tages machten sie ein Feuer, und der Bär schickte den Eichelhäher nach Essen aus. Der brachte nur eine Eichel zurück. »Ist das alles?« sagte der Bär. Der Häher wurde zornig und warf die Eichel ins Feuer. Sie zerplatzte und sprang über den ganzen Platz, und alles war voll Eicheln. Der Bär verschlang alles, und es wurde ihm schrecklich übel. Ein paar Vögel versuchten, für ihn zu singen, aber es half nichts. Nichts half. Schließlich sagte der Kolibri: »Leg dich hin und mach dein Maul auf«, und er schwirrte direkt durch ihn hindurch. Das erleichterte den Bären. Darum hat er jetzt solch einen großen Anus und kann den Kot nicht halten.

Das führt uns nun zur analen Phase. In der Yurokkindheit scheint kein besonderer Akzent auf den Fäces oder der analen Zone zu liegen, aber man findet ein allgemeines Vermeiden aller Beschmutzungen durch die Berührung antagonistischer Flüssigkeiten und dessen, was in ihnen enthalten ist. Das kleine Kind lernt früh, daß es nicht in den Fluß oder irgendeinen zuführenden Bach urinieren darf, weil der Lachs im Fluß nicht in den Körperflüssigkeiten schwimmen mag. Der Gedanke dabei ist also nicht, daß Urin »schmutzig« sei, sondern daß Flüssigkeiten aus verschiedenen Kanalsystemen antagonistisch und gegenseitig zerstörend wirken. Derartige lebenslange und systematische Vermeidung erfordert spezielle, in Persönlichkeit und Identität eingebaute Sicherungsmaßnahmen, und tatsächlich weist das offizielle Verhalten der Yurok all die Züge auf, die die Psychoanalyse im Sinne Freuds und Abrahams als typisch für Patienten mit analer Fixierung fand: zwanghafte Ritualisierung, pedantische Streitsucht, mißtrauischer Geiz, retentives Horten und so fort.

In unserer Gesellschaft ist Zwanghaftigkeit häufig der Ausdruck genau der gleichen generellen Beschmutzungsvermeidung, die von phobischen Müttern speziell auf die anale Zone konzentriert wird. In unserer Kultur wird sie aber noch durch übermäßige Forderungen nach Pünktlichkeit und Ordnung verstärkt, die im Leben der Yurok keine Rolle spielen.

Die Grundlage der genitalen Haltungen der Yurok wird schon durch die frühe Prägung des Kindes geschaffen, die es lehrt, alle instinktiven Triebe ökonomischen Überlegungen unterzuordnen. Das Mädchen weiß, daß Tugend, oder sagen wir, ein makelloser Name, ihr einen Mann verschaffen wird, der gut zahlen kann, und daß ihr späterer Status und infolgedessen der Status ihrer Kinder und Kindeskinder von der Summe abhängt, die ihr Gatte ihrem Vater bei der Werbung bietet. Der Knabe seinerseits will genug Geld erwerben, um eine wertentsprechende Frau kaufen und sie voll bezahlen zu können. Würde er ein wertvolles Mädchen vorzeitig schwängern – d. h. ehe er ihren Preis voll bezahlen kann – so müßte er Schulden machen. Und bei den Yuroks gilt alles abnorme Verhalten und jede Charakterstörung als dadurch verursacht, daß die Mutter oder die Großmutter oder die

Urgroßmutter des Betroffenen nicht »ganz bezahlt wurde«. Das heißt offenbar, daß der betreffende Mann so dringlich heiraten wollte, daß er seine Frau auf Abzahlung erwarb und die Raten nicht bezahlte. In unseren Ausdrücken hieße das, daß sein Ich zu schwach war, um sexuelle Bedürfnisse mit ökonomischen Tugenden zu integrieren. Wo allerdings das Geschlechtliche nicht in Widerstreit mit dem Besitz gerät, wird es mit Milde und Humor angesehen. Daß die Sexualität Reinigungsakte notwendig macht, scheint zwar als Pflicht und Plage zu gelten, aber belastet weder das Geschlechtliche als solches noch die jeweilige Frau. Es gibt keine Scham in Hinsicht auf die Außenseite des Körpers. Wenn das Mädchen zwischen Menarche und Ehe nicht nackt vor anderen badet, so geschieht das nur, um nicht zu verraten, wann sie menstruiert, was für andere verletzend wäre. Im übrigen kann jedermann in jedermanns Gesellschaft baden, wie es ihm beliebt.

Wir haben gesehen, daß die Siouxkinder lernen, die lokomotorischen und genitalen Angehungsweisen mit der Jagd zu assoziieren. Der Sioux war in seiner sozial anerkannten Sexualität vorwiegend phallisch-sadistisch, insofern er alles verfolgte, was frei umherschweift, Wild, Feinde und Frauen. Der Yurok ist in all diesen Beziehungen eher phobisch und mißtrauisch. Er hütet sich davor, in Fallen zu geraten. Denn sogar seinem Gott ist etwas derartiges zugestoßen: der Schöpfer der Yurokwelt war ein außerordentlich lüsterner Bursche, der umherschweifte und die Welt mit seinem gesetzlosen Benehmen gefährdete. Seine Söhne überredeten ihn, diese Welt zu verlassen. Er versprach, ein guter Gott zu sein, aber als er einmal wieder die Küste hinab zog, viel weiter als ein vernünftiges, wohlerzogenes Wesen das täte, fand er dort die Rochenfrau mit einladend gespreizten Beinen am Strande liegen. (Der Rochen, sagen die Yurok, sieht aus wie das Innere eines Weibes.) Er konnte ihr nicht widerstehen, aber kaum war er in sie eingedrungen, als sie ihn mit ihrer Vagina festhielt, die Beine um ihn schlang und ihn entführte. Diese Geschichte soll zeigen, wohin zentrifugale, schweifende, gesetzlose Lust führt. In der von Gesetzen beherrschten, umfriedeten Welt der Yurok, welche die übergewissenhaften Söhne des sündigen Schöpfers errichteten, hütet sich der vernünftige Mann, von der falschen Frau zur falschen Zeit oder am falschen Platz eingefangen zu werden – wobei »falsch« alle Umstände betrifft, die seinen Kredit als ökonomisches Wesen schädigen. Wer gelernt hat, solche Schädigung zu vermeiden, wird zum »reinen Individuum«, zu einem Individuum mit »Vernunft«.

4. Vergleichende Zusammenfassung

Gemäß den früher verwandten Definitionen sind die Welten der Sioux und der Yurok primitive Welten. Sie sind in hohem Maße ethnozentrisch strukturiert und befassen sich nur mit der Selbstregulation des Stammes in Bezug auf einen bestimmten Ausschnitt der Natur und mit der Entwicklung genügender Werkzeuge und entsprechender Magie. Wir sahen, daß sich die Welt der Yurok an vorsichtig zentripetalen Richtlinien orientiert, während die Sioux kraftvoll zentrifugal erscheinen.

Als Gesellschaft besitzen die Yurok fast keine hierarchische Organisation. Der gesamte Akzent liegt auf der gegenseitigen Wachsamkeit in der täglichen Beobachtung und Berücksichtigung winziger Wertunterschiede. Sie haben wenig »Nationalgefühl« und, was ich bisher zu berichten versäumte, überhaupt keinen Geschmack an irgendwelcher Kriegsführung. Ebenso wie der Yurok glaubt, daß »Den-Lachs-Sehen« bedeutet, den Lachs zum Kommen zu veranlassen, ist er offenbar auch davon überzeugt, daß er den Krieg vermeiden kann, wenn er mögliche Feinde einfach nicht sieht. Es ist bekannt, daß die Yurok am Oberen Fluß feindliche Stämme, die ihr Gebiet durchquerten, um die Yurok am Unteren Strom zu bekriegen, einfach ignorierten. Kriege sind Sache derer, die betroffen werden, nicht eine Angelegenheit nationaler Loyalität oder Stammeszusammengehörigkeit.

So fühlten sie sich innerhalb eines Systems von Vermeidungen sicher; man vermied, sich in Kämpfe, in Beschmutzungen, in schlechte Geschäfte einzulassen. Ihr individuelles Leben begann mit einer frühen Vertreibung von der Mutterbrust und danach mit der Forderung (für Knaben), die Mutter zu meiden, ihren Wohnräumen fern zu bleiben und sich ganz allgemein vor »Fallen stellenden Frauen« zu hüten. Ihre Mythologie verbannt den Schöpfer aus seiner Welt, in dem sie ihn von einer Frau einfangen und entführen läßt. Während alle ihre Vermeidungen von der Furcht beherrscht werden, gefangen zu werden, lebten sie in jedem Augenblick dem Zweck, anderen menschlichen Wesen einen Vorteil wegzuschnappen.

In der Welt der Yurok könnte man den Fluß Klamath einem Verdauungskanal vergleichen und seine Mündung einem Mund und Schlund, der beständig gegen den Horizont zu offen steht, von wo der Lachs kommt. Das ganze Jahr über gehen die Gebete der Yurok in jene Richtung, beteuern Demut und verleugnen den Wunsch zu verletzen. Einmal im Jahr locken die Yurok ihren Gott unter Tränen in diese Welt zurück, gerade lange genug, um sich seines guten Willens zu versichern und seine Lachse zu fangen. Wie die Welt der Sioux ihren höchsten Ausdruck in den Schauspielen des Sonnentanzes findet, dramatisiert die Yurokwelt alles das, was sie repräsentiert, in den erregten Tagen, wo in höchster gemeinschaftlicher Anstrengung und Organisation der Fischdamm erbaut wird. Als wären es zwei riesige Kiefer, schließen sich allmählich die beiden Teile, die sich von den Ufern her erstrecken. Die Kiefer klappen zu, und die Beute ist gefangen. Der Schöpfer verjüngt von neuem die Welt, indem er ihr widerwillig Teile seiner selbst überläßt, nur um wieder für ein Jahr verbannt zu werden. Genau wie bei den Sioux beschließt dieser festliche Höhepunkt einen Kreis von Riten, die von der Abhängigkeit des Volkes von den übernatürlichen Spendern handeln. Gleichzeitig stellt die Zeremonie ein großartiges kollektives Spiel mit dem Thema der frühesten Gefährdung im individuellen Lebenszyklus dar: dem Verlust der Mutterbrust in der Beißphase entspricht der mögliche Verlust der Lachsversorgung von jenseits des Meeres. Unvermeidlich ist hier die Schlußfolgerung, daß die großen Themen der Zeugung und Fruchtbarkeit ihren symbolischen Ausdruck in einer Gleichsetzung des geheiligten Lachses mit dem väterlichen Phallus und der mütterlichen Brust finden; mit dem, was das Leben zeugt dem, was es nährt.

Während des Verjüngungsfestes – das heißt in der Zeit, wo ihre Gebete durch technische »Zähne« verstärkt wurden – durften die Yurok nicht weinen; denn wer weinte, würde im nächsten Jahr nicht mehr leben. Statt dessen »ist das Ende des Dammbaues eine Zeit der Freiheit. Späße, Spott und Bosheit überschlagen sich, aber die Sitte verbietet jedes Gefühl einer wirklichen Beleidigung; wenn die Nacht anbricht, entzündet sich die Leidenschaft der Liebenden« (Kroeber). Dieses eine Mal im Jahr also verhält sich der Yurok so zügellos, wie sein Schöpfer es war, stolz darauf, daß er durch ein äußerst schlaues Gemisch von Anmaßung und Sühne wiederum die jährliche Großtat zustande gebracht hat: seinen Lachs zu fangen – und ihn doch auch für das nächste Jahr erwarten zu dürfen.

Um auf die richtige Weise zu vermeiden und doch auf die richtige Art gierig zu sein, mußte der einzelne Yurok »rein« sein, das heißt demütig beten, gläubig weinen, mit Überzeugung halluzinieren, soweit es sich um die übernatürlichen Spender handelte; er mußte lernen, gute Netze zu knüpfen, sie an den richtigen Stellen auszulegen und im

Dammbau zusammenzuarbeiten, wie sein technisches Können das forderte; er mußte mit Lust und Ausdauer handeln und markten, wenn er mit seinen Mitmenschen Geschäfte machte; und er mußte lernen, die Aus- und Eingänge und das innere Kanalsystem seines Körpers so zu beherrschen, daß die Wasserwege und Versorgungsstraßen der Natur (die dem wissenschaftlichen Verständnis und der technischen Einflußnahme nicht zugänglich sind) sich magisch genötigt sehen. In der Welt der Yurok beruht die Homogenität also auf einer Integration ökonomischer Ethik und magischer Moralität mit geographischen und physiologischen Aspekten. Wir haben im Umriß gezeigt, wie diese Integration durch die Erziehung des jungen Organismus vorbereitet wird[3].

Bei dem Versuch, Zugang zu der Bedeutung oder wenigstens zu den Aspekten des Yurokverhaltens zu gewinnen, konnten wir Analogien mit dem nicht vermeiden, was in unserer Kultur als abnormes oder extremes Verhalten gilt. In seinem Alltagsverhalten weint der Yurok »wie ein kleines Kind« nach seinen Göttern; er handelt »wie ein Phobiker«, wenn er Beschmutzungen begegnet; und »wie ein Zwangsneurotiker« versucht er zu vermeiden, ist er mißtrauisch und geizig. Will ich damit nun sagen, daß der Yurok das alles *ist*, oder daß er sich benimmt *als ob?*

Der Anthropologe, der lange genug unter einem Volk gelebt hat, kann uns berichten, worüber seine Gewährsleute gerne ausführlich reden und er kann sagen, ob das, wovon man behauptet, daß die Menschen es tun, tatsächlich mit dem übereinstimmt, was man in ihrem täglichen Leben beobachten kann. Beobachtungen, die zeigen könnten, ob traditionelle Züge, wie etwa die Sehnsucht, der Geiz oder die Retentivität auch gleichzeitig dominierende persönliche Züge typischer Individuen darstellen oder nicht, sind noch nicht zahlreich. Denken wir etwa an die Fähigkeit des Yurok, ein weinendes hilfloses Wesen oder einen tiefbetrübten Leidtragenden pantomimisch darzustellen. Kroeber hat allerdings bei der Charakterisierung des institutionalisierten Anspruches der Yurok auf Entschädigung während weniger Minuten eines einzigen Seminarabends folgende Ausdrücke verwendet: »herumjammernd«, »Umstände machend«, »zänkisch«, »heulend«, »Selbstmitleid«, »Entschuldigungen, wie ein Kind sie vorbrächte«, »querulierend«, etc. Heißt

---

[3] Eine detaillierte Analyse der Yurokwelt findet sich in E. H. Erikson, Observations on the Yurok, Childhood and World Image, University of California Publications in American Archaeology and Ethnology, Bd. 35, No. 10, University of California Press, 1943.

das nun, daß der Yurok irgendwo innerhalb seiner technischen Hilfs-
möglichkeiten hilfloser, gelähmter durch Traurigkeit ist, als die Mitglieder eines Stammes, der solche »Charakterzüge« nicht pflegt? Entschieden nicht; seine institutionalisierte Hilflosigkeit eo ipso ist weder
ein Charakterzug noch ein neurotisches Symptom. Sie verhindert das
Individuum keineswegs, den technischen Anforderungen gerecht zu
werden, die dem Naturausschnitt, innerhalb dessen die Yurok leben,
angemessen sind. Sein Weinen beruht auf der erlernten, geprägten
Fähigkeit, eine infantile Haltung dramatisch auszudrücken, welche die
Kultur lebendig zu erhalten beschloß und die dem Individuum zur
Verfügung steht, um innerhalb des festumrissenen Gebietes der Magie
verwendet zu werden. Solch eine institutionalisierte Haltung greift
weder über ihr bestimmtes Gebiet hinaus, noch verhindert sie die volle
Ausbildung ihres Gegenteiles. Es darf durchaus vermutet werden, daß
der wirklich erfolgreiche Yurok derjenige war, der in entsprechenden
Situationen am herzzerbrechendsten weinen oder in anderen am erfolgreichsten feilschen und in wieder anderen kräftig handeln konnte,
d. h. jener Yurok, *dessen Ich stark genug war, Oralität und »Vernunft«
zur Synthese zu bringen.* Im Vergleich dazu sind »orale« und »anale«
Typen, wie wir sie unter Umständen heute in unserer Kultur beobachten, verstörte Menschen, Opfer überentwickelter Organmodi, ohne die
entsprechende homogene kulturelle Wirklichkeit.

Die Konfiguration der Yurok-Retentivität erscheint ebenso alimen-
tär zu sein, wie sie anal ist: sie umfaßt ebenso den fordernden Mund
wie den anhäufenden Magen und die geizigen Sphinkteren. So ist es
auch für die anale Tendenz prototypisch, schöpferisch anzuhäufen, um
die gesammelten Schätze, die der ganzen Sozietät gehören, am vorteil-
haftesten zu verwerten – wofür diese Schätze gemeinschaftliche Lust,
Prestige und Dauer spenden. Wo der anale Charakter in unserer Kultur
sich dem Neurotischen nähert, scheint er häufig das Ergebnis der Ein-
wirkung eines bestimmten Typus zivilisatorisch geprägten mütterlichen
Verhaltens auf ein retentives Kind – nämlich eine narzistische und
phobische Überbeschäftigung mit Angelegenheiten der Elimination.
Diese Haltung fördert die Überentwicklung retentiver und eliminativer
Möglichkeiten und ihre Fixierung in der analen Zone. Sie schafft starke
soziale Ambivalenzen im Kind und bleibt ein isolierender Faktor innerhalb seiner sozialen und sexuellen Entwicklung.

Die »Lust der Yurok an endlicher Entleerung und Exhibition angesammelten Materials« wird am augenfälligsten bei den Tänzen, wenn

er gegen Ende der Nacht mit glühendem Gesicht seine fabelhaften Schätze an Obsidian oder den mit Spechtskalps verzierten Federschmuck produziert. Aber die institutionalisierte Beharrlichkeit, die es ihm ermöglichte, diese Schätze zu sammeln, scheint durch das höchst soziale Erlebnis ergänzt zu werden, daß diese seine Schätze das Prestige des gesamten Stammes erhöhen. Ich will damit sagen, daß Neurose ein individueller Zustand ist, in dem irrationale Züge unvereinbar von einer relativ fortgeschrittenen Rationalität abgespalten sind; Primitivität hingegen ist ein Zustand menschlicher Organisation, in dem prärationales Denken mit jeweils soviel Rationalität integriert ist, als sie die bestehende Technologie zuläßt.

Da sowohl die irrationale wie die prärationale »Logik« magische Bilder und Impulse verwendet, konnte Freud die zweite erhellen, als er die erste entzifferte; aber erst muß noch die Untersuchung des Ich – und das heißt für mich die Untersuchung der wechselseitigen Abhängigkeit innerer und sozialer Organisation – die Funktion des magischen Denkens in verschiedenen menschlichen Zuständen bestimmen.

Kennen wir das offizielle Verhalten, das Voraussetzung für die erfolgreiche Teilnahme an der traditionellen Zurschaustellung einer Kultur ist, so stehen wir aber erst am Beginn unserer Untersuchungen über den »Charakter« von Individuen: denn um zu wissen, wie freigebig oder wie geizig ein Volk oder ein Individuum »ist«, müssen wir nicht nur die in Worte ausgedrückten wie die stillschweigend vorausgesetzten Werte seiner Kultur kennen, sondern auch die Vorkehrungen, mit deren Hilfe ein Individuum, das dagegen verstößt, trotzdem durchkommt. Jedes System versucht auf seine Weise, aus allen seinen Mitgliedern gleichartige Menschen zu machen, aber jedes gewährt auch spezifische Befreiungen und Nachlässe von den Forderungen, mit denen es die Individualität oder das individuelle Ich belegt. Begreiflicherweise sind diese Befreiungen weniger logisch und sogar dem Betreffenden selbst weniger einsichtig, als die offiziellen Gesetze es sind.

Stellen wir also fest, daß wir bei der Beschreibung der ideellen und verhaltensmäßigen Gestaltung der Yurok- und der Siouxwelt nicht den Versuch machen konnten, ihre jeweilige »grundlegende Charakterstruktur« festzulegen. Wir haben uns vielmehr auf die Gestaltungen konzentriert, mit deren Hilfe diese beiden Stämme ihre Konzepte und ihre Ideale in einem konkreten Lebensplan zu synthetisieren suchen. Dieser Plan läßt sie in ihren primitiven technischen und magischen Unternehmungen Erfolg haben und bewahrt sie vor der individuellen

Angst, die zur Panik führen könnte, vor der Angst des Präriejägers, entmannt und bewegungsunfähig zu sein, und der Angst des pazifischen Fischers, unversorgt zu bleiben. Um diese Aufgabe zu erfüllen, scheint eine primitive Kultur drei Dinge zu leisten: sie verleiht frühen körperlichen und zwischenmenschlichen Erfahrungen spezifische Bedeutungen, um so die richtige Kombination von Organmodi und den rechten Akzent auf den sozialen Modalitäten zu erreichen; sorgfältig und systematisch leitet sie die so provozierten und von ihrem ursprünglichen Ort abgelenkten Energien durch die komplizierten Grundverhaltensformen des täglichen Lebens hindurch; den infantilen Ängsten, die sie durch diese Provokation ausgenützt hat, verleiht sie fortdauernd übernatürliche Bedeutung.

Eine Gesellschaft, die all dies unternimmt, darf keineswegs anarchisch und willkürlich sein. Selbst die »primitiven« Gesellschaften müssen gerade jene Dinge vermeiden, die unser analogistisches Denken ihnen zuschreiben möchte. Sie können es sich nicht leisten, eine Gemeinschaft wilder Exzentriker, Neurotiker oder infantiler Charaktere zu schaffen. Selbst die wildesten Kulturen müssen, um Menschen zu schaffen, die als Volksmenge einerseits, als energische Führer andererseits, oder aber als nützliche Abweichungen von der Norm erfolgreich funktionieren sollen, etwas für ihre Majorität oder mindestens für ihre führende Minorität anstreben, was wir vage ein »starkes Ich« nennen – d. h. einen individuellen Kern, der fest und elastisch genug ist, um die notwendigen Widersprüche in jeder menschlichen Organisation auszugleichen, individuelle Unterschiede zu integrieren und vor allem, um aus einer langen und unvermeidlich furchterfüllten Kindheit mit einem Gefühl der Identität und einer Vorstellung von Integrität hervorzugehen. Zweifellos schafft jede Kultur auch Charaktertypen, die durch ihre eigene Mischung von Defekt und Übermaß gezeichnet sind; und jede Kultur entwickelt Starrheiten und Illusionen, die sie gegen die Einsicht schützen, daß aus den Entwürfen, die sie tastend entwickelt hat, kein idealer, sicherer, dauerhafter Zustand hervorgehen kann. Trotzdem täten wir gut daran, zu versuchen, das Wesen dieser »instinktiven« Entwürfe zu verstehen, während die Menschheit auf dem Wege ist, eine andere Art von Anpassung zu erarbeiten, die zugleich vernünftiger, bewußter und universeller ist.

Im dritten Teil werden wir nun das ganze Problem der Kindheit und der Gesellschaft von einer gänzlich anderen Seite her angehen. Wir müssen das individuelle Ich einmal als scheinbaren Maßstab aller

Dinge, der somatischen wie der sozialen, nehmen, vom formlosen Anfang bis zu der formulierten Bewußtheit seiner selbst. Freud sagt, daß
das Studium der Träume die königliche Straße zum Unbewußten des
Erwachsenen ist. In Analogie dazu ist das Studium des kindlichen Spieles – »Phantasien, gewoben um reale Objekte« (Waelder) der beste
Führer zum Verständnis des infantilen Ich. So wollen wir uns nun von
den schicksalsträchtigen Vorstellungen der primitiven Magie dem Spiel
unserer Kinder zuwenden.

DRITTER TEIL

Das Wachstum des Ich

Wenn wir in Augenblicken einer leisen und undeutlichen inneren Gleichgewichtsstörung innehalten und uns fragen, was für Träumereien wir eigentlich in den letzten Stunden nachhingen, während wir unserer vernünftigen Tagesbeschäftigung nachgingen, so stehen uns einige Überraschungen bevor. Angenommen, unsere Fähigkeit zur Selbstwahrnehmung überwiegt unser Talent zur Selbsttäuschung, so werden wir entdecken, daß unsere Gedanken und Gefühle eine beständige (mehr oder weniger intensive, mehr oder weniger exzentrische) Schaukelbewegung in Richtung von und zu einem Zustand relativen Gleichgewichts vollführt haben. In der einen Richtung verfolgen unsere Gedanken eine Reihe von Phantasien über Dinge, die tun zu können oder getan zu haben wir uns wünschen. Häufig überspringen wir die Grenzen und Möglichkeiten unserer umschriebenen Existenz und stellen uns vor, wie es wäre oder sein könnte, wenn wir gewisse Phantasien omnipotenter Herrschaft oder unbeschränkter Auswahl oder sexueller Freiheit verwirklichen könnten. Die Unschuld solcher Phantasien hört allerdings dort auf, wo wir im Verlauf unserer Tagträume manche der uns nächststehenden Menschen einfach ignorieren, fröhlich über sie verfügen, sie zufällig zu Schaden kommen lassen oder als nicht existent behandeln.

Der Richtungswechsel der Schaukel tritt oft mit irrationaler Plötzlichkeit ein. Ohne uns eines Wechsels in unserer Stimmung bewußt zu sein, befinden wir uns plötzlich mitten in Gedanken an »Solls«: was wir an Stelle der Dinge, die wir getan haben, hätten tun sollen, was wir jetzt tun sollten, um Getanes ungetan zu machen; und was wir in Zukunft tun sollten, statt dessen, was wir tun zu können wünschten. Auch hier können uns unsere unvernünftigen Sorgen über zerstörte Luftschlösser, unsere Angst, tatsächlich völlig gleichgültige Menschen verärgert, durchaus wohlmeinende gekränkt zu haben, unsere phantastischen Sühneangebote und kindlichen Wiederholungen sehr verblüffen.

Die dritte Position, der ruhende Punkt zwischen den Extremen, ist schwerer in der Erinnerung festzuhalten, obwohl er der unaggressivste ist. In diesem dritten Zustand sind wir am wenigsten überschwenglich, wünschen weder, daß wir etwas tun könnten, noch daß wir etwas tun müßten, was von dem abweicht, was wir tatsächlich sollen, wollen und können. Hier sind wir am unbefangensten, am weitgehendsten wir selbst. Nur gelingt es wenigen von uns, eine Zeitlang Tagträumen nachzuhängen, ohne früher oder später an die uns gesetzten Grenzen zu stoßen oder die Grenzen eines anderen zu verletzen, und dann sind wir wieder mitten drinnen, anmaßend und sühnend.

Mit dieser einfachen Methode glückt es manchen von uns, in undeutlichen Umrissen zu erkennen, was andere nur in der Verhüllung von Träumen, die aus dem tiefsten Schlaf aufsteigen, darstellen können. In beiden Fällen läßt sich leicht behaupten, daß wir das, was sich da auf der Privatleinwand unserer inneren Bühne abspielt, nicht »wirklich meinen«. Unglücklicherweise für unser Selbstgefühl (aber hoffentlich am Ende zum Glück der Menschheit) hat Freuds psychoanalytische Methode uns bewiesen, daß wir uns nur eines Bruchteils dieser Auf- und Abbewegungen bewußt werden, um Rechenschaft darüber abzulegen und sie in Phantasien, Spielen und Träumen neutralisieren zu können: der Rest bleibt sowohl unbewußt wie ungeheuer machtvoll. Und unbewußt bleibend findet er seinen Weg in irrationale persönliche Akte oder in kollektive Abläufe von immer sich wiederholender Anmaßung und Sühne.

In der Praxis der psychoanalytischen Beobachtung ist es Brauch, nach den Punkten des größten inneren Widerstandes zu suchen und sich auf sie zu konzentrieren. Der Arzt fordert den Patienten auf, alle seine Einfälle frei auszusprechen; dann beobachtet er die Schwelle der Formulierbarkeit nicht nur für die Themen, die in eindeutigen Affekten, in klaren Erinnerungen und entschiedenen Feststellungen ohne Schwierigkeit zum Vorschein kommen, sondern auch für die Themen, die flüchtig bleiben und denen ausgewichen wird. Solche Themen können abwechselnd als halbvergessen, traumhaft verhüllt, bitterlich abgelehnt oder auf andere projiziert erscheinen, sie können halb spöttisch erwähnt oder plump vermieden werden, oder es folgen ihnen schweigsame Pausen. Mit anderen Worten: der Psychoanalytiker sucht nach Verhüllungen und Auslassungen, nach wechselnden Quantitäten und Qualitäten der Bewußtheit, wie sie innerhalb der scheinbar bereitwilligen Formulierung in Worte sichtbar werden.

Wo es sich nun um ganze *Kulturen* handelt, wertet der analytische Beobachter die Themen aus, die im kollektiven Verhalten einer Kultur auf einer dynamischen Skala erscheinen: in der einen Variation als historische Erinnerung, in der anderen als mythologische Theologie;

in einer Verkleidung tauchen sie als lastendes Ritual, in einer anderen als leichtes Spiel auf, in einer dritten werden sie ausschließlich durch strenge Vermeidung ausgedrückt. Unter Umständen lassen sich ganze Komplexe solcher Themen in kultureigentümlichen Standardträumen oder in individuellen Träumen erkennen, in humoristischen oder haßerfüllten Projektionen auf Nachbarkulturen, auf vorweltliche Rassen oder auf die Tierwelt; sie können in abnormen Verhaltensformen zum Ausdruck kommen, die nur den Auserwählten oder den Verdammten oder beiden zugebilligt werden.

Auf diesem verallgemeinernden Wege sind wir also im Fall der Sioux und Yurok zu einer Brücke zwischen infantilen Themen und Themen großer gemeinschaftlicher und religiöser Leidenschaft gelangt. Wir haben gesehen, daß der selbstbewußte Sioux-Jäger auf dem Gipfelpunkt seiner religiösen Bemühungen sich Stäbe durch die Brust treibt, die Stäbe an Riemen, die Riemen an einem Pfosten befestigt, um dann in eigenartiger Trance rückwärts zu tanzen bis die Riemen sich spannen und die Stäbe seine Brust aufreißen, so daß das quellende Blut über seinen Körper strömt. Wir haben uns bemüht, eine Bedeutung hinter diesem extremen Verhalten aufzuspüren. Wir meinten, das Ritual könne eine symbolische Wiedergutmachung darstellen, notwendig geworden durch eine kritische Erfahrung, die vorzeiten einen intentiven Konflikt verursachte zwischen der Wut gegen die frustrierende Mutter – und jenen Teil seiner selbst, der sich für immer abhängig fühlt und bedürftig des Glaubens, wie er durch die Liebe der Eltern in dieser Welt und die elterlichen Mächte in der übernatürlichen bestätigt wird.

Die Yurok, nachdem sie sich für die große konstruktive Tat des Dammbaues organisiert haben, der Nahrung für den ganzen Winter liefert, überlassen sich einmal im Jahr promiskuöser Ausschweifung, werfen Reinigung und Sühne über Bord – worauf sie einen ernüchternden Zustand der Sättigung erreichen und wieder zur Selbstbeschränkung und gemeinschaftlichen Maßnahmen zurückkehren, um das göttliche Recht, den heiligen Lachs zu verfolgen und einzufangen, sicherzustellen. In beiden Fällen vermuten wir, daß der Kreislauf von Bemächtigung und Sühne ein kollektives magisches Mittel darstellt, die Natur zu zwingen. Wir glauben, daß die Psychoanalyse uns gelehrt hat, diesen Kreislauf zu verstehen, denn wieder und wieder begegnen wir ihm in individuellen Lebens- und Krankengeschichten.

Die Psychoanalyse hat Namen für den Druck übermäßiger Wünsche (das Es) und für die bedrückende Macht des Gewissens (das Über-Ich) geprägt und entsprechende Theorien für die zwei extremen Zustände geschaffen, wenn Menschen oder Völker unter die Herrschaft der einen oder anderen dieser Kräfte geraten. Aber versuchen wir den Zustand des relativen Gleichgewichts zwischen den durchaus bekannten Extremen zu definieren, fragen wir uns, was eigentlich den Indianer auszeichnet, wenn er nur einfach in aller Ruhe ein Indianer ist, der den täglichen Anforderungen der wechselnden Jahreszeit nachgeht, so besteht unsere Darstellung dieses positiven Zustandes ausschließlich in negativen Feststellungen. Wir suchen nach kleinen Anzeichen der Tatsache, daß auch er durch winzige emotionale Verschiebungen und Änderungen der Gedankeninhalte den gleichen Konflikt verrät, der, wie Freud darstellt, in einer Stimmungsänderung von vager ängstlicher Depression über ein gewisses Zwischenstadium zu erhöhtem Wohlgefühl – und zurück, sich manifestiert. Da die Psychoanalyse sich als Psychopathologie – als Lehre von krankhaften Zuständen – entwickelt hat, wußte sie zuerst wenig über diesen Zwischenzustand auszusagen, außer daß zur Zeit weder eine manische noch eine depressive Tendenz festzustellen ist, daß das Über-Ich zeitweilig nicht kriegerisch ist, das Es sich auf einen Waffenstillstand eingelassen hat und auf dem Schlachtfeld des Ich momentane Ruhe herrscht.

Wir müssen an diesem Punkt innehalten, um den Begriff »Ich« zu seinen Ursprüngen in der Psychoanalyse zurückzuverfolgen. Freud hielt das Es für die älteste Provinz der Seele, sowohl in individueller Hinsicht – denn er war der Meinung, daß der Säugling »ganz Es« sei – als auch in phylogenetischer Hinsicht, denn das Es ist der Niederschlag der gesamten Evolutionsgeschichte in uns. Das Es ist all das, was an Reaktionen der Amöbe, an Impulsen des Affen, an blinden Spasmen unserer intra-uterinen Existenz und an Bedürfnissen aus unseren frühesten Säuglingstagen in unserer Organisation zurückgeblieben ist, – alles das, was uns zu »bloßen Kreaturen« machen würde. Der Name »Es« weist natürlich auf die Annahme hin, daß sich das »Ich« an diese ursprüngliche, diese tierische Schicht gefesselt fühlt, wie der Zentaur an sein tierisches Unterteil: nur daß das Ich diese Verbindung als Gefahr und Auferlegung empfindet, während der Zentaur das Beste daraus macht. Das Es hat also manche der pessimistischen Eigenschaften von Schopenhauers »Willen«, der Summe aller Wünsche, die überwunden werden müssen, ehe wir ganz menschlich sein können.

Die andere innere Institution, die Freud erkannte und benannte, ist das »Über-Ich«, eine Art von automatischem Regenten, der den

Ausdruck des Es einschränkt, indem er ihm die Forderung des Gewissens gegenüberstellt. Auch hier lag der Akzent zuerst auf der fremden Bürde, die dem Ich durch sein Über-Ich auferlegt wird. Denn dieses auferlegte, dieses überlegene Ich war »die (introjizierte) Summe aller Einschränkungen, denen das Ich sich unterwerfen muß«. Aber auch das Gewissen enthält Spuren der grausamen Mächte der Unterdrückung in der Geschichte der Menschheit – d. h. die Androhung von Verstümmelung oder Isolierung. In Augenblicken des Selbstvorwurfes und der Depression wendet das Über-Ich gegen das Ich so archaische und barbarische Methoden an, daß sie denen des blind impulsiven Es ähnlich werden. So ist auch bei den Grausamkeiten religiöser oder politischer Inquisitionen schwer zu unterscheiden, wo die reine sadistische Perversion aufhört und eine allzu entschiedene Form der Frömmigkeit anfängt.

So steht also das Ich zwischen Es und Über-Ich. Beständig ausgleichend wehrt es die extremen Bestrebungen der beiden ab und bleibt auf die Realität des historischen Tages abgestimmt, in dem es Wahrnehmungen prüft, Erinnerungen auswählt, das Handeln lenkt und auch anderweitig die Orientierungs- und Planungsfähigkeit des Individuums integriert. Um sich zu schützen, verwendet das Ich »Abwehrmechanismen«. Es sind dies, im Gegensatz zu dem in der Umgangssprache gebräuchlichen Begriff einer offensichtlich »abwehrenden« Haltung, unbewußte Arrangements, die es dem Individuum ermöglichen, Befriedigung hinauszuschieben, Ersatz zu finden, und anderweitig zu Kompromissen zwischen Es-Impulsen und Überich-Zwängen zu gelangen. Derartige Kompromisse fanden wir in Sam's »gegenphobischer Abwehr«, in seiner Neigung anzugreifen, wenn er Angst hatte. Wir entdeckten in der allseitigen Abstinenz des Matrosen den Abwehrmechanismus der »Selbstbeschränkung« und wir deuteten seine übertriebene Güte als »Überkompensation« all der Wut, die sich in seiner entbehrungsreichen Kindheit angesammelt hatte. Andere Abwehrmechanismen sollen an Hand weiterer Fälle dargestellt werden. Allerdings möchten wir bei der Erforschung dieses Gebietes nunmehr die rein defensiven Aspekte des Ichs erweitern, wie sie in Anna Freuds Abhandlung: »Das Ich und die Abwehrmechanismen« so überzeugend formuliert wurden[1]:

---

[1] Anna Freud, Das Ich und die Abwehrmechanismen, Imago Publishing Co. Ltd. London 1946.

Das Ich ist siegreich, wenn seine Abwehrleistungen glücken, d. h. wenn es ihm gelingt, mit ihrer Hilfe die Entwicklung von Angst und Unlust einzuschränken, durch notwendige Triebumwandlungen dem Individuum auch unter schwierigen Umständen noch Triebgenuß zu sichern und damit, soweit es möglich ist, eine Harmonie zwischen Es, Über-Ich und den Außenweltmächten herzustellen.

Das Ich ist also durch eine »innere Institution« entstanden, um jene Ordnung innerhalb des Individuums aufrecht zu erhalten, von der alle äußere Ordnung abhängt. Das Ich ist nicht »das Individuum« noch seine Individualität, obgleich es unerläßlich für diese ist. Um das Wesen dieser Unerläßlichkeit zu erfassen, wollen wir uns ein tragisches Versagen dieser Institution ansehen, einen Fall aus der Psychopathologie, eine Darstellung besonders schwieriger Umstände *innerhalb* des Individuums. Wir sehen ein sehr junges Ich um seine Kohärenz ringen und unterliegen. Wenden wir uns dann den Spielbetätigungen der normalen Kindheit zu, so sehen wir Kinder, die in der Überwindung ihrer schlimmsten infantilen Ängste zeitweilig versagen, um schließlich auf die Dauer doch zu siegen.

FÜNFTES KAPITEL

FRÜHES VERSAGEN DES ICH: JANE

Die Begegnung mit einem »schizophrenen« Kind gehört zu den beunruhigendsten Erlebnissen, die ein Psychotherapeut haben kann. Es ist nicht so sehr das bizarre Verhalten des Kindes, das der Begegnung so unmittelbar den Charakter einer Herausforderung verleiht, als vielmehr gerade der Kontrast dieses Verhaltens zu dem Reiz, den manche dieser Kinder besitzen. Ihre Gesichtszüge sind oft regelmäßig und ansprechend, ihre Augen »seelenvoll«, und sie scheinen tiefe und verzweifelte Erfahrungen auszudrücken, mit einer Resignation gepaart, die Kinder nicht haben sollten. Der gesamte Eindruck vermittelt dem Beobachter unmittelbar das Gefühl – oft gegen besseres Wissen aus früheren Erfahrungen – daß der richtige Mensch und das richtige therapeutische Vorgehen das Kind auf den Weg kohärenter Entwicklung zurückführen könnten. Diese Überzeugung hat den mehr oder weniger expliziten Schluß zur Folge, daß das Kind in falschen Händen war und tatsächlich allen Grund hat, seinen Eltern zu mißtrauen, die es vernachlässigen und ablehnen. (Wir sahen ja, wie weit Indianer und Weiße in ihren gegenseitigen Vorwürfen gehen, ihre jeweiligen Kinder absichtlich schädigen zu wollen: das Vorurteil unseres Berufes ist »die ablehnende Mutter«.)

Ich sah Jane das erste Mal, als sie fast sechs Jahre alt war. Sie war nicht in ihrer besten Verfassung. Sie hatte eine lange Eisenbahnfahrt hinter sich, und mein Haus war ihr fremd. Soweit ich sie für Augenblicke zu sehen bekam (denn sie bewegte sich rastlos hastig durch Haus und Garten) erschien sie von anmutiger Gestalt, aber angespannt und heftig in den Bewegungen. Sie hatte schöne dunkle Augen, die in dem ängstlich grimassierenden Gesicht wie friedliche Inseln erschienen. Sie lief durch alle Räume und deckte alle Betten auf, die sie finden konnte, als suche sie etwas. Es erwies sich, daß die Objekte dieser Suche Kissen waren, die sie an sich drückte und zu denen sie mit heiserem Flüstern und hohlem Lachen redete.

Ja, Jane war »schizophren«. Ihre menschlichen Beziehungen waren zentrifugal – von den Menschen fort. Ich hatte diese merkwürdige Erscheinung einer »zentrifugalen Annäherung«, die oft als reiner Kontaktmangel gedeutet wird, Jahre früher im Verhalten eines anderen kleinen Mädchens beobachtet, von dem behauptet wurde, es »bemerke niemanden«. Immer wenn sie eine Treppe herunter auf mich zukam, wanderte ihr Blick wie abwesend über eine Reihe von Gegenständen, wobei er konzentrische Kreise um mein Gesicht beschrieb. Ihr Blick war tatsächlich negativ auf mich konzentriert. Diese Flucht ist der gemeinsame Nenner für eine Vielfalt anderer Symptome, wie etwa die Beschäftigung mit weit entfernten und nur phantasierten Dingen; die Unfähigkeit, sich auf irgend eine vorliegende Aufgabe zu konzentrieren; leidenschaftliche Ablehnung jeden nahen Kontakts mit Anderen, es sei denn, sie paßten in ein Phantasieschema; und die sofortige diffuse Flucht vor einer verbalen Kommunikation, wenn sie sich zufällig entwickelt und enger gestaltet hat. Anstelle bedeutsamer Inhalte tritt schleunigst die papageienhafte Wiederholung stereotyper Phrasen, begleitet von gutturalen Tönen der Verzweiflung.

Die Beobachtung, daß Jane bei ihrem rastlosen Herumrennen im Hause immer wieder lange genug innehielt, um ihre Aufmerksamkeit auf Bettkissen zu konzentrieren und sie mit Zuneigung zu überschütten, schien mir aus folgendem Grunde wichtig: Ihre Mutter hatte mir berichtet, daß Janes extreme Verwirrung begonnen hatte, nachdem die Mutter mit Tuberkulose bettlägerig geworden war. Es wurde ihr gestattet, zu Hause in ihrem eigenen Zimmer zu bleiben, aber das Kind durfte sich mit ihr nur durch die Schlafzimmertür unterhalten, wobei es auf dem Arm einer gutmütigen aber »groben« Pflegerin saß. Während dieser Zeit hatte die Mutter den Eindruck, daß es Dinge gab, die das Kind ihr dringend sagen wollte. Sie bedauerte damals, daß sie kurz vor ihrer Erkrankung Janes ursprüngliche Pflegerin, ein freundliches mexikanisches Mädchen, hatte fortgehen lassen. Hedwig, die neue Pflegerin, war, wie die Mutter vom Bett aus ängstlich beobachtete, immer in Eile, handhabe das Kind mit großer Energie und war in ihren Warnungen und Mißbilligungen höchst nachdrücklich. Ihr Lieblingsausdruck war: »Oh Baby, du stinkst« und sie führte einen heiligen Krieg darum, das kriechende Kind vom Boden fernzuhalten, damit es sich nicht beschmutzte. War es nur ein wenig schmutzig, so schrubbte sie es »wie ein Schiffsdeck«.

Als Jane nach vier Monaten der Trennung, nun dreizehn Monate alt, das Zimmer ihrer Mutter wieder betreten durfte, sprach sie nur mehr flüsternd. »Sie schrak vor dem Chintzmuster auf dem Lehnstuhl zurück und weinte. Sie versuchte, von dem geblümten Teppich herunterzukriechen, weinte die ganze Zeit und sah sehr ängstlich aus. Sie erschrak vor einem großen, weichen Ball, der am Boden rollte und vor knisterndem Papier.« Die Ängste breiteten sich aus. Zuerst wagte sie nicht, Aschenbecher und andere schmutzige Gegenstände zu berühren, dann vermied sie es, ihren älteren Bruder zu berühren oder von ihm berührt zu werden, was sich allmählich auf alle Menschen ihrer Umgebung ausdehnte. Sie lernte zwar zur normalen Zeit allein zu essen und zu gehen, aber sie wurde zunehmend traurig und still.

Vielleicht hatte die leidenschaftliche Zuneigung zu Kissen etwas mit jener Periode zu tun, wo dem Kind verboten war, dem Bett seiner Mutter nahe zu kommen. Vielleicht war es aus irgendwelchen Gründen außer Stande gewesen, die Trennung zu ertragen, hatte sich mit Hilfe eines dauernden Fluchtverhaltens gegenüber allen menschlichen Kontakten daran »angepaßt« und drückte nun seine Zuneigung zu der bettlägerigen Mutter in der Liebe zu den Kissen aus.

Die Mutter bestätigte, daß das Kind einen Fetisch besaß, ein kleines Kissen oder ein Tuch, das es sich beim Einschlafen aufs Gesicht drückte. Die Mutter ihrerseits wollte offenbar dem Kind gegenüber wieder gut machen, was sie glaubte, ihm versagt zu haben, nicht nur während jener Krankheitsmonate, sondern durch etwas, das jetzt wie eine allgemeine Vernachlässigung durch Abwesenheit erschien. Dieser Mutter fehlte es keineswegs an Zuneigung zu ihrem Kind. Aber sie hatte das Gefühl, Jane nicht jene spannungslose Liebe geboten zu haben, *als* sie sie am meisten entbehrte. Irgend etwas von dieser mütterlichen Entfremdung findet man in jeder Geschichte einer infantilen Schizophrenie. Was offen bleibt, ist die Frage, ob das mütterliche Verhalten unter Umständen die »Ursache« solch einer radikalen Störung im Funktionsablauf eines Kindes sein kann, oder ob solche Kinder aus irgendwelchen inneren, wesenhaften oder vielleicht konstitutionellen Gründen Bedürfnisse haben oder Anreize brauchen, die keine Mutter ohne fachliche Hilfe verstehen könnte. Die fachlich Berufenen waren aber bis vor ganz kurzer Zeit völlig außer Stande, diese Kinder ausfindig zu machen, so lange sie noch jung genug waren, um vielleicht durch spezielle Dosen genau geplanter Mutterliebe gerettet zu werden. Darüber später.

Auf seiten der Kinder finden sich in den Krankengeschichten häufig Hinweise auf frühe orale Traumen. Sehen wir uns den Bericht über Janes frühkindliche Ernährung an. Die Mutter hatte eine Woche lang versucht, das Kind zu stillen, mußte es aber wegen einer Brustinfektion aufgeben. Der Säugling erbrach, schrie übermäßig, schien immer hungrig. Als Jane zehn Tage alt war, bekam sie Mundfäule, die drei Wochen akut blieb, um sich dann als geringfügige Infektion durch das ganze erste Lebensjahr hinzuziehen. Das Trinken wurde dadurch oft schmerzvoll. Während des ersten Lebenshalbjahres wurde einmal eine infizierte Hautschicht von der Unterseite der Zunge entfernt. Frühe Filmaufnahmen des Kindes zeigen eine hängende Unterlippe und eine vorquellende, überaktive Zunge. Das orale Trauma war zweifellos schwer gewesen. Es muß noch erwähnt werden, daß Janes Fetisch aus einem Tuch oder Kissen bestand, das zu einem Ball geformt und gegen den Mund gepreßt wurde, wobei sie ein Stückchen zwischen die Zähne nahm. Außer den Kissen liebte sie nur Instrumente und Maschinen: Rührmaschinen, Staubsauger und elektrische Heizkörper. Sie lächelte sie an, flüsterte ihnen zu, drückte sie an sich und wurde durch ihre Gegenwart zu einer Art von erregtem Tanz getrieben – während sie Menschen gegenüber völlig uninteressiert blieb, außer diese drängten sich in ihre Beschäftigungen ein oder sie selber wollte sich in die Beschäftigungen anderer eindrängen.

In den frühen Notizen der Mutter fand ich eine weitere Einzelheit, die mir außerordentlich bedeutsam erschien. Die Mutter zeigte mir die Aufzeichnungen eines Psychologen, der das Kind im Alter von vier Jahren getestet hatte und zu dem Eindruck gekommen war, daß es »sich gegen die Sprache gewendet habe«. Es ist sehr wichtig zu verstehen, daß solche Kinder ihre eigenen Organe und Funktionen als feindlich und »draußen« ablehnen. Ihr Abschirmungssystem ist mangelhaft; ihre sensorischen Kontaktorgane scheinen weder die überwältigenden Eindrücke noch die störenden Impulse, die sich dem Bewußtsein aufdrängen, bewältigen zu können. Sie empfinden daher ihre eigenen Kontakt- und Kommunikationsorgane als feindselig, als potentielle Eindringlinge in ein Körper-Ich, das sich »unter die Haut« zurückgezogen hat. In Reaktion auf erfolglose Kontakte schließen solche Kinder daher die Augen und halten sich mit den Händen die Ohren zu oder verbergen den ganzen Kopf unter der Decke. So könnte nur eine sorgfältig dosierte und außerordentlich beständige Anwendung mütterlicher Ermutigung dem Ich des Kindes helfen, seine eigenen Organe wieder zu erobern und mit ihnen die Möglichkeit, seine soziale Umgebung wahrzunehmen und vertrauensvoller wieder mit ihr in Verbindung zu treten.

Als ich Jane traf, hatte sie seit mehreren Monaten nicht mehr bei ihren Eltern gelebt. Sie wurde von einer beruflich dazu ausgebildeten Frau versorgt, die sich ihrer Aufgabe mit Hingabe widmete. Die meiste Zeit schien ihr das gleichgültig zu sein, aber als sie während der letzten Weihnachtstage zu Besuch im Hause der Eltern gewesen war, warf sie nachher alle Geschenke der Eltern vor ihrem Pflegeheim auf die Straße, trat darauf und weinte heftig. Vielleicht war es ihr doch nicht gleichgültig. Ich schlug vor, daß die Familie wieder zusammenziehen und die Mutter für längere Zeit unter meiner Anleitung Janes Pflege übernehmen sollte. Ich wollte ihr bei regelmäßigen Besuchen in ihrem Heim die nötigen Ratschläge geben. Ich hatte das Gefühl, daß solch ein Familien-Behandlungsplan jedem direkten Therapieversuch bei dem Kind vorangestellt werden sollte.

Als Jane entdeckte, daß sie wieder bei ihrer Familie leben durfte, und ihre Mutter sich ständig um sie bemühte, drückte sie ihr Einverständnis durch einen entschiedenen, zielgerichteten Versuch aus, den Kontakt mit der Umwelt wieder aufzunehmen. Aber diese Versuche waren oft heftig und zu ausdrücklich in ihrer Zielsetzung. Sie war fasziniert von *Teilen* von Menschen. Ihre erschrockenen Brüder wurden am Penis gepackt – und zogen sich höflich aus ihrer aufrichtigen Bereitschaft zur Mitarbeit im Behandlungsplan zurück. Ihr Vater fand sie beim Duschen als enthusiastische Zuschauerin vor, wo sie auf Gelegenheit wartete, nach seinen Genitalien zu fassen. Er konnte erst seine amüsierte Verblüffung und dann seinen nervösen Ärger nicht ganz verbergen. War er bekleidet, so konzentrierte sie sich auf einen kleinen Höcker an seiner Hand, den sie »Klumpi« nannte und auf seine Zigarette, die sie ihm aus dem Mund zog und aus dem Fenster warf. Diese selbst so verletzlichen Kinder wissen, wo Menschen verletzlich sind; in solchen Dingen sind sie Meister der Diagnose.

Glücklicherweise konzentrierte sich Janes höchstes »Teil«-Interesse auf die Brust ihrer Mutter; glücklicherweise, da die Mutter imstande war, eine Zeitlang diesem Interesse nachzugeben. Das Kind liebte es, auf ihrem Schoß zu sitzen und Brust und Brustwarzen kleine geheime Stöße zu versetzen. Wenn sie auf die Mutter kletterte, sagte sie oft: »klett Dich, klett Dich«, was offenbar hieß: ich klettere auf Dich. Die Mutter ließ sie stundenlang so sitzen, Das »Klett Dich« dehnte sich allmählich zu einem Singsang aus, wie etwa folgender (ich zitiere aus dem Tagebuch der Mutter):

> Klett Dich, klett Dich, nicht weh der Brust,
> nicht anfaß Bi, nicht anfaß Ba, nicht anfaß Band,
> wirf weg ein Brust, weh ein Brust.

Das hieß offenbar, daß das Kind mit dem Gedanken beschäftigt war, daß das Berühren des Bandes (Büstenhalters) der Mutter könne dieser weh-tun. Wir gehen sogar so weit, uns vorzustellen, daß das Kind einen Eindruck übermitteln wollte, wonach es der Mutter weh getan habe, als diese ihre »Brustkrankheit« bekam und daß es deswegen aus dem Zimmer der Mutter verbannt worden sei. Ihr Singsang schien anzudeu-ten, daß das »Wegwerfen«, von dem die Rede war, hieß, sie solle weggeworfen werden: hier erkennen wir wieder die tiefst zu Grunde liegende Bilderwelt von der Austreibung und der Sühne. Man muß dazu verstehen, daß die schwierigste verbale Aufgabe (und vielleicht die schwierigste begriffliche) für diese Kinder, selbst wenn sie über ein umfangreiches Vokabular verfügen, darin besteht, zwischen aktiv und passiv und zwischen »Ich« und »Du« zu unterscheiden: die Grund-grammatik der Zweisamkeit. Das Spiel mit der Mutter machte Fort-schritte, und man konnte Jane flüstern hören: »Hau Dich« oder »Pflück nicht den Finger ab«. Sie assoziierte offenbar ihre Angriffe auf die Penisse mit denen auf die Mutterbrust, denn sie konnte fortfahren: »Bruder hat einen Penis. Sei brav, nicht weh. Schneid nicht Deine Fingernägel ab. Bola, Jane hat eine Bola (Vulva).« Allmählich wurde sie ausgesprochen selbstbestrafend und verlangte »weggeworfen« zu werden. Spielte sie für sich allein, so kam sie auf ihre alten Schmutz-ängste zurück und tat, als wische sie Spinneweben fort oder werfe etwas Ekelhaftes weg.

Lassen Sie uns einen Augenblick innehalten, um festzustellen, daß Jane schon hier den grundlegenden Zyklus eines infantilen schizophre-nen Konfliktes durchlief. Es bestehen kaum Zweifel, daß das Kind, als ihm die Möglichkeit geboten wurde, auf seine eigene Weise mit der Mutter in Verbindung zu treten, sich dabei auf die Zeit vor fünf Jahren bezog, als die Mutter erkrankt war. Diese Kinder haben ein vorzügliches Gedächtnis – in einzelnen Punkten, in höchst verletzlichen Einzelpunkten! Aber ihr Gedächtnis scheint ihnen kein kontinuierliches Identitätsgefühl zu vermitteln. Ihre Aussprüche weisen, wie Traum-bilder, auf die Dinge hin, über die sie sprechen möchten, aber sie zeigen nicht, welche kausalen Zusammenhänge mitgeteilt werden wollen. Wir folgern also, daß das Kind, als es von der Krankheit der Mutter sprach, auf die Möglichkeit anspielte, daß es der Brust der Mutter wehgetan habe, daß die Mutter zum Zeichen ihres verletzten Zustandes ein »Band« getragen habe und daß es selbst deswegen fortgeworfen wor-den war (d. h. ihm nicht erlaubt wurde, zur Mutter zu kommen und sie zu liebkosen). Die Verwirrung darüber, *was* verletzt war, der Finger des Kindes oder die Brust der Mutter, können wir semantischen Schwierigkeiten zuschreiben, aber ebenso auch den mangelhaften Grenzen zwischen dem Selbst und den Anderen. Erwachsene sind in diesen frühen Stadien eine schlechte Hilfe für die Kinder, wenn sie sagen: »Faß das nicht an, Du machst es kaputt« und gleich darauf: »Faß es nicht an, Du tust Deinem Finger weh«. Aber man darf wohl sagen, daß die Unklarheit solcher erwachsenen Aussprüche nur allzu gut diesem frühen Stadium entspricht, wo aller Schmerz als »draußen«, alle Lust als »drinnen« erlebt wird, gleichgültig, wo die tatsächlichen Quellen liegen. Jane ist vielleicht nie ganz über diese Stufe hinausgewachsen; und doch gab es ja auch die frühe Erfahrung, von der Mutter einer Pflegerin überlassen worden zu sein, die eine leidenschaftliche Anhängerin des »Faß-es-nicht-an«-Prinzips war. Um die Realität dieses Verbots wieder zu prüfen, brauchte das Kind natürlich nur das zu tun, was es mit den Männern der Familie getan hatte. Bei seiner Mutter hatte es mehr Glück. Aber hier tritt nun ein wichtiger Punkt in Erscheinung – nämlich die übermäßige Selbstbestrafungstendenz bei diesen triebhaften Kindern. Ihr Gesetz lautet »alles oder nichts«. Sie nehmen den Spruch: »Wenn dein Auge dich ärgert, reiß es aus!« wörtlich und völlig ernst. So kann es vorkommen, daß ein kleiner Junge in einem schizophrenen Schub seine erschrockenen Eltern ernsthaft auffordert, seinen Penis abzuschneiden, weil er böse sei.

Die Mutter erklärte Jane andauernd und geduldig, daß ihre Krankheit nicht die Schuld des Kindes gewesen war. Sie ließ das kleine Mädchen bei sich schlafen, auf dem Schoß sitzen und widmete ihm ganz generell die Beachtung und Aufmerksamkeit für seine Gedankenprozesse und Sprachversuche, wie man sie sonst nur einem Säugling zuwendet. Jane begann ihr offenbar zu glauben. Nach mehreren Monaten zeigte sie eine deutliche Besserung. Sie wurde graziöser in den Bewegungen, ihr Wortschatz nahm zu oder kam, wie man in solchen Fällen besser sagen sollte, jetzt erst zum Vorschein; denn er ist gewöhnlich vorhanden, ohne daß man das vermutet. Und sie spielte: Pflegerin und Kind. Sie legte einen schwarzen kleinen Spielhund zu Bett und sagte: »Schlaf Hund, bleib unter Decke, mach die Augen zu, muß Dich hauen, Hund.« Auch begann sie, lange Eisenbahnzüge aus Bauklötzen zu bauen, die »nach Osten« fuhren. Während solch eines Spieles sah sie der Mutter mit einem ihrer seltenen, völlig kontaktsuchenden Blicken in die Augen und sagte: »Geh nicht auf lange Fahrt im

Zug manchmal!« »Nein«, sagte die Mutter, »wir werden zusammen bleiben.«

Derartige Fortschritte schienen alle aufgewandte Mühe zu lohnen. Sie wurden gewöhnlich von Krisen unterbrochen, die zu dringenden Anrufen der Eltern bei mir führten. Ich besuchte dann die Familie und sprach mit jedem im Hause, bis ich erfahren hatte, was im Leben eines jeden vor sich ging. Es gab eine ganze Reihe von Schwierigkeiten in diesem Ein-Mann-Sanatorium. Man kann mit schizophrenen Gedankengängen nur dann ungefährdet zusammenleben, wenn man aus ihrem Verständnis einen Beruf macht. Die Mutter hatte diese Aufgabe übernommen, die eine besondere Einfühlungsgabe voraussetzt, zugleich aber die Fähigkeit, sich selbst intakt zu halten. Im anderen Fall muß man diese Art zu denken ablehnen, um sich vor ihr zu schützen. Ein Blick in Janes Leben, so wie es von dem Wechsel zwischen nackter Impulsivität und verzweifelter Selbstverneinung gezeichnet war, konnte Gleichgewicht und Selbstachtung jedes Mitgliedes des Haushaltes gefährden. Das mußte immer wieder betont werden, denn Jane wechselte ununterbrochen die Richtung ihrer Provokation und zog sich ohne sichtlichen Grund immer wieder zurück.

Folgender Zwischenfall illustriert deutlich, wie der erste Versuch der Mutter, Jane dahin zu bringen, allein zu schlafen, sich auswirkte. Plötzlich entwickelte sich bei dem Kind eine pathologische Zuneigung zu Löffeln und nahm schließlich solche Ausmaße an, daß es sowohl bei Jane wie bei den Eltern zu einer ersten Verzweiflungskrise kam. Jane wiederholte hartnäckig Sätze, wie etwa: »Nicht schlafen im Licht in Janes Zimmer – Licht im Löffel – Ofen im Löffel – Decken im Löffel.« Während des Essens saß sie oft da und sah nur »das Licht im Löffel« an. Außerstande, sich verständlich zu machen, begann sie wieder, sich zurückzuziehen und Stunden und Tage im Bett zu bleiben. Am Abend aber weigerte sie sich, schlafen zu gehen. Die Eltern sandten mir einen Notruf und baten mich, die Situation nach Möglichkeit zu klären. Als ich Jane aufforderte, mir das Licht im Löffel zu zeigen, wies sie auf einen Steckkontakt hinter einem Bücherschrank. Sie hatte vor ein paar Wochen ein Stück davon abgebrochen und einen Kurzschluß verursacht. Ich ging mit ihr in ihr Zimmer, um die elektrische Einrichtung dort zu untersuchen, und fand, daß es eine matte Birne gab, an die ein kleiner, löffelförmiger Lampenschirm montiert war, damit das Licht nicht direkt auf das Bett des Kindes fiel. War dies das ursprüngliche Licht im Löffel?

Janes Verhalten deutete darauf hin, daß es so war. Nun wurde vieles klar. Als das Kind nach Hause zurückgekommen war, hatte es zuerst mit der Mutter in deren Bett geschlafen. Dann hatte die Mutter mit dem Kind in dessen Bett geschlafen. Dann hatte die Mutter wieder in ihrem eigenen Bett und das Kind in seinem geschlafen, aber die Türe blieb weit offen und das Licht im Flur brannte. Schließlich wurde auch das Licht im Flur ausgeschaltet, und es blieb nur das Licht einer kleinen Birne in Janes Zimmer brennen, eben das »Licht im Löffel«.

Offenbar also schaute Jane nachts auf dieses Licht als ihren letzten Trost, als letzten »Teil« der Mutter – und wandte ihm die gleiche teilbezogene Zuneigung und Angst zu, die sie gegenüber den Brüsten der Mutter, den Penissen von Vater und Brüdern und all ihren frühen Fetischen gezeigt hatte. Zur gleichen Zeit hatte sie mit diesen ihren problematischen Fingern den Kontakt im Wohnzimmer berührt, hatte einen Kurzschluß verursacht, so daß alles dunkel wurde – einschließlich des »Lichts im Löffel«. Wieder also hatte sie eine Katastrophe veranlaßt: sie hatte etwas angefaßt und dadurch eine Krise ausgelöst, die drohte, sie allein im Dunkeln zurückzulassen.

Als die Umstände nach allen Seiten aufgeklärt waren, wurde der Löffelfetisch tatsächlich aufgegeben und die Besserung machte wieder Fortschritte. Aber man konnte nicht umhin, die Beharrlichkeit der pathogenen Abläufe und die Gewalt ihrer Eruption eindrücklich zu fühlen; denn Jane war nun ein ganzes Jahr älter, fast sieben Jahre. Sie schien aber doch allmählich einzusehen, daß ihre Finger keinen unwiderruflichen Schaden stiften konnten, und daß sie sie nicht nur behalten, sondern auch dazu verwenden durfte, um zu lernen und um schöne Dinge zu machen. Zuerst entzückte sie das Fingerspiel, bei dem es heißt: dies kleine Schweinchen tut dies, dies kleine Schweinchen tut das. Sie ließ die kleinen Schweinchen all das tun, was sie selbst den Tag über getan hatte: zum Markte gehen, ins Kaufhaus gehen, die Rolltreppe hinaufgehen oder: den ganzen Weg nach Hause weinen. Indem sie sich so auf die kohärente Reihe ihrer Finger bezog, lernte sie es, Zeitabläufe zu integrieren und eine Kontinuität zwischen den verschiedenen Selbsts herzustellen, die zu verschiedenen Zeiten verschiedene Dinge getan hatten. Aber sie konnte nicht sagen: *ich* habe dies getan, *ich* habe das getan. Nicht, daß ich das für ein Problem rein geistiger Fähigkeiten hielte. Das Ich schizoider (und auch schizophrener) Menschen ist von der Notwendigkeit beherrscht, die Prüfung und Integration der Erfahrung zu wiederholen, weil im Zeitpunkt des wirklichen Geschehens das

Gefühl für die Vertrauenswürdigkeit der Ereignisse inadäquat blieb. Jane vollzog also die Reintegration zusammen mit der Kommunikation dieser neuen Fähigkeit mit Hilfe ihrer Finger, die nunmehr erlaubterweise wieder zum Körper-Ich zugelassen werden konnten. Sie lernte die Buchstaben des Alphabets mittels der Montessori-Berührungsmethode, wobei sie die Buchstaben erst mit den Fingern untersuchte und dann nachzeichnete – und sie lernte Melodien zu spielen, indem sie mit den Fingernägeln auf einem Xylophon kratzte. Ihre Mutter berichtete:

Seit Jane solch ein beunruhigendes, weil scheinbar sinnloses Interesse für das Xylophon zu entwickeln begann, habe ich beobachtet, daß sie mit den Fingernägeln tatsächlich darauf spielt. Sie macht das so leise, daß man nicht bemerkt, was sie tut. Heute abend habe ich aber entdeckt, daß sie tatsächlich das ganze Lied »Regen, Regen, wilde Blumen« spielt; dafür braucht man die gesamten Noten der Skala. Ich habe sie gebeten, es zu wiederholen und beobachtet, wie ihre Hände die Skala hinauf- und hinunterwanderten. Ich war verblüfft und machte eine große Angelegenheit daraus und lobte sie sehr. Ich forderte sie auf: »Komm, laß uns zu den anderen hinuntergehen und es ihnen vorspielen.« Sie kam gerne mit, war sogar etwas befangen und sehr erfreut. Sie spielte das Lied nun laut, und alle waren erstaunt. Sie spielte dann noch ein paar andere Lieder. Wir lobten sie alle, und sie genoß das offensichtlich. Sie wollte nicht wieder nach oben, sondern dableiben und vor einer Zuhörerschaft spielen – ein neues, herrliches Gefühl.

So »sublimierte« Jane und gewann Freunde, aber während sie Teile ihrer selbst neu eroberte, machte sie sich auch wieder Feinde und zwar auf neue Arten. Sie benützte ihre Finger nämlich dazu, auf Leute loszugehen und hätte beinahe die Augen eines Besuchers verletzt, so daß sie energisch zurückgehalten werden mußte. Besonders gern griff sie so ihren Vater an, offenbar in Fortsetzung ihrer Zugriffe auf seinen Penis und seine Zigaretten. Mußte der Vater in dieser Zeit verreisen, so regredierte sie zu Wimmern, nahm ihren Bettuch-Fetisch wieder auf (sie sagte dazu: Tuch ist geflickt), sprach nur mit leiser Stimme und aß wenig. Sie wies sogar Eiskrem zurück. Wieder hatte sie jemanden veranlaßt, fortzugehen, weil sie ihn berührt hatte. Sie schien besonders verzweifelt, weil sie tatsächlich begonnen hatte, auf die liebevollen Bemühungen ihres Vaters zu reagieren. Auf dem Höhepunkt dieser Krise legte sich Jane neben ihrer Mutter ins Bett und wiederholte unter verzweifeltem Weinen wieder und wieder: »Jane hat keine Vulva, keine Eierpflanze, nimm es weg, nimm es weg. Kein Ei an der Pflanze, säe keine Pflanze, schneid ab den Finger, nimm Schere, schneid es ab.« Hier handelte es sich offensichtlich um die alte tiefe Selbstbestrafungsreaktion. Die Mutter gab Jane alle nötigen Erklärungen bezüglich des »Verschwindens« des Vaters. Sie sagte dem Kind auch, daß seine »Eierpflanze« nicht deswegen verschwunden sei, weil es sich selbst angefaßt habe; es habe die Eierpflanze ja noch, nur innen im Körper. Jane nahm ihre Fingerspiele wieder auf. Sie mußte sich wieder durch alte Erlebnisstufen hindurcharbeiten, indem sie sang: »Dies kleine Mädchen schläft im Eisschrank, dies kleine Mädchen schläft im Staubsauger etc.« Allmählich erschien ihr Interesse an Tieren und anderen Kindern von neuem, und die Finger stellten nun dar: »Dieser kleine Junge hüpft, dieser kleine Junge rennt, er geht, er läuft«, etc. Ihr Interesse an Fingern dehnte sich dann allmählich auf verschiedene Formen der Lokomotion bei Kindern und Tieren aus. Sie lernte die Namen verschiedener Haustiere zu lesen und, unter Verwendung ihrer Finger, die Wochentage. Mit Hilfe von Fingern und Zehen lernte sie bis zwanzig zählen. Ihr Spiel auf dem Xylophon umfaßte nun auch schwierigere französische Volkslieder, die sie mit großer Leichtigkeit und Hingabe spielte, wobei sie immer genau wußte, wo der Anfangston zu finden war. Die Freude an der wiedergewonnenen Herrschaft über ihre Finger kommt in den folgenden Berichten ihrer Mutter zum Ausdruck:

Letzten Sonntag malte Jane ein kleines Mädchen in einem gelben Kleid. Abends ging sie zu dem Bild an der Wand und betastete schweigend die Farbe. Sie hielt sich lange bei den Händen auf, die beide größer waren als das ganze Mädchen und höchst sorgfältig mit allen fünf Fingern gezeichnet. Dann sagte sie: »Die Hände sind nett.« Ich drückte meine Zustimmung aus, indem ich ihre Worte wiederholte. Eine Minute später sagte sie: »Die Hände sind hübsch.« Und wieder stimmte ich lobend zu. Sie ging zum Bett zurück, ohne das Bild aus den Augen zu lassen, setzte sich auf das Bett und brach plötzlich in die lauten Worte aus: »Die Hände sind reizend.«

Jane hatte während dieser Zeit hin und wieder Xylophon gespielt und gesungen. Die Eltern hatten das Glück, eine Klavierlehrerin zu finden, die ihre Methode auf Janes gutem musikalischen Gehör und ihrer Nachahmefähigkeit aufbaute. Als ich bei meinem nächsten Besuch jemanden einige Passagen aus Beethovens erster Sonate üben hörte, machte ich eine unbefangene Bemerkung über den starken und sensiblen Anschlag. Ich glaubte, daß ein begabter Erwachsener spiele. Jane am Klavier zu sehen, war eine jener Überraschungen, die bei der Arbeit mit solchen Fällen so ergreifend sind – und die sich so oft als irreführend erweisen, weil sie einen immer wieder an den Gesamtfortschritt der Kinder glauben lassen, wo man doch nur an isolierte Fortschritte individueller Fähigkeiten glauben darf. Ich sage das mit voller Überzeugung, denn Janes Klavierspielen war tatsächlich erstaunlich, ob es sich nun um Beethoven, Haydn oder Boogie-Woogie handelte – bis sie sich gegen diese Gabe wandte, wie sie sich früher, nach den Worten des ersten Psychologen, der sie beobachtete, »gegen die Sprache gewandt hatte«.

Hier endet ein Abschnitt in Janes Heilungsprozeß: ihre Beziehung zu ihren Händen. Hier endet auch das Beispiel, das als Illustration der wesenhaften Ichschwäche angeführt werden sollte, die diese Kinder veranlaßt, das eine Mal von einer »Triebhaftigkeit« ergriffen zu werden, die sich auf Teile einer anderen Person konzentriert, und dann wieder von einer grausamen Selbstbestrafungsneigung und von lähmendem Perfektionismus. Es ist nicht so, daß sie im Lernen, Erinnern und Leisten versagten – oft zeigen sie besonders Leistungen irgendwelcher künstlerischen Art, die das sensorische Gegenstück ihrer wesentlichen oralen Fixierung reflektieren. Sie können es nur nicht alles integrieren: darin ist ihr Ich impotent.

Sie werden wissen wollen, wie es Jane weiter ging. Als das Kind größer wurde, erwies sich die Diskrepanz zwischen seinem Alter und seinem Verhalten als so auffällig, daß ein Umgang mit Kindern seines eigenen Alters unmöglich wurde. Es gab auch Schwierigkeiten, die zumindest den zeitweisen Aufenthalt in einer Spezialschule notwendig machten. Hier verlor sie schnell, was sie in den Jahren der heldenhaften Anstrengung ihrer Mutter erworben hatte. Die Behandlung wurde seither unter den günstigsten Anstaltsverhältnissen und unter der Anleitung eines der einfallsreichsten Kinderpsychiaters wieder aufgenommen, der sich gerade Fällen dieser Art widmet.

Die Rolle, die die »mütterliche Ablehnung« oder spezielle Umstände der Verlassenheit in solchen Fällen spielt, steht noch zur Diskussion. Vielleicht sollte man sich vorstellen, daß diese Kinder sehr früh und höchst subtil außerstande waren, den Blick, das Lächeln und die Berührung ihrer Mutter zu erwidern; eine initiale Zurückhaltung, die die Mutter ihrerseits veranlaßte, sich unbewußtermaßen zurückzuziehen. Die Binsenwahrheit, daß das Grundproblem in der Mutter-Kind-Beziehung liegt, gilt nur, insofern man diese Beziehung als emotionalen Quell auffaßt, der das Wohlbefinden beider Partner vervielfältigen kann, aber auch beide gefährdet, wenn die Kommunikation versagt oder schwindet. Bei den Fällen infantiler Schizophrenie, die ich selbst kennengelernt habe, bestand ein deutliches Defizit in der »Sendekraft«

des Kindes[1]. Auf Grund des außerordentlich frühen Versagens der Kommunikation könnte es aber auch so sein, daß das Kind nur in gefährlicherer Form eine Schwäche des affektiven Kontakts verrät, die schon bei den Eltern (oder einem Elternteil) besteht, aber bei ihnen durch spezielle Charakterbildungen oder durch überlegene intellektuelle Begabung kompensiert sein kann.

Was das therapeutische Vorgehen anbelangt, das hier geschildert wird, so sollte deutlich werden, daß Janes Mutter jener außerordentlichen heilenden Anstrengungen fähig war, die eine Vorbedingung für alle Versuche auf diesem Grenzgebiet des menschlichen Urvertrauens sind.

---

[1] In der ersten Auflage hieß es wörtlich »lag das primäre Versagen in der »Sende-Kraft beim Kind«. Das bezog sich nun nur auf die wenigen Fälle, die ich selbst gesehen hatte; und solche Fälle waren damals in der psychoanalytischen Praxis selten. Meine Feststellung sollte gewissen, damals beliebten, allzu leichten Deutungen entgegentreten, die behaupteten, daß ablehnende Mütter bei ihren Sprößlingen eine derartige Malignität verursachen könnten. In der Zwischenzeit ist meine Behauptung, aus dem Zusammenhang gerissen, zitiert worden, um eine strikt konstitutionelle Auffassung von der Ätiologie der kindlichen Psychosen zu unterstützen. Der aufmerksame Leser des ersten Kapitels und der Krankengeschichte Jane's wird aber feststellen, daß ich in den vorgelegten Bruchstücken von Falldarstellungen niemals versuche, erste Ursachen und therapeutische Effekte zu isolieren, sondern vielmehr ein neues begriffliches Gebiet umreißen möchte, das beides in sich schließt: die Kämpfe des Ich und die der sozialen Organisation. Diese Methode vernachlässigt zweifellos Einzelheiten der Eltern-Kind-Wechselbeziehung, in der konstitutionelle und Umwelt-Defekte einander maligne steigern. Aber erste Ursachen können nur dort isoliert (oder ausgeschlossen) werden, wo scharf umrissene diagnostische Kriterien bestehen, und wo eine große Auswahl von Anamnesen einen Vergleich erlauben. Derartige Arbeiten finden sich heute in steigender Zahl in der Literatur zur psychoanalytischen Kinderpsychiatrie.

SECHSTES KAPITEL

SPIELE UND GRÜNDE

In Anlehnung an Freud nannten wir das Spiel die königliche Straße zum Verständnis des infantilen Ichstrebens nach Synthese. Wir haben ein Beispiel des Versagens dieser Synthese beobachtet und wenden uns nun Kindheitssituationen zu, die die Fähigkeit des Ich illustrieren, im Spiel Erholung und Heilung zu finden. Weiter schildern wir therapeutische Situationen, in denen wir das Glück hatten, einem kindlichen Ich helfen zu können, sich selbst zu helfen.

1. Spiel, Arbeit und Wachstum

Lassen Sie uns zu Beginn dieses erfreulicheren Kapitels als Text eine Spielepisode wählen, die ein recht bekannter Spielpsychologe beschrieben hat. Der Anlaß, obgleich kein pathologischer, ist trotz allem tragisch: ein Knabe namens Tom Sawyer muß, laut Urteilsspruch seiner Tante, an einem sonst makellosen Frühlingsmorgen einen Zaun anstreichen. Seine Lage wird noch verschärft durch das Auftauchen eines Altersgenossen namens Ben Rogers, welch letzterer einem Spiel obliegt. Es ist Ben, der Mann der Muße, den wir mit den Augen Toms, des schaffenden Mannes, beobachten wollen.

Er nahm seinen Pinsel wieder auf und machte sich still und emsig an die Arbeit, denn dahinten sah er Ben Rogers auftauchen, gerade den, dessen Spott er am allermeisten fürchtete. Hopsend und springend näherte sich Ben, ein Beweis, daß er leichten Herzens und voll hochgespannter Erwartungen war. Er verschmauste einen Apfel und gab dabei ab und zu langgezogene, höchst melodische Heultöne von sich, denen er regelmäßig ein grunzendes Ding-dong-dong-ding-dong-dong folgen ließ – denn er war ein Dampfschiff. Als er näherkam, mäßigte er seine Geschwindigkeit, lenkte der Straßenmitte zu, wandte sich stark nach Steuerbord und glitt schließlich in majestätischem Bogen und mit gewichtiger Würde und Umständlichkeit zur Seite – stellte er doch nichts Geringeres vor als den »großen Missouri«, dessen Tiefgang von neun Fuß er anschaulich zu verkörpern wußte. Er war alles zu gleicher Zeit, Dampfer und Kapitän, Mannschaft und Schiffsglocke, und zeigte sich dieser komplizierten Aufgabe durchaus gewachsen. Von der Kommandobrücke aus erteilte er geschäftig Befehle, die er ebenso geschäftig in höchsteigener Person ausführte.

»Ha-alt! Klingelingeling!« Die Fahrt war zu Ende, und er legte langsam und vorsichtig am Ufer an. »Zurück! Klingelingeling! Tschu-tsch-tschu-u-tschuu!« Sein rechter Arm beschrieb mächtige Kreise, denn er hatte ein vierzig Fuß großes Rad darzustellen. »Backbord wenden! Klingelingeling! Tschu-tschuu-tschtsch.« Jetzt begann der linke Arm, Kreise zu beschreiben. »Steuerbord stoppen! Klingelingeling! Ha-a-alt! Backbord stoppen! Langsam wenden! Klingelingeling! Tschu-uu-uu. Immer lustig Jungs! runter mit dem Tau dort! Na, wird's bald? So-o! Werft's um den Pfeiler! Anziehen! Ran an die Landungsbrücke! Maschinen stoppen! Halt! Klingelingeling! Scht-scht-sch-scht!« (Die Dampfventile sind geöffnet.)

Tom pinselte unerschütterlich weiter, ohne den Dampfer eines Blickes zu würdigen. Ben hielt einen Augenblick verwundert an, dann grinste er: »Aha – Strafe, he?« Keine Antwort. Tom prüfte seinen letzten Strich mit den Augen eines Künstlers. Ben pflanzte sich neben ihm auf: »Hallo, alter Junge, mußt wohl heute feste ran, was?«[1]

Mein klinischer Eindruck von Ben Rogers ist höchst günstig, und dies in allen drei zur Frage stehenden Punkten: Organismus, Ich, Gesellschaft. Er sorgt für seinen Leib, denn er kaut an einem Apfel, gleichzeitig übt er über eine Reihe höchst widersprechender Dinge eine phantastische Herrschaft aus (er ist ein Dampfschiff und er ist Teile desselben, gleichzeitig ist er der Kapitän besagten Schiffes und auch die Mannschaft besagten Kapitäns); dabei verliert er keinen Augenblick die soziale Wirklichkeit aus den Augen, als er, um eine Ecke navigierend, Tom bei der Arbeit entdeckt. Er reagiert keineswegs wie ein Dampfschiff und versteht es augenblicklich, Sympathie vorzutäuschen, obwohl er zweifelsohne durch Toms Verurteilung seine Freiheit noch verschönt findet.

Elastischer Bursche, würden wir sagen. Allerdings erweist Tom sich als der bessere Psychologe: er wird ihn an die Arbeit setzen. Was beweist, daß die Psychologie zumindest die zweitbeste Sache ist und unter gewissen Umständen sich sogar der Anpassung überlegen zeigt.

Angesichts von Bens Schicksal scheint es fast roh, der Niederlage auch noch die Deutung hinzuzufügen und zu fragen, was Bens Spiel eigentlich darstellt. Ich habe diese Frage einer Klasse von Studenten vorgelegt, die einen Kurs in psychiatrischer Sozialarbeit belegt hatten. Die meisten Antworten lagen natürlich in der traumatischen Richtung, denn wie sollte man Ben sonst der »Fallbearbeitung« zugänglich machen. Die Mehrheit einigte sich darauf, daß er ein frustrierter Knabe sein müsse, um derartig anstrengend zu spielen. Die vorgeschlagenen Fru-

---

[1] Mark Twain, Die Abenteuer des Tom Sawyer, Deutsch von Ulrich Johannsen, Droemersche Verlagsanstalt, München 1954.

strationen reichten von der Unterdrückung durch einen tyrannischen Vater, dem er in die Phantasie entflieht, ein herrischer Kapitän zu sein, bis zu Bettnässen oder Reinlichkeitsträumen irgendwelcher Art, die ihn nunmehr wünschen ließen, ein Schiff mit neun Fuß Tiefgang zu werden. Manche Antworten bezogen sich auf den ja deutlich offenbaren Umstand, daß Ben groß sein wolle, und zwar in Form eines Kapitäns, des Helden jener Tage.

Mein Beitrag zur Diskussion beschränkte sich auf die Überlegung, daß Ben vor allem ein Knabe im Wachstum ist. Wachsen heißt, in verschiedene Teile geteilt zu sein, die sich in verschiedenartigem Tempo voranbewegen. Ein wachsender Junge hat sowohl Schwierigkeiten, seinen schlacksigen Körper als auch seinen gespaltenen Geist zu beherrschen. Er möchte gut sein, und wäre es auch nur aus Zweckmäßigkeitsgründen, und stellt immer wieder fest, daß er schlecht war. Er möchte rebellieren und muß feststellen, daß er eigentlich gegen seinen Willen nachgegeben hat. Seine Zeitperspektive gestattet ihm einen ersten Blick auf den kommenden Zustand des Erwachsenen, und doch handelt er wie ein Kind. Versuchsweise möchte ich den »Sinn« von Bens Spiel in dem Umstand sehen, daß er ihm einen Sieg über seinen schlacksigen Körper wie über sein schlacksiges Selbst verschafft, indem es aus dem Gehirn (Kapitän), den Nerven und Muskeln (Signalsystem und Maschine) und dem gesamten Körper (Boot) ein gut funktionierendes Ganzes herstellt. Es gestattet ihm, eine Einheit zu sein, innerhalb derer er sein eigener Herr ist, weil er sich selbst gehorcht. Gleichzeitig wählt er seine Bilder aus der Werkzeugwelt des jungen Maschinenzeitalters und antizipiert die Ichidentität des Maschinengottes unserer Tage: des Kapitäns der »Big Missouri«.

Das Spiel ist also eine Funktion des Ich, ein Versuch, die körperlichen und die sozialen Prozesse mit dem Selbst in Einklang zu bringen. Bens Phantasie kann durchaus ein phallisches und lokomotorisches Element enthalten: ein prächtiges Boot auf einem machtvollen Strom gibt ein gutes Symbol ab. Ein Kapitän ist entschieden eine passende Vaterfigur und darüber hinaus ein sehr wohlumrissenes Bild patriarchalischer Macht. Aber die Betonung sollte doch wohl auf dem Bedürfnis des Ich liegen, die verschiedenen Lebensgebiete zu beherrschen – ganz besonders diejenigen, auf denen das Individuum sich selbst, seinen Körper, seine soziale Rolle, noch unvollkommen, noch nicht auf der Höhe seiner eigenen Vorstellung, erlebt. Eine Ichbeherrschung zu halluzinieren ist der Zweck des Spieles – aber das Spiel ist, wie wir

206

gleich sehen werden, unwidersprochener Herr nur eines sehr schmalen Randgebietes der Existenz. Was ist Spiel, was ist es nicht? Lassen Sie uns die Sprache befragen, ehe wir zu den Kindern zurückkehren.

Das Sonnenlicht, das auf den Wellen spielt, hat Anspruch auf die Bezeichnung »spielerisch«, denn es bleibt getreulich innerhalb der Grenzen des Spieles. Es mischt und mengt sich nicht wirklich in die chemische Welt der Wellen, es verlangt von ihnen nur, daß sie faire Mitspieler sind und einer Vermischung der Erscheinungsweisen zustimmen. Diese Erscheinungsweisen wechseln in müheloser Eile und in einer Wiederholbarkeit, die erfreuliche Phänomene in einer voraussagbaren Variationsbreite versprechen, ohne die gleiche Bildung je zu wiederholen.

Wenn der Mensch spielt, muß er mit den Gesetzen der Dinge und Menschen auf ähnlich leichte, distanzierte Art umgehen. Er muß etwas, was er tun möchte, tun können, ohne durch dringende Interessen oder starke Leidenschaften dazu gedrängt oder getrieben zu sein; er muß sich unterhalten fühlen und frei von jeder Furcht oder Hoffnung auf ernste Konsequenzen. Er ist auf Ferien von der Wirklichkeit – oder, wie das am häufigsten betont wird: er arbeitet nicht! Es ist dieser Gegensatz zur Arbeit, der dem Spiel eine Reihe bestimmter Bedeutungen und Nebenbedeutungen verleiht. Eine davon ist der »reine Spaß«, ob er nun schwer zu vollbringen ist oder nicht. Wie Mark Twain bemerkte, ist die »Herstellung von künstlichen Blumen eine Arbeit, während die Besteigung des Mont Blanc ein reines Vergnügen darstellt«. In puritanischen Zeiten und an puritanischen Orten bedeutete Spaß aber immer zugleich Sünde; die Quäker mahnten, daß man »die Blumen der Freude auf dem Acker der Pflicht sammeln« müsse. Leute von ähnlich puritanischer Gesinnung konnten das Spiel nur zulassen, weil sie glaubten, daß die »Erholung von moralischer Tätigkeit an sich eine moralische Notwendigkeit« ist. Die Dichter aber legen den Akzent auf etwas anderes: »Der Mensch ist nur dann ganz menschlich, wenn er spielt«, sagt Schiller.

So stellt das Spiel ein Grenzphänomen zu einer Anzahl menschlicher Betätigungen dar, und es versucht sich auf seine eigene verspielte Weise der Definition zu entziehen.

Es ist richtig, daß selbst das anstrengendste und gefährlichste Spiel, laut Definition, keine Arbeit ist; d. h. keine Handelswerte hervorbringt. Wo es das tut, wird es »professionell«. Dieser Umstand aber macht den Vergleich zwischen kindlichem und erwachsenem Spiel von Anfang an eigentlich sinnlos; denn der Erwachsene ist ein Ware produzierendes und Ware austauschendes Tier, während sich das Kind erst darauf vorbereitet. ein solches zu werden. Für den arbeitenden Erwachsenen bedeutet Spielen: Wieder-Herstellung (Re-Kreation). Es erlaubt ein periodisches Heraustreten aus den Prozessen festgesetzter Beschränkung, die seine Realität sind.

Nehmen wir die *Gravitation:* zu schaukeln, zu springen oder zu klettern heißt, unserem Körperbewußtsein neue Dimensionen hinzuzufügen. Das Spiel verleiht hier ein Gefühl göttlicher Freiheit, neu gewonnenen Raums.

Nehmen wir die *Zeit:* wo wir trödeln und bummeln, drehen wir diesem Sklaventreiber eine lange Nase. Wo jede Minute zählt, geht das Spielerische verloren. Diese Tatsache stellt die wettkämpferischen Spielformen an die Grenze des Spieles. Sie scheinen dem Druck von Raum und Zeit Konzessionen zu machen, nur um eben diesen Druck um den Bruchteil von Metern und Sekunden zu überwinden.

Nehmen wir das *Schicksal* und die *Kausalität,* die bestimmen, wer und was wir sind, und wo wir das sind. In Glücksspielen stellen wir die Gleichheit vor dem Schicksal wieder her und sichern jedem Spieler, der bereit ist, ein paar Spielregeln zu befolgen, eine völlig unvorbelastete Chance – wobei die einzuhaltenden Spielregeln im Vergleich zu den Gesetzen der Wirklichkeit willkürlich und sinnlos erscheinen. Aber sie überzeugen magisch, wie die Realität des Traumes, und sie fordern absolute Unterwerfung. Laß aber einen Spieler vergessen, daß solch ein Spiel in seiner freien Wahl bleiben muß, laß ihn vom Spielteufel besessen sein, so geht wiederum das Spielerische verloren. Er ist dann »ein Spieler«, kein Spielender.

Nehmen wir die *soziale Realität* und den uns in ihr zugewiesenen Lebensraum. Spielend können wir sein, was wir im Leben nicht sein könnten oder wollten. Aber beginnt der Spielende zu glauben, was er darstellt, so nähert er sich einem hysterischen Zustand, wenn nicht Schlimmerem; versucht er um eines Vorteils willen andere an seine Rolle glauben zu machen, so wird er ein Hochstapler und Betrüger.

Nehmen wir unsere *körperlichen Triebe:* der größte Teil aller Reklamebemühungen unseres Landes nutzt den Wunsch aus, mit Notwendigkeiten spielen zu können, uns z. B. glauben zu lassen, daß Essen oder Inhalieren nicht angenehme Notwendigkeiten seien, sondern phantasiereiche Spiele mit immer neuen sinnlichen Nuancen. Wo das Bedürfnis nach solchen Nuancen zwanghaft wird, erzeugt es einen generalisierten Zustand leichter Süchtigkeit und Gefräßigkeit, der nicht mehr das Gefühl der Fülle vermittelt, sondern tatsächlich eine Unterströmung ständiger Unbefriedigung hervorruft.

Last not least bezeichnen wir im *Liebesleben* die verschiedenen willkürlichen Betätigungen, die dem endgültigen Akt vorangehen, als Liebesspiele, die es den Partnern gestatten, Körperteil, Intensität und Tempo selbst zu wählen (»was, womit und wem«, wie es im Knittelvers heißt). Das Liebesspiel hört dort auf, wo der endgültige Akt beginnt, wo die Wahl beschränkt ist und der zielhafte Trieb die Zügel übernimmt. Werden die vorbereitenden, frei gewählten Akte so zwingend, daß sie den endgültigen Akt vollständig ersetzen, so geht auch hier das Spielerische verloren und die Perversionen – oder Hemmungen – beginnen.

Die Aufzählung der spielerischen Situationen in einer Reihe von Lebensäußerungen umreißt das enge Gebiet, in dem unser Ich sich den Fesseln von Raum und Zeit und der Endgültigkeit der sozialen Wirklichkeit gegenüber überlegen fühlen kann – frei von Gewissenszwang und frei von irrationalen Antrieben. Nur innerhalb dieser Grenzen also kann sich der Mensch mit seinem Ich in Einklang fühlen. Kein Wunder, daß er sich »Nur da ganz Mensch fühlt, wo er spielt«. Aber dies setzt noch eine ganz entschiedene Bedingung voraus. Er muß selten spielen und meistens arbeiten. Er muß eine bestimmte Rolle in der Gesellschaft innehaben. Gigolos und Spieler werden vom arbeitenden Menschen sowohl beneidet als verachtet. Wir sehen es gerne, wenn sie bloßgestellt oder lächerlich gemacht werden, oder wir verurteilen sie zu etwas Schlimmerem als Arbeit, indem wir sie zwingen, in luxuriösen Käfigen zu leben.

Das spielende Kind wirft also ein Problem auf: wer nicht arbeitet, soll auch nicht spielen. Um daher dem Spiel des Kindes gegenüber tolerant zu sein, muß der Erwachsene Theorien bilden, die entweder beweisen, daß dieses Spiel in Wirklichkeit Arbeit ist – oder daß es nichts zu bedeuten hat. Die populärste und für den Beobachter bequemste Theorie ist die, daß das Kind noch *niemand* ist und der Unsinn seines Spieles eben diese Tatsache widerspiegelt. Die Wissenschaft hat versucht, andere Erklärungen für die Launen des kindlichen Spiels zu finden und glaubte, daß sie die Tatsache demonstrieren, daß Kindheit weder hierhin noch dorthin gehört. Nach Spencers Ansicht verbraucht das Spiel die überschüssige Energie der Jungen verschiedener Säugetierrassen, die sich nicht selbst zu ernähren und zu beschützen brauchen, da ihre Eltern dies für sie übernehmen. Allerdings bemerkte

Spencer, daß, wo immer die Umstände es erlauben, »Neigungen« nach-geahmt werden, die »ungewöhnlich schnell bereit sind, in Aktion zu treten, ungewöhnlich bereit dazu, ihre korrelativen Gefühle erregen zu lassen«.

Die frühe Psychoanalyse fügte dem die »kathartische« Theorie hin-zu, nach der das Spiel eine bestimmte Funktion im wachsenden Indi-viduum ausübt, insofern es ihm gestattet, sich von alten Gefühlen zu befreien und phantasierte Lösungen für alte Frustrationen zu finden. Um den Wert dieser Theorie zu prüfen, wollen wir uns dem Spiel eines anderen, diesmal jüngeren Knaben zuwenden. Er lebte an den Ge-staden eines anderen mächtigen Flusses, der Donau, und sein Spiel wurde von einem anderen großen Psychologen beobachtet und auf-gezeichnet, von Sigmund Freud[2].

Ich habe, ohne das Ganze dieser Erscheinung umfassen zu wollen, eine Gelegenheit ausgenützt, die sich mir bot, um das erste selbstgeschaffene Spiel eines Knaben, im Alter von $1\frac{1}{2}$ Jahren aufzuklären. Es war mehr als eine flüchtige Beobachtung, denn ich lebte durch einige Wochen mit dem Kinde und dessen Eltern unter einem Dach, und es dauerte ziemlich lange, bis das rätselhafte und andauernd wiederholte Tun mir seinen Sinn verriet.

Das Kind war in seiner intellektuellen Entwicklung keineswegs voreilig, es sprach mit $1\frac{1}{2}$ Jahren erst wenige verständliche Worte und verfügte außerdem über mehrere bedeutungsvolle Laute, die von der Umgebung ver-standen wurden. Aber es war in gutem Rapport mit den Eltern und dem einzigen Dienstmädchen und wurde wegen seines »anständigen« Charakters gelobt. Es störte die Eltern nicht zur Nachtzeit, befolgte gewissenhaft die Verbote, manche Gegenstände zu berühren und in gewisse Räume zu gehen, und vor allem anderen, es weinte nie, wenn die Mutter es für Stunden ver-ließ, obwohl es dieser Mutter zärtlich anhing, die das Kind nicht nur selbst genährt, sondern auch ohne jede fremde Beihilfe gepflegt und betreut hatte. Dieses brave Kind zeigte nun die gelegentlich störende Gewohnheit, alle kleinen Gegenstände, deren es habhaft wurde, weit weg von sich in eine Zimmerecke, unter ein Bett usw. zu schleudern, so daß das Zusammensuchen seines Spielzeuges oft keine leichte Arbeit war. Dabei brachte es mit dem Ausdruck von Interesse und Befriedigung ein lautes langgezogenes o-o-o-o-o hervor, das nach dem übereinstimmenden Urteil der Mutter und des Beobach-ters keine Interjektion war, sondern »Fort« bedeutete. Ich merkte endlich, daß das ein Spiel sei, und daß das Kind alle seine Spielsachen nur dazu benützte, mit ihnen »Fortsein« zu spielen. Eines Tages machte ich dann die Beobachtung, die meine Auffassung bestätigte. Das Kind hatte eine Holzspule, die mit einem Bindfaden umwickelt war. Es fiel ihm nie ein, sie z. B. am Boden hinter sich herzuziehen, also Wagen mit ihr zu spielen, sondern es warf die am Faden gehaltene Spule mit großem Geschick über den Rand seines verhängten

---

[2] Sigmund Freud, Jenseits des Lustprinzips, Internationaler Psychoanaly-tischer Verlag, Leipzig, Wien, Zürich 1923.

Bettchens, so ˚daß sie darin verschwand, sagte dazu sein bedeutungsvolles o-o-o-o und zog dann die Spule am Faden wieder aus dem Bett heraus, begrüßte aber deren Erscheinen jetzt mit einem freudigen »Da«. Das war also das komplette Spiel, Verschwinden und Wiederkommen, wovon man zumeist nur den ersten Akt zu sehen bekam, und dieser wurde für sich allein unermüdlich als Spiel wiederholt, obwohl die größere Lust unzweifelhaft dem zweiten Akt anhing.

Diese Deutung wurde dann durch eine weitere Beobachtung völlig gesichert. Als eines Tages die Mutter über viele Stunden abwesend gewesen war, wurde sie beim Wiederkommen mit der Mitteilung begrüßt: Bebi o-o-o-o!, die zunächst unverständlich blieb. Es ergab sich aber bald, daß das Kind während dieses langen Alleinseins ein Mittel gefunden hatte, sich selbst verschwinden zu lassen. Es hatte sein Bild in dem fast bis zum Boden reichenden Standspiegel entdeckt und sich dann niedergekauert, so daß das Spiegelbild »fort« war.

Um zu verstehen, was Freud in diesem Spiel sah, muß man wissen, daß ihn damals das merkwürdige Phänomen des »Wiederholungszwanges« interessierte (über das er damals auch schrieb) – d. h. das Bedürfnis, schmerzliche Erlebnisse in Worten oder Taten zu wiederholen. Wir alle kennen gelegentlich das Bedürfnis, über ein unangenehmes Ereignis (eine Beleidigung, einen Streit, eine Operation), unaufhörlich zu reden, wo man doch eigentlich erwarten dürfte, daß solch ein Ereignis lieber vergessen würde. Wir wissen von traumatisierten Menschen, die, statt Erholung im Schlaf zu finden, immer wieder von Träumen geweckt werden, in denen sie das ursprüngliche Trauma wieder erleben. Wir können uns auch dem Verdacht nicht verschließen, daß manche Menschen nicht rein unschuldig zufällig denselben Irrtum wieder und wieder begehen; daß sie »rein zufällig« und in völliger Blindheit dieselbe Art von unmöglichem Partner heiraten, von dem sie sich eben scheiden ließen; und daß Serien gleichartiger Unfälle und Mißgeschicke immer gerade *ihnen* passieren müssen. Freud kam zu dem Schluß, daß das Individuum in all diesen Fällen unbewußte Variationen eines ursprünglichen Themas arrangiert, eines Themas, das es weder zu überwinden, noch seinem Leben einzuordnen gelernt hat. Es versucht eine Situation zu meistern, die in ihrer ursprünglichen Form unbewältigbar war, indem es ihr wiederholt und auf eigenen Antrieb gegenübertritt.

Als Freud über dieses Problem arbeitete, stieß er auf das oben beschriebene einsame Spiel, und es fiel ihm auf, daß die Häufigkeit des Hauptthemas (jemand oder etwas verschwindet oder kommt zurück) mit der Intensität der dargestellten Lebenserfahrung übereinstimmt, nämlich mit dem Fortgehen der Mutter am Morgen und ihrer Rückkehr am Abend.

Diese Dramatisierung geht in der Spielwelt vor sich. In Anwendung seiner Herrschaft über Objekte arrangiert das Kind diese so, daß sie ihm die Vorstellung vermitteln, auch seine Lebensumstände beherrschen zu können. Als die Mutter den kleinen Jungen allein ließ, entzog sie sich nämlich dem Umkreis seines Weinens und seiner Forderung und kam nur zurück, wenn es ihr paßte. In seinem Spiel aber hält das Kind die Mutter am Schnürchen, es macht, daß sie fortgeht, es wirft sie sogar fort und läßt sie wieder kommen, wenn es Lust dazu hat. Es hat, wie Freud das ausdrückt, *Passivität in Aktivität verwandelt.* Das Kind spielt, daß es etwas tut, was in Wirklichkeit ihm angetan worden ist.

Freud erwähnt drei Dinge, die uns bei einer weiteren sozialen Bewertung des Spieles behilflich sein können. Zuerst warf das Kind das Objekt fort. Freud sieht darin einen möglichen Ausdruck der Rache – »wenn du nicht bei mir bleiben willst, will ich dich nicht haben« – und damit einen zusätzlichen Gewinn an aktiver Beherrschung durch eine deutliche Zunahme der emotionalen Autonomie.

Im zweiten Spielakt aber geht das Kind weiter. Es gibt das Objekt völlig auf und spielt mit Hilfe eines lebensgroßen Spiegels »Fortgehen« von sich selbst und Wiederkommen zu sich selbst. Es ist Herr der Situation geworden, indem es sich nicht nur die Person, die sich in Wirklichkeit seiner Herrschaft entzieht, einverleibt, sondern die gesamte Situation, mit ihren *beiden* Partnern.

So weit geht Freud mit seiner Deutung. Wir aber könnten noch den Umstand unterstreichen, daß das Kind die heimkehrende Mutter mit der Nachricht begrüßt, es habe gelernt, von sich selbst fortzugehen. Das Spiel selbst nämlich, wie Freud es darstellt, könnte eine zunehmende Tendenz von seiten des Kindes ausdrücken, Lebensfragen und Erlebnisse in eine stille Ecke zu tragen, um sie in der Phantasie, und nur in der Phantasie, zurecht zu stellen. Nehmen wir an, das Kind hätte bei der Heimkehr der Mutter völlige Gleichgültigkeit gezeigt, hätte seine Rache auf die Realsituation ausgedehnt und ihr bewiesen, daß es tatsächlich für sich selber sorgen kann und sie nicht mehr braucht. So etwas geschieht häufig nach den ersten Ausflügen der Mutter: sie eilt nach Hause, will das Kind in die Arme schließen – und begegnet einem gleichgültigen Gesicht. Sie kann sich dann unter Umständen zurückgestoßen fühlen und sich gegen das oder von dem lieblosen Kinde fortwenden. Das Kind seinerseits kann auf diese Weise leicht erfahren, daß die Rache in dem Fortwerf-Spiel und sein Stolz darüber das Ziel nur allzu gut getroffen haben, und daß es die Mutter tatsächlich vertrieben hat, wo es doch nur versucht hatte, das Verlassenwerden zu überwinden. Das Grundproblem des Verlassenwerdens und des Verlassens würde durch solch eine Lösung in einsamem Spiel keineswegs gebessert. Aber unser kleiner Junge erzählte der Mutter von seinem Spiel, und wir dürfen vermuten, daß sie keineswegs gekränkt war, daß sie Interesse zeigte und vielleicht sogar stolz auf seine Erfindungsgabe war. Nun ging es ihm in jeder Hinsicht besser. Es hatte sich an eine schwierige Situation angepaßt, hatte gelernt, neue Objekte zu handhaben und hatte soziale Anerkennung für seine Methode geerntet. All das liegt im »Kinderspiel«.

Aber bedeutet das Spiel des Kindes, so wird oft gefragt, denn immer etwas Persönliches und Düsteres? Wie ist das, wenn zehn Kinder in der Periode des Pferd-und-Wagen-Spiels mit Garnrollen an Schnüren zu spielen anfangen, sie hinter sich herziehen und Pferdchen spielen? Bedeutet das unbedingt für eines der Kinder mehr, als es für alle zu bedeuten scheint? Wie wir schon sagten, wählen traumatisierte Kinder für ihre dramatischen Darstellungen Spielmaterial, das ihnen ihr Kulturkreis zur Verfügung stellt und das in ihrem Alter gehandhabt werden kann. Was zur Verfügung bereit steht, hängt von den kulturellen Umständen ab und ist daher allen Kindern gemeinsam, die diese Umstände teilen. Die Bens von heute spielen nicht mehr Dampfschiff, sondern benutzen ihre Fahrräder als greifbare Objekte der Koordination – was sie nicht daran hindert, auf dem Weg zur Schule oder zum Krämer sich vorzustellen, daß sie durch die Luft rasen und den Feind unter Maschinengewehrfeuer nehmen. Was bewerkstellbar ist, hängt von der Koordinationsfähigkeit des Kindes ab und wird deshalb nur mit denjenigen geteilt, die einen gewissen Reifegrad erlangt haben. Was für alle Kinder in einer Gemeinschaft eine *gemeinsame Bedeutung* hat, (z. B. die Vorstellung, daß eine Garnrolle und eine Schnur ein lebendes Wesen an einer Leine darstellen) kann für manche eine *spezielle Bedeutung* haben (z. B. für all jene, die eben gelernt haben, Schnur und Rolle zu handhaben und so imstande sind, in eine neue Sphäre der Teilhabe und gemeinsamen Symbolisierung einzutreten). Doch kann alles das noch eine *einzigartige Bedeutung* für bestimmte Kinder annehmen, die vielleicht einen Menschen oder ein Tier verloren haben und dem Spiel daher eine ganz bestimmte Bedeutung beimessen. Was diese Kinder an der Schnur halten, ist nicht einfach ein Tier, es ist die Personifizierung eines bestimmten, eines bedeutsamen und eines verlorenen Tieres – oder einer Person. Der Beobachter muß, um Spiele richtig einzuschätzen, natürlich einen Begriff davon haben, was alle Kinder eines bestimmten Alters in einer bestimmten Gemeinschaft zu spielen pflegen. Nur so kann er feststellen, ob die einmalige Bedeutung eines Spiels die allgemeine Bedeutung übertrifft. Um die einzigartige Bedeutung zu verstehen, bedarf es sorgfältiger Beobachtung nicht nur des Inhaltes und der Form des Spieles, sondern auch der begleitenden Worte und sichtbaren Affekte – besonders jener aber, die zu dem führen, was wir im nächsten Kapitel als Spielabbruch beschreiben werden.

Um dem Problem der Angst im Spiel näher zu kommen, wollen wir einmal dem Bau und der Zerstörung eines Turmes zusehen. Manche Mutter glaubt, daß ihr kleiner Junge in einer »zerstörerischen Phase« ist oder gar eine »zerstörerische Persönlichkeit« hat, weil er nicht ihrem Vorschlag folgen kann, wenn er einen großen, großen Turm gebaut hat, ihn stehen zu lassen, damit Vati ihn sieht, sondern statt dessen dem Turm einen Tritt versetzen *muß*, so daß er umfällt. Die fast manische Freude, mit der Kinder den augenblicklichen Einsturz eines Produktes langer Spielarbeit erleben, hat schon manches Kopfzerbrechen verursacht, zumal das Kind es keineswegs schätzt, wenn sein Turm zufällig oder durch die hilfreiche Hand eines Onkels einstürzt. Er, der Erbauer, muß ihn selbst zerstören. Ich möchte glauben, daß dieses Spiel aus der noch keineswegs so weit zurückliegenden Erfahrung plötzlicher eigener Stürze entspringt, zu eben der Zeit, als das aufrechte Stehen auf schwankenden Beinen eine neue, faszinierende Perspektive der Existenz bot. Ein Kind, das in Anschluß daran lernt, einen Turm »stehen« zu *machen,* genießt es, denselben Turm schwanken und einstürzen zu lassen; neben der aktiven Herrschaft über ein vor kurzem passives Ereignis verleiht es ein Gefühl der Kraft, zu erkennen, daß es noch jemanden gibt, der schwächer ist. Und Türme können nicht – wie kleine Schwestern – heulen und nach der Mutter rufen. Aber da es die noch unsichere Beherrschung des Raumes ist, die hier bearbeitet werden soll, wird verständlich, daß das Kind eher sich selbst in dem Turm sieht, statt in dem Umwerfer, wenn jemand anderes das Gebäude einwirft: aller Spaß verschwindet. Später übernehmen Zirkusclowns diese Aufgabe, wenn sie aus reiner Albernheit bereitwillig durch die ganze Arena purzeln und doch in immer neuer Unschuld Schwerkraft und Kausalität weiter herausfordern: es gibt also sogar große Leute, die komischer, dümmer und wackeliger sind als man selbst. Aber manche Kinder, die sich weitgehend mit dem Clown identifizieren, können seine Stürze nicht ertragen: für sie ist das nicht komisch. Dieses Beispiel beleuchtet den Beginn manch einer Angst in der Kindheit: wo nämlich die Angst um die kindlichen *Versuche* der Ichbeherrschung unwillkommene »Unterstützung« durch Erwachsene erhält, die das Kind rauh anpacken oder es mit akrobatischen Übungen unterhalten, die es nur schätzt, wenn und wann es sie selbst vorschlägt.

Das Spiel des Kindes beginnt mit und konzentriert sich auf seinen Körper. Wir bezeichnen das als Spiel in der Autosphäre. Es fängt schon an, ehe wir es als Spiel gewahr werden und besteht zuerst in der Erforschung durch Wiederholung sinnlicher Wahrnehmungen, kinästhetischer Sensationen, Lautgebungen usw. Als nächstes spielt das Kind mit erreichbaren Menschen und Dingen. Es kann spielerisch schreien, um festzustellen, welche Tonhöhe die Mutter am ehesten veranlaßt, wieder auf der Bildfläche zu erscheinen, oder es widmet sich experimentierenden Ausflügen über ihren Körper und die Vorsprünge und Vertiefungen ihres Gesichts. Das ist die erste Geographie des Kindes, und die Urlandkarte, die so im Spiel zwischen Mutter und Kind erfahren wird, bleibt zweifellos ein Führer bei den ersten Orientierungen des Kindes in der »Welt«. Hier rufen wir Santayana als Zeugen auf[3]:

> Fern, fern in einer dämmernden Vergangenheit, als wäre es in einer anderen Welt gewesen oder in einem vorgeburtlichen Stadium, erinnerte sich Oliver des längst verlorenen Privilegs, im Schoße seiner Mutter zu sitzen. Es war solch ein Refugium der Sicherheit gewesen, der Weichheit, des Vorzugs. Getragen und umschlossen war man in einer Fülle sicheren Schutzes, wie ein König auf seinem Thron, mit seiner getreuen Leibwache, die ihn in vielen Reihen umstand; und die Landschaft jenseits mit ihren Booten und bunten Geschehnissen wurde zum unterhaltendsten aller Schauspiele, wo alles unerwartet und aufregend war, aber wo nichts Schlimmes passieren konnte; als hätte Mutter selbst dir eine Geschichte erzählt, und diese Bilder ringsum wären nur Illustrationen dazu, die sich selbst in deiner lauschenden Seele malten.

Die *Mikrosphäre,* d. h. die kleine Welt handhabbarer Spieldinge, ist der Hafen, der dem Kind zur Verfügung steht, wenn es das Bedürfnis hat, sein Ich zu überholen. Aber die Welt der Dinge hat ihre eigenen Gesetze: sie kann sich dem erstrebten Aufbau widersetzen oder einfach in Stücke brechen; es kann sich herausstellen, daß sie jemand anderem gehört und daß sie von Stärkeren in Beschlag gelegt werden kann. Oft verführt die Mikrosphäre das Kind zu einem unvorsichtigen Ausdruck

---

[3] George Santayana, The Last Puritan, Scribner's Sons, New York 1936.

gefährlicher Themen und Haltungen, die Angst erwecken und zum plötzlichen Spielabbruch führen. Es handelt sich hier um Gegenstücke zu Angstträumen, nur diesmal im Wachzustand. Diese Gefahr kann die Kinder von Spielversuchen abhalten, wie die Angst vor Alpdrücken sie daran hindern kann einzuschlafen. Ist das Kind in der Mikrosphäre derart eingeschüchtert oder enttäuscht, so kann es sich in die Autosphäre zurückziehen, tagträumen, Daumen lutschen, onanieren. Ist andererseits der erste Gebrauch der Dingwelt von Erfolg gekrönt und wird er richtig gelenkt, so assoziiert sich die Freude, das Spielzeug zu beherrschen mit der Beherrschung der Traumen, die auf das Spielzeug projiziert wurden, und mit dem Prestige, das aus solcher Meisterung erwächst.

Im Kindergartenalter schließlich reicht die spielerische Betätigung in die *Makrosphäre* hinein, in die Welt, die mit anderen geteilt wird. Zuerst werden diese Anderen als Dinge behandelt, sie werden inspiziert, überrannt, gezwungen »Pferdchen« zu sein. Es bedarf des Lernens, um zu entdecken, welche potentiellen Spielinhalte nur in der Phantasie oder zum Spiel in der Autosphäre zugelassen werden können, welche Inhalte nur in der mikrokosmischen Welt der Spielzeuge und Dinge erfolgreich dargestellt werden können und welche Inhalte sich mit anderen teilen lassen und ihnen aufgezwungen werden können.

Während dies gelernt wird, gewinnt jede Sphäre ihr eigenes Realitäts- und Beherrschungsgefühl. Für eine ganze Weile aber bleibt das Einzelspiel ein unentbehrlicher Ruhehafen für erschütterte Gefühle nach stürmischen Perioden auf den Wellen des Lebens.

Man kann daher bei einem Kind darauf rechnen, daß es jeweils seine strapaziertesten Ichaspekte in das ihm angebotene Einzelspiel hineintragen wird. Diese Tatsache bildet die Grundbedingung für unser diagnostisches Zutrauen zur Spieltherapie, die als nächstes besprochen werden soll.

Was ist nun das kindliche Spiel? Wir stellten fest, daß es kein Äquivalent des erwachsenen Spieles ist. Der spielende Erwachsene tritt seitlich aus der Reihe in eine künstliche Realität hinein; das spielende Kind schreitet vorwärts zu neuen Stadien der Realitätsbeherrschung. Theoretisch gesagt: das Spiel des Kindes ist die infantile Form der menschlichen Fähigkeit, Modellsituationen zu schaffen, um darin Erfahrungen zu verarbeiten und die Realität durch Planung und Experiment zu beherrschen. In gewissen Phasen seiner Arbeit und seines Werkes plant der Erwachsene über den Bereich seiner Erfahrung hinaus, in Dimensionen, die seinem Einfluß zugänglich erscheinen. Im Laboratorium, auf der Bühne und auf dem Skizzenbrett läßt er die Vergangenheit von neuem aufleben und löst so restliche Affekte auf. In der Rekonstruktion der Modellsituation korrigiert er sein Versagen und entwickelt neue Hoffnungen. Er antizipiert die Zukunft vom Standpunkte einer verbesserten und mit anderen geteilten Vergangenheit.

Kein Denker kann mehr tun und kein spielendes Kind weniger. Wie William Blake es einmal ausdrückte: des Kindes Spiel und die Gründe des alten Mannes sind die Früchte der zwei Lebenszeiten. (»The child's toys and the old man's reasons are the fruits of the two seasons.«)

2. Spiel und Heilung

Die moderne Spieltherapie stützt sich auf die Beobachtung, daß ein Kind, das durch einen geheimen Haß oder durch die Furcht vor den natürlichen Beschützern seines Spieles in Familie und Nachbarschaft unsicher geworden ist, imstande scheint, die schützende Billigung eines verständnisvollen Erwachsenen dazu zu benützen, um im Spiel wieder zu einem gewissen Frieden zu gelangen. In der Vergangenheit konnten Großmütter und Lieblingstanten unter Umständen diese Rolle übernehmen. Die professionelle Spielart unserer Tage ist der Spieltherapeut. Die wichtigste Bedingung ist natürlich, daß das Kind sowohl die Spielsachen wie den Erwachsenen für sich allein hat und daß weder Geschwisterrivalität, noch nörgelnde Eltern, noch irgend eine Art plötzlicher Unterbrechung die Entfaltung seiner Spielabsichten stören, worin immer diese bestehen mögen. Denn das natürliche Mittel der Selbstheilung, das in der Kindheit zur Verfügung steht, liegt im »Ausspielen«.

Erinnern wir uns der einfachen, wenn auch oft recht peinlichen Tatsache, daß traumatisierte Erwachsene ihre Spannungen gerne dadurch lösen, daß sie »sich aussprechen«. Etwas treibt sie, das schmerzliche Erlebnis immer wieder zu berichten: sie fühlen sich dann wohler. Heilmethoden für Geist und Seele nützen diese Neigung in ritueller Weise aus und bieten einen ordinierten oder sonst sanktionierten Zuhörer an, der dem Sprechenden ungeteilte Aufmerksamkeit widmet, weder schiedsrichterlich entscheidet, noch etwas an andere verrät, und der schließlich Absolutionen erteilt, indem er erklärt, inwieweit das Problem eines Individuum in irgend einem größeren Zusammenhang

Sinn gewinnt, sei es als Sünde, als Konflikt oder als Krankheit. Diese Methode findet dort ihre Grenzen, wo die »klinische« Situation ihre Objektivität verliert, in der das Leben sich reflektieren konnte und selbst zum leidenschaftlichen Konflikt zwischen Abhängigkeit und Feindseligkeit wird. In psychoanalytischen Ausdrücken also wird die Grenze durch die Tendenz gesetzt, grundlegende Konflikte aus ihrem ursprünglichen infantilen Milieu auf jede Situation, einschließlich der therapeutischen, zu übertragen. Hiervon sprach Freud, als er feststellte, daß die Behandlung selber zuerst einmal zur »Übertragungsneurose« wird. Der Patient, der solchermaßen seinen Konflikt in all seiner verzweifelten Unmittelbarkeit überträgt, widersetzt sich gleichzeitig allen Versuchen, die Situation objektiv anzusehen, ihren Sinn zu formulieren. Er befindet sich im *Widerstand;* immer tiefer verstrickt er sich in diesen Krieg, der doch allen Kriegen ein Ende setzen wollte. An diesem Punkt scheitern die nichtpsychoanalytischen therapeutischen Bemühungen häufig; dann heißt es: der Patient kann oder will nicht gesund werden, oder er ist zu minderwertig, um seine Verpflichtung in der Behandlung zu begreifen. Die therapeutische Psychoanalyse aber setzt an diesem Punkte an. Sie verwertet systematisch ihr Wissen, daß kein Neurotiker eindeutig und ohne Widerspruch den Wunsch hat, gesund zu werden, und daß er notwendigerweise seine Abhängigkeiten und Feindseligkeiten auf die Behandlung und auf die Person des Therapeuten übertragen muß. Die Psychoanalyse rechnet mit solchem »Widerstand« und lernt aus ihm.

Dieses Phänomen der Übertragung sowohl beim spielenden Kind wie beim Erwachsenen, der sich sprachlich ausdrücken kann, bezeichnet den Punkt, wo die einfachen Mittel versagen – dann nämlich, wenn ein Gefühl so überwältigend wird, daß es den Ausdruck des Spielerischen sprengt und eine unmittelbare Entladung in das Spiel und in die Beziehung zum Spielbeobachter hineinreißt. Dies Versagen der Spielsituation zeichnet sich durch etwas aus, was hier als Bruch im Spiel, als *Spielabbruch* beschrieben werden soll, d. h. die plötzliche und vollständige oder diffus und langsam sich ausbreitende Unfähigkeit zu spielen. Wir sahen, wie auf meine Provokation hin bei Anni solch ein Spielabbruch eintrat, und sie mich und meine verführenden Spielsachen plötzlich verlassen und zu ihrer Mutter zurückkehren mußte. Ähnlich sahen wir auch Sam mitten im Spiel von seinen übermächtigen Gefühlen überwältigt werden. In beiden Fällen konnte uns das Spiel zufällig als diagnostisches Werkzeug dienen. Ich stelle Ihnen nun ein kleines Mädchen vor, das, obwohl es nur zu diagnostischen Zwecken zu mir kam, mich durch einen vollen Kreislauf von Spielabbrüchen und Spieltriumphen führte und so ein gutes Beispiel dafür bot, wie das von Furcht überschwemmte Ich durch spielerisches Engagement und Ablösung seine synthetisierende Kraft wiedergewinnen kann.

Unsere Patientin ist Mary. Sie ist gerade drei Jahre alt, eine etwas bläßliche Brünette, sieht aber intelligent aus (und ist es auch), hübsch und recht weiblich. Es wird berichtet, daß sie eigensinnig sei, babyhaft, dabei verschlossen, wo etwas sie stört. Neuerdings hat sie ihr Ausdrucksrepertoire noch um nächtliche Alpträume und heftige Angstanfälle in der Spielgruppe, die sie seit kurzem besucht, erweitert. Die Lehrer der Spielgruppe können nur berichten, daß Mary eine merkwürdige Art hat, Dinge aufzuheben und überhaupt in ihrer Haltung sehr steif ist; daß außerdem ihre Spannung zunimmt, wenn sie, entsprechend dem Tagesplan des Kindergartens, ausruhen soll, und wenn sie auf die Toilette geschickt wird. So weit war ich unterrichtet, als ich Mary in mein Sprechzimmer bestellte.

Vielleicht sollte hier ein Wort über die schwierige Situation gesagt werden, die sich ergibt, wenn eine Mutter ihr Kind zur Beobachtung bringt. Das Kind selbst hat nicht den Wunsch zu kommen. Es fühlt sich häufig nicht einmal krank in dem Sinn, daß es ein Symptom hätte, das es gern los wäre. Es weiß im Gegenteil nur, daß bestimmte Dinge und vor allem bestimmte Menschen es stören, und es möchte ausschließlich, daß wir etwas mit diesen Dingen oder Menschen täten – nicht aber mit ihm. Oft hat es das Gefühl, daß mit seinen Eltern irgend etwas nicht stimmt – und meist hat es recht damit. Aber für alles das hat es keine Worte, und selbst wenn es diese Worte hätte, gäbe es doch keinen Grund, uns so schwerwiegende Dinge anzuvertrauen. Andererseits weiß es nicht, was seine Eltern uns von ihm erzählt haben – und nur Gott allein weiß, was die Eltern ihm über uns erzählt haben! Denn Eltern – so hilfsbereit sie gerne wären und so notwendig sie uns für die ersten Auskünfte sind – kann man in diesen Dingen nicht trauen: die Initialgeschichte wird oft durch den Wunsch entstellt, sich selbst zu rechtfertigen (oder insgeheim zu strafen), oder irgend jemanden zu belasten (und insgeheim zu rechtfertigen), z. B. die Großeltern, die »es ja immer gesagt haben«.

In diesem Falle lag mein Arbeitsraum in der Klinik. Man hatte dem Kind gesagt, daß es mit mir über das Alpdrücken sprechen solle – mit einem Mann, den es nie vorher gesehen hatte. Die Mutter hatte deswegen schon vorher einen Kinderarzt konsultiert, und Mary hatte die Mutter und den Doktor über eine eventuell notwendige Mandeloperation reden hören. Ich hatte daher gehofft, das Kind werde bemerken, daß der Besuch in meinem Sprechzimmer absolut nichts mit medizinischen Angelegenheiten zu tun habe. Ich hoffte auf die Möglichkeit, dem kleinen Mädchen einfach und direkt zu erklären, warum es gekommen sei, ihm zu sagen, daß ich kein Arzt sei, und ihm deutlich zu machen, daß wir nur zusammen spielen wollten, um uns kennen zu lernen. Solche Erklärungen besänftigen zwar die Zweifel eines Kindes nicht völlig, machen es ihm aber unter Umständen möglich, sich mit den Spielsachen zu beschäftigen und irgend etwas zu unternehmen. In diesem Augenblick können wir dann schon beobachten, was es aus dem Inventar an Spielsachen auswählt und was es dabei ablehnt. Unser nächster Schritt richtet sich dann nach den Erkenntnissen, die wir aus den ersten Vorgängen gewonnen haben.

Mary klammert sich an ihre Mutter, als sie mein Arbeitszimmer betritt. Sie streckt mir eine steife und kalte Hand hin, lächelt mich kurz an, dreht sich dann zu der Mutter um, wirft beide Arme um sie und hält sie so direkt neben der noch offenen Türe fest. Sie vergräbt den Kopf im Rock der Mutter, als wollte sie sich darin verstecken und reagiert auf meine Annäherungsversuche nur, indem sie den Kopf nach mir umwendet – aber mit fest geschlossenen Augen. Und doch hatte sie mich den Bruchteil einer Sekunde mit einem Lächeln angesehen, das ein gewisses Interesse zu verraten schien – als wollte sie feststellen, ob dieser neue Erwachsene Spaß versteht oder nicht. Das ließ ihre Flucht zur Mutter ein klein wenig theatralisch erscheinen. Die Mutter ihrerseits versuchte, das Kind zu ermutigen, doch einmal die Spielsachen anzusehen. Mary aber verbirgt wieder das Gesicht im Rock der Mutter und wiederholt mit schauspielerischer, babyhafter Stimme: »Mommy, Mommy, Mommy.« Eine dramatische junge Dame! Ich bin nicht ganz sicher, ob sie nicht sogar ein Lächeln verbirgt. Ich beschließe zu warten.

Nun faßt Mary einen Entschluß. Während sie sich an der Mutter festhält, zeigt sie auf eine Puppe (ein Mädchen) und sagt mehrmals schnell und babyhaft: »Was das, was das, was das?« Die Mutter erklärt geduldig, daß das ein Puppi sei und Mary wiederholt: »Puppi, Puppi« und verlangt in unverständlichen Worten, daß die Mutter dem Puppi die Schuhe ausziehen solle. Diese versucht, das Kind zu überreden, es selbst zu tun, aber Mary wiederholt einfach ihre Forderung. Ihre Stimme wird ganz ängstlich – offensichtlich gibt es gleich Tränen. Jetzt fragt die Mutter, ob es nicht Zeit für sie sei, den Raum zu verlassen, wie sie es dem Kind ja vorher erklärt hat. Ich frage Mary, ob wir die Mutter hinausgehen lassen können, und die Kleine erhebt unerwarteterweise keine Einwände, selbst als sie nun plötzlich ohne jemanden ist, an dem sie sich festhalten kann. Ich versuche, ein Gespräch über die Puppe anzuknüpfen, die Mary in der Hand hat. Sie hält sie an den Beinen fest und fängt plötzlich an, mutwillig lächelnd, verschiedene Dinge im Zimmer mit dem Kopf der Puppe zu berühren. Wenn dabei ein Spielzeug vom Regal fällt, sieht sie mich an, um festzustellen, ob sie zu weit gegangen ist; als sie entdeckt, daß ich gewährend lächle, lacht sie und fängt an, kleine Spielsachen, immer mit dem Kopf der Puppe, anzustoßen, so daß auch sie umfallen. Ihre fröhliche Erregung wächst; mit besonderem Genuß stößt sie mit dem Puppenkopf eine Spieleisenbahn um, die in der Mitte des Zimmers auf dem Fußboden steht. Alle Wagen werden umgestoßen, was ihr offensichtlich aufregenden Spaß macht. Aber als auch die Lokomotive umkippt, hält sie plötzlich inne und wird blaß. Sie lehnt sich mit dem Rücken gegen das Sofa, hält die Puppe über die untere Abdominalregion und läßt sie auf den Boden fallen. Sie hebt sie auf, hält sie an dieselbe Stelle und läßt sie wieder fallen. Während sie das mehrmals wiederholt, fängt sie erst zu weinen, dann zu schreien an: »Mommy, Mommy Mommy.«

Die Mutter kommt herein, überzeugt, daß die Kontaktaufnahme mißglückt sei und fragt das Kind, ob es gehen wolle. Ich sage Mary, daß sie gehen dürfe, wenn sie wolle, daß ich aber hoffe, sie in ein paar Tagen wiederzusehen. Schnell beruhigt, nimmt sie Abschied und sagt der Sekretärin im Vorzimmer auf Wiedersehen, als habe sie eben einen netten Besuch gemacht.

Merkwürdigerweise hatte auch ich das Gefühl, daß dies Kind einen erfolgreichen Kontaktversuch unternommen hatte. Bei Kindern sind Worte zu Anfang manchmal überflüssig. Ich hatte die Empfindung gehabt, als ob das Spiel zu einer Unterhaltung hinleite. Auf alle Fälle hatte mir das Kind durch seine gegenphobische Aktivität mitgeteilt, worin seine Gefährdung bestand. Die ängstliche Unterbrechung durch die Mutter war natürlich ebenso bezeichnend wie der Spielabbruch des Kindes. Zusammengenommen erklären sie wahrscheinlich die babyhafte Angst des Kindes. Aber was hatte das Kind mir mit diesem emotionalen Salto mitteilen wollen, mit dieser plötzlichen Fröhlichkeit und erregten Aggressivität und dieser ebenso plötzlichen Hemmung und blassen Angst?

Als erkennbarer Modusinhalt hatte sich das Anstoßen von Dingen gezeigt – nicht mit der Hand, sondern mit der Puppe als Verlängerung der Hand; und dann wurde dieselbe Puppe aus der Genitalregion fallen gelassen.

Die Puppe als Verlängerung der Hand war in der Tat ein Stoßwerkzeug gewesen. Das legt nahe, daß das Kind vielleicht nicht wagt, Dinge mit der bloßen Hand zu berühren oder zu stoßen, gerade so wie es nach Beobachtungen in der Spielgruppe Dinge auf merkwürdige Art anzufassen oder aufzuheben schien. Zusammen mit der allgemeinen Steifheit der Extremitäten konnte das bedeuten, daß Mary sich Gedanken über ihre Hände machte, sie vielleicht als aggressive Werkzeuge empfand.

Das Verbringen der Puppe in die Abdominalregion läßt vermuten, daß Mary den Verlust eines aggressiven Werkzeuges, eines Stoßinstrumentes, das dieser Region zugehört, dramatisch darstellt. Der anfallähnliche Zustand, der sie in diesem Moment überkam, erinnerte mich an etwas, was ich vor langer Zeit lernte: schwere hysterische Anfälle bei Frauen wurden als Dramatisierungen gedeutet, wobei beide Partner einer phantasierten Szene dargestellt werden. So kann die eine Hand, die an den Kleidern der Patientin zerrt, den Angriff des Aggressors darstellen, während die andere, die das Kleid krampfhaft festhält, den Versuch des Opfers zeigen, sich zu schützen. Marys Anfall schien von dieser Art zu sein: während sie die Puppe mehrmals, angsterfüllt und doch wie besessen, fallen ließ, schien sie unerbittlich angetrieben zu werden, sowohl den Beraubten, wie den Räuber dramatisch darzustellen.

Aber was sollte ihr gestohlen werden? Dazu mußten wir wissen, welche Rolle für das Kind bedeutsamer ist: die Puppe als aggressives Werkzeug oder die Puppe als Kind. In unserer Spielstunde hatte die Puppe zuerst als Verlängerung einer Extremität gedient und als Werkzeug der Aggression. Und nachher war sie etwas gewesen, das unter Auftreten extremer Angst von der unteren Bauchregion verloren wurde. Hält Mary den Penis für solch eine aggressive Waffe und wollte sie die Tatsache dramatisch darstellen, daß sie keinen besitzt? Nach den Angaben der Mutter ist es durchaus möglich, daß das Mädchen beim Eintritt in den Kindergarten das erste Mal in die Lage versetzt worden war, im Beisein von Jungens aufs Klosett zu gehen, und gerade bei Gelegenheit dieser Toilettenbesuche waren, dem Bericht nach, die Ängste aufgetreten.

Gerade als meine Gedanken sich der Mutter zuwenden, klopft diese an die Tür. Sie hat das Kind, das sich inzwischen ganz beruhigt hat, draußen gelassen und will mir noch schnell erzählen, daß Mary mit einem sechsten Finger geboren worden war, der etwa im sechsten Lebensmonat entfernt wurde. Gerade vor dem Ausbruch der Angstzustände hatte Mary wiederholt und dringlich nach der Narbe an ihrer Hand gefragt (was das, was das?) und hatte die übliche ausweichende Antwort erhalten, das sei nur ein Mückenstich. Die Mutter gibt zu, daß das Kind, als es noch etwas jünger war, durchaus gehört haben könne, wie man über seine kongenitale Anomalie sprach. Sie fügt hinzu, daß das Kind in letzter Zeit auch in seiner sexuellen Neugier derart beharrlich geworden sei.

Wir können jetzt verstehen, daß Mary über den aggressiven Gebrauch ihrer Hand, der man einen Finger weggenommen hatte, in Unruhe geraten war, und vielleicht hatte sie die Narbe an ihrer Hand und ihre genitale »Narbe«, den verlorenen Finger und den fehlenden Penis, gleichgesetzt. Eine derartige Gedankenverbindung würde dann auch zwischen der Entdeckung der Geschlechtsunterschiede im Kindergarten und der drohenden Frage einer Operation eine Beziehung herstellen.

Ehe Mary das zweite Mal zu mir kam, teilte mir ihre Mutter noch folgendes mit: die Sexualneugier des kleinen Mädchens hatte vor kurzem einen Schlag spezifischer Art erhalten. Ihr Vater, durch drohende Arbeitslosigkeit nervös geworden, war bei einer ihrer üblichen Morgenvisiten im Badezimmer ungeduldig geworden. Tatsächlich hatte er sie aus dem Raum hinausgeschoben und, wie er mir später selbst erzählte, dabei ärgerlich die Worte wiederholt: »Du bleibst draußen.« Sie hatte ihm immer gern beim Rasieren zugesehen und in letzter Zeit etwas über seine Genitalien wissen wollen (was ihn leise irritierte). Für Marys innere Sicherheit war ein striktes Festhalten an einer gewohnten Routine, gemäß deren sie dieselbe Sache immer wieder tun, sagen und fragen durfte, stets eine notwendige Bedingung gewesen. Der konsequente Ausschluß von der Morgentoilette des Vaters war für sie »herzzerreißend«. Die Mutter und ich besprachen auch den schon erwähnten Umstand, daß Marys schlechter Schlaf und ihr übelriechender Atem von einem Kinderarzt dem mangelhaften Zustand der Tonsillen zugeschrieben worden war und er und die Mutter in Gegenwart des Kindes über die Notwendigkeit einer eventuellen sofortigen Operation gesprochen hatten. *Operation* und *Trennung* – das also war der gemeinsame Nenner: die tatsächliche Entfernung des Fingers, die dröhende Operation der Mandeln und die mythische Operation, durch die Jungens Mädchen werden; die Trennung von der Mutter in der Kindergartenzeit und die Entfremdung vom Vater. Bis hierher konnten wir zu Ende der ersten Spielstunde im Verständnis der Bedeutungen gelangen, auf die hin alle Spielelemente und Lebensdaten zu konvergieren schienen.

Die Antithese zum Spielabbruch bildet die Spielsättigung, das Spiel, von dem das Kind sich erfrischt erhebt wie der Schläfer aus »wirksamen« Träumen. Sowohl Abbruch als Sättigung sind nur in seltenen Fällen sehr deutlich und klar erkennbar. Häufiger sind sie diffus und müssen durch detaillierte Untersuchungen sichergestellt werden. Bei Mary war das allerdings nicht der Fall. Während der zweiten Stunde bei mir lieferte sie ein ebenso dramatisches Beispiel der Spielsättigung, wie sie vorher einen Spielabbruch demonstriert hatte.

Zuerst lächelte sie mich wieder verschämt an. Wieder wendet sie den Kopf weg, klammert sich an die Hand der Mutter und besteht darauf, daß diese mit ins Zimmer kommt. Einmal im Raum, läßt sie aber die Hand der Mutter fahren und beginnt angeregt und mit sichtlicher Entschlossenheit zielstrebig zu spielen. Die Gegenwart der Mutter, und auch meine, vergißt sie. Ich schließe schnell die Türe und veranlasse die Mutter sich zu setzen, denn ich möchte das Spiel nicht stören.

Mary geht in die Ecke, wo die Bauklötze am Boden liegen, wählt zwei aus und legt sie so hin, daß sie jedes Mal, wenn sie in die Ecke geht, um neue Blöcke zu holen, darauf stehen kann. So beginnt das Spiel wieder mit einer Verlängerung von Extremitäten, diesmal der Füße. Sie trägt eine Anzahl Blöcke in die Mitte des Zimmers, wobei sie ohne Aufenthalt hin und her läuft. Dann kniet sie auf den Boden und baut ein kleines Haus für eine Spielzeugkuh. Eine Viertelstunde lang ist sie völlig damit beschäftigt, das Haus so zu bauen, daß es genau rechteckig ist und gleichzeitig knapp um die Kuh herum paßt. Dann fügt sie fünf Blöcke an eine Längsseite des Hauses und experimentiert mit einem sechsten, bis seine Stellung sie befriedigt (siehe Abb. 10).

Diesmal ist die dominierende Gefühlsnote die friedliche Spielkonzentration mit einer gewissen mütterlichen Qualität der Sorgfalt und der Ordnung. Es gibt keine Erregungshöhepunkte, und das Spiel klingt mit einer Note der Sättigung aus; sie hat etwas gebaut, es gefällt ihr, nun ist das Spiel vorüber. Sie erhebt sich mit strahlendem Lächeln, das plötzlich einem mutwilligen Blinzeln weicht. Bevor ich den Mutwillen

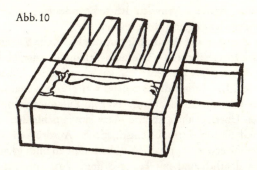

Abb. 10

realisiere, dem ich gleich zum Opfer fallen soll, stelle ich noch fest, daß der knapp passende Stall wie eine Hand aussieht, eine Hand mit sechs Fingern. Gleichzeitig bringt er den »umschließenden« Modus zum Ausdruck, eine weiblich-schützende Gestaltung, wie all die Körbe, Schachteln und Wiegen, die kleine und große Mädchen bauen und verwenden, um es kleinen Dingen darin behaglich zu machen. So sehen wir zwei Wiederherstellungen auf einmal: das bauliche Gebilde setzt den Finger wieder an die Hand, und die geglückte weibliche Urform straft den in der ersten Stunde dramatisch dargestellten »Verlust aus der Genitalregion« Lüge. Das Spiel der zweiten Stunde hat also den Ausdruck der Wiederherstellung und Sicherheit zustande gebracht – und das in Hinblick auf dieselben Körperteile (Hand, Genitalregion), die beim Spielabbruch der ersten Stunde gefährdet schienen.

Aber Mary sieht mich, wie gesagt, plötzlich pfiffig an, lacht, nimmt die Mutter an der Hand, zieht sie aus dem Zimmer, wobei sie entschlossen sagt: »Mommy, komm raus.« Ich warte ein bißchen, schaue dann in den Vorraum. Ein lautes, triumphierendes »Bleib dinnen« begrüßt mich. Ich ziehe mich strategisch zurück, und Mary schlägt die Tür mit einem Krach zu. Zwei weitere Versuche meinerseits, das Zimmer zu verlassen, werden in derselben fröhlichen Weise begrüßt. Ich bin eingesperrt!

Da kann man nichts anderes tun, als das Spiel mitmachen (im übrigen eine »Methode«, die nur recht selten angebracht ist): Ich öffne die Türe ein klein wenig, schiebe schnell die Kuh durch den Spalt, lasse sie quieken und ziehe sie zurück. Mary ist außer sich vor Vergnügen und besteht darauf, daß das Spiel einige Male wiederholt wird. Sie bekommt ihren Willen, dann ist es Zeit für sie, nach Hause zu gehen. Sie sieht mich beim Abschied triumphierend und doch auch liebevoll an und verspricht, wiederzukommen. Ich stehe indessen vor der Aufgabe, herauszufinden, was eigentlich geschehen ist.

Von der Angst in der Autosphäre ist das Kind zur Sättigung in der Mikrosphäre fortgeschritten – und zum Triumph in der Makrosphäre. Es hat die Mutter aus meinem Zimmer weggebracht und mich darin eingeschlossen. Der Inhalt dieses Spieles war also: ein Mann wird zum Spaß in einen Raum eingeschlossen. Nur im Zusammenhang mit dieser spielerischen Überlegenheit konnte Mary sich entschließen, mit mir zu sprechen und dies in durchaus entschiedenen Ausdrücken. »Bleib dinnen« waren die ersten Worte, die sie überhaupt an mich gerichtet hatte. Sie wurden deutlich und mit lauter Stimme ausgesprochen, als hätte etwas in dem Kind auf den Augenblick gewartet, wo es frei genug war, sie zu sagen. Was bedeutet das nun?

Ich glaube, hier liegt ein Stück »Vaterübertragung« vor. Man erinnert sich, daß Mary von dem Augenblick an, wo sie das erste Mal in mein Zimmer trat, ein etwas kokettes und verschämtes Interesse an mir zeigte. Da zu erwarten war, daß sie auf mich, den Mann mit den Spielsachen, einen Konflikt übertragen würde, der die sonst so spielerische Beziehung zu ihrem Vater bedrohte, scheint es mehr als wahrscheinlich, daß sie mit diesem Spiel die Situation der Ausschließung wiederholte, deren passives Opfer sie zu Hause gewesen war (bleib draußen!), diesmal aber mit aktiver Beherrschung (bleib drinnen!) und mit einer gewissen Umkehrung der Vektoren (außen, innen).

Manchem mag das als reichlich komplizierte und abwegige Überlegung für ein so kleines Mädchen erscheinen: aber hier muß man nun wirklich realisieren, daß diese Dinge nur dem rationalen Denken schwierig erscheinen. Solch einen Spieltrick sich auszudenken wäre in der Tat schwierig, es ist sogar schwierig, ihn zu erkennen und zu analysieren. Aber er kommt vor – natürlich ganz unbewußt und automatisch: auch hier wieder gilt: unterschätze niemals die Macht des Ich, selbst bei einem so kleinen Mädchen!

Ich habe diese Episode angeführt, um die Selbstheilungstendenz im spontanen Spiel zu illustrieren; Spieltherapie und Spieldiagnostik müssen von derartigen Selbstheilungsprozessen systematischen Gebrauch machen. Diese Methoden können dem Kind helfen, sich selbst zu helfen – und sie können uns helfen, die Eltern zu beraten. Wo dies relativ einfache Vorgehen versagt, müssen kompliziertere Behandlungsmethoden eingeleitet werden (Kinderpsychoanalyse)[4] – die in diesem Kapitel

---

[4] Anna Freud, Einführung in die Technik der Kinderanalyse, Leipzig 1927.

nicht zur Diskussion stehen. Mit fortschreitendem Alter übernimmt dann auch die ausgedehntere Unterhaltung mit dem Kind die Stelle des Spieles. Hier aber wollte ich zeigen, daß einige wenige Spielstunden dazu dienen können, uns über Dinge zu unterrichten, die das Kind nie in Worten ausdrücken könnte. Geübte Beoachter, die genügend Angaben über das Kind besitzen, können aus wenigen Spielkontakten erkennen, welche dieser Daten subjektiv bedeutsam für das Kind sind und warum. In Marys Fall ließen ihre Spielabbrüche und ihre Spielsättigung, wenn man sie im Rahmen aller bekannten Umstände sah, unbedingt vermuten, daß verschiedene gleichzeitige Ereignisse ein System wechselseitig sich verstärkender Wirkungen ausgebildet hatten. Im Spiel stellte sie ihren Finger wieder her, sicherte sich selbst, festigte ihre Weiblichkeit aufs neue – und erteilte dem großen Mann eine Absage. Aber der so gewonnene Spielfriede muß dann von den Eltern unterstützt werden.

Marys Eltern akzeptierten folgende Vorschläge (und machten sie teilweise selbst): die Neugierde des Mädchens sowohl hinsichtlich ihrer Narbe wie ihrer Genitalien erforderte Aufrichtigkeit. Es war nötig, daß andere Kinder, besonders auch Knaben, zu ihr zum Spielen in die Wohnung kamen. Die Frage der Tonsillen machte die Entscheidung eines Spezialisten notwendig, die dem Kind offen mitgeteilt werden sollte. Sie während ihrer Alpträume aufzuwecken und diese dadurch zu unterbrechen, schien nicht geraten; vielleicht mußte sie ihre Träume durchfechten, und es gab genug Gelegenheit, sie ein wenig festzuhalten und zu trösten, wenn sie von alleine aufwachte. Das Kind brauchte viel Bewegung. Spielerische rhythmische Gymnastik konnte vielleicht die Starrheit der Extremitäten etwas lösen. Abgesehen von der Frage nach der ersten Ursache dieser Starrheit, lag der Gedanke nahe, daß sie durch angstvolle Gefühle verstärkt wurde, nachdem das Kind das erste Mal von der heimlichen Amputation seines Fingers erfuhr.

Als Mary ein paar Wochen später zu einem kurzen Besuch zu mir kam, fühlte sie sich offenbar ganz zu Hause und fragte mit klarer, lauter Stimme nach der Farbe des Zuges, mit dem ich in die Ferien gefahren war. Man erinnert sich, daß sie bei ihrem ersten Besuch eine Spielzeuglokomotive umgeworfen hatte: jetzt kann sie über Lokomotiven sprechen. Die Tonsillenentfernung hatte sich als unnötig erwiesen, die Alpträume hatten aufgehört, und Mary genoß den vielfachen und ungehemmten Umgang mit den neuen Spielgefährten, die sich im Haus und in der Nachbarschaft gefunden hatten. Die alte Spielbeziehung mit ihrem Vater war wieder hergestellt. Intuitiv hatte er Marys plötzliche Begeisterung für Lokomotiven ausgenutzt. Er nahm sie regelmäßig zu Spaziergängen nach dem Bahnhof mit, wo sie zusammen die mächtigen Maschinen bewunderten.

Der Symbolismus, der in diesem Falle eine so tiefgehende Rolle gespielt hatte, gewinnt hier eine neue Dimension. In der Verzweiflung der Spielabbrüche hatte die kleine Lokomotive seinerzeit offensichtlich eine destruktive Bedeutung gewonnen, die irgendwie in Zusammenhang mit der phallisch-lokomotorischen Angst stand. Als Mary sie umwarf, erlebte sie vermutlich jenes gleiche erschreckende »Adam-wo-bist-Du«-Gefühl, das wir schon bei Anni beobachteten. In jenem Zeitpunkt war die Spielbeziehung des Kindes zu seinem Vater unterbrochen gewesen, und zwar auf Grund von Sorgen, die der Vater sich über eine mögliche Zerstörung seiner eigenen Arbeitssituation machte – eine Situation, die das Kind weder verstehen, noch von der es etwas wissen konnte. Es hatte offenbar alles nur in Begriffen der wechselseitigen Beziehungen zwischen ihm und dem Vater und der Veränderung in seinem eigenen Status gedeutet: und doch stand die Reaktion des Kindes in gewisser Beziehung zu dem unbewußten Sinn, der hinter den Handlungen des Vaters lag. Häufig nämlich resultiert aus einem drohenden Statusverlust, aus drohenden Sicherheitsverlusten, der unbewußte Versuch, durch strengere Selbstbeherrschung und idealere Ziele den verlorenen Boden wiederzugewinnen oder mindestens nicht weiter abzugleiten. Darum wohl hatte der Vater auf die Forschungsunternehmungen des kleinen Mädchens mit weniger Toleranz reagiert als zuvor. Er kränkte und erschreckte das Kind dadurch, und zwar auf dem gesamten Gebiet, auf dem es schon gestört war. Es war also dies Gesamtgebiet, das in ihrem Spiel in kondensierter Form auftauchte, als sie den Versuch machte, aus Angst und Isolierung den Weg zurück zur spielerischen Wechselseitigkeit zu suchen. So spiegeln Kinder die historischen und ökonomischen Krisen ihrer Eltern wider, und wo das Spiel versagt, tragen sie sie in ihr eigenes Leben hinein.

Die wirtschaftlichen Sorgen des Vaters konnten natürlich weder durch Marys Spiel noch durch die Einsichten, die es uns vermittelte, behoben werden. Aber im Augenblick, wo er selbst die Auswirkung seiner Ängste auf die Entwicklung seiner Tochter erkannte, begriff er, daß von einer höheren Warte aus gesehen die Angst des Kindes wichtiger war als die drohende Veränderung seiner Arbeitssituation. Tatsächlich hat die weitere Entwicklung seine Befürchtungen nicht bestätigt.

Der Einfall des Vaters, Spaziergänge nach dem Bahnhof zu unternehmen, erwies sich als außerordentlich glücklich. Denn nun wurden die wirklichen Lokomotiven zu gemeinsam erlebten Symbolen der Macht für Vater und Tochter, Symbolen zudem, die durch die ganze Bilderwelt des Maschinenzeitalters, in dem das Kind einmal zur Frau heranreifen muß, unterstützt werden. So müssen also am Ende jeder therapeutischen Begegnung die Eltern im Kinde das unterstützen, was der erwachsene Patient für sich allein erreichen muß: eine Wiederausrichtung auf die Bilder und Kräfte, die die kulturelle Entwicklung seiner Zeit beherrschen, und aus denen er ein gesteigertes Identitätsgefühl bezieht.

Aber hier müssen wir nun endlich den Versuch machen, eine bessere Darstellung und Definition dessen zu geben, was wir unter Identität verstehen.

3. Die Anfänge der Identität

A. SPIEL UND MILIEU

Die sich entfaltende Identität überbrückt die Stadien der Kindheit, wenn das körperliche Selbst und die elterlichen Imagines ihre kulturellen Bedeutungen erhalten; und sie überbrückt das Stadium des jungen Erwachsenseins, wenn eine Vielzahl sozialer Rollen zugänglich und tatsächlich zunehmend zwingend werden. Wir wollen versuchen, diesen Prozeß greifbarer darzustellen, indem wir zuerst einige infantile Schritte auf die Identität zu untersuchen und dann einige kulturelle Hindernisse auf dem Weg ihrer Konsolidierung.

Ein Kind, das soeben entdeckt hat, daß es laufen kann, scheint (von seiner Umgebung mehr oder weniger lockend und schmeichelnd angeregt oder ignoriert) den Drang zu haben, diesen Akt aus reiner Freude am Funktionieren zu wiederholen. Es erlebt das Bedürfnis, eine neuentwickelte Funktion zu meistern und zu vervollkommnen. Aber es handelt auch unter dem unmittelbaren Bewußtsein seines neuen Status und seiner neuen Bedeutung »Eines, der gehen kann«, – gleichgültig, welche Nebenbedeutung dieses Gehenkönnen innerhalb der Koordinaten der Raum-Zeit seiner Kultur zufällig hat. Dieses Gehenkönnen kann Einen bedeuten, »der es weit bringen wird«, oder Einen, »der auf eigenen Füßen stehen kann«, oder Einen, »der aufrecht bleibt«, oder auch Einen, »auf den man aufpassen muß, damit er nicht zu weit geht«. Die Einbeziehung einer bestimmten Version »Eines, der gehen kann« in das Ich stellt einen der vielen Schritte in der Entwicklung des Kindes dar, die zu einer wirklichkeitsgerechten Selbsteinschätzung beitragen (durch die übereinstimmende Erfahrung von körperlicher Beherrschung und kultureller Bedeutung, von Funktionslust und sozialem Prestige). Aus dieser Selbsteinschätzung entspringt die Überzeugung, daß das Ich lernt, erfolgreiche Schritte auf eine greifbare kollektive Zukunft hin zu tun, sich zu einem definitiven Ich innerhalb einer sozialen Wirklichkeit zu entwickeln. Das heranwachsende Kind muß bei jedem Schritt ein belebendes Wirklichkeitsgefühl aus dem Bewußtsein ziehen, daß seine individuelle Art der Lebensmeisterung (seine Ichsynthese) eine erfolgreiche Variante einer Gruppenidentität ist und in Übereinstimmung mit der Raum-Zeit und dem Lebensplan seiner Gesellschaft steht.

In dieser Hinsicht lassen sich Kinder nicht durch leeres Lob und herablassende Ermutigung betrügen. Unter Umständen müssen sie sich mit solchen künstlichen Stützen ihres Selbstbewußtseins an Stelle von etwas Besserem, begnügen. Aber ihre Identität kann echte Stärke nur aus der aufrichtigen und beständigen Anerkennung einer wirklichen Leistung beziehen – d. h. einer Leistung, die in der Kultur etwas gilt. Wir haben versucht, dies an Hand unserer Diskussion über die Probleme der Indianererziehung darzustellen, wollen hier aber einem Berufeneren das Wort überlassen.[5]

Dr. Ruth Underhill erzählte mir, wie sie in Arizona unter einer Gruppe von älteren Papagos saß und der Hausherr sich an seine kleine dreijährige Enkelin wandte und sie aufforderte, die Türe zu schließen. Die Türe war gewichtig und ging schwer zu. Das Kind versuchte es, aber die Tür bewegte sich nicht. Mehrmals wiederholte der Großvater: »Ja, mach die Tür zu.« Niemand sprang auf, um dem Kind zu helfen, niemand nahm ihm die Verantwortung ab. Andererseits gab es keine Ungeduld, denn schließlich war das Kind klein. Sie saßen ernsthaft und warteten, bis es dem Kind gelang und der Großvater ihm feierlich dankte. Die Voraussetzung dabei ist, daß solch eine Aufgabe nicht gestellt wird, ehe das Kind sie bewältigen kann. Ist es aber einmal aufgefordert, so hat es allein die Verantwortung, gerade als wäre es erwachsen. Der wesentliche Punkt solch einer Erziehung liegt darin, das Kind von früh an auf verantwortliche soziale Teilnahme zu prägen, während gleichzeitig die gestellten Aufgaben seiner Fähigkeit angepaßt sind. Der Kontrast zur Einstellung in unserer Gesellschaft ist sehr groß. Ein Kind leistet bei uns keinerlei Beitrag zur Arbeit unserer industriellen Gesellschaft, außer

---

[5] Ruth Benedict, Continuities and Discontinuities in Cultural Conditioning, Psychiatry, I (1938).

wo es mit einem Erwachsenen in Konkurrenz tritt. Seine Arbeit wird nicht an seiner eigenen Kraft und Geschicklichkeit gemessen, sondern an den hochgeschraubten industriellen Erfordernissen. Selbst wo wir die Leistungen eines Kindes in der Familie loben, sind wir außer uns, wenn solch ein Lob als gleichbedeutend mit dem Lob für einen Erwachsenen aufgefaßt wird. Das Kind wird gelobt, weil die Eltern gut gestimmt sind, gleichgültig ob die Aufgabe vom Standpunkt des Erwachsenen aus gut oder schlecht erfüllt wurde, und das Kind erwirbt keinen vernünftigen Standard, an dem es seine Leistungen messen könnte. Der Ernst einer Cheyenne-Indianerfamilie, die den ersten Schneevogel eines kleines Knaben mit einem zeremoniellen Fest begrüßt, ist sehr verschieden von unserem Verhalten. Bei seiner Geburt erhält der Knabe einen Spielbogen und Pfeile zum Geschenk, und von der Zeit an, wo er herumlaufen kann, werden ihm vom Familienoberhaupt brauchbare Bogen und Pfeile, die jeweils seiner Größe entsprechen, geschenkt. Er wird auf Vögel und Tiere in stufenweiser Reihe aufmerksam gemacht, beginnend mit denen, die am leichtesten zu treffen sind. Jeweils wenn er das erste Tier einer Art nach Hause bringt, feiert die Familie das entsprechend und nimmt seinen Beitrag so ernsthaft entgegen wie den Büffel, den der Vater bringt. Tötete der Knabe schließlich selbst einen Büffel, so stellte das nur den letzten Schritt einer durch die ganze Kindheit sich hinziehenden Prägung dar und nicht eine neue Rolle, die im Widerspruch zu seinen Kindheitserfahrungen stand.

So dämmert uns also, daß die Theorien des Spieles, die von unserer Kultur vertreten werden, und die in der Annahme verwurzelt sind, daß auch bei Kindern das Spiel durch den Umstand definiert wird, daß es »keine Arbeit ist«, in Wirklichkeit nur eine Form darstellen, unsere Kinder von einer frühen Ausbildung ihres Identitätsgefühles auszuschließen. Aber bei den Primitiven liegen die Dinge eben relativ einfach. Ihre Kulturen sind exklusiv. Ihr Bild des Menschen beginnt und endet mit der Vorstellung vom starken oder vom reinen Yurok oder Sioux, der innerhalb seiner jeweiligen bestimmten Naturausschnitte beheimatet ist. In unserer Zivilisation weitet sich das Bild des Menschen aus. Während es individuierter wird, tendiert es auch dazu, ungezählte Millionen aus neuen Regionen, Nationen, Kontinenten und Klassen mit zu umfassen. Neue Synthesen ökonomischer und emotionaler Sicherheit werden in den Bildern neuer Entitäten gesucht, die auf umfassenderen Identitäten beruhen.

Primitive Stämme haben eine direkte Beziehung zu den Quellen und Mitteln der Produktion. Ihre Technik stellt eine unmittelbare Erweiterung des menschlichen Körpers dar. Ihre Magie ist eine Projektion von Körperkonzepten. Die Kinder dieser Gruppen nehmen an den technischen und magischen Unternehmungen teil. Körper und Umgebung, Kindheit und Kultur können voller Gefahr sein, aber sie stellen immer eine einheitliche Welt dar. Diese Welt mag klein sein, aber sie ist magisch kohärent. Andererseits macht es die Ausdehnung unserer Zivilisation, ihre Schichtungen und ihre Spezialisierung den Kindern unmöglich, mehr als nur Ausschnitte der Gesellschaft, die für ihre Existenz relevant sind, in ihre Ichsynthese aufzunehmen. Die Tradition selbst ist zur Umgebung geworden, an die man sich anzupassen hat. Die Maschinen sind keineswegs mehr Werkzeuge und Erweiterungen der physiologischen Funktionen des Menschen, sondern zwingen ganze Gesellschaftsgruppen zu erweiterten Organen der Maschinerie zu werden. In manchen Klassen wird die Kindheit zu einem abgetrennten Lebensausschnitt mit eigenen Gebräuchen und Traditionen.

Aber die Erforschung der Neurosen unserer Zeit weist auf die Bedeutsamkeit dieser Verschiebung zwischen der Erziehung des Kindes und der sozialen Wirklichkeit hin. Wir finden in den Neurosen unbewußte und vergebliche Versuche, sich mit den magischen Begriffen einer homogenen Vergangenheit an die heterogene Gegenwart anzupassen, mit Begriffen einer Vergangenheit, deren Fragmente in der Erziehung noch immer übermittelt werden. Anpassungsmechanismen aber, die einst eine evolutionäre Anpassung, stammesmäßige Integration, Kasteneinheit, nationale Gleichartigkeit ermöglichten, sind in einer industriellen Zivilisation sinnlos und verloren.

So ist es kein Wunder, daß manche unserer kranken Kinder beständig aus ihren Spielen in irgendwelche zerstörerischen Tätigkeiten ausbrechen, wobei sie mit unserer Welt in Konflikt zu geraten scheinen. Die Analyse zeigt aber, daß sie nur ihr Recht demonstrieren wollen, eine Identität in dieser Welt zu finden. Sie weigern sich, etwas Abgesondertes zu werden, das »Kind« heißt, das spielen muß groß zu sein, weil man ihm keine Gelegenheit gibt, ein kleiner Partner in einer großen Welt zu sein.

B. DER SOHN DES BOMBENSCHÜTZEN

Während des letzten Krieges machte einer meiner kleinen Nachbarn, ein fünfjähriger Junge, eine Persönlichkeitsveränderung durch und verwandelte sich aus einem »Mutterkindchen« in ein gewalttätiges, eigensinniges und ungezogenes Kind. Als beunruhigendstes Symptom entwickelte sich ein Drang, Feuer anzulegen.

Die Eltern des Kindes hatten sich kurz vor Ausbruch des Krieges getrennt. Die Mutter war mit ihren Cousinen zusammengezogen, und der Vater trat bei Kriegsbeginn in die Luftwaffe ein. Die Frauen äußerten sich häufig sehr abfällig über den Vater. Sie unterstützten in dem Jungen babyhafte Tendenzen. So drohte der Umstand, daß man Sohn einer Mutter war, zu einem stärkeren Identitätselement zu werden, als die Tatsache, daß man Sohn eines Vaters war.

Der Vater aber bewährte sich im Krieg; er wurde tatsächlich ein Held. Anläßlich seines ersten Urlaubes sah der Junge den Mann, dem er doch nicht ähnlich werden sollte, als vielbewunderten Mittelpunkt der nachbarlichen Aufmerksamkeit. Die Mutter verkündete, daß sie auf ihre Scheidungspläne verzichten wolle. Der Vater ging wieder in den Krieg und wurde schließlich über feindlichem Land abgeschossen.

Nach der Abreise und dem Tod des Vaters entwickelte das bisher weiche und abhängige Kind immer auffälligere destruktive Neigungen, wurde ablehnend und begann schließlich, Feuer zu legen. Den Schlüssel zu dieser Veränderung lieferte er selbst, als er einmal, in Protest gegen die Prügel seiner Mutter, auf einen von ihm angezündeten Holzhaufen wies und (in kindlicheren Worten) rief: »Wenn das eine feindliche Stadt wäre, würdest Du mich loben!« In der Phantasie war er also bei seinen Brandstiftungen ein Bombenschütze wie der Vater, der von seinen Flügen erzählt hatte.

Worin die Verwirrung des Jungen eigentlich bestand, läßt sich nur vermuten. Aber ich glaube, daß wir hier die Identifizierung eines Sohnes mit dem Vater sehen, die aus einem plötzlich zunehmenden Konflikt gerade am Abschluß der ödipalen Phase entspringt. Der abwesende Vater, der zuerst erfolgreich vom »braven« kleinen Knaben vertreten wurde, wird plötzlich eine Bedrohung, ein Konkurrent um die Liebe der Mutter. Radikal entwertet er den Nutzen der weiblichen Identifikation des Knaben. Um sich sowohl vor der sexuellen wie vor der sozialen Desorientierung zu retten, muß das Kind in größter Eile seine Identifikation umgruppieren; aber der Tod des großen Konkurrenten erhöht nun plötzlich die Schuldgefühle des Kindes wegen seiner Konkurrenzgefühle und stellt die neue männliche Initiative des Knaben bloß.

Ein Kind hat eine ganze Reihe von Möglichkeiten, sich mehr oder weniger versuchsweise mit den Gebräuchen, Charakterzügen, Beschäftigungen und Ideen wirklicher oder phantasierter Menschen jeden Geschlechts zu identifizieren. Gewisse Krisen zwingen es, radikale Auswahl zu treffen. Der historische Zeitpunkt aber, innerhalb dessen das Kind lebt, bietet nur eine beschränkte Anzahl sozial brauchbarer Modelle für glückliche Kombinationen von Identifikationsfragmenten. Ihre Nützlichkeit hängt davon ab, inwieweit sie gleichzeitig den Erfordernissen des Reifungszustandes des Organismus und den Synthesemethoden des Ich gerecht werden.

Die Rolle des Bombenschützen bot meinem kleinen Nachbarn vielleicht eine mögliche Synthese der verschiedenen Elemente, aus der eine knospende Identität sich zusammensetzt: sein Temperament (heftig), sein Reifestadium (phallisch-urethral-lokomotorisch), seine psychosexuelle Stufe (Ödipus) und seine soziale Situation, seine eigenen Fähigkeiten (motorisch, mechanisch), das Temperament seines Vaters (das eher zu einem Bombenschützen als zu einem Vertreter paßte), und das augenblickliche historische Ideal (der kämpferische, aggressive Held). Wo solch eine Synthese gelingt, kann eine höchst erstaunliche Verschmelzung konstitutioneller, temperamentmäßiger und erlernter Reaktionen zu üppigem Wachstum und unerwarteten Leistungen führen. Wo sie mißlingt, ergeben sich zwangsläufig schwere Konflikte, die häufig in unverständlicher Ungezogenheit oder in verbrecherischen Neigungen zum Ausdruck gelangen. Denn wo ein Kind fühlt, daß seine Umgebung den Versuch macht, es zu radikal aller Ausdrucksformen zu berauben, die ihm gestatten, den nächsten Schritt in seiner Ich-Identität zu erreichen und zu integrieren, da wird es sich mit der erstaunlichen Kraft eines Tieres verteidigen, das plötzlich in Lebensgefahr gerät. Und tatsächlich gibt es in dem sozialen Dschungel der menschlichen Existenz kein Lebensgefühl, kein Bewußtsein, lebendig zu sein, wo das Gefühl der Ich-Identität fehlt. Es ist der Verlust der Identität, der zu Mord führen kann.

Ich hätte nicht gewagt, in dieser Weise über die Konflikte des kleinen Bombenschützen zu spekulieren, hätte ich nicht den Beweis für eine Lösung beobachtet, die mit unserer Deutung übereinstimmte. Nachdem die gefährliche Initiative des Knaben in ihren schlimmsten Formen überwunden war, konnte man ihn auf seinem Fahrrad abschüssige Straßen hinunterrasen sehen, wobei er andere Kinder erschreckte, gefährdete und doch geschickt umfuhr. Sie schrien, lachten und bewunderten ihn irgendwie. Beobachtete man ihn und hörte die merkwürdigen Geräusche, die er dabei machte, so mußte man sich wohl vorstellen, daß er sich selbst für ein Flugzeug im Einsatz hielt. Aber gleichzeitig erreichte er auf diesem Wege eine spielerische Beherrschung seiner eigenen Lokomotorik; er übte das Ausweichen im Angriff und wurde ein wahrer Virtuose auf dem Fahrrad.

Aus solch einem Beispiel sollte man lernen, daß eine Umerziehung sich der Kräfte bedienen muß, die für die spielerische Integration zur Verfügung stehen. Andererseits muß die verzweifelte Intensität manch eines Symptoms als die Verteidigung eines notwendigen Schrittes in der Entwicklung der Ich-Identität verstanden werden, eines Schrittes, der dem Kind die Möglichkeit verspricht, die rapiden Veränderungen innerhalb all seiner Lebensgebiete zu integrieren. Was dem Beobachter als eine besonders heftige Manifestation nackter Instinkte erscheinen kann, ist oft nur eine verzweifelte Bitte um die Erlaubnis, den einzig möglichen Weg der Synthetisierung und Sublimierung einschlagen zu dürfen. Unsere jungen Patienten können daher nur auf therapeutische Maßnahmen reagieren, die ihnen helfen, die nötigen Requisiten zu einer erfolgreichen Erfüllung ihrer Ich-Identität zu erwerben. Therapie und pädagogische Führung können wohl den Versuch unternehmen, weniger wünschenswerte Einzelzüge durch bessere zu ersetzen, aber die Gesamtkonfiguration der Ich-Identität wird bald unveränderlich. Daraus folgt, daß Therapie und Erziehung durch beruflich geschulte Kräfte scheitern müssen, wo die Kultur keine frühe Grundlage für eine Ich-Identität anbietet und wo die Möglichkeiten für eine entsprechende spätere Anpassung fehlen.

Unser kleiner Patient liefert eine Illustration zu einem allgemeingültigen Punkt. Die psychosoziale Identität entwickelt sich aus der allmählichen Integration aller Identifizierungen. Aber hier gilt, mehr noch als sonst, der Satz, daß das Ganze etwas durchaus anderes ist als die Summe seiner Teile. Unter günstigen Umständen besitzen Kinder schon früh im Leben den Kern einer eigenen Identität; oft müssen sie ihn sogar gegen die Notwendigkeit, sich mit einem ihrer Elternteile, oder beiden, übermäßig zu identifizieren, verteidigen. Das ist sehr schwer von Patienten zu erfahren, denn das neurotische Ich ist, definitionsgemäß, Überidentifizierungen zum Opfer gefallen, die das kleine Individuum sowohl von seiner keimenden Identität wie von seinem Milieu isolieren.

Aber was geschieht, wenn das »Milieu« darauf besteht, das Individuum nur auf Kosten eines dauernden Identitätsverlustes leben zu lassen? Sehen wir uns zum Beispiel die Chancen an, die ein amerikanisches Negerkind hat, eine Identität aufrecht zu erhalten.

Ich kenne einen farbigen Jungen, der, genau wie unsere Kinder, jeden Abend am Radio sitzt und die Geschichten vom Roten Reiter anhört. Nachher sitzt er im Bett und stellt sich vor, daß er der Rote Reiter ist. Aber dann kommt der Augenblick, wo er sich hinter einem maskierten Räuber her galoppieren sieht und plötzlich entdeckt, daß der Rote Reiter in seiner Vorstellung ein Neger ist. Er hört mit seinen Phantasien auf. Als kleines Kind war dieser Junge außerordentlich ausdrucksfähig, sowohl was seine Freude, als was seinen Kummer anbelangte. Heute ist er still und lächelt immer; seine Sprache ist weich und undeutlich; niemand kann ihn zur Eile veranlassen, niemand kann ihm Kummer machen – oder Freude. Die weißen Leute mögen ihn.

Negersäuglinge erhalten häufig sinnliche Befriedigungen, die ihnen einen oralen und sensorischen Überschuß vermitteln, der ein ganzes Leben ausreicht, was die Art ihrer Bewegungen, ihres Lachens, Redens und Singens deutlich verrät. Die erzwungene Symbiose mit der feudalen Welt der Südstaaten zog aus diesem oral-sensorischen Schatz Vorteil und half die Sklavenidentität aufzubauen: sanft, unterwürfig, abhängig, ein bißchen vorwurfsvoll, aber immer bereit zu dienen, mit gelegentlicher Pathetik und kindlicher Weisheit. Aber in der Tiefe klaffte ein gefährlicher Spalt. Die unvermeidliche Identifikation des Negers mit der herrschenden Rasse und das Bedürfnis der Herrenklasse, ihre eigene Identität gerade gegen die sinnlichen und oralen Verführungen zu schützen, die von der als inferior geltenden farbigen Rasse ausgingen (und ganz besonders von den Erinnerungen an ihre »Mammies«, ihre Negerammen und schwarzen Kindermädchen) begründete in beiden Gruppen bestimmte Assoziationen: weiß–sauber–klug–hell; und dunkel–schmutzig–dumm–Nigger. Besonders bei jenen Negern, die die armselige Zuflucht ihrer südlichen Heimstätten verließen, war das Ergebnis häufig ein plötzliches, gewalttätiges und grausames Reinlichkeitsregime, wie es die Autobiographien farbiger Schriftsteller berichten. Es sah so aus, als könnte durch die Reinlichkeit eine weißere Identität erzielt werden. Die unvermeidliche Desillusionierung erstreckte sich dann auf die phallisch-lokomotorische Stufe, wenn eine freie Übertragung der ursprünglich narzistischen Sinnlichkeit auf die genitale Sphäre dadurch unmöglich wurde, daß es auch in Träumen verbotene Farbnuancen gibt.

Es bildeten sich drei Identitäten aus: 1. Mammies oralsinnliches »Honigkindchen« – zärtlich, ausdrucksfähig, rhythmisch (in der Negermusik zur Kulturhöhe gereift); 2. die Identität des schmutzigen, analsadistischen, phallisch-vergewaltigenden »Niggers« und 3. der saubere, anal-zwanghafte, freundlich-gehemmte und immer traurige »Neger des weißen Mannes«. Sogenannte Chancen, die sich dem emigrierenden Neger bieten, erweisen sich häufig nur als ein größeres Gefängnis, das nur subtiler in seinen Einschränkungen ist und dabei seine einzige historisch erfolgreiche Identifizierung – die des Sklaven – gefährdet. Andererseits bietet es ihm keine wirkliche Reintegration der anderen, oben genannten Identitätsfragmente. Diese nicht integrierten Fragmente werden in der Form rassischer Karikaturen dominant, die von der Vergnügungsindustrie typisiert und in ihrer Bedeutung fehlbewertet werden. Müde seiner eigenen Karikatur, zieht sich der Farbige häufig in einen Zustand hypochondrischer Arbeitsunfähigkeit und Krankheit zurück, der eine Analogie zu der Abhängigkeit und relativen Sicherheit seines ehemaligen Sklavenzustandes darstellt: eine neurotische Regression zur Ich-Identität des Sklaven.

Ich habe schon erwähnt, daß mischblütige Indianer in Gebieten, wo sie kaum je einen Neger zu Gesicht bekommen, ihre reinrassigen Brüder als Nigger bezeichnen. Sie bringen damit die Macht der nationalen Bilderwelt zum Ausdruck, deren Aufgabe es ist, die herrschenden Idealbilder und die herrschenden Bilder des Schlechten im Inventar der gegebenen Typen zu kontrastieren. Kein Einzelner kann dieser Gegenüberstellung von Bildern entrinnen, die in großer Vielfalt die Unterschiede zwischen Männern und Frauen, Majoritäten und Minoritäten und den verschiedenen Klassen einer gegebenen nationalen oder kulturellen Einheit unterstreichen. Die Psychoanalyse zeigt, daß die unbewußte schlechte Identität (die Kombination aller Dinge, welche negative Identifizierung, d. h. den Wunsch hervorrufen, ihnen *nicht* zu gleichen) aus den Bildern des überwältigten Körpers (des Kastrierten), des ethnisch Ausgestoßenen und des ökonomisch Ausgenutzten besteht. So kann ein prononziert männlicher Mann in seinen Träumen wie in seinen Illusionen und Vorurteilen eine tödliche Angst verraten, jemals weibliche Gefühle oder die Unterwürfigkeitshaltung eines Negers oder die Intellektualität eines Juden zu verraten. Denn das Ich versucht im Laufe seiner Synthetisierungsbestrebungen die bösesten und die idealsten Prototypen als die endgültigen Widersacher zusammenzufassen, und damit die gesamte Bilderwelt von »überlegen« und »unterlegen«, von gut und böse, männlich und weiblich, Freier und Sklave, Mächtiger und Ohnmächtiger, schön und häßlich, schnell und langsam, groß und·klein in einer einfachen Alternative zu subsummieren, um aus einer verwirrenden Zahl von Einzelgefechten *eine* Schlacht und eine Strategie zu schaffen.

Während Kinder sich unter Umständen vorstellen, daß farbige Menschen durch einen Verschmutzungsprozeß dunkel geworden sind, können Farbige das Gefühl haben, daß weiße Leute ausgebleichte Schwarze sind. In beiden Fällen besteht die Idee einer abwaschbaren Schicht:

Alle Menschen sind schwarz geboren, und die weiß geworden sind, die hatten nur mehr Verstand. Engel des Herrn kam runter und sagte der ganzen Bande, am vierten Freitag bei Neumond sollen sie an den Jordan gehen und sich waschen. Er erklärt, daß sie alle weiß werden und die Kringel gehen aus ihren Haaren. Engel predigt und predigt, aber die blöden Nigger hören gar nicht zu. Engel kann einem Nigger gar nichts beibringen. Wenn der vierte Freitag kommt, ging nur ein ganz kleiner Haufen von ihnen an den Fluß und fing an zu schrubben. Das Wasser war mächtig niedrig. Das war nicht wie der alte Missip – verzeih mir, des Herren Fluß – das war nur wie'n kleiner Bach. Du hättst nur den Haufen Nigger sehen müssen, die da auf dem Zaun saßen und alle ausspotteten, die reingingen und sich wuschen. Spotten da und werfen Schlamm. Mehr Nigger, wie du in Vicksburg am Zirkustag siehst.

Die, die in den Fluß gingen, die wuschen und rieben sich, besonders die Haare, um die Kringel rauszukriegen. Die alte Tante Grinny Granny, die Urgroßmutter von all den Niggern, die saß den ganzen Tag lang auf 'nem Baumstamm, aß Käse und Waffeln und schimpfte die, die sich wuschen. Als es gerade dunkel wurde, da sprang sie auf und schlug die Hände zusammen: bei Gott, die Niggers, die *werden* ja weiß! Grinny Granny wirft ihr Kopftuch weg und rollt das Ufer hinunter, ihr Haar waschen, und all die blöden Nigger hinter ihr drein. Aber das ganze Wasser war aufgebraucht, nur noch ein winziges Restchen am Grund, das eben reicht, ihre Handflächen und Fußsohlen naß zu machen. Und deswegen ist ein Nigger an diesen Stellen weiß.[6]

Das Volksmärchen bringt hier einen Faktor zur Anwendung, den das rassische Vorurteil (das Weiße und Schwarze gleichermaßen beherrscht) mit dem sexuellen Vorurteil gemein hat (das ebenfalls im

---

[6] Members of the Federal Writers' Project, Phrases of the People, The Viking Press, New York 1937.

Tiefsten Männer und Frauen gleichermaßen beherrscht). Der unterscheidende Faktor, sei es die dunkle Hautfarbe, sei es die nicht-männliche Genitalbildung, wird als etwas empfunden, das dem weniger Bevorzugten *zugestoßen* ist, entweder in der Form irgend eines Versehens oder als Strafe; – und mehr oder weniger ausgesprochen gilt dieser unterscheidende Faktor als Makel.

Der Neger stellt natürlich nur den markantesten Fall einer amerikanischen Minderheit dar, die unter dem Druck der Tradition und der beschränkten Möglichkeiten gezwungen ist, sich mit ihren eigenen schlechten Identitätsfragmenten zu identifizieren und dadurch alle irgend mögliche, bisher errungene Teilnahme an einer amerikanischen Identität aufs Spiel zu setzen.

Das, was man die Raum-Zeit eines Individuums nennen könnte, konserviert also die soziale Standortsbestimmung seiner Kindheitswelt ebenso, wie die eigene Körperimago mit all ihren sozialen Bezügen.

Um diese beiden Faktoren zu unterscheiden, muß man die Kindheitsgeschichte eines Patienten mit der Ansiedlungsgeschichte seiner Familie in typischen Gebieten in Beziehung setzen – in »rückschrittlichen« Gebieten (wie dem Süden), oder in »fortschrittlichen« Gebieten (wie den westlichen und nördlichen Grenzdistrikten), wobei der Einverleibungsprozeß dieser Gebiete in die amerikanische Version der angelsächsischen Kulturidentität eine ausschlaggebende Rolle spielt. Man muß die Wanderung der Familie von, durch und nach Gebieten verfolgen, die in verschiedenen Perioden den extrem seßhaften oder den extrem wandernden Pol des sich bildenden amerikanischen Charakters repräsentierten; die religiösen Übertritte oder Abfälle der Familie mit ihren Verwicklungen innerhalb ihrer Klasse, die mißglückten Versuche, sich auf dem Niveau einer bestimmten Schicht festzusetzen und den Verlust oder die Preisgabe solch eines Niveaus. Ausschlaggebend ist dabei der Teil der Familiengeschichte, der das letzte überzeugende Gefühl einer kulturellen Identität vermittelt hatte.

Aus solchen Untersuchungen gewinnen wir einen Eindruck von den Gefahren, die den Amerikaner aus einer Minoritätengruppe erwarten, wenn er aus einer bestimmten und gut geleisteten Phase der Autonomie in die entscheidendste Phase der amerikanischen Kindheit übertritt: in die Phase der Initiative und Leistung. Wie wir schon erwähnten, sind die weniger amerikanisierten Minoritätengruppen häufig hinsichtlich des Genusses einer sinnlich freieren frühen Kindheit bevorzugt. Die Krise tritt ein, wenn ihre Mütter ihr Selbstvertrauen verlieren und plötzlich Zwangsmaßnahmen ergreifen, um dem vagen, aber alles durchtränkenden angelsächsischen Ideal näherzukommen, womit sie einen gewaltsamen Abbruch der Kontinuität schaffen. Aber auch die Kinder selbst können lernen, ihre sinnlichen und übermäßig beschützenden Mütter als Verführung und Hindernis auf dem Weg zu einer amerikanischen Persönlichkeit abzulehnen.

Im ganzen darf man wohl sagen, daß die amerikanischen Schulen erfolgreich die Aufgabe bewältigen, Kinder im Spielschulalter und in den ersten Volksschulklassen im Geist des Selbstvertrauens und der Unternehmungsfreude zu erziehen. Die Kinder dieser Altersgruppen erscheinen erfreulich vorurteilsfrei und unbefangen, noch ganz beschäftigt mit Wachsen und Lernen und den neuentdeckten Freuden einer Gemeinschaft außerhalb der Familie.

Das läßt uns hoffen, das es einmal eine »leistungsmäßige Gemeinschaftsbildung« geben könnte, eine Gleichsetzung mit all denen, die sich mit ganzem Herzen denselben Abenteuern und Erfolgen im Lernen widmen, und daß dadurch einem individuellen Minderwertigkeitsgefühl vorgebeugt werden könnte. Individuelle Erfolge andererseits setzen die allzu vorangetriebenen Kinder gemischter Abstammung und etwas andersartiger Begabung nun dem Schock der amerikanischen Pubertät aus: der Standardisierung der Individualität und der Intoleranz gegenüber »Unterschieden«.

Wir stellten fest, daß eine dauerhafte Ich-Identität sich nicht ohne das Vertrauen der ersten oralen Phase entwickeln kann; sie kann nicht zur Vollendung kommen ohne das Versprechen einer Erfüllung, die vom herrschenden Bild des Erwachsenen bis in die Anfänge des Säuglings hinabreicht, und die bei jedem Schritt in Kindheit und Jugend durch die greifbare Tatsache sozialer Gesundheit ein zunehmendes Gefühl der Ichstärke schafft. Wir müssen daher, ehe wir uns weiter mit dem Identitätsproblem unserer Zeit befassen, den Platz der Identität im menschlichen Lebenszyklus zu erkennen suchen. Im nächsten Kapitel soll eine Reihe von Icheigenschaften dargestellt werden, die aus den kritischen Perioden der Entwicklung erwachsen, Kriterien (und die Identität gehört zu ihnen), mit deren Hilfe das Individuum beweist, daß sein Ich auf einer gegebenen Stufe stark genug ist, den zeitlichen Entwicklungsplan des Organismus mit der Struktur der sozialen Institutionen in Einklang zu bringen.

SIEBENTES KAPITEL

DIE ACHT PHASEN DES MENSCHEN

1. Vertrauen gegen Ur-Mißtrauen

Der früheste Beweis für das Vertrauen des Kindes zur Gesellschaft ist das Fehlen von Ernährungsschwierigkeiten, Schlafstörungen und Spannungszuständen im Verdauungstrakt. Das Kind erlebt die wechselseitige Regulierung seiner eigenen wachsenden Fähigkeit zur Nahrungsaufnahme mit der Nährtechnik der Mutter, und dies hilft ihm nach und nach, das Unbehagen der bei der Geburt noch unausgewogenen Homöostase zu überwinden. In den allmählich länger werdenden Zeiten des Wachseins erwecken die Abenteuer, die ihm seine Sinne vermitteln, im Kinde immer mehr das Gefühl des Vertrauten und der Koinzidenz mit etwas, das sich im Inneren gut anfühlt. Zustände des Wohlbehagens und die damit in Beziehung stehenden Personen werden ihm ebenso vertraut wie die nagenden Unlustgefühle in seinen Verdauungsorganen. Daher kann man es als die erste soziale Leistung des Kindes bezeichnen, wenn es die Mutter aus seinem Gesichtsfeld entlassen kann, ohne übermäßige Wut oder Angst zu äußern, weil die Mutter inzwischen außer einer zuverlässig zu erwartenden äußeren Erscheinung auch zu einer inneren Gewißheit geworden ist. Das Erleben des Konstanten, Kontinuierlichen und Gleichartigen der Erscheinungen liefert dem Kinde ein rudimentäres Gefühl von Ich-Identität; es scheint dies davon abhängig zu sein, daß das Kind eine innere Welt erinnerter und voraussehbarer Empfindungen und Bilder in fester Korrelation mit der äußeren Welt vertrauter, zuverlässig wiedererscheinender Dinge und Personen »weiß«.

Was wir hier Vertrauen *(trust)* nennen, stimmt mit dem überein, was Therese Benedek Zuversicht *(confidence)* genannt hat. Ich ziehe das Wort »Vertrauen« vor, weil es mehr an Naivität und Wechselseitigkeit enthält; man kann von einem Säugling sagen, daß er Vertrauen hat, wo es zu weit ginge zu behaupten, er sei zuversichtlich. Der allgemeine Zustand des Vertrauens bedeutet außerdem nicht nur, daß man gelernt hat, sich auf die Gleichwertigkeit und die Dauer der äußeren Versorger zu verlassen, sondern auch, daß man sich selbst und der Fähigkeit der eigenen Organe trauen kann, mit dringenden Bedürfnissen fertig zu werden und daß man imstande ist, sich selbst als vertrauenswürdig genug zu empfinden, so daß die Versorger nicht auf der Hut sein müssen, durch beißenden Zugriff festgehalten zu werden.

Das dauernde Erproben und Abtasten der Beziehungen zwischen innerer und äußerer Welt tritt mit den Zornausbrüchen der Beiß-Phase in ein kritisches Stadium, wenn das Zahnen dem Kinde von innen her Schmerz bereitet, die äußeren Freunde sich aber entweder als nutzlos erweisen oder sich dem einzigen Akt entziehen, der Erleichterung verschafft: dem Beißen. Nicht daß das Zahnen selbst all die schrecklichen Folgen nach sich zöge, die ihm manchmal zugeschrieben werden. Wie schon angedeutet, ist das Kind nur getrieben, mehr »zuzupacken«, aber es findet nun häufig, daß die ersehnten Ziele sich ihm entziehen: die Brustwarze und die Brust – und die auf es allein konzentrierte Aufmerksamkeit und Fürsorge der Mutter. Das Zahnen scheint eine prototypische Bedeutung zu haben und könnte durchaus das Modell der masochistischen Tendenz sein, sich dadurch eines grausamen Trostes zu versichern, daß man eigene Leiden genießt, sobald man außerstande ist, einen bedeutsamen Verlust zu verhindern.

In der Psychopathologie kann man das Fehlen des Urvertrauens am besten bei schizophrenen Kindern beobachten; bei Erwachsenen äußert sich ein zu schwach entwickeltes Vertrauen in schizoiden und depressiven Persönlichkeitsbildern. Daher ist in solchen Fällen die Grunderfordernis der Therapie auch die Wiederaufrichtung des Vertrauens. Denn was immer den psychopathischen Zusammenbruch bedingt haben mag, in dem bizarren und ablehnenden Verhalten vieler, auch sehr kranker Schizophrener verbirgt sich das Streben, das Erleben des sozialen Miteinanders durch Abtasten der Grenzlinien zwischen den Sinnen und der Realität, zwischen den Worten und ihrer sozialen Bedeutung wiederzugewinnen.

Die Psychoanalyse sieht in diesem frühen Differenzierungsprozeß zwischen Innen und Außen den Ursprung der Projektionsmechanismen, die zu unseren tiefsten und gefährlichsten Abwehrmechanismen gehören. Bei der Introjektion empfinden und handeln wir, als ob etwas Gutes der Außenwelt zu einer inneren Gewißheit geworden wäre. Bei der Projektion erleben wir eine innerliche Verletzung als eine äußerliche; wir übertragen das Böse, das in Wirklichkeit in uns selber seinen Sitz hat, auf gewisse bedeutsame Personen. Diese zwei

Mechanismen, Projektion und Introjektion, müssen also nach dem Muster dessen gebildet sein, was im Säugling vorgeht, wenn er Schmerz nach außen und Lust nach innen verlegen möchte, ein Bestreben, das dem Zeugnis der reifenden Sinne und schließlich der Vernunft weichen muß. Beim Erwachsenen leben diese Mechanismen in akuten Liebes-, Vertrauens- und Glaubenskrisen mehr oder weniger normal wieder auf und können bei einer Unzahl »reifer« Individuen irrationale Haltungen gegenüber Widersachern und Feinden charakterisieren.

Die feste Prägung dauerhafter Verhaltensformen für die Lösung der Kernkonflikte von Urvertrauen und Urmißtrauen in bezug auf das Leben an sich ist also die erste Aufgabe des Ich und daher auch die vornehmste pflegerische Aufgabe der Mutter. Dazu muß jedoch gesagt werden, daß die Summe von Vertrauen, die das Kind seinen frühesten Erfahrungen entnimmt, nicht absolut von der Quantität an Nahrung und Liebesbezeugungen, sondern eher von der Qualität der Mutter-Kind-Beziehung abhängt. Ich glaube, daß die Mutter in dem Kinde dieses Vertrauensgefühl durch eine Pflege erweckt, die ihrer Qualität nach mit der einfühlenden Befriedigung der individuellen Bedürfnisse des Kindes zugleich auch ein starkes Gefühl von persönlicher Zuverlässigkeit innerhalb des wohlerprobten Rahmens des Lebensstils in der betreffenden Kultur vermittelt. Hier formt sich die Grundlage des Identitätsgefühls, das später zu dem komplexen Gefühl wird, daß man »in Ordnung« ist, daß man ein Selbst besitzt und daß man das Vertrauen der Umwelt rechtfertigt, indem man so wird, wie sie es von einem erwartet.

Abgesehen von den oben erwähnten »Muß«-Vorschriften der Kindererziehung, gibt es demnach wenige Versagungen, die das in der Entwicklung begriffene Kind sowohl in dieser wie auch in späteren Phasen nicht ertragen könnte, wenn nur diese Versagungen zum Erleben immer größerer Selbstgewißheit und stärkerer Kontinuität in der Entwicklung in Richtung auf eine schließliche Integration des individuellen Lebensganges mit einer sinnvollen größeren Zugehörigkeit beitragen. Die Eltern müssen nicht nur das Kind durch gewisse Verbote und Erlaubnisse lenken können; sie müssen auch imstande sein, in dem Kinde eine tiefe, fast körperliche Überzeugung zu wecken, daß das, was sie tun, sinnvoll ist. Letzten Endes werden Kinder nicht durch Versagungen neurotisch, sondern durch den Mangel oder Verlust der sozietären Bedeutung dieser Versagungen.

Aber selbst unter den günstigsten Umständen scheint diese Phase ein Gefühl innerer Spaltung und eine allumfassende Sehnsucht nach einem verlorenen Paradies in das Seelenleben einzuführen (ein Gefühl, das geradezu prototypisch dafür wird). Gegen diese machtvolle Kombination des Gefühls, beraubt zu sein, gespalten zu sein und verlassen zu sein, muß sich das Urvertrauen ein ganzes Leben lang aufrechterhalten.

Jeder der aufeinander folgenden Phasen steht in einer spezifischen Beziehung zu einem der Grundelemente der Gesellschaft, und zwar aus dem einfachen Grund, daß der menschliche Lebenszyklus und die Institutionen der Menschheit sich zusammen entwickelt haben. Im vorliegenden Kapitel können wir nicht viel mehr tun, als nach der Darstellung jeder Phase zu erwähnen, welches Grundelement sozialer Organisation auf sie Bezug hat. Dieser Bezug ist zweifach: der Mensch bringt diesen Institutionen die Überbleibsel seiner infantilen Mentalität und sein jugendliches Feuer entgegen und erhält von ihnen – solange es ihnen gelingt, ihre Aktualität zu wahren – eine Bestärkung seiner infantilen Erwerbungen.

Der Glaube der Eltern, der das im Neugeborenen keimende Vertrauen unterstützt, hat stets im Verlauf der Geschichte seine institutionelle Sicherung in einer organisierten Religion gesucht (und ist dort gelegentlich auf seinen größten Feind gestoßen). Das aus der liebenden Fürsorge erwachsene Vertrauen ist tatsächlich der Prüfstein der *Aktualität* jeder Religion. Allen Religionen gemeinsam ist die zeitweilige kindhafte Unterwerfung unter einen – oder mehrere – Versorger, die sowohl irdisches Glück wie geistige Intaktheit spenden; gemeinsam ist ihnen irgend eine Darstellung der Kleinheit des Menschen durch sich reduzierende Haltung und demütige Gesten, das Eingeständnis von Missetaten, bösen Gedanken und Absichten in Gebeten und Liedern, inbrünstige Rufe nach innerer Einung durch göttliche Führung und schließlich die Einsicht, daß individuelles Vertrauen zum allgemeinen Glauben werden soll, individuelles Mißtrauen zum gemeinschaftlich formulierten Bösen, während die Erneuerung des Individuums Teil der rituellen Praxis Vieler sein und zum Zeichen der Vertrauenswürdigkeit in der Gemeinschaft erhoben werden muß[1]. Wir haben gesehen, wie primitive Stämme, die mit

---

[1] Dies ist die soziologische und psychosoziale Seite der Religion. Ihre oft paradoxe Beziehung zur Geistigkeit des Einzelnen ist ein Problem, das sich nicht so kurz und beiläufig abhandeln läßt (siehe: E. H. Erikson, Young Man Luther. Deutsch: Der junge Mann Luther, Szczesny Verlag, München).

einem Ausschnitt der Natur zu tun haben, eine kollektive Magie entwickeln, die die übernatürlichen Versorger mit Nahrung und Glück so zu behandeln scheint, als wären sie zornig und müßten durch Gebet und Selbsttortur besänftigt werden. Primitive Religionen, wie auch die primitivste Schicht innerhalb aller Religionen und die religiöse Schicht in jedem Einzelnen sind übervoll von Bemühungen um Versöhnung, die undeutliche Taten gegen einen mütterlichen Urgrund gutzumachen und den Glauben an die Güte der eigenen Strebungen und an die Freundlichkeit der universellen Mächte wiederherzustellen suchen.

Jede Gesellschaft und jedes Alter muß die institutionalisierte Form der Verehrung finden, die aus ihrem Weltbild Lebenskraft schöpft – von der Prädestination bis zur Unbestimmbarkeit Gottes. Der Kliniker kann nur beobachten, daß viele stolz sind, keine Religion zu haben, deren Kinder es sich nicht leisten können, ohne eine solche zu existieren. Andererseits gibt es viele Menschen, die einen vitalen Glauben aus sozialen Tätigkeiten oder wissenschaftlichen Anstrengungen beziehen können. Und schließlich gibt es viele, die einen Glauben bekennen und doch in der Praxis Mißtrauen gegen das Leben wie den Menschen ausstrahlen.

2. Autonomie gegen Scham und Zweifel

Bei der Beschreibung des Wachstums und der Krisen der menschlichen Person als einer Reihe von alternativen Grundhaltungen, wie Vertrauen *versus* Mißtrauen, nehmen wir Zuflucht zu dem Begriff »ein Gefühl von«, obgleich derartige »Gefühle« (wie etwa ein Gefühl der Gesundheit oder des Wohlseins) Oberfläche und Tiefe durchdringen, Bewußtes und Unbewußtes. Sie sind also gleichzeitig Weisen des *Erfahrens*, die der Introspektion zugänglich sind, Weisen des *Verhaltens*, die von anderen beobachtet werden können und unbewußte *innere Zustände*, die durch Tests und Analyse bestimmbar sind. Im Weiteren ist es wichtig, sich dieser drei Dimensionen zu erinnern.

Die Reifung des muskulären Systems setzt ein neues Erprobungsstadium ein, das gleichzeitig zwei soziale Modalitäten erfaßt, nämlich das Festhalten und das Loslassen. Wie im Falle aller dieser Modalitäten kann der entsprechende Urkonflikt schließlich entweder zu feindlichen oder freundlichen Erwartungshaltungen führen. So kann das Festhalten zu einem zerstörenden und grausamen Besitz- und Zwangs- verhalten, aber auch zu einem vorgeprägten Verhalten von Sorge und Fürsorge führen: halte fest, was du hast. Auch das Loslassen kann zum böswilligen Freisetzen zerstörerischer Kräfte werden, oder es wird zum entspannten Gehen-Lassen und Sein-Lassen.

Die äußere Lenkung und Erziehung in diesem Stadium muß daher fest und sicherheitgebend sein. Das Kleinkind muß das Gefühl haben, daß sein Urvertrauen zu sich selber und zur Welt, jener aus den Kon- flikten des oralen Stadiums gerettete, bleibende Schatz nicht in Frage gestellt wird durch diese seine Kehrseite, seine plötzlichen heftigen Wünsche seinen Willen durchzusetzen, sich fordernd anzu- eignen und eigensinnig von sich zu tun. Es muß mit Festigkeit vor der potentiellen Anarchie seines noch ungeübten Unterscheidungsvermö- gens und seiner Unfähigkeit gehütet werden, etwas mit dem richtigen Kraftaufwand festzuhalten und loszulassen. Und wenn man es ermu- tigt, »auf seinen eigenen Füßen zu stehen«, muß man es zugleich gegen sinnlose, zufällige Erlebnisse von Scham und frühem Zweifel schützen.

Diese letzte Gefahr kennen wir am besten. Denn wenn dem Kinde die allmähliche und gelenkte Erfahrung der Autonomie der freien Wahl vorenthalten wird (oder wenn es schon durch den Verlust des Urvertrauens geschwächt ist), so kehrt es all seinen Erkenntnis- und Forscherdrang gegen sich selbst. Es wird sich übermäßig mit sich selber beschäftigen, ein frühreifes Gewissen entwickeln. Statt die Welt der Dinge in Besitz zu nehmen und sie in zielbewußter Wiederholung auszuprobieren, konzentriert sich das Kind zwanghaft auf seine eige- nen, sich wiederholenden Körpervorgänge. Durch diese Selbst- bezogenheit lernt es dann natürlich, seine Umgebung erneut auf sich zu lenken und durch eigensinnige, bis ins einzelne gehende Forderung pünktlicher Beachtung dort eine Macht auszuüben, wo es die größere wechselseitige Regulierung nicht erreichen konnte. Solche Pyrrhus- siege sind die kindliche Form einer späteren Zwangsneurose. Sie sind auch die kindliche Quelle späterer Versuche, im Erwachsenenleben den Buchstaben statt den Geist walten zu lassen.

Scham ist eine noch ungenügend untersuchte Empfindung, weil sie in unserer Kultur schon so früh und leicht im Schuldgefühl untergeht. Der sich Schämende nimmt an, daß er rundherum allen Augen aus- gesetzt ist, er fühlt sich unsicher und befangen. Er ist den Blicken der

Welt noch dazu höchst unvorbereitet ausgesetzt; so träumt man in Scham-Träumen, daß man unvollständig bekleidet, im Nachthemd, ohne Hosen, dasteht. Scham drückt sich frühzeitig in dem Impuls aus, das Gesicht zu verstecken, am liebsten jetzt und hier in die Erde zu versinken. Es handelt sich dabei aber wohl um einen gegen das Ich gekehrten Zorn. Der Schamerfüllte möchte vielmehr die Welt zwingen, ihn nicht anzusehen oder seine beschämende Situation nicht zu beachten. Er würde am liebsten die Augen aller anderen zerstören. Stattdessen muß er seine eigene Unsichtbarkeit wünschen. Dieses Gefühl wird in dem Erziehungssystem mancher primitiver Völker ausgiebig benützt. Die mit dem Sehen zusammenhängende Scham geht der mit dem Hören zusammenhängenden Schuld voraus; im Schuldgefühl wird die eigene Schlechtigkeit ganz für sich allein empfunden, wenn niemand zuschaut und alles schweigt – bis auf die Stimme des Über-Ichs. Im Beschämen des Kindes wird sein immer stärker werdendes Gefühl mißbraucht, klein zu sein, das sich erst entwickelt, wenn das Kind zu stehen beginnt und sein Bewußtseinszustand ihm erlaubt, die relativen Maße der Größe und der Macht zu erkennen.

Zu viel Beschämung führt nicht zu echtem Wohlverhalten, sondern zu dem geheimen Entschluß, unentdeckt zu tun, was man will – falls nicht tatsächlich herausfordernde Schamlosigkeit das Ergebnis ist. Es gibt eine eindrucksvolle amerikanische Ballade, in der ein Mörder, der vor den Augen der Gemeinde öffentlich gehängt werden soll, statt sich entsprechend zu schämen, die Zuschauer zu beschimpfen beginnt und jede Salve von Wut und Hohn mit den Worten schließt: »Gott verdamme eure Augen.« Manch kleines Kind, das bis zur Unerträglichkeit beschämt worden ist, kann vielleicht in die chronische Stimmung geraten, seinen Trotz in ähnliche Ausdrücke zu fassen – obgleich ihm natürlich weder der Mut noch die Worte dafür zur Verfügung stehen. Ich will mit dieser düsteren Zusammenstellung ausdrücken, daß es für ein Kind und für einen Erwachsenen angesichts der Forderungen, sich selbst, seinen Körper und seine Wünsche als böse und schmutzig anzusehen, eine Grenze des Erträglichen gibt, ebenso wie für seinen Glauben an die Unfehlbarkeit derer, die solche Urteile aussprechen. Der Betroffene kann imstande sein, die Dinge umzudrehen und nur den Umstand als schlecht zu empfinden, daß jene existieren: seine Zeit wird kommen, wenn sie verschwunden sind, oder wenn er sie verlassen hat.

Zweifel ist der Bruder der Scham. Während die Scham mit dem Bewußtsein der aufrechten und daher exponierten Haltung entsteht, hat der Zweifel – wie klinische Beobachtungen uns annehmen lassen – mit der Erkenntnis zu tun, daß man eine Vorder- und eine Rückseite hat – und einen »Hintern«. Diese Hinterseite des Körpers mit dem in den Sphincteren und der Sitzfläche lokalisierten aggressiven und libidinösen Fokus, kann vom Kinde nicht gesehen werden und unterliegt doch dem Willen der anderen. Der »Hintern« ist der dunkle Kontinent des Individuums, eine Körperzone, die von Anderen magisch beherrscht und erfolgreich zum Gehorsam gezwungen werden kann, von diesen Anderen, die die Autonomie des Kindes angreifen und die Eingeweideprodukte, die doch während des Aktes der Verdauung gut und in Ordnung waren, plötzlich als etwas Schlechtes bezeichnen. Dieses Urgefühl des Zweifels an dem, was man hinter sich gelassen hat, bildet eine Unterströmung für spätere, verbal ausdrückbare Formen zwanghaften Zweifelns und findet beim Erwachsenen seinen Ausdruck in paranoischen Ängsten vor verborgenen Verfolgern und geheimen Bedrohungen aus dem Hinterhalt und von hinten-innen her.

Diese Phase wird daher entscheidend für das Verhältnis von Liebe und Haß, Zusammenarbeit und Eigensinn, Freiheit der Selbstentfaltung und ihrer Unterdrückung. Aus dem Gefühl der Herrschaft über sich selbst ohne Verlust der Selbstachtung stammt ein dauerhaftes Gefühl guten Willens und des Stolzes; aus dem Gefühl verlorener Selbstkontrolle und fremder Oberherrschaft erwächst ein dauernder Hang zu Zweifel und Scham. Wenn manchem Leser die »negativen« Möglichkeiten unserer Lebensphasen überbetont erscheinen, so muß ich ihn daran erinnern, daß das nicht nur ein Ergebnis der überwiegenden Beschäftigung mit Krankengeschichten ist. Scheinbar ausgereifte und unneurotische Erwachsene zeigen eine Empfindlichkeit gegenüber einem möglichen beschämenden »Gesichtsverlust«, eine Angst »von hinten her« angegriffen zu werden, die nicht nur höchst irrational im Gegensatz zu ihrem verfügbaren Wissen stehen, sondern die auch von schicksalshafter Bedeutung sein können, wenn damit zusammenhängende Empfindungen z .B. Fragen der rassischen und internationalen Politik beeinflussen.

Wir haben das Urvertrauen in Beziehung gesetzt zu der Institution der Religion. Das immerwährende Bedürfnis des Einzelnen nach einer Bekräftigung seines Willens und nach einem Entwurf für seine Willensausübung innerhalb einer erwachsenen Ordnung der Dinge, die ihrerseits gleichzeitig den Willen anderer bekräftigen und ihnen einen Entwurf anbieten, hat seine institutionelle Sicherung im *Prinzip von Recht und Ordnung*. Im täglichen Leben wie im übergeordneten Bereich des bürgerlichen und internationalen Rechts teilt dies Prinzip jedem seine Privilegien und seine Grenzen zu, seine Verpflichtungen und seine Rechte. Das Gefühl rechtlicher Würde und gesetzestreuer Unabhängigkeit bei den Erwachsenen vermittelt dem gutwilligen Kind die zuversichtliche Erwartung, daß die in der Kindheit geförderte Autonomie im späteren Leben nicht zu ungemäßem Zweifel oder zur Scham führen wird. So dient das im Kinde geförderte Gefühl der Autonomie, das sich im Fortschreiten des Lebens modifiziert, der Wahrung eines Gerechtigkeitsgefühls im wirtschaftlichen und politischen Leben, wie umgekehrt dieses Gerechtigkeitsgefühl wieder die frühe Autonomie des Kindes stützt.

3. Initiative gegen Schuldgefühl

Bei jedem Kind entfaltet sich in jeder Phase ein neues Wunder lebenskräftigen Erblühens, das eine neue Hoffnung und eine neue Verantwortung für alle bildet. So ist es mit dem Gefühl und der alles durchdringenden Qualität der Initiative. Die Kriterien für all diese Gefühle und Qualitäten sind die gleichen: eine Krise, mit mehr oder weniger unsicherem Umhertasten belastet, löst sich, indem das Kind plötzlich wieder in seiner Persönlichkeit und in seinem Körper »zusammenzuwachsen« scheint. Es erscheint »mehr es selbst« zu sein, liebevoller, entspannter, sicherer in seinem Urteil, aktivierter und aktivierender. Es verfügt frei über einen Energieüberschuß, der ihm erlaubt, Mißerfolge schnell zu vergessen und mit unverminderter und besser gerichteter Zielstrebigkeit anzugehen, was ihm erstrebenswert erscheint (selbst wenn das auch unsicher und sogar gefährlich aussieht). Die Initiative fügt zur Autonomie die Qualität des Unternehmens, Planens und »Angreifens« einer Aufgabe um der Aktivität und der Beweglichkeit willen, wo zuvor viel häufiger Eigensinn Akte des Trotzes veranlaßte, oder mindestens aus diesen Motiven Unabhängigkeit verteidigt wurde.

Ich weiß, daß das bloße Wort »Initiative« für viele Menschen einen amerikanischen und einen industriellen Beigeschmack hat. Aber Initiative ist ein unerläßlicher Teil jeder Tat und der Mensch bedarf eines Gefühls der Initiative für alles was er lernt und was er tut, vom Obsteinsammeln bis zu einem System für ein Unternehmen.

Die Phase der freien Fortbewegung und der infantilen Genitalität fügt der Reihe grundlegender sozialer Modalitäten eine weitere hinzu: das »Machen«, und zwar zunächst im Sinne des »Sich-an-etwas-Heranmachens«. Es gibt kein einfacheres und kräftigeres Wort, das mit den früher aufgezählten sozialen Modalitäten so gut zusammenstimmte. Es deutet zugleich das Vergnügen an, das in Angriff und Eroberung erlebt wird. Beim Knaben liegt der Akzent auf phallisch-eindringenden Verhaltensweisen, beim Mädchen mehr auf Verhaltensweisen des Bekommens, und zwar entweder in der aggressiven Form des Wegnehmens und eifersüchtiger Besitznahme oder in der milderen Form des Schmeichelns und Sich-Liebkind-Machens.

Die Gefahr dieser Phase ist das Schuldgefühl in bezug auf die Zielsetzungen und Unternehmungen, die in der überschäumenden Freude an der neuen körperlichen und geistigen Beweglichkeit und Kraft angegangen werden: Akte aggressiver Manipulation und Nötigung, die die Leistungsfähigkeit von Körper und Geist weit übersteigen und daher der Initiative ein energisches Halt entgegensetzen. Während die Autonomie-Phase sich darauf konzentriert, potentielle Rivalen auszuschalten und sich deshalb mehr in wütender Eifersucht gegen Übergriffe jüngerer Geschwister äußert, tritt in der neuen Phase eine vorwegnehmende Rivalität gegenüber denjenigen in Erscheinung, die schon vorher da waren und das Feld, auf das sich die eigene Initiative richtet, mit überlegenen Kräften besetzt halten. Jetzt treten Eifersucht und Rivalität, diese oft so erbitterten und doch so vergeblichen Versuche zur Abgrenzung einer Sphäre unanfechtbaren Vorrechts, zum Schlußkampf an, nämlich um die Vorrangstellung im Herzen der Mutter; und die unvermeidliche Niederlage führt zu Resignation, Schuldgefühlen und Angst. Das Kind ergeht sich in Phantasien, wird zum Riesen und Tiger; in seinen Träumen aber rennt es angsterfüllt ums liebe Leben. Dies ist die Phase des »Kastrationskomplexes«, der Furcht, zur Strafe für die mit den genitalen Erregungen verknüpften Phantasien die (nun energisch erotisierten) Genitalien zu verlieren.

Infantile Sexualität und Inzest-Tabu, Kastrationskomplex und Über-Ich vereinigen sich hier zu jener spezifisch menschlichen Krise, in der das Kind sich von einer ausschließlichen prägenitalen Elternbeziehung dem langsamen Prozeß zuwenden muß, selbst ein Glied

250

der Geschlechterfolge, ein Träger der Überlieferung zu werden. Hier kommt es zum schicksalhaften Bruch, zur großen Umformung im emotionalen Kraftwerk, zu einer Kluft zwischen potentiellem menschlichem Sieg und potentieller totaler Vernichtung. Denn von hier ab wird das Kind für immer in einem inneren Zwiespalt leben. Die Triebfragmente, die bisher das Wachstum des kindlichen Körpers und Geistes unterstützt haben, zerfallen nunmehr in einen infantilen Teil, der den Überschwang des Wachstumspotentials fortsetzt, und einen »parentalen« Teil, der Haltungen wie Selbst-Beobachtung, Selbst-Entscheidung und Selbst-Bestrafung unterstützt und steigert.

Das Problem besteht wiederum in der gegenseitigen Regulierung. Wo das Kind, das jetzt so sehr dazu neigt, sich selbst zu lenken, allmählich ein Gefühl elterlicher Verantwortlichkeit entwickeln kann, wo es einen ersten Einblick in Institutionen, Funktionen und Rollen gewinnt, die ihm eine verantwortliche Teilnahme ermöglichen, da wird es auch aus der ersten Beschäftigung mit Werkzeugen und Waffen, mit sinnvollen Spielzeugen und auch aus der Fürsorge für kleinere Kinder lustvolle Befriedigung beziehen.

Natürlich ist dieser »parentale«, elterliche Teil zunächst seiner Natur nach auch noch ein kindlicher: die Tatsache, daß das menschliche Gewissen das ganze Leben hindurch partiell infantil bleibt, stellt ja den Kern der menschlichen Tragödie dar. Denn das Über-Ich des Kindes kann primitiv, grausam und unnachgiebig sein; man hat Beispiele, daß Kinder sich bis zur Selbstvernichtung beherrschen und kasteien können, daß sie etwa einen Übergehorsam entwickeln, der in seiner Buchstabengenauigkeit weit über das hinausgeht, was die Eltern wünschen, oder daß sie tiefe Regressionen und bleibende Ressentiments entwickeln, weil die Eltern selbst scheinbar nicht in Übereinstimmung mit dem neuen Gewissen leben, das sie dem Kinde eingeimpft haben. Der Haß gegen einen Vater (oder eine Mutter), die als Vorbild und Richter des Über-Ich dienten, die sich aber in irgendeiner Weise offenbar gerade diejenigen Sünden erlauben konnten, die das Kind an sich selber nicht mehr tolerieren kann, ist einer der tiefsten Lebenskonflikte. Der Argwohn und die Ausweichtendenz, die damit dem »Alles-oder-nichts«-Prinzip des Über-Ich beigemischt wird, machen den Moralisten zu einer großen potentiellen Gefahr für sein eigenes Ich – und für seine Mitmenschen.

In pathologischen Fällen Erwachsener drückt sich der noch immer fortbestehende Initiative-Konflikt entweder in hysterischen Verleugnungen aus, die zur Unterdrückung des Wunsches oder zur Außerkraftsetzung des Exekutivvorgangs durch Lähmung, Hemmung oder Impotenz führt, oder aber in einer Überkompensation durch Großtuerei, in der das verängstigte Individuum, das sich am liebsten verkriechen möchte, den Kopf besonders hoch trägt. Auch der Sprung in eine psychosomatische Krankheit ist heute häufig.

Es ist, als ob die Kultur den Menschen dahin geführt hätte, sich übergroß zu plakatieren und sich so mit seinem eigenen Riesenplakat zu identifizieren, daß ihm nur noch die Krankheit einen Fluchtweg bietet. Aber hier dürfen wir wieder nicht nur an die individuelle Psychopathologie denken, sondern an das innere Kraftwerk der Wut, das in diesem Stadium untergehen muß, während manche der liebsten Hoffnungen und wildesten Phantasien unterdrückt und gehemmt werden. Die resultierende Selbstgerechtigkeit – oft der wichtigste Lohn für gutes Betragen – kann sich später höchst intolerant in der Form ständiger moralischer Überwachung gegen andere richten, so daß anstelle der Lenkung der Initiative Verbote zum vorherrschenden Bestreben werden. Andererseits neigt die Initiative selbst des Moralischen dazu, die Grenzen der Selbstbeschränkung zu durchbrechen und ihm zu erlauben, anderen in seinem oder in fremden Lande das zuzufügen, was er in seinem eigenen Heim weder tun noch dulden würde.

Angesichts der gefährlichen Möglichkeiten, die in der langen Kindheit des Menschen liegen, tut man gut daran, auf die Skizze der Lebensphasen zurückzusehen und die Möglichkeiten zu überlegen, den Nachwuchs einer Rasse zu lenken, solange er jung ist. Und hier stellen wir fest, daß gemäß der Weisheit des Grundplanes das Kind zu keiner Zeit bereiter ist, schnell und begierig zu lernen, zu wachsen im Sinn geteilter Verpflichtungen und Leistungen, als während dieser Periode seiner Entwicklung. Es ist voller Eifer und fähig, Dinge gemeinsam zu tun, sich mit anderen Kindern zusammenzuschließen, um zu bauen und zu planen; es ist bereit, von Lehrern zu profitieren und idealen Vorbildern nachzueifern. Es bleibt natürlich mit dem gleichgeschlechtlichen Elternteil identifiziert, aber im Augenblick sucht es nach Möglichkeiten, wo Werk-Identifizierung ein Feld der Initiative ohne allzu viel infantilen Konflikt oder ödipale Schuldgefühle verspricht und eine realistischere Identifizierung zu bieten scheint, die auf dem Geist der Gleichwertigkeit beruht, den man erlebt, wenn man Dinge gemeinsam tut. Auf alle Fälle ist das Ergebnis der »ödipalen« Phase nicht nur die Aufrichtung eines hemmenden Moralgefühls, das den Horizont des Erlaubbaren

einengt; sie bringt auch die Ausrichtung auf das Mögliche und Greifbare hin, die es den Träumen der frühen Kinderzeit ermöglicht, sich
an die Ziele eines aktiven Erwachsenenlebens zu heften. Die sozialen
Institutionen bieten daher Kindern dieses Alters ein *ökonomisches
Ethos* in der Form idealer Erwachsener, die durch ihre Uniformen und
durch ihre Funktionen kenntlich und faszinierend genug sind, die Helden der Bilderbücher und Märchen zu ersetzen.

4. Leistung gegen Minderwertigkeitsgefühl

So scheint die innere Bühne schon völlig für den »Eintritt ins Leben«
aufgebaut zu sein, nur daß dies Leben erst einmal Schulleben sein muß,
sei die Schule nun der Acker, der Dschungel oder das Klassenzimmer.
Das Kind muß frühere Hoffnungen und Wünsche vergessen, während
seine überschäumende Phantasie gezähmt und ins Geschirr der Gesetze
unpersönlicher Dinge gespannt wird. Denn ehe das Kind, das psychologisch schon ein rudimentärer Vater oder eine rudimentäre Mutter ist,
auch biologisch in diese Rolle hineinwachsen kann, muß es noch lernen,
in der Arbeitswelt und als potentieller Ernährer seinen Platz zu finden.
Mit Herannahen der Latenzperiode vergißt bzw. sublimiert das normal
entwickelte Kind seinen Drang, die anderen Menschen seiner Umwelt
durch direkten Kontakt zu erobern oder jetzt und auf der Stelle Papa
oder Mama zu werden; stattdessen lernt es, sich Anerkennung zu verschaffen, indem es etwas leistet. Es hat seine erreichbare Umgebung und
seine Körpermodi bemeistert. Es hat eingesehen, daß innerhalb des
engsten Familienkreises nicht mehr zu erreichen ist, und es ist nun bereit, sich Handfertigkeiten und Aufgaben zuzuwenden, die den bloßen
Ausdruck seiner Körperfähigkeiten oder den Lustgewinn an der Funktion seiner Gliedmaßen weit überschreiten. Es entwickelt Werksinn,
d. h. es paßt sich den anorganischen Gesetzen der Werkzeugwelt an.
Es kann nun eifrig und absorbiert in einer Produktionssituation auf-
gehen. Eine Produktionssituation zur Vollendung zu bringen wird nun
zu einem Ziel, das die wechselnden Einfälle und Wünsche seines autonomen Organismus allmählich verdrängt. Die Ich-Grenzen dehnen sich
auch auf die Werkzeuge und Handfertigkeiten aus: das Werkprinzip
(*Ives Hendrik*) lehrt es die Lust an der Werkvollendung durch an-
haltende Aufmerksamkeit und ausdauernden Fleiß.
In allen Kulturen erhalten Kinder in dieser Phase irgend eine Art

systematischer Belehrung, obgleich diese, wie wir im Kapitel über die amerikanischen Indianer sahen, keineswegs immer in der Form von Schulen vor sich geht, wie schriftgelehrte Völker sie rund um Spezial-lehrer organisieren müssen, die gelernt haben, Schriftgelehrsamkeit zu lehren. Bei Völkern, die noch keine Schrift besitzen und bei einem Vor-gehen, das keine Schrift verwendet, wird viel von Erwachsenen gelernt, die Kraft ihrer Begabung und Neigung Lehrer wurden, statt auf dem Wege der Bestallung. Das allermeiste wird wahrscheinlich von älteren Kindern gelernt. So entwickeln sich die Grundzüge der Technologie, indem das Kind lernt, die von den Großen verwendeten Gebrauchs-gegenstände, das Werkzeug und die Waffen, zu gebrauchen. Des Lesens und Schreibens kundige Völker mit weitgehend spezialisierten Berufen müssen das Kind vorbereiten, indem sie ihm Dinge beibringen, die ihm vor allem einmal das Lesen und Schreiben ermöglichen, die breitest mögliche Grunderziehung für die größte Anzahl möglicher Berufe. Je verwirrender aber die Spezialisierung wird, desto undeutlicher werden die eventuellen Ziele der Initiative, und je komplizierter die soziale Realität, desto vager sind die Rollen des Vaters und der Mutter in ihr. Die Schule scheint eine Kultur ganz für sich darzustellen, mit eigenen Zielen und Grenzen, Höhepunkten und Enttäuschungen.

Die Gefahr dieser Phase liegt darin, daß sich ein Gefühl der Unzu-länglichkeit und Minderwertigkeit bilden kann. Wenn das Kind ver-zweifelt, weil es mit den Werkzeugen und Handfertigkeiten nicht zu-rechtkommt oder weil es unter seinen Werk-Gefährten keinen eigenen Stand finden kann, so kann es die Hoffnung aufgeben, sich schon mit den Großen identifizieren zu können, die sich im gleichen allgemeinen Rahmen der Werkzeugwelt betätigen. Wenn das Kind die Hoffnung auf eine solche »werkmäßige« Anlehnung verliert, so wird es auf die isolierte, weniger werkzeugbewußte, familiäre Rivalität der ödipalen Periode zurückfallen. Das Kind verliert so das Vertrauen sowohl zu seinen Fähigkeiten in der Werkzeugwelt wie in der Anatomie und glaubt sich zur Mittelmäßigkeit oder zu einem Krüppeldasein ver-dammt. An diesem Punkte wird jetzt die größere Gesellschaft wichtig mit ihren jeweiligen Methoden, das Kind zu einem Verständnis für bedeutsamere Rollen in der Gesamtökonomie zu führen. Wieviele Kinder erleben einen Bruch in ihrer Entwicklung, weil das Familien-leben sie nicht auf das Schulleben vorbereitet hat, oder weil das Schul-leben die Versprechungen früherer Stadien nicht hielt.

Angesichts der Periode eines sich entwickelnden Leistungsgefühls habe ich auf *äußere und innere Hindernisse* beim Gebrauch der neuen Fähigkeiten hingewiesen, aber noch nicht auf die Erschwernisse der neuen humanen Triebe, nicht auf die untergründige Wut, die aus ihrer Versagung erwächst. Diese Phase unterscheidet sich insofern von den früheren, als es keine Schaukelbewegung von einem inneren Aufruhr zu einer neuen Bemeisterung gibt. Freud sprach vom Latenzstadium, weil heftige Triebe normalerweise jetzt ruhen. Aber es handelt sich nur um die Stille vor dem Sturm der Pubertät, wenn alle früheren Triebe in neuer Zusammensetzung aufsteigen, um unter die Vorherrschaft der Genitalität zu geraten. Andererseits ist es ein sozial höchst entscheidendes Stadium: da Leistung auch das Tun neben und mit anderen umfaßt, entwickelt sich in dieser Zeit ein erstes Gefühl für Arbeitsteilung und unterschiedlichen Möglichkeiten, d. h. ein Gefühl für das *technologische Ethos* einer Kultur. Im letzten Abschnitt haben wir auf die Gefahr hingewiesen, die Gesellschaft und Individuum bedroht, wo das Schulkind zu ahnen beginnt, daß nicht sein Wunsch und Wille zu lernen seinen Wert als Lehrling bestimmen, sondern seine Hautfarbe, das Milieu seiner Eltern oder die Art, wie es gekleidet ist. Damit nun ist sein *Identitätsgefühl* in Gefahr – dem wir uns jetzt zuwenden müssen. Aber es gibt noch eine weitere, fundamentalere Bedrohung, nämlich die Selbstbeschränkung des Menschen und die Einengung seines Horizonts, so daß er nur noch seine Arbeit umfaßt, zu der er, gemäß der Heiligen Schrift, nach der Austreibung aus dem Paradies verurteilt wurde. Wenn er die Arbeit als einzige Verpflichtung auffaßt, und das, was »etwas bewirkt«, »etwas schafft« als einziges Kriterium dessen, was sich lohnt, kann er zum konformistischen, gedankenlosen Sklaven seiner Technologie und derer werden, die in der Lage sind, sie auszubeuten.

5. Identität gegen Rollenkonfusion

Mit der Aufrichtung eines guten Verhältnisses zur Welt der Handfertigkeiten und Werkzeuge und mit Eintritt der sexuellen Reife ist die eigentliche Kindheit zu Ende. Die Jugendzeit beginnt. Aber das rasche Körperwachstum, das fast dem der frühen Kindheit gleichkommt, und das völlig neue Hinzutreten der körperlichen Geschlechtsreife stellen alle vorher schon als zuverlässig empfundenen Werte der Gleichheit und Kontinuität wieder in Frage. Die heranwachsenden, sich entwickelnden Jugendlichen sind angesichts dieser psychologischen Revolution in sich selber vor allem daran interessiert, wie sie in den Augen anderer erscheinen, verglichen mit ihrem eigenen Gefühl, das sie von sich haben, und wie sie ihre früher geübten Rollen und Geschicklichkeiten mit den augenblicklich vorherrschenden Idealtypen in Verbindung setzen können. Auf der Suche nach einem neuen Kontinuitäts- und Gleichheitsgefühl muß der Jugendliche viele Kämpfe der früheren Jahre noch einmal durchkämpfen, selbst wenn er zu diesem Zweck absolut wohlwollende Menschen künstlich zu Feinden stempeln müßte; auch ist er ständig bereit, bleibende Idole und Ideale als Wächter seiner endgültigen Identität aufzustellen.

Die Integration, die nun in Form der Ich-Identität stattfindet, ist mehr als nur die Summe der Kindheits-Identifikationen. Es ist die gesammelte Erfahrung über die Fähigkeit des Ich, diese Indifikationen mit den Libido-Verschiebungen zu integrieren, ebenso wie mit den aus einer Grundbegabung entwickelten Fähigkeiten und mit den Möglichkeiten sozialer Rollen. Das Gefühl der Ich-Identität ist also die angesammelte Zuversicht des Individuums, daß der inneren Gleichheit und Kontinuität auch die Gleichheit und Kontinuität seines Wesens in den Augen anderer entspricht, wie es sich nun in der greifbaren Aussicht auf eine »Laufbahn« bezeugt.

Die Gefahr dieses Stadiums liegt in der Rollenkonfusion[2]. In Fällen, in denen dieser Zwiespalt auf starken früheren Zweifeln des jungen Menschen an seiner sexuellen Identität beruht, kommt es nicht selten zu kriminellen oder sexuellen oder ausgesprochen psychotischen Zwischenfällen. Wenn diese Fälle richtig diagnostiziert und behandelt werden, so brauchen sie nicht die fatale Bedeutsamkeit anzunehmen wie in anderen Altersgruppen. Es ist hauptsächlich die Unfähigkeit, sich für eine berufsmäßige Identität zu entscheiden, was die jungen Menschen beunruhigt. Um sich selbst zusammenzuhalten, überidentifizieren sie sich zeitweise scheinbar bis zum völligen Identitätsverlust mit den Cliquen- oder Massen-Helden. Damit treten sie in die Phase der »Schwärmerei«, was keineswegs ganz oder auch nur vorwiegend etwas Sexuelles ist – außer die herrschenden Bräuche verlangen dies. Die Liebe des Jugendlichen ist weitgehend ein Versuch, zu einer klaren Definition seiner Identität zu gelangen, indem er seine diffusen Ich-Bilder auf einen anderen Menschen projiziert und sie in der Spiegelung allmählich klarer sieht. Darum besteht junge Liebe so weitgehend aus Gesprächen.

---

[2] Siehe Das Problem der Ich-Identität, Psyche X, Stuttgart 1956/57.

Junge Leute können außerdem auffällig »klanhaft« empfinden und grausam im Ausschluß aller derer sein, die »anders« in der Hautfarbe, im kulturellen Milieu, im Geschmack und in der Begabung sind und häufig in derart geringfügigen Nuancen der Kleidung und Geste, wie sie gerade als *das* Abzeichen der Gruppenzugehörigkeit oder Nichtzugehörigkeit gelten. Es ist wichtig, eine derartige Intoleranz als Abwehr gegen ein Gefühl der Identitätsverwirrung zu verstehen – was nicht heißt, daß man sie verzeihen oder an ihr teilnehmen soll. Denn die Jugendlichen helfen nicht nur einander gegenseitig durch viele Schwierigkeiten, indem sie Cliquen bilden und sich selbst, ihre Ideale und ihre Feinde zu Stereotypen erheben; sie prüfen paradoxerweise dadurch auch ihre wechselseitige Fähigkeit, Treue zu wahren. Die Bereitschaft zu solch einer Prüfung erklärt auch den Anreiz, den einfache und grausame totalitäre Doktrinen auf die jugendlichen Geister der Länder und Klassen ausüben, die ihre Gruppenidentität (feudal, agrarisch, stammesmäßig, national) verloren haben oder verlieren und sich der weltumfassenden Industrialisierung, Emanzipation und Kommunikation gegenübersehen.

Der jugendliche Geist ist dem Wesen nach ein Geist des *Moratoriums*, ein psychologisches Stadium zwischen Kindheit und Erwachsensein, zwischen der vom Kind erlernten Moralität und der Ethik, die der Erwachsene entwickeln muß. Er ist ein ideologischer Geist – und tatsächlich ist es die ideologische Warte der Gesellschaft, die am verständlichsten zum Jugendlichen spricht, der danach strebt, von Gleichartigen bestätigt zu werden und bereit ist, sich durch Rituale, Glaubenssätze und Programme überzeugen zu lassen, die gleichzeitig festlegen, was böse, was unheimlich und was feindlich ist. Auf der Suche nach den sozialen Werten, die der Identität Leitbilder vermitteln, stellt man daher die Probleme der *Ideologie* und der *Aristokratie* einander gegenüber, beide in ihrem weitestmöglichen Sinn, was einschließt, daß innerhalb eines festbegrenzten Weltbilds und eines vorbestimmten historischen Ablaufs das beste Volk zur Herrschaft gelangt und Herrschaft das Beste im Menschen entwickelt. Um nicht zynisch oder apathisch zu werden, müssen junge Menschen irgendwie imstande sein, sich selbst zu überzeugen, daß diejenigen, die in ihrer antipizierten Erwachsenenwelt Erfolg haben, damit die Verpflichtung übernehmen, die besten zu sein. Später werden wir über die Gefahren sprechen, die von menschlichen Idealen ausgehen, wenn sie der Lenkung von Supermaschinerien als Vorspann dienen, seien sie von nationalistischen oder internationalen, kommunistischen oder kapitalistischen Ideologien gelenkt. Im letzten Abschnitt dieses Buches soll dargestellt werden, auf welche Weise das tiefe Bedürfnis der Jugend, ihre Identität in einer industrialisierten Welt zu finden, von den Revolutionen unserer Zeit befriedigt und ausgebeutet wird.

6. Intimität gegen Isolierung

Die in jeder Phase errungene Stärke wird durch die Notwendigkeit einer Prüfung unterzogen, so voranzuschreiten, daß das Individuum auf der nächsten Stufe gerade das riskieren und einsetzen kann, was auf der vorhergehenden besonders verletzlich kostbar war. So ist der junge Erwachsene, der aus der Suche nach und aus seinem Beharren auf seiner Identität hervorgeht, voller Eifer und Bereitwilligkeit, seine Identität mit der anderer zu verschmelzen. Er ist bereit zur Intimität, d. h. er ist fähig, sich echten Bindungen und Partnerschaften hinzugeben und die Kraft zu entwickeln, seinen Verpflichtungen treu zu bleiben, selbst wenn sie gewichtige Opfer und Kompromisse fordern. Körper und Ich müssen nun die Organ-Modalitäten und die Kernkonflikte beherrschen, um ohne Furcht vor einem Ich-Verlust Situationen begegnen zu können, die Hingabe verlangen: in Orgasmus und geschlechtlicher Vereinigung, in enger Freundschaft und physischem Kampf, in Erlebnissen der Inspiration durch Lehrer und der Intuition aus der Tiefe des Selbst. Wenn der junge Mensch aus Furcht vor dem Ich-Verlust diesen Erlebnissen ausweicht, so führt dies zum Gefühl tiefster Vereinsamung und schließlich zu einer gänzlichen Beschäftigung mit sich selbst, zu einem Verlust der Umwelt.

Das Gegenteil der Intimität ist Distanzierung: die Bereitschaft die Kräfte und Menschen zu isolieren und wenn nötig zu zerstören, deren Wesen dem eigenen gefährlich scheint und deren »Territorium« auf den Bereich der eigenen intimen Beziehungen überzugreifen droht. Vorurteile, die sich so entwickeln (und die in Politik und Krieg verwertet und ausgenutzt werden), sind ein Auswuchs der blinden Ablehnung, die während des Kampfes um die Identität scharf und grausam zwischen dem Vertrauten und dem Fremden unterscheidet. Die Gefahr dieses Stadiums besteht darin, daß mit und gegenüber den gleichen Menschen intime, konkurrierende und kämpferische Beziehungen erlebt werden. Aber da die Gebiete der erwachsenen Pflichten abgegrenzt und das konkurrierende Aufeinandertreffen und die sexuelle Umarmung unterschieden sind, werden sie schließlich jenem *ethischen Gefühl* unterworfen, das das Kennzeichen des Erwachsenen ist.

Genau gesagt kann sich erst jetzt die echte Genitalität voll entwickeln; denn vieles von dem Sexualleben, das diesen Bindungen vorangeht, gehört noch der Suche nach der Identität an oder wird von phallischen und vaginalen Strebungen beherrscht, die das Sexualleben zu einer Art genitalen Kampfes machen. Andererseits wird die Genitalität allzuoft als ein permanenter Zustand wechselseitiger sexueller Glückseligkeit beschrieben. Das ist nun die Stelle, um unsere Besprechung der Genitalität zu vervollständigen.

Als grundlegende Orientierung möchte ich den – wie ich glaube – kürzesten Ausspruch Freuds anführen, der mir bekannt wurde. Es ist oft behauptet worden und wird immer weiter kolportiert, daß die psychoanalytische Behandlung das Ziel habe, dem Patienten beizubringen, er habe vor Gott und den Menschen nur die eine Pflicht: gute Orgasmen mit einem geeigneten »Objekt« zu haben, und das regelmäßig. Das ist natürlich nicht wahr. Freud wurde einst gefragt, was seiner Meinung nach ein normaler Mensch können müßte. Der Frager erwartete vermutlich eine komplizierte Antwort. Aber Freud soll kurz angebunden, wie er im Alter war, geantwortet haben: »Lieben und arbeiten«. Es lohnt sich, über diese einfache Formel nachzudenken; je mehr man es tut, umso tiefer wird sie. Denn wenn Freud »lieben« sagte, so meinte er ebenso sehr *geschlechtliche* Liebe wie geschlechtliche *Liebe;* und wenn er »lieben und arbeiten« sagte, so meinte er damit eine allgemeine Werkproduktivität, die das Individuum nicht völlig verschlingt und es nicht seiner Rechte und seiner Kraft, ein Geschlechtswesen und ein Liebender zu sein, beraubt. So können wir bei allem Nachdenken nichts an dieser Formel verbessern.

Genitalität besteht also in der ungehinderten Fähigkeit, eine von prägenitalen Störungen freie orgastische Potenz zu entwickeln, so daß bei voller Gefühlsbeteiligung sowohl von Penis wie von Vagina die genitale Libido (und nicht bloß die in Kinseys »Abfuhr« entladenen Sexualprodukte) in heterosexueller Wechselseitigkeit zum Ausdruck gelangt, und das in einer konvulsionsartigen Spannungs-Entladung des ganzen Körpers. Hier wird nun allerdings etwas viel zu Konkretes über einen Vorgang ausgesagt, den wir in Wirklichkeit nicht verstehen. Um es situationsgemäßer auszudrücken: die Gesamttatsache, daß die zwei beteiligten Wesen im Ausbruch des Orgasmus ein höchstes Erlebnis wechselseitiger Regulation erfahren, bricht irgendwie den Feindseligkeiten und der potentiellen Wut auf Grund des Gegensatzes von männlich und weiblich, von Realität und Phantasie, von Liebe und Haß die Spitze ab. Befriedigende Geschlechtsbeziehungen führen dazu, daß der Mensch vom Sexuellen weniger besessen ist, daß Überkompensation weniger wichtig, sadistische Selbstzucht überflüssig werden.

Die Psychoanalyse, deren Hauptinteresse ja auf das Therapeutische gerichtet war, hat die Frage der Genitalität oft nicht so formuliert, daß ihre Definitionen für die gesellschaftlichen Prozesse in allen Klassen, Völkern und Kulturstufen zutrafen. Die Form der Gemeinschaft im Orgasmus, den die Psychoanalyse meint, ist in Klassen und Kulturen, in denen das Sexuelle zufälligerweise leicht genommen wird, offenbar ohne Schwierigkeit zu erreichen. In komplizierteren Gesellschaften sind am Zustandekommen dieser Gemeinsamkeit so viele Faktoren der Gesundheit, der Tradition, der Gelegenheit und des Temperaments mitbeteiligt, daß man den Begriff gesunder Sexualität besser so formulieren sollte: Der Mensch sollte potentiell zu wechselseitigem genitalen Orgasmus imstande sein, er sollte aber auch Versagungen auf diesem Gebiet ohne unangemessene Regression ertragen können, wenn Realitäts- oder Treuepflichten dies von ihm verlangen.

Während die Psychoanalyse gelegentlich in ihrer Betonung der Genitalität als einer Universalkur für die Gesellschaft zu weit gegangen ist und manchem, dem es gefiel, ihre Lehren so auszulegen, eine neue Sucht und eine neue Bequemlichkeit bot, hat sie nicht immer alle die Ziele aufgewiesen, die die Genitalität tatsächlich umfassen soll und muß. Um wirklich dauernde soziale Bedeutung zu haben, sollte die Utopie der Genitalität folgendes umfassen:

1. Wechselseitigkeit des Orgasmus
2. mit einem geliebten Partner
3. des andern Geschlechts
4. mit dem man wechselseitiges Vertrauen teilen will und kann,
5. und mit dem man imstande und willens ist, die Lebenskreise der
   a) Arbeit
   b) Zeugung
   c) Erholung
   in Einklang zu bringen, um
6. der Nachkommenschaft ebenfalls alle Stadien einer befriedigenden Entwicklung zu sichern.

260

Es ist klar, daß solche utopische Erfüllung in großem Maßstab weder eine einzelmenschliche noch auch eine therapeutische Aufgabe sein kann. Außerdem ist sie keineswegs eine rein sexuelle Angelegenheit. Sie ist Teil und Ganzes des Stiles einer Kultur in der sexuellen Wahl, im sexuellen Zusammenklang und im sexuellen Wettstreit.

Die Gefahr dieses Stadiums ist die Isolierung, d. h. die Vermeidung von Kontakten, die zur Intimität führen. In der Psychopathologie kann diese Störung ernste »Charakterprobleme« aufwerfen. Andererseits gibt es Bindungen, die zu einer Isolierung zu zweit werden und beide Partner vor der Notwendigkeit bewahren, der nächsten kritischen Entwicklungsphase entgegenzugehen – der zeugenden Fähigkeit.

7. Zeugende Fähigkeit gegen Stagnation

In diesem Buch liegt die Betonung auf den Phasen der Kindheit – im anderen Falle wäre der Abschnitt über die zeugende Fähigkeit notwendigerweise der wichtigste, denn dieser Ausdruck umfaßt die evolutionäre Entwicklung, die den Menschen sowohl zum lehrenden und begründenden wie zum lernenden Tier gemacht hat. Die Mode, die darauf besteht, die Abhängigkeit des Kindes vom Erwachsenen zu dramatisieren, hat uns häufig gegenüber der Abhängigkeit der älteren Generation von der jüngeren blind sein lassen. Der reife Mensch hat ein Bedürfnis danach, daß man seiner bedarf, und die Reife braucht sowohl die Führung wie die Ermutigung durch das, was sie hervorgebracht hat, und für das gesorgt werden muß.

Die zeugende Fähigkeit ist also in erster Linie das Interesse an der Stiftung und Erziehung der nächsten Generation, obwohl es Einzelne gibt, die, sei es durch Unglück, sei es wegen besonderer und echter Gaben, die in anderer Richtung liegen, diesen Trieb nicht ihren eigenen Nachkommen zuwenden. Der Begriff der zeugenden Fähigkeit soll auch tatsächlich die populäreren Begriffe wie *Produktivität* und *Schöpfertum* in sich schließen, die ihn aber nicht ersetzen können.

Es hat die Psychoanalyse einige Zeit gekostet einzusehen, daß die Fähigkeit, sich der Begegnung von Körper und Seele hinzugeben, zu einer allmählichen Erweiterung der Ich-Interessen und zu einer libidinösen Besetzung dessen, was gezeugt wurde, führt. Die zeugende Fähigkeit ist somit eine wesentliche Phase des psychosexuellen wie des psychosozialen Entwicklungsplans. Wo diese Bereicherung völlig entfällt, tritt eine Regression zu einem zwanghaften Bedürfnis nach Pseudointimität ein, oft verbunden mit einem übermächtigen Gefühl der Stagnation und Persönlichkeitsverarmung. Die Individuen beginnen dann oft, sich selbst zu verwöhnen, als wären sie ihr eigenes – oder eines anderen – einziges und eines Kind. Wo die äußeren Bedingungen dem Vorschub leisten, wird frühe körperliche oder psychologische Invalidität zum Vehikel des Befaßtseins mit sich selbst. Die bloße Tatsache, Kinder zu haben oder sogar sie sich zu wünschen, reicht aber nicht dazu aus, zeugende Fähigkeiten zu »erlangen«. Tatsächlich scheinen manche junge Eltern unter der Retardierung der Fähigkeit zu leiden, dieses Stadium zu entwickeln. Die Gründe dafür lassen sich oft in frühen Kindheitseindrücken finden, oft auch in exzessiver Eigenliebe, die auf einer zu angestrengt selbstaufgebauten Persönlichkeit beruht und schließlich (und hier kehren wir zu den Anfängen zurück) im Fehlen irgendeines Glaubens, eines »Vertrauens in die menschliche Spezies«, das ein Kind als ein willkommenes Pfand der Gemeinschaft erscheinen läßt.

Was die Institutionen anbetrifft, die die zeugende Fähigkeit sichern und bestärken, so kann man nur sagen, daß alle Institutionen die Ethik der fortzeugenden Generationenfolge in Gesetze fassen. Selbst wo weltanschauliche und geistige Traditionen die Verzichtleistung auf das Recht zu zeugen oder produktiv zu sein nahelegen, bemüht sich eine derartige zeitig vorverlegte Hinwendung zu den »letzten Dingen«, wo immer sie in klösterlichen Bewegungen institutionalisiert ist, gleichzeitig darum, das Problem ihrer Beziehung zur Fürsorge für die Kreatur dieser Welt wie zur Caritas, die sie transzendiert, zu regeln.

Handelte es sich hier um ein Buch über das Erwachsenendasein, so wäre es jetzt unerläßlich und nützlich, ökonomische und psychologische Theorien zu vergleichen (beginnend mit den merkwürdigen Konvergenzen und Divergenzen von Marx und Freud) und weiter zu einer Diskussion der Beziehung des Menschen zu seinen Hervorbringungen wie zu seiner Nachkommenschaft zu schreiten.

8. Ich-Integrität gegen Verzweiflung

Nur derjenige, der die Sorge für Dinge und Menschen in irgend einer Weise auf sich genommen hat und sich den Triumphen und Enttäuschungen angepaßt hat, die damit zusammenhängen, daß man nolens volens zum Ursprung anderer Menschenwesen und Schöpfer von Dingen und Ideen geworden ist – nur solch ein Mensch kann allmählich die Frucht dieser sieben Phasen ernten. Ich weiß kein besseres Wort dafür als »Ich-Integrität«. Mangels einer klaren Definition möchte ich wenigstens einige Bestandteile dieses seelischen Zustandes andeuten. Es ist die wachsende Sicherheit des Ichs hinsichtlich seiner natürlichen Neigung zu Ordnung und Sinnerfülltheit. Es ist eine postnarzistische Liebe zum menschlichen Ich – nicht zum Selbst – ein Erlebnis, das etwas von einer Weltordnung und einem geistigen Sinn vermittelt, gleichgültig wieviel diese Erkenntnis gekostet haben mag. Es bedeutet die Hinnahme dieses unseres einmaligen und einzigartigen Lebensweges als etwas Notwendigem und Unersetzlichem; es bedeutet daher auch eine neue, andere Liebe zu den Eltern. Es umfaßt zugleich ein kameradschaftliches Gefühl der Verbundenheit mit den Ordnungen ferner Zeiten und Strebungen, so wie sie in den einfachen Werken und Worten jener Zeit ausgedrückt sind. Obwohl der integere Mensch sich der Relativität all der vielen verschiedenen Lebensformen bewußt ist, die dem menschlichen Streben einen Sinn verleihen, ist er bereit, die Würde seiner eigenen Lebensform gegen alle physischen und wirtschaftlichen Bedrohungen zu verteidigen. Denn er weiß, daß das Einzelleben die zufällige Koinzidenz nur eines Lebenskreises mit nur einem Geschichtsabschnitt ist, und daß für ihn alle menschliche Integrität mit dem einen Integritätsstil steht und fällt, an dem er teilhat. Der von seiner Kultur oder Zivilisation entwickelte Integritätsstil wird dadurch zum »Erbteil seiner Seele«, zum Siegel der sittlichen Vaterschaft seiner selbst (». . . pero el honor / Es patrimonio del alma«, Calderón). Vor solch einer letzten Konsolidierung verliert der Tod seinen Stachel.

Mangel oder Verlust dieser gewachsenen Ich-Integrität ist durch Todesfurcht gekennzeichnet: der einzige, einmalige Lebensablauf wird nicht als die ultima ratio des Lebens anerkannt. Verzweiflung entspricht einem Gefühl, daß die Zeit zu kurz ist, zu kurz für den Versuch, ein anderes Leben zu beginnen und andere Wege der Integrität zu suchen. Der Lebensüberdruß verbirgt Verzweiflung, wenn oft auch nur in der Form der »tausend kleinen Verdrüsse«, die sich nicht zu einer großen Reue vereinen: »mille petits dégoûts de soi, dont le total ne fait pas un remords, mais un gêne obscure.« (Rostand).

Um reif zu werden, muß jeder einzelne Mensch in ausreichendem Maß sämtliche der erwähnten Ich-Eigenschaften entwickelt haben, so daß ein weiser Inder, ein echter Gentleman und ein alter kluger Bauer sich gegenseitig an diesem Stadium erreichter Integrität zu erkennen vermögen. Aber jedes Kulturgesamt benutzt für die Entwicklung seines besonderen, durch seinen historischen Ort gebotenen Integritätsstils auch eine besondere Kombination dieser Konflikte, zugleich mit besonderen Provokationen und Verboten der kindlichen Sexualität. Infantile Konflikte werden nur dann zu schöpferischen Konflikten, wenn sie an ihren kulturellen Institutionen und an den sie repräsentierenden führenden Klassen einen festen Halt finden. Um zur Integrität zu gelangen, muß der einzelne auch ein Gefolgsmann der Bannerträger in Religion und Politik, in der Wirtschaftsordnung und Technik, in aristokratischem Leben und in den Künsten und Wissenschaften sein können. Die Ich-Integrität umfaßt daher auch eine emotionale Integration, die einem Menschen sowohl die Lebensteilnahme durch Anhängerschaft wie durch die Übernahme von Verantwortung als Führer erlaubt.

In Websters Wörterbuch finden wir übrigens noch eine abrundende Ergänzung zu diesen unseren Überlegungen. Vertrauen (das erste der von uns genannten Ich-Werte) wird dort definiert als »gesichertes Sich-Verlassen auf die wechselseitige Integrität«, also den letzten unserer Werte. Ich habe zwar den Verdacht, daß Webster wohl eher an das Geschäftsleben als an Säuglinge gedacht hat, mehr an Kredit als an Glauben. Aber die Formulierung stimmt. Und man könnte noch weitere Paraphrasen um die Beziehung zwischen der Integrität der Erwachsenen und dem Vertrauen des Kindes bilden, indem man sagt, daß gesunde Kinder das Leben nicht fürchten, wenn ihre Eltern genug Integrität besitzen, den Tod nicht zu fürchten.

9. Eine epigenetische Tabelle

In diesem Buch liegt die Betonung auf den Phasen der Kindheit. Der oben erwähnte Begriff des Lebenszyklus bedarf noch der näheren systematischen Behandlung. In Vorbereitung darauf will ich das Kapitel mit einem Diagramm beschließen. Dabei repräsentiert die Diagonale – wie im Diagramm der prägenitalen Zonen und Modalitäten – die normative Reihenfolge der psychosozialen Erwerbungen, die in jeder Phase gemacht werden, wenn wieder ein Kernkonflikt eine neue Ichqualität, ein neues Kriterium wachsender menschlicher Stärke hinzufügt. Unterhalb der Diagonale ist Raum für die Vorläufer jeder dieser Lösungen, die alle mit dem Anfang beginnen; oberhalb der Diagonale ist Raum für die Bezeichnung der Derivate dieser Erwerbungen und ihrer Umformungen in der reifenden und in der ausgereiften Persönlichkeit.

Die Annahmen, die einer derartigen Tabelle zugrunde liegen, sind 1. daß sich die menschliche Persönlichkeit im Prinzip gemäß bestimmter Schritte entwickelt, die in der Bereitschaft der wachsenden Person vorgegeben sind, auf einen sich erweiternden sozialen Radius hin angetrieben zu sein, seiner gewahr zu werden und mit ihm in Wechselbeziehung zu treten; und 2. daß die Gesellschaft im Prinzip darauf eingerichtet ist, dieser Aufeinanderfolge von Möglichkeiten zur Wechselwirkung gerecht zu werden und ihnen entgegenzukommen, und daß sie versucht, das richtige Maß und die richtige Reihenfolge ihrer Entfaltung zu sichern und zu ermutigen. Das ist »die Aufrechterhaltung der menschlichen Welt«. Ein Diagramm stellt aber nur ein Werkzeug dar, mit dessen Hilfe man denken kann. Es kann nie den Anspruch erheben, ein Rezept zu sein, mit dem man sich begnügen könnte, weder in der Praxis der Kindererziehung noch in der Psychotherapie noch in der Methodenlehre der Wissenschaft vom Kind. Wenn wir die psychosozialen Phasen in der Form einer epigenetischen Tabelle darstellen, die der im zweiten Kapitel zur Analyse der Freud'schen psychosexuellen Phasen verwendeten entspricht, dann denken wir an bestimmte und festumrissene methodologische Stufen. Es ist eine der Aufgaben dieses Buches, den Vergleich zwischen den Phasen, die Freud zuerst als sexuelle unterschied, mit anderen Entwicklungsschematas (körperlichen, kognitiven) zu erleichtern. Jede Tabelle umfaßt aber nur ein Schema; es darf keineswegs unterstellt werden, daß unsere Skizze des psychosexuellen Entwicklungsschemas vage Verallgemeinerungen anderer Entwicklungsaspekte – oder gar Aspekte der Gesamtexistenz – mit zu beinhalten beabsichtige. Wenn die Tafel z. B. eine Reihe von Konflikten oder Krisen aufzählt, so heißt das nicht, daß wir jede Entwicklung als eine Reihe von Krisen sehen. Wir behaupten nur, daß die psychosexuelle Entwicklung in Form kritischer Schritte vor sich geht – wobei »kritisch« ein Charakteristikum von Wendepunkten ist, von Augenblicken der Entscheidung zwischen Fortschritt und Rückschritt, Integration und Retardierung.

Vielleicht lohnt es sich, an dieser Stelle die methodologischen Folgerungen aus einer epigenetischen Matrix zu ergründen. Die stärker umrandeten Vierecke der Diagonale bezeichnen sowohl eine Aufeinanderfolge von Phasen wie eine allmähliche Entwicklung von Bestandteilen: mit anderen Worten, die Tafel illustriert (formalisiert) eine Differenzierung von Teilen in ihrer Progression durch die Zeit. Das bedeutet 1. daß jeder hier besprochene kritische Punkt psychologischer Stärke systematisch mit allen anderen in Beziehung steht und daß sie alle von der richtigen Entwicklung in der richtigen Reihenfolge jedes Punktes abhängig sind und 2. daß jeder Punkt in irgend einer Form existiert, ehe seine kritische Zeit normalerweise gekommen ist.

Wenn ich z. B. sage, daß ein günstiges Überlegenheitsverhältnis des Urvertrauens zum Urmißtrauen die erste Stufe der psychologischen Anpassung ist, ein günstiges Verhältnis des autonomen Willens zu Scham und Zweifel die zweite, dann drückt die entsprechende Feststellung im Diagramm sowohl eine Anzahl von fundamentalen Beziehungen aus, die zwischen den beiden Stufen bestehen, als auch die Tatsachen, die für jede der Stufen grundlegend sind. Jede Stufe erlebt während der angegebenen Phase ihren Anstieg, tritt in ihre Krise und findet ihre dauernde Lösung. Aber in irgend einer Form müssen sie von Anfang an bestehen, denn jeder Akt verlangt eine Integration aller Phasen. Auch ein Säugling kann in der besonderen Art, in der er versucht, sich wütend loszuwinden, wenn man ihn festhält, von Anfang an etwas wie »Autonomie« beweisen. Aber unter normalen Bedingungen wird er nicht vor dem zweiten Lebensjahr beginnen, den ganzen kritischen Widerstreit zu erleben, *eine autonome und zugleich eine abhängige Kreatur zu sein.* Erst jetzt ist er bereit zum entscheidenden Zusammenstoß mit seiner Umgebung, die sich ihrerseits aufgefordert fühlt, ihm ihre besonderen Begriffe und Vorstellungen der Autonomie und des Zwangs zu vermitteln, in einer Art und Weise, die entscheidend zum Charakter und zur Gesundheit seiner Persönlichkeit innerhalb seiner Kultur beiträgt. Es ist dieses Aufeinandertreffen des Individuums und seiner Umgebung, das wir, zusammen mit der daraus resultierenden Krise, versuchsweise für jede Phase beschrieben haben. Was die Progression von einer Phase zur nächsten anbetrifft, so zeigt die Diagonale die entsprechende Reihenfolge. Sie läßt aber auch Raum für Variationen in Tempo und Intensität. Ein Individuum oder eine ganze Kultur kann lange bei der Frage des Urvertrauens verweilen und von I 1 über I 2 zu II 2 fortschreiten; oder eine beschleunigte Progression kann sich von I 1 über II 1, zu II 2 bewegen. Von jeder solchen Accelleration oder (relativen) Retardierung ist aber anzunehmen, daß sie einen modifizierenden Einfluß auf alle späteren Phasen hat.

Abb. 11

	1	2	3
III Lokomotorisch-genital			Initiative gegen Schuldgefühl
II Muskuläranal		Autonomie gegen Scham und Zweifel	
I Oralsensorisch	Urvertrauen gegen Urmißtrauen		

Ein epigenetisches Diagramm führt also ein System von Phasen auf, die voneinander abhängen. Während individuelle Phasen schon mehr oder weniger erforscht oder mehr oder weniger passend benannt sein dürften, weist uns das Diagramm darauf hin, daß ihre Untersuchung immer mit dem Gedanken an den Gesamtaufbau weiter verfolgt werden sollte. Unser Diagramm fordert also dazu auf, alle seine leeren Kästchen zu durchdenken: sind wir in I 1 in das »Urvertrauen« und in VIII 8 in die »Integrität« eingetreten, so haben wir die Frage offengelassen, was aus dem Vertrauen in einer Phase geworden sein könnte, die von dem Bedürfnis nach Integrität beherrscht wird, wie wir auch die Frage offenließen, wie es in der Phase aussähe, die vom Autonomiestreben gelenkt wird und welchen Namen es dann trüge (II 1). Wir wollen damit nur betonen, daß das Vertrauen sich erst seinem eigenen Wesen nach entwickeln muß, ehe es in dem kritischen Zusammenstoß, in dem die Autonomie sich entwickelt, zu etwas anderem wird – und so fort, die Vertika aufwärts. Wenn wir erwarten, daß in der letzten Phase (VIII 1) das Vertrauen sich zum reifsten *Glauben* entwickelt hat, dessen ein alternder Mensch in seiner kulturellen Umgebung und in seiner geschichtlichen Periode fähig ist, dann erlaubt die Tafel nicht nur die Überlegung, was hohes Alter darstellen kann, sondern auch, wie die es vorbereitenden Stadien ausgesehen haben müssen. Alles das

Abb. 12

	1	2	3	4	5	6	7	8
VIII Reife								Ich-Integrität gegen Verzweiflung
VII Erwachsenen-Alter							Zeugende Fähigkeit gegen Stagnation	
VI Frühes Erwachsenen-Alter						Intimität gegen Isolierung		
V Pubertät und Adoleszenz					Identität gegen Rollenkonfusion			
IV Latenz				Leistung gegen Minderwertigkeitsgefühl				
III Lokomotorisch-genital			Initiative gegen Schuldgefühl					
II Muskulär-anal		Autonomie gegen Scham und Zweifel						
I Oral-sensorisch	Urvertrauen gegen Mißtrauen							

sollte deutlich machen, daß eine Tabelle der Epigenese eine globale Form des Denkens und Überdenkens nahelegt, die Einzelheiten der Methodologie und Terminologie späteren Untersuchungen überläßt.[3]

---

[3] Um diese Materie noch wirklich offen zu lassen, müßten gewisse mißbräuchliche Verwendungen der ganzen Konzeption vermieden werden. Zu ihnen gehört die Annahme, daß das Vertrauensgefühl (und alle anderen postulierten »positiven« Gefühle) eine *Errungenschaft* ist, die zur gegebenen Zeit ein für alle mal sichergestellt wird. Tatsächlich sind manche Autoren so darauf versessen, aus diesen Phasen eine *Errungenschaftsskala* zu machen, daß sie alle »negativen« Gefühle (Urmißtrauen etc.) fröhlich übergehen, die doch durch das ganze Leben hindurch die dynamischen Gegenstücke der »positiven« sind und bleiben.

Die Annahme, daß in jeder Phase »etwas Gutes« errungen wird, das neuen inneren Konflikten und wechselnden Bedingungen gegenüber unauflöslich ist, bedeutet meiner Meinung nach eine Projektion der Erfolgsideologie auf die Lehre von der kindlichen Entwicklung, jener Erfolgsideologie, die unsere privaten und öffentlichen Tagträume so gefährlich durchsetzen und uns im gesteigerten Kampf um eine sinnvolle Existenz in einer neuen industriellen Geschichtsepoche zur Torheit verleiten könnte. Die Persönlichkeit ist ununterbrochen mit den Zufällen und Gefahren des Daseins befaßt, gerade so, wie der Stoffwechsel des Körpers ununterbrochen gegen den Tod ankämpft. Während wir die Diagnose eines Zustands relativer Stärke stellen und die Symptome seiner Störung abgrenzen, erkennen wir nur deutlicher die Paradoxe und tragischen Möglichkeiten des menschlichen Lebens.

Der Versuch, die Phasen alles anderen außer ihren »Errungenschaften« zu entkleiden, hat sein Gegenstück in Unternehmungen, sie als »Charakterzüge« oder »Strebungen« zu beschreiben oder zu testen, ohne zuvor eine systematische Brücke zwischen der, in diesem Buch entwickelten Konzeption und den Lieblingsideen anderer Untersucher zu bauen. Sollte das hier Gesagte etwas klagend klingen, so habe ich doch nicht die Absicht, die Tatsache zu beschönigen, daß ich, indem ich diesen »Stärken« eben die Bezeichnungen gab, durch die sie in der Vergangenheit zahllose Mitbedeutungen von oberflächlicher Bravheit, heuchlerischer Anständigkeit und allzu angestrengter Tugend erwarben, Mißverständnisse und Mißbräuche heraufbeschworen habe. Ich glaube aber daran, daß eine innere Beziehung zwischen dem Ich und der Sprache besteht, und daß trotz ihrer sich wandelnden Schicksale gewisse fundamentale Worte ihre wesenhafte Bedeutung bewahren.

Ich habe seitdem versucht, für Julian Huxley's *Humanist Frame* (Allen and Unwin, 1961, Harper and Brothers, New York 1962) eine Skizze der wesentlichen Stärken zu formulieren, die die Evolution sowohl in den Grundplan der Lebensphasen wie in die Institutionen des Menschen eingebaut hat. Während ich hier die methodologischen Probleme, die dabei eine Rolle spielen (und die durch meine Verwendung des Ausdrucks »Grundtugenden« noch komplizierter wurden), nicht besprechen kann, will ich doch die Liste dieser

Stärken anfügen, weil sie wirklich das bleibende Ergebnis der »günstigen Verhältnisse« sind, die ich bei jeder Stufe im Kapitel über die psychologischen Phasen erwähnte.

Hier sind sie:

Urvertrauen gegen Urmißtrauen: Antrieb und *Hoffnung*
Autonomie gegen Scham und Zweifel: Selbstbeherrschung und *Willenskraft*
Initiative gegen Schuldgefühl: Richtung und *Zweckhaftigkeit*
Leistung gegen Minderwertigkeitsgefühl: Methode und *Können*
Identität gegen Rollendiffusion: Hingebung und *Treue*
Intimität gegen Isolierung: Bindung und *Liebe*
Zeugende Fähigkeit gegen Stagnation: Produktivität und *Fürsorge*
Ich-Integrität gegen Verzweiflung: Entsagung und *Weisheit*.

Die hervorgehobenen Worte werden die Grundtugenden genannt, weil ohne sie und ihr Wiederauftauchen von Generation zu Generation alle anderen und wandelbaren menschlichen Wertsysteme ihren Geist und ihre Bedeutsamkeit verlieren. Bisher habe ich nur für die Treue eine ausführliche Darstellung geben können (Siehe: Youth, Change and Challenge, E. H. Erikson, Herausgeber, Basic Books, 1963). Aber auch hier gilt, daß die Aufzählung eine Gesamtkonzeption vertritt, innerhalb derer es genug Raum für eine Diskussion der Terminologie und der Methode gibt.

VIERTER TEIL

Jugend und Identitätsentwicklung

Mit dem Versuch, ein Stadium der Integrität als Endstufe aller psychosozialen Entwicklungen zu formulieren, scheinen wir den Rahmen einer Abhandlung über Kindheit und Gesellschaft und vor allem auch den Rahmen einer psychoanalytischen Kinderpsychologie gesprengt zu haben. In der psychoanalytischen Literatur wurden die Triebschicksale und Ich-Entwicklungen immer nur bis zur Adoleszenz beschrieben, mit der Begründung, daß die kindlichen Konflikte nunmehr entweder von der reifen Genitalität absorbiert oder in der Form irrationaler Fixierungen konserviert würden, um unter den mannigfaltigsten Verkleidungen wieder aufzutauchen. Das Hauptthema der Psychoanalyse ist also der Schatten, der von den Kindheits-Frustrierungen auf das ganze spätere Leben des Individuums und auch auf seine Gesellschaft fällt. Hierzu soll jedoch in diesem Buch die Meinung beigesteuert werden, daß wir, um das Kindesalter wie auch die Gesellschaft zu verstehen, unser Gesichtsfeld wesentlich erweitern müssen. Wir müssen die Art und Weise erfassen, wie Gesellschaften die unvermeidlichen Kindheitskonflikte nicht nur erschweren, sondern auch leiten und durch die Aussicht auf eine gewisse Sicherheit, Identität und Integrität erleichtern. Dadurch nämlich, daß sie die Ich-Werte stärken, schaffen die Gesellschaften die einzige Voraussetzung, unter der menschliches Wachstum überhaupt möglich ist.

Man könnte dies historisch belegen, indem man verfolgte, wie die einzelnen sich ablösenden Kulturen einerseits gewisse Syndrome der kindlichen Ängste ausbeuteten, andererseits jedoch auch die entsprechenden kindlichen Ich-Werte zu höchster kollektiver Leistung anregten. So kann z. B. eine Religion den Kernkonflikt des Urvertrauens mit einer Ahnung des Bösen in der Welt so ausgestalten, daß sie einerseits das Urvertrauen kollektiv in Form des Glaubens pflegt, andererseits die Ahnung des Bösen in der Form der Sündenlehre sich zunutze macht. Eine solche Ausgestaltung kann ihre geschichtliche Stunde haben, wenn sie diesen besonderen Ich-Wert zu einer kollektiven Macht verstärkt, die imstande ist, Zivilisationen zu schaffen und ihren Anhängern eine spezifische Form der Integrität zu bieten. Daß alle menschlichen Einrichtungen die Tendenz haben, ihren historischen Aufstieg zu überleben, ist eine Sache für sich. Wenn andere fortgeschrittene Ich-Werte

273

zum Kristallisationskern kollektiver Strebungen werden, so versuchen sich die älteren Gemeinschaftsformen durch die rücksichtslose Ausbeutung infantiler Ängste zu verteidigen. So muß eine Kirche etwa zu einem doktrinären System Zuflucht nehmen, das von der unentrinnbaren Realität einer bestimmten Form des Bösen überzeugen soll, um dann verkünden zu können, daß allein sie, die Kirche, den Schlüssel zum einzigen Tor des Heils besitze.

Die Geschichte der Gesellschaftsformen verzeichnet Aufstieg und Verfall von Oberschichten, Eliten und Priesterkasten, die alle in ihrem Streben nach Aristokratie den einen oder anderen Ich-Wert pflegten, zu ihrer Zeit auch echte Zuflucht gewährten und echten Fortschritt herbeiführten, dann aber zur Erhaltung ihrer engen Hierarchie dieselben kindlichen Ängste auszubeuten lernten, die sie zu Anfang gebannt hatten. Könige, die in großen Zeiten selber die jungen Helden im Drama des Patriarchats gewesen waren, schützten sich und ihre altgewordene Herrschaft später durch das Tabu des Vatermordes. Feudale Systeme, die in ihrer besten Form vorbildlich für die Teilung der Verantwortung zwischen Führern und Geführten waren, hielten ihre überlebte Macht aufrecht, indem sie Abtrünnige vor Anarchie und Schande warnten. Politische Systeme wuchern auf dem Boden von mancherlei krankhaften Zweifeln, die sie eifrig schüren; Wirtschaftssysteme überleben sich selbst durch Ausnützung des schuldhaften Zögerns, einen Wechsel herbeizuführen. Dennoch haben politische, wirtschaftliche und technische Eliten, wenn sie es übernahmen, an einem logischen historischen Schnittpunkt einen neuen Lebensstil zur Vollkommenheit auszugestalten, es vermocht, ein Hochgefühl von Identität zu verleihen und die Menschen ihrer Zeit zu inspirieren, eine neue Kulturstufe zu erreichen. Man kann natürlich dagegenhalten, daß der Preis des immer damit einhergehenden Elends ein zu hoher ist, aber das ist eine rein philosophische Frage.

Hier kann ich nur Impressionen anbieten. Um die Beziehung zwischen Ich-Werten, gesellschaftlichen Institutionen und historischen Epochen systematisch zu untersuchen, fehlt mir das genauere geschichtliche Wissen. Aber es scheint mir, daß es eine grundsätzliche Affinität zwischen dem Problem des Urvertrauens und den religiösen Institutionen gibt, wie auch eine Affinität zwischen dem Problem der Autonomie und den grundlegenden gesetzlichen Stilen, sowie zwischen dem Problem der Initiative und den Wirtschaftswerten besteht. In ähnlicher Weise scheint der Werksinn mit der Technik verwandt, die

Identität mit der sozialen Schichtenbildung; Intimität spiegelt sich in den Sippenbildungen, die zeugerische Kraft in den Erziehungssystemen, in Kunst und Wissenschaft – und schließlich die Integrität in der Philosophie. Das Studium der Gesellschaft muß sich mit der Beziehung dieser Institutionen zueinander und mit dem Aufstieg und Untergang von Institutionen als Organisationen beschäftigen. Aber ich glaube, daß ein derartiges Studium auf die Dauer der fruchtbarsten Erwägungen verlustig ginge, übersähe es die Art und Weise, in der jede Generation jede Institution neu beleben kann und muß, selbst während sie hineinwächst. Ich kann hier nur die eine Richtung verfolgen, die sich aus meinen eigenen Beobachtungen ergeben und erwiesen hat. Ich habe mich auf das Problem der Ich-Identität und ihrer Verankerung in einer bestimmten Kultur-Identität konzentriert, weil ich glaube, daß hier derjenige Teil des Ichs liegt, welcher am Ende der Adoleszenz die infantilen Ich-Phasen integriert und die Zwingherrschaft des kindlichen Über-Ichs neutralisiert. Es ist das die einzige innere Kräfteverteilung, die ein dauerndes Bündnis des Über-Ichs mit den unverarbeiteten Resten latenter kindlicher Wut verhindern kann.

Ich bin mir bewußt, daß diese Verlagerung des theoretischen Interesses zeitbedingt ist, diktiert nämlich von den Revolutionen, die eben jetzt zu unseren Lebzeiten abrollen und unser persönliches Geschick wie auch die Syptome und die unbewußten Nöte unserer Patienten bestimmen. Um es auf eine Formel zu koordinieren: der Patient unserer Tage leidet vorwiegend unter dem Problem, was er glauben soll und was er sein oder werden soll oder kann, während die Patienten in den Anfängen der Psychoanalyse vorwiegend unter Hemmungen litten, die sie daran hinderten, das zu sein, was sie ihrer festen Wertskala nach zu sein glaubten. Speziell in Amerika hoffen unsere erwachsenen Patienten und die Eltern behandlungsbedürftiger Kinder, im psychoanalytischen System eine Zuflucht aus ihrer zerrissenen Existenz zu finden, eine Regression und Rückkehr zu einer patriarchalischen Beziehung von Mensch zu Mensch.

Schon 1908 hatte Freud[1] auf den Ursprung der Neurosen seiner Zeit hingewiesen, nämlich auf die doppelte Moral für die beiden Geschlechter und die übertriebenen Forderungen, die die Fassade der bürgerlichen Oberschicht den Frauen und Müttern seines städtischen Milieus auferlegte. Er hatte bereits den erschwerenden, schädlichen

---

[1] S. Freud, Die kulturelle Sexualmoral und die moderne Nervosität. Ges. Schr. Bd. V. Internationaler Psychoanalytischer Verlag, Wien 1924.

Einfluß erkannt, den ein rascher Wechsel in der gesellschaftlichen Rolle bedeutete, z. B. bei Menschen, die vom Lande in die Großstadt abwanderten oder die aus dem Mittelstand in die Oberschicht aufstiegen. Immer wieder entdeckte er indessen als Hauptquelle der Psychopathologie einen Zusammenbruch in der Sexualökonomie des betreffenden Menschen, und zwar infolge der vielfältigen Verpflichtungen zu Heuchelei und Unterdrückung der Sexualität.

Den ihm würdig erscheinenden Opfern dieser willkürlichen Normen bot Freud nun die psychoanalytische Methode an, eine Form radikaler Selbsterhellung, die alsdann die Bande ihrer engeren historischen Bestimmung sprengen sollte. Denn mittels dieser Methode entdeckte Freud in den Tiefen der gehemmten Individuen seiner Zeit allerlei Relikte und Vorstellungen, die den Tabus und Brauchtümern alter Zeiten vergleichbar waren. Weit über die Erklärung der Symptome seiner Zeit hinausgehend, enthüllte die Methode Freuds eine Auswahl düster brütender Neurotiker, lauter Könige Ödipus, Prinzen Hamlet und Brüder Karamasoff, deren tragische Konflikte nun auf der Bühne einer privaten Selbsterhellung abgehandelt und behandelt wurden. Die Methode versprach den Menschen nicht nur Gesundheit, sondern auch den Sieg der Vernunft und Individuation, wenn sie nur mit den Komplexen, die aus ihrem dämonischen Es aufstiegen, Frieden zu schließen lernten.

Es wird in die Geschichte der Zivilisation eingehen, daß Freud bei seinem Versuch, den Patienten seiner nervenärztlichen Praxis zu helfen, unversehens jene Revolution menschlicher Bewußtwerdung zu ihrem Gipfelpunkt führte, die in der Antike das tragische Individuum aus dem anonymen Chor der archaischen Welt herausgehoben und den seiner selbst bewußten Mann zum »Maß aller Dinge« erhoben hatte. Die wissenschaftliche Forschung, die einst die Erkenntnis »aller Dinge« angestrebt hatte, wurde von Freud nun dahin gelenkt, auch das menschliche Bewußtsein selber einzubeziehen; wir werden im Schlußkapitel dieses Buches darauf zurückkommen, welche Schwierigkeiten die Anwendung des menschlichen Forschertriebes auf sein eigenes Organ und seinen Ursprung hervorrief. Inzwischen ist die thematische Verwandtschaft der Neurosen der Freud'schen Ära mit den Themen der griechischen Tragödie ganz offenkundig, in der Begriffsbildung wie im Geiste.

Damit aber war Freuds Werk – trotz seiner Terminologie und Techniken, die dem physiologischen und physikalischen Laboratorium des 19. Jahrhunderts entstammen – geistig der Zeit der beiden Weltkriege, der Weltrevolutionen und des Aufstieges der ersten industriellen Kultur in Amerika weit vorangeeilt. Freud stand allen diesen Entwicklungen als Beobachter gegenüber. Die SS-Männer, die seine Wohnung durchwühlten, in der er sich mit vielen ausgesuchten Statuetten aus der prä-tragischen, der vorbewußten Zeit der archaischen Antike umgeben hatte, mußten ihm wie eine Bestätigung seiner gruppenpsychologischen Ansichten erscheinen, wonach jede organisierte Gruppe auch ein latenter Mob und ein potentieller Feind des Geistes der Individuation und Vernunft ist.

Das, was Freud das »Primat des Geistes« nannte, und was die Krönung seiner Hierarchie der Werte bildete, war auch der Grundstein der Identität der ersten Psychoanalytiker; ihr Wurzelgrund war das Zeitalter der Aufklärung und die reife Geistigkeit der jüdischen Rasse. Nur einmal, in einem Brief an eine jüdische Loge, bekannte sich Freud zur »Heimlichkeit der gleichen seelischen Konstruktion«[2] – eine Wendung, die meines Erachtens alles das enthält, was wir hier als »Identität« zu formulieren uns bemühen – und tatsächlich benutzt Freud den Ausdruck in diesem Zusammenhang.

So konnte Freud von seinem sicheren Standort intellektueller Integrität aus gewisse grundlegende Moralbegriffe und mit ihnen auch eine kulturelle Identität als selbstverständlich voraussetzen. Für ihn stand das Ich wie ein vorsichtiger, manchmal auch verschlagener Patrizier mitten zwischen der Anarchie der Urtriebe und der Furie des archaischen Gewissens, aber auch zwischen dem Druck der bürgerlichen Konventionen und der Anarchie des Massengeistes. Der Träger einer solchen Identität konnte sich mit würdevollem Abscheu von einer Massenentwicklung abwenden, die die freie Selbstbestimmung seines Ich in Zweifel zog. So konzentrierte sich die Psychoanalyse auf die Symptome, die sie als Abwehrmechanismen des Ich erkannte, und hatte zu dem Problem, wie sich die Ich-Synthese innerhalb der Gesellschaftsformen vollzieht – oder nicht vollzieht – vorerst wenig zu sagen.

---

[2] Sigmund Freud, Ansprache an die Mitglieder des Vereins B'nei B'rith (1926), Gesammelte Werke, Bd. XVII. Imago Publ. Co., Ltd., London, 1941. In dieser Ansprache diskutierte Freud sein Verhältnis zum Judentum und lehnte religiösen Glauben und nationalen Stolz ab. Er deutete dann in eher poetischen als wissenschaftlichen Formulierungen die unbewußte, aber auch bewußte Anziehungskraft an, die das Judentum für ihn hatte: es sind »viele dunkle Gefühlsmächte« und »die klare Bewußtheit der inneren Identität«. Schließlich erwähnt er zwei Charaktereigenschaften, die er seinen jüdischen Ahnen zu verdanken glaubte: Freiheit von Vorurteilen, die den Gebrauch des Intellekts beschränken, und die Bereitschaft, in der Opposition zu leben.

Die Begründer der Psychoanalyse und die ersten ausübenden Psychoanalytiker waren so ganz von dem einen Bestreben erfüllt, ehrliche Innenschau im Dienste der Selbsterhaltung zu erreichen. Dies wurde zum Angelpunkt der Lehre und zur Probe für alle Schüler und Patienten, so daß von der besonderen Lebensatmosphäre erstaunlich wenig bekannt wurde, die so einem Ödipus oder einer kleinen Elektra der verschiedenen kulturellen Umwelten die eifrige Beteiligung an einem bestimmten Lebensstil gestattete. Das Bündnis, das das Über-Ich mit dem Hochgefühl kultureller Identität eingehen kann, blieb vernachlässigt – alle die Wege, wie in einer bestimmten Umwelt eine Selbsthingabe in Form von Leidenschaft oder Vernunft, Wildheit oder Zurückhaltung, Anmut oder Strenge möglich ist. Im Gegenteil wurden alle in Erscheinung tretenden Spielarten kultureller Ausdrucksgestaltung – außer denen der intellektuellen Bildung, zu der auch die Psychoanalyse gehört – als Maskierungen oder Abwehrmechanismen, als zu kostspielige Bollwerke gegen das Es, als (wie das Über-Ich) mit dem Es verwandt und bedrohlich identisch verdächtigt. Unbestreitbar haben diese Leitwerte sich zu allen Zeiten mit Brutalität und Engstirnigkeit verbündet, aber sie haben doch auch die Menschheit überhaupt erst zur kulturellen Entwicklung inspiriert und dürfen in der psychologischen Bilanz der Vergangenheit, Gegenwart und Zukunft deshalb nicht fehlen.

So hat es sich ergeben, daß wir uns gerade zu einem geschichtlichen Zeitpunkt mit der Identität beschäftigen, da diese problematisch geworden ist. Und zwar beginnen wir damit in einem Lande, in dem sich eben aus all den, durch die Einwanderer importierten Identitäten eine Super-Identität bilden will; und der Zeitpunkt unseres Unternehmens ist der der rasch wachsenden Mechanisierung, welche die im wesentlichen bäuerlichen und patriarchalischen Identitäten auch in den Ursprungsländern aller dieser Einwanderer zu vernichten droht.

Das Studium der Identität wird daher in unserer Zeit zu einer genau so strategischen Frage, wie es das Studium der Sexualität zu Freuds Zeiten war. Aber eine solche geschichtsgebundene Relativität in der Entwicklung eines Forschungsgebietes braucht ja den Fortbestand eines Grundplanes und die zeitunabhängige Schlüssigkeit der beobachteten Tatsachen nicht auszuschließen. Freuds Befunde hinsichtlich der sexuellen Ätiologie des neurotischen Anteils einer seelischen Störung gelten auch noch für unsere Patienten, während der Identitätsverlust, den wir in erster Linie zu sehen bekommen, möglicherweise auf Freuds Patienten genau so lastete wie auf den unsrigen, wenn wir Freuds Fälle noch einmal aufrollen würden.[3] Verschiedene Perioden erlauben uns eben in zeitgebundener Überspitzung verschiedene Aspekte eines dem Wesen nach unteilbaren Ganzen zu erkennen.

Im vierten und letzten Teil unserer Untersuchung wollen wir also Probleme der Identität erforschen, die mit dem Eintritt der drei großen Länder Amerika, Deutschland und Rußland in die industrielle Revolution zusammenhängen. Dabei soll unser besonderes Interesse dem Bedürfnis der Jugend aller dieser Länder gelten, ein neues, brüderliches Gewissen und Bewußtsein zu gewinnen.

Ich beginne, obwohl nur zögernd, mit Amerika. Es sind in den letzten Jahren eine Menge Bücher und Artikel über die Struktur der Nationalcharaktere erschienen, die doch recht deutlich zeigen, daß dieses Thema ganz allgemein noch immer ein äußerst prekäres ist und in Bezug auf Amerika sich beinahe verbietet.

Es ist nämlich fast unmöglich – außer in Romanen – in Amerika selbst für Amerikaner über Amerika zu schreiben. Man kann als Amerikaner auf eine Südseeinsel gehen und dann über seine Rückkehr schreiben; man kann als Ausländer in Amerika reisen und über den Abschied schreiben; man kann als Einwanderer über Amerika schreiben, solange man noch nicht fest eingewurzelt ist. Man kann von einem Landesteil oder einer »Klasse« aus über die andere schreiben, solange man noch mit einem Fuß draußen steht. Aber es wird doch immer darauf hinauslaufen, zu schildern, wie es sich anfühlt, wenn man ankommt oder geht, sich löst oder sich ansiedelt. Man schreibt über einen Prozeß, dessen mehr oder weniger freiwilliger, aber immer auch lustvoll beteiligter Teil man ist, und der Stil pflegt alsbald auf Hochtouren dithyrambischer oder empörten Tiraden zu kommen und mit dem Schreiber durchzugehen.

Der einzige gesunde »American way«, in Amerika über Amerika zu schreiben, ist die Form des »gripe«, der Überspitzung. Dazu gehört aber ein bestimmtes Talent und eine besondere intellektuelle Erbschaft, die beide nicht leicht zu erwerben sind.

Ich werde mich daher darauf beschränken, vom Standpunkt eines Psychoanalytikers aus, der sein Fach in Amerika praktiziert und lehrt, festzustellen, welche Art von Identitätsgefühl und welche Art von Identitätsverlust sich in kleinen und großen amerikanischen Patienten zu enthüllen scheint.

[3] Siehe: Reality and Actuality, J. Amer. Psa. Assoc., 10; 451–473.

ACHTES KAPITEL

GEDANKEN ÜBER DIE AMERIKANISCHE IDENTITÄT

1. Die Polaritäten

Es ist ein Gemeinplatz, daß es zu jedem Charakterzug, den man als »echt amerikanisch« zu erkennen meint, ein ebenso charakteristisches Gegenteil gibt. Das ist aber wohl in bezug auf jeden »Nationalcharakter« oder, wie ich lieber sagen würde, für alle nationalen Identitäten der Fall – so sehr, daß man vielleicht überhaupt von der Annahme ausgehen sollte, die Identität einer Nation hänge davon ab, wie die Geschichte gewisse gegensätzliche Möglichkeiten sozusagen kontrapunktisch gesetzt hat, der Art in der sie dann diesen Kontrapunkt zu einem einzigartigen Kulturstil erhebt oder ihn in reinen Widerspruch sich auflösen läßt.

Dies dynamische Land setzt seine Einwohner im Laufe eines Menschenlebens oder einer Generation weit extremeren Kontrasten und abrupteren Wandlungen aus als andere große Nationen. Die Mehrzahl der Amerikaner erfährt am eigenen Leibe oder im engeren Familienkreis Gegensätzlichkeiten wie: freie Einwanderung neben eifersüchtig gehüteten Inseln der Tradition; weltoffenen Internationalismus neben trotzigem Isolationismus; lärmende Konkurrenzkämpfe neben Hand-in-Hand-Arbeiten usw. usw. Ein Spiegelbild dieser Gegensätze sind die einander rasch ablösenden Schlagworte; ihr Einfluß auf die Entwicklung des einzelnen Ich-Ideals hängt vermutlich davon ab, in welcher Ich-Phase kritische Veränderungen in dem geographischen oder wirtschaftlichen Schicksal der betreffenden Familie erlebt wurden.

Die amerikanische Identitätsbildung scheint das einzelne Ich zu ermutigen, ein Element unbeschränkter, autonomer Willkür sich zu bewahren. Der Amerikaner muß in der Überzeugung leben, daß es stets in seiner Hand liegt, über den nächsten Schritt zu entscheiden, daß er das, was er gerade unternimmt, ebensogut auch lassen kann, daß er die eine oder eine entgegengesetzte Richtung einschlagen kann, wenn er will. In Amerika läßt sich der Unstete nicht gern sagen, er möge weiterziehen, noch auch der Seßhafte, er solle bleiben, wo er ist; der Lebensstil jedes einzelnen (und auch seine Familiengeschichte) enthält eben auch das entgegengesetzte Element als potentielle Alternative, über die er ganz privat und individuell entscheiden möchte.

Der normale Amerikaner, Erbe einer Geschichte von extremen und übergangslosen Wechselfällen, gründet seine endgültige Ich-Identität gern auf irgendwelche Kombinationen dynamischer Polaritäten, etwa denen, zugleich seßhaft und nomadisierend, Individualist und Standardtyp, scharfer Konkurrent und hilfsbereit, gläubig und freidenkend, verantwortungsbewußt und zynisch zu sein.

Wenn wir also in bestimmten regionalen, Berufs- oder Charaktertypen extremen Ausformungen eines dieser entgegengesetzten Pole begegnen, so zeigt uns die Analyse, daß dieses extreme Wesen (extrem im Starrsinn oder auch im Wankelmut) eine innere Abwehrhaltung gegen das immer mitenthaltene, zutiefst gefürchtete oder heimlich ersehnte andere Extrem impliziert.

Um sich immer die Wahl offen zu halten, lebt der Amerikaner sozusagen mit zwei Systemen von »Wahrheiten«: einem System religiöser Grundsätze oder religionsähnlicher politischer Prinzipien von höchst puritanischer Prägung, und daneben einem System wechselnder Schlagworte, Tagesparolen, die ihm sagen, womit man zur gegebenen Stunde durchkommt, wobei manchmal nicht mehr als eine Stimmung, ein momentaner Einfall, ein leichter Anstoß nötig ist, um sich erneut umzustellen. So kann ein und dasselbe Kind nacheinander oder abwechselnd plötzlichen Entschlüssen unterliegen, die etwa durch die folgenden Parolen ausgedrückt sind: »Let's get the hell out of here« (»Jetzt nichts wie hier raus!«), und gleich darauf: »Let's stay and keep the bastards out« (»Hier bleiben wir und lassen die Burschen nicht rein!«) – um nur zwei solcher Schlagworte von allgemeinster Bedeutung zu erwähnen. Ohne Anspruch auf Logik oder Grundsätze besitzen Schlagworte für die von ihnen Erfaßten genügend Überzeugungskraft, um danach zu handeln, und das fast unabhängig von den bestehenden Gesetzen (insofern diese gerade eben von den Behörden durchgesetzt oder vergessen werden, je nach dem wechselnden örtlichen Klima). Schlagworte enthalten Zeit- und Raumperspektiven, die so festumrissen sind wie die der Sioux- oder Yurok-Systeme; sie sind Experimente einer kollektiven Raum-Zeit, denen das individuelle Ich-Abwehrsystem koordiniert wird. Aber sie wechseln oft radikal in ein und derselben Kindheit. Eine wahrheitsgetreue Geschichte der amerikanischen Identität müßte daher sowohl die Beobachtungen Parringtons über die Kontinuität des amerikanischen Geistes als auch den reichen Schatz der diskontinuierlichen amerikanischen Tagesparolen berücksichtigen, die beim Kaufmann an der Ecke wie im Studierzimmer, in den Gerichtssälen wie in der Tagespresse die öffentliche Meinung färben. Es scheint eben in Prinzipien wie in Begriffen eine Polarität zu bestehen zwischen der intellektuellen und politischen Aristokratie einerseits, die, eingedenk ihrer Ahnen, einen Maßstab kohärenten Denkens und unzerstörbarer Geistigkeit aufrechterhält, und einer mächtigen »Mobokratie« andererseits, die jenen ewigen Prinzipien die veränderlichen Tagesschlager beigesellt. Diese eingeborene Polarität von Aristokratie und Mobokratie (die in Franklin D. Roosevelt eine so bewundernswerte Synthese gefunden hatte) ist tatsächlich viel tiefer mit der amerikanischen Demokratie verwoben, als es die Fürsprecher und Kritiker einer amerikanischen »Mittelklasse« wahrzunehmen scheinen. Der amerikanische Mittelstand, so sehr er von manchen Kritikern als die Verkörperung allen Händlergeistes und Philistertums Amerikas angeprangert wird, stellt doch wohl nur eine vorübergehende überkompensierende Versuchsreihe dar, sich mit einem Geschäft an einer Hauptstraße, einer netten Wohnung mit einem Kamin, einem kreditwürdigen Bankkonto oder einer erstklassigen Automarke festzusetzen; aber dieser Mittelstand zeigt doch eine viel zu große Beweglichkeit und ein seiner schließlichen Identität zu unsicheres Potential, um eine echte Klasse zu sein. Der »Status« ist nur etwas Relatives; er ähnelt in einer in Bewegung befindlichen Gesellschaft mehr einer Rolltreppe als einer Stufenleiter, ist eher ein Durchgangsstadium als ein Ziel.

Alle Länder, besonders die großen, haben ihre eigene Art, sich ihren Fortschritt zu komplizieren, und zwar infolge der Gegebenheiten ihres Anfanges. Man muß also zu formulieren versuchen, wodurch das Widersprüchliche in der amerikanischen Geschichte imstande ist, die Jugend dieses Landes der Gefahr eines affektiven und politischen Kurzschlusses auszusetzen und damit in ihrem dynamischen Potential zu schädigen.

2. Die »Mom«

In letzter Zeit haben sich die Beobachtungen und Warnungen amerikanischer Psychiater mehr und mehr auf zwei Begriffe konzentriert: die »schizoide Persönlichkeit« und die »ablehnende Mutter«. Im wesentlichen ist damit gemeint, daß nicht nur allzuviele Menschen als

Opfer einer psychotischen Loslösung von der Realität auf der Strecke bleiben, sondern daß auch zu viele Menschen, ohne regelrecht krank zu sein, doch unter dem Mangel an einem gewissen Ich-Tonus und an mangelnder Zuwendung im mitmenschlichen Umgang leiden. Man kann die Warnung überhören und auf den hochgemuten Individualismus, die lebhafte Gestik und joviale Freundlichkeit hinweisen, die das amerikanische Leben so weitgehend kennzeichnen. Aber die Psychiater sind anderer Meinung, besonders nach den erschreckenden Erfahrungen während des letzten Krieges, als man Hunderttausende von »Psychoneurotikern« hatte heimschicken müssen. Hinter dem Standard-Lächeln und der gleichförmigen Zurschaustellung von Selbstsicherheit steckt nicht immer echte Spontaneität, die allein die Persönlichkeit intakt und funktionstüchtig erhalten kann.

Dafür aber machen die Psychiater gern die amerikanische »Mom« verantwortlich. Eine Falldarstellung nach der anderen enthält die Feststellung, daß der Patient eine kalte, eine dominierende, eine ablehnende Mutter oder auch eine übermäßig besitzergreifende, überbesorgte Mutter hatte. Das besagt, daß der Patient als Kleinkind sich in dieser Welt nur heimisch fühlen durfte, wenn er sich an festumrissene Verhaltensweisen hielt, die jedoch mit dem Zeitplan der Bedürfnisse und Fähigkeiten des Säuglings nicht übereinstimmten und noch dazu in sich widerspruchsvoll waren. Es besagt ferner, daß die Mutter den Vater beherrschte und daß der Vater zwar zärtlicher und verständnisvoller war, letzten Endes aber das Kind auch enttäuschte durch das, was er sich von der Mutter gefallen ließ. Allmählich ist, was als eine spontane Bewegung begann, in Tausenden von Krankenblättern der Kliniken zu einem literarischen Sport geworden, und die Mütter Amerikas werden in den Büchern als »Moms« und »eine Generation von Vipern« angeprangert.

Wer ist diese »Mom«? Wie kam es, daß sie ihren guten, ihren einfachen alten Namen verlor? Wie kam es, daß sie zum Sündenbock für alles was da faul ist im Lande Amerika und zum Gegenstand literarischer Temperamentsausbrüche wurde? Verdient die Mom das wirklich?

Im klinischen Sinne könnte es sich da nur um einen Hinweis des erfahrenen Psychologen auf das, was er als primäre Ursache des Übelstandes klar erkannt hat, handeln. Tatsächlich ist aber in unserer psychiatrischen Arbeit oft ein Unterton triumphierender Rache fühlbar, als wäre der Schurke jetzt erkannt und festgenagelt. Der Vorwurf, der den amerikanischen Müttern gemacht wird (nämlich daß sie frigide, ihre Kinder ablehnend, im Hause über Gebühr dominierend seien), hat eine moralistische, strafende Qualität. Wahrscheinlich wurden sowohl die Patienten wie auch die Psychiater als Kinder oft und zu tief getadelt; nun beschuldigen sie ihre Mütter, weil alle Kausaliät sich irgendwie mit Schuld verknüpft hat.

Natürlich war es eine rachsüchtige Ungerechtigkeit, einem gewissen gefährlichen Typ der Mutter, einem Typ, der offenbar in seinem Muttertum durch eine Anzahl unglücklicher Widersprüche charakterisiert war, den Namen »Mom« zu geben. Diese Ungerechtigkeit kann nur mit der journalistischen Neigung zu sensationellen Gegensätzen erklärt werden, also mit den Gebräuchen publizistischer Mythologie. Wohl hatte der amerikanische »psychoneuroische« Soldat, wenn er sich für das Soldatenleben ungenügend vorbereitet fühlte, indirekt und noch häufiger unbewußt seiner Mutter die Schuld dafür gegeben, und der Psychiater mußte ihm recht geben. Aber andererseits war der Abstand von der amerikanischen »Mainstreet« zum Schützenloch an der Front geographisch, kulturell und psychologisch eben auch sehr viel weiter als der von den Heimatorten zur Front in jenen Ländern, die von Angriffen bedroht und angegriffen worden waren, oder die sich darauf vorbereitet hatten, anderer Völker Heimat anzugreifen und jetzt um ihre eigene bangten. Es erscheint sinnlos, die amerikanische Familie immer nur für die Nicht-Verwendungsfähigen verantwortlich zu machen, ihr aber die Anerkennung für die gigantische Leistung zu versagen, die darin lag, daß dieser Abstand doch erfolgreich überbrückt wurde.

Die »Mom« ist, wie ähnliche Prototypen in anderen Ländern – etwa der »deutsche Vater«, der im nächsten Kapitel diskutiert werden soll – ein aus verschiedenen Einzelzügen zusammengesetztes Bild, mit Zügen, die niemals alle zugleich in einer einzelnen Frau vorhanden sind. Mit Bewußtheit strebt keine Frau danach, eine »Mom« zu werden, aber es kann sein, daß all ihr Erleben sich in diese Gestalt zusammendrängt, als ob sie in diese Rolle gezwungen würde. Dem Kliniker erscheint die »Mom« vergleichbar mit einem »klassischen« psychiatrischen Syndrom, das als Maßstab benutzt wird, obwohl es niemand je in reiner Form gesehen hat. Als Witzfigur in der Karikatur wirkt sie dann allgemein überzeugend. Bevor wir daher die »Mom« als eine historische Erscheinung analysieren, wollen wir sie im Hinblick auf die pathogenen Forderungen betrachten, die sie an ihre Kinder stellt, und an denen wir ihr Vorhandensein in der Krankengeschichte erkennen:

1. Die »Mom« ist in bezug auf Moral und Schicklichkeit in ihrer Familie und (durch die Klubs) in ihrem Wohnbezirk unumstrittene Autorität; dabei erlaubt sie sich aber für ihre eigene Person, in ihrer äußeren Erscheinung eitel, in ihren Ansprüchen egoistisch und in ihren Affekten infantil zu bleiben.

2. In jeder Situation, in welcher dieser Zwiespalt sich auf den Respekt auswirkt, den sie von ihren Kindern fordert, gibt sie immer den Kindern Schuld, nie sich selbst.

3. Dadurch hält sie künstlich aufrecht, was Ruth Benedict den Bruch zwischen Kindsein und Erwachsensein zu nennen pflegte, ohne ihre Erwachsenheit mit der höheren Bedeutung zu erfüllen, die sie zu einem überlegenen Vorbild machen würde.

4. Sie zeigt eine ausgesprochen feindliche Einstellung gegenüber auch den naivsten Formen von Sinnen- oder Sexuallust bei ihren Kindern und läßt es sie deutlich merken, daß ihr der Vater mit seinen sexuellen Ansprüchen lästig fällt. Dabei scheint sie aber, wenn sie selber älter wird, nicht willens, die äußeren Zeichen sexuellen Konkurrenzkampfes, wie die zu jugendlichen Kleider, die exhibitionistischen Verzierungen und das Schminken, aufzugeben. Dazu verschlingt sie, was in Büchern, Filmen und Klatsch an Sexuellem geboten wird.

5. Sie predigt Haltung und Selbstdisziplin, kann aber sich selbst nicht soweit zügeln, daß sie ihren Kalorienverzehr einschränkt, um in die Kleider hineinzupassen, die sie bevorzugt.

6. Sie verlangt, daß ihre Kinder hart gegen sich sind, aber sie selbst ist hypochondrisch auf ihr eigenes Wohlbefinden konzentriert.

7. Sie bekennt sich zu den höheren Werten der Tradition, will aber selber nicht »alt werden«. Tatsächlich hat sie Todesangst vor einem Rang, der in der Vergangenheit als die Frucht eines reichen Lebens galt, dem der Großmutter.

Dies dürfte genügen, um die »Mom« als eine Frau zu zeigen, in deren Lebensangst Reste von Infantilität sich mit vorzeitiger Senilität vereinigen, um die mittleren Jahre reifen Frauentums zu verdrängen, die dadurch selbstbezogen und stagnierend werden. In Wirklichkeit mißtraut sie ihren eigenen Gefühlen als Frau und Mutter. Selbst in ihrer Überbesorgtheit verbreitet sie nicht Vertrauen, sondern fortwährendes Mißtrauen. Man darf aber auch nicht vergessen, daß diese »Mom« – oder besser: jede Frau, die sich und andere an die stereotype Mom erinnert – keineswegs glücklich ist; sie mag sich selber nicht leiden und ist von dem Gefühl besessen, ihr Leben zu verzetteln. Sie weiß, daß ihre Kinder sie nicht lieben, trotz Muttertag und allem. Die »Mom« ist ein Opfer, keine Siegerin.

Wenn dies nun ein klinischer »Typ« ist, ein zusammengesetztes Bild, das für die Epidemiolgie der neurotischen Konflikte in Amerika eine gewisse Bedeutung besitzt, so muß man zum Verständnis dieses Typs und seiner weniger krankhaften Variationen wohl den Historiker und den Psychologen heranziehen, und zwar für eine neue Art von Geschichte, die sich momentan offenbar in ihrem impressionistischen und sensationellen Stadium befindet. Die »Mom« ist natürlich nur eine viel zu vereinfachte Karikatur vorhandener Widersprüche, die aus den heftigen, hastigen und noch nicht integrierten Wandlungen der amerikanischen Geschichte stammen. Um ihren Ursprung zu finden, müßte man wahrscheinlich bis zu der Zeit zurückgehen, als es ausschließlich Sache der amerikanischen Frau war, auf der Grundlage der vielen importierten Traditionen eine gemeinsame Tradition zu entwickeln, auf der sie die Erziehung ihrer Kinder und ihren häuslichen Lebensstil aufbauen konnte; als es an ihr lag, neue Sitten in die kontinentalen Abenteuer von Männern einzuführen, die sich in ihren Herkunftsländern aus dem einen oder andern Grunde in ihrer Freiheit eingeschränkt gefühlt hatten. Nun wollten diese Männer, aus Furcht, sich einer neuen äußeren oder inneren Herrschaft anbequemen zu müssen, ihre kulturelle Identität so unstabil belassen, daß die Frauen in ihrer Forderung nach einiger Sitte und Ordnung eine Art Autokratie der moralischen Entscheidung usurpieren mußten.

Die amerikanische Frau der Grenzersiedlungen war Gegenstand heftiger Rivalitätskämpfe unter den rauhen, natürlich oft gesetzlosen Männern. Zugleich sollte sie aber auch die Funktion des kulturellen Zensors, des religiösen Gewissens, des ästhetischen Kritikers und des Lehrers übernehmen. In jener rauhen, einer harten Natur abgerungenen Wirtschaftsform war sie es, die die feineren Formen des Lebens und die Geistigkeit beitrug, ohne die eine Gemeinschaft auseinanderfällt. In ihren Kindern aber sah sie künftige Männer und Frauen, die sowohl ein streng seßhaftes, wie auch ein bewegtes Wanderleben bestehen können müßten. Sie mußten auf die extremsten Gegensätze in ihren Umwelten vorbereitet und immer bereit sein, sich neue Ziele zu suchen und in rücksichtslosem Wettbewerb um sie zu kämpfen. Denn schließlich war ein Sünder immer noch nicht so schlimm wie ein Schwächling – ein »sucker«.

Wir hatten die These aufgestellt, daß die Mütter der Sioux- und

Yurok-Indianer mit einem Instinkt zur Anpassung begabt waren, auf Grund dessen sie Erziehungsmethoden entwickelten, die sie befähigten, in einer nomadischen Lebensform Jäger und Frauen von Jägern, in einer seßhaften Talgemeinschaft Fischer und Sammler aufzuziehen. Ich glaube, daß die amerikanische Mutter auf die historische Situation des neuen Kontinents mit einer ähnlichen unbewußten Anpassungsfähigkeit reagierte, indem sie die angelsächsischen Erziehungsweisen weiterentwickelte und dabei vermied, die künftigen Grenzer durch zu viel behütende Mütterlichkeit zu verweichlichen. Ich betrachte also, anders ausgedrückt, die sogenannte »ablehnende« Haltung in gewissen amerikanischen Frauen als einen Mangel für die Jetztzeit, der aber auf einer Tugend in der Vergangenheit beruht; die Haltung war für ein ungeheures neues Land entwickelt worden, in welchem die »frontier« (die jeweilige Front des Kampfes um den Kontinent), ob man sie nun suchte oder floh oder überwinden wollte, immer doch die eine, alles beherrschende Tatsache war.

Nächst der »frontier« würden mein Historiker und ich auf den Puritanismus hinzuweisen haben als einer weiteren entscheidenden Kraft in der Ausformung des amerikanischen Mutterbildes und seiner modernen Karikatur, der »Mom«. Der vielgeschmähte Puritanismus war, wie wir nicht vergessen wollen, einst ein Wertsystem, um Männer und Frauen in Zucht zu halten, die mit eruptiver Vitalität, starkem Appetit und ebenso starkem Individualismus begabt waren. Wir haben schon im Zusammenhang mit primitiven Kulturen davon gesprochen, daß eine lebende Kultur ihr eigenes Gleichgewichtssystem besitzt, das sie dauerhaft und für die Mehrzahl ihrer Mitglieder erträglich macht. Aber die sich wandelnde Geschichte gefährdet dieses Gleichgewicht. Während der kurzen Zeit der amerikanischen Geschichte verschmolzen rasche Entwicklungen mit dem Puritanertum auf eine Weise, die die affektive Spannung zwischen Mutter und Kind verstärkte. Zu diesen Entwicklungen zählen die ständige Wanderungsbewegung der einheimischen Bevölkerung, ungehinderte Einwanderung, Industrialisierung, Verstädterung, Klassenbildung und Frauenemanzipation. Das sind nur einige der Einflüsse, die das Puritanertum in die Defensive trieben – und jedes System neigt dazu, starr zu werden, wenn es in die Defensive gedrängt wird. Allmählich griff der Puritanismus, über die Warnung eines vollblütigen und dickköpfigen Volkes vor der sündigen Sexualität hinaus auf die ganze Sphäre körperlichen Lebens über, verdächtigte jede Form der Sinnlichkeit – einschließlich der ehelichen – und breitete seine Frigidität über Aufgaben wie Schwangerschaft, Geburt, Stillen und Kinderpflege aus. Als Folge dessen wurden Männer geboren, die von ihren Müttern nicht lernen konnten, das Sinnenglück zu lieben, bevor sie lernten, seinen Mißbrauch zu vermeiden. Statt die Sünde zu hassen, lernten sie dem Leben zu mißtrauen· Viele wurden dann Puritaner ohne Leidenschaft und ohne Glauben.

Die »frontier« blieb natürlich immer weiter von entscheidendem Einfluß darauf, daß sich in der amerikanischen Identitätsbildung jene extreme Polarisierung durchsetzte, die sie charakterisiert. Die Urpolarität war eben die gleichzeitige Kultivierung so entgegengesetzter Lebensweisen wie Seßhaftigkeit und Nomadentum. In den gleichen Familien, von den gleichen Müttern mußten Männer und Frauen erzogen werden, die sowohl in den neuen Gemeinden und den sich bildenden Klassen Wurzel fassen wie auch die physischen Härten einer Siedlung an der Grenze ertragen konnten. Auch in den Städten entwickelte sich das seßhafte Leben zwar mit dem Blick auf Werkbank und Schreibtisch, Herd und Altar, aber über ihre Straßen- und Schienenwege zogen zu Fuß und zu Wagen die »Fremdlinge«, die von Gott weiß welchen grünen Weiden phantasierten. Da blieb nichts anderes übrig, als entweder ihnen zu folgen oder dazubleiben und den Mund noch voller zu nehmen. Der lockende Ruf der Grenze, die Versuchung weiterzuziehen, zwang diejenigen, die dablieben, zu betonter Ortsverbundenheit; sie mußten zu ihrer Selbstverteidigung einen Stolz auf ihre Seßhaftigkeit entwickeln. In einer Welt, in welcher das Schlagwort galt: »Wenn du den Schornstein deines Nachbarn sehen kannst, ist es Zeit, weiterzuziehen«, mußten die Mütter ihre Söhne und Töchter so erziehen, daß sie den Ruf der Grenze ignorieren konnten, aber auch ebenso entschlossen aufbrechen würden, wenn sie, gezwungen oder freiwillig, weiterziehen mußten. Wenn sie erst einmal zu alt dazu waren, gab es keine Wahl mehr, dann blieben sie und machten aus der Seßhaftigkeit eine Weltanschauung. Es war vielleicht die Furcht, ·zu alt für diese freie Wahl zu werden, die das Alter und den Tod in Amerika so in Verruf brachte. (Erst in jüngster Zeit haben auch die alten Ehepaare eine Lösung für sich gefunden: den Wohnwagen. Jetzt können auch sie sich im ewigen Nomadentum niederlassen und auf Rädern sterben.)

Wir wissen, wie sich die Probleme der Einwanderer und der Ewigauf-der-Wanderschaft-Befindlichen, der Emigrierten und der Flüchtlinge übereinanderschoben, während die großen Räume besiedelt wurden und nach und nach ein geschichtliche Vergangenheit bekamen. Für die neuen Amerikaner, die nun schon eine regionale Tradition der Schichtenbildung besaßen, erschienen die Neuankömmlinge zunehmend weniger durch die Suche nach gemeinsamen Werten charakterisiert, als dadurch, daß sie vor dem oder jenem auf der Flucht waren. Ferner gab es die unwissenden und betrogenen Massen des wachsenden industriellen Arbeitsmarktes. Auch für und gegen alle diese letzteren Amerikaner mußte die amerikanische Mutter nun neue Moralgesetze und starre Regeln des sozialen Aufstiegs aufstellen.

Amerika wurde also, nach dem oft gebrauchten Wort, ein Schmelztiegel. Aber die angelsächsische Frau erreichte durch ihre Entschlossenheit, daß unter all den gemischten Ingredienzen der Puritanismus – so wie er damals war – sich immer wieder durchsetzte. Der ältere angelsächsische Frauentyp wurde immer strenger, obwohl diese Frauen auf ihre Weise gerecht und freundlich waren. Aber auch die Töchter der Einwanderer versuchten nun leidenschaftlich, Verwaltensweisen nachzuahmen, die sie von Hause aus nicht gelernt hatten. Ich glaube, daß an dieser Stelle als Gegenstück des »self-made man« eine weibliche selbstgeschaffene Persönlichkeit erstand; hier finden wir den Ursprung des verbreiteten amerikanischen Begriffes von einem Ich, das sein eigener Vater und Meister ist. In der Tat wird in der Psychoanalyse von Einwandererkindern deutlich, wie sehr sie als die ersten wirklichen Amerikaner ihrer Familien die kulturellen Erben ihrer Eltern geworden sind.

Diese Idee eines selbstgeschaffenen Ich wurde noch weiter verstärkt und doch auch modifiziert durch die Industriealisierung und die Klassenbildung. So brachte uns die Industriealisierung z. B. die mechanisierte Kindererziehung. Es war, als ob diese neue, von Menschenhand geschaffene Maschinenwelt, die das Zeitalter des Menschen als »Teil der Natur« und als »Raubtier« ablöste, sich nur demjenigen ergeben wollte, der selber Maschine war, so wie der Sioux ein Büffel, der Yurok-Indianer ein Lachs »wurde«. Es entstand eine Richtung in der Kindererziehung, die darauf abzielte, den menschlichen Organismus vom ersten Moment an zur Pünktlichkeit einer Uhr zu trainieren und ihn so zum normierten Bestandteil der industriellen Welt zu machen. Diese Bewegung ist noch keineswegs abgeschlossen, weder bei uns noch in den Ländern, die es uns in der industriellen Produktion gleichtun möchten. Dabei ergab sich, daß die amerikanischen Mütter (besonders der Mittelklasse) über das Ziel hinausschossen: statt ihre Kinder zur Anpassung an die Maschinenwelt und ihre Beherrschung zu erziehen, erreichen sie, daß die Kinder, die später doch die sehr männliche Individualität verkörpern sollen, welche in der Vergangenheit das hervorstechendste Merkmal des Amerikaners war, zu überadaptierten, standardisierten Menschen wurden. Die Gefahr bestand darin, daß neben einem echten Individualismus das Massenfabrikat einer Maske des Individualismus entstand.

Aber damit noch nicht genug; jetzt begannen sich auch Klassen herauszubilden, und in einigen nicht großen, aber einflußreichen Bevölkerungs- und Landesteilen entstand durch Verschmelzung mit den Überbleibseln europäischer aristokratischer Modelle das Ideal der Dame, der Frau, die es nicht nötig hat zu arbeiten, ja, die tatsächlich viel zu kindlich und absichtlich unwissend geblieben ist, um auch nur zu begreifen, was Arbeit bedeutet. Diesem Ideal stand freilich in fast allen Teilen Amerikas, außer im Süden, bald darauf das Ideal der emanzipierten Frau entgegen. Bei diesem neuen Ideal ging es scheinbar nur um gleiche Rechte, aber bekanntlich kam es so, daß es auf ein Recht zur Gleichheit, ein Recht auf Vermännlichung hinauslief.

So war also die amerikanische Frau in ihren ursprünglichen Eigenschaften die passende, heldenhafte Gefährtin des Mannes der Nach-Revolutionszeit. Dieser Mann war nur von der einen Idee beherrscht, sich keines Mannes Herrschaft zu beugen und nur von der einen Furcht beseelt, daß ihn irgend ein Heimweh und die Lust zur Unterwerfung unter irgend einen König wieder in politische Sklaverei führen könnte. Nur unter dem Zwang einer gemeinsamen geschichtlichen Problematik wurde die Mutter zur »Mom« und der Vater zum »Pop«. Denn letzten Endes ist dieser »Momismus« doch nur verschobenes Vatertum. Die amerikanische Mutter übernahm die Rolle des Großvaters, weil der Vater seinen beherrschenden Platz in der Familie, in der Erziehung, im kulturellen Leben aufgegeben hatte. Die post-revolutionären Nachkommen der Gründerväter zwangen ihre Frauen, zugleich Mutter und Vater zu sein, während sie selber sich weiter in der Rolle der freigeborenen Söhne gefielen.

Ich kann den Umfang der emotionalen Störungen in Amerika nicht abschätzen. Statistiken über schwere Geisteskrankheiten helfen uns hier nicht weiter. Parallel zu unseren verbesserten diagnostischen Methoden hat sich auch unser Missionseifer gegenüber dem erkannten Problem entfaltet, so daß man schwerlich sagen kann, ob Amerika heutzutage mehr und bessere Neurosen hat oder mehr und bessere Methoden, sie zu erkennen – oder beides. Ich würde höchstens aus meiner klinischen Erfahrung heraus wagen, auf eine spezifische Qualität der Störungen hinzuweisen. Ich würde sagen, daß hinter der Fassade von stolzem Autonomiegefühl und überschwänglicher Initiative der emotional gestörte Amerikaner (der oft gar nicht danach aussieht) seiner Mutter vorwirft, ihn im Stich gelassen zu haben. Der Vater, so behauptet er, habe damit nichts zu tun – außer in den seltenen Fällen, wo der Vater nach außen hin ungewöhnlich streng oder ein Individualist der alten Schule, ein autokratischer Vatertyp aus der alten Welt oder ein echt amerikanischer »Boss« ist. In der Psychoanalyse eines amerikanischen Mannes braucht es gewöhnlich beträchtliche Zeit, bis er sich an eine sehr frühe Lebenszeit zurückerinnern kann, in der der Vater größer und bedrohlich erschien. Selbst dann zeigt sich nur wenig von jener spezifischen Rivalität um die Mutter, die man unter dem Ödipuskomplex versteht. Es ist, als ob die Mutter schon aufgehört hätte, ein Gegenstand der Sehnsucht und sinnlichen Hinneigung zu sein, bevor noch die allgemeine Entwicklung der Initiative zur Rivalität mit dem »Alten« führte. Hinter dem nur fragmentarischen »Ödipuskomplex« taucht dagegen ein tiefwurzelndes Gefühl auf, von der Mutter verlassen und verleugnet worden zu sein, der typische stille Vorwurf hinter der schizoiden Introversion. Schon das kleine Kind scheint gefühlt zu haben, daß es zwecklos ist, nach rückwärts zu regredieren, denn da war ja niemand, zu dem man regredieren konnte; daß es zwecklos sei, Gefühle zu investieren, denn die Erwiderung war ja so unsicher. Was blieb, war die Ermutigung zu frühreifer Handlung und Beweglichkeit bis zum Zerreißpunkt. Wenn dann auch die Aktivität versagte, blieb nur noch der Weg der Introversion und des Standardlächelns und später vielleicht eine psychosomatische Störung übrig. Aber wenn unsere Methoden uns einmal gestatten, noch tiefer zu blicken, so finden wir auf dem tiefsten Grunde die Überzeugung, den tödlichen Selbstvorwurf, daß es ja in Wirklichkeit *das Kind gewesen war, das die Mutter verlassen hatte,* weil es so eilig war, unabhängig zu werden.

Die amerikanische Volkskunde beleuchtet diesen Komplex in seiner ganzen Urkraft in der Saga von der Geburt John Henrys, des farbigen Nieters, der nach der verbreiteten Ballade später bei dem Versuch umkam, sich mit der Maschine in einen Wettkampf einzulassen um zu zeigen, daß ein rechter Mann immer noch der Stärkere ist. Die weniger bekannte Sage von seiner Geburt lautet folgendermaßen:[1]

[1] R. Bradford, John Henry, Harper Bros., New York 1931.

John Henry, das war ein Mann, aber er ist nun schon lange tot. In der Nacht, als John Henry geboren wurde, war der Mond kupferrot und der Himmel war schwarz. Die Sterne wollten nicht scheinen, und es fiel ein wüster Regen. Gabelblitze spalteten die Luft, und die Erde zitterte wie ein Blatt. Der Panther schrie im Bruch wie ein Kind, und der Mississippi lief tausend Meilen stromauf. John Henry wog vierundvierzig Pfund.

Sie wußten nicht, was sie mit John Henry machen sollten, als er geboren war. Sie guckten ihn an, und dann gingen sie und guckten den Fluß an.

»Er hat eine Baßstimme wie ein Prediger«, sagte seine Mama.

»Er hat Schultern wie ein Baumwollballenträger«, sagte sein Papa.

»Er hat einen blauen Gaumen wie ein Zauberer«, sagte die Hebamme.

»Ich werde vielleicht mal predigen«, sagte John Henry, »aber ich will kein Baumwollballenträger werden. Ich habe vielleicht einen blauen Gaumen wie ein Zauberer, aber ich will mich nicht mit Geistern einlassen. Denn mein Name ist John Henry, und wenn die Leute mich bei meinem Namen rufen, so sollen sie wissen, daß ich ein richtiger Mann bin.«

»Sein Name ist John Henry«, sagte seine Mama, »das steht fest.«

»Und wenn du ihn bei seinem Namen rufst«, sagte sein Papa, »dann ist er ein richtiger Mann.«

Um diese Zeit herum stand John Henry auf und reckte sich. »Na«, sagte er, »ist es nicht bald Abendbrotzeit?«

»Na sicher ist es Abendbrotzeit«, sagte seine Mama.

»Schon vorüber«, sagte sein Papa.

»Schon lange vorüber«, sagte die Hebamme.

»Na«, sagte John Henry, »haben denn die Hunde ihr Abendbrot gekriegt?«

»Jawohl«, sagte seine Mama.

»Alle Hunde«, sagte sein Papa.

»Schon lange«, sagte die Hebamme.

»Na und«, sagte John Henry, »bin ich nicht ebenso gut wie die Hunde?«

Und als John Henry das sagte, wurde er wild. Er drehte sich in seinem Bett herum und brach die Leisten ab. Er machte seinen Mund auf und heulte, und da ging die Lampe aus. Er streckte seine Zunge heraus und spuckte, da ging das Feuer aus. »Macht mich nicht wild!« sagte John Henry, und der Donner rumpelte und rollte. »Macht mich nicht wild an dem Tage, an dem ich geboren bin, denn ich kenne mich selbst nicht mehr, wenn ich wild werde!«

Und dann stellte sich John Henry mitten ins Zimmer und sagte ihnen, was er zu essen haben wollte. »Bringt mir vier Schinkenbeine und einen Arm voll Rübenkraut, so hoch wie die Baumwipfel, und macht es mit Apfelsaft an. Bringt mir einen Laib Brot und einen Pott voll Schnaps zum Runterspülen. Bringt mir eine Pfanne voll rotglühenden Zwieback und einen großen Krug voll Zuckersirup. Denn mein Name ist John Henry, und damit gehabt euch wohl!«

Und damit ging John Henry aus dem Haus und aus dem Land des Schwarzen Flusses fort, wo alle guten Schauerleute geboren sind.

Es gibt natürlich analoge Geschichten in anderen Ländern, von Herkules bis zu Buslaew. Aber es sind einige Punkte in dieser Geschichte, die durchaus amerikanisch erscheinen. Die Art dieses Humors zu kennzeichnen, würde von unserem Thema abführen. Was wir aber in Hinblick auf unsere spätere Diskussion im Auge behalten wollen ist die Tatsache, daß John Henrys Leben mit einem gigantischen Groll über ungerechte Behandlung beginnt. Sein enormer Appetit wird nicht sogleich befriedigt, und er bittet: »Macht mich nicht wild an dem Tage, an dem ich geboren bin«; er löst das Dilemma, indem er aufspringt und sich auf die eigenen Füße stellt und indem er mit der Kapazität seines Bauches prahlt. Dann verläßt er alles, um ein richtiger Mann zu werden und »nichts als ein Mann«, bevor auch nur der Versuch gemacht werden konnte, seine Kindheits-Forderungen zu erfüllen.

3. John Henry

Derselbe John Henry ist der Held einer Legende, in welcher berichtet wird, wie er im Tode noch den Triumph des Fleisches über die Maschine bezeugte[2]:

> Da sagte der Käpt'n zu John Henry:
> »Bring mir den Dampfhammer mal,
> Nimm den Dampfhammer mit zur Arbeit
> Und hau damit auf den Stahl,
> Herr, mein Gott! – und hau damit auf den Stahl.«
> Da sagte John Henry zu sein'm Käpt'n:
> »Ein Mann, der bleibt immer nur ein Mann,
> Und eh ich mich vom Dampfhammer unterkriegen laß,
> Sterb ich mit dem Hammer in der Hand,
> Herr, mein Gott! – sterb ich mit dem Hammer in der Hand.«

Die Melodie dieser Ballade ist laut den Lomax' ursprünglich »eine schottische Weise, ihre Form entstammt den mittelalterlichen Balladen, aber der Inhalt spricht vom Mut des einfachen Mannes«, der bis ans Ende glaubt, daß ein Mann immer nur als Mann zählt.

John Henry ist ein Musterbeispiel jener Einzelgänger an der sich ausweitenden Grenze, die den neuen geographischen und technischen Welten allein als Männer und ohne jede Vergangenheit gegenübertraten. Der letzte noch übriggebliebene derartige Beruf ist der Cowboy, der auch ihre ganze Prahlerei, ihren Groll, die Wanderlust, das Mißtrauen gegen alle persönlichen Bande, ihre libidinöse und religiöse

---

[2] J. A. Lomax und A. Lomax (Eds.), Folksong U.S.A., Duell, Sloan and Pearce, New York 1947.

Ausrichtung auf Höchstleistungen an Ausdauer und Kühnheit geerbt zu haben scheint und ihre Abhängigkeit vom »Viehzeug« und vom Klima.

In diesen Männern der Arbeit ist das Bild des wurzellosen, mutterlosen, frauenlosen Mannes bis an seine affektiven und gesellschaftlichen Grenzen gesteigert. An späterer Stelle werden wir die Behauptung aufstellen, daß dieses Bild nur eine spezielle Variante der neuen Bilder ist, die in der ganzen Welt auftreten; ihr gemeinsamer Nenner ist das freigeborene Kind, aus dem ein bindungsloser Jugendlicher und ein Mann wird, der weder seines Vaters Gewissen noch Heimweh nach seiner Mutter kennt, und der sich nur den grausamen Tatsachen und der Disziplin unter Brüdern beugt. Diese Männer rühmen sich, als hätten sie sich selbst geschaffen, härter als die härtesten Tiere, fester als Schmiedeeisen.

Aufgewachsen im Bergwald, gesäugt vom Polarbär, neun Reihen Zähne im Maul, Haare, doppelt so dicht wie ein Fell, Stahlrippen, Drahteingeweide und ein Schwanz aus Stacheldraht, und es ist mir schnuppe, wo ich ihn langschleife. Whoopee-whee-a-ha![3]

Diese Helden blieben absichtlich anonym, sie wollten das kondensierte Produkt aus dem Niedersten und Höchsten des Weltalls sein.

Ich bin ruppig wie ein Bär, mit einem Wolfkopf, ich bin geschmeidig wie ein Leopard, kann grinsen wie eine Hyäne, daß sich die Rinde von den Baumstämmen löst. Ich habe einen Tropfen von allem in mir, vom Löwen bis zum Skunk, und ehe noch der Krieg aus ist, werden Sie mich ein ganzes zoologisches Institut nennen, falls meine Rechnung stimmt.[4]

Wenn darin auch ein von den Indianern übernommener Totemismus stecken mag, so enthält die Prahlerei doch auch etwas tragisch Unvereinbares: denn man kann durch Identifikation einem »Stück Natur« gerecht werden; wenn man aber versucht, härter und kälter als die Maschine zu sein, wenn man glaubt, Eingeweide wie Draht zu besitzen, dann kann es passieren, daß einen gerade die Verdauung im Stich läßt.

Bei der Diskussion über zwei amerikanische Indianerstämme kamen wir zu dem Schluß, daß ihre speziellen Formen der Kinderaufzucht mit ihrem Weltbild und ihren ökonomischen Verhältnissen in guter

---

[3] A. H. Lewis, Wolfville Days, Frederic A. Stokes Co., New York 1902. Zitiert in: A Treasury of American Folklore, Crown Publishers, New York 1944.

[4] Colonel Crockett's Exploits and Adventures in Texas, von ihm selbst geschrieben, 1836.

Übereinstimmung standen. Nur in ihren Mythen, Ritualen und Gebeten fanden sich Hinweise darauf, was ihre spezielle Form der Ausstoßung aus dem Kindheitsparadies sie gekostet hatte. Ob es wohl auch für eine so große und bunt zusammengesetzte Nation wie Amerika einen Ausdruck des Volkslebens gibt, der irgendwelche typischen Züge der frühen Mutter-Kind-Beziehung wiederspiegelt?

Ich glaube, daß das Volkslied der Agrarländer psychologisch dem entspricht, was bei den Primitiven die gemeinsamen Gebetshymnen sind. Wir haben gesehen, daß die Gesänge der Primitiven sich an überirdische Versorger wendeten; diese Menschen legten alle Sehnsucht nach dem verlorenen Paradies der Kindheit in ihre Lieder, um ihnen durch die Magie der Tränen Kraft zu verleihen. Die Volkslieder dagegen sprechen von der Sehnsucht des Bauern, der gelernt hat, dem Boden mit scharfen Werkzeugen, die er im Schweiße seines Angesichts geschmiedet hat, seine Früchte zu entreißen. Sein Sehnen nach der alten Heimat wird zur Erholung nach der Arbeit gesungen, oft auch als Begleitung zur Arbeit, wenn nicht in den Arbeitsgesängen sogar als Hilfsmittel der Arbeit.

Das amerikanische Liebeslied aus der »guten alten Zeit« hat viel von der stillen Tiefe der europäischen Volkslieder geerbt: »Black, black, black is the color of my true love's hair.« Noch mehr aber sind es die Melodien, die die Erinnerung an das tiefe Tal, die stille Mühle und die schönen Mädchen der alten Welt bewahrten. Im vielfach veränderten Text drücken die Volkslieder Amerikas oft freiwillig jene »gespaltene Persönlichkeit« aus, die erst viel später, in der Ära des Jazz, auch in die Melodie eintrat. Schon in dem vermutlich ältesten amerikanischen Lied, dem »Springfield Mountain«, zeigt sich dies in einer Diskrepanz zwischen der Melodie und den Worten. Den süßesten Melodien werden oft blutrünstige und sogar respektlose Worte unterlegt, selbst die Liebeslieder haben die Neigung, tiefe Gefühle aufzulösen. »Wenn man zwischen den Zeilen zu lesen versteht«, sagen die Lomax, »müssen einem zwei oft wiederkehrende Einstellungen zur Liebe auffallen . . . Liebe ist gefährlich, sie ist nur eine Einbildung und verfliegt wie Spreu im Wind . . . und Liebe ist lächerlich, Verliebtheit Komödie. Offenbar hatten diese Leute, die sich weder vor Indianern noch der Einsamkeit, den wilden Tieren, den Wäldern, der Freiheit, weder vor wilden Pferden noch Präriefeuern, Dürre oder einem Colt fürchteten, Angst vor der Liebe.«[5]

---

[5] Lomax and Lomax, a. a. O.

Gerade in den Liebesliedern finden wir also nicht nur den Schmerz des Verlassenseins (ein internationales Thema), sondern auch die Furcht, sich durch tiefe Empfindungen aus der Hand zu geben und durch »achtlose Liebe« verraten und verwundet zu werden.

Statt romantischer Gefühle ist in den amerikanischen Liedern oft ein eigensinniges Sich-Anklammern an die häßlichen Seiten des Lebens zu spüren, an Armut, Einsamkeit und Mühsal auf einem Kontinent, der einen mit seinen Verlockungen bestrafte. Es werden besonders oft Tiere erwähnt, die einen ständig belästigen: »Junikäfer, Opossums, Waschbären, Hähne, Gänse, Jagdhunde, Spottdrosseln, Klapperschlangen, Ziegenböcke, messerrückendürre Schweine und leberlippige Maultiere.« Besonders in einer bestimmten Liedform treten Tiere auf, nämlich in den Schelmen- und Rätselliedern, in denen wohl auch erotische Anspielungen vor den strengen Eltern halb verhüllt und vor den Jungen halb enthüllt werden sollen, wenn bei »unschuldigen« Zusammenkünften zwar nicht getanzt werden durfte, Gesellschaftsspiele aber erlaubt waren:

Die Damen in die Mitte,
Die Herrn in den Kreis herum,
Und wir treffen uns im Schilf und schießen den Büffel.
Die Mädchen gehen zur Schule, die Buben spielen den Narren.
Treffen wir uns im Scheunenhof und jagen das alte graue Maultier herum.
Oh, der Falke stieß auf den Bussard, und der Bussard auf die Krähe,
Und wir treffen uns im Schilf und schießen den Büffel.[6]

Am unehrerbietigsten werden die Schelmenlieder, wenn sie vom Verfall und Ende des ausgedienten Alters handelten. Es sind meist Tiere: »die alte graue Mähre, die nicht mehr ist, was sie einst war« oder »der alte Hahn, der nicht mehr so wie früher krähen kann« oder Tante Nancys graue Gans:

Geh, sag Tante Nancy,
Ihre alte graue Gans ist tot.
Die eine, die sie aufgespart hatte,
Sich ein Federbett zu machen.
Die Gänschen haben Trauer,
Weil ihre Mammy tot ist.
Sie hatte nur eine Feder
In ihrem Kopf stecken.[7]

Die bittere und doch drollige Ironie des letzten Verses bezieht sich auf jene Zeiten, als, nach Lomax', »ein Federbett für das Herrlichste

---

[6] Ebd.
[7] Ebd.

auf der Welt zum Schlafen galt; es wiegte einen und schmiegte sich an und deckte einen bis an die Nasenspitze zu.« Manchmal aber kam auch die Freude unverhüllt zum Vorschein, eine böse Sache auf gute Art losgeworden zu sein:

> Meine Frau, sie starb, oh da, oh da,
> Meine Frau, sie starb, oh da.
> Meine Frau, die starb,
> Und ich lachte, bis ich weinte,
> Beim Gedanken, daß ich wieder ledig war.[8]

Es paßt zu dem ungehemmten Ausdruck von Gefühlen wie »hol der Teufel alles alte Zeug« und »nimm dich selber nicht zu ernst«, daß man zu vielen amerikanischen Liedern laufen oder tanzen muß, wenn man sie richtig vortragen will. Fortwährende Bewegung vermischt sich mit drolligen Anspielungen auf die Alltagsarbeitsweisen und drücken damit ein Glaubensbekenntnis aus, den Glauben des Amerikaners an die befreiende Magie von Ortsveränderung und Geschäftigkeit.

Die Lieder des Cowboys sind dann die letzte Form der Werkgesänge der hochspezialisierten Arbeitsmänner der Grenze und stellen eine hervorragende Synthese von Arbeitsweise und affektivem Ausdruck dar. Wenn der Cowboy einen bockigen Junghengst einritt und dabei sorgfältig vermeiden mußte, seine ruhige Muskelkraft durch Furcht oder Zorn zu beeinträchtigen; wenn er mit seiner Rinderherde die heißen, staubigen Pfade dahinzog, wobei es darauf ankam, die Tiere nicht aufzuregen oder zu jagen, damit sie in guter Verfassung abgeliefert werden konnten, dann verlor er sich in den Singsang, der in gereinigter Form zu den volkstümlichen Cowboy-Liedern wurde. Reim und Inhalt der Cowboy-Klage ist, daß es für ihn kein Zurück gibt. Es gibt tränenrührende Lieder von dem Cowboy, der seine Mutter, seine Schwester nie wieder sehen wird oder der bei der Rückkehr erkennen muß, daß seine Liebste ihn betrogen hat. Aber noch allgemeiner ist in den echten Cowboy-Liedern die merkwürdige Tatsache, daß der Held so etwas wie eine Mutter, ein Lehrer und eine Amme derselben Tiere ist, die er ihrem frühen Tode zuführt:

> Deine Mutter wurde drunten in Texas großgezogen,
> Wo der Stechapfel wächst und die Sandkette,
> So wollen wir dich mit Kaktus und Opuntien füttern,
> Bis du bereit bist für Idaho.[9]

---

[8] Ebd.

[9] M. und T. Johnson, Early American Songs, Associated Music Publishers, Inc., New York 1943.

Er singt seinen Tieren Wiegenlieder, wenn sie auf ihren tausend kleinen Hufen durch die frühe Prärienacht ziehen:

> Geht langsam, kleine Kälber, hört auf, im Kreise zu laufen,
> Ich habe genug davon, daß ihr so unstet umherzieht,
> Es gibt Gras genug, wo ihr steht.
> So freßt ein bißchen langsam,
> Und ihr braucht nicht immer unterwegs zu sein,
> Macht langsam, kleine Kälbchen, macht langsam.[10]

Und obwohl er abwehrt: »Es ist euer Unglück und nicht meines«, fühlt er sich doch mit den jungen Ochsen, die er gezeichnet, kastriert und gefüttert hat, bis sie für den Transport zum Schlachthaus reif waren, identisch:

> Du hast keinen Vater, du hast keine Mutter,
> Du hast sie verlassen, als du auf Wanderschaft gingst,
> Du hast keine Schwester, du hast keinen Bruder,
> Du bist gerade wie ein Cowboy, weit fort von der Heimat.[11]

So bekennt denn das amerikanische Lied sich in seinen *Melodien* zur Sehnsucht nach dem Alten, wenn auch die *Worte* oft eigenwillig und voller Trotz das Gegenteil aussprechen, nämlich Zweifel an der Beständigkeit der Liebe und Verleugnung des Bedürfnisses nach Vertrauen. Das Lied wird dadurch ein intimes Gegenstück zum politischen Manifest der Unabhängigkeit.

Das amerikanische Urbild des freien Mannes ist die Gestalt des Nordeuropäers, der, den feudalen und religiösen Zwängen seiner Heimat entronnen, seinem Vaterland abschwor und nun ein Land und eine Verfassung schuf, deren oberstes Prinzip es war, das Wiederaufleben einer Zwingherrschaft zu verhindern. Dieses Urbild entwickelte sich später natürlich in unvorhersehbaren Richtungen, gänzlich verschieden von den Träumen der ersten Siedler, deren einziger Wunsch es gewesen war, auf dem neuen Kontinent ihr altes Heimatland wieder aufzubauen, ein England mit genau so malerischen Dörfern, nur mit mehr Ellenbogen- und Gedankenfreiheit. Wie konnten sie auch den unwiderstehlichen, wilden Lockruf eines Kontinents vorhersehen, der noch niemandes Heimat gewesen war und der sich alsbald als ein strenger Herr und Versucher enthüllte. In Amerika ist die Natur auto-

---

[10] Aus »Singing Amerika«, mit Erlaubnis der National Recreation Association und des Verlages C. C. Birchard and Co.

[11] Johnson, a. a. O.

kratisch; sie spricht: »Ich streite nicht, ich sage es dir nur!« Die Größe und Rauheit des Landes und die Bedeutung der Fortbewegungs- und Transportmittel halfen dazu, die Identität einer Autonomie und Initiative zu schaffen und zu entwickeln, die Identität eines Mannes, der immer unterwegs ist und immer dabei, etwas zu vollbringen. Historisch war eine übermäßig festgelegte Vergangenheit zugunsten einer noch unbeschriebenen Zukunft abzustreifen; geographisch stand das Weiterziehen immer in greifbarer Nähe; sozial standen demjenigen, der das Glück ergriff und die Aufstiegsmöglichkeiten des sozialen Wechsels ausnützte, alle Chancen offen.

Es ist also kein Zufall, daß sich bei der psychologischen Analyse auf dem Untergrund so manchen seelischen Unbehagens der Komplex findet, die Mutter verlassen zu haben oder von ihr verlassen worden zu sein. Im allgemeinen empfindet der Amerikaner die »Staaten« nicht als »Mutterland« im Sinne der weichen, sehnsüchtigen Gefühle, mit denen er von der »alten Heimat« spricht. Er nennt Amerika »this country« und liebt es mit einer fast bitteren Liebe und auf eine bemerkenswert unromantische und realistische Art. In Volksreden wird die Treue zu bestimmten Örtlichkeiten zwar oft gepriesen, aber Treueverpflichtungen werden doch oft mehr gegenüber zufälligen Freundschaften und Umständen gefühlt, die eher ein gemeinsames Schicksal als eine Ortsverbundenheit bezeichnen. Gerade heute, wo der Wohnungsmangel zur Gründung von überstandardisierten, eifersüchtig gehegten Vorortgemeinden geführt hat, fühlt sich so mancher Amerikaner doch am wohlsten an der Theke eines Ausschanks an der Autobahn oder einer Eckkneipe, oder aber auf der Reise, in Camping-Plätzen und Sommerhütten, wo man spielen kann, man wäre frei und könnte kommen und gehen, wie man wollte. Es gibt ja kein Volk auf der Welt, das so viel und weit reist wie der Amerikaner. Nach dem Kriege entschlossen sich zahllose amerikanische Kriegsteilnehmer, ihr Nachkriegsleben an einem neuen Ort anzufangen, nicht am alten Heimatort, von dem sie doch an der Front geträumt hatten. So heißt es zwar im Liede: »There is no place like home«, aber für den Amerikaner scheint es wichtiger zu sein, daß er sein Heim mitnehmen kann oder daß er ein genaues Gegenstück davon auch noch tausend Kilometer weiter vorfindet. Gerade diejenigen, die die schönsten Wohnstätten besitzen, reisen vielleicht am meisten.

Indem also die Amerikaner die Räume ihres weiten Kontinents fast gewaltsam bezwangen, lernten sie auch einen weiteren herrschsüchtigen

Autokraten überwinden, der sich den freien Söhnen unerwartet in den Weg stellte: die Maschine.

Man muß diesen Herrschaftsanspruch des Kontinents und der Maschine in Rechnung stellen, wenn man es unternimmt, die amerikanischen Erziehungsmethoden zu untersuchen und einer Kritik zu unterziehen. Es sind Methoden, die darauf hinauslaufen, das Kind ein wenig sehnsüchtig und doch treu, selbstherrlich und doch zuverlässig, individualistisch und doch berechenbar zu machen. Die Behauptung, daß diese Methoden von einer systematischen mütterlichen »Versagung« eingeleitet werden, gehört selbst zum Mythos, den man auf geschichtliche Tatsachen und auf die aus der Not geborene Phantasie zurückführen muß: denn der Mann und die Frau, deren selbstgeschaffenes Idealbild der »selfmade man« und die »selfmade« Persönlichkeit waren, und die also ihre eigene Ich-Identität im Vorwärtsschreiten selber schaffen und immer wieder neu ausrichten mußten, hatten eben für allzu viel behütende Mutterliebe keine rechte Verwendung. In Fällen, wo das Kind diese Art von Mutterliebe in Wirklichkeit erfahren hatte, mußte es sie später sogar verleugnen. Wenn es also keine »Mom« gäbe, müßte sie erfunden werden: Denn die historische Bedeutung des Ergreifens und Festhaltens ist in diesem Lande derart, daß ein Mann, um in einer mächtig sich verändernden Welt auf den Füßen zu bleiben, sich selbst durch sein Zupacken aufrechthalten muß.

Weil John Henry zur Welt kam, als sogar die Hunde schon ihr Futter hatten, sprang er aus der Wiege, ehe er noch seine erste Mahlzeit erhalten hatte. Angesichts eines ganzen Kontinents und der vielen ungelösten Aufgaben, die vor ihm lagen, waren diese seine ersten Stunden in der Welt voll tiefer Bedeutung, wenn er diese Bedeutung im Ausmaß auch übertrieb. Aber wie wird John Henry sich im korrekten Zweireiher verhalten? Was wird aus seinen »Drahteingeweiden«, wenn er selber an der Maschine stehen muß und sich im Netz der unpersönlichen Maschinerie des modernen Lebens verfangen findet?

4. Der Jugendliche, der Boss und die Maschine

Die Adoleszenz ist das Alter, in dem sich die dominante positive Ich-Identität endgültig bildet. Jetzt wird eine real greifbare Zukunft Teil des bewußten Lebensplanes; jetzt erhebt sich die Frage, ob diese Zukunft in den frühen Erwartungen schon voraus entworfen wurde.

Anna Freud gibt eine kraftvolle Darstellung des Problems, das die psychologische Reifung aufwirft[12].

Der physiologische Vorgang der körperlichen Geschlechtsreifung bringt eine Belebung der Triebvorgänge mit sich ... Aggressive Regungen steigern sich dadurch zu zügelloser Wildheit, Hunger und Gefräßigkeit, die Schlimmheit der Latenzperiode zur Kriminalität des Jugendlichen. Längst untergegangene orale und anale Interessen tauchen wieder auf der Oberfläche auf. Hinter der mühsam erworbenen Reinlichkeit der Latenzzeit kommen Schmutzlust und Unordentlichkeit zum Vorschein, an Stelle von Scham und Mitleid erscheinen Exhibitionsgelüste, Grausamkeit und Tierquälerei. Die Reaktionsbildungen, die uns schon als gesicherter Bestandteil des Ichs erschienen sind, drohen also, wieder zu zerfallen. Gleichzeitig kommen alte, untergegangene Tendenzen ins Bewußtsein. Die Ödipuswünsche erfüllen sich in Gestalt von wenig entstellten Phantasien und Tagträumen, die Kastrationsvorstellungen bei den Knaben, der Penisneid bei den Mädchen stehen von neuem im Mittelpunkt des Interesses. Dabei hat dieser ganze Ansturm wenig fremde Elemente in sich. Er bringt nur noch einmal an die Oberwelt, was wir als Inhalt der frühinfantilen Sexualität des kleinen Kindes bereits kennengelernt haben.

Dies ist das Bild, wie es vom individuellen Ich her erscheint, das wie von einem neuerdings mobilisierten und außerordentlich erstarkten Es überwältigt wirkt, als sei eine feindliche Innenwelt, eine innere Außenwelt, in sein Gebiet eingedrungen. Unser Interesse richtet sich dabei auf die Quantität und Qualität der Unterstützung, die das so bedrängte jugendliche Ich von der äußeren Außenwelt erwarten kann, und auf die Frage, ob sowohl die Abwehrmechanismen des Ich wie die in früheren Phasen entwickelten Identitätsfragmente den notwendigen zusätzlichen Halt erfahren. Die regredierenden und zugleich heranwachsenden, rebellierenden und reifenden Jugendlichen sind in dieser Periode in allererster Linie mit dem Problem beschäftigt, wer und was sie in den Augen eines größeren Kreises bedeutsamer Personen sind – im Vergleich zu dem, was sie letztlich von sich selbst halten; und wie sie ihre früher geübten Träume, Idiosynkrasien, Rollen und Leistungen mit den leistungsmäßigen und sexuellen Vorbildern des Tages in Einklang bringen sollen.

Die Gefahr dieses Stadiums liegt in der Rollendiffusion, d. h. im Undeutlichwerden, in der Auflösung jeder möglichen Rolle; wie Biff im »Tod des Handlungsreisenden« es ausdrückte: »Ich kann mich einfach nirgends festhalten, Mama, ich kann keine Art von Leben in die Hände kriegen«. Wo solch ein Dilemma auf heftige frühere Zweifel

---

[12] Anna Freud, Das Ich und die Abwehrmechanismen, Imago Publishing Co. Ltd. London 1937.

bezüglich der eigenen, ethnischen und sexuellen Identität zurückgeht, sind verbrecherische und ausgesprochen psychotische Entwicklungen nicht selten. Verwirrt von den nur angemaßten Rollen, die ihnen von der unentrinnbaren Standardisierung der amerikanischen Jugend aufgezwungen werden, ergreifen immer weitere Jugendliche in der einen oder anderen Form die Flucht: sie verlassen Schulen und Stellungen, treiben sich nachts herum oder ziehen sich in bizarre, unzugängliche Launen zurück. Ist er erst einmal zum »Verbrecher« geworden, so ist das dringendste Bedürfnis des Jungen, und oft seine einzige Rettung, daß ältere Jugendliche, Erzieher oder juristische Amtswalter, mit denen er jetzt in Berührung gerät, es ablehnen, ihn durch Standarddiagnosen und soziale Aburteilung noch weiterhin abzustempeln, ohne die spezifischen dynamischen Bedingungen der Reifezeit zu erkennen und zu berücksichtigen. Der beste Dienst, den sie leisten, besteht wahrscheinlich in ihrer Weigerung, ihn in seiner Kriminalität zu »bestätigen«[13].

Unter den Amerikanern, die über die bestdefinierte Ich-Identität verfügen, gibt es eine Sorte von Jungens zwischen fünfzehn und zwanzig, deren generelles Bild innerhalb ihres Milieus ich umreißen möchte. Meine Methode ist die der klinischen Beschreibung eines »Typus«, aber der Junge ist kein Patient – alles andere als das. Tatsächlich kann er eine »Gehirnwäsche« gar nicht gebrauchen. Vielleicht sollte man gerade deswegen Mittel und Wege suchen, ihn gründlich kennen zu lernen, denn es hieße, unsere Ansichten bedenklich einschränken, wollten wir unser Verständnis auf die beschränken, die uns verzweifelt brauchen.

Sie stammen aus angelsächsischen, gemäßigt protestantischen Familien der Angestelltenklasse. Es sind große, magere, muskulös gebaute Jungen; sie sind scheu, besonders im Umgang mit Frauen, gefühlsmäßig zurückhaltend, als sparten sie sich für irgend etwas auf. Ein gelegentliches Grinsen deutet an, daß sie trotzdem im Grunde mit sich selbst zufrieden sind. Unter seinesgleichen kann solch ein Junge laut und ein Rowdy sein, mit jüngeren Kindern ist er freundlich und umsichtig. Seine Ziele sind, wenn auch vage, so doch erkennbar. Sie haben etwas mit Aktivität und Bewegung zu tun. Seine Idealbilder in der Welt des Sports scheinen Bedürfnissen nach disziplinierter Lokomotorik gerecht zu werden: fair im Angriff, ruhige Selbstdarstellung, noch ruhende männliche Sexualität. Neurotische Angst wird durch die Konzentration auf bestimmte Ziele mit klar umrissenen Gesetzen vermie-

---

[13] Siehe E. H. und K. T. Erikson, The Confirmation of the Delinquent, Chicago Review, Winter 1957.

den. Psychoanalytisch gesprochen ist der vorherrschende Abwehrmechanismus der der Selbstbeschränkung.

Die Mutter entspricht in mancher Hinsicht einer »Mom«, sie kann scharf sein, eine laute Stimme haben, strafend in der Haltung sein. Vermutlich und in vielen Fällen ist sie sexuell frigide. Der Vater, der im Geschäft die nötige Zähigkeit beweist, ist in seinen intimen Beziehungen schüchtern und erwartet kaum, zu Hause mit viel Respekt oder Rücksicht behandelt zu werden. In unseren Krankengeschichten gelten solche Eltern noch als pathogenetisch, während sie ja offensichtlich eine kulturelle »Grundform«, ein kulturelles »pattern« repräsentieren. Wie ihr Einfluß auf ein Kind sein wird, hängt von verschiedenen Umständen ab, für die wir bisher noch keine klinischen Ausdrücke besitzen. Was die Mutter mit ihrer Verachtung männlicher Schwächen anbelangt, so darf man von ihr wohl sagen, daß bellende Hunde nicht unbedingt beißen. Sie hat ein Männlichkeitsideal, das in der Geschichte ihrer Familie überliefert ist; meist stammt es von Seiten ihres Vaters, und sie läßt ihren Sohn fühlen, daß sie ihm die Chance zutraut, diesem Ideal nahe zu kommen. Sie ist aber klug genug (manchmal auch faul und gleichgültig genug), es ihm zu überlassen, ob er diesem Ideal nacheifern will oder nicht. Vor allem aber übertreibt sie ihre schützende Haltung nicht. Ungleich den Müttern, die ihre Kinder antreiben und doch nicht fortlassen können (das sind die wirklich pathogenen, die »überbeschützenden Mütter«), bindet sie den Jungen nicht übermäßig an sich. Sie gönnt ihren heranwachsenden Kindern die Freiheit der Straßen, Spielplätze und gegenseitiger Einladungen, selbst bis in die Nacht hinein. Der Vater wird überredet, sich keine Sorgen zu machen und seinen Wagen herzuleihen – d. h. eigentlich »den Familien-Wagen«. Zugegebenermaßen ist diese Mutter sicher, daß ihr Junge in sexueller Hinsicht nicht zu weit gehen wird, denn unbewußt weiß sie, daß sie ihm den Teufel ausgetrieben hat, als er noch klein war. Sie hat ihn in seiner frühen Kindheit absichtlich sexuell und emotional unterstimuliert.

Ich habe gezeigt, inwiefern ein gewisser gegebener Mangel an Mütterlichkeit bei solchen Frauen historisch begründet sein kann; nicht so sehr in religiösem Puritanismus als in der unbewußten Fortsetzung historischer Bedingungen, die es für einen Sohn gefährlich machten, mehr an die Vergangenheit als an die Zukunft zu glauben; es gefährlich machten, seine Identität auf der Anhänglichkeit an das Heim seiner Kindheit zu errichten und Wanderungen nach besseren Zielen und

Chancen zu vermeiden; es gefährlich machten, je als »Muttersöhnchen« zu erscheinen, statt als einer, der es gelernt hat, Entbehrung und Einsamkeit zu ertragen.

Wir besprachen die Entwicklung des grundlegenden Körpergefühls aus der wechselseitigen Regulation zwischen Mutter und Säugling. Teile des Körpers fühlen sich in dem Maße als »mein« und als »gut« an, in dem die frühe Umwelt sich zuerst ihrer annahm, um sie dann, mit den entsprechenden Bedeutungen ausgerüstet, allmählich in die eigene Obhut des Kindes zu entlassen. Die Gebiete höchster Konfliktspannung bleiben die Teile des Körpers, die plötzlich die Bindung an das Körpergefühl und später die Beziehung zur eigenen Identität verlieren können. Sie bleiben weiterhin im schnell wachsenden Körper des Jugendlichen störende Geister, und der Jugendliche ist im Bezug auf sie übermäßig betroffen und befangen und kann periodenweise den Kontakt mit diesen seinen eigenen Körperteilen verlieren. Es besteht kein Zweifel, daß solch ein Jugendlicher in seinen intimen Gefühlen sich von seinen Genitalien distanziert; sie wurden ja schon immer als »Privatangelegenheit« bezeichnet und dies nicht im Sinne des Privateigentums sondern viel mehr in dem Sinn, daß sie viel zu »privat« seien, um sogar von ihm selbst berührt zu werden. Früh und fast beiläufig wurde er mit dem Verlust der Genitalien bedroht und entsprechend der generellen Ich-Beschränkung, die sein bevorzugter Abwehrmechanismus ist, hat er sich von ihnen distanziert. Natürlich ist ihm das alles nicht bewußt. Lebhafte körperliche Betätigung hilft ihm, seine Körperimago intakt zu halten und gestattet ihm, seine eindringenden Tendenzen in der Zielbewußtheit des Sports auszuleben.

Die Eigenschaft der Ich-Autonomie hängt, wie gesagt, von einer dauerhaften Definition individueller Rechte und Pflichten in der Kinderstube ab. Im Verlauf der neueren historischen Entwicklungen, die auch unseren Jugendlichen erfassen, haben alle möglichen Einflüße die Bande von Rechten und Pflichten gelockert, mit deren Hilfe und gegen deren Druck das Kind seine Autonomie entwickeln konnte. Dazu zählen die Abnahme der Familiengröße und die frühe Reinlichkeitsdressur. Eine große Geschwistergruppe kann dafür sorgen, daß die Verteilung der Rechte und Pflichten an die »zu jungen« und an die »schon groß genugen« möglichst gerecht von statten geht. In dieser Hinsicht bildet eine große Familie eine gute Schule der Demokratie, besonders wenn die Eltern allmählich lernen, sich auf eine unerschütterlich beratende Stellung zu beschränken. Kleine Familien heben die Unterscheidungsmerkmale wie Alter und Geschlecht besonders hervor. Im Verlauf der Forderung nach früher Erziehung zu Reinlichkeit, Ordnung und Pünktlichkeit, geraten die Mütter kleiner Familien häufig mit jeweils einem Kind in einem Zeitpunkt in einen Guerillakrieg zwischen Schlauheit und Ausdauer. Unsere Mutter nun hat sich ohne Zögern dem wissenschaftlichen Schlagwort verschrieben, daß es das beste sei, das Kind so früh wie möglich zu »gewöhnen«, ehe die Angelegenheit eine Frage seiner muskulären Ambivalenz wird. Ihr scheint es durchaus vernünftig, daß eine sehr frühe Dressur zu automatischer Fügsamkeit zu einem maximalen Effekt führt, wobei es ein Minimum an Reibungen geben sollte. Schließlich funktioniert diese Methode ja auch bei Hunden. Unter dem Einfluß der »behavioristischen« Psychologie ihrer Zeit übersieht sie, daß Hunde darauf trainiert werden, zu dienen und zu sterben; daß sie nicht gezwungen sein werden, für ihre Jungen das zu sein, was ihre Herren für sie sind. Kinder müssen später einmal ihre eigenen Kinder erziehen, und jede Verarmung ihrer Impulse um der Vermeidung von Reibungen willen muß als eine Verschuldung angesehen werden, die mehr als eine Generation treffen kann. Generationen hängen von der Fähigkeit jedes sich fortzeugenden Individuums ab, seinen Kindern das Gefühl zu vermitteln, daß es in der Lage war, aus seinen Konflikten in der Kindheit einen gewissen vitalen Enthusiasmus zu retten. Tatsächlich sind solche frühen Dressurprinzipien von Anfang an zum Scheitern verurteilt, da sie eine zu beständige Anpassung der Eltern an die gegebenen Zeitpunkte und Grenzen der kindlichen Dressierbarkeit voraussetzen. Sie werden schließlich zur Elterndressur statt zur Erziehung des Kindes.

Unser Junge also gewöhnt sich an die »Regelmäßigkeit«, aber er lernt auch sowohl Mahlzeiten wie Entleerungen mit Bedrängnis und Hast zu assoziieren. Sein verspäteter Kampf um eine somatische Autonomie beginnt also unter verwirrenden Umständen, und das bei einem entschiedenen Anfangsdefizit in der Fähigkeit des Jungen zu wählen, da ja sein Herrschaftsgebiet schon von anderen besetzt worden war, ehe er auf Grund vernunftgemäßer freier Wahl Einspruch erheben oder aber nachgeben konnte. Ich möchte allen Ernstes behaupten, daß eine frühe Reinlichkeitserziehung und andere Versuche, ein Kind zu dressieren, ehe seine Fähigkeit zur Selbstregulation entwickelt ist, eine höchst fragwürdige Praxis in der Erziehung von Individuen darstellen, die später als Bürger entschlossen und frei wählen sollen. Hier ist das maschinelle Ideal des »reibungslosen Funktionierens« ins demokratische

Milieu eingebrochen. Politische Gleichgültigkeit mag oft genug ihren Ursprung in dem Gefühl haben, daß die offensichtlich zur Wahl stehenden Dinge schließlich doch schon im voraus bestimmt sind – ein Zustand, der tatsächlich zur Realität wird, wenn einflußreiche Teile der Wählerschaft sich damit abfinden, weil sie sich daran gewöhnt haben, die Welt als einen Ort anzusehen, wo die Erwachsenen zwar von Wahl reden, die Dinge aber so arrangieren, daß offene Reibungen vermieden werden.

Was die sogenannte Ödipusphase anbelangt, in der »das Kind sich mit dem Über-Ich der Eltern identifiziert«, so ist es vor allem wichtig, daß dieses Über-Ich ein Maximum an kollektiver Bedeutung im Sinne der Ideale des Tages gewinnt. Das Über-Ich ist als reine Institution schlimm genug, denn es verewigt innerlich die Beziehung zwischen den »großen und zornigen Erwachsenen« und dem »kleinen aber ungezogenen Kind«. Die patriarchale Ära nutzte die universale evolutionäre Tatsache eines internalisierten und unbewußten moralischen »Herrschers« in verschiedenen typischen Weisen aus, während andere Zeitalter diesen Umstand auf andere Weise ausnutzten. Die väterliche Ausnutzung führt offenbar zu unterdrückten Schuldgefühlen und zu Kastrationsangst als Resultat der Rebellion gegen den Vater. Im Brennpunkt mütterlicher »Über-Ich«-Ausnutzung erscheinen wechselseitige Destruktions- und Verlassenheitsgefühle bei Mutter und Kind. So muß jedes Zeitalter seinen eigenen Weg suchen, um mit dem Über-Ich als einer universell gegebenen Möglichkeit fertig zu werden, der Möglichkeit des inneren automatischen Fortbestehens eines universellen äußeren Abgrundes zwischen Erwachsenem und Kind. Je idiosynkratischer dieser verinnerlichte Abgrund und je weniger fähig die Eltern sind, wechselnde kulturelle Vorbilder und Institutionen zu reflektieren, desto tiefer wird der Konflikt zwischen Ich-Identität und Über-Ich sein.

Die Ich-Beschränkung erspart unserem Jungen viel Kummer und Sorgen. Er scheint mit seinem Über-Ich auf relativ gutem Fuß zu stehen, was sich auch während der Pubertät und Jünglingszeit nicht ändert, und zwar auf Grund eines sinnreichen Arrangements im amerikanischen Leben, das das Vaterideal verteilt. Das männliche Ideal des Knaben haftet selten an dem Vater, wie er ihn im täglichen Leben sieht. Gewöhnlich ist es ein Onkel oder Freund der Familie, wenn nicht der Großvater, wie ihn die Mutter (oft unbewußt) darstellt.

Der Großvater, ein mächtiger und mächtig angetriebener Mann aus einer Zeit der amerikanischen Geschichte, die aus den grimmigsten

Realitäten ihre eigenen Mythen schuf, suchte immer neue und lohnendere konstruktive Aufgaben in weitabgelegenen Gebieten. War die erste Aufgabe gelöst, so überließ er die Sache anderen und zog weiter. Seine Frau sah ihn nur bei seltenen Gelegenheiten, wenn er sie schwängerte. Seine Söhne konnten nicht mit ihm Schritt halten, und er ließ sie als respektable Siedler am Wegrand zurück. Nur seine Tochter war und sah ihm ähnlich. Gerade diese männliche Identifizierung aber erlaubte ihr nicht, einen Mann zu wählen, der ihrem mächtigen Vater an Stärke gleichkam. Sie heiratete einen Mann, der im Vergleich schwach aber sicher erschien, und ließ sich nieder. In vieler Hinsicht jedoch redet sie wie der Großvater. Sie weiß gar nicht, daß sie den seßhaften Vater des Knaben beständig herabsetzt und die geographische und soziale Bewegungslosigkeit der Familie beklagt. So schafft sie bei dem Jungen einen Konflikt zwischen den seßhaften Bräuchen, auf denen sie selbst besteht, und den rücksichtslosen Gewohnheiten, die zu entwickeln sie ihn herausfordert. Auf alle Fälle verbindet sich das frühe »ödipale« Bild des übermächtigen, großen und starken Vaters und Besitzers der Mutter, dem nachgeeifert oder das besiegt werden muß, mit dem Mythos vom Großvater. Beide werden tief ins Unbewußte verdrängt und bleiben dort, unter der nunmehr an erster Stelle tretenden Forderung, ein »netter« Bruder zu werden, der sich selbst Einschränkungen auferlegen kann und sie anderen auferlegt, ohne an Gesundheit einzubüßen. Der Vater bleibt verhältnismäßig verschont von den grollenden Gefühlen des Jungen, es sei denn, er ist zufällig »altmodisch«, allzu offensichtlich ein Einwanderer oder ein »Boß«-Typ. Im anderen Falle wird er so etwas wie ein großer Bruder. Der größte Teil sexueller Rivalität, wie ja die Sexualität überhaupt, bleibt vom Bewußtsein ausgeschlossen.

Die Jugendlichen, an die ich hier denke, sind schon in ihrer frühen Adoleszenz sehr groß, oft größer als ihre Väter: sie machen beide herablassende Witze darüber. Es scheint sich da tatsächlich so etwas wie die »scherzende Beziehung« der Indianer zwischen Vätern und Söhnen anzuspinnen. Die Scherze beziehen sich häufig auf jene Randgebiete, wo man nur hoffen kann, »mit etwas durchzukommen« – d. h. gemeinsam dem wachsamen Auge der Mutter zu entgehen. Diese Situation begründet eine wechselseitige Identifizierung, die dazu beiträgt, direkte Opposition, eindeutige Willenskonflikte zu vermeiden. Die Träume dieser Jugendlichen lassen aber erkennen, daß ihr körperliches Draufgängertum und ihre unabhängige Identität ihnen Angst macht; denn früher einmal, als sie noch klein waren, hatten sie ja Angst vor diesen Vätern gehabt, die damals so weise und mächtig schienen. Diese Jungen balancieren wie auf einem Seil: nur wenn sie stärker oder anders als der reale Vater sind, erfüllen sie ihre geheimen Ideale – oder eigentlich die Erwartungen ihrer Mütter – aber nur wenn sie irgendwie demonstrieren, daß sie schwächer sind als das allmächtige Vater- (oder Groß-vater-) Bild ihrer Kindheit, können sie angstfrei leben. Während sie also in vieler Hinsicht großtuerisch und rücksichtslos werden, können sie doch auf der anderen Seite erstaunlich sanft und voller Entschuldigungen sein.

Wo es sich um die Initiative des Sohnes handelt, verlangt die Konvention vom Vater, jede herausfordernde Tendenz gegenüber dem Jungen zu unterdrücken. Zu diesem Zweck wird die Zukunft gegen die Vergangenheit ausgespielt. Scheinen die Söhne in ihrem Gruppenverhalten einen weiteren Grad der Amerikanisierung anzustreben, so ist es Pflicht der Väter, die Kinder ihren eigenen Weg gehen zu lassen. Tatsächlich sind die Kinder auf Grund ihrer stärkeren Affinität zum Tempo und zu den technischen Problemen der unmittelbaren Zukunft in gewisser Weise »klüger« als ihre Eltern, und viele Kinder sind in ihren Ansichten über Probleme des täglichen Lebens tatsächlich reifer als manche Erwachsene. Der Vater solcher Jungens wird nicht versuchen, seine relative Schwäche hinter der Maske übertriebener patriarchaler Ansprüche zu verbergen. Teilt er mit dem Sohn dessen Bewunderung für einen Idealtyp – für einen Baseballspieler, einen Industriemagnaten, einen Schauspieler, Wissenschaftler oder Wildwestreiter – so kann der Wunsch des Sohnes, diesem Ideal näher zu kommen, zum Ausdruck gebracht werden, ohne daß er durch das Problem der väterlichen Unterlegenheit belastet würde. Spielt der Vater mit dem Sohn Baseball, so muß er den Jungen keineswegs davon überzeugen, daß er, der Vater, dem gemeinsamen Vollkommenheitsideal etwa näher käme, – was ja am Ende auch gar nicht stimmte. Das gemeinsame Spiel hat vielmehr den Sinn, daß beide sich mit diesem Idealtypus identifizieren können, wobei für den Jungen immer die Möglichkeit besteht, auf die beide hoffen, dem Ideal näher zu kommen als der Vater.

All dies schließt keineswegs aus, daß der Vater potentiell durchaus ein Mann ist, nur zeigt er es eher draußen als zu Hause – im Geschäft, beim Zelten und im Klub. Wenn der Sohn dies entdeckt, kommt zu seiner Zuneigung zu dem Vater ein neuer, fast verwunderter Respekt hinzu. So entstehen echte Freundschaften zwischen Vätern und Söhnen.

Die Lücke, die die zerfallende Vaterherrschaft hinterläßt, füllt sich
so – deutlicher oder leiser – mit brüderlichen Bildern; Väter und Söhne
arbeiten unbewußt an der Entwicklung einer brüderlichen Lebensform,
die einem reaktionären Rückfall in patriarchalischer getönte, ödipale
Verhaltensformen vorbeugt, ohne andererseits zu einer generellen Verarmung der Vater-Sohn-Beziehung zu führen.[14]

Wie wird solch ein Junge von seinem Heim auf die Demokratie vorbereitet? Nimmt man die Frage zu wörtlich, so wagt man sie kaum zu
stellen. Der Junge hat überhaupt kein politisches Gefühl. Die »Würde
des Menschen« ist ihm als Problem nie begegnet. Er kennt tatsächlich
überhaupt kein verletztes Würdegefühl im positiven Sinn des echten
Bewußtwerdens einer Verletzung dieses Prinzips – mit Ausnahme des
»unfairen Verhaltens«. In den frühen Lebensperioden sieht es dann
so aus, als wäre er um ein Geburtsvorrecht betrogen, wenn ältere und
jüngere Geschwister auf Grund ihrer Über- und Unterlegenheit beon-
dere Privilegien beanspruchen. Da er schmerzlich lernen muß, Rechte
und Pflichten an der Stärke und Schwäche der Beteiligten zu messen,
wird er zum Anwalt des fairen Verhaltens. Unfaires Benehmen, vor
allem im Sport, ist wohl das einzige, das so etwas wie eine Empörung
bei ihm auslösen kann – und dann natürlich »Bosshaftigkeit« aller Art.
»Das lasse ich mir von niemandem gefallen« ist so etwa der Ausdruck«
für solche Empörung. Es ist das Gegenstück zur heldenhaften »Ehre«,
zur »l'honneur«, zum »Recht«, zum »fair play« anderer Länder. Während solch ein Junge sich wohl grinsend an irgend welchen abschätzigen
Bemerkungen über niedrige Rassen oder Klassen beteiligen kann, ist er
doch eigentlich nicht intolerant: der größte Teil seines Lebens ist zu
beschützt und umfriedet, um ihn in solchen Dingen vor eine indivi-

---

[14] Bei psychoanalytischen Patienten aus den oberen Gesellschaftsklassen läßt
sich die überwältigende Bedeutung des Großvaters häufig beobachten. Er kann
ein Hufschmied aus dem alten Kontinent gewesen sein oder ein Eisenbahn-
konstrukteur in der neuen Welt, ein Jude, der sich noch seinen Stolz bewahrt
hat oder ein ungebändigter Südländer. Was diese Großväter gemeinsam
haben, ist die Tatsache, daß sie die letzten Vertreter einer homogeneren Welt
waren, herrschsüchtig und grausam, ohne sich darüber Gewissensskrupel zu
machen, diszipliniert und fromm, ohne dabei ihr Selbstbewußtsein einzubüßen. Ihre Welt erfand größere und bessere Maschinen, wie Riesenspielzeuge,
von denen man nicht erwarten mußte, daß sie die sozialen Wertmaßstäbe
ihrer Schöpfer bedrohen würden.
Ihr Herrschaftsanspruch besteht bei ihren Enkeln in der Form eines gereiz-
ten Überlegenheitsgefühls fort. Äußerlich gehemmt, können sie andere nur
auf dem Boden festgelegter Privilegien akzeptieren.

duelle Entscheidung zu stellen. Wo er ihr gegenübertritt, entscheidet er auf Grund der Freundschaft, nicht der Mitbürgerschaft. Es ist sein Privileg, nicht seine Pflicht, einen Kameraden aus einer anderen Schicht zu akzeptieren. Soweit es sich um eine allgemeine Mitbürgerschaft handelt, hält er sich an den Geschichtsunterricht, bringt ihn aber nicht mit der realen Politik in Verbindung. Im Übrigen bewegt er sich mehr oder weniger schlafwandlerisch in einem Nebel unklarer Privilegien, Erlaubnisse, Übertretungen und Verantwortungen. Er sehnt sich nach »Erfolg« und ist froh, wenn er ihn auf anständige Weise erreichen kann, oder mindestens ohne sich eines unfairen Verhaltens bewußt zu werden. In diesem Zusammenhang muß allerdings zugegeben werden, daß unser Junge, meist aus Nachlässigkeit und Kurzsichtigkeit und häufig aus Gedankenlosigkeit, seinen weniger glücklichen Altersgenossen dunklerer Hautfarbe großes Leid zufügt. Er schließt sie von seinem Heim, seiner Clique, von sich selber aus, weil es ihm ein gewisses Unbehagen bereiten könnte, ihnen tatsächlich als menschliches Wesen zu begegnen und gegenüber zu treten. Er übersieht sie, obwohl er ihnen in der Ausbildung einer amerikanischen Identität behilflich sein könnte, folgte er nur etwas aktiver dem einfachen sozialen Prinzip, daß das, was niemand einem Menschen der einen Art zufügen darf, auch niemand einem Menschen der anderen Art zufügen sollte.

Aber ich will zugeben, daß im Familienleben unseres Jungen mehr Demokratie steckt als man auf den ersten Blick sieht. Es ist vielleicht nicht die Demokratie der Geschichtsbücher und Leitartikel, aber sein Familienleben spiegelt eine Reihe von Zügen wider, die nun einmal den demokratischen Prozeß, wie er sich wirklich abspielt und wie er sich ausbreiten muß, charakterisieren. Ich muß hier auf eine jener gestaltmäßigen Analogien zwischen Familienleben und Nationalsitten hinweisen, die sich zwar schwer in theoretische Begriffe einordnen lassen, aber sehr bedeutsam scheinen:

»Nun ist es ein ungeschriebenes aber feststehendes Gesetz des Kongresses, daß kein wichtiger Block – unter normalen Umständen – in irgendwelchen Angelegenheiten, die seine eigenen vitalen Angelegenheiten betreffen, jemals überstimmt werden soll.«[15] Diese Feststellung bezieht sich natürlich auf politische Interessengemeinschaften (Farmerblock, Silberblock, Freunde der Arbeit, etc.), die auf machtvolle, wenn auch inoffizielle Art die offizielle Zwei-Parteien-Polarisierung aus-

---

[15] John Fischer, Unwritten Rules of American Politics, Harpers Magazine, 197 : 27–36, November 1948.

nützen und von ihr ausgenützt werden. Zeitweilig tragen sie zur positiven Gesetzgebung bei, aber häufiger – und was könnte gelegentlich wichtiger sein – verhindern sie ein unwillkommenes Gesetz. Was aus der Gesetzesschaffung entspringt, kann eine gute Gesetzgebung sein, darf aber vor allem nicht für irgend einen der größeren Blöcke unannehmbar sein (ebenso wie der Präsidentschaftskandidat durchaus ein bedeutender Mann sein kann, zunächst aber nie ein Mann sein darf, der für irgend einen größeren Block von Wählern unannehmbar ist). Dieses Prinzip verhindert nicht nur, daß irgend eine Gruppe zur vollständigen Vorherrschaft gelangt, sondern schützt auch jede Gruppe davor, vollständig beherrscht zu werden.

So neigt auch die amerikanische Familie dazu, das Recht des einzelnen Mitglieds – inklusive der Eltern – davor zu schützen, von den andern beherrscht zu werden. Tatsächlich bringt jedes Mitglied, während es wächst und sich verändert, den Widerschein einer Vielfalt von Außengruppen und ihrer wechselnden Interessen und Bedürfnisse in die Familie hinein: die Berufsgruppe des Vaters, der Klub der Mutter, die Clique der Jugendlichen und die ersten Freunde der Kinder spielen hier eine Rolle. Diese Interessengruppen bestimmen die Privilegien des Individuums in der Familie; sie sind es, die die Familie beurteilen. Der sensitive Empfänger der wechselnden Stilarten in der Gemeinschaft und der sensitive Schiedsrichter bei ihren Zusammenstößen innerhalb des Heimes ist natürlich die Mutter. Ich meinerseits glaube, daß diese Notwendigkeit, als Schiedsrichter aufzutreten, ein Grund mehr ist, warum die amerikanische Mutter instinktiv zögert, ihre Kinder mit jener naiven, animalischen Liebe zu überschütten, die in ihrer Naivität parteiisch und ungerecht sein kann und vor allem das Kind in seinem Entschluß hindert, bei seinesgleichen zu suchen, was die Familie ihm weder geben kann noch soll. Die Mutter steht irgendwie über den Parteien und Interessen; es ist ihre Aufgabe, dafür zu sorgen, daß jede Partei und jedes Interesse sich möglichst kräftig entwickelt – bis zu dem Punkt, wo sie im Interesse eines anderen Individuums oder der Gesamtfamilie ihr Veto einlegen muß. Hier finden wir vielleicht die innere Rationale für eine Reihe von Aktivitäten und Inaktivitäten: sie stellen nicht so sehr das dar, was jedermann gerne tun möchte, sondern eher das, was unter allen zur Auswahl stehenden Dingen für alle Beteiligten am wenigsten unannehmbar erscheint. Solch ein wechselseitiges inneres Arrangement wird natürlich leicht durch jede Demonstration von Spezialinteressen oder Minoritätsinteressen oder Sonderprivilegien gestört; daher gibt es jedesmal, wenn solche Interessen aufeinanderstoßen, ein scheinbar kleinliches Gezänke. Die Familie kann in ihrer Funktion als erfolgreich gelten, wenn die Angelegenheit im Sinne des »Mehrheitsbeschlusses« geregelt wird, selbst wenn die Mehrheit nur widerstrebend zustimmt. Allmählich unterminiert aber wird die Familie, wenn häufig Entscheidungen zugunsten einer Interessengruppe fallen, seien es die Eltern oder die kleineren Kinder. Ein flexibles »Geben und Nehmen« reduziert die Aufteilung der Familie in ungleiche Partner, die auf Grund ihres jeweiligen Alters, ihrer Stärke, Schwäche und Bravheit Privilegien beanspruchen könnten, ganz außerordentlich. Statt dessen wird die Familie zum Übungsfeld für eine Toleranz verschiedener *Interessen* – nicht verschiedener *Individuen*. Diese Situation hat wenig mit Liebe und Zuneigung zu tun. Tatsächlich werden offene Liebe und offener Haß durch diese Vorgänge leiser gestimmt, da sie sowohl das Gleichgewicht der Familie, wie die Chancen des einzelnen herabsetzen könnten: das allerwichtigste ist, auf Grund früherer Konzessionen, die man gemacht hat, wachsende Ansprüche auf künftige Privilegien zu erhalten.

Alles in allem bedeutet das natürlich, daß Autokratie und Ungleichheit automatisch ausgeschaltet werden. Im allgemeinen entwickeln sich auf diese Weise undogmatische Menschen, die durchaus bereit sind, einen Handel voran zu treiben und dann einen Kompromiß zu schließen. Völlige Verantwortungslosigkeit wird dabei unmöglich und selten gibt es offenen Haß und Feindschaft innerhalb der Familie. Außerdem schließt diese Form des Familienlebens eine Entwicklung des amerikanischen Jugendlichen aus, der seine Brüder und Schwestern in anderen großen Ländern so leicht verfallen: die Entwicklung zum kompromißlosen Ideologen. In solch einer Familie kann niemand gewiß sein, Recht zu haben – aber jeder muß, um seiner zukünftigen Chancen willen, Kompromisse machen können.

Die Analogie zum Zweiklassen-System wird hier deutlich: die amerikanische Politik ist nicht, wie die europäische, »ein Vorspiel zum (Bürger-)Kriege«. Sie kann weder gänzlich verantwortungslos noch gänzlich dogmatisch werden; sie braucht auch nicht den Versuch zu machen, logisch zu sein. Sie ist eine wogende See von Schwierigkeiten und Angleichungen, in der kompromißlose Absolutheitsforderungen untergehen. Die Gefahr liegt nur darin, daß auch lebenswichtige Forderungen in allseits annehmbaren Banalitäten untergehen können, statt zu produktiven Kompromissen zu führen.

In der Familie liegt die entsprechende Gefahr darin, daß die für die gesamte Familie annehmbaren Interessen von der Wirklichkeit wegführen, so daß das Familienleben zu einer Einrichtung parallel laufender Tagträume wird, wo jeder sich ein bevorzugtes Radioprogramm einstellt oder sich hinter das ihn interessierende Magazin zurückzieht. Ein allgemein herabgestimmter Tonus gegenseitiger Verantwortlichkeit kann das Grundkonzept des Mehrheitsbeschlusses seiner ursprünglichen Würde berauben.

Wo in Europa der Jugendliche also in Konflikt mit seinem Vater geraten würde und damit notwendigerweise zur Rebellion oder zur Unterwerfung (oder, wie wir im Kapitel über Deutschland sehen werden, erst zur Rebellion und dann zur Unterwerfung), da besteht in der amerikanischen Familie im allgemeinen kein Grund zu solchem Aufwand.

Die jugendlichen Wirren des amerikanischen Jünglings betreffen nicht eigentlich den Vater noch auch Fragen der Autorität, sondern kreisen viel weitgehender um Gleichaltrige. Der Junge kann einen verbrecherischen Einschlag haben, wie sein Großvater in den Tagen, als es noch kein Gesetz gab oder es mindestens nicht unbedingt durchgeführt wurde. Solch ein Einschlag kann in verblüffenden Akten lebensgefährlicher Autoraserei, in unüberlegter Zerstörung und Verschwendung zum Ausdruck kommen, als individuelles Gegenstück zu der Massenausplünderung des Kontinents. Das steht in erstaunlichem Widerspruch zu den Abwehrmechanismen asketischer Selbstbeschränkung – bis man sich klar macht, daß gelegentliche völlige Lässigkeit ein notwendiges Gegenstück und ein Sicherheitsventil für die Selbstbeschränkung darstellt. Gedankenlosigkeit und Selbstbeschränkung »fühlen sich an« als wären sie aus einem selbst erwachsen; sie betonen die Tatsache, daß es keinen Boß gibt – und daß man nicht viel nachzudenken braucht.

Denn unser Junge ist anti-intellektuell. Jeder, der zu viel denkt oder fühlt, erscheint ihm »sonderbar«. Diese Abneigung gegen Gefühle und Gedanken stammt in gewissem Maß aus einem frühen Mißtrauen gegen die Sinnlichkeit. Sie zeigt eine gewisse Atrophie dieser Sphäre an, aber dann wieder repräsentiert sie auch eine ganz allgemeine Vorläufigkeit der Haltung, einen Wunsch, noch nicht denken zu müssen, noch keine feste Meinung zu bilden, bis eine freie, aktive Erprobung einer Reihe von Möglichkeiten den jungen Mann unter Umständen zum Denken zwingt.

Geht der Junge zur Kirche – und ich meinte ja, daß er meist Protestant ist, – so findet er ein Milieu vor, das keine großen Anforderungen an seine Fähigkeit stellt, sich Stimmungen von Verdammnis oder Rettung oder der Menschenliebe hinzugeben. Im kirchlichen Leben muß er sich durch ein sichtbares Betragen ausweisen, das disziplinierte Selbstbeschränkung demonstriert. Dadurch tritt er in die Gemeinschaft aller derer ein, deren gutes und anständiges Fortkommen auf Erden Gott offensichtlich legitimiert. Die Mitgliedschaft in der Kirche vereinfacht die Dinge umsomehr, als sie gleichzeitig eine definitive Festlegung des sozialen Status und des Kredites innerhalb der Gemeinde verschafft. Auch hier scheinen die Soziologen in ihrer etwas naiven und pedantischen Kritik des »amerikanischen Klassensystems« gelegentlich die historische Notwendigkeit Amerikas zu übersehen, im Gemeinde- und Kirchenleben Raum für Betätigungen zu finden, die für alle Beteiligten annehmbar sind. Das setzt von Anfang an ein gewisses Auswahlprinzip voraus, eine gewisse Einheitlichkeit. Ohne diese Voraussetzung hätte die Demokratie in diesem Lande niemals einen Anfang nehmen können. Aber die Soziologen weisen mit Recht darauf hin, daß eine Mitgliedschaft von mehr oder weniger ausgesprochener Exklusivität, also ein Sektenwesen, allzu oft und leicht zu einer leeren Schale brüderlicher Gemeinschaft führe, wo weiterhin den Gewohnheiten des Familienlebens gehuldigt wird, statt sie zu irgend einer politischen oder geistigen Fruchtbarkeit zu steigern. Die Kirchengemeinde wird zur frigiden, strafandrohenden »Mom«. Gott wird zum Papa, der unterm Druck der öffentlichen Meinung nicht umhin kann, für diejenigen seiner Kinder zu sorgen, die sich durch selbstbeschränkendes Benehmen und anständiges Auftreten ausgezeichnet haben; die Brüder im Herrn aber haben vor allem die Verpflichtung, ihre Kreditwürdigkeit durch maßvollen Umgang untereinander und durch energischere Maßnahmen gegenüber »Außenseitern« unter Beweis zu stellen.

Der Typus von Jugendlichen, den ich hier darzustellen versuche, ist kein echter Individualist und wird es nie sein. Aber es würde auch schwierig sein, innerhalb des Umkreises seiner Erfahrung irgend einen echten Individualisten ausfindig zu machen – es sei denn jenen mythologischen Großvater mütterlicherseits. Aber dieses Idealbild geht in der Selbsteinschränkung unter und wird zum größten Teil für den Tag aufgespart, wo der Junge als Erwachsener vielleicht selber ein »Boss« wird.

Mit diesem individualistischen, durch die Vermittlung über die Mutter noch komplizierten Keim im Herzen ist unser Jüngling gegen den professionellen Idealismus allergisch, wie ihn die Schriftsteller und Politiker demonstrieren. Er mißtraut beiden – irgendwie verursachen sie ihm das beunruhigende Gefühl, als gäbe es etwas, was er sein oder tun sollte, woran er sich doch nicht erinnern kann. Autokratie hat er nie erlebt, ist ihr nie begegnet, außer bei seiner Mutter, die für ihn inzwischen zur Mom im ursprünglichen und freundlichen Sinn geworden ist. Falls er ihr etwas nachträgt, versucht er, es zu vergessen.

Er bemerkt, daß seine ältere Schwester, schlank, gepflegt, und selbstsicher, in Gegenwart der Muttter sich gelegentlich physisch unbehaglich fühlt. Er kann nicht einsehen, warum; aber das gehört wohl zu dem ganzen Gebiet weiblicher Launen, das er so sorgfältig umschifft. Er kann und will die Last nicht kennen, die seine Schwester bei dem Versuch zu tragen hat, eine Frau und Mutter zu werden, ohne dabei wie die Frau zu werden, die ihre Mutter ist. Denn sie muß zur Frau ihres eigenen Zeitalters werden, und das aus sich selbst; sie muß in Wettstreit und Kameradschaft mit all den anderen Mädchen, die den neuen Standard begründen und von ihm geformt werden, an sich selbst arbeiten. Margaret Mead hat eindrucksvoll die schwierige Aufgabe geschildert, die all diesen Mädchen auferlegt ist, die Notwendigkeit nämlich, ein volles Maß an Wärme und sexueller Reaktionsfähigkeit durch all die Jahre berechneten äußeren Auftretens hindurch zu retten, wo gelegentlich selbst die Natürlichkeit zur Rolle wird[16]. Die Krise der Schwester tritt ein, wenn sie selbst Mutter wird und die Anforderungen der Kinderpflege ihre Identifikation mit der eigenen Mutter zwangsweise zum Vorschein bringen. Sie ist viel weniger eine »Mom« als es ihre Mutter war; ob diese Überreste entscheidend werden, hängt von der Lebensregion, der Klasse, der Art des Ehemanns ab.

Der amerikanische Jugendliche, wie der Jugendliche aller Länder, die ins Maschinenzeitalter gelangt sind oder es betreten, steht vor der Frage: Freiheit wozu und um welchen Preis? Der Amerikaner fühlt sich so reich in seinen Möglichkeiten freien Ausdrucks, daß er oft nicht mehr weiß, wovon er frei ist; noch erkennt er, wo er unfrei ist. Er erkennt seine eingeborenen Autokraten nicht, wo er ihnen begegnet. Er ist zu unmittelbar damit beschäftigt, tüchtig zu sein und zugleich anständig zu sein.

---

[16] Margaret Mead, Male and Female (Deutsche Übers.: Mann und Weib, Diana Verlag, Zürich, Stuttgart, Konstanz 1955)

Der Jugendliche wird ein tüchtiger und anständiger Führer in einem festumrissenen Aufgabenkreis werden; ein guter Geschäftsleiter oder Akademiker und falls notwendig ein guter Offizier. Am höchsten wird er die Erholung im Kreis der ewigen »Jungens« genießen, im Klub oder in der Organisation, der er angehört.

Als Einzelfall belegt er die Tatsache, daß die Früchte der amerikanischen Erziehung, in Krieg und Frieden, in einer Kombination von angeborenem mechanischem Talent, verwaltungsmäßiger und geschäftlicher Autonomie, persönlichen Führerqualitäten und einer unaufdringlichen Toleranz zu finden sind. Diese jungen Männer bilden wirklich das Rückgrat der Nation.

Aber sind sie als Männer nicht merkwürdig uninteressiert an den Geschicken der Nation? Sind diese Söhne der Freiheit nicht erstaunlich naiv, übermäßig optimistisch und geradezu pathologisch zurückhaltend in ihrem Verhalten den Männern gegenüber, die sie regieren? Sie wissen, wie man eine klar umschriebene Aufgabe bewältigt; auf einer Bummeltour können sie recht laut werden, aber im Ganzen ziehen sie sich respektvoll vor aller Größe zurück, seien es Millionen oder Ideale. Theoretisch hassen sie die Autokratie, aber sie dulden das »Bosstum«, weil sie gewöhnlich nicht zwischen dem Boss, und »den Bossen« als hintergründigem System unterscheiden können. Wir haben diese Kategorie des »Boss« mehrfach erwähnt und es ist an der Zeit, ausdrücklich festzustellen, daß es einen Boss und »einen Boss« gibt, wie es eine Mom und »eine Mom« gibt. Ohne Anführungszeichen benützen wir beide Ausdrücke in ihrem alltäglicheren und freundlicheren Sinne, im Sinne von *meine Mom* und *mein Boss*. In Anführungszeichen setzten wir die »Moms«, die zum oben erwähnten Momismus beitragen, und die »Bosse«, die den Bossismus ausmachen, von dem wir hier sprechen wollen. Die alten Autokraten nämlich sind verschwunden und die neuen verstehen es, sich hinter der Vieldeutigkeit der Gesetze zu verbergen, welche das Parlament und die Presse, den industriellen Konkurrenzkampf und die Vergnügungsindustrie kennzeichnet. »Bosse« sind Autokraten von eigenen Gnaden und halten sich selbst und einander für die Krone der Demokratie. Soweit notwendig bleibt der »Boss« im Rahmen des Gesetzes und soweit möglich betritt er kühn und frech das Vakuum, das die emanzipierten Söhne in ihren Bemühen, gegen andere fair zu sein, offen ließen. Er sieht sich nach Gebieten um, wo das Gesetz mit Absicht noch nicht festgelegt ist (um Raum zu lassen für Experimente, Angleichungen und neue Formen), und versucht es für seine eigenen Zwecke zu brauchen und zu mißbrauchen. Um in der Sprache der Autofahrer zu reden: er ist derjenige, der den anderen überholt und schneidet, wo andere um des Anstands und der Sicherheit willen etwas Raum lassen.

Es ist nicht eine Frage des Geschmacks oder des reinen Prinzips, was mich auf die Seite derer drängt, die die Gefahr des Bossismus bekämpfen. Ich sehe die Dinge vom Standpunkt der psychologischen Ökonomie an. Ich habe erfahren, daß »Bosse« und »Maschinen« eine Gefahr für die amerikanische Identität sind und damit für die geistige Gesundheit der Nation. Aber für die emanzipierten Generationen, für die Generationen mit Identitäten, die sich erst versuchsweise erproben, stellen sie das Ideal einer verantwortungslosen Autokratie dar. Sie repräsentieren das scheinbar erfolgreiche Vorbild dessen, der sich ausschließlich an dem mißt, was er riskieren kann und was zu sein er scheinen mag. Sie erheben das »Funktionieren« schlechthin zu einem absoluten Wert. Mit Hilfe ihrer autokratischen Macht in Gesetzgebung, Industrie, Presse und Vergnügungsindustrie nutzen sie, bewußt oder unbewußt, den Apparat der Demokratie aus, um sich bei den naiven Söhnen der Demokratie durchzusetzen. Sie profitieren von den komplizierten Verflechtungen der »Maschinerie« – einer Maschine, die fast absichtlich kompliziert gehalten wird, damit sie von den ausgekochten Professionellen, die »dazugehören« abhängig bleibt. Daß diese Männer sich selbst wie Maschinen behandeln, ist Sache ihrer Ärzte, Psychiater und Beerdigungsinstitute. Daß sie aber die Welt als eine Maschinerie ansehen und dementsprechend mit den Menschen umgehen, das bedeutet eine Gefahr für die Gesundheit der Nation.

Sehen wir einmal unseren heranwachsenden Jungen an. In früher Kindheit stieß er auf eine Erziehungsmethode, die das Bestreben hatte, ihn zu maschinellem, uhrwerkhaften Funktionieren zu veranlassen. So standardisiert, fand er in seiner späteren Kindheit Möglichkeiten, Autonomie, Initiative und Fleiß zu entwickeln, die irgendwie das Versprechen zu enthalten schienen, daß Anstand in menschlichen Beziehungen, technisches Geschick und Tatsachenwissen ihm eine freie Wahl seiner Bestrebungen ermöglichen würden; daß die Identität eines Freiwählenden seine Selbstbeschränkung aufwiegen würde. Aber als Jüngling und Mann sieht er sich nun überlegenen Maschinen gegenüber, die in ihrer Macht, seine Bestrebungen und Geschmacksentscheidungen zu lenken, unbegreiflich, kompliziert und unpersönlich diktatorisch sind. Diese übermächtigen Maschinen tun ihr bestes, ihn zu einem konsumierenden Idioten, einem Vergnügungssüchtigen und zu einem Leistungssklaven zu machen – und zwar indem sie ihm anbieten, was er zu wünschen scheint. Oft bleibt er unberührt und läßt sich nicht vom Kurs abbringen. Das hängt weitgehend von der Ehefrau ab, die er – wie man so sagt – wählt. Was aber bleibt ihm übrig, als ein kindischer Mitläufer zu werden, ein zynischer kleiner Boß, der den Versuch macht, einen anderen großen Boß hinauszudrängen – oder einen neurotischen Charakter, eine psychosomatische Krankheit zu entwickeln?

Eine Demokratie darf es, um der emotionalen Gesundheit willen, nicht dahin kommen lassen, daß sich die Dinge bis zu einem Punkt entwickeln, wo die intelligente Jugend, die stolz auf ihre Unabhängigkeit und glühend vor Initiative ist, die Gesetzgebung, das Recht und die gesamte Politik, von Krieg und Frieden gar nicht zu sprechen, den »Eingeweihten« und den »Bossen« überlassen muß. Die amerikanische Jugend kann zum vollen Ausmaß ihrer Identität und Vitalität nur dann gelangen, wenn sie sich der autokratischen Tendenzen in unserm und in anderen Ländern bewußt wird, wie sie immer wieder im Wechsel der Geschichte zum Durchbruch gelangen. Und das nicht nur, weil das politische Gewissen nicht ohne katastrophale Konsequenzen regredieren kann, sondern auch, weil politische Ideale Teil und Kernstücke einer Evolution der Bewußtseinsstruktur sind, die, wenn man sie ignoriert, zur Krankheit führt.

Fragen wir uns, welche Konsequenzen aus den besonderen Gefahren erwachsen, die den emotionalen Zustand der Nation bedrohen, so erregen besonders der Momismus und der Bossismus unser Interesse – die beiden Tendenzen, die den Platz der Vaterherrschaft usurpiert haben: der Momismus im Verein mit den Fieberschauern eines neuen Kontinents und der Bossismus mit der Autokratie der Maschine und der »Maschinerie«.

Die psychologische Aufklärung hat begonnen, den Aberglauben zu entthronen, daß man eine Maschine werden müsse, um eine Maschine handhaben zu können, und daß man die Impulse der Kindheit mechanisieren müsse, um Herren der Maschine heranzuziehen. Aber es darf kein Zweifel darüber herrschen, daß die Humanisierung der frühen Kindheit, wie sie fortschrittliche Geburtshelfer und Kinderärzte anstreben, Hand in Hand mit einer politischen Erneuerung gehen muß. Die Männer und Frauen, in deren Hand die Macht liegt, müssen in gemeinsamer Anstrengung die tiefverwurzelte Vorstellung überwinden, daß der Mensch zu seinem eigenen Besten »Maschinerien« ausgeliefert werden muß, sei es in der Politik, im Geschäft, in der Erziehung oder in seinen Vergnügungen. Die amerikanische Jugend glaubt im tiefsten an das wirklich freie Unternehmertum: sie zieht eine große Chance unter hundert kleinen einer durchschnittlichen Sicherheit vor. Gerade die Tatsache, daß sie aus eben diesem Grunde nicht an eine Revolution denkt, verpflichtet uns dazu, die Jugend gegen einen Zustand in Schutz zu nehmen, der ihre Geste der Freiheit leer erscheinen lassen könnte und ihrem Glauben den Boden entzöge.

Die Frage, die unsere Zeit an uns stellt, lautet: Wie können unsere Söhne ihre Freiheit bewahren und sie mit denen teilen, die sie auf Grund eines neuen Wissens und einer neuen Identität als ihresgleichen ansehen müssen? Das verpflichtet die Männer und Frauen, die die Macht in Händen halten, dazu, einer Bemühung den absoluten Vorrang vor Konventionen, Umständen und Privilegien zu geben, der Bemühung nämlich, die »potentielle Intelligenz der jüngeren Generation wachzurufen« (Parrington).

Dies Problem ist in Amerika zum Dilemma der Enkel von Rebellen geworden. In anderen Ländern steht die Jugend noch in den ersten Phasen einer Revolution gegen die Autokratie. Wollen wir uns im weiteren einigen ihrer historischen Probleme zuwenden.[17]

---

[17] Was bedrängte mich bei einigen Passagen dieses Kapitels, die heute etwas in die Ferne gerückt erscheinen? Ich glaube, es ist die innere Spaltung zwischen der Moral des täglichen Daseins, den Ideologien des politischen Lebens und den neutralen, absoluten Herrschaftsforderungen moderner Superorganisation. Die Bosse werden, zumindest in Amerika, von den geräuschloser funktionierenden Teams der verwaltenden Mächte aufgesogen. In anderen, neueren Nationalstaaten (die Jahrhunderte unserer Geschichte in Jahrzehnten wiederholen) bringen alle möglichen revolutionären Ideologien die Bosse der Parteimaschinerien (militärischer, industrieller, gewerkschaftlicher) an die Macht. Daß die mittleren Altersgruppen, denen es auferlegt ist, unvorhergesehene Veränderungen zu bewältigen, so häufig ethische Unsicherheit verraten, zwingt einen Großteil der Jugend in apathischen Konformismus oder zynische Gleichgültigkeit. Die Moral davon ist, daß der Identitätsgewinn erfolgreicher Revolten gegen alternde Systeme nicht an sich die zeugenden Werte garantiert, die für eine Ethik der reifen Macht unerläßlich sind. Gestattet der Mensch, daß seine Ethik von den Maschinen abhängig wird, die er in Bewegung setzen kann, und vergißt er darüber, Kindheit und Gesellschaft zu integrieren, so wird er sich hilflos an die Wahrzeichen totaler Zerstörung gekettet finden, ebenso wie an die totaler Produktion. (Eine weitere Diskussion des moralischen, des ideologischen und des ethischen Gefühls in der menschlichen Entwicklung findet sich in »The golden Rule and the Cycle of Life«, Harvard Medical Alumni Bulletin, Dezember 1962.)

NEUNTES KAPITEL

DIE LEGENDE VON HITLERS KINDHEIT

Hitler und seine Genossen waren es, die den Kampf einer Nation um ihre Identität am erbarmungslosesten ausnutzten, während sie ein Jahrzehnt lang die unumschränkten politischen und militärischen Herren eines großen, fleißigen und strebsamen Volkes waren. Es bedurfte der vereinigten Kräfte aller industrialisierten Nationen der Welt, um diese Meister des billigen Wortes daran zu verhindern, zu einer Bedrohung der gesamten westlichen Zivilisation zu werden.

Der Westen würde heute gerne die Fragezeichen übersehen, die den Gedanken des gradlinigen Fortschritts bedrohen. Er hofft darauf, daß nach einigem Füttern und Überwachen durch Besatzungstruppen diese gleichen Deutschen wieder einmal als leicht zu zähmende gute Kunden auftreten, daß sie zu ihrem Trachten nach Kultur und Kunst zurückkehren und für immer den kriegerischen Wahnsinn vergessen, in den sie wieder einmal hineingeraten waren.

Menschen, die guten Willens sind, müssen sowohl an psychologische wie an wirtschaftliche Wunder glauben. Ich glaube aber nicht, daß wir die Chancen des Fortschritts, weder in Deutschland noch sonst irgendwo, fördern, wenn wir zu schnell vergessen, was geschehen ist. Es ist vielmehr unsere Aufgabe, klar zu erkennen, daß das finstere Zauberwerk des Nationalsozialismus nur die deutsche Version – eine phantastisch geplante und phantastisch verpfuschte Version – einer universellen Tendenz unserer Zeit darstellte. Die Tendenz besteht noch immer – und Hitlers Geist rechnet auf sie.

Nationen nämlich werden, ebenso wie Individuen, nicht nur durch die Gipfel ihrer zivilisatorischen Leistungen definiert, sondern auch durch die schwächsten Punkte ihrer kollektiven Identität. Tatsächlich sind sie durch den Abstand und durch die Qualität des Abstandes zwischen diesen beiden Punkten zu definieren. Das nationalsozialistische Deutschland hat uns einen überzeugenden Beweis dafür geliefert, daß die fortschreitende Zivilisation potentiell durch ihren eigenen Fortschritt bedroht ist, insofern dieser Fortschritt ältere Formen des Gewissens aufspaltet, unvollständige Identitäten gefährdet und destruktive Kräfte freisetzt, die jetzt auf die eisige Tüchtigkeit von Supermanagern rechnen können. Ich will daher diesen einen Schritt in unserer Geschichte zurückgehen und hier ein paar Formulierungen wiederholen, die zu Beginn des zweiten Weltkriegs, in Erwartung der Ankunft der ersten Nazigefangenen für eine amerikanische Regierungsstelle geschrieben wurden. Manches mag schon überholt klingen, aber die psychologischen Probleme, die hier vorgebracht wurden, verschwinden nicht über Nacht, weder aus Deutschland noch aus dem Kontinent, dessen geographischer Mittelpunkt es ist. Auf alle Fälle belehrt die Geschichte nur diejenigen, die nicht allzu eifrig sind, zu vergessen.

Ich wähle zum Text die süßesten verführerischsten Töne des braunen Rattenfängers aus »Mein Kampf«, Hitlers Bericht seiner Kindheit:

In diesem von den Strahlen deutschen Märtyrertums vergoldeten Innstädtchen, bayerisch dem Blute, österreichisch dem Staate nach, wohnten am Ende der achtziger Jahre des vergangenen Jahrhunderts meine Eltern; der Vater als pflichtgetreuer Staatsbeamter, die Mutter im Haushalt aufgehend und vor allem uns Kindern in ewig gleicher liebevoller Sorge zugetan.[1]

Der Satzbau, die Wortmelodie selbst zeigen an, daß wir hier ein Märchen zu hören bekommen sollen; und wir wollen es wirklich als Teil eines modernen Versuchs zur Schaffung eines Mythos analysieren. Ein Mythos aber, sei er alt oder modern, ist keine Lüge. Es ist sinnlos, nachweisen zu wollen, daß er keine faktischen Grundlagen besäße, oder daß er selbst als Dichtung Schwindel und Unsinn sei. Ein Mythos verschmilzt historische Tatsachen und bedeutsame Dichtung in einer Weise, die einem Zeitalter oder einem Lande »wahr« klingt, fromme Verwunderung und brennenden Ehrgeiz erweckt. Das ergriffene Volk fragt nicht nach Wahrheit oder Logik; die wenigen, die den Zweifel nicht überwinden können, finden sich in ihrer Vernunft gelähmt. Will man also einen Mythos kritisch analysieren, so muß man seine Bilder und Themen in ihrer Beziehung zu dem von ihm ergriffenen Kulturgebiet analysieren.

1. Deutschland

In diesem von den Strahlen deutschen Märtyrertums vergoldeten Innstädtchen, bayerisch dem Blute, österreichisch dem Staate nach . . .

Hitler wurde in der österreichischen Stadt Braunau nahe der deutschen Grenze geboren. Er gehörte also der deutschen Minderheit des

---

[1] Adolf Hitler, Mein Kampf, Franz Eher Nachf. München 1925. (Zitiert nach der 12. Auflage.)

österreichischen Imperiums an. Er erzählt, daß es in Braunau war, wo ein Mann namens Palm von den Soldaten Napoleons erschossen wurde, weil er ein Pamphlet gedruckt hatte »Deutschland in seiner tiefsten Erniedrigung«. Palms Denkmal steht inmitten der Stadt.

Zu Palms Zeiten gab es natürlich kein deutsches Reich. Tatsächlich waren damals einige deutsche Länder Napoleons militärische Verbündete. Aber da Palm das allumfassende, magische Wort »Deutschland« gebraucht hatte, wurde er nach seiner Auslieferung durch die österreichische Polizei an Napoleon zum Idol der nationalistischen Bewegung, die nach einem größeren Deutschland rief.

Nachdem Hitler so auf den Widerstand und das Martyrium Palms im Kampf gegen den düsteren Bonaparte angespielt hatte, fährt die Geschichte fort, die heldenhafte Opposition des jungen Adolf gegen seinen *Vater* darzustellen und erzählte vom Haß der deutschen Minderheit gegen den österreichischen *Kaiser*. Der kleine Adolf gehörte nach seinen Worten zu denen, die »in schmerzlicher Bewegung der Stunde harrten, in der sie in die Arme der geliebten Mutter – Deutschland –« zurückkehren durften.

Hier beginnt Hitlers Bildersprache Ausdrücke der Familienbeziehungen zu verwenden, die seine »ödipale« Situation ganz offen den nationalen Problemen seines Landes gleichsetzt. Er klagt, daß diese »geliebte Mutter« – »das *junge Reich*« – »in der unseligen Verbindung mit dem *alten österreichischen Scheinstaat* . . . der langsamen Ausrottung des Deutschtums selber die Sanktion erteilt«.

Hitlers Mutter war dreiundzwanzig Jahre jünger als sein Vater und stand, wie wir noch hören werden, als gute Ehefrau ihrer Epoche tapfer für den Mann ein, der sie gelegentlich prügelte. Der Vater war ein Trunkenbold und ein Tyrann. Die zitierte Gleichsetzung bringt selbst zum Ausdruck, daß sowohl in Hitlers nationaler wie familiärer Bilderwelt die junge Mutter den sehnsüchtigen Sohn um eines senilen Tyrannen willen verriet. Klein Adolfs persönliche Erlebnisse vermengen sich so mit denen der deutschen Minderheit, die sich weigerte, »Gott erhalte Franz den Kaiser« zu singen und stattdessen, wenn die österreichische Nationalhymne ertönte, »Deutschland, Deutschland über alles« anstimmte. Hitler fährt fort: »Wenn ich nun nach so viel Jahren mir das Ergebnis dieser Zeit prüfend vor Augen halte, so sehe ich zwei hervorstechende Tatsachen als besonders bedeutungsvoll an: Erstens: ich wurde Nationalist. Zweitens: ich lernte Geschichte ihrem Sinne nach verstehen und begreifen«, so daß Hitler mit fünfzehn Jahren schon verstand, daß »Nationalgefühl in nichts identisch ist mit dynastischem Patriotismus . . .«.

Eine scheinbar so naive Übereinstimmung der Themen bietet sich leicht – viel zu leicht – für eine psychoanalytische Deutung des ersten Kapitels von »Mein Kampf« an, im Sinn einer unfreiwilligen Beichte von Hitlers Ödipuskomplex. Diese Deutung ginge dahin, daß im Falle Hitlers die Liebe zu der jungen Mutter und der Haß gegen den alten Vater krankhafte Proportionen annahmen, und daß es dieser Konflikt war, der ihn zu Liebe und zu Haß trieb und dazu, Menschen und Völker zu schonen oder zu zerstören, die in Wirklichkeit für seinen Vater oder seine Mutter »standen«. Es gibt psychoanalytische Arbeiten, die eine derart einfache Kausalität vertreten. Aber offensichtlich bedarf es doch viel mehr als eines persönlichen Komplexes, um einen erfolgreichen Revolutionär hervorzubringen. Der Komplex liefert den anfänglichen Schwung, aber wäre er zu überwältigend, so würde er den Revolutionär lähmen, statt ihn anzufeuern. Die verblüffende Verwendung von Elternbildern und Bildern familiärer Beziehung in Hitlers öffentlichen Auslassungen besitzt jene merkwürdige Mischung von naiver Beichte und schlauer Propaganda, die diesen schauspielerischen Genius auszeichnete.

Ich will hier keinen Überblick über die psychiatrische Literatur geben, die Hitler als »psychopathischen Paranoiden«, als »amoralisches sadistisches Kind«, als »überkompensierenden Feigling« oder als »Neurotiker unter Mordzwang« darstellt. Zeitweilig war er zweifellos all das – aber unglücklicherweise war er etwas über all dies hinaus. Seine Fähigkeit zu handeln und Aktionen in Bewegung zu setzen war so außerordentlich, daß es nicht ratsam scheint, auf seine Worte die durchschnittliche diagnostische Methode anzuwenden. In erster Linie war er ein Abenteurer großen Stils. Die Persönlichkeit des Abenteurers ist der des Schauspielers verwandt, insofern er stets bereit sein muß, die wechselnden Rollen, die ihm die Launen des Schicksals zuschieben, so zu personifizieren, als habe er sie selbst gewählt. Hitler teilt mit vielen Schauspielern den Umstand, daß von ihm behauptet wird, er sei hinter den Kulissen merkwürdig und schwer zu ertragen gewesen – vom Schlafzimmer ganz zu schweigen. Zweifellos hatte Hitler Charakterzüge, die sich gefährlich der Grenze zum Pathologischen näherten. Aber er wußte, wie er sich dieser Grenzlinie anzunähern hatte; so zu erscheinen, als werde er zu weit gehen, um sich dann seinem atemlosen Publikum wieder zuzuwenden. Hitler verstand es, seine eigene Hysterie auszunutzen. Auch Medizinmänner verfügen oft über diese Gabe.

Auf der Bühne der deutschen Geschichte wußte Hitler bis zu welchem Punkt er darin gehen konnte, seine eigene Persönlichkeit mit hysterischem Überschwang das ausdrücken zu lassen, was in jedem deutschen Hörer und Leser dunkel vorgebildet war. So verrät die Rolle, die er wählte, ebensoviel über sein Publikum, wie über ihn selbst; und gerade das, was dem Nichtdeutschen am sonderbarsten und krankhaftesten erscheinen mußte, wurde für deutsche Ohren zur verlockendsten Melodie des braunen Rattenfängers.

2. Vater

... der Vater ein pflichtgetreuer Staatsbeamter ...

Trotz der sentimentalen Darstellung seines Vaters wendet Hitler einen Teil seines ersten Kapitels an die wiederholte, erregte Feststellung, daß weder sein Vater noch sonst eine Macht auf Erden aus ihm einen Beamten hätte machen können. Er wußte schon in frühester Jugend, daß das Beamtenleben keinen Reiz für ihn besaß. Wie verschieden war er doch von seinem Vater! Denn obwohl auch er in der Jugend rebelliert hatte und mit dreizehn Jahren von zu Hause fortgelaufen war, um etwas »Höheres« zu werden, war er doch nach dreiundzwanzig Jahren zurückgekehrt – und ein kleiner Beamter geworden.

Und »niemand erinnerte sich des kleinen Jungen von ehemals!« Hitler sagt, daß diese vergebliche Auflehnung seinen Vater früh alt gemacht habe. Und dann demonstriert er Punkt für Punkt eine Technik der Auflehnung, die der seines Vaters überlegen ist.

Handelt es sich hier um die naive Enthüllung eines pathologischen Vaterhasses? Oder, wenn es schlaue Propaganda ist, was gab diesem Deutsch-Österreicher das Recht zu erwarten, daß die Geschichte seiner Knabenzeit einen entscheidenden Appell für die reichsdeutschen Massen darstellen würde?

Offensichtlich haben nicht alle Deutschen Väter der Art, wie Adolf Hitlers Vater es war, obwohl es zweifellos auf viele zutrifft. Aber wir wissen, daß ein literarisches Thema, um zu überzeugen, nicht unbedingt wahr sein muß; es muß wahr klingen, als erinnerte es einen an etwas Tiefes und lang Vergangenes. Die Frage ist, ob die Position des deutschen Vaters in der Familie ihn so handeln läßt – sei es immer, sei es häufig genug, sei es in entscheidenden Momenten, – daß er in seinem Sohn ein *inneres* Bild schafft, das gewisse Beziehungen zu dem Bild des alten Hitler hat, wie es in der Veröffentlichung erscheint.

Oberflächlich gesehen könnte die Position des deutschen Mittelklassenvaters des späten 19. und frühen 20. Jahrhunderts in seiner Familie durchaus der anderer viktorinischer Versionen des »Lebens mit Papa« geglichen haben. Aber Erziehungsformen sind flüchtig. Sie ändern sich von Familie zu Familie, von Person zu Person; sie können latent bleiben und nur während unvergeßlicher Krisen hervortreten; sie können durch entschlossene Versuche, anders zu sein, in Schach gehalten werden.

Ich will versuchen, eine impressionistische Version dessen zu geben, was ich für eines der inneren Grundbilder des deutschen Vaters jener Zeit halte. Es ist in dem Sinn repräsentativ, in dem Galtons verwischte Photomontagen für das repräsentativ sind, was sie vorstellen sollen.

Wenn der Vater nach Hause kommt, scheinen sich selbst die Wände »zusammen zu nehmen«. Die Mutter, obwohl sie häufig der inoffizielle Herr im Hause ist, benimmt sich jetzt so anders, daß selbst ein kleines Kind es fühlen muß. Sie beeilt sich, die Wünsche und Launen des Vaters zu erfüllen und vermeidet alles, was ihn ärgern könnte. Die Kinder halten den Atem an, denn der Vater duldet keinen »Unsinn« – d. h. nichts von den weiblichen Stimmungen der Mutter, von der spielerischen Art der Kinder. So lange er zu Hause ist, hat die Mutter zu seiner Verfügung zu stehen; sein Verhalten drückt aus, daß er die Einheit von Mutter und Kindern mißbilligt, die sie in seiner Abwesenheit genossen haben. Oft spricht er zur Mutter, wie er zu den Kindern spricht, d. h. er erwartet Gehorsam und schneidet jede Antwort ab. Der kleine Junge bekommt das Gefühl, daß all die erfreulichen Bindungen an seine Mutter ein Dorn im Auge des Vaters sind, und daß ihre Liebe und Bewunderung – Vorbilder so vieler späterer Ziele und Erfüllungen – nur ohne Wissen des Vaters oder gegen seine ausgesprochenen Wünsche erreicht werden können.

Die Mutter fördert diese Gefühle, indem sie manchen »Unsinn«, manche Ungezogenheit des Kindes vor dem Vater verbirgt – wenn und wann es ihr beliebt. Ihre Mißbilligung hingegen drückt sie dadurch aus, daß sie das Kind an den Vater verrät, wenn er nach Hause kommt und oft den Vater veranlaßt, periodische körperliche Züchtigungen für Untaten durchzuführen, deren Einzelheiten ihn nicht interessieren. Söhne sind ungezogen, und eine Strafe ist immer gerechtfertigt. Später, wenn der Sohn Gelegenheit findet, den Vater in Gesellschaft zu beobachten, wenn er dessen Unterwürfigkeit gegenüber Vorgesetzten, seine übermäßige Sentimentalität beim Trinken und Singen mit Gleichgestellten entdeckt, entwickelt der Junge die ersten Züge des »Weltschmerzes«: einen tiefen Zweifel an der Würde des Menschen – oder auf alle Fälle an der des »Alten«. All das besteht natürlich gleichzeitig mit Respekt und Liebe für den Vater. Während der Stürme der Reifezeit aber, wenn die Identität des Knaben sich mit dem Bild seines Vaters auseinandersetzen muß, führt es zu der kritischen deutschen *Pubertät,* die in ihren schwierigen Formen ein so sonderbares Gemisch aus offener Auflehnung und »geheimer Sünde«, aus zynischer Entscheidung zum Bösen und unterwürfigem Gehorsam, aus Romantik und hoffnungsloser Verzweiflung ist, und die den Mut und den Unternehmungsgeist des Jungen ein für allemal brechen kann.

In Deutschland hat diese Verhaltensweise traditionelle Vorläufer. Immer wieder ist es so geschehen, obwohl das natürlich nie »geplant« war. Viele Väter, die während ihrer eigenen Knabenzeit tief unter dieser Verhaltensweise gelitten hatten, wünschten verzweifelt, ihren Söhnen nicht dasselbe anzutun. Aber in kritischen Perioden ließ sie dieser Wunsch immer wieder traumatisch im Stich. Andere versuchten diese Verhaltensweise zu verdrängen und steigerten dadurch nur die neurotische Tendenz in sich und den Kindern. Oft fühlte der Junge, daß der Vater selbst unglücklich darüber war, den Teufelskreis nicht durchbrechen zu können; er empfand gegenüber dieser emotionalen Impotenz Mitleid und Ekel.

Was aber macht diesen Konflikt so verhängnisvoll im weitesten Sinne? Was unterscheidet – unbewußt, aber entscheidend – die Unzugänglichkeit und die Härte des deutschen Vaters von ähnlichen Zügen anderer Väter des westlichen Kulturkreises? Ich glaube, daß der Unterschied im eigentlichen Fehlen einer der äußeren Härte entsprechenden echten inneren Autorität beim deutschen Vater liegt, jener Autorität also, die aus einer Integration kultureller Ideale mit den Methoden der Erziehung entspringt. Die Betonung liegt hier auf dem »deutschen« Sinn des »reichsdeutschen«. Wenn wir von deutschen Dingen sprechen, meinen wir häufig bestimmte, durchaus noch bestehende deutsche Gebiete und Momente, wo die innere Autorität des deutschen Vaters zutiefst berechtigt erscheint, verankert in der alten ländlichen oder kleinstädtischen *Gemütlichkeit,* in der städtischen *Kultur,* in der christlichen *Demut,* in beruflicher *Bildung* oder im Geist der sozialen *Reform.* Der wichtige Punkt aber ist, daß all dies keinen integrierten Sinn auf nationaler Ebene erreichte, als das Traumbild des »Reiches« die Oberhand gewann und die Industrialisierung die alte soziale Schichtung untergrub.

Härte ist nur dort produktiv, wo ein Gefühl der Verpflichtung herrscht, ein Gefühl der Würde im freiwilligen Gehorsam. Diese Gefühle aber können nur durch ein integrierendes Anliegen erweckt werden: ein Anliegen, das Vergangenheit und Gegenwart eint, im Einklang mit Veränderungen in den ökonomischen, politischen und geistigen Einrichtungen und Institutionen.

Die übrigen westlichen Nationen hatten ihre demokratischen Revolutionen. Wie Max Weber nachwies, hatten sie sich, während sie allmählich die Privilegien ihrer aristokratischen Klassen übernahmen, mit aristokratischen Idealen identifiziert. In jedem Franzosen entwickelte sich etwas vom französischen Chevalier, in jedem Engländer etwas vom angelsächsischen Gentleman, und jeder Amerikaner wurde ein wenig rebellischer Aristokrat. Dieses »Etwas« verschmolz mit revolutionären Idealen und schuf den Begriff des »freien Mannes« – einen Begriff, der unveräußerliche Rechte, unerläßliche Selbstverleugnung und unaufhörliche revolutionäre Wachsamkeit voraussetzt. Aus Gründen, die wir im Zusammenhang mit dem Problem des Lebensraumes gleich besprechen werden, hat die deutsche Identität solche Vorstellungen niemals ganz in dem Maße mitbegriffen, das notwendig wäre, um die unbewußten Erziehungsweisen zu beeinflussen. Die Herrschaft und Strenge des durchschnittlichen deutschen Vaters war häufig nicht von jener Zärtlichkeit und Würde getönt, die aus der Teilnahme an einem integrierenden Anliegen erwächst. Der durchschnittliche Vater repräsentierte nur zu oft die Gewohnheiten und die Ethik des Oberfeldwebels oder kleinen Beamten – der, »in ein wenig kurz währende Autorität gekleidet«, nie *mehr* sein würde, hingegen ständig in Gefahr stand, weniger zu werden. Er hat sein Geburtsrecht des freien Mannes für einen Titel oder eine Pension verkauft.

Hinzu kam der Zusammenbruch der kulturellen Einrichtungen, die die Entwicklungskonflikte in ihren traditionellen – und regionalen – Formen geregelt hatten. Früher bestand z. B. der Brauch der »Wanderschaft«. Der Knabe verließ das Vaterhaus, um als Geselle in fremde Länder zu ziehen – etwa im gleichen Alter, oder wenig später, in dem Hitler seine Opposition verkündet hatte, und in dem sein Vater von zu Hause fortgelaufen war. In der Zeit unmittelbar vor den Nazis gab es entweder noch irgend eine Art von Bruch mit väterlichen Donnerworten und mütterlichen Tränen, oder der Bruch stellte sich in gemäßigteren Konflikten dar, die weniger wirksam waren, weil sie individualisierter waren und häufig neurotischer Natur. Oder aber der ganze Bruch wurde unterdrückt und verdrängt, in welchem Falle nicht die Vater-Sohn-Beziehung, sondern die Beziehung des Jungen zu sich selbst zerbrach. Häufig hatten die – ausschließlich männlichen – Lehrer die ganze Schwere des Konflikts zu tragen, während der Junge seine idealistische oder zynische Feindseligkeit auf die ganze Sphäre der »Bürgerlichkeit« ausdehnte – der verächtliche Ausdruck der deutschen Jugend für die »nichts-als-Bürger«. Die volle Bedeutung dieses Ausdrucks »Bürger« läßt sich dem Nichtdeutschen schwer vermitteln. Es bedeutet nicht den soliden Stadtbürger, noch den satten Bourgeois der klassenbewußten revolutionären Jugend und am allerwenigsten den stolzen Citoyen, noch den verantwortungsbewußten Staatsbürger, der, während er gleiche Pflichten anerkennt, sein Recht auf Individualität behauptet. Vielmehr meint es eine Art von Erwachsenen, der Jugend und Idealismus verraten hat und Schutz in einem kleinlichen und servilen Konservatismus sucht. Dieses Bild des »Bürgers« wurde oft dazu benützt, um zu beweisen, daß alles »Normale« korrupt war, alles »Anständige« schwach. Als Wandervögel genossen die heranwachsenden Jugendlichen eine romantische Einheit mit der Natur, die sie mit zahlreichen Mitrebellen teilten, wobei sie durch einen besonderen Typus von Jugendführern angeleitet wurden, Jugendlichen von Profession und Konfession. Eine andere Art von Adoleszenten, der »einsame Genius«, schrieb Tagebücher, Gedichte und Abhandlungen. Mit fünfzehn klagte er mit Don Carlos die deutscheste aller jugendlichen Klagen: »zwanzig Jahre und noch nichts für die Unsterblichkeit getan«. Andere Jugendliche bildeten kleine Banden intellektueller Zyniker, Verbrecher, Homosexueller oder rassebewußter Chauvinisten. Der gemeinsame Zug bei all diesen Unterfangen war die Ablehnung der individuellen Väter als Einfluß, und die Hinwendung zu irgend einer mystisch-romantischen Größe: Natur, Vaterland, Kunst, das Wesenhafte an sich etc. – deutliche Ersatzbilder einer reinen Mutter, einer Mutter, die den aufrührerischen Knaben nicht an das Ungeheuer, den Vater, verraten würde. Während in manchen Fällen anzunehmen war, daß die Mutter – offen oder geheim – solche freiheitlichen Bestrebungen billigen, ja sogar beneiden würde, galt der Vater als tödlicher Feind der Freiheit. Ließ er es an der nötigen manifestierten Feindseligkeit fehlen, so mußte er absichtlich herausgefordert werden: denn seine Gegnerschaft gehörte zum Sinn des Erlebnisses.

In diesem Stadium wäre der deutsche Junge lieber gestorben, als sich der Tatsache bewußt zu werden, daß diese mißleitete, ziellose Initiative in Richtung völliger Widersetzlichkeit tiefliegende Schuldgefühle erwecken und zu einer inneren Erschöpfung führen mußte. Die Identifizierung mit dem Vater, die trotz allem in früher Kindheit fest begründet worden war, mußte wieder zum Vorschein kommen. Das verräterische Schicksal (= die Wirklichkeit) würde auf verschlungenen Wegen aus dem Jungen schließlich doch einen Bürger machen, »nichts als einen Bürger«, mit einem ewigen Gefühl der Sünde, da er seinen Genius um schnöden Mammon, um Weib und Kind, verraten hatte.

Natürlich ist diese Darstellung typisiert bis zur Karikatur. Ich glaube aber, daß sowohl der offene Typus wie das geheime Grundbild existieren, und daß tatsächlich diese regelmäßige Spaltung zwischen vorzeitiger individualistischer Auflehnung und desillusionierter gehorsamer Staatsbürgerschaft einen wichtigen Faktor in der politischen Unreife der Deutschen darstellt: diese jugendliche Revolution der einzelnen war eine Fehlgeburt des Individualismus und des revolutionären Geistes. Es ist meine Überzeugung, daß die patriarchale Gesellschaft dieser Rebellion nicht nur nicht wirksam entgegentrat, sondern sie tatsächlich unbewußt förderte, als den einen sicheren Weg, ihre Gewalt über den Jungen aufrechtzuerhalten. Denn ist in früher Jugend ein patriarchales Über-Ich erst einmal zuverlässig aufgerichtet worden, dann kann man der Jugend ruhig die Zügel locker lassen: sie kann nicht entkommen.

Diese merkwürdige Kombination von idealisierter Auflehnung und gehorsamer Unterwerfung führte beim reichsdeutschen Charakter zu einem Paradox. Das deutsche Gewissen ist selbstverleugnend und grausam, seine Ideale aber bleiben unbestimmt, wechselnd und im Grunde heimatlos. Der Deutsche ist hart mit sich selbst und mit anderen; aber extreme Härte ohne innere Autorität kann Bitterkeit, Furcht und Rachsucht erzeugen. Da seine Ideale schwer koordinierbar waren, neigte er dazu, sich vielerlei widersprechenden und ausgesprochen destruktiven Zielen voll blinder Überzeugung und überlegenem Perfektionismus zuzuwenden.

Nach der Niederlage und der Revolution von 1918 wuchs dieser psychologische Konflikt in den deutschen Mittelklassen zur Katastrophe an. Und die Mittelklassen umfaßten, wie überall in der Welt, auch die Arbeiterklasse, insoweit diese den Anspruch erhebt, einmal Mittelklasse zu werden. Ihre Servilität gegenüber der Oberklasse, die den Krieg verloren hatte, war nun plötzlich jedes Anscheins einer sinnvollen

Unterordnung beraubt. Die Inflation brachte die Pensionen in Gefahr. Andererseits waren die schwankenden Massen noch nicht darauf vorbereitet, entweder die Rolle des freien Staatsbürgers oder des klassenbewußten Arbeiters zu antizipieren oder zu usurpieren. Es ist klar, daß nur unter solchen Bedingungen Hitlers Vorstellungen und Bilder so viele Menschen sofort überzeugen konnten – und so viele andere lähmen.

Ich behaupte also nicht, daß Hitlers Vater, wie er in herabsetzenden Berichten geschildert wird, in seiner manifesten, groben Form ein typischer deutscher Vater war. Es geschieht häufig in der Geschichte, daß eine extreme und sogar atypische Erfahrung so sehr einem universal latenten Konflikt entspricht, daß eine Krise sie zu repräsentativer Position erhebt.

Tatsächlich muß man sich daran erinnern, daß große Nationen imstande sind, jemanden von eben jenseits der Grenzen zum Führer zu wählen, so wie Napoleon von Korsika kam, Stalin aus Georgien. Es ist also ein universeller Zug der Kindheit, der die Grundlage für die tiefe Verwunderung bildete, die den deutschen Mann überkam, der von Hitlers Jugend las: »Gleichgültig wie fest und entschlossen mein Vater auch war, sein Sohn war ebenso eigensinnig und lehnte die Vorstellung ab, die ihm wenig oder garnicht gefiel. Ich wollte kein Beamter werden.« Diese Mischung von persönlicher Enthüllung und schlauer Propaganda brachte (zusammen mit lauter und entschlossener Aktivität) endlich jene allumfassende Überzeugung zum Durchbruch, auf die die glimmende Rebellion in der deutschen Jugend gewartet hatte: daß kein alter Mann, sei es Vater, Kaiser oder Gott, der Liebe zur Mutter Deutschland im Wege stehen sollte. Gleichzeitig bewies das den erwachsenen Männern, daß sie durch den Verrat an ihrer rebellischen Jugend unwürdig geworden waren, Deutschlands Jugend zu führen, die von nun an »ihr eigenes Schicksal gestalten« würde. Väter und Söhne konnten sich nun mit dem Führer identifizieren, einem Jugendlichen, der niemals nachgab.

Die Psychologen übertreiben die Vaterattribute in Hitlers historischem Erinnerungsbild – Hitler, der Jugendliche, der sich weigerte, ein Vater in irgendwelchem Sinne zu werden oder, übrigens, ein Kaiser oder Präsident. Er wiederholte Napoleons Fehler nicht. Er war der Führer: ein verklärter älterer Bruder, der Vorrechte des Vaters übernahm, ohne sich zu sehr mit ihm zu identifizieren. Er nannte seinen Vater »alt, während er noch ein Kind war« und behielt sich selbst die neue Position eines Mannes vor, der in Besitz höchster Macht jung bleibt. Er war der *ungebrochene Jüngling*, der sich eine Laufbahn fern dem zivilen Glück, der merkantilen Geruhsamkeit, dem geistigen Frieden gewählt hatte: ein Bandenführer, der die Jungens zusammenhielt, indem er ihre Bewunderung herausforderte, Schrecken verbreitete und sie geschickt in Verbrechen verwickelte, aus denen es keinen Weg zurück gab. Und er war ein rücksichtsloser Ausbeuter der Fehler der Eltern.

»Die Frage meines Berufes sollte nun doch schneller entschieden werden, als ich vorher erwarten durfte. Mit dem dreizehnten Lebensjahr verlor ich urplötzlich den Vater ... Meine Mutter fühlte sich wohl verpflichtet, gemäß dem Wunsche des Vaters, meine Erziehung zu leiten, d. h. also, mich für die Beamtenlaufbahn studieren zu lassen.« So bedrängt, entwickelte Hitler eine schwere Lungenerkrankung und »was ich so lange im stillen ersehnt, für was ich immer gestritten hatte, war nun durch dieses Ereignis mit einem Male fast von selber zur Wirklichkeit geworden ...« Die Mutter mußte dem kranken Jungen gewähren, was sie dem gesunden und eigensinnigen Sohn versagt hatte: er durfte fort und sich auf die Künstlerlaufbahn vorbereiten. Er tat es und fiel bei der Aufnahmeprüfung in die Wiener Kunstakademie durch. Dann starb auch seine Mutter, und nun war er allein und frei.

Dem frühen Schulversagen folgte das Versagen im Beruf, das rückblickend als Charakterstärke und knabenhafte Wildheit rationalisiert wurde. Es ist ja bekannt, wie Hitler bei der Wahl seiner Unterführer ebenfalls auf zivile Versager zurückgriff. Er konnte sich das nur auf Grund der deutschen Gewohnheit erlauben, Schulversagen mit dem geheimen Verdacht auf verborgene Genialität auszuschmücken: die humanistische Erziehung in Deutschland litt unter dem schweren Widerspruch, daß sie einerseits Pflicht und Disziplin pflegte, während sie auf der anderen Seite die sehnsüchtige Weltflucht der Dichter verherrlichte.

In seinem Umgang mit der »alten« Generation innerhalb und außerhalb Deutschlands spielte Hitler konsequent eine ebenso eigensinnige, abwegige und zynische Rolle, wie er das von seiner Beziehung zu seinem Vater berichtete. Tatsächlich zog er, immer wenn er das Gefühl hatte, daß seine Handlungen der öffentlichen Rechtfertigung und Entschuldigung bedurften, das ähnlich auf, wie er es im ersten Kapitel von »Mein Kampf« tut. Seine Tiraden konzentrierten sich auf einen feindlichen Staatsmann – Churchill oder Roosevelt – und schilderten diesen als feudalen Tyrannen und senilen Narren. Dann schaffte er ein zweites Bild, das des schlauen reichen Sohns und dekadenten Zynikers:

Duff Cooper und ausgerechnet Eden waren die beiden, die er aus-
wählte. Und wirklich nahmen die Deutschen seine gebrochenen Versprechen ruhig hin, solange Hitler, der zähe Jugendliche, nur seinen
Vorteil aus der Senilität anderer Männer zu ziehen schien.

3. Mutter

... die Mutter im Haushalt aufgehend und vor allem uns Kindern in ewig
gleicher liebevoller Sorge zugetan ...

Abgesehen von dem Fortspinnen seines Märchens erzählt Hitler
wenig von seiner Mutter. Er erwähnt, daß sie manchmal liebevoll be-
sorgt über die Kämpfe war, in die er, ihr knabenhafter Held, geriet;
daß sie sich nach dem Tod des Vaters »verpflichtet« fühlte – mehr aus
Pflicht als aus Neigung – für die Fortführung seiner Erziehung zu
sorgen, und daß auch sie bald starb. Er sagt, er habe seinen Vater
respektiert, die Mutter aber geliebt. Von »ihren Kindern« hört man
kein Wort mehr. Hitler war niemals irgend jemandes Bruder gewesen.

Es besteht kein Zweifel, daß Hitler, der theatralische und hysterische
Abenteurer, eine pathologische Bindung an seine Mutter hatte. Aber
darum dreht es sich hier nicht. Denn pathologisch oder nicht, er teilt
das Bild seiner Mutter geschickt in zwei Kategorien auf, die von höchstem propagandistischem Wert sind: die liebende, kindliche und leicht
märtyrerhafte Köchin, die in den warmen traulichen Hintergrund gehört – und die überdimensionale Marmor- oder Eisenjungfrau, das
Standbild des Ideals. Im Gegensatz zu den spärlichen Hinweisen auf
seine persönliche Mutter gibt es in Hitlers Bilderwelt eine Fülle übermenschlicher Mutterfiguren. Sein reichsgermanisches Märchen erzählt
nicht einfach, daß er in Braunau geboren sei, weil seine Eltern da lebten; nein, es war »das Schicksal«, das »mir zum Geburtsort gerade
Braunau am Inn zuwies«. Als das geschah, war es nicht etwa der Fall,
weil das der natürliche Lauf der Dinge ist, nein, es war »ein unver-
dienter Schicksalsschlag«, daß er in einer Periode zwischen zwei Kriegen geboren wurde, in einer Zeit der Ruhe und Ordnung. War er arm,
so »nahm ihn die Göttin der Not in die Arme«, dann war »Frau Sorge
seine neue Mutter«. Aber all diese »Grausamkeiten des Schicksals«
lernte er später als »Weisheit der Vorsehung« zu loben, denn sie stähl-
ten ihn für den Dienst an der Natur, »der grausamen Königin aller
Weisheit«.

Als der Weltkrieg ausbrach, »gestattete ihm das Schicksal gnädig« ein deutscher Infanterist zu werden, die gleiche »unerbittliche Vorsehung«, die die Kriege gebraucht, um Völker und Männer zu wägen. Als er nach der Niederlage des ersten Weltkrieges vor einem Gericht seine ersten revolutionären Versuche verteidigte, fühlte er sich sicher, »daß der ewige Ratschluß der Göttin der Geschichte den Spruch des Gerichts lächelnd zerreißen würde«.

Das Schicksal, das jetzt den Helden verräterisch in Stich läßt, jetzt gnädig sein Heldentum unterstützt und das Urteil der bösen alten Männer zerreißt: das ist die infantile Bilderwelt, die vieles im deutschen Idealismus durchsetzt. Sie findet ihren repräsentativen Ausdruck im Thema des jungen Helden, der im fremden Land groß wird und zurückkehrt, um die »gefangene« Mutter zu befreien und zu erheben: das romantische Gegenstück zur Sage vom König Ödipus.

Hinter dieser Bilderwelt übermenschlicher Mütter lauert das doppelgesichtige Bild der Mütterlichkeit: einmal erscheint die Mutter spielerisch, kindlich, freigiebig, und dann wieder verräterisch, im Bund mit dunklen Mächten. Ich glaube, es handelt sich hier um eine häufige Erscheinung in den patriarchalen Gesellschaften, wo die Frau, die in vieler Hinsicht unverantwortlich und kindlich bleibt, zu einem Zwischenläufer, zu einem Zwischenwesen werden muß. So kommt es, daß der Vater in ihr die Kinder, die ihn meiden und ihm entgleiten, haßt, und die Kinder hassen in ihr den unzugänglichen Vater. Da »die Mutter« regelmäßig zum unbewußten Modell der Welt wird und es bleibt, wurde die Ambivalenz gegen die mütterliche Frau unter Hitler zu einem der ausgesprochensten Züge des offiziellen deutschen Denkens.

Die Beziehung des Führers zur Mutterschaft und Familie bleibt ambivalent. Im Gefolge eines nationalen Phantasiebildes sah er sich selbst als einsamen Mann, der übermenschliche Mutterfiguren bekämpft und erfreut, die einmal versuchen, ihn zu zerstören, dann wieder gezwungen sind, ihn zu segnen. Aber bis zum bitteren Ende anerkannte er Frauen nicht als Gefährten, als er darauf bestand, aus Eva Braun eine anständige Frau zu machen, um sie gleich darauf mit eigener Hand zu erschießen – so wenigstens endet die Legende. Aber die Frauen anderer Männer gebaren im Bunker der Reichskanzlei Kinder, während er selbst – nach Aussage seines offiziellen Biographen – »die Verkörperung des nationalen Willens ist. Er kennt kein Familienleben, noch kennt er irgend ein Laster«.

Hitler übertrug diese offizielle Ambivalenz gegenüber Frauen auf seine Beziehung zu Deutschland als Wunschbild. Obwohl er offen die Masse seiner Mitbürger verabscheute, die ja schließlich Deutschland konstituierten, stand er in Raserei vor ihnen und flehte sie mit seinem fanatischen Schrei: »Deutschland, Deutschland, Deutschland« an, die mystische nationale Einheit zu glauben.

Aber die Deutschen waren ja immer geneigt, eine vergleichbare Haltung ambivalenter Art gegenüber der Menschheit und der Welt im Ganzen einzunehmen. Daß die Welt im Wesentlichen als eine »Draußen-Welt« begriffen wird, gilt für die meisten Stämme oder Völker. Aber für die Deutschen ändert die Welt dauernd ihre Qualität – und immer zu einem Extrem hin. Entweder wird sie als weit überlegen an Alter und Weisheit empfunden, als Ziel ewiger Sehnsucht und Wanderlust; oder als ein gemeines und heimtückisches, ringsum drohendes Lager von Feinden, die nur ein Ziel kennen: nämlich den Verrat an Deutschland; oder als geheimnisvoller *Lebensraum*, der durch teutonischen Mut erobert und für tausend Jahre jugendlichen Wachstums verwendet werden soll.

4. Die Reifezeit

In Amerika bedeutet das Wort »Reifezeit« für alle, die nicht gerade beruflich damit zu tun haben, im schlimmsten Fall ein Niemandsland zwischen Kindheit und Reife und im besten Fall eine »normale« Zeit des Sports und der wilden Spiele, die Zeit der Horden- und Gruppenbildung und des geselligen Zusammenseins der Jugend. Der Heranwachsende bietet in Amerika weniger Probleme und fühlt sich weniger isoliert, weil er tatsächlich zum kulturellen Schiedsrichter geworden ist: Nur wenige Menschen können es sich bei uns leisten, die Gesten der Jugendlichkeit aufzugeben, zusammen mit denen des freien Mannes, der sich für immer dem Kampf gegen die Autokraten verschrieben hat.

Von diesem Standpunkt aus ist nicht leicht zu verstehen, was die Periode der jugendlichen Reifezeit in anderen Kulturen bedeuten kann. In primitiven Zeiten gab es dramatische und bizarre Riten, die die keimende Männlichkeit des Jugendlichen modifizieren und sublimieren sollten. Bei den primitiven Ritualen wurde der Jüngling gezwungen, einen Teil seines Blutes, seiner Zähne oder seiner Genitalien zu opfern;

in religiösen Zeremonien wurde er angehalten, seine Sündigkeit einzugestehen und die Kniee zu beugen. Die alten Riten festigen das Bestreben des Knaben, ein Mann in der Welt seines Vaters zu werden, aber gleichzeitig für immer der unterwürfige Sohn eines »Großen Vaters« zu bleiben. Die Anführer der rituellen Tänze, die lossprechenden Priester und tragischen Schauspieler wurden zu Repräsentanten von Schuld und Sühne. Die Auflehnung des deutschen Jugendlichen stellte den kritischen Höhepunkt einer allgemeinen psychologischen Entwicklung dar, die wie eine Parallele zum Verfall des Feudalismus wirkt: die innere Emanzipation der Söhne. Während nämlich eine enge Parallele zwischen den primitiven Reifungsriten und denen des Nationalsozialismus besteht, gibt es da einen höchst bedeutsamen Unterschied. In Hitlers Welt marschierte der Jugendliche an der Seite seiner emanzipierten Genossen. Ihr Führer hatte seinen Willen niemals irgendwelchen Vätern unterworfen. Er hatte es tatsächlich ausgesprochen, daß das Gewissen ein Makel sei, wie die Beschneidung, und daß beides jüdische Makel seien.

Hitlers Abscheu vor dem Judentum – einem »entmannenden Bazillus« –, der von weniger als einem Prozent seiner Siebzig-Millionen-Nation vertreten wurde, ist ganz in die Bildersprache der Phobie gekleidet: er schildert die von dort drohende Gefahr als schwächende Infektion und beschmutzende Ansteckung. Eine Syphilisphobie ist das wenigste, was der Psychiater in seinem Fall ohne weiteres diagnostizieren kann. Aber auch hier ist es wieder schwierig zu sagen, was persönliches Symptom und was schlaue Propaganda war. Denn für die Bilderwelt des idealistischen Jugendlichen ist typisch, daß sie sich aus reinstem Weiß und tiefstem Schwarz zusammensetzt.

Der idealistische Jugendliche beschäftigt sich in erster Linie mit dem Streben nach dem, was ihm rein erscheint, und mit der Vermeidung und Ausrottung all dessen, was ihm bei sich und anderen unrein scheint. Besonders die Angst vor der Sexualität läßt den Jugendlichen anfällig für Worte etwa der folgenden Art sein:

Der Mensch, der die Rassengesetze verkennt und mißachtet, bringt sich wirklich um das Glück, das ihm bestimmt erscheint. Er verhindert den Siegeszug der besten Rasse und damit aber auch die Vorbedingung zu allem menschlichen Fortschritt. Er begibt sich in der Folge, belastet mit der Empfindlichkeit des Menschen, in den Bereich des hilflosen Tieres.[2]

---

[2] A. Hitler, Mein Kampf, a. a. O.

Der deutsche Jugendliche in der Zeit vor Hitler war leidenschaftlich hart gegen sich selbst; nicht um sich zu verwöhnen widersetzte er sich seinem Vater. Wenn er »fiel«, war sein Schuldgefühl groß. Diese Jugend gewann das Gefühl, daß Hitler der Mann war, der das Recht hatte, gegen das Dunkle überall in der Welt grausam zu sein, da er gegen sich selbst unnachgiebig erschien. Was vernünftigen Nichtdeutschen verdächtig erschien, daß Hitler Fleisch, Kaffee, Alkohol und Geschlecht ablehnte, das zählte in Deutschland zu den gewichtigen propagandistischen Faktoren. Damit bewies er sein moralisches Recht, die Deutschen von ihrem Nachkriegs-Masochismus zu befreien und sie davon zu überzeugen, daß sie ihrerseits das Recht hatten, zu hassen, leiden zu machen und zu töten.

Bei den Kindern versuchte Hitler, die komplizierten Pubertätskonflikte, wie sie jeden Deutschen verfolgten, durch einfache Grundformen hypnotischer Aktion und Freiheit vom Zwang des Denkens zu ersetzen. Er schaffte eine Organisation und ein Motto, die alle jugendliche Energie in den Nationalsozialismus leiten sollte: die Hitlerjugend, und den Satz: »Die Jugend gestaltet ihr eigenes Schicksal.«

Gott bedeutete nicht mehr viel: »In dieser Stunde, wo die Erde sich der Sonne opfert, haben wir nur einen Gedanken. Unsere Sonne ist Adolf Hitler.«[3] Die Eltern galten nicht mehr: »Alle, die aus der Perspektive ihrer »Erfahrung«, und nur aus dieser heraus unsere Methode bekämpfen, daß Jugend die Jugend führen soll, müssen zum Schweigen gebracht werden.«[4] Die Ethik galt nichts: »Eine völlig frische, neugeborene Generation ist erstanden, frei von vorgefaßten Meinungen, frei von Kompromissen, bereit den Befehlen zu gehorchen, die ihr Geburtsrecht sind.«[5] Brüderlichkeit, Freundschaft galt nichts: »Ich hörte nicht ein einziges Lied, das irgend welche zärtlichen Gefühle der Freundschaft, der Liebe zu Mitmenschen, der Lebensfreude oder Hoffnung auf die Zukunft zum Ausdruck gebracht hätte.«[6] Lernen galt nichts: »die nationalsozialistische Ideologie soll eine heilige Quelle sein. Sie soll nicht durch ins einzelne gehende Erklärungen herabgesetzt werden.«[7]

---

[3] Angeführt bei: G. Ziemer, Education for Death, Oxford University Press, New York 1941.
[4] Angeführt bei: H. Siemsen, Hitler Youth, Lindsay Drummond, London 1941.
[5] Angeführt bei: Ziemer, a. a. O.
[6] Ziemer, a. a. O.
[7] Ziemer, a. a. O.

Was galt, war: zu marschieren, ohne rückwärts zu sehen:

> Wir werden weiter marschieren,
> Wenn alles in Scherben fällt,
> Denn heute gehört uns Deutschland
> Und morgen die ganze Welt.

Auf dieser Grundlage bot Hitler eine einfache rassische Zweiteilung von kosmischem Ausmaß an: der Deutsche (der Soldat) gegen den Juden. Der Jude wird als klein, schwarz, über und über behaart dargestellt, sein Rücken ist gekrümmt, seine Füße sind platt, seine Augen schielen, seine Lippen schmatzen, er ist übelriechend, promiskuös und liebt es, blonde Mädchen zu deflorieren, zu schwängern und zu infizieren. Der Arier ist groß, aufrecht, blond, Brust und Glieder sind unbehaart, sein Blick, sein Schritt, seine Rede sind »stramm«, sein Gruß ist der ausgestreckte Arm. In seinen Gewohnheiten ist er leidenschaftlich sauber. Niemals würde er mit Wissen ein jüdisches Mädchen berühren – außer in einem Bordell.

Diese Antithese ist offenbar die zwischen Affenmensch und Übermensch. Aber während in Amerika solch eine Bilderwelt vielleicht Beiträge zu den »Comics« geliefert hat, wurde sie in Deutschland zur offiziellen Nahrung halbwüchsiger Geister. Und wir sollten doch nicht vergessen (denn die Deutschen vergessen es nicht), daß durch lange Jahre die deutsche Jugend und das deutsche Heer den Erfolg der Hitlerischen Gedankenwelt zu beweisen schienen. Gesund, hart, ruhig, gehorsam, fanatisch »forderten sie alles heraus, was an Körper, Energie und Gehorsam schwach war«.[8] Sie waren in höchstem Grade anmaßend, und nur in dieser ihrer verächtlichen Arroganz konnte man etwas von der alten deutschen Angst erkennen, einem fremden kulturellen Einfluß zu unterliegen.

Auch den Frauen verlieh das nationalsozialistische Rassebewußtsein einen neuen Stolz. Die Mädchen lernten die Funktionen ihres Körpers freudig bejahen, falls sie sich mit ausgewählten Ariern paarten. Sie wurden sexuell aufgeklärt und ermutigt. Eheliche und uneheliche Geburten wurden durch Propaganda, Unterstützungen, die Einrichtung der »Staatskinder«, die »für den Führer« geboren wurden, gefördert. Das Stillen wurde befürwortet; was amerikanische Psychiater zu jener Zeit nur in Fachzeitschriften anzudeuten wagten, wurde in Deutschland zum Staatsbefehl: »Stillfähigkeit ist Stillwille.« Um der Rasse

---

[8] Ziemer, a. a. O.

und des Führers willen wurden die frühe Mutterschaft und die Säuglingszeit bereichert.

Kein Schauspieler und kein erfolgreicher Neuerer ist in seiner Bilderwelt wirklich unabhängig oder könnte es wagen, völlig originell zu sein. Seine Originalität muß in dem Mut und der einmaligen Konzentration bestehen, mit denen er eine bestehende Bilderwelt ausdrückt – zur rechten Zeit. Gelingt ihm das, so überzeugt er sich selbst und andere und lähmt seine Gegner, insofern sie unbewußt an seiner Bilderwelt teilnehmen, so daß sie warten und unsicher werden und sich schließlich unterwerfen.

In Deutschland sahen wir so eine hochorganisierte und hochgebildete Nation sich der Bilderwelt der ideologischen Adoleszenz unterwerfen. Wir haben darauf hingewiesen, daß wir die Schuld daran nicht der Macht der individuellen Neurose des Führers zuschreiben können. Können wir die Kindheitsstruktur der Geführten beschuldigen?

5. Lebensraum, Soldat, Jude

Der rein impressionistische Vergleich der familiären Bilderwelt einer Nation mit ihren nationalen und internationalen Haltungen kann leicht absurd werden. Er scheint den Schluß zu rechtfertigen, daß man internationale Haltungen ändern könne, indem man die familiären Grundformen einer Nation zurechtbiegt. Aber Nationen verändern sich nur, wenn ihre gesamte Realität sich ändert. In Amerika werden aus den Söhnen und Töchtern aller Nationen Amerikaner, obwohl jeder von seinen spezifischen Konflikten bedrängt bleibt: ich vermute, daß mancher deutsch-amerikanische Leser in diesem Kapitel einiges aus seiner eigenen Vaterproblematik entdeckt hat. Er kann es entdecken, weil zwischen der Welt seines Vaters und seiner eigenen ein Abstand besteht: sein Vater lebt in einer anderen Raum-Zeit.

Gerade die Leichtigkeit, mit der sich Vergleiche zwischen Grundformen der Kindheit und nationalen Haltungen ziehen lassen, und die Absurditäten, zu denen solche Vergleiche führen, können die bedeutsame Wahrheit verdecken, die doch beteiligt ist. Wir wollen zeigen, auf welche Weise historische und geographische Realitäten die familiären Grundformen auf ein weiteres Gebiet übertragen, und in welchem Ausmaß diese Grundformen ihrerseits die Interpretation der Wirklichkeit bei einem Volke beeinflussen. Man kann unmöglich darstellen, was deutsch ist, ohne Deuschlands familiäre Bilderwelt in Beziehung zu seiner zentralen Lage in Europa zu bringen. Denn wie wir gesehen haben, müssen sich selbst die intelligentesten Gruppen über sich selbst und andere in relativ einfachen, nicht in Worte faßbaren, magischen Zeichen orientieren. Jeder Mensch und jede Gruppe besitzt einen begrenzten Schatz an historisch besimmten, räumlich-zeitlichen Begriffen, die das Weltbild, die guten und bösen Urbilder und den unbewußten Lebensplan bestimmen. Die Begriffe beherrschen die Strebungen einer Nation und können sie zu hohem Rang führen, aber sie beschränken auch die Phantasie eines Volkes und können auf diesem Wege Unheil heraufbeschwören. In der deutschen Geschichte sind solch wichtige Begriffsbildungen die »Einkreisung« contra den *Lebensraum* und Uneinheitlichkeit contra Einheit. Derartige Ausdrücke sind natürlich so umfassend, daß sie unspezifisch erscheinen. Der Beobachter, der das Gewicht realisiert, das diesen Worten im deutschen Denken beigemessen wird, muß zu dem Verdacht neigen, daß es sich hier um unaufrichtige Propaganda handelt. Aber nichts kann bei internationalen Begegnungen fataler sein, als der Versuch, die mythologische Raum-Zeit einer Nation herabzusetzen oder in Frage zu stellen. Der Nichtdeutsche realisiert nicht, daß diese Worte in Deutschland eine Überzeugung ausdrückten, die weit über die gewöhnliche Logik hinausging.

Die offizielle Version des Lebensraumes sagt aus, daß der nationalsozialistische Staat sich innerhalb Europas die militärische Hegemonie und das Rüstungsmonopol, die wirtschaftliche Vorherrschaft und die intellektuelle Führerschaft sichern müsse. Darüber hinaus hat der Lebensraum aber eine wesentlich magische Bedeutung. Worin liegt nun diese Bedeutung?

Am Ende des ersten Weltkrieges schrieb Max Weber, daß das Schicksal es so gefügt habe (selbst ein realistischer Deutscher sagt »Schicksal« und nicht »Geographie« oder »Geschichte«), daß ausschließlich Deutschland drei große Landmächte und die größte Seemacht zu unmittelbaren Nachbarn habe, und daß es ihnen im Wege stehen müsse. Kein anderes Land der Erde sei in dieser Lage.[9] Wie Weber die Situation sah, ließ der Zwang, in dieser völlig eingekreisten und verletzlichen Position eine nationale Macht und Sicherheit zu schaffen, zwei Alternativen zu: Deutschland konnte sein regionales Wesen beibehalten und

---

[9] Max Weber, Gesammelte Politische Schriften, Drei Masken Verlag, München 1921.

zu einer modernen Föderation, wie etwa die Schweiz werden – liebenswürdig und nützlich für jedermann und für niemanden eine Gefahr – oder es konnte sich schnell zu einem Reich entwickeln, geformt aus ungünstigen politischen Qualitäten, einem Reich, so reif und mächtig wie das englische Imperium oder wie Frankreich, in der Lage, eine Rolle in der Machtpolitik zu spielen und mit dem Westen zusammen eine kulturelle und militärische Verteidigungsgemeinschaft gegen den Osten zu errichten.

Aber Weber war »Realist«, was heißt, daß er nur das in Betracht zog, was entsprechend dem wohlüberlegten Denken seines konservativen Geistes »vernünftig« schien.[10] Er ließ sich nicht träumen, daß innerhalb weniger Jahre ein Mann aufstehen würde und eine dritte Alternative nicht nur proklamieren, sondern beinahe auch erfüllen würde – nämlich Deutschland zu einer so mächtigen und so geschickt gelenkten Nation zu machen, daß die ganze es einkreisende Kombi-

---

[10] Eine vor nicht langer Zeit in Amerika erschienene Veröffentlichung (H. H. Gerth and Wright C. Mills, From Max Weber: Essays in Sociology, Oxford University Press, New York 1946, S. 28–29) berichtet über gewisse Ereignisse aus Webers Leben, die hier angeführt werden sollen, weil sie die hier besprochene familiäre Grundsituation schlagend belegen:

Sein ausgeprägter Sinn für Ritterlichkeit war teilweise eine Reaktion auf die patriarchalische und despotische Haltung seines Vaters, der die Liebe seiner Frau als Bereitschaft auffaßte, ihm zu dienen und sich von ihm ausnützen und beherrschen zu lassen. Diese Situation erreichte ihren Höhepunkt, als Weber mit 31 Jahren es für richtig hielt, in Gegenwart seiner Mutter und seiner Ehefrau über seinen Vater zu Gericht zu sitzen: Er kündigte an, daß er unerbittlich alle Beziehungen abbrechen würde, falls der Vater nicht seine Bedingungen annähme: die Mutter solle ihn »allein«, ohne den Vater besuchen. Wir haben schon bemerkt, daß der Vater kurz nach diesem Zusammenstoß starb, und daß Weber ein unauslöschliches Schuldgefühl aus dieser Situation zurückbehielt. Man darf hier sicher auf eine ungewöhnlich ausgeprägte Ödipussituation schließen.

Während seines ganzen Lebens stand Weber mit seiner Mutter, die einmal von ihm als »einer älteren Tochter« sprach, in dauerndem Briefwechsel. Sie wandte sich in Fragen bezüglich des Benehmens ihres dritten Sohnes an ihn, ihren Ältesten, statt an ihren Ehemann. Man darf auch eine, natürlich nur vorübergehende, Phase der Aspiration des jungen Webers nicht übersehen: seinen Wunsch, an der Universität ein richtiger »Mann« zu werden. Es gelang ihm, sich nach drei Semestern aus einem dünnen Muttersöhnchen in einen massiven, biertrinkenden, Zigarre rauchenden, mit Schmissen bedeckten Studenten des kaiserlichen Deutschland zu verwandeln, den seine Mutter mit einer Ohrfeige begrüßte. Das war offensichtlich der Sohn des Vaters. Die beiden Identifikationsmodelle und die ihnen zugeordneten Werte, die in Vater und Mutter wurzelten, verschwanden niemals aus Max Webers innerem Leben.

nation von Paris, London, Rom und Moskau eines nach dem anderen überrannt und lange genug besetzt bleiben würde, um sie auf »tausend Jahre« zu entmachten. Dem Nichtdeutschen erscheint dieser Plan noch immer phantastisch. Er ist verblüfft, wie solch ein Entwurf dem gleichen nationalen Geist entspringen konnte wie die einfache Güte und kosmopolitische Weisheit, die die »wirkliche« deutsche Kultur repräsentieren. Aber die Welt dachte, wie schon gesagt, an gereifte regionale und nicht an unreife nationale Tugenden, wenn sie von deutscher Kultur sprach. Sie unterschätzte ständig das verzweifelte deutsche Bedürfnis nach Einheit, das tatsächlich von Völkern, die in ihrem eigenen Land die Einheit als etwas Selbstverständliches hinnehmen, kaum begriffen werden kann. Die Welt neigt wieder dazu, die Kraft zu unterschätzen, mit der die Frage der nationalen Einheit zum Problem der *Bewahrung der Identität* werden kann und damit zu einem Problem des Lebens und Sterbens, das weit über die Frage politischer Systeme hinausreicht.

Fast während seiner ganzen Geschichte war das Gebiet Deutschlands gewaltsamen Invasionen ausgesetzt oder stand ihrer Drohung mehr oder weniger wehrlos gegenüber. Seine lebenswichtigen Zentren wurden allerdings während hundert und einiger Jahre nicht vom Feind erobert, aber Deutschland blieb sich, sowohl rational wie irrational, ständig seiner verletzlichen Position bewußt.

Die Bedrohung durch eine militärische Invasion ist aber nicht die einzige. Ob es nun selbst eroberte oder erobert wurde, stets wurde Deutschland von fremden Werten beeindruckt. Seine Haltung gegenüber diesen Werten und deren Beziehung zu seiner eigenen kulturellen Vielfältigkeit bilden ein schwer definierbares klinisches Problem. Aber man darf wohl sagen, daß keine andere junge Nation gleicher Größe, Bevölkerungsdichte und geschichtlich bedingter Verschiedenartigkeit der Bevölkerung, bei einem gleichen Mangel an natürlichen Grenzen, derart kulturellen Einflüssen ausgesetzt war, die ihrem Wesen nach so divergent und in ihrer Aufeinanderfolge so beunruhigend waren, wie die Einflüsse, die im Verlauf der Geschichte von Deuschlands Nachbarn ausgingen.

Wie bei den Elementen, die für die individuelle Angst verantwortlich sind, ist es die beständige gegenseitige Steigerung all dieser Einzelpunkte, die es der deutschen Identität niemals erlaubt hat, sich zu kristallisieren oder in einer allmählichen und logischen Stufenfolge zu einer ökonomischen und sozialen Evolution zu gelangen.

Das deutsche Grundbild der Gespaltenheit beruht auf einem historischen Gefühl des Unbehagens, das man als »Limeskomplex« bezeichnen könnte. Der Limes Germanicus war eine Mauer, vergleichbar der chinesischen, den die Römer durch West- und Südgermanien gezogen hatten, um die eroberten Provinzen von den noch barbarischen abzutrennen. Diese Mauer ist längst zerstört. Aber sie ist durch eine kulturelle Schranke ersetzt worden, die die südlichen deutschen Gebiete, die von der römisch-katholischen Kirche beeinflußt sind, vom protestantischen Norden trennen. Andere Reiche (militärische, geistige, kulturelle) konnten so nach Deutschland hineingreifen: von Westen das sinnliche und vernünftig-rationale Frankreich, vom Osten das unbelesene, spirituelle und dynastische Rußland, von Norden der individualistische »Protestantismus«, und vom Südosten orientalische Lässigkeit. Alle Konflikte zwischen Ost und West, Nord und Süd wurden irgendwo in Deutschland – und im deutschen Geist – ausgefochten.

Deutschland wurde so von Beginn an durch eine traumatische Reihenfolge divergierender Einflüsse dauernd gestört, die eine spezifische Form des allgemeinen Konflikts zwischen Beeinflußbarkeit und defensivem Eigensinn vertieften und akut hielten. Hitler versprach Deutschland also nicht nur die militärische Eroberung der Invasionszentren, die das Reich umschlossen, sondern auch einen Sieg des Rassenbewußtseins über die »bakterielle« Invasion fremder Ästhetik und Ethik in das deutsche Bewußtsein. Sein Ziel war nicht nur die endgültige Auslöschung der deutschen militärischen Niederlage im ersten Weltkrieg, sondern auch eine vollständige Reinigung von den korrupten fremden Werten, die in die deutsche Kultur eingedrungen waren. Für viele gequälte Deutsche bedeutete dies wirklich »Freiheit«; andere Freiheiten schienen im Vergleich dazu undeutlich und unwesentlich.

So richtete sich der Appell von Hitlers leidenschaftlicher Heilsbotschaft an ein Reich, das räumlich groß war und die Möglichkeit zu innerer Größe fühlte, sich aber gleichzeitig verletzlich in seinen Grenzen und unentwickelt in seinem politischen Kern empfinden mußte. Er richtete sich an ein nationales Bewußtsein, das ein großes regionales Erbe und einen brennenden geistigen Ehrgeiz besaß, aber gleichzeitig unter einer krankhaften Suggestibilität und tiefer Unsicherheit hinsichtlich seiner grundlegenden Werte litt. Nur wer sich die Auswirkung solch einer Situation auf den Kampf der Jugend einer Nation um ihre Identität vorstellen kann, kann auch etwas von ihrer Gefährdung – und seiner eigenen – ahnen.

342

Deutschlands verzweifelte Paradoxe führten zu jenen extremen deutschen Widersprüchen, von denen man – vor Hitler – glaubte, daß sie zwei verschiedene Deutschland verträten. In Reaktion auf das Gefühl der kulturellen Einkreisung wurde die eine Art von Deutschen zu weit in ihren Auffassungen, während die andere zu engstirnig wurde. Daß andere Nationen ähnliche Konflikte zwischen Kosmopolitentum und Provinzialismus kennen, enthebt uns nicht der Notwendigkeit, die deutsche Version dieses Dilemmas zu sehen. Der »zu weitherzige« Typus leugnete oder haßte das deutsche Paradox und wollte die ganze umliegende »Außenwelt« umarmen; er wurde kosmopolitisch bis zur Unkenntlichkeit. Der »enge« Typus versuchte die fremden Versuchungen zu ignorieren und wurde »deutsch« bis zur Karikatur. Der erste war immer erfreut, wenn er für einen Engländer, Franzosen oder Amerikaner gehalten wurde, der zweite übertrieb arrogant seine ursprünglichen Eigenschaften. Der erste war lebenslang ein Sehnsüchtiger, ein freiwilliger Exilbewohner, oft potentiell psychotisch; der zweite blieb zu Hause oder machte es sich, wohin er kam, bequem und blieb zähneknirschend ein Deutscher.

Die Welt bewunderte den ersten Typus und belächelte den zweiten; sie übersah, bis es zu spät war, daß keiner dieser Typen zu einer Wiedergeburt jener Reife und monumentalen Würde auf nationaler Ebene führte, die zu Zeiten die Bürger, religiösen Führer und Künstler der deutschen Länder ausgezeichnet hatten. Die Welt übersah die Tatsache, daß keiner dieser Typen seiner selbst sicher war und sich gesichert in der Welt fühlte und keiner von ihnen seinen Teil an der politischen Befreiung des Menschen akzeptierte.

Es ist ein verhängnisvoller Irrtum anzunehmen, daß der Nationalsozialismus *trotz* Deutschlands intellektueller Größe ans Ruder kam. Er war das natürliche Ergebnis der spezifisch sozialen – oder besser gesagt: asozialen – Orientierung seiner großen Männer.

Wir brauchen uns hier nicht auf den Gedanken an einen so einsamen Hasser der menschlichen Wirklichkeit wie Nietzsche zu beschränken, der das Glück hatte, in Täuschung und Wahnsinn zu sterben, anstatt gezwungen zu sein, Zeuge der nackten Wirklichkeit der uniformierten Übermenschen zu werden, zu deren Schaffung er beigetragen hatte. Nein, wir können an Männer mit einem so hervorragenden Blick für die Wirklichkeit wie etwa Thomas Mann denken, der während des ersten Weltkrieges die Deutschen durch die Feststellung ermutigt haben soll, daß ein Philosoph wie Kant die französische Revolution mehr als aufwiege, und daß die »Kritik der reinen Vernunft« tatsächlich eine radikalere Revolution darstelle, als die Proklamation der Menschenrechte.[11]

Ich bin mir im klaren darüber, daß das durchaus die Art eines großen Intellektuellen gewesen sein kann, die falsche Sache im richtigen Zeitpunkt zu äußern – das Privileg des Intellektuellen in nationalen Notzeiten. Aber solch eine Äußerung zeigt die deutsche Scheu vor einer übermächtigen, einsamen und oft tragischen Größe und die Bereitschaft, das Recht des Individuums zu opfern, um die Größe in seinem eigenen Herzen unabhängig werden zu lassen.

Weder ein so distanzierter Kosmopolit wie Goethe noch ein so distanzierter Staatsmann wie Bismarck, seinerzeit die führenden Gestalten in der Reihe der Leitbilder der deutschen Schulen, haben Wesentliches zu einem deutschen Bild des politischen Menschen beigetragen.

Der Versuch, nach der Niederlage von 1918 eine Republik zu gründen, führte zur zeitweiligen Vorherrschaft des »zu weitherzigen« Deutschen. Die Führer dieser Ära konnten die Verschmelzung der politischen Unreife mit intellektuellem Eskapismus nicht verhindern, die sich zusammenfanden, um einen Mythus von merkwürdiger, fast hysterischer Leidenschaftlichkeit zu schaffen: das *Schicksal* hatte Deutschland die Niederlage gesandt, um es unter den Nationen auszuzeichnen. Das *Schicksal* hatte es auserwählt, das erste große Land zu sein, das seine Niederlage freiwillig auf sich nahm, das den moralischen Vorwurf vollständig auf sich nahm und ein für allemal auf politische Größe verzichtete. So hatte die *Vorsehung* all die alliierten Länder mit all ihren Soldaten, den lebenden und den toten, nur dazu benutzt, Deutschland zu einer exaltierten Existenz in einem grenzenlosen *geistigen* Lebensraum zu erheben. Selbst in den Tiefen seiner masochistischen Selbsterniedrigung – die Weber so eindrucksvoll beschrieben hat – blieb die Weltgeschichte ein geheimes Abkommen zwischen dem teutonischen Geist und der Schicksalsgöttin. Die Welt scheint erstaunt gewesen zu sein, als der geistige Chauvinismus allmählich in den Militarismus zurückkehrte, als er es wieder vorzog, sadistische statt masochistische Vorbilder und Techniken zu verwenden. Die großen Mächte versagten an diesem Punkt in ihrer Verantwortung, Deutschland auf die einzige Weise »wiederzuerziehen«, in der man Völker wiedererziehen kann – indem man ihnen nämlich das unzerstörbare Faktum einer neuen

---

[11] Janet Flanner, Goethe in Hollywood, The New Yorker, December 1941.

Identität innerhalb eines universellen politischen Rahmens bietet. Statt dessen beuteten sie Deutschlands Masochismus aus und steigerten die allgemeine Hoffnungslosigkeit. Der zu »enge« Deutsche, der seit der Niederlage sich verbittert zurückgezogen hatte, trat jetzt wieder hervor, um den weitest möglichen irdischen Lebensraum für den engsten Typus des Deutschen vorzubereiten: die arische Weltherrschaft.

Gefangen zwischen der übermäßigen Enge und der zu unbegrenzten Weite brachen die wenigen Staatsmänner, die Würde, Realitätssinn und Ausblick besaßen, unter der Belastung zusammen oder wurden ermordet. Die Deutschen – arbeitslos, hungrig und ohne neue Integrität – begannen auf Hitlers Bildersprache zu horchen, die zum ersten Male in der reichsdeutschen Geschichte dem Geist der deutschen Jugendlichkeit politischen Ausdruck verlieh. Es lag magisches Gewicht in den Worten: »Ich aber beschloß jetzt, Politiker zu werden«, mit denen der ungebrochene Jugendliche das siebte Kapitel von »Mein Kampf« schließt.

Als Hitler es dann unternahm, die jugendliche Vorstellungswelt seines Volkes zur politischen Herrschaft zu bringen, ging ein wundervolles Werkzeug in seine Hand über – das deutsche Heer. Lesefrüchte aus den Büchern über den Krieg von 1870/71 waren Hitler »größtes geistiges Erlebnis« gewesen. 1914, als er die Erlaubnis erhielt, reichsdeutscher Soldat zu werden, war er in das volle Licht dieser heroischen Geschichte eingetreten. Dann kam die Niederlage. Mit hysterischem Fanatismus hatte Hitler geleugnet, daß das Licht von diesem Bilde geschwunden sei – er selbst war durch Gas, andere behaupten durch emotionale Erschöpfung erblindet. Er schien entschlossen das Licht wiederherzustellen. Seine Feinde innerhalb und außerhalb Deutschlands hatten mit den Schultern gezuckt.

Aber auch hier muß man über die reine Besessenheit hinaus die Geschicklichkeit seines Vorgehens erkennen. Vom Thomas Mann des ersten Weltkrieges bis zum Naziphilosophen des zweiten galt der deutsche Soldat als Personifikation oder selbst als Vergeistigung dessen, was deutsch ist. Er repräsentierte »die Wacht am Rhein«: die menschliche Mauer, die Deutschlands fehlende natürliche Grenze ersetzte. In ihm bewies sich die Einheit durch blinden Gehorsam und widerlegten sich Aspirationen in Richtung einer demokratischen Vielfalt. Es wäre gefährlich, die Tatsache zu übersehen, daß diese Lage, so sehr sie durch einen Typ hochfahrender junger Offiziere ausgenutzt wurde, dazu beigetragen hatte, eine Offiziersaristokratie zu entwickeln, die in echter

Übernahme der aristokratisch-revolutionären Prinzipien anderer Nationen einen der wenigen politisch ausgereiften europäischen Typen in Deutschland hervorbrachte. Wenn daher Hitler die Niederlage dieses Heeres mit allen Waffen des Selbstbetrugs und der Unaufrichtigkeit leugnete, so rettete er damit für sich selbst und für Deutschlands Jugend das einzige integrierte Bild, das für jeden gelten konnte.

Der Vertrag von Versailles erwies, sich richtig ausgenützt, als durchaus förderlich für die Schaffung eines neuen, modernisierten deutschen Soldaten. Das kleine Heer wurde zu einer Armee von Spezialisten. So entstand der älteste und kaum modifizierte reichsdeutsche Typus aufs neue, unter den Insignien des modernen Technikers. Der Geist der Zusammenarbeit und persönlichen Verantwortung ersetzte den blinden Gehorsam; Reife anstelle von Kaste wurde zum Kennzeichen des Offiziers. Mit solchem neuen Material wurde der Blitzkrieg vorbereitet; das war nicht nur eine technische Leistung, sondern auch eine großartige Lösung und Heilungsmöglichkeit für das traumatisierte deutsche Volk. Dieser Krieg schien einen Sieg der Bewegung über die alliierte Überlegenheit an Artillerie zu versprechen (und über die industrielle Macht, die hinter ihr stand), die Deutschland während des ersten Krieges »festgenagelt« hatte, bis es bereit war, Wilson zu vertrauen, um sich wieder höheren geistigen Dingen zuzuwenden. Außerdem erlebte die deutsche Jugend im Blitzkrieg »Zweckbestimmungen einer Revolution, die in geistige, seelische und materielle Tiefen reichten.«[12] Das linderte das Gefühl des Belagertseins und der äußeren Verletzlichkeit. Und um einen Nazi zu zitieren: »Das instinktive Vergnügen, das die Jugend an der Macht der Maschinen hat, ahnt hier die Ausdehnung der Grenzen der Menschheit, die von Anfang an so eng waren und die im Ganzen gesehen durch die Kultur nicht erweitert worden sind.«[13] Es wäre lebensgefährlich, diesen Nazimystizismus einfach beiseite zu schieben. Um das motorisierte Deutschland zu schlagen, mußte die Jugend anderer Länder ebenfalls lernen, wie moderne Zentauren mit ihren Kampfmaschinen zu neuartigen, ruhelosen Wesen von leidenschaftlicher Präzision zu verwachsen. Hitler versuchte ein Zeitalter vorwegzunehmen, das eine motorisierte Welt als natürlich empfindet, und es mit dem Bild einer totalitären Staatsmaschine zu verschmelzen. Er empfand es als persönliche Beleidigung, als er die Industrie der Demokratien auf

---

[12] W. W. Backhaus, Überwindung der Materialschlacht in: Das Reich, Berlin, 13. Juli 1941.
[13] Ebd. (Beide Zitate aus dem Englischen zurückübersetzt. D. Ü.)

Hochtouren kommen sah, und versuchte, ihre Produktion als »Gelump« abzutun. Als ihre Angriffsmacht auf Flügeln über seine Städte hereinbrach, und vor allem, als er sah, daß die angelsächsische Jugend, ohne den Kopf zu verlieren, sich mit ihren Maschinen identifizieren konnte, wollte er es nicht glauben. Als er dann erlebte, daß die Russen nicht nur Wunder der Verteidigung, sondern auch des Angriffs vollbrachten, kannte seine irrationale Wut keine Grenzen, denn er hatte sie nicht nur als seinen Soldaten unterlegen, sondern als Menschen bezeichnet, die überhaupt unter jedem möglichen Vergleich standen: Sumpfmenschen und Untermenschen hatte er sie genannt. Sie wurden damit gegen Ende des Krieges den anderen Untermenschen gleichgesetzt, den Juden. Nur besaßen die glücklicheren Russen ein Land und eine Armee.

Es ist ganz offenbar, daß Hitlers phantastische Überschätzung der jüdischen »Gefahr« ein gut Teil Neid enthielt – einer Gefahr, die in einem so kleinen und außerdem höchst. intellektualisierten Teil der Bevölkerung verkörpert sein sollte.

Wir sagten ja schon, daß die »engere« Art von Deutschen sich immer durch Erfahrungen und Erkenntnisse bedroht fühlte, die ihnen die Tatsache der Realität und der Verschiedenartigkeit kultureller Werte vor Augen führten. Der Jude schien trotz seiner Zerstreuung über die Welt, er selbst zu bleiben, während der Deutsche im eigenen Land um seine Identität zitterte. Diese geheimnisvollen Juden schienen aus der intellektuellen Relativität ein Mittel der rassischen Selbsterhaltung gemacht zu haben. Manchen Deutschen schien dies unverständlich, wenn man nicht einen besonderen, abwegigen Chauvinismus, einen geheimen jüdischen Pakt mit dem Schicksal annahm.

6. Eine Bemerkung über das Judentum

Schon Oswald Spengler hat die Vermutung ausgesprochen, daß der Antisemitismus zum großen Teil eine Sache der Projektion ist: was heißt, daß Menschen in den Juden überdeutlich das sehen, was sie an sich selbst nicht erkennen wollen. Ein geheimer Pakt mit dem Schicksal, von der Art der Träume von einer Welteroberung, verborgen hinter eine Zurschaustellung intellektueller Überlegenheit, ist eine dem deutschen Chauvinismus völlig adäquate Vorstellung.

Während es sich bei Projektionen um feindselige und angsterfüllte Entstellungen handelt, besitzen sie doch gewöhnlich einen Kern tieferer Bedeutung. Der Projizierende, der den Splitter in seines Bruders Auge bemerkt, übersieht zwar tatsächlich den Balken im eigenen, und das Maß der Entstellung und die Schrecklichkeit seiner Reaktion bleiben seine eigene Verantwortung; trotzdem gibt es meistens etwas im Auge des Nachbarn, das sich für eine spezifische Vergrößerung anbietet. Es war keineswegs ein zufälliges Zusammentreffen, daß in diesem entscheidenden Augenblick der Geschichte (als »eine« Welt zu einem realen Bild, zwei Welten zu einer unvermeidlichen Realität wurden), die beengteste zivilisierte Nation für eine Propaganda anfällig wurde, die vor den teuflischen Mächten der zersprengtesten und in höchstem Maße aufgelösten Nation warnte.

Wir können hier nicht den Versuch unternehmen, das Judentum zu definieren, aber wir müssen im Vorbeigehen doch die Frage aufwerfen, was eigentlich den Juden zum beliebtesten Ziel der bösartigen Projektionen zu machen scheint – und keineswegs nur in Deutschland. Auch in Rußland haben wir kürzlich einen heftigen Angriff gegen die »kosmopolitischen Intellektuellen« erlebt. Das Judentum bietet ein einzigartiges Beispiel für eine alte Einheit, die sich in einer Weise an ihre Identität klammert – sei sie rassisch, ethnisch, religiös oder kulturell – die als Gefahr für neu entstehende Identitäten empfunden wird.

Mahnt der Jude die westliche Welt an jene düsteren Blutriten, in denen der Vatergott als Zeichen des Bundes ein Symbol des Sexualgliedes des Knaben fordert, eine Steuer auf seine Männlichkeit? Die Psychoanalyse bietet die Deutung an, daß der Jude in den Völkern, die die Beschneidung als hygienische Maßnahme nicht kennen, »Kastrationsängste« erregt. Wir haben gesehen, wie in Deutschland diese Furcht zu der umfassenden Angst erweitert werden konnte, daß man seinen jugendlichen Willen verlöre, daß man nachgeben müßte. Hier spielte zweifellos die Tatsache eine Rolle, daß die Juden ihr Heimatland verlassen und ihr nationales Recht auf organisierte Selbstverteidigung geopfert hatten. Bevor diese durch die zionistische Jugend heroisch wieder aufgerichtet wurde, schien es der Jugend anderer Länder, als hätten die Juden die Gewohnheit »die Strafe heraufzubeschwören«: von ihrem Gott und von ihren Gastländern.

Es scheint aber, daß das in diesem Buche aufgeworfene Identitätsproblem noch eine andere Deutung zuläßt. Der universelle Konflikt zwischen defensiver Starrheit und sich anpassender Elastizität, zwischen konservativer und fortschrittlicher Haltung bei den Juden der Diaspora kommt in der Opposition zweier Tendenzen zum Ausdruck: in der dogmatischen Orthodoxie einerseits und der opportunistischen Anpassungsfähigkeit andererseits. Diese Tendenzen wurden natürlich durch Jahrhunderte der Zerstreuung in der Welt begünstigt. Wir denken hier an Typen wie etwa den religiös-dogmatischen, kulturell reaktionären Juden, für den Zeit und Wandel absolut nichts bedeuten: der Buchstabe ist seine Wirklichkeit. Und wir denken an sein Gegenteil, an den Juden, für den die geographische Auflösung und die kulturelle Vielgestaltigkeit zur zweiten Natur geworden sind: die Relativität bedeutet für ihn das Absolute, der Tauschwert ist sein Werkzeug geworden.

Es gibt extreme Typen, die wie lebende Karikaturen aussehen können: der bärtige Kaftanjude und Sammy Glick. Der Psychoanalytiker aber weiß, daß dies gleiche Gegensatzpaar, dieser Konflikt zwischen dem Festhalten am Buchstaben und der Unterwerfung unter den wechselnden Preis der Dinge, die unbewußten Konflikte von Menschen jüdischer Herkunft durchsetzt, die weder sich selbst für »jüdisch« im konfessionellen oder rassischen Sinn halten, noch von anderen dafür gehalten werden. Hier kann der Buchstabe des Gesetzes zum politischen oder wissenschaftlichen Dogma geworden sein (Sozialismus, Zionismus, Psychoanalyse), das dem Dogma des Talmuds völlig entrückt ist, aber doch in einer Weise zitiert und diskutiert wird, die den Talmuddisputationen in der Tradition der Vorfahren ähnelt. Und Tauschwerte können zur zwanghaften Beschäftigung mit dem Vergleichswert – von Werten werden. Wirtschaftlich und beruflich haben spätere Geschichtsepochen das ausgenützt, was die frühe Geschichte eingeleitet hatte: die Juden wurden in ihrer Tätigkeit auf das beschränkt, was sie am besten konnten, wobei sie natürlich lernten, das zu vervollkommnen, was ihnen zu tun erlaubt war. So wurden sie nicht nur die traditionellen Händler mit Waren, sondern auch die Vermittler im Kulturaustausch, die Interpreten von Kunst und Wissenschaft, die Heiler innerer Konflikte. Ihre Kraft auf diesen Gebieten liegt in einem verantwortlichen Sinn für die Relativität. Das definiert aber auch die jüdische Schwäche: wo der Sinn für die Relativität seine Verantwortung verliert, kann er zum zynischen Relativismus werden.

Andererseits erhebt der jüdische Genius, vom Mut der Jahrhunderte beseelt, das Problem relativer Werte auf eine Ebene, auf der die bekannte Wirklichkeit gegenüber weiter gespannter Ordnungen relativ wird. In der religiösen Sphäre haben wir beobachtet, daß die christliche Ethik auf einer radikalen Unterordnung dieser Welt unter »die andere Welt« beruht, des irdischen Herrschaftsbereichs unter das Königtum Gottes: als Hitler das Gewissen ein jüdisches Gebrechen nannte, meinte er auch das Christentum und seine Lehre von Sünde und Heil.

In unserer Epoche wurden die Freiheit des menschlichen Willens, die Freiheit seiner bewußten Wertwahl und seine Urteilskraft durch die Theorien dreier moderner Juden in Frage gestellt. Die Marxistische Theorie des historischen Determinismus stellt fest, daß unsere Werte unbewußt von den Mitteln abhängen, mit deren Hilfe wir unseren Lebensunterhalt verdienen (als psychologische Tatsache ist dies natürlich nicht identisch mit der politischen Doktrin des Marxismus, die in verschiedenen Ländern zu verschiedenen Formen des Marxismus geführt hat). In der Psychologie bewies Freuds Theorie des Unbewußten, daß wir uns unserer besten und unserer schlimmsten Motivationen nicht bewußt sind. Schließlich war es Einsteins Relativitätstheorie, die der modernen Umorientierung die breite Grundlage der sich wandelnden physikalischen Theorie lieferte. Er bewies, daß tatsächlich unsere Maßstäbe relativ zu den Beziehungen sind, die wir messen.

Natürlich läßt sich ohne weiteres nachweisen, daß die Theorie dieser Männer im »logischen« Moment der Geschichte ihrer jeweiligen Forschungsgebiete auftauchten, und daß diese Denker den Höhepunkt der kulturellen und wissenschaftlichen Krise Europas repräsentieren, nicht weil sie Juden waren, sondern weil sie Juden *und* Deutsche *und* Europäer waren. Doch sind die Ingredientien, deren es in den entscheidenden Momenten jedweden Gebietes bedarf, um radikale Neuerungen hervorzurufen, noch kaum untersucht.[14] Wir dürfen uns wohl fragen, ob es nur ein rein historischer Zufall ist, daß Marx, Freud und Einstein, alles Männer deutsch-jüdischer Abstammung, diese Neudefinition des Grundes selbst, auf dem der Mensch zu stehen glaubte, formuliert, ja mehr als das, personifiziert haben.

Starke Zeiten und starke Länder assimilieren die Beiträge kraftvoller jüdischer Geister, da ihr Identitätsgefühl durch fortschreitende Neudefinierungen gesteigert wird. In Zeiten kollektiver Angst hin-

---

[14] Siehe: E. H. Erikson, Der junge Mann Luther, deutsch Szcsesny Verlag, München.

gegen wird schon die Andeutung der Relativität übelgenommen, und das besonders von den Klassen, die dabei sind, Status und Selbstgefühl zu verlieren. In ihrem Bemühen, eine Plattform zu finden, auf der sie sich erhalten können, klammern sie sich in grimmiger Einseitigkeit an die wenigen absoluten Werte, die sie zu retten hoffen. An diesem Punkt läßt sich von Agitatoren vielerlei Färbung und Zielrichtung der wahnhafte Antisemitismus erregen, von Agitatoren, die die Massenfeigheit und die Massengrausamkeit ausnutzen.

Ich glaube daher, daß Einsicht in das tödliche Wesen des Identitätsproblems Licht auf die Tatsache werfen kann, daß Hunderttausende von Deutschen an der »Endlösung der Judenfrage« teilnahmen und Millionen andere ihr zustimmten. Diese Methoden wiedersetzen sich in einem derartigen Maß dem Verständnis, daß, jenseits abortiver Ansätze zu einem Umschwung, niemand – sei er Amerikaner, Jude oder Deutscher – bis jetzt in irgend einer konsequenten Weise gefühlsmäßig darauf reagieren konnte. Das also war die Klimax, war die Erfüllung des perversen mythologischen Genius des Nazismus: eine Hölle auf Erden zu schaffen, die selbst denen unmöglich erscheint, die wissen, daß sie Wirklichkeit war.

Die politische und militärische Maschinerie des Nationalsozialismus ist zerstört. Aber die Form ihrer Niederlage trägt in sich die Bedingungen für neue Katastrophen: denn wieder wurde Deutschland gegen sich selber aufgespalten: die Bildung einer einheitlichen deutschen politischen Identität wurde wieder hinausgeschoben. Wieder ist Deutschlands Gewissen zum hilflosen Zünglein an der Waage zweier Welt-Moralitäten geworden: schon morgen kann es wieder den Anspruch erheben, der Schiedsrichter zu sein, der die Waage in Händen hält. Denn auch die totale Niederlage schafft ein Gefühl totaler Einzigartigkeit, die darauf wartet, wiederum von denen ausgenützt zu werden, die ein Gefühl totaler Macht, zusammen mit dauernder Einheit, anzubieten scheinen und ein neues Identitätsgefühl, das die jetzt sinnlos gewordene Vergangenheit wieder mit Sinn erfüllen könnte.

Alle, die auf eine Änderung in Europa hoffen und an ihr arbeiten, auf eine Änderung, die den Deutschen ein friedliches Schicksal sichern würde, müssen erst einmal das Dilemma der deutschen Jugend und der Jugend anderer größerer Gebiete der Erde verstehen lernen, wo unvollständige nationale Identitäten eine neue Richtung auf eine gemeinsame industrielle und brüderliche Identität hin finden müssen. Aus diesem Grund bin ich auf die Periode vor dem letzten Krieg eingegangen. Ehe die damals wirksamen Kräfte nicht in gemeinschaftlichen Anstrengungen um eine wahrhaft neue Ordnung gebunden sind und sich dabei bewährt haben, können wir uns nicht erlauben, zu vergessen.[15]

---

[15] Es wäre sinnlos, dies Kapitel *up to date* bringen zu wollen (was auch für das vorhergehende und das folgende Kapitel gilt), doch kann ich zwei Entwicklungen neueren Datums nicht unerwähnt lassen. Durch eine unheimliche geschichtliche Logik existiert in unserem Atomzeitalter eine einfache Mauer, die ganz konkret Deutsche von Deutschen trennt. Andererseits umfaßt das neue ökonomische Imperium Europa einen Teil Deutschlands. Weder die neuerdings vertiefte Teilung noch das neue Feld für seine organisatorische Begabung scheinen das Problem der nationalen Identität Deutschlands oder das seiner Hegemonie über den Kontinent, in dessen Mitte es liegt, zu lösen.

ZEHNTES KAPITEL

DIE LEGENDE VON MAXIM GORKIS JUGEND[1]

Es ist schwierig, heute viel über Rußland zu erfahren, was zugleich zuverlässig, zutreffend und bedeutsam wäre. Das wenige, was ich weiß, hat sich mir in letzter Zeit rings um die Figuren und Bilder eines alten russischen Filmes kristallisiert und besonders um das Antlitz eines Knaben, der der Held dieses Filmes ist. Der Film erzählt die bolschewistische Legende von Maxim Gorkis Kindheit. Wie zuvor mit der nationalsozialistischen Version von Hitlers Jugend will ich den Versuch unternehmen, die Darstellung in bezug auf den geographischen Ort und den historischen Augenblick ihres Ursprungs zu analysieren.[2] In mancher Hinsicht sind die beiden Legenden in wichtigen Zügen nicht unähnlich. Sie sprechen beide von einem heranwachsenden eigenwilligen Jungen im bitteren Kampf gegen seinen Vater, mit einem Vater, der ein unerbittlicher Tyrann und doch selber ein seniler Versager ist. Sowohl Hitler als Gorki verfielen in ihrer Jugend angesichts der scheinbaren Hoffnungslosigkeit und Sinnlosigkeit des Daseins einer nervösen Erkrankung. Sie wurden zu intellektuellen Proletariern am Rande der völligen Verzweiflung. Daß sie beide in den polizeilichen Meldelisten ihrer jeweiligen Heimatländer als Tapezierer geführt wurden, ist ein ironischer Zufall, aber hier hört die Analogie auf.

Gorki wurde Schriftsteller, nicht Politiker. Er blieb zwar nach der russischen Revolution eines der Idole des sowjetischen Staates. Er

---

[1] Dieses Kapitel entwickelte sich aus meiner Teilnahme als gelegentlicher Berater an dem Forschungsunternehmen der Columbia University über zeitgenössische Kulturen (Columbia University Research Project in Contemporary Cultures, sponsored by the Office of Naval Research). Ich schulde den Mitgliedern der russischen Gruppe dieses Unternehmens Dank für Tatsachen und Einsichten, besonders Sula Benet, Nicolas Calas, Geoffrey Gorer, Nathan Leites und Bertram Schaffner, vor allem aber ihrer Seminarleiterin, Margaret Mead, die mich mit dem hier besprochenen Film bekannt machte.

[2] Ein Prospekt aus der Filmbücherei des Museums für moderne Kunst in New York (Museum of Modern Art) gibt an, daß der Film zum ersten Mal in Moskau 1938 gezeigt wurde. Der Produzent war ein Schriftsteller namens Mark Donskoi, die Firma Sojuztetfilm. Ich sah den Film in New York im März 1948.

kehrte aus dem Exil nach Rußland zurück und starb auch dort. Ob sein Tod geheimnisvoll war oder nur aus politischen Gründen mystifiziert wurde, wissen wir nicht. Molotow verglich an seinem Sarg seinen Verlust mit dem Tode Lenins selbst. Aber der Grund seiner nationalen Bedeutung liegt entschieden nicht in doktrinärem Fanatismus oder in politischer Schlauheit auf seiten Gorkis. Er, der Freund Lenins, hatte einst gesagt: »Unterschiede in den Ansichten sollten niemals die Sympathien beeinflussen. Ich habe Theorien und Meinungen niemals einen hervorragenden Platz in meiner Beziehung zu Menschen eingeräumt.« Tatsächlich erfährt man, daß sowohl Lenin wie Stalin außerordentlich duldsam mit Gorki umgingen, insofern sie ihm gewisse Freunde von zweifelhafter orthodoxer Gesinnung nachsahen. Die Erklärung liegt wohl darin, daß Gorki bewußt und eigensinnig Schriftsteller blieb, der dem Volke angehörte und für das Volk schrieb. Er, der Vagabund und der Provinzler, lebte in einem doppelten Exil, einmal im Exil vor der zaristischen Polizei und das anderemal vor den intellektuellen Kreisen seiner Zeit. Seine »Erinnerungen« beweisen, wie ruhig und bedachtsam er sich selbst, sogar in der Gegenwart eines so überwältigenden Idols wie Tolstoi, darstellt.

Wie Tolstoi gehörte Gorki jener Epoche des russischen Realismus an, der das literarische Rußland zu einer so grausamen Selbstbeobachtung trieb und es so elend im ständigen Bewußtsein seiner selbst machte. Aber er verfiel in seiner Produktion nicht der Selbstvergiftung des Elends wie so viele seiner größeren Zeitgenossen. Er endete nicht wie Tolstoi und Dostojewski in einem tödlichen Stillstand zwischen Gut und Böse, einer letztlichen Unterwerfung unter die Dämonen der Vergangenheit. Gorki verstand es, einfach zu beobachten und einfach darzustellen, da er die »Notwendigkeit einsah, bestimmte – höchst seltene und positive – aktuelle Phänomene genau darzustellen«.

Der Film zeigt die Entwicklung dieser Geisteshaltung. Darüber hinaus illustriert er ein russisches Dilemma, ein bolschewistisches Dilemma, und, wie ich zu zeigen versuchen will, das Dilemma einer protestierenden, fast protestantischen Geisteshaltung, die in den Ländern des Ostens verspätet zum Durchbruch kam.

Der Film ist veraltet. Aber inhaltlich erscheint er einfach und überzeugend wie ein Märchen. Er plätschert als leichte, sentimentale Erzählung dahin, die offensichtlich dazu bestimmt ist, den Helden, den kleinen Aljoscha, dem Herzen des Zuschauers näherzubringen, Zuschauern, die in dem Film ihr ganzes heimatliches Rußland und ihre

Kindheit wiederfinden und die gleichzeitig wissen, daß dieser Aljoscha einmal der große Gorki werden wird. Bei den Russen, mit denen zusammen ich den Film sah, hinterließ er nur sehnsüchtige Nachdenklichkeit und keinen Beigeschmack politischer Kontroverse. Die Legende bildet ihre eigene Propaganda.

1. Das Land und der Mir

Am Anfang steht die russische Dreieinigkeit: die leeren weiten Ebenen, die Wolga, die Balaleika. Die unendlichen Horizonte enthüllen ihre dunkle Leere und sogleich erheben sich die Töne der Balaleiken zu einem leidenschaftlichen Crescendo, als wollten sie sagen: »Du bist nicht allein, wir sind alle hier.« Irgendwo am Ufer der Wolga entladen breite Flußboote eng verstaute Menschen in einsame Dörfer oder in wimmelnde Städte.

Die Weite des Landes und die Zuflucht der kleinen fröhlichen Gemeinschaft sind also die Anfangsthemen des Filmes. Man wird an die Tatsache erinnert, daß »Mir«, das Wort für Dorf auch »Welt« bedeutet und denkt an das russische Sprichwort: Selbst der Tod ist gut, wenn du im Mir bist. Vor tausend Jahren hatten die Wickinger die Russen »das Volk der Palisaden« genannt, weil sie zusammengepfercht in ihren pfahlumfriedeten Siedlungen saßen, wo sie den Winter, die wilden Tiere und Eindringlinge überstanden – und sich auf ihre eigene rauhe Weise wohlfühlten.

Ein plumpes Boot legt am Pier an, auf dem sich eine Menge feiernder, fröhlicher Leute versammelt hat. Unter ihnen ist eine Gruppe von Verwandten, die zwei Ankömmlinge umringen: Wawara, die verwitwete Mutter, und ihren Sohn Aljoscha. Man sieht sein hübsches kleines Gesicht das erste Mal, wie es großäugig und offenen Mundes hinter den langen weiten Röcken seiner Mutter auftaucht. Scheu blickt er zu den lärmenden Verwandten auf, die die beiden umarmen. Und tatsächlich, als er mehr von seinem Gesicht zu zeigen wagt, stellen einige Witzbolde die Widerstandskraft seiner Neugierde auf die Probe. Ein boshafter kleiner Vetter streckt die Zunge heraus und blökt ihn an, ein Onkel faßt seine Nase und drückt sie im Takt mit der Schiffssirene, ein hübscher junger Mann lacht dröhnend, als er ihn sieht — es klingt zwar gutmütig, aber man kann nicht sicher sein. Am Ende bekommt der kleine Junge eine Ohrfeige und wird in ein Boot gedrängt.

Dann sieht man die Familie inmitten der Straße marschieren. Sie stampfen schwer, dicht und eng zusammengedrängt, wie eine Prozession von Pilgern dahin – oder vielleicht auch eine Gruppe von Gefangenen – oder beides zugleich. Untertöne von feindseligem Geschwätz werden hörbar; irgendjemand flüstert:»Sie streiten sich noch über den Anteil am Gut des Alten.« Jemand macht eine Andeutung, daß Aljoschas verwitwete Mutter heimgekommen sei, um noch eine weitere Mitgift von ihrem Vater herauszuholen. Die Großmutter, deren große Gestalt die Prozession anführt, seufzt »Kinder, Kinder«, als flöße das Maß der Nachkommen über.

Nun ist die große Familie zu Hause, zusammengedrängt in einem kleinen Raum, und man erlebt, wie eine Reihe merkwürdiger Stimmungen sie ergreift. Eine Balaleika stimmt leise Töne von Leid und Heimweh an, als überließen sich diese Menschen, ehe ihnen das Essen vorgesetzt wird, anstelle des Gebets einer Art musikalischen Selbstmitleids, zusammen und doch jeder auf seine eigene, selbstbezogene Weise. Der alte Gregori bringt das Thema am treffendsten zum Ausdruck: im Rhythmus des Liedes schlägt er sich auf den eigenen Kopf. Es bleibt unklar, was er mehr genießt, den Rhythmus oder das Schlagen.

Aber als wäre das noch nicht genug, ändert sich Onkel Jakobs Ausdruck plötzlich. Er nimmt einen Schluck (ist es Wodka?), er schnüffelt ein wenig (sind es Zwiebeln?) und spielt eine fröhliche und rhythmische Melodie, wobei er irgend einen Unsinn von Grillen und Schaben singt. Plötzlich ertönt eine elektrisierende Melodie – zu schnell für ein westliches Ohr, um zu folgen und zu begreifen.

Dann sehen wir »Zigeunerchen« den Hocktanz tanzen. Er ist jung und hübsch. Wie er seine Ärmel aufknöpft, sein Hemd aus dem Gürtel zieht und sich überhaupt »freimacht«, gibt er die entspannteste, kraftvollste Darstellung des ganzen Filmes zum besten. Er springt in die Luft, schlägt sich auf die Fersen, schnellt die Beine zur Seite. Der ganze Raum reagiert wie bei einem fröhlichen Erdbeben. Die Möbel zittern, die Teller klirren, selbst das Wasser im Krug schwankt.

Diese höchst männliche Schaustellung wird dann irgendwie durch eine Szene großartig-freigiebiger Weiblichkeit ersetzt. Großmutter selbst wird zum Tanzen überredet. Sie ist wirklich eine enorme alte Frau, schwer in Tücher gehüllt, mit kantigem Schädel und breitem Gesicht und mit einem Lächeln wie die Morgenröte. Diese schwerfällige Kreatur bringt es zuwege, erst kindlich zu scheinen, dann mädchenhaft fröhlich und schließlich ihre schweren Glieder in wahrhaft großartiger

Weise zu bewegen, die äußersten Charme und völlige Leichtigkeit vermittelt. Sie bewegt ihre Füße kaum, ihr Körper bleibt aufrecht und königlich, aber während sie sich langsam dreht, streckt sie erst den einen, dann beide Arme aus, hebt ihr schweres Schultertuch, als enthülle sie allen ihre breite Brust.

In diesem Augenblick hält sie plötzlich inne, erbleicht und zieht das Tuch um die Schultern. Die Musik hört auf; die Bewegung erstarrt. Alle Augen blicken nach der Tür: Der Großvater ist eingetreten. Gewiß, wir hatten ihn nicht einmal vermißt. Aber nichts könnte deutlicher zum Ausdruck bringen, daß Großmutter nur in seiner Abwesenheit ihr Herz und ihren Leib den Kindern darbieten konnte.

Diese kraftvollen Szenen sprechen von einem glücklichen Anfang; oder besser von der Erinnerung an eine glückliche Vergangenheit. Als Bewohner des Westens müssen wir uns darauf vorbereiten, daß es in diesem Film kein happy end gibt: keine Liebe, keinen Erfolg. Was wir hier zu Beginn sehen, ist der Nachklang gewesener Dinge. Am Ende wird eine Zukunft stehen, von der uns nur eines gewiß ist: Sie wird bitter sein. Gorki heißt »bitter«.

Denn nun ist der Großvater eingetreten und mit ihm Geiz und Menschenhaß. Sein Gesicht ist gespannt, seine Bewegungen sind zukkend. Er ist ganz geheime Erregung. Man erfährt, daß er, anstatt mit den anderen zu feiern, fortgegangen war, um ein Tischtuch zu kaufen, ein weißes Tischtuch. Wie er es kindisch herumzeigt, wird deutlich, daß für ihn das weiße Leinen ein Symbol seines Status darstellt: Er nutzt den Empfang der Verwandten zu einer egoistischen Zurschaustellung seines neuen Reichtums aus, der ihn instand setzt, sich ein weißes Tischtuch zu leisten. Er ist Besitzer einer kleinen Färberei, schon der Proletarisierung ausgeliefert. Sofort greifen Flüche und Geschrei die Frage seines Besitzes auf. Wann wird er sich zurückziehen und seinen Wohlstand den Söhnen überlassen, die schon längst erwachsen sind? In das ansteigende zornige Gemurmel schreit der Großvater schrill und senil: »Ruhe! Ich gebe keinem was!« Seine Stimme verrät die Verzweiflung, aber auch die letzte Kraft eines in die Enge getriebenen Tieres. Das Geschrei des Großvaters ist wie ein Signal für einen Austausch mörderischer Blicke zwischen den Söhnen. Bald rollen sie in betrunkener Wut auf dem Boden und kämpfen miteinander. Der Rock des Alten wird erfaßt, sein Ärmel zerrissen. Er wendet sich (gänzlich verblüffend) gegen seine Frau: »Hexe«, heult er, »wilde Tiere hast du geboren« – ein Thema, an das man noch denken wird.

Während die Gäste erschrocken verschwinden, die Festtafel zerstört wird, flüchtet sich der arme kleine Aljoscha auf den Ofen, die Zuflucht der kleinen Kinder. Er hat genug gesehen für den ersten Tag. Bis jetzt hat er noch kein Wort gesprochen. Was das bedeuten soll und was es schließlich für ihn bedeuten wird, kann man nur aus der Art erkennen, wie er sich verhält – oder sich eigentlich jeder Teilnahme enthält – während das Thema dieses Empfanges in einer Reihe von Variationen ausgespielt wird.

Damit wir uns auf die Art dieser Variationen konzentrieren können, will ich kurz die ganze Geschichte skizzieren.

Aljoschas Vater, Maxim Peschkow, hat vor Jahren das Haus seines Schwiegervaters, des alten Kaschirin, verlassen. Er ist in einer fernen Provinz gestorben. Wawara, die Mutter des Knaben, ist zur Rückkehr gezwungen. Die Kaschirins sind eine gierige Bande. Die Onkel Wanja und Jakob wollen, daß der senile Alte ihnen die Färberei überläßt. Er weigert sich. Erst rächen sie sich mit allerlei Streichen, die sie ihm spielen, er vergilt es, in dem er die kleinen Enkel verprügelt. Einer der Onkel legt Feuer an die Färberei, und die Auflösung der Familie beginnt. Aljoschas Mutter rettet sich in eine Ehe mit einem kleinen Beamten und zieht in die Stadt. Aljoscha bleibt bei den Großeltern und wird Zeuge des wirtschaftlichen und geistigen Verfalls des Alten.

Er findet Freunde außerhalb der Familie, erst bei den Dienstboten, dann unter den Kindern der Stadt. Zu Hause gibt es noch den alten Gregori, den Vorarbeiter, der bei dem Brand das Augenlicht verliert, und Iwan, das »Zigeunerchen«, den Lehrling, der später stirbt. Aljoscha schließt sich auf der Straße einer Horde heimatloser Jungen und einem verkrüppelten Knaben, Lyenka, an. Am entscheidensten wird aber seine Begegnung mit einem geheimnisvollen Untermieter, der später von der Polizei als Anarchist verhaftet wird. Am Ende sehen wir Aljoscha, etwa zwölf bis vierzehn Jahre alt, mit entschlossenem Gesicht den fernen Horizonten zuwandern. Den Niedergang läßt er hinter sich; über das, was vor ihm liegt, erfahren wir wenig.

Während all dieser Szenen sagt oder tut Aljoscha wenig. Er beteiligt sich selten. Aber er beobachtet aufmerksam und reagiert meist, indem er sich den Dingen fernhält. Solch eine Dramatisierung durch Handlungslosigkeit ist nicht eben das, was wir westlichen Zuschauer von einem Film erwarten.

Aber als ich diese Verzichte auf Handlung ebenso genau untersuchte wie das, was tatsächlich geschieht, kam ich allmählich zu der Überzeugung, daß diese Szenen im Grunde Stationen auf einem Weg der Versuchungen darstellen: uns fremder Versuchungen. Um es in den Ausdrücken eines Radiokommentators zu fassen: »Wird Aljoscha dem primitiven Fatalismus seiner Großmutter verfallen? Wird der Verrat seiner Mutter ihn zum Pessimisten stempeln? Wird der Sadismus des Großvaters ihn zu vatermörderischem Zorn hinreißen – und zu nutzloser Reue? Werden die vatermörderischen Onkel ihn veranlassen, Teil an ihrem Verbrechen zu haben – und an ihrer trunkenen Seelenentblößung? Wird der Blinde und der Krüppel lähmendes Mitleid und billige Hilfsbereitschaft in ihm wecken? Wird all das ihn von seinem Wege abbringen – davon, Gorki zu werden?«

Jede Szene und jede bedeutsame Figur repräsentieren eine Verführung auf traditionelle Moral und alte Gebräuche seines Volkes und seiner Familie zu regredieren, innerlich durch das traditionelle Über-Ich, äußerlich durch Leibeigenschaft gebunden zu bleiben. Auf der positiven Seite sehen wir Aljoscha seiner selbst gewiß werden, als habe er ein geheimes Gelübde abgelegt. Er scheint sich einem noch ungenannten Ziel zuzuwenden.

Wir Westler haben natürlich gelernt, das, was hier als Versuchung bezeichnet wird, mit der Seltsamkeit der russischen Seele zu identifizieren – und mit ihrer Art von Christentum. Und wir werden ärgerlich, wenn Leute nicht bei der Art von Seele bleiben, die sie plakatiert haben und die zu einem bequemen Etikett geworden ist. Aber wir müssen versuchen zu verstehen. Auf Grund seines Schicksals, als heimatberaubter Peschkow unter den Kaschirins leben zu müssen, demonstriert Aljoscha die Stationen eines keimenden neuen Bewußtseins, eines russischen Individualismus. Kein Luther, kein Calvin haben ihm neue Wege des Geistes gewiesen, keine Entdeckerväter, keine Pioniere haben ihm unerforschte Kontinente eröffnet, wo er seine innere und äußere Leibeigenschaft überwinden könnte. Allein und im geheimen Bündnis mit verwandten Geistern muß er lernen, zu protestieren und – im allerweitesten Sinn – eine »protestantische« Moral zu entwickeln.

2. Die Mütter

In der Empfangsszene begegnen wir einer Darstellung der Kraft, des Charmes, der Freigiebigkeit der Großmutter. Die weitaus stärkste Verführung und diejenige, die Aljoscha bis ans Ende begleitet, liegt in der Verlockung, sich in den Seelenfrieden seiner Großmutter zu flüchten (wie er sich ganz zu Beginn in die weiten Röcke seiner Mutter flüchtete) und ein Teil ihres ruhigen Gewissens zu werden. Die alte Frau scheint das einfache, fraglose Dasein der Erde zu verkörpern, die selbstverständliche Kraft des Fleisches, die eingeborene Festigkeit des Herzens. Ihre mütterliche Freigebigkeit ist grenzenlos. Sie hat nicht nur die Brut der Kaschirins getragen und genährt, die zu ertragen sie lernte, sie fand und liebte auch Zigeunerchen und machte den heimatlosen Jungen frei und heiter. Aljoscha sieht immer deutlicher, daß die Großmutter sogar den jammernden Großvater am Leben erhält. In der verhängnisvollen Angelegenheit der Güterverteilung sind ihre Prinzipien einfach, wenn auch »unprinzipiell«. »Gib's her«, meint sie, »du wirst dich wohler fühlen.« Und angesichts des Entsetzens im Gesicht des Alten fügt sie hinzu: »Ich werde für dich betteln gehen.« Gleichzeitig gestattet sie dem alten Mann, sie zu prügeln und geht einfach auf die Knie, als wäre er tatsächlich noch stark genug, sie niederzuwerfen. Aljoscha ist verstört; er schreit: »Du bist doch stärker als er.« »Ja, aber er ist mein Mann.« Bald ist sie auch Aljoschas Mutter, denn als Wawara fortzieht, sagt sie einfach: »Ich werde seine Mutter und seine Großmutter sein.«

Diese Frau scheint kein Gesetz als das des Schenkens zu kennen, kein Prinzip als das des vollen Vertrauens in ihre eigene innere Kraft zu dulden und zu ertragen: darin symbolisiert sie offensichtlich das primitive Vertrauen der Menschen, ihre Fähigkeit zu überleben und doch auch ihre Schwäche, das zu erdulden, was sie letztlich zu Sklaven macht.

Aljoscha kommt so weit, das großartige Dulden der Großmutter als etwas hinzunehmen, was aus einer anderen Welt stammt. Diese Welt ist wohl das älteste Rußland und die tiefste Schicht seiner Identität. Es ist das primitive Rußland, das durch die frühchristliche Ära weiterbestand, als die alten hölzernen Götterbilder die erzwungene Taufe und die naive Christianisierung überdauerten. Es ist der Seelenfrieden der ursprünglichen festumzäunten Siedlung, des primitiven *Mir*, der eine Organisationsform gefunden hatte, die der Erde und einem sicheren Glauben an eine animistische Umgangsform mit den wilden Kräften der Natur naheblieb.

Die Großmutter übt noch im geheimen animistische Praktiken, sie kennt die alten Balladen und Lieder und trägt sie einfach und machtvoll vor. Sie fürchtet weder Gott noch die Elemente. Mit dem Feuer, das im ganzen Film die zerstörerische Leidenschaft symbolisiert, steht sie offensichtlich auf gutem Fuß. Während des großen Brandes betritt sie das Haus, um eine Flasche Vitriol zu holen, und sie beruhigt das sich bäumende und ausschlagende Pferd:»Hast du gedacht, ich würde dich wirklich hier drinnen verbrennen lassen?« und das Pferd scheint zufrieden. Sie nimmt die Leidenschaften der Männer hin, wie sie das Feuer hinnimmt: beides sind äußere, wenn auch unvermeidliche Übel. Es ist, als habe sie lange zuvor gelebt, ehe noch die Leidenschaften die Männer ehrgeizig machten, gierig und dafür auch kindisch reuevoll; und als erwarte sie, das alles zu überdauern.

Ihre Leidenschaft ist das Mitgefühl. Selbst wenn sie betet, ist sie mit Gott höchst intim, als wohnte er wirklich in der Ikone vor ihr. Sie nähert sich ihm, als stünden sie beide auf gleicher Stufe, ja als wäre sie seine Mutter, die etwas von einem ihrer Kinder erbittet, das zufällig Gott geworden ist. Sie hat es nicht nötig, in ihrer Leidenschaft zerstörerisch zu sein, da ihr Gewissen keine Grausamkeit kennt. Sie ist eine primitive Madonna, eine Mutter Gottes und der Menschen und selbst der Geister.

So spielt die Großmutter im Leben des Knaben die Rolle, die Frauen in Rußland traditionsgemäß für »jedermanns« Kinder spielen: die Rolle der Babuschka und Njanja: Frauen, die in dieser Welt zu Hause sind, weil sie (und häufig nur, solange sie) aus dieser Welt ein Heim für andere machen. Man kann ihnen unendlich trauen, ein Vertrauen von der Art, das einen Menschen dulden und warten lehrt, warten, bis sein Vertrauen zur Apathie und seine Ausdauer zur Knechtschaft wird.

Aljoscha muß nicht nur lernen, seine Mutter zu verlassen, sondern, mehr als das, sie ohne einen Bodensatz von Schuldgefühl zu verlassen, das eine wandernde Seele reuevoll an Muttersymbolen haften läßt: als habe der Scheidende, als er sich losriß, die Mutter zerstört. Denn es scheint, als habe ein Großteil der kränklichen und hemmungslosen Seelenunterwerfung seinen Ursprung in der Notwendigkeit, ein übermächtiges Gefühl zu bewältigen, als habe man den mütterlichen Urgrund geschändet und verlassen und müsse durch Seelenverschmelzung das früheste Heimatgefühl wiederherstellen. Diese Heimat ist offenbar nicht notwendigerweise die wirkliche Mutter. Das ländliche Rußland verfügt über ganze Reihen und Stufenfolgen der Mütterlichkeit, die eine exklusive Mutterfixierung verhindern und dem Kind eine reiche Auswahl an gebenden und verweigernden Mutterbildern bieten. Die Babuschka ist und bleibt die Vertreterin des frühkindlichen Mutterbildes, das von den spezifischen Eifersüchten des heranwachsenden Knaben unberührt bleibt.

Im Film wird Aljoschas »wirkliche« Mutter immer undeutlicher und hat fast keinen eigenen Willen mehr. Allmählich verschwindet sie, erst als Kraftquelle und dann als Objekt der Zuneigung. Es gibt zu Beginn einen Augenblick, wo die Mutter, um ihr Kind zu schützen, entschlossen auf einen bösen Onkel lossegelt und ihn wie ein Möbelstück umwirft. In diesem Augenblick gibt Aljoscha der Versuchung nach und sagt laut: »Meine Mutter ist stark.« Später muß der arme Junge diese Worte büßen; als der Großvater ihn verprügelt und die Mutter nur in Angst wimmern kann: »Tu's nicht, Papachen«, echot der gemeine kleine Vetter boshaft: »Nun, ist deine Mutter stark?« Die Schwäche der Frauen liegt nicht im Körperlichen – sie liegt darin, daß sie nachgeben. Während die Großmutter ihr eigenes Gesetz vertritt, frei von Prinzipien, nur weil sie die Prinzipien der formulierten Moral vorwegnimmt, wählt die Mutter die heuchlerische Sicherheit des kleinen Beamtentums. Sie verkauft sich in die Ehe mit einem uniformierten Lakaien von Mann und erklärt dem Jungen, daß sie so in der Lage sei, für ihn die Freiheit zu erkaufen. Dies eine Mal, das einzige Mal, benimmt sich Aljoscha heftig und leidenschaftlich. Er beleidigt den Verehrer der Mutter, wirft sich aufs Bett und schluchzt wie ein Kind. Als sie endgültig fortgeht, erlaubt sie ihm noch einmal, in ihre körperliche Gegenwart einzutauchen, indem sie ihn in ihr Tuch einhüllt. Aber da gibt es keine Andeutung, daß er beabsichtigt, ihr zu folgen, daß er ihren persönlichen und sozialen Verrat auszunützen versuchte. »Es scheint dein Los zu sein, bei mir zu bleiben«, sagt der alte Kaschirin. Der Knabe schweigt düster.

Man ist doch verwundert: die traditionelle Aufteilung und Auflösung der Mütterlichkeit im bäuerlichen Rußland machte die Welt wahrscheinlich zu einer zuverlässigeren Heimat, da das Bemuttertwerden nicht mehr von einer einzigen, so leicht zerstörbaren Beziehung abhing, sondern Sache einer homogenen Atmosphäre war. Und doch hing mit der Zuwendung der Mutter zu einem fremden Mann, oder mit der Tatsache, daß sie sich sonst degradieren und zerstören ließ, deutlich eine bittere Sehnsucht nach Heimat zusammen – mindestens erscheint es in der russischen Literatur häufig so. Was Aljoschas neuen Vater betrifft, so erinnern wir uns, daß auch Hitlers Vater Beamter war, ein Mitglied der servilen und dienstfertigen »vermittelnden« Klasse. Der Aljoscha des Films schluckt seine Sehnsucht entschlossen hinunter. Was solch eine »verschluckte Sehnsucht« dem wirklichen Gorki antat, werden wir später erfahren, wenn wir seine Anfälle von Wut und Verachtung besprechen und seinen merkwürdigen Selbstmordversuch als junger Mann. Seine Schriftstellerei litt lange unter der Sehnsucht. Tschechow schrieb ihm: »Besonders empfindet man den Mangel an Zurückhaltung . . . in ihren Darstellungen der Natur . . . in ihrer Schilderung der Frauen . . . und in ihren Liebesszenen. Sie sprechen sehr viel über Wogen . . .«[3] und Gorki arbeitete hart daran, diese Schwäche zu überwinden.

3. Seniler Despot und verfluchte Brut

Der Großvater ist ein kleiner Mann mit rötlichem Bart, grünen Augen und Händen, die blutbeschmiert erscheinen, so hat sich die Farbe in die Haut gefressen. Sein Fluchen und Beten, seine Witze und sein Moralisieren, alles geht auf eine seltsame Weise in ein krächzendes, boshaftes Jammern über, das sich einem wie Rost ins Herz frißt.[4] Der Film gibt diese Beschreibung deutlich wieder. Der Alte erscheint als Zerstörer aller knabenhaften Fröhlichkeit. Er hängt bis zur Kindischkeit von seinem Geld und der Kraft seiner Frau ab. Ein sadistisch-retentiver Geizhals, regrediert er allmählich auf die Abhängigkeit eines Bettlers.

Die Schwankungen seines Charakters werden am deutlichsten in der Prügelszene. Wir sehen den Alten im Kern seines Wesens getroffen, als Aljoscha, bei seinem einzigen bubenhaften Streich, sich von den anderen Jungens überreden läßt, das neue Tischtuch zu färben, seine Weiße zu zerstören. Der Großvater beschließt, die Knaben zu prügeln – am Sonntag nach der Kirche.

Diese Prügelszene wird mit allen Details dargestellt: die kalten Vorbereitungen des Alten, das dramatische, machtlose Dazwischentreten der Frauen, das Zischen der Peitsche und die kleinen Körper, die sich winden. Zigeunerchen muß sie auf der Folterbank festhalten.

Nach dem Prügeln liegt Aljoscha im Bett, auf dem Gesicht, denn sein Rücken ist von langen dünnen Striemen gezeichnet. Plötzlich tritt der Großvater ein. Der Junge schaut ihn mißtrauisch, dann zornerfüllt an.

---

[3] A. Roskin, From the Banks of the Volga, Philosophical Library, New York, 1946.
[4] Maxim Gorki, Erinnerungen an Tolstoi, Tschechow und Andrejew.

Aber der alte Mann hält ihm hübsche kleine Kuchen vor die Augen. Der Junge stößt ihn weg, der Alte beachtet es nicht. Er kniet vor dem Bett hin und redet auf den Jungen ein:»Du leidest nicht umsonst, es wird sich alles auszahlen.« So bringt der Sadist das masochistische Thema mit ins Spiel, das Thema, daß Leid nützlich für die Erlösung sei, daß wir, indem wir leiden, unseren Kredit bei einer himmlischen Rechnungsbehörde erhöhen. Aber er geht noch weiter. Er spricht von seinen eigenen Leiden als Schiffsschlepper an der Wolga in seiner Jugend. Mit tiefem Gefühl sagt er:»Wenn du mit nackten Füßen auf scharfen Steinen die Lastboote die Ufer entlangschleppst, da füllen sich deine Augen, deine Seele weint, deine Tränen rinnen.« Wieder wird vorausgesetzt, daß das Leiden einen Menschen entschuldigt und erklärt, warum er seinerseits Schwächere leiden macht – eine russische Art und Weise zu sagen: was gut genug für mich war, ist gut genug für dich. Der Junge aber scheint von alledem nicht berührt. Er macht keine Geste der Versöhnung, noch zahlt er den Seelenerguß des Alten durch einen Austausch von Mitleid zurück. Der Großvater wird weggerufen.

Eine weitere Versuchung ist vorübergegangen: im Augenblick der Qual eine Identifizierung mit dem Quäler und mit seiner sado-masochistischen Beweisführung einzugehen. Hätte der Junge in diesem Augenblick seinem Zorn gestattet, sich in Mitleid zu wandeln, hätte er seine Seele dem Quäler entgegenströmen lassen, der ihm seine eigene Seele öffnete, so wäre er der Grundform der masochistischen Identifizierung mit der Autorität verfallen, einer Identifizierung, die in der Geschichte Rußlands offenbar eine starke kollektive Kraft darstellte. Der Zar, der kleine weiße Vater, war gerade solch ein Symbol bemitleidenswerter Autokratie. Wir werden hören, daß sogar der Mann, den die Geschichte Iwan den Schrecklichen nannte, für sein Volk nur Iwan der Strenge war, denn er konnte für sich den Anspruch erheben, als Kind unter der Grausamkeit der höfischen Oligarchie gelitten zu haben.

Die sado-masochistischen Gefühlsschwankungen des Großvaters werden in anderen Szenen illustriert. Als sein Eigentum hinschwindet, jammert er vor der Ikone:»Bin ich denn ein größerer Sünder als andere?« Die Ikone antwortet nicht. Aber die Großmutter nimmt ihn in die Arme, fast auf den Schoß. Sie beruhigt ihn und verspricht, für ihn betteln zu gehen. Er bricht in närrischer Liebe bei ihr zusammen, bloß um sich dann plötzlich aufzuraffen und sie in eifersüchtiger Wut niederzuschlagen, weil er behauptet, daß sie die verdammte Brut mehr liebe als ihn. Die stillschweigende Voraussetzung ist offenbar, daß seine Frau sein Eigentum ist und sein Eigentum eine Art von Mutterersatz, ohne den er nicht leben kann. Die vollständige Niederlage des »privilegierten Besitzers« im Ödipusspiel ist natürlich eine der primären propagandistischen Noten dieses Films – gerade wie die Niederlage von Hitlers Vater eine notwendige Note in seiner Bilderwelt darstellte. Der Großvater wird immer seniler und als Versorger unbrauchbar.

In einer der Schlußszenen bringt Aljoscha seinen Kampf mit dem Großvater zum siegreichen Ende. Er hat eben der Großmutter ein selbstverdientes Geldstück gegeben; sie sieht ihn zärtlich an. In dem Moment bemerkt der Junge die Augen des Großvaters, die von Haß verengt auf ihn gerichtet sind. Aljoscha nimmt die Herausforderung an, und ein Zweikampf der Augen beginnt. Die Augen des Knaben werden schmal wie Messerklingen, und es scheint, als wollte der eine den anderen mit Blicken durchstechen und zerschneiden. Sie wissen beide, daß dies das Ende ist, und daß der Junge fortziehen muß. Aber er geht unbesiegt.

Dies »Schneiden« von Aug zu Aug ist ein ausdrucksvoller Zusammenstoß. Aber es ist da etwas Russisches um diese Verwendung des Auges als aggressive und defensive Waffe. In der russischen Literatur gibt es endlose Varianten über das Auge als seelenvollen Empfänger, als gierigen Ergreifer, als das eigentliche Organ für die gegenseitige seelenvolle Unterwerfung. Hinsichtlich der großen Modelle des politischen und literarischen Lebens aber liegt die Betonung auf dem Auge als einem unbestechlichen Instrument für die Organisation der Zukunft. Gorkis Beschreibung von Tolstoi ist typisch: »Mit scharfen Augen, denen weder ein einzelner Kieselstein noch ein einziger Gedanke entging, sah, bemaß, prüfte, verglich er.« Oder auch: »Seine Augen sind so zusammengekniffen, als versuchten sie, in die Zukunft zu blicken.«

Ebenso typisch ist Trotzkis Schilderung Lenins: »Empfängt Lenin, das linke Auge verengt, eine drahtlose Rede, so gleicht er einem teuflisch klugen Bauern, der sich nicht durch Worte verwirren noch durch Phrasen ablenken läßt. Da ist höchst gesteigerte Bauernschlauheit, die bis zur Inspiration intensiviert ist«.[5]

Die Szene, wo der Großvater in der armseligen Hütte am Bett des zerschlagenen Enkels sitzt und um Vergebung bettelt, erinnert mich

---

[5] Leo Trotzki, The Russian in Lenin, Current History Magazine, März 1924.

irgendwie an ein berühmtes russisches Bild, das eine ähnliche Szene in einem Palast darstellt: Iwan der Schreckliche an der Leiche seines ältesten Sohnes, den er erschlagen hat. Väterliche Gewalttätigkeit à la Kaschirin zeichnet Rußlands führende Familien von Anfang an aus und durchzieht die Literatur der vorrevolutionären Epoche. In beiden Bezirken erreicht sie Höhepunkte roher Gewalttat, wie sie in vergleichbaren Gebieten und Geschichtsperioden unbekannt sind. Die Übereinstimmung in den beiden Szenen lädt zu einer Abschweifung in die Geschichte ein.

Die ursprünglichen Slawen waren friedliche und fruchtbare Bauern, Jäger und Palisadenbewohner. Vor ungefähr tausend Jahren baten sie Rurik, einen Wikinger, ihren Schutz gegen nomadische Eindringlinge aus dem Süden zu übernehmen. Sie gedachten offenbar gegen vernünftige Konzessionen Frieden und die Erlaubnis einzutauschen, ihren status quo zu erhalten, mit primitiven Waffen zu jagen, den Boden mit groben Holzwerkzeugen zu bearbeiten und ihre hölzernen Idole und Naturgötter zu verehren. Was immer sie veranlaßte, ihre Autonomie den waffenschimmernden, hellhäutigen Kriegern aus dem Norden preiszugeben, sie bekamen mehr Schutz, als sie sich gewünscht hatten. Die Beschützer zeugten Söhne, die ins Schutzgeschäft einsteigen wollten. »Fremde« drängten sich herein. Bald wurde das Beschützen des Volkes gegen andere Beschützer zu einer anerkannten Beschäftigung. Die ersten Fürsten führten das Großfürstensystem ein, eine Art von Rangordnung von Residenzen für seine Söhne, die zu endlosen Kämpfen um die zuerst entstandenen Städte, Kiew und Nowgorod, führte. Derartige Kämpfe wiederholten sich immer wieder und wieder in kleinen und größeren Teilen des Landes und ließen das Volk schließlich wünschen und beten, es möge der eine, starke Vater, die zentrale Autorität, erscheinen, der die verschiedenen Söhne einen würde, selbst wenn er sie alle erschlagen müßte. So war im frühen Rußland die Bühne für das Zwischenspiel des Volkes vorbereitet, das Führung und Schutz gegen seine Feinde brauchte: die oligarischen Beschützer, die zu kleinlichen Tyrannen wurden; und der zentrale Übertyrann, der sowohl Opfer als Erlöser war.

Die Beschützer führten das Christentum (in byzantinischer Form) mit Gewalt ein und mit ihm eine weitere Hierarchie, die für immer in Konflikt mit sich selbst und mit den weltlichen Fürsten lag. Während sowohl die Fürsten als die Priester ihren kulturellen, und häufig auch ihren ethnischen Ursprung in anderen Ländern hatten, begannen sie das Schauspiel aufzuführen, das die Bücher russische Geschichte nennen: eine Folge dynastischer Streitigkeiten, die nicht nur die fürchterliche tatarische Invasion überdauerten, sondern an Beschleunigung und Umfang noch zunahmen. Kontrapunktisch führte das zur Errichtung einer Nation, eines russischen Christentums und eines russischen Zarentums. Im 15. Jahrhundert wurde Moskau zum »dritten Rom« und Iwan III. erster Herrscher aller Russen und Beschützer des Wahren Glaubens. Er machte das alte Rußland zum Nationalstaat; sein Sohn dehnte diesen Staat auf seine zahlreichen und verschiedenartigen Nachbarn aus.

Die seit dem zehnten Jahrhundert bestehende Tradition der streitsüchtigen und mörderischen Söhne erreichte mit Iwan dem Schrecklichen ihren Höhepunkt. Jahrhundertelang war der Vatermord in den Kreisen der Hochstehenden weit verbreitet gewesen. Aber Iwan erschlug seinen ältesten, seinen liebsten Sohn mit eigenen Händen. Wie der alte Kaschirin, machte er seine Leiden als Knabe für den grauenhaften Wahnsinn seiner Mannesjahre verantwortlich. Das Volk stimmte ihm zu. Wie schon gesagt, nannte es ihn nicht den Schrecklichen, wie die Geschichte das später tat, es nannte ihn den Strengen. Denn war er nicht selbst ein Opfer der oligarchischen Aristokraten gewesen, seiner und des Volkes Feinde, die seine Jugendzeit unglücklich gemacht hatten? Tatsächlich hatte sich dieser erste Zar in seinen helleren Momenten dem Volke zugewandt, hatte gestattet, daß es sich mit Bittschriften an ihn wandte, hatte Gerichtsreformen angeregt und die Buchdruckerkunst eingeführt. In seinen kranken Perioden grübelte er über den Listen ermordeter Aristokraten, nur um sich dann wieder in äußerster Zerknirschung zu ergehen. Das Volk erhob diesen Zaren zum Idol und unterstützte seine Autorität gerne, um die Fürsten, die Aristokraten und die Mittelklasse in Schach zu halten.

Mit dem Fortschritt der Zentralisierung und der Entwicklung der nationalen Organisation pflanzten sich die Paradoxe der russischen Geschichte immer weiter fort. Zum ersten: mit jedem Fortschritt in Richtung einer organisierten und zentralisierten Staatsbildung in diesem ungeheuren Lande wuchs die Zahl der Mittelsmänner. Sie regierten und übten die Polizeigewalt »für den Zaren« aus, sie lehrten in den Schulen und trieben die Steuern ein, und sie erpreßten und korrumpierten. Es ist ein altes russisches Thema, daß jeder Fortschritt auf der nationalen Stufenleiter mit einer Machtzunahme der Bürokratie bezahlt wird – was die »angeborene« feindselige Gleichgültigkeit des

Volkes gegenüber dem Fortschritt im allgemeinen wie gegenüber der zeitgenössischen Oligarchie im besonderen erklärt. Zweitens führte jeder Schritt in Richtung der Verwestlichung und Aufklärung zu zunehmender Versklavung. Iwan, in Verfolg seiner heiligen »Strenge«, beraubte die Bauern ihres alten Rechtes, am St.-Georgs-Tag ihren Herrn zu wechseln. Katharina, die Freundin und aufgeklärte Briefpartnerin Voltaires verschenkte 800 000 Kronsklaven, die von ihren verschiedenen aristokratischen Besitzern nach eigenem Ermessen gefoltert und verkauft werden durften. Und als Alexander II. viel später zwanzig Millionen Leibeigene befreite, weil er fürchtete, daß sie sich selbst befreien könnten, lieferte er sie nur der Proletarisierung und der Landlosigkeit aus und im besten Falle dem Zwang, mit veraltetem Werkzeug kleine Landanteile zu bearbeiten, für die sie hohe Abzahlungen leisten mußten.

Aber was uns hier interessiert, ist das dritte Paradox: das schweigende Einverständnis des Volkes gegenüber dem ausnehmend irrationalen Verhalten dieser seiner Zaren. Peter der Große, ein frühreifer Knabe und erregbar wie Iwan, war Rußlands erster Kaiser und der Größte unter seinen monarchischen Reformern. Auch er ermordete seinen ältesten Sohn, wenngleich er, bei fortschreitender Zivilisierung, dazu die Geheimpolizei benutzte, und nicht eine Keule in der eigenen Hand. Zusätzlich zu diesen ausgesprochenen Familienmorden gab es in der russischen Geschichte alle Arten von merkwürdigen Regentschaftseinrichtungen. Da gab es geheimnisvolle und ungeheuer populäre Prätendenten, angeblich Söhne ermordeter Zaren, die, wie im Film Aljoscha, zurückkehrten, um die Übeltäter herauszufordern, und die fast als heilig galten, einzig kraft des Vorzuges, nicht zu der herrschenden »verdammten Brut« zu gehören. Die Höhe der ödipalen Scheußlichkeit war wohl erreicht, als der wahnsinnige Zar Paul (das Volk nannte ihn den Armen) beim Tod seiner Mutter Katharina seinen Vater (den sie hatte ermorden lassen) ausgraben ließ und neben ihr aufbahrte. Er zwang ihre zahlreichen Liebhaber, beim Zerfall der kaiserlichen Leichname militärische Ehrenwache zu stehen.

Die Historiker nehmen es als selbstverständlich hin, daß »Geschichte« eben so ist. Aber wie soll man sich nicht nur das passive Einverständnis, sondern die leidenschaftliche altruistische Identifizierung eines Volkes mit derartigen imperialen Tragödien und Komödien erklären? Warum sollte sich ein zähes, starkes und fruchtbares Volk fremden Beschützern beugen? Warum ließ es ihr System in sein nationales Leben ein und verwickelte damit seinen Lebensstil selbst immer tiefer in eine Beziehung wechselseitiger Besessenheit? Liegt die Erklärung in der Überlegenheit der mörderischen Nomaden und wilden Tiere und in der Machtlosigkeit der riesigen Bevölkerung gegen die bewaffnete Oligarchie?

Die Antwort ist vermutlich, daß die Formen der Führerschaft nicht nur von den geschichtlichen Gefahren abhängig sind, die durch ihr Organisationswerk abgewehrt werden sollen, sie müssen auch der öffentlichen Zur-Schau-Stellung völkischer Phantasien und Vorahnungen dienen. Auch fremde (und oft gerade fremde) Monarchen werden zum Schutz für noch schwache innere moralische Kräfte. Aristokratische Eliten können die Personifikation noch undeutlich umrissener neuer Ideale übernehmen. Deshalb müssen Monarchen und Aristokraten auf der Bühne der Geschichte den vollen Kreislauf der Konflikte darstellen: sie müssen zuerst tiefer sündigen und dann schwerer sühnen und schließlich größer aus dem Konflikt hervorgehen. Während sie sich bemühen, diesen Kreislauf zu vollenden, dient ihnen das Volk mit Freuden als raunender Chor und als Opfertier.

Denn nur die großartigen Sünden einiger Weniger versprechen die Erlösung aller. Das ist also mehr als bloß eine »Projektion« innerer Schlechtigkeit (des Es) oder eines unerbittlichen Gewissens. Ich vermute, daß es auch eine kollektive Ichfunktion besitzt. Iwan und Peter sind groß, nicht trotz der tragischen Leidenschaften, die ihre Qualität als Führer scheinbar beeinträchtigen, sondern weil sie imstande waren, die Tragödie der frühen vaterrechtlichen Gesellschaft und ihres inneren Widerparts, des Über-Ich, in riesenhaftem Maßstab darzustellen, und weil sie damit das nationale Bewußtsein und das nationale Gewissen beide um einen entscheidenden Schritt vorantrieben. Vielleicht müssen wir unseren Geschichtsbegriff erweitern, so daß er auch eine Analyse der dynamischen Forderungen umfaßt, die die regierten Massen an ihre »eigenwilligen« Herren stellen, die so gezwungen werden, die Konflikte der menschlichen Entwicklung auf der makroskopischen Bühne der Geschichte zu agieren: in diesem Sinn sind Könige vielleicht das Spielzeug ihrer Völker. In späteren Stadien der Kultur werden ihre Tragödien und Komödien auf einen fiktiven Makrokosmus übertragen, die Bühne, und schließlich auf den Mikrokosmos der Dichtung.

Wir erkennen jetzt die historische Mission der russischen realistischen Literatur: sie trug die Tragödie von Vater- und Brudermord wieder in die Welt des gewöhnlichen Russen selbst zurück, um von

Literaten gelesen zu werden[6]. Diese literarische Betonung der individuellen Verantwortlichkeit stellt eine Parallele zum Heranwachsen der politischen Verantwortung dar: die russische Literatur und die russische Geschichte erreichten spät und explosionsartig – in einem erschreckend konzentrierten Jahrhundert – die Vorstadien eines wirksamen literarischen Gewissens und eines politischen Bewußtseins, während die Rückständigkeit der großen bäuerlichen Massen weiterhin ein primitives historisches Niveau vertrat, das der Westen schon in den Tagen Griechenlands überwunden hatte.

Lassen Sie uns hier innehalten und uns daran erinnern, daß zur Zeit der russischen Revolution vier Fünftel der russischen Bevölkerung Bauern waren. Die Riesenaufgabe, diese ländlichen Massen äußerlich umzuformen und innerlich zu wandeln, kann kaum überschätzt werden – nicht etwa, weil diese Massen nach einer anderen Regierungsform verlangt hätten, sondern weil sie niemals an ein organisches Ineinandergreifen ihres täglichen Lebens mit irgendeiner Form der Staatsführung gedacht hatten.

Die Charakterisierung der launenhaften »Brut« im Film deutet auf mindestens einen kollektiven Komplex von eigenartig archaischem Charakter hin, der die ländlichen Massen Rußlands (und übrigens des Großteils des eurasischen Kontinents) in innere Sklaverei gehalten hatte, während ihre äußere Leibeigenschaft durch Fürsten und Priester befestigt wurde. Ich spreche von den psychologischen Konsequenzen einer alten technologischen Revolution: der agrikulturellen Revolution. Hier sind die Geheimnisse der Vorgeschichte ebenso tief wie die der frühen Kindheit. Sie zwingen uns beide zu mythologisieren, um wenigstens zu einem beginnenden Verständnis zu gelangen.

Im Zusammenhang mit den Jägern und Fischern des prähistorischen Nordamerikas wandten wir einen Schlüssel an, der gewisse primitive Rituale der Deutung erschloß. Wir stellten fest, daß primitive menschliche Wesen das Große Unbekannte in seiner Ausdehnung in Raum und Zeit zu verstehen und zu beherrschen suchen, indem sie die Attribute der menschlichen Struktur und des menschlichen Wachstums auf es projizieren; so wird die geographische Umgebung personifiziert, die

---

[6] Freud brachte in seiner Untersuchung »Dostojewskij und die Vatertötung« die Brüder Karamasow, Shakespeares Hamlet und Sophokles' König Ödipus in Verbindung, und das nicht nur, weil diese drei Werke die Größe der künstlerischen Konzeption gemeinsam haben, sondern auch und besonders, weil sie den Ödipuskomplex zum zentralen Thema haben.

historische Vergangenheit dagegen wird mit den Bildern der menschlichen Kindheit ausgestattet. In diesem Sinne wird die Erde also zur Mutter, die einstmals reichlich spendete. Der Übergang vom nomadischen zum Land bestellenden Leben bedeutet die Usurpation von Teilen des Bodens und ihre Zerstückelung, die Verletzung des Bodens mit gewalttätigen Werkzeugen, die Unterwerfung der Erde als erzwungene Versorgerin. Was immer für innere Evolutionen diesen technologischen Schritt begleitet haben mögen, er blieb mystisch assoziiert mit jener Ursünde, die im individuellen Leben in der ersten Bewußtwerdung des nötigenden, veranlassenden Wunsches liegt, die Mutter mit den wachsenden Beiß- und Greiforganen zu beherrschen.

Die »verdammte Brut« stellt also die Kinder dar, die in ihrer Raubgier die Mutter eifersüchtig usurpieren und zerstören möchten, und sie stellt die Männer dar, die die Aufgabe der gemeinsamen Bodenbestellung ehrgeizig, eifersüchtig und ausbeuterisch gemacht hat. So unterstützt das Gefühl einer Ursünde, das wir schon früher besprachen, eine universelle Institution, es fesselt den Bauern an den Kreislauf der mühevollen Sühne und der manischen Feste, ebenso wie an den Kreislauf des fruchtbringenden Jahres. Das Christentum bemächtigte sich natürlich dieses ewigen Kreislaufes und legte darüber noch seinen eigenen Jahreskalender von Sühne und Buße, von Tod und Erlösung.

Ich kann dies dunkle Thema nur zum Abschluß bringen, indem ich auf eine Erinnerung Gorkis verweise, die die Identifizierung der bestellten Erde mit der eroberten Frau und den manischen Anspruch ihres Herren verrät.[7]

Er (Tschechow) pflegte zu sagen:
»Wenn jeder Mann auf dem Stück Erde, das ihm gehört, alles täte was er könnte, wie schön wäre diese Welt.«
Ich hatte ein Stück begonnen, Waska Buslaw, und las ihm eines Tages Waskas prahlerischen Monolog vor:
»Ha, hätt ich nur mehr Kraft und Macht,
ich wollte heißen Atem atmen und den Schnee schmelzen lassen!
Ich wollte rings um die Erde gehen und sie um und um pflügen.
Ich wanderte Jahr um Jahr und baute Stadt um Stadt,
Aufrichten wollt ich Kirchen ohne Zahl und Gärten pflanzen ohn' Ende.
Schmücken wollt ich die Erde, als wäre sie ein Mädchen schön;
Sie fassen in meine Arme, als wäre sie meine Braut;
Sie an mein Herz heben und sie zu Gott tragen . . .
Dir hätte ich sie gegeben, Herr, als schöne Gabe –
Nein – nein – ich könnt es nicht – ich lieb sie selbst zu sehr!«

---

[7] Maxim Gorki, a. a. O.

Tschechow gefiel der Monolog sehr und unter erregtem Husten sagte er: »Das ist tatsächlich sehr schön! Sehr wahr! Sehr menschlich! Darin lebt die Essenz aller Philosophie. Der Mensch hat die Erde bewohnbar gemacht – darum muß er sie auch für sich selbst angenehm machen.« Er schüttelte den Kopf in eigensinniger Bekräftigung und wiederholte: »Er wird es tun!« Er bat mich, Waskas stolze Rede nochmals zu lesen. Ich tat es und er lauschte aufmerksam bis zum Ende. Dann bemerkte er: »Die zwei letzten Zeilen sind überflüssig – sie sind frech. Dazu besteht keine Notwendigkeit.«

4. Die Ausgebeuteten

A. HEILIGER UND BETTLER

Zigeunerchen, der Fremdling, ist nicht »in Sünde geboren« wie der Rest der Brut, die »wilden Tiere«. Da er nicht in Sünde geboren ist, hat er, wie die Großmutter sagt, eine »einfache Seele«. Er hat einen anmutigen Körper, was er beim Hocktanz deutlich bewies, während die anderen hölzern und unfrei in ihren Bewegungen erscheinen. Da er niemandes Sohn ist, erwartet er keinen Besitz und beneidet keinen. Es ist, als ob sein Waisentum etwas wie eine unbefleckte Empfängnis bedeute. Und tatsächlich wird er auf subtile Art als ein Christ dargestellt, hilfsbereit und immer hoffend.

Zigeunerchen spricht zu Aljoscha über dessen Vater. Er war anders: er verstand! Deswegen wurde er von den Kaschirins gehaßt. Hier klingt ein Thema an, das später, beim Erscheinen des Anarchisten, des Vertreters derer, die die Heimatlosigkeit verstehen und akzeptieren, wieder aufgenommen werden wird. Diese Verstehenden werden von den Vätern und ihren raubgierigen Söhnen als Träger eines gänzlich neuen Prinzips, das nicht mit alten Waffen bekämpft werden kann, gehaßt: sie lesen, denken und planen. So ist es Zigeunerchen, der Aljoschas hungriger Seele die Begriffswelt seiner künftigen Identität vermittelt.

Zigeunerchen erkennt die Verstehenden, aber er selbst »versteht« nicht. Er hat einen anderen Fehler und ist auf eine andere Weise gefährlich verschieden: er ist *gut*. Nach der Prügelszene zeigt sein Arm blutige Striemen, und er bekennt fröhlich, daß er, als er den Jungen auf der Bank festhielt, mit den eigenen Armen die schlimmsten Schläge auffing. »Ich habe die Schläge als Liebe empfunden« erzählt er dem bezauberten Jungen, dessen Herz ihm entgegendrängt. Aber dann erklärt er die Methoden, mit deren Hilfe man Schläge erträgt. Zucke nicht zurück, sagt er, versuche nachzugeben. »Und schrei' soviel du willst«. Er berichtet, daß er so viel Schläge eingesteckt hat, daß seine Haut einen guten Bucheinband abgäbe. Wieder wird die Bedeutung der Szene nicht ausgesprochen. Aber es scheint sich um die Versuchung durch gutherzige Gewaltlosigkeit, durch christliche Güte zu handeln, um die Versuchung, zu lernen die Schmerzen der Welt zu ertragen, indem man sich ihren Schlägen anpaßt. Aljoscha, dessen Herz Zigeunerchen entgegendrängt, ist zwar gerührt und fasziniert, aber er bleibt zurückhaltend. Und tatsächlich sieht er bald danach Zigeunerchen auf bildhafte und symbolische Art zugrunde gehen.

Einer der Onkel will für seine tote Frau (die er, wie der Knabe weiß, ermordet hat) ein riesiges Kreuz errichten. Er bittet Zigeunerchen, ihm zu helfen, es den ausgewählten Hügel hinaufzutragen. Wie jeder sehen kann, ist das enorme Kreuz zu schwer für einen Menschen. Aber der Junge rühmt sich in kindlichem Stolz, daß er es ganz allein könne. Einen Augenblick fühlt Aljoscha den Drang, dem Freund zu helfen; die Zuhörer zittern vor Furcht, der Kleine könne versuchen, das große Kreuz tragen zu helfen: aber dann, wie in mehreren kritischen Momenten, läßt sich Aljoscha einfach ablenken und überläßt den Freund seinem Schicksal. In einer Szene, die offensichtlich an den Calvarienberg erinnern soll, sieht man Zigeunerchens Silhouette einen fernen Hügel hinaufwanken, das riesige Kreuz auf dem gebeugten Rücken. Offensichtlich zermalmt es ihn, denn bald wird er ins Haus zurückgebracht, wo er auf dem Fußboden stirbt. Eine kleine weiße Maus, mit der er sich und die anderen Kinder immer unterhalten hatte, schlüpft aus seinen Kleidern und läuft zu Aljoscha, der sie einfängt. Es ist, als ob Zigeunerchens weiße Seele eine neue Heimat bei Aljoscha zu finden hoffte.

Stellt die Großmutter das primitive Wesen des Volkes dar und der Großvater und der Onkel die gierige Ära des Besitzes von Land und Gütern und Frauen und Titeln, so ist Zigeunerchen der einfache Heilige einer primitiven christlichen Zeit. Er ist heiter, gut und hilfsbereit bis zum Ende. Der Knabe Aljoscha aber beobachtet die Zerstörung rings um sich und vermeidet mit schlafwandlersicher Sicherheit miteinbezogen und gefährdet zu werden, in die Fallen der Tradition zu geraten. Hat Aljoscha keine Sympathie, keine Moral? Sehen wir z. B. seine Begegnung mit dem alten Gregori, eben demjenigen, der ihn fort-

373

zieht, als Zigeunerchens Calvarienstunde schlägt (denn Gregori, der Halbblinde, kann sehen, was bevorsteht). Er ist eine eindrucksvolle prophetische Figur. Fast vier Jahrzehnte hat er in der Färberei gearbeitet, und wenn sein Augenlicht ganz schwindet, droht ihm Arbeitslosigkeit – er wird betteln gehen müssen, denn der Alte weigert sich, für ihn zu sorgen. Aljoscha ist entsetzt: »Ich will mit dir gehen, ich will Dich an der Hand führen«, schluchzt er voll leidenschaftlichem Mitgefühl.

Aber nach dem Brand, als der erblindete Gregori mit ausgestreckten Armen umher wankt und jämmerlich nach Aljoscha ruft, verbirgt sich der Knabe vor ihm und läßt ihn allein in seine ewige Nacht stolpern. Zwei- oder dreimal wird er später gezeigt, wie er Gregori, der nun Bettler geworden ist, auf der Straße und auf dem Jahrmarkt folgt. Er lauert ihm geradezu auf, wie fasziniert von dem Anblick.

Der westliche Filmbesucher kann sich dem Gedanken nicht entziehen, was für ein rührendes Bild die beiden zusammen abgäben, der große Patriarch und der Junge, der ihn an der Hand führt. Er stellt sich einen Ausgang vor, wo der innerlich gewandelte Großvater die beiden im ganzen Land suchen läßt, wenn es beinahe zu spät ist. Des Sheriffs Leute oder eine motorisierte Polizeipatroullie erreichen den alten Mann und den kleinen Jungen, als sie eben an eine Brücke gelangen, die die Flut unterwühlt hat . . .

Aber offensichtlich beobachten wir in diesem Film die Geburt einer neuen Geisteshaltung, einer Geisteshaltung, die uns vor allem durch das bezeichnet scheint, was unterlassen wird. Was immer und immer wieder unterlassen wird, ist Handeln, das auf Schuldgefühlen beruht. Weder Reue noch Besserung scheinen in dieser neuen Geisteshaltung etwas zu bedeuten. Was gilt und zählt ist kritische Geduld, absolute Intoleranz und unerbittlicher Abstand gegenüber jeder falschen Handlung, eine klare innere Ausrichtung – und dann die Tat.[8]

Der westliche Beobachter kommt an diesem Punkt zu dem Schluß, daß der Film weniger als eine Moral hat, daß er amoralisch ist. Es könnte aber sein, daß dieser Film nur moralische Alternativen aufstellt, die von denen unserer christlich-jüdischen Welt absolut verschieden sind. Wenn Aljoscha es vermeidet, der Versuchung nachzugeben,

---

[8] Siehe den folgenden Wortwechsel bei den Moskauer Prozessen:
Wischinski: Haben Sie diesen Verhandlungen (mit den Deutschen) zugestimmt?
Bucharin: Oder sie abgelehnt? Ich habe nicht abgelehnt, folglich habe ich zugestimmt.
Wischinski: Aber Sie sagen, daß Sie *post factum* davon erfuhren?
Bucharin: Ja, das eine widerspricht dem anderen nicht.

sein junges Leben dem blinden alten Mann aufzuopfern, so bricht er damit natürlich ein Versprechen gegenüber einem Einzelnen – ein Versprechen, das möglicherweise auf Grund eines geteilten Schuldgefühls gegeben wurde, des Gefühles, daß er für die ökonomischen Sünden des Großvaters einstehen müsse. Im Gegensatz zu dieser »Versuchung« gäbe es nun aber ein inneres Gelübde in Richtung eines noch undeutlichen Planes, der statt zur Verewigung der inneren Schuld zu einem gemeinsamen Handeln jenseits von Gut und Böse führen soll. Solch ein inneres Gelübde an die Zukunft wird durch einen anderen Mitspieler personifiziert: den Anarchisten.

Aber eine letzte Szene soll noch erwähnt werden, die in ihrer grellen Bildersprache die völlige Verachtung der neuen Generation für den moralischen Zusammenbruch der alten zeigt. Wie der nun völlig senile Großvater seinen Weg durch die Menge auf dem Jahrmarkt erbettelt, antwortet der alte Gregori auf sein Gejammer und gibt ihm ein Stück Brot. Der Großvater, der jetzt den Blinden erkennt, wirft das Brot fort und schreit: »Du hast mich aus meinem Hause gefressen!« Von unserem Standpunkt aus ist es eine grausame Szene: aber der kleine Aljoscha wendet sich ohne sichtbaren Abscheu davon ab. Die Ruinen von Menschen und Systemen hinter sich zu lassen, scheint angesichts dieser neuerworbenen Geisteshaltung keinen Gefühlsaufwand zu erfordern.

B. DER FREMDE

Die ganze Zeit über gibt es im Dorf einen Mann, der sogar in einem Raum des großväterlichen Hauses lebt, der aber nirgend wohin gehört und mit niemandem spricht. Er ist kein Leibeigener und doch besitzt er nichts; er hat nichts zu verkaufen und doch scheint er zu essen zu haben. Er nennt sich selbst einen Chemiker, scheint aber nicht zu arbeiten. Mit seinem schwarzen Haar, der hohen Stirn und den scharfen Augen hinter einer Brille, sieht er wie ein jugendlicher, etwas verhungerter Trotzki aus. Als Aljoscha eines Tages vertrauensvoll durch das Fenster des Mannes in dessen Kellerraum schlüpft, verbirgt dieser schnell ein Buch. Dann »vergast« er den Jungen ruhig aus dem Raum hinaus, indem er eine Flasche mit irgendwelchen übelriechenden Dämpfen öffnet. Der Junge ist gekränkt, aber mehr noch, fasziniert.

Er trifft den Mann bei einer Zusammenkunft wieder, wo die Großmutter alte Legenden und Balladen singt. In einfachen starken Worten trägt sie eine lange Legende vor, die den Satz enthält: »*Hinter dem Gewissen anderer verbarg er sich nicht.*« Darüber gerät der Mann in eine merkwürdige Erregung, als habe er soeben ein Orakel gehört. Er murmelt etwas von »das Volk, unser Volk« (was sich offenbar auf die Qualität der alten Volksweisheit bezieht) und verläßt schnell den Raum. Vielleicht ist es symbolisch, daß er, von Gefühl überwältigt, seine Brille vergißt. Auf alle Fälle hebt Aljoscha sie auf.

In der nächsten Szene findet Aljoscha den Fremden auf einer Klippe über dem Fluß im Grase liegen. Der Mann dankt kaum für die Brille, sondern weist den Knaben ziemlich grob an, sich neben ihn zu setzen, falls er es zustande brächte, zu schweigen und die beschauliche Stimmung zu teilen. So assoziieren sich für den Jungen für immer dieser Mann, der Fluß, der weite Horizont und ein neuer geistiger Zustand. Die befehlende Gegenwart des Fremden scheint zu proklamieren, daß man schweigen können müsse; man muß meditieren können, man muß bereit sein, den fernen Horizont ins Auge zu fassen. Ausdrücklich sagt der Fremde: »Du mußt alle Legenden erinnern, die die Großmutter kennt. Du mußt lesen und schreiben lernen.« Der Junge ist verblüfft, aber faßt offensichtlich eine tiefe Zuneigung zu der Inbrunst und der Aufrichtigkeit des Fremden.

Ihre Freundschaft währt nicht lange, oder richtiger: ihre Freundschaft muß eine sehr kurze Bekanntschaft überdauern, denn der geldgierige Großvater zwingt den Fremden, sein Zimmer zu räumen, und dieser beschließt, die Stadt zu verlassen. Ein Trupp heimatloser Jungen begleitet ihn zum Boot. Er aber legt den Arm um Aljoschas Schulter. Leidenschaftlich erklärt er dem Jungen: »Man muß lernen, das Leben zu ergreifen.« Er sagt das mit solch missionarischem Eifer, daß man eine tiefere Bedeutung dahinter spürt, die die einfachen Worte übersteigt. Die Bedeutung ist die: man muß lernen, nicht zu warten, bis einem gegeben wird, man muß ergreifen, was man will, und muß es festhalten. Wir haben diese Alternative im Zusammenhang mit den sozialen Modalitäten der oralen Phase besprochen. Offensichtlich meint dieser Mann nicht nur, daß man zugreifen solle, sondern auch, daß man es mit gutem Gewissen tun solle, mit einem neuen, veränderten Gewissen; man soll zugreifen und nicht, rein aus dem Gefühl der Sünde heraus, weil man zugegriffen hat, regredieren.

Wie wir noch sehen werden, ist dieses entschlossene »Zugreifen«, zusammen mit einem Widerstand gegen das Zurücksinken in Abhängigkeit, von überragender Bedeutung in der bolschewistischen Psychologie.

Wir sprachen schon von Aljoschas durchdringender, schneidender Art, auf den haßerfüllten Blick des Großvaters zu reagieren; wir wiesen auf die Wichtigkeit hin, im Sehen und Voraussehen sich auf den Blickpunkt zu konzentrieren, zu begreifen, zu ergreifen, und wir zeigten seine unbestechliche Zielstrebigkeit ohne Rücksicht auf persönliche Gefühle. Später wird offenbar, daß der Fremde ein Revolutionär war. Die Polizei sucht ihn. Sie holt ihn dann irgendwo jenseits des Horizonts ein. Denn als eines Tages ein elender Trupp gefesselter Gefangener auf ihrem Weg zum Schiff und nach Sibirien durch Aljoschas Straße zieht, ist der Fremde unter ihnen; blaß und gespenstisch, aber fast heiter. Die Beschriftung zu dieser Szene lautet: »So endete meine Freundschaft mit dem ersten aus einer Reihe von Fremden in ihrem eigenen Land – den besten Menschen.« Aljoscha war also einem Mitglied der Untergrundbewegung berufsmäßiger Revolutionäre begegnet, die eine Zeitlang Intelligenzia genannt wurden, da sie mit religiöser Überzeugung an die Notwendigkeit nicht nur des Lesens und Schreibens, sondern auch der geistigen Disziplin glaubten, als an die Erlösung aus Apathie, Lethargie und Leibeigenschaft.

C. VATERLOSE HORDE UND BEINLOSES KIND

Als der Anarchist verschwindet, scheint Aljoscha zu wachsen und größer zu werden. Er hat jetzt ein Ziel, eine Gemeinschaft. Wir erinnern uns, daß auch sein Vater »verstand« – und verschwand. Aber doch sind wir erschrocken, zu sehen, wie dieser Junge, dies Kind, sich mit dem gequälten Gespenst von Mann identifiziert, dessen Ethos in ein paar dunklen Bemerkungen bestand. Aljoscha ist ein reines Kind. Wo ist seine Kindheit, wo sind seine Altersgenossen? Spielt er jemals?[9] Wir sahen seine mißglückte Teilnahme an den Streichen der Vettern und deren bösartige und abwegige Art, sich an dem Alten zu rächen. Die Prügelszene, oder sagen wir besser, die höhere Reife, die der moralischen Niederlage des Großvaters nach der Prügelszene folgt, macht dem ein Ende. In einer späteren Szene trifft Aljoscha, als er sich in der Nachbarschaft umsieht, auf eine Gruppe wohlgenährter Kinder, die mit Geschrei und Steinwürfen über einen schwachsinnigen Jungen

---

[9] Tolstoi sagte einmal zu Gorki: »Es ist schwer zu glauben, daß Sie einmal ein Kind waren.« (Gorki: Erinnerungen an Tolstoi.)

hergefallen sind. Aljoscha verteidigt den Idioten sofort, worauf die Kinder sich gegen ihn wenden und ihn einen »Kaschirin« nennen. Er protestiert: »Ich bin ein Peschkow.« Wie überall in der Welt enden die Jungen damit, sich mit Worten zu bewerfen: Kaschirin! Peschkow! Kaschirin! Peschkow! Aber als die Jungen anfangen, ihn zu schlagen und zu treten, erscheint plötzlich eine Bande verhungerter und zerlumpter junger Kreaturen, befreit ihn und freundet sich sofort mit ihm an.

Es sind heimatlose Jungens – »Proletarier« im ursprünglichen Sinn. Aljoscha wird, wirtschaftlich gesehen, einer von ihnen, insofern er sich an ihren Beschäftigungen beteiligt, Abfallhaufen nach Dingen zu durchsuchen, die man dem Lumpenhändler verkaufen kann; geistig wird er einer der ihren, da er mit ihnen das Gefühl teilt, daß man sich auf Eltern nicht verlassen kann – falls man überhaupt welche hat. So wird in wenigen Szenen Aljoschas Proletarisierung dramatisch gezeigt. Er, ein vaterloser Peschkow, stellt sich auf die Seite des Schwachsinnigen, der mit minderer Mitgift geboren ist; er assoziiert sich mit denen, die unter jede Klasse und Kaste gesunken sind. In einer eindrucksvollen Szene stolpert er über die Tatsache, daß einer aus der Bande, ein Junge mit asiatischen Zügen, nicht einmal weiß, woher er gekommen ist. Aljoscha lacht; es ist die letzte Zurschaustellung gedankenloser Fröhlichkeit . . . Beim Anblick der Verzweiflung und Wut des Asiaten wird er immun gegen eine weitere Versuchung: auf den Namen Peschkow stolz zu sein. (Wie wir wissen, wählt er später den Taufnamen seines Vaters Maxim und den Nachnamen Gorki, was »bitter« heißt.) Jetzt ist auch er ein Proletarier. Nach der »Arbeit« liegen er und seine Bande auf der Klippe – einer leichten Erhebung, von wo die Entrechteten nach dem Horizont und in die Zukunft blicken. Hier träumen sie – wovon? Davon, Tauben zu züchten, so daß sie sie freilassen können: »Ich liebe es, Tauben im hellen Sommerhimmel kreisen zu sehen.«

Diese Vorstellung der Freiheit findet ihren Kontrapunkt in einer anderen Begegnung. Eines Tages hört Aljoscha aus einem Kellerfenster eine fröhliche junge Stimme. Er findet Lyenka, einen verkrüppelten Knaben, im Kellerraum im Bett. Seine Beine sind gelähmt, sie »leben nicht, sie sind nur da«, wie er erklärt. So ist er ein Gefangener in seinem Keller. Aber es stellt sich heraus, daß er in einer selbstgeschaffenen Welt lebt, in einer Welt aus Spielen und Tagträumen. Er hält kleine Tiere in Schachteln und Käfigen; sie müssen seine Gefangenschaft teilen. Eines Tages aber träumt er, er werde die Weiden und Wiesen sehen und dann werde er all die kleinen Behältnisse öffnen und die Tiere freilassen. Inzwischen sind sie sein Mikrokosmos: sie spiegeln die Welt draußen wider. Eine kleine Schabe ist »der Hausherr«, eine andere »die Beamtenfrau«. So sind die Unterdrücker in der realen Welt die Gefangenen seiner Spielwelt. Es ist, als erlaube ihm sein krüppelhafter Zustand, das einzige Kind mit spielerischer Phantasie in dem ganzen Film zu sein. Sein Lachen ist das fröhlichste und freieste, seine Augen funkeln vergnügt. Sein Machtgefühl scheint keine Grenzen anzuerkennen. Er erzählt Aljoscha aufgeregt, daß er überzeugt davon ist, daß »eine Maus wachsen kann, bis sie ein Pferd wird«.

Als Aljoscha sieht, wie sehr der Junge die tierischen Gefährten seiner Gefangenschaft liebt, wie notwendig es für ihn, wie fähig er dazu ist, ein kleines Ding wie eine Maus mit mystischen Möglichkeiten zu begaben, schenkt er ihm, nach einem winzigen Zögern, Zigeunerchens kleine weiße Maus. Wir erinnern uns, daß sie die Gabe des sterbenden Zigeuners war, sein letztes Band an die Freude, sein letztes Spielzeug. Warum gibt Aljoscha sie her? Ist es Mitleid, ist es Wohltätigkeit? Wiederum scheint der Knabe moralisch zu wachsen, da er eine Freude opfert und einer Versuchung widersteht: der Versuchung, zu spielen, zu träumen, sich an fetischistische Ersatzlösungen zu klammern, die die Gefängnisse erträglicher machen und so ihre Fesseln stärken. Aljoscha weiß, daß er ohne ein Spielzeug leben muß. So ist jede seiner Handlungen (oder jede Weigerung zu handeln) wie ein Gelübde. Die Brücken der Regression werden eine nach der anderen abgebrochen und die kindlichen Tröstungen der Seele für immer aufgegeben.

Lyenka hingegen kann nur frei werden, wenn jemand ihn befreit, ihm Beine schenkt. An diese Aufgabe setzt Aljoscha seine »Bande«. Aus den Schätzen, die sie auf den Abfallplätzen finden, sammeln sie Maschinenteile und bauen daraus einen Karren für Lyenka, eine mechanische Prothese, die ihm lokomotorische Freiheit vermitteln wird.

D. DER GEWICKELTE SÄUGLING

Die Figur des Lyenka scheint nicht aus Gorkis Buch zu stammen. Ich weiß nicht, wer sie erfunden hat. Aber es scheint mir bezeichnend, daß das emotional fröhlichste aller Kinder eben das ist, das am wenigsten Bewegungsmöglichkeiten besitzt. Seine Freude reicht bis zum Horizont, aber seine Beine sind gefesselt, nicht lebendig, nur eben da. Diese Situation legt die Diskussion eines auffälligen russischen Problems bei der Kinderaufzucht nahe: des Wickelns.

Ist die russische Seele eine »gewickelte« Seele? Manche der führenden Mitarbeiter an der Forschungsstelle, der ich die Bekanntschaft mit diesem Film verdanke, sind entschieden dieser Ansicht.[10] Bei der russischen Landbevölkerung und in wechselndem Maße in allen Gegenden und Klassen, die das gemeinsame Erbe der großen zentralrussischen Ebene teilten und heute noch teilen, wurde die eine Angelegenheit der Kinderpflege, die man als Wickeln (Fatschen) bezeichnete, bis zum Extrem ausgebildet. Während die Sitte, neugeborene Kinder in Wickelbänder zu wickeln, weit verbreitet ist, bestand das altrussische Extrem darin, das Kind bis zum Halse zu wickeln, und zwar fest genug, um aus dem ganzen Bündel ein handliches »Holzscheit« zu machen. Außerdem mußte das Wickeln bis zum neunten Monat fortgesetzt werden und wurde während des größten Teiles des Tages und während der ganzen Nacht beibehalten. Solch eine Prozedur führt zu keiner irgendwie dauernden lokomotorischen Schädigung, obwohl dem nicht mehr gewickelten Kind das Kriechen offenbar erst beigebracht werden muß.

Einfache Russen haben die Frage, warum ein Kind eigentlich gewickelt werden müsse, mit Erstaunen beantwortet: Was gäbe es denn für eine andere Möglichkeit, ein kleines Kind herumzutragen und während des russischen Winters warm zu halten? Und wie könnte man es außerdem sonst daran hindern, sich selbst zu kratzen und zu verletzen und sich beim Anblick seiner eigenen Hände zu erschrecken? Nun stimmt es wahrscheinlich, daß ein gewickeltes Kind, besonders wenn es soeben aufgewickelt wurde, seine eigenen Bewegungen nicht hinreichend beherrscht, um zu verhindern, daß es sich selbst kratzt und stößt. Die Schlußfolgerung, daß es deshalb wieder gewickelt werden müsse, ist ein beliebter Trick der kulturellen Rationalisierung. Er begründet eine bestimmte Form der Hemmung des kleinen Kindes kulturell immer wieder mit sich selber. Man muß das Kind wickeln, um es vor sich selbst zu schützen; das verursacht heftige vasomotorische Bedürfnisse bei dem Kind; es muß emotinal fest gewickelt bleiben, damit es nicht

---

[10] Geoffrey Gorer, Some Aspects of the Psychology of the People of Great Russia, The American Slavic and Eastern European Review, 1949. Siehe auch: Geoffrey Gorer und John Rickman, The People et Great Russia, W. W. Norton, 1962.

wilden Emotionen verfällt. Das wiederum trägt dazu bei, eine grundlegende, präverbale Indoktrination zu erzeugen, der gemäß Menschen zu ihrem eigenen Besten streng eingeschränkt werden müssen, während man ihnen hin und wieder Möglichkeiten bietet, zusammengedrängte Gefühle zu entladen. So fällt das Wickeln unter die Rubrik jener speziellen Einzelzüge der Kindererziehung, die eine bedeutsame Beziehung zum Weltbild der gesamten Kultur haben müssen.

Es gibt tatsächlich keine andere Literatur als die russische, die sich derart in vasomotorischen Exzessen ergeht. Die Menschen erscheinen zugleich isoliert und überströmend. Man hat den Eindruck, als wäre jedes Individuum merkwürdig in sich selbst eingeschlossen wie in ein bedrängendes Behältnis von erstickten Gefühlen. Und doch sucht es ewig nach anderen Seelen, sucht seufzend, erbleichend, errötend, weinend und in Ohnmacht sinkend. Viele der Figuren, die diese Literatur bevölkern, scheinen nur für den Augenblick zu leben, wo irgendein Rausch – ein hormonaler, ein alkoholischer oder ein geistiger Rausch – ihnen eine zeitweilige Verschmelzung der Gefühle gestattet, der in Erschöpfung enden muß.

Es ist interessant sich also vorzustellen, daß das gewickelte Kind, wenn es dieser Emotionalität gewahr wird, selbst daran gehindert ist, darauf in »motionaler« Weise – durch Bewegungsausdruck – zu reagieren, indem es etwa mit den Armen und Beinen strampelt oder zumindest die Finger bewegt. Es kann ja den Kopf nicht heben, kann nach keiner Stütze greifen und kann sein Gesichtsfeld nicht bis zu den Gehörsquellen der wahrgenommenen Bewegung hinaus ausdehnen. Man kann sich durchaus vorstellen, daß solch eine Situation den vasomotorischen Apparat in dem Sinne belastet, daß er all diese lebhaften Eindrücke puffern und ausgleichen muß. Nur während des Erlebnisses, zeitweilig ausgewickelt zu werden, kann der Säugling am Überschwang der Eltern teilnehmen.

Um aber die Bedeutung eines Einzelzuges der Kindererziehung, wie etwa des Wickelns, innerhalb der Gesamtstruktur einer Kultur richtig bewerten zu können, darf man nicht nur eine einzige in einer Richtung ablaufende Kausalitätskette annehmen in dem Sinn, daß Russen so sind, wie sie sind – oder wie sie gerne erscheinen oder sich darstellen – weil sie gewickelt wurden. Wir müssen vielmehr, wie bei der Diskussion anderer Kulturen, eine wechselseitige Steigerung einer Anzahl von Themen annehmen. So könnte der fast über die ganze Erde verbreitete – und übrigens keineswegs unpraktische – Brauch des Wickelns, als

Ergebnis jener synthetisierenden Wirkung, die die Geographie, die Geschichte und die menschliche Kindheit auf ein paar gemeinsame Nenner ausüben, eine Amplifikation, eine Erweiterung seiner Bedeutung erhalten haben. Wir beobachten eine strukturelle Verwandtschaft zwischen folgenden, für Rußland typischen Umständen:

1. Das kompakte soziale Leben in einer einsamen, festumfriedeten Siedlung, die in der winterlichen Erstarrung isoliert ist und ihre periodische Befreiung nach der Schneeschmelze im Frühjahr;
2. die langen Perioden des festen Wickelns, die mit Momenten eines üppigen Austausches freudiger Zuwendung in den Zeiten des Auswickelns abwechseln;
3. das sanktionierte Verhalten hölzernen Erduldens und apathischer Leibeigenschaft auf der einen Seite – und auf der anderen eine periodische emotionale Katharsis, die durch überschwängliche Seelenentblößung erreicht wird.

Historisch und politisch gedeutet ist das Wickeln schließlich Teil eines Systems von hartnäckigen Einrichtungen, die die russische Kombination von Knechtschaft und »Seele« aufrechterhalten. Gorki sagt in seinem Stück *Philister:* »Wenn ein Mann es müde ist, auf der einen Seite zu liegen, so dreht er sich auf die andere; aber wenn er seiner Lebensbedingungen müde ist, dann murrt er nur. So mach eine Anstrengung – und *dreh dich um.*« Ein Mann, der die richtige Motivation hat, kann die Anstrengung machen, sich umzudrehen, oder sogar, wie wir sagen würden, aufzustehen: aber angesichts der Schwierigkeit, an bestimmte Bedingungen gekettet zu sein, kann sein Geist, gemäß seiner frühesten Erfahrung sich nicht bewegen zu können, reagieren. Was das gewickelte Kind am allerwenigsten tun kann, ist, sich umzudrehen. Es kann nur zurücksinken, nachgeben, geduldig sein und halluzinieren, bei seinen vasomotorischen Sensationen und den Abenteuern seiner Eingeweide verweilen, bis der Moment der lokomotorischen Befreiung wieder über es hereinbricht. Dies alles scheint durch den Knaben Lyenka symbolisiert, durch das Kind mit den stärksten Emotionen und der gestörtesten Lokomotorik, dem Kind mit der lebhaftesten Phantasie und der größten Abhängigkeit von anderen. Als Aljoscha ihm die kleine weiße Maus schenkt, ist es, als wüchse er damit über die Notwendigkeit hinaus, sich an einen Spielfetisch und an Träume einer Allmacht zu klammern, deren die »gewickelten«, gefangenen Seelen wohl bedürfen. Er bemitleidet Lyenka nicht. Vielmehr erkennt er seinen Zustand, vergleicht ihn mit dem eigenen und handelt dementsprechend. Er sorgt dafür, daß Lyenka mechanische Beine – einen kleinen Wagen – bekommt, aber er identifiziert sich nicht mit ihm.

Während der Film Aljoscha und seine Bande nicht bei ihren Spielen zeigt, berichtet Gorki in seinen »Erinnerungen« von einem phantastischen Spiel, das die jungen »Gesetzlosen« betrieben. Wir sehen, daß Gorkis Deutung dieses Spieles völlig in Übereinstimmung mit den Theorien steht, die wir im Kapitel über das Spiel vortrugen:

Als Junge von zehn Jahren pflegte ich mich *unter Güterzüge zu legen,* in kühnem Wettstreit mit meinen Gefährten, von denen der eine, der Sohn des Postmeisters, das Spiel mit besonderer Ruhe und Überlegenheit spielte. Es ist dies ein fast ungefährliches Vergnügen, vorausgesetzt die Feuerstelle der Lokomotive steht hoch genug und der Zug fährt hügelaufwärts, nicht abwärts – denn dann sind die Bremsketten der Wagen fest angespannt und können dich nicht streifen oder zur Seite schleudern. Ein paar Sekunden lang erlebt man eine merkwürdige Sensation, *man versucht, sich so flach und dicht als möglich auf den Boden zu pressen* und mit Aufwendung des ganzen Willens *den leidenschaftlichen Wunsch niederzukämpfen, sich zu bewegen, den Kopf zu heben.* Du hast das Gefühl, daß der Strom von Eisen und Holz, der über dich hinbraust, dich vom Boden reißt und *dich irgendwohin mitziehen will,* und das Knirschen und Donnern des Eisens tönt, als wäre es in deinen Knochen. Wenn dann der Zug vorüber ist, liegst du eine Minute oder länger bewegungslos, *unfähig dich zu erheben,* als schwämmest du hinter dem Zug her; und es ist, als dehnte sich dein Körper endlos aus, wüchse, *würde leicht, zerschmölze in der Luft* – und im nächsten Augenblick flögest du über die Erde. Es ist sehr angenehm, all dies zu fühlen.
»Was hat dir an solch einem unsinnigen Spiel gefallen?« fragte Andrejew. Ich meinte, daß wir vielleicht unsere Willenskraft erprobten, indem wir der mechanischen Bewegung riesiger Massen die bewußte Unbeweglichkeit unserer kümmerlichen kleinen Körper entgegensetzten. »Nein«, antwortete er, »das wäre zu gut; kein Kind würde daran denken.« Ich erinnerte ihn daran, wie Kinder es lieben, »die Wiege zu schwingen«, auf dem dünnen Eis eines frisch gefrorenen Teiches oder des flachen Flußufers zu schaukeln, daß sie allgemein gefährliche Spiele liebten.[11]

Ich habe bei dem Zitat diejenigen Passagen in Kursivschrift gebracht, die, in Übereinstimmung mit unseren Theorien von Trauma und Spiel, eine weitere Deutung dieses Spiels zulassen. Man könnte behaupten, daß eine wagemutige Bande hier einen Güterzug herausfordert, ihr eine Erfahrung zu vermitteln, in der die wesentlichen Elemente eines allen gemeinsamen Traumas unheimlich sich wiederholen: Unbeweglichkeit und heftige Bewegung, völlige Machtlosigkeit und leichteste Bewegung.

[11] Maxim Gorki, a. a. O.

Was immer die »Wickel-Theorie« hinsichtlich der Umformung infantiler Erlebnisse in jugendliche und erwachsene Verhaltensformen beweist oder nicht beweist, so scheint sie auf Erfahrungsprägungen hinzuweisen, die im russischen Verhalten und in der russischen Phantasie eigentümlich lebendig sind.

Im Film nimmt Aljoscha niemals an Spielen teil. Er hält die Augen offen, wenn er sie auch häufig neugierig zusammenkneift: er »hebt den Kopf«, konzentriert sein Schauen, versucht klar zu verstehen und zu begreifen und diszipliniert zu denken – all das, um schließlich das Leben anzupacken. Der Film sagt mehr über die Dinge aus, *von* denen er sich befreit, als über jene Dinge, *für* die er frei werden möchte.

5. Der Protestant

Aljoscha geht fort. Die Bande begleitet ihn in die Felder. Sie nehmen Lyenka auf dem kleinen Wagen, den sie für ihn gebaut haben, mit. Er ist außer sich vor Freude und Erwartung. Nun ist auch er unterwegs, in Bewegung, und er wird seine kleinen Tiere freilassen. In einer Szene, die in einem anderen Kulturkreis gut das glückliche Ende des Films hätte darstellen können, wirft er seine geliebten Vögel in die Luft und vertraut sie ihren Schwingen und dem unendlichen Raum an. Als die Bande winkt und lebwohl ruft, wendet sich Aljoscha einfach und ohne große Gefühle der Ferne zu.

Wohin geht er, der Knabe mit den stählernen Augen? Der Film verrät es nicht. Offensichtlich geht er hin und wird Gorki und darüber hinaus eine neue Art von Russe. Was wird nun aus dem jungen Gorki und was zeichnet seine Art des neuen Russen aus?

Gorki studierte an der Universität von Kasan. »Wenn mir irgend jemand vorgeschlagen hätte, ›geh' hin und studiere, aber unter der Bedingung, daß Du jeden Sonntag auf dem Nikolayewsky-Platz öffentlich gestäupt wirst‹, so würde ich höchstwahrscheinlich eingewilligt haben.«[12] Bald aber empfand er seine Diskriminierung als bettelarmer Bauernjunge. Er wurde daher Student an dem, was er die »freie« Universität der revolutionären Jugend nannte.

Aber Gorki war immer empfindsam und beeindruckbar gewesen und seine tiefliegende, gefühlvolle Trauer wurde nur durch seine Ent-

---

[12] A. Roskin, a. a. O.

schlossenheit aufgewogen, das Leben zu »ergreifen«, es fast zu zwingen, auf seinen Glauben Antwort zu geben. Seine Disziplin als Schriftsteller bestand in dem Kampf, das Wesentliche mit weniger Worten zu sagen. Entgegen seinem sehnsüchtigen Zug versuchte der junge Gorki, ein Herz zu entwickeln, das zugreifen konnte und dabei doch lieben; eine Seele mit Zähnen. Wie so viele seiner gleichgesinnten Zeitgenossen richtete ihn dieses Unternehmen fast zugrunde. Mit zwanzig machte er einen Selbstmordversuch, wobei er sich in die Seite schoß. »Die Schuld an meinem Tode gebe ich dem deutschen Dichter Heinrich Heine, der das *Zahnweh des Herzens* erfunden hat,« schrieb er in einem Abschiedsbrief. »Man wird meinem Paß entnehmen, daß ich A. Peschkow bin, aber diesem Brief wird man, so hoffe ich, nichts entnehmen.«[13] Er wird uns verzeihen, wenn wir heute eine bedeutsame Beziehung zwischen den Schmerzen seines Herzens und dem Kampf seines Volkes sehen, die regressive Sehnsüchtigkeit zu überwinden und das Leben anzupacken. Der Ausdruck stammt tatsächlich von dem bitter (oder sollte man lieber sagen: beißend) sehnsüchtigen Heine, der gegen dies Zahnweh des Herzens ein gewisses Pulver empfahl, das Berthold Schwarz erfunden habe – das Schießpulver nämlich. Gorki bezeichnete später Tschechow gegenüber seine Depressionen als eine Zeit »steinerner Dunkelheit«, einer »für immer im Gleichgewicht gehaltenen Bewegungslosigkeit«.

Nachdem er durch das Risiko der Selbstzerstörung seinen toten Punkt überwunden hatte, erholte er sich und begann, den Weg seiner Wanderschaften und seines Werkes zu beschreiten. »Ich bin in die Welt gekommen, um keine Kompromisse zu machen«, sagt er in seinem ersten epischen Gedicht. Gorki pirscht sich literarisch an Menschen und Situationen heran, um zu sehen, wo er, der heimatlose Wanderer, dem Leben jene »seltenen und positiven« Phänomene abringen konnte, die seinen Glauben lebendig erhielten. Seine analytische Unbestechlichkeit »gesteigert bis zum Punkt der Inspiration«, kommt nirgends epischer zum Ausdruck, als in dem berühmten Brief, den er nach Empfang der ergreifenden Nachricht schrieb, daß der alte Tolstoi von Heimat, Frau und Besitz fortgewandert war.[14]

Ein Hund heult in meiner Seele und ich habe das Vorgefühl eines Unglücks. Ja, die Zeitungen sind eben gekommen und es ist schon deutlich: Ihr zuhause beginnt eine »Legende zu schaffen«; Faulpelze und Nichtsnutze leben weiter

---

[13] Ebd.
[14] Maxim Gorki, a. a. O.

und haben einen Heiligen hervorgebracht. Denkt nur daran, wie gefährlich es gerade in diesem Moment für das Land ist, wo die Köpfe der Desillusionierten gebeugt sind, die Seelen der Mehrzahl leer und die Seelen der Besten voll Sorge. Zerrissen und hungernd sehnen sie sich nach einer Legende. Sie sehnen sich so sehr nach der Stillung der Schmerzen, der Linderung der Qual. Und sie werden genau das erschaffen, was er sich wünscht, aber was nicht wünschenswert ist – das Leben eines frommen Mannes und Heiligen.

... Nun macht er vermutlich seine letzten Anstrengungen, um seinen Ideen die höchstmögliche Bedeutung zu verleihen, um seine Heiligkeit zu beweisen und einen Heiligenschein zu bekommen. Das ist diktatorisch, obwohl seine Lehren durch die alte Geschichte Rußlands und seine eigenen Leiden als Genius gerechtfertigt werden. Heiligkeit erwirkt man, indem man mit der Sünde kokettiert und den Willen zum Leben preisgibt. Das Volk will leben, aber er versucht es zu überreden:»Das ist alles Unsinn, unser irdisches Leben.« Es ist sehr leicht, einen Russen davon zu überzeugen: er ist eine faule Kreatur, der mehr als alles andere eine Entschuldigung für seine eigene Untätigkeit schätzt. ·

In letzter Analyse sah er in Tolstois Bekehrung den alten Fluch Rußlands:[15]

Immer hat er die Unsterblichkeit auf der anderen Seite des Lebens hoch gepriesen, aber lieber hat er es auf dieser Seite gehabt. Ein im wahrsten und vollkommensten Sinne nationaler Schriftsteller, verkörperte er in seiner großen Seele alle die Unvollkommenheiten seiner Nation, all die Verletzungen, die wir im Fegefeuer unserer Geschichte erlitten haben; seine nebelhaften Predigten der »Tatenlosigkeit«, des »Dem-Übel-nicht-Widerstehens«, die Doktrin der Passivität, all das ist das ungesunde Ferment des alten russischen Blutes, vergiftet durch den mongolischen Fatalismus und fast chemisch feindlich dem Westen mit seiner unermüdlichen schöpferischen Arbeit, seinem aktiven, unbezähmbaren Widerstand gegen die Übel des Lebens. Was man Tolstois »Anarchismus« nennt, drückt im Grunde unsere slawische Abneigung gegen das Statische aus, was wiederum in Wirklichkeit ein nationaler Charakterzug ist, der seit alten Zeiten uns im Fleisch sitzt, unser Wunsch, uns nomadisch zu verstreuen. Bisher haben wir uns, wie Du und jedermann weiß, diesem Wunsch leidenschaftlich ergeben. Wir Russen wissen es auch, aber wir ziehen uns immer wieder auf der Linie des geringsten Widerstandes zurück; *wir* sehen, daß es gefährlich ist, aber immer noch kriechen wir weiter und weiter von einander fort; und diese traurigen Kakerlaken-Reisen heißen »die Geschichte Rußlands«, die Geschichte eines Staates, der fast zufällig mechanisch durch die Macht der Waräger, Tataren, Baltendeutschen begründet wurde – zum Erstaunen der Mehrzahl seiner aufrichtig gesonnenen Bürger.

Angesichts dieses Films und wenn man die Frage aufwirft, *wofür* Aljoscha frei wurde, ist es schwer, zwei Fußangeln zu umgehen, eine biographische und eine historische. Es scheint deutlich, daß Aljoscha als

---

[15] Maxim Gorki, a. a. O.

der kollektive Mythos des Filmes, eine nahe Verwandtschaft mit Gorkis Bild von sich selbst hat, eine Affinität zu seinen Idealen und zu der Legende, die zu werden er sich, wie jeder große Schriftsteller, angestrengt bemühte. Doch die Methoden des wirklichen Gorki, die Probleme zu lösen, die er sich als Junge auferlegt hatte, sei es in schöpferischer Weise, sei es durch die Neurose, berühren unsere Diskussion nur am Rande.

Die historische Fußangel läge in einem feindseligen Vergleich der einfachen Humanität und Erdhaftigkeit dieses Films, seines revolutionären Geistes mit der hochtrabenden und stagnierenden revolutionären »Generallinie«, an die wir uns inzwischen bei allem gewöhnt haben, was uns jetzt an sowjetischen Schriften und Filmen erreicht. Abgesehen vom grausamen Mißbrauch der Revolutionen durch die Manager, die sie an die Macht bringen, müssen wir die Wurzeln des Aufruhrs in den Bedürfnissen der Geführten – und Verführten – suchen.

Die Bedeutung des Filmes für dieses Buch liegt in seiner einfachen Relevanz für ein paar psychologische Züge, die für Revolutionen im allgemeinen grundlegend sind; und spezifisch für Revolutionen in Gebieten, die sich der Industrialisierung ausgesetzt sehen, während sie noch in der Vorstellungswelt einer überholten Agrarrevolution befangen sind. Unser Film stellt allerdings nur ein Stück aus dieser Bilderwelt eines dieser Gebiete zur Diskussion: die großen russischen Ebenen. Während andere ethnische Gebiete andere oder verwandte Bilder zur Diskussion stellen würden, war Rußland doch von so entscheidendem und ausschlaggebendem Einfluß auf die kommunistische Revolution, wie etwa die Angelsachsen auf die Geschichte Amerikas.

Um es kurz zusammenzufassen: in der Bilderwelt, die dieser Film vermittelt, nimmt die Großmutter eine dominierende Stelle ein. Sie scheint das Volk in seiner mystischen Einheit mit dem Fleisch, mit der Erde zu repräsentieren; gut in sich selbst, aber verflucht durch die Gier der »Brut«: ein verlorenes Paradies. Wer Teilhaber an der Kraft der Großmutter werden oder bleiben wollte, müßte sich der Zeitlosigkeit und einer ewigen Bindung an den Glauben der primitiven Wirtschaft unterwerfen. Dieser Glaube ist es, der den Primitiven sich an die Methoden der alten Werkzeuge und magischen Einflüsse auf die Naturkräfte klammern läßt. Es ist dieser Glaube, der ihm dafür ein einfaches Mittel gegen jedes Schuldgefühl verschafft, die Projektion:

Alles Schlechte liegt an den bösen Kräften, an Geistern, an Verwünschungen; du mußt ihnen mit Magie begegnen – oder du wirst von ihnen besessen. Für den bolschewistischen Revolutionär reicht die Güte der alten Frau in jene Zeiten zurück, ehe Gut und Böse auf die Erde kamen; und vermutlich reicht sie in die ferne Zukunft hinein, wo die klassenlose Gesellschaft die Moral der Gier und Ausbeutung überwunden haben wird. Bis dahin ist die Großmutter eine Gefahr. Sie ist die politische Apathie gerade der russischen Zeitlosigkeit und des kindlichen Vertrauens. Vielleicht ist sie (wie kürzlich einmal gesagt wurde) die Kraft, die es dem Kreml gestattet, zu warten – und die es dem russischen Volke gestattet, noch länger zu warten.

Eine zweite Gruppe von Bildern scheint das Gegensatzpaar Holz – Feuer zu betreffen. Die Onkel und andere Männer sind fest, kantig, schwer, ungeschickt und dumpf, wie Holzstücke, aber sie sind in hohem Maß entzündlich. Sie sind Holz – und sie sind Feuer. Das fest gewickelte »Holzscheit«, mit seinem innerlich glimmenden vasomotorischen Wahnsinn, das hölzerne russische Volk mit seiner explosiven Seele: sind solche Bilder Überreste eines noch keineswegs weit zurückliegenden und in Rußland sogar noch bestehenden *hölzernen Zeitalters?* Holz lieferte das Material für die Umfriedigung der Dörfer wie für die überhitzten Öfen in den langen Wintern. Es war das Grundmaterial aller Werkzeuge. Aber es schloß auch die Gefahr in sich, durch seine eigene Entzündbarkeit sich zu verzehren. Häuser, Dörfer und Holzvorräte verbrannten endgültig – eine fatale Neigung angesichts des Umstands, daß auch die Wälder im Feuer zugrunde gingen und Steppen und Sümpfen den Platz räumten. Welch magische Mittel waren berufen, sie zu retten?

Eine dritte Bildergruppe dreht sich um Eisen und Stahl. Im Film tritt sie nur in dem kleinen Rad für Lyenkas Wagen in Erscheinung. Die wühlenden Jungen finden es auf dem Abfallhaufen, aber statt es in Geld umzusetzen, benutzen sie es, um die Prothese für Lyenkas lokomotorische Befreiung fertigzustellen. Das Rad nimmt aber unter den grundlegenden menschlichen Erfindungen einen besonderen Platz ein; es überschreitet jene Werkzeuge, die reine Erweiterungen und Prothesen der Glieder darstellen. In sich selbst bewegungsfähig, ist es die Grundidee der Maschine, die zwar vom Menschen gemacht und betrieben wird, doch eine gewisse Autonomie als mechanischer Organismus entwickelt. Darüberhinaus wird Stahl auf vielerlei Art zum Symbol des neuen Geisteszustandes erhoben. Während Holz und Feuer an eine cyklische Persönlichkeitsstruktur denken lassen, die durch apathisch ertragene Mühsal, kindliches Vertrauen, plötzliche Ausbrüche von verzehrender Leidenschaft und ein Gefühl deprimierender Unentrinnbarkeit gekennzeichnet ist, vertritt die Bilderwelt des Stahls unerschütterlichen Realismus und Ausdauer den disziplinierten Kampf. Denn Stahl wird im Feuer geschmiedet, aber er ist nicht entzündlich, nicht der Zerstörung durch das Feuer ausgeliefert. Ihn zu meistern bedeutet Triumph über die Schwäche der Fleisch-Seele und über den Tod und die Verbrennbarkeit des Holzgeistes. Wie er geschmiedet wird, so schmiedet der Stahl eine neue Generation und eine neue Elite. Das muß zum mindesten die Bedeutung solcher Namen wie Stalin (Stahl) und Molotow (Hammer) sein und eines offiziellen Verhaltens, das unaufhörlich die Unbestechlichkeit der bolschewistischen Auffassung, ihren Weitblick, die maschinenhafte Entschlossenheit der Aktion betont. In der Defensive wird eine derartige Starrheit der Haltung aber wieder zur Hölzernheit – oder zur aufflammenden Rhetorik.

Wir sehen also, wo Gorki zu stehen glaubte und wohin dieser Film von der Morgendämmerung der Revolution ihn stellen möchte: in die Vorhut der Revolutionäre, die die »Intelligenzia« hieß, die – mit all ihrem morbiden Grübeln – die neue Moral verbreitete, indem sie lernte, zuzugreifen und festzuhalten, erst Fakten und Ideen und dann politische und militärische Selbstbeherrschung auszuüben. Für uns ist es schwer zu begreifen, welch übermenschliche Inspiration seinerzeit in Lenins Entscheidung eine Rolle zu spielen schien, als er die Arbeiter und Bauern an der zusammenbrechenden Front aufforderte, an ihren Gewehren zu bleiben – und was für ein Wunder es scheinen mußte, daß die erschöpften Massen gehorchten. Es war Gorki, der die Schriftsteller die »Ingenieure der Gesellschaft« nannte, und andererseits von einem Erfinder als einem »Dichter im Bereich der wissenschaftlichen Technik« sprach, »der jene vernünftige Energie erweckt, die Güte und Schönheit schafft«. Als die Revolution sich durchsetzte, wich die gebildete und in vieler Hinsicht verwestlichte intellektuelle Elite einer vorgeplanten, methodisch erzogenen Elite von politischen, industriellen und militärischen Ingenieuren, die sich für die Aristokratie des historischen Prozesses selbst hielten. Heute sind sie unsere kalten, gefährlichen Widersacher.

Aber es gab eine Zeit, wo die Intelligenzia leidenschaftlich wünschte, zum Volk zu gehören und für das Volk da zu sein – und zweifellos verstärkte sie einmal eine dunkle und nicht in Worte ausgedrückte Tendenz der russischen Massen (oder auf alle Fälle eines entscheidenden Teiles dieser Massen), ihre nationale Identität in einer leidenschaftlich internationalen Sache zu finden. In Aljoscha sehen wir sowohl den Sohn einer mystischen und irdischen Vergangenheit wie den potentiellen Entdecker und Vater einer industriellen Weltzukunft.

Der amerikanische Bauernjunge ist der Nachfahre der Gründerväter, die selber rebellische Söhne waren. Sie hatten sich geweigert, sich hinter Kronen und Kreuze zu verstecken. Sie waren Erben einer Reformation, einer Renaissance, Ergebnis des Nationalismus und des revolutionären Individualismus. Vor ihnen lag ein neuer Kontinent, der nicht ihr Mutterland gewesen war und niemals regiert von gekrönten oder geweihten Vätern. Diese Tatsache gestattete eine Ausbeutung des neuen Weltteils, die grob männlich, wild überschäumend und, abgesehen von den Frauen, anarchistisch war. Wenn irgend ein Volk, dann haben die Amerikaner Tschechows Traum erfüllt. Sie haben die eroberte Erde angenehm für den Menschen und die Maschinen fast erfreulich gemacht, womit sie den ambivalenten Neid der übrigen Welt erregten. Protestantismus, Individualsimus und die Situation der offenen Grenze schufen zusammen eine Identität der individuellen Initiative, die in der Industrialisierung ihr natürliches Medium fand.

Ich möchte jetzt näher erklären, was ich an einer früheren Stelle meinte, wo ich Aljoschas neue Geisteshaltung als eine Form eines verspäteten östlichen Protestantismus bezeichnete. Die Versuchungen, von denen der Junge sich abwendet – und ein Protestant wendet sich sowohl von Versuchungen ab, wie er sich auch gegen sie wendet – sind nicht unähnlich denen, die die frühen Protestanten von Rom ausgehen fühlten: die Bezauberung durch Gott als einen Geist, der durch die Sinne eindringt, wie das Licht durch die bemalten Fenster, durch den Duft des Weihrauchs und die Wiegenlieder der Chorgesänge, durch das mystische Untertauchen in der Masse; durch die »klinische« Ansicht vom Leben als einer Kinderkrankheit der Seele; und vor allem anderen durch die Erlaubnis, »sich hinter dem Gewissen eines anderen zu verstecken«.

Wenden wir uns der Gemeinschaft der Menschen zu, der sich Aljoscha zuzuwenden scheint, so wird die Parallele mit den protestantischen Grundformen sogar noch deutlicher. Denn von einer zentralisierten Organisation, die Erlösung vermittelt (und zugleich primitive und infantile Ängste auf diesem Wege ausbeutet) wenden sich Aljoscha und seine Kameraden der Errichtung einer verantwortlichen Elite zu. Ihr Mittel der Auswahl ist nicht der Glaube an das Unsichtbare, sondern das Verhalten innerhalb einer Gemeinschaft, die prüft, wählt und beurteilt. Ihr Gewissen beruht nicht auf dem Paroxismus des Kreislaufes von Schuld und Sühne, sondern auf einer Disziplinierung des Geistes. Diese Disziplin bestimmt ihre Form des Opfers, das vorzüglich in der Beschränkung des Ich, in einer systematischen Disziplinierung der Sinne liegt, und nicht in einer dramatischen Buße. Ihr Erlösungszustand wird nicht durch die innere Glut des Glaubens und der Liebe bestimmt, sondern durch disziplinierten Erfolg in der Welt, durch eine entschlossene Ausrichtung auf die zeitgenössischen ökonomischen Kräfte. Ihre Verdammnis und ihr Tod ist nicht die Sünde und die Gewißheit der Hölle, sondern der Ausschluß aus der Gemeinschaft und sogar der Selbst-Ausschluß aus dem historischen Prozeß, eine moralische Auslöschung, mit der verglichen der Tod, gleichgültig aus welcher Hand er kommt, eine biologische Belanglosigkeit ist.

Der Bezugsrahmen dieser östlichen protestantischen Reorientierung ist natürlich völlig anders als der des Westens; er ist proletarisch und industriell und er ist russisch und orthodox. Die beiden letzten Elemente haben die Gefahren dieser Orientierung und die Ungeheuerlichkeit ihrer Tragödie verursacht.

Hier können wir unsere Analogie fortsetzen und beenden. Die kommunistische Partei konnte, als sie einen erwachenden Protestantismus absorbierte, einen wichtigen protestantischen Bestandteil nicht dulden: das Sektierertum. Um die absolute Macht zu bewahren, empfand sie das Bedürfnis nach absoluter Einheit. Die verzweifelten und schließlich grausamen Versuche, sektiererische Abspaltungen und Splitterbildungen abzuwehren, sind in den Protokollen ihrer frühen Sitzungen deutlich dokumentiert, die sich durch Haarspaltereien auszeichnen, die in hohem Maße an die der Kirchengeschichte erinnern: die Themen waren die *Wahrheit* der dialektischen Geschichtsauffassung, die *Unfehlbarkeit* des Politbüros und die mystische *Weisheit* der Massen.

Max Webers Voraussage, daß der Versuch einer proletarischen Diktatur nur zu einer Diktatur der Mittelsmänner, der Bürokratie, führen könne, erweist sich jetzt als prophetisch. Wieder glaubt das russische Volk an einen einzelnen Mann im Kreml, dem es die Grausamkeiten seiner Mittelsmänner nicht zum Vorwurf macht und von dem es glaubt, daß er sein Verteidiger gegen Usurpatoren und fremde und einheimische Ausbeuter sei.

Wie die Dinge heute liegen, glauben die russischen Menschen ehrlich daran, denn es gibt ja nichts anderes, woran sie, auf Grund dessen, was sie wissen, glauben könnten. Daher ist in diesem Glauben ihr Bestes investiert. Unsere Untersuchungen sollten sich aufmerksam mit der Tatsache beschäftigen, daß der ursprüngliche Keim einer revolutionären Geisteshaltung in Rußland und Asien, so eruptiv er war, einen Versuch dargestellt haben könnte (und angesichts des historischen Prozesses einen unumgänglichen Versuch), jene Stufe des menschlichen Bewußtseins zu erreichen, wie sie unsere protestantische Revolution charakterisierte. Ob ein paar Leute auf dem eurasischen Kontinent oder irgendein nervöser Ministerrat uns in einen Krieg stürzen werden oder nicht – das wissen wir nicht. Aber es ist durchaus möglich, daß die Zukunft – mit oder ohne Krieg – denen gehören wird, die die psychologischen Energien nutzen werden, die auf dem europäischen, asiatischen und afrikanischen Kontinent aus dem kräfteverzehrenden Aberglauben der alten landwirtschaftlichen Moral befreit werden.

Die Physik, die gelernt hat, Atome zu spalten, hat neue Energien freigesetzt – Energien für den Krieg wie für den Frieden. Mit Hilfe der Psychoanalyse können wir eine andere Art von Energie untersuchen, die freigesetzt wird, wenn der archaische Teil unseres Bewußtseins »aufgespalten« wird. Wo die Zivilisation in ein industrialisiertes Gebiet eindringt, wird solch eine Spaltung unvermeidlich. Die dabei freiwerdenden enormen Energien können gutartig und können bösartig sein. Am Ende sind sie vielleicht entscheidender als reale Waffen.

Wir Amerikaner müssen einsehen lernen, daß wir, indem wir Maschinen und Roboter auf den Weltmarkt werfen, dazu beitragen, revolutionierte ökonomische Bedingungen zu schaffen. Wir müssen die zornigen Aljoschas überall auf der Welt davon überzeugen können, daß unsere neuen glitzernden Waren (die so verlockend in Versprechungen von Freiheit verpackt sind) nicht ebenso viele Betäubungsmittel sind, um diese Jugend ihren verbrauchten Oberklassen gefügig zu machen, nicht ebenso viele Schlafmittel, um sie in die neue Sklaverei hypnotisierter Verbraucherschaft zu wiegen. Die Jungen wollen ihre Freiheit nicht geschenkt bekommen; was sie wollen, ist eine Gelegenheit, sie selber als Gleichgestellte zu ergreifen. Sie wollen keinen Fortschritt, wo er ihr Initiativegefühl untergräbt. Sie fordern Autonomie zusammen mit der Einheit; und Identität zusammen mit den Früchten der Leistung. Es muß uns gelingen, die Aljoschas davon zu überzeugen, daß – auf sehr lange Sicht – ihr Protestantismus der unsere ist und unserer der ihre.

ELFTES KAPITEL

SCHLUSSFOLGERUNG:
JENSEITS DER ANGST

Der Leser, der unter seinen Händen den dünnen Rest der Seiten fühlt, die von diesem Buch noch geblieben sind, wird sich fragen, welche Art kurzer Schlußfolgerungen den unmittelbar uns betreffenden Dingen gerecht werden könnte, die im letzten Kapitel illustriert wurden. Ich gebe zu, daß irgendeine Botschaft oder Forderung, die bisher durch meine Darstellung nicht übermittelt wurde, nur sehr geringe Aussichten hat, durch eine förmliche Schlußfolgerung gefördert zu werden. Ich habe nichts anderes zu bieten als eine Art, die Dinge anzusehen. Von der Peripherie der Illustration muß ich diesen Standpunkt auf sein Zentrum in der psychoanalytischen Arbeit zurückverfolgen.

Diese Rückkehr auf unseren Ausgangspunkt bedeutet kein Ausweichen. Erinnern wir uns, daß bis vor ganz kurzer Zeit unsere analytischen Einsichten in die Beziehung zwischen Kindheit und Gesellschaft auf Seiten der Soziologie und Geschichtswissenschaft wenig oder gar keine Resonanz ausgelöst hat. Während wir diese Dinge, soweit unsere Methoden das zuließen, zu klären suchten, müssen wir hinsichtlich der praktischen Anwendbarkeit vorsichtig sein. Es bleibt uns keine Zeit mehr, um historisch so naiv zu sein, wie es die Historiker in der ganzen verflossenen Geschichte psychologisch waren.

Wollen wir die historischen und psychologischen Methoden in Einklang bringen, so müssen wir uns zuerst einmal mit der Tatsache abfinden, daß die Psychologen und die Psychologien historischen Gesetzen unterstehen und die Historiker und historischen Berichte den Gesetzen der Psychologie. Nachdem wir in der klinischen Arbeit erfahren haben, daß das Individuum dazu neigt, für seine prägendsten Kindheitserlebnisse Amnesien zu entwickeln, müssen wir wohl auch bei den Akteuren und Interpreten der Geschichte einen universellen blinden Punkt annehmen: sie übersehen die schicksalshafte Funktion der Kindheit im Gewebe der Gesellschaft. Historiker und Philosophen anerkennen zwar ein »weibliches Prinzip« in der Welt, aber nicht die Tatsache, daß der Mensch von Frauen geboren und großgezogen wird. Sie debattieren Prinzipien der formalen Erziehung, aber schenken dem schicksalshaften Aufdämmern des individuellen Bewußtseins keine Aufmerksamkeit. Ewig insistieren sie auf dem Traum vom Fortschritt, wo die männliche Logik Vernunft, Ordnung und Frieden schaffen wird, während jeder Schritt in Richtung dieses Traumbildes die Errichtung neuer Prinzipien mit sich bringt, die zu Krieg und Schlimmerem führen. Der moralisierende und der rationalisierende Mensch identifiziert sich fortwährend mit seinen eigenen Abstraktionen, aber er will nicht sehen, wie er wurde, was er wirklich ist und wie er, als emotionelles und politisches Wesen, mit infantilen Zwängen und Impulshandlungen zerstört, was sein Geist erfunden und seine Hand erschaffen haben. All das hat seine psychologischen Grundlagen – nämlich die unbewußte Entschlossenheit, niemals wieder seiner Kindheitsangst von Angesicht zu Angesicht gegenüberzutreten, und die abergläubische Vorstellung, daß ein einziger Blick auf die infantilen Ursprünge seiner Gedanken und Pläne die unmittelbare Kraft seiner Zielhaftigkeit zerstören könnte. Der Mensch bevorzugt daher eine geistige Erhellung, die nicht ihn selbst betrifft, weswegen auch die besten Köpfe sich häufig ihrer selbst am wenigsten bewußt sind.

Aber ist es nicht hauptsächlich Aberglauben, der den Menschen veranlaßt, sich von seiner latenten Angst abzuwenden, wie vom Haupt der Medusa? Könnte es nicht sein, daß der Mensch in diesem Stadium des Spieles seine tolerante Einsicht in seine latenten Ängste und in die infantilen Ursprünge seiner Befangenheiten und Besorgnisse erweitern muß und kann?

Jeder Erwachsene, sei er Gefolgsmann oder Führer, Mitglied einer Masse oder einer Elite, war einmal ein Kind. Er war einmal klein. Das Gefühl der Kleinheit bildet in seinem Denken ein unauslöschliches Substrat. Seine Triumphe werden, an dieser Kleinheit gemessen, größer werden; seine Niederlagen werden sie bestätigen. Die Fragen, wer größer ist und wer das ode. jenes tun oder nicht tun kann – und wem tun kann – diese Fragen erfüllen das innere Leben des Erwachsenen weit mehr, als es die Notwendigkeiten und Ziele, die er versteht und auf die er seine Pläne ausrichtet, erklären könnten.

Jede Gesellschaft besteht aus Menschen im Prozeß der Entwicklung von Kindern zu Eltern. Um die Kontinuität der Tradition sicherzustellen, muß die Gesellschaft frühzeitig in ihren Kindern die Elternschaft vorbereiten; und sie muß die unvermeidlichen Überreste der Infantilität in ihren Erwachsenen berücksichtigen. Das ist eine große Aufgabe, besonders da die Gesellschaft viele Mitglieder braucht, die gehorchen können, wenige, die führen können und einige, die beides können – abwechselnd, oder auf verschiedenen Lebensgebieten.

Das Lernen des Menschen in der Kindheit, das seine hoch spezialisierte Hirn-Auge-Hand-Koordination und all die komplizierten Mechanismen des Denkens und Planens zur Entwicklung bringt, ist durch verlängerte Abhängigkeit bedingt. Nur so entwickelt der Mensch Gewissen, dieses Sich-auf-sich-selbst-verlassen-Können, das ihn seinerseits zuverlässig macht; und nur wenn er in einer Anzahl von fundamentalen Werten (Wahrheit, Gerechtigkeit etc.) zuverlässig ist, kann er unabhängig werden und Traditionen lehren und entwickeln. Aber diese Zuverlässigkeit stellt, eben durch ihren Ursprung in der Kindheit, und durch die Kräfte, die zu ihrer Entwicklung beitrugen, ein Problem dar. Wir sprachen über die Retardierung der sexuellen Entwicklung und von ihrer Konzentration auf ihre Wegführung von der Familie; und wir sprachen über die Wichtigkeit früher Grundformen aggressiver Annäherung (Organmodi) für die Entwicklung sozialer Modalitäten. Beide Entwicklungslinien zwingen gerade die Ursprünge der Ideale des Menschen zu einer Assoziation mit Bildern, die kindliche Spannung und Wut bezeichnen.

So bedrohen die unreifen Ursprünge seines Gewissens die Reife und die Leistung des Menschen: die infantile Angst begleitet ihn durchs Leben. Wir Psychoanalytiker unternehmen es, dies in individuellen Fällen zu korrigieren; gerade das versuchen wir zu erklären und in Begriffe zu fassen, da es keine allgemeingültige Heilungsform (nur vielleicht eine Linderung durch allmähliche Einsicht) für die Tatsache gibt, daß jede Generation sich aus ihrer Kindheit heraus entwickelt und, indem sie ihre eigene Art von Kindsein überwindet, eine neue Art entwickeln muß, möglicherweise vielversprechend, möglicherweise gefährlich.

Mark Twain nannte den Menschen einmal »das unzüchtige Tier«, das einzige Geschöpf, das weiß, daß er nackt ist, oder, wie wir es ausdrücken würden, das Geschöpf, das sich seiner Sexualität bewußt ist. Mark Twain hat aber unterlassen, hier die ausgleichende menschliche Spezialbegabung zu erwähnen, die seine spezielle Begabung war: den Humor, die Gabe, in seltenen Momenten furchtlos mit den sonderbaren Bräuchen und Einrichtungen, durch die der Mensch seine Selbstverwirklichung finden muß, zu spielen und über sie nachzudenken. Aber die Tatsache bleibt bestehen, daß das menschliche Wesen in früher Kindheit lernt, den einen oder den anderen Aspekt körperlicher Funktion als schlecht, beschämend oder gefährlich anzusehen. Es gibt keine Kultur, die nicht eine Kombination dieser Teufel als Kontrapunkt benutzt, um daran ihren eigenen Stil des Glaubens, des Stolzes, der Gewißheit und Initiative zu entwickeln. So bleibt selbst im Vollkommenheitsgefühl des Menschen ein verdächtiger Restbestand infantiler Ursprünge zurück, und da sein frühestes Realitätsgefühl nur durch die schmerzliche Erprobung des inneren und äußeren Guten und Bösen sich entwickelte, so bleibt der Mensch bereit, von irgend einem Feinde, einer Kraft oder einem Ereignis in der äußeren Welt das zu erwarten, was ihn in Wirklichkeit von innen her bedroht: von seinen eigenen zornigen Trieben her, von seinem Kleinheitsgefühl, aus seiner eigenen aufgespaltenen inneren Welt. So ist er stets, jenseits aller Vernunft, bereit, eine Invasion gewaltiger und vager Kräfte zu befürchten, die nicht er selbst sind, eine würgende Umklammerung durch all das, was nicht sicher als verbündet erkennbar ist, einen verheerenden Verlust an Prestige vor einer allgegenwärtigen höhnenden Zuschauerschaft. Dies – und nicht die Furcht des Tieres – charakterisiert die menschliche Angst, und zwar im Persönlichen wie in den Weltaffairen.

Zum Abschluß möchte ich wenigstens einige Grundängste zusammenfassen. Ich hoffe aber – um das vorweg zu nehmen – daß ich deutlich machen konnte, daß es auch in meinen Augen unumstößliche Tatsachen gibt – daß nämlich die Existenz von Machtsphären, von Einflußbereichen, von Rechtsprechung und Besitz, vor allem aber von Ausnützungssphären, Dinge sind, die zum sozialen Prozeß gehören und die nicht an sich als der infantilen Angst entstammend erklärt werden dürfen: sie sind Ausdruck der geographisch-historischen Wirklichkeit, in der wir existieren. Das Problem, das geklärt werden sollte, betrifft das Ausmaß, in dem der Mensch dazu neigt, die Ängste und Besorgnisse und Zwänge, die aus dem Arsenal der kindlichen Angst stammen, auf politische und ökonomische Notwendigkeiten zu projizieren.

Und dann ist noch ein Vorbehalt notwendig: Wir müssen lernen, zwischen Furcht und Angst zu unterscheiden. Furcht ist ein Zustand von Besorgnis, der sich auf isolierte und erkennbare Gefahren konzentriert, so daß sie vernünftig beurteilt und realitätsgerecht bekämpft werden können. Ängste aber sind diffuse Spannungszustände (hervorgerufen durch einen Verlust wechselseitiger Regulierung und eine daraus entspringende Störung der libidinösen und aggressiven Kontrollen), die die Illusion einer äußeren Gefahr vergrößern, ja verursachen, ohne auf geeignete Wege der Verteidigung oder Bemeisterung hinzudeuten. Diese beiden Formen der Besorgnis treten offensichtlich häufig zusammen auf. Auf einer strikten Trennung können wir nur um der Beweisführung willen bestehen. Fürchtet ein Mann in einer Wirtschaftsdepression sein Geld zu verlieren, so kann seine Furcht berechtigt sein. Aber wenn der Gedanke, daß er von einem Einkommen leben muß, das nur zehn Mal und nicht fünfundzwanzig Mal so groß ist, wie das seiner durchschnittlichen Mitbürger, ihn die Nerven verlieren läßt und ihn zum Selbstmord treibt, müssen wir unsere Formel zu Rate ziehen, mit deren Hilfe wir vielleicht herausfinden würden, daß z. B. der Reichtum den Grundstein seiner Identität darstellte, und daß die Wirtschaftsdepression zeitlich mit dem Klimakterium des Mannes zusammentraf. So konnte sich die Furcht vor dem Geldverlust mit der Angst vereinen, eine Rolle leben zu müssen, die nicht mehr durch unbegrenzte Möglichkeiten charakterisiert ist, und das in einem Zeitpunkt, wo die Furcht vor dem Verlust der Sexualpotenz eine Infantilangst mobilisiert hatte, die einst mit Vorstellungen von Kastration und Aktivitätsverlust verbunden war. Die verminderte Urteilskraft des Erwachsenen auf Grund infantiler Wut ist also die Folge eines Zustandes irrationaler Spannung, die durch einen Kurzschluß zwischen rationaler erwachsener Furcht und infantilen Ängsten hervorgerufen wird. Das ist die Wahrheit, die hinter Franklin D. Roosevelts einfacher und doch magischer Feststellung steht, daß wir nichts zu fürchten haben, außer der Furcht selbst, eine Feststellung, die im Sinne unseres Argumentes folgendermaßen zu umschreiben wäre: Wir haben nichts zu fürchten, als die Angst, denn es ist nicht die Furcht vor der Gefahr (der wir mit vernünftigen Handlungen durchaus begegnen könnten), sondern die Furcht vor dem damit verbundenen Zustand zielloser Angst, der uns zu irrationalen Handlungen, zu einer irrationalen Flucht – oder aber auch zu einem irrationalen Ableugnen der Gefahr treibt. Wo diese Angst droht, vergrößern wir entweder eine Gefahr, die wir gar nicht übermäßig zu fürchten hätten – oder wir mißachten eine Gefahr, die zu fürchten wir jeden Grund hätten. Der Furcht gewahr werden können, ohne der Angst nachzugeben, unsere Furcht so zu üben, daß sie im Angesicht der Angst ein genauer Maßstab und eine Warnung gegenüber dem bleibt, was der Mensch fürchten muß – das ist die notwendige Bedingung für einen urteilsfähigen, abwägenden Geisteszustand. Es ist um so wichtiger, als politische und religiöse Institutionen im Wettkampf um die Gefolgschaft der Menschen gelernt haben, infantile Ängste auszunutzen, die entweder der ganzen Menschheit gemeinsam sind, oder für die bestimmte Gruppen anfällig scheinen. »Schlaue« Führer, Cliquen, Mächtegruppen können – möglicherweise zu ihrem eigenen Nachteil – Menschen übertriebene Gefahren vorgaukeln, oder sie dahin bringen, bestehende Gefahren zu übersehen, bis es zu spät ist. So kann es geschehen, daß selbst aufgeklärte und demokratische Menschen in ihrer Fähigkeit abstumpfen, sich auf die richtige Weise zu fürchten und wohlüberlegt zu kooperieren.

Wie können nur einige der betreffenden Ängste kurz darstellen und jeden (den Autor wie den Leser) sich selbst fragen lassen, auf welche Art sein eigener Lebensgang helfen könnte, die Panik zu bekämpfen, die den Menschen auf seinem Wege voran überschattet.

In der Kindheit liegen Furcht und Angst natürlich so nahe beieinander, daß es unmöglich wird, sie zu unterscheiden, und zwar weil das Kind auf Grund seiner unausgereiften Fähigkeiten noch nicht die Möglichkeit besitzt, zwischen inneren und äußeren, realen und phantasierten Gefahren zu differenzieren. Es muß das alles noch lernen, und während es lernt, bedarf es der versichernden Belehrung durch die Erwachsenen. Wo es mißlingt, das Kind durch die vernünftigen Erklärungen der Erwachsenen zu überzeugen und besonders wo das Kind statt dessen des latenten Schreckens und der Angst der Erwachsenen inne wird, wird ein vages panisches Katastrophengefühl als immer drohende Möglichkeit bestehen bleiben. Das Kind hat also ein Recht, Angst zu entwickeln, wenn es sich fürchtet – ebenso wie es das Recht auf »kindische« Ängste hat, bis Anleitung und Belehrung ihm Schritt um Schritt geholfen haben, Urteil und Beherrschung zu entwickeln. Aus diesem Grunde werden wir eine Anzahl der Besorgnisse des Kindes Furcht nennen, obgleich wir die selben Besorgnisse beim Erwachsenen als Angst bezeichnen werden, bei dem sie in scharfem Kontrast zu seiner Fähigkeit, Gefahren zu beurteilen und Pläne gegen sie zu entwickeln, weiter bestehen.

Im Folgenden werden wir in erster Linie infantile Ängste aufzählen, die an das Erlebnis des wachsenden Organismus gebunden sind. Sie sind die Vorläufer vieler irrationaler Ängste, die Erwachsene in ihren Interessesphären hegen, wie die Aufrechterhaltung der individuellen Identitäten und der Schutz kollektiver Territorien.

Kleine Kinder werden durch eine Reihe von Dingen erschreckt, so durch den plötzlichen Verlust des Halts, durch einen plötzlichen intensiven Lärm oder Lichtstrahl. Solche Vorkommnisse sind selten und zufällig, und das Kind paßt sich an sie an, außer es hat gelernt, Plötzlichkeit in den Veränderungen um es her zu fürchten. Von da an ist es schwer zu entscheiden, wann es die Wiederkehr eines bestimmten Ereignisses oder die Plötzlichkeit als solche fürchtet und wann es mit Angst auf die Ungeschicklichkeit und Gespanntheit der Erwachsenen reagiert, die in der wiederholten Plötzlichkeit zum Ausdruck kommen. Die Furcht vor objektiven Dingen, wie Verlust des Haltes oder Lärm wird so leicht zur Angst, die in Verbindung mit einem plötzlichen Verlust aufmerksamer Zuwendung auftritt.

Die unvermeidliche Auferlegung äußerer Regeln, die erst langsam die nötige Übereinstimmung mit der Qualität und Quantität der inneren Regulierung des Kindes entwickeln können, verursachen unter Umständen einen Zirkel von Zorn und Angst in ihm. Das hinterläßt einen Bodensatz von *Intoleranz gegen das Manipuliertwerden*, und dagegen, über den Punkt hinaus gezwungen zu werden, bis wohin äußere Kontrolle als Selbstkontrolle erlebt werden kann. Im Zusammenhang damit gibt es eine *Intoleranz dagegen, in einem vitalen Akt unterbrochen zu werden* oder nicht erlaubt zu bekommen, einen Akt auf idiosynkratisch wichtige Art zu beenden. Alle diese Ängste führen zu impulsivem Eigensinn – oder, im Kontrast, zu übertriebenem Selbstzwang durch stereotype und einsame Wiederholung. Hier finden wir die Ursprünge von Zwang und dem dazugehörenden Bedürfnis nach rachsüchtiger Manipulation anderer.

Die Intoleranz gegen das Verbot, Erlebnisse zum Abschluß zu bringen, hat ihr Gegenstück in der *Furcht, in einem bestimmten Organmodus zu verarmen*. Auf der oralen Stufe gibt es etwas wie die Furcht (ernährungsmäßig) leer gelassen zu werden und (sensorisch und sinnlich) nach Reizen hungern zu müssen. Diese Ängste werden später austauschbar, so daß das Bedürfnis nach Aufregung und die Furcht vorm Verhungern Leute charakterisieren kann, die mehr als genug zu essen, aber weniger als genug sinnliche Intimität haben.

Die Angst, die durch die Furcht erregt wird, die Autonomie in ihrer ursprünglichen Organform zu verlieren, gilt einer möglichen Ausleerung und Beraubung des Innern durch feindliche Figuren und innere Saboteure, die die Eingeweide dahin bringen können, entgegen dem eigenen souveränen Wunsch »loszulassen«. Entsprechend dem ambivalenten Aspekt dieses Stadiums würde eine entgegengesetzte Furcht die *Gefahr* betreffen, *zugeschlossen zu sein*, gezwungen zu sein, die sich blähenden Eingeweide zu enthalten, kein »Ventil« zu haben.

Auch auf motorischem Gebiet gibt es eine doppelte Intoleranz: Die *Angst*, die aus dem Gefühl entspringt, bis zur völligen motorischen Machtlosigkeit *behindert und gefesselt zu sein*, hat ihr Gegenstück in der Angst, überhaupt nicht gehalten zu werden, alle *äußeren Bindungen und Schranken zu verlieren* und mit ihnen die für die Definition der eigenen Autonomie notwendige Orientierung. Das Zusammenspiel des motorischen und des analen Sadismus scheint die Furcht zu produzieren, *von hinten angegriffen* zu werden, entweder überwältigt und gefesselt oder anal, wie ein Tier, vergewaltigt zu werden.

Allein stehen zu können hat viele Mitbedeutungen von Stolz und Einsamkeit, vom Wunsch, bewundert zu werden und von der *Angst*, verheerender *Einsichtnahme* und natürlich dem *Fallen* ausgesetzt zu sein.

Im Zentrum der lokomotorisch-phallischen Ängste des Knaben lauert die Furcht vor der Kastration, davor, *einer eindringenden Waffe beraubt zu werden*. Die klinischen Beweise für die strategische Existenz einer Furcht um dieses empfindliche Organ, den Penis, der so trotzig »den Kopf hebt«, sind überwältigend deutlich. Allgemeiner gesagt handelt es sich dabei um eine Furcht, entweder im ganzen oder in der genitalen Statur zu klein zu bleiben, als fehlte einem »das rechte Zeug«. Auf der ambulatorischen Ebene gibt es die Angst, gefesselt und gelähmt zu sein, doch auch wieder eine Angst, nicht geführt und geleitet zu werden, auf keine Grenzen zu stoßen, gegen die man ankämpfen und so die eigene Initiative erleben könnte. Hier liegt der infantile Ursprung des Bedürfnisses (des Menschen) nach einem Feind, gegen den er sich wappnen und den er als konkreten Gegner bekämpfen kann, um so vor der fortwährenden Angst vor unbekannten Feinden frei zu kommen, die ihn in einem unvorbereiteten Moment waffenlos und unverteidigt finden könnten.

Bei Mädchen hat die Furcht (oral) leer zu bleiben oder (anal) ausgeleert zu werden, eine andere Qualität, da die Körperimago des Mädchens (selbst ehe es seinen eigenen Körperbau wie einen anatomischen Aufriß »kennt«) ein kostbares Inneres beinhaltet, ein Inneres, von dessen Entwicklung die Erfüllung des Mädchens als Organismus und als Rollenträgerin abhängt. Die Furcht, leer gelassen zu werden, oder ganz einfach die Furcht, ge- und verlassen zu werden, scheint die grundlegende weibliche Angst überhaupt zu sein, die über das ganze Dasein einer Frau verbreitet ist. Normalerweise intensiviert sich diese Furcht während jeder Menstruation und fordert in der Menopause ihren vollen Tribut. Es ist daher nicht verwunderlich, daß die Angst, die durch diese Befürchtungen erregt wird, sich entweder in völliger Unterwerfung unter männliche Denkweisen, in verzweifeltem Wettstreit mit ihnen oder in der Anstrengung zeigen kann, das Männchen einzufangen und zu einem Besitz zu machen.

Hier muß ich besonders auf eine der paradoxesten und folgenschwersten Konsequenzen dieser weiblichen Angst, verlassen zu werden hinweisen. Damit ihre Männer sie während ihrer periodischen Unternehmungen von Wettkämpfen, Eroberungen und Kriegen nicht gänzlich verabschieden und fallen lassen, sind die Frauen imstande, diese Unternehmungen zu dulden, die doch wieder und wieder zur Zerstörung ihrer Heime und zur Hinschlachtung ihrer Söhne führen. Sie geben vor, tatsächlich an den Krieg und an die wunderbaren Fähigkeiten des Mannes zu glauben, wo sie in Wirklichkeit nur gelernt haben, die kriegerische Erregung als unvermeidlich hinzunehmen, die sie ihrem Wesen nach doch nicht begreifen können. Es ist durchaus möglich, daß Kriege erst dann völlig verdammt werden können, wenn die Frauen um einer lohnenden Weiterexistenz willen es wagen werden, die heute noch unentwickelte Macht des waffenlosen Widerstandes zu erkennen und zu ihrer Sache zu machen. Aber dazu müßten sie erst lernen, die Angst vor dem Verlassenwerden aufzugeben und ihre mangelnde Bereitschaft, die männliche Hingabe an den Krieg um des Krieges willen abzulehnen, zu durchschauen und zu überwinden.

Irgendwo lernt das kleine Mädchen natürlich, ihn zu hassen, der so selbstzufrieden das besitzt, was man braucht – und es mit sich tragen kann. Auf dem Weg einer »Projektion«, die zu kompliziert für eine kurze Darstellung ist, intensiviert der Haß des Mädchens seine *Furcht, vergewaltigt zu werden,* und führt zu einer Angst, die leicht mit den verschiedenen prägenitalen Ängsten verschmilzt, gefressen, beraubt und ausgeleert zu werden. Die Männer ihrerseits nützen diese Angst in großem Umfang aus, wenn sie die Zustimmung der Frauen für ihre kriegerischen Phantasien und aggressiven Provokationen brauchen: es gibt immer eine Frau, ein Land oder ein als übermenschliche Frau charakterisiertes Prinzip, die gegen Raub und Vergewaltigung beschützt werden müssen.

Hier haben wir also einige der grundlegenden Intoleranzen, Befürchtungen und daraus entstehenden Ängste, die einfach dem Umstand zuzuschreiben sind, daß das menschliche Leben mit einer langen langsamen Kindheit beginnt und die Sexualität ihren Anfang in der Anhänglichkeit an Elternfiguren nimmt. Wir legen dabei die Betonung besonders auf die Ängste, die auf der Struktur und dem Wachstum des Organismus beruhen, weil sie die frühesten, die durchdringendsten und die unbewußtesten Angstthemen darstellen. Eine vollzählige Zusammenstellung müßte ebensoviel Gewicht auf die Beunruhigung des kleinen Wesens legen angesichts der unvorhersehbaren Spannungen und Wutstürme, die periodisch die Erwachsenen seiner Umwelt überwältigen. In der späteren Kindheit und frühen Reifezeit werden diese Befürchtungen natürlich zu Anteilen und zum Kernstück zwischenpersonaler Belange (Ödipuskomplex, Geschwisterrivalität), die größere und kleinere Rivalen und deren widerstreitende Forderungen betreffen. Die ersteren begründen ihre Besitzansprüche damit, daß sie zuerst da waren und stärker sind, die letzteren damit, daß sie zuletzt gekommen und schwächer sind – Widersprüche, die sich weder in der Erziehung noch in der Politik leicht überbrücken lassen.

Wir kamen zu dem Schluß, daß nur ein allmählich zunehmendes Identitätsgefühl, das aus dem Erlebnis sozialer Gesundheit und kultureller Solidarität am Abschluß jeder größeren Kindheitskrisis erwächst, das periodische Gleichgewicht im menschlichen Leben herzustellen verspricht, das – durch die Integration der Ichphasen – zu einem umfassenderen Gefühl für die gesamte Menschheit beiträgt. Wo immer aber dies Gefühl verloren gegangen ist, wo die Integrität der Verzweiflung und dem Überdruß das Feld räumt, Zeugungskraft der Stagnation, Intimität der Isolierung, Identität der Konfusion weicht, da wird eine Armee infantiler Ängste mobilisiert. Denn nur eine Identität, die sicher in der »Vaterherrschaft« einer kulturellen Identität verankert ist, kann ein funktionierendes psychosoziales Gleichgewicht erzeugen.[1]

---

[1] Der Begriff der Ich-Identität kann auf zwei Weisen mißverstanden werden. Man kann den Verdacht hegen, daß jede Identität konformistisch ist, daß ein Identitätsgefühl in erster Linie durch die völlige Unterwerfung des Individuums unter gegebene Rollen und durch seine bedingungslose Anpassung an die Forderungen der sozialen Veränderungen erworben wird. Sicher kann sich kein Ich außerhalb des Gesellschaftsprozesses entwickeln, der funktionierende Prototypen und Rollen anbietet. Das gesunde starke Individuum paßt diese Rollen aber weiteren Ich-Prozessen an und trägt damit dazu bei, den Gesellschaftsprozeß lebendig zu erhalten.
Das zweite Mißverständnis betrifft die Individuen, die sich dem Studium und dem einsamen Streben nach menschlicher Integrität widmen und damit neben und über der Gruppe zu leben scheinen, aus der sie stammen. Stehen sie über jeder Identität? Derartige Individuen waren in ihrer Entwicklung keineswegs unabhängig von der Identität ihrer Gruppe, die sie vielleicht tat-

Im letzten Teil des Buches brachte ich Beispiele für einige der Probleme, denen die heutige Jugend gegenübersteht. Die Identitäten, die der Mensch aus primitiven, agrarischen, feudalen und patrizischen Kulturen übernommen hat, sind durch die industrielle Revolution, die weltumspannenden Möglichkeiten allseitiger Kontaktnahme, durch Standardisierung, Zentralisierung und Mechanisierung bedroht. Was diese Kulturen an innerem Gleichgewicht zu bieten hatten, ist jetzt in großem Maßstab gefährdet. Da unsere irrationalen Motivierungen weitgehend von der Furcht vor dem Identitätsverlust beherrscht werden, ruft diese Tatsache das gesamte Arsenal der Befürchtungen wach, die in jedem Menschen einfach als Überreste seiner Kindheit vorhanden sind. In dieser Notsituation sind sehr viele Menschen bereit, die Rettung in irgend einer Pseudoidentität zu suchen.

Ich habe nur angedeutet, daß diese Ängste in das erwachsene Leben hineinreichen und das nicht nur in der Form neurotischer Angst, die schließlich als solche erkennbar ist, von den meisten in Zaum gehalten und bei einigen geheilt werden kann. Erschreckender ist, daß sie in der Form kollektiver Paniken und Geistesstörungen wieder auftauchen. Die auf den vorangehenden Seiten benannten Ängste ließen sich, aus dem Zusammenhang der Kindheit herausgenommen, als Überschriften für eine Untersuchung über Gruppenpaniken und ihre propagandistische Ausbeutung verwerten.

Folgendes wäre daher unsere Aufgabe: Methoden auszuarbeiten, die es in gegebenen Situationen erleichtern, Vorurteile, angstvolle Fixierungen und Fehlurteile aufzuklären, die ursprünglich aus infantiler Wut und der resultierenden Starrheit der Abwehrmechanismen des Erwachsenen gegen eigene latente Ängste stammen.

Angenommen, unsere klinische Erfahrung hätte uns dahin geführt, bedeutsame Zusammenhänge in der Beziehung zwischen den Ängsten der Kindheit und der Revolten der Gesellschaft zu entdecken: was für eine Art der Einsicht wäre das und welche Art von Macht bietet sie uns? Wird die Auswertung dieses Wissens uns zur Schaffung eines synthetischen Systems der Kinderaufzucht verhelfen, die die erwünschte Art von Persönlichkeit produziert? Kann es uns dazu verhelfen, die

sächlich bis zu dem Punkt absorbierten, wo sie aus ihr hinauswuchsen. Noch auch sind sie frei von einer neuen gemeinschaftlichen Identität, wenn sie sie auch nur mit sehr wenigen teilen, die nicht einmal im selben Gebiet zu leben brauchen (ich denke hier an Gandhi und seine Beziehung sowohl zu Indien wie zu Jesus von Nazareth).

infantile Schwäche unserer Feinde zu durchschauen, so daß wir sie überlisten können? Und – sollten wir solche Hoffnungen hegen – würde so angewandte Einsicht einsichtig bleiben?

Unser Wissen um diese Dinge beruht auf der Untersuchung der Angst und erhellt daher in erster Linie die Art, wie Angst hervorgerufen und ausgenutzt wird. Wir können den Ursprung der individuellen Angst durch Analyse rückwirkend verständlich machen, aber wir haben eben erst angefangen, die Kombination von Elementen zu untersuchen, die im gegebenen Fall zu einer interessanten Variation des menschlichen Funktionierens geführt hat – statt zu einer neurotischen Abweichung von der Norm. Wir haben weniger Variationen als Abweichungen untersucht, und das, weil Variationen so gut ohne uns auskommen.

Wir hatten Gelegenheit, in psychoanalytischen Kreisen ein Stückchen Privatgeschichte experimentierender Erziehungssysteme zu beobachten, welch letztere es sich zur Aufgabe gemacht hatten, instinktduldsam zu sein und die Entwicklung von Angst bei Kindern zu verhindern. Wir wissen jetzt, daß daraus nicht selten nur ein neues System von Aberglauben entstanden ist. Besessen von den ständigen Vergleichen zwischen Variationen der Kindheitsformen und den Kindheitserinnerungen erwachsener Kranker haben manche von uns, ohne es zu wollen, ihre Kinder in eine Identifizierung mit unseren Patienten getrieben. Zumindest hat der kleine Sohn eines Psychiaters das kürzlich so ausgedrückt: Als dies behütete und mit Umsicht erzogene Kind befragt wurde, was es später einmal werden wolle, meinte es »ein Patient«. Damit brachte es natürlich zum Ausdruck, daß es gerne eines dieser Wesen wäre, die für seine Eltern so absolut fesselnd und interessant schienen. Nachdem der kleine Junge diesen Wunsch einmal ausgesprochen hat, können wir nur hoffen, daß er ihn nicht wird durchführen müssen und daß seine Eltern rechtzeitig von ihm lernen werden. Aber diese Erfahrung sollte uns lehren, daß es nicht so leicht ist, durch rein wissenschaftliche Synthese ein völlig zuverlässiges System zu konstruieren, das unsere Kinder in gewünschte Richtungen lenkt und unerwünschte Tendenzen ausschließt. Offensichtlich kann nur aus einem beständigen Austausch zwischen dem, was wir als Forscher allmählich lernen, und dem, was wir als Menschen ganz allgemein glauben, Gutes erwachsen.

Das ist nicht leicht. Wenn Menschen sich auf ein unerforschtes Gebiet menschlicher Existenz konzentrieren, dann erheben sie dies

Gebiet zum Universum und verdinglichen sein Zentrum zur primären Realität. So wurde »das Es« in der Psychoanalyse verdinglicht und die Triebe wurden zum Universum, obwohl Freud sie souverän als eine »Mythologie« bezeichnet hatte. Er wußte, daß der Mensch, der Theorien errichtet, sein Weltbild zusammenstückelt, um das, was er weiß mit dem, was er braucht in Übereinstimmung zu bringen; und daß er aus all dem einen Lebensplan macht – denn er muß leben, während er denkt. Wird es uns gelingen, mit dem Ich nicht das gleiche zu tun? Es ist ein zentrales Organisationsprinzip[2] für Erfahrung und Aktion des Menschen und soll als solches aufgefaßt werden und nicht verdinglicht. Denn das Verständnis des Menschen muß von dem, was es erkannt hat, immer einen Schritt zurücktreten. Eine starke Identität wie ein gesunder und sinnlicher Körper und ein erkennender, forschungsfreudiger Geist sind das, wovon der Mensch lebt. Aber er hat weder die Stärke noch die Illusionen, die daher stammen, richtig verstanden, solange er einem von ihnen gestattet, sein Leben oder sein Denken zu beherrschen.

Auch hinsichtlich der gesellschaftlichen Prozesse beginnen wir manches über den Platz von Angst, Aberglauben und skrupelloser Propaganda bei kollektiven bedrohlichen Verstimmungen, Aufständen und Umbildungen zu verstehen. Aber wir wissen nicht halb so viel darüber, auf welche Weise plötzlich eine neue Idee das scheinbar Unmögliche leistet und inmitten eines Chaos von sich bekämpfenden Widersprüchen eine Änderung der Zivilisation bewirkt und aufrecht erhält.

Die Situation ist hier der Lage auf dem Gebiet der Atomforschung recht ähnlich. Dort haben die Physiker unter dem Druck der Gefahr für unsere Zivilisation sich bemüht, eine Leistung von höchster theoretischer und weitreichendster praktischer Bedeutung in kürzester Zeit zu vollenden. Sie haben sich zusammengeschlossen, um die Öffentlichkeit aufzuklären, aber sie selbst als Wissenschaftler können keine neue internationale Organisation schaffen und leiten, die allein imstande wäre, die Gefahr zu meistern, die die Wissenschaftler so genau erkennen. Ein Zyklotron zu bauen ist eine Sache – einen Überstaat aufzurichten eine andere. Der Wissenschaft steht nur die Stimme der Aufklärung, der Glaube an die Menschheit und ihre eigene Ethik zu Gebot. Sie hat es dabei nicht leicht, denn es gibt einen Punkt, wo wissenschaftliches Ethos und Wettrüsten nicht gut innerhalb einer Identität zusam-

---

[2] Und nur in diesem Sinn der »Kern des Individuums«, wie ich es auf der ersten Seite der ersten Ausgabe nannte.

menleben können; und werden sie zusammen gezwungen, so gefährden sie den Geist der Forschung selbst.

Auch auf unserem Gebiet kennen wir einen Teil der Zusammenhänge, aber nicht den ganzen Zusammenhang. Wir haben erstaunliche Beweise dafür gesehen, daß psychoanalytische Konstruktionen dazu dienen können, unbewußte dynamische Vorgänge aufzuklären. Wir haben überzeugende Heilungen und erschütternde Fehlschläge kennengelernt. Wir waren in der Lage, auf dem Gebiet der motivierenden Kräfte unerwartete Klärungen der Zusammenhänge zu bieten und machten entschieden Fortschritte in der Untersuchung der Gesellschaft. Aber uns drängen Notstände, unser Urteil über sozietäre und internationale Ereignisse abzugeben. Manche von uns reagieren darauf mit einer Analyse sozialer Organisationen als klinischer Situationen. Andere setzen ihren Glauben in das, was man Teamwork zwischen den Disziplinen nennt, eine Art von Zusammenarbeit zwischen Blindem und Lahmen, wobei der Soziologe mit geringer psychologischer Sehschärfe ausgestattet, den Psychologen Huckepack trägt, der nicht gelernt hat, sich leicht in den Ereignissen dieser Welt zurecht zu finden, auf daß die beiden zusammen ihren Weg durch die zeitgenössische Geschichte ertasten. Ich meine aber, daß unsere Arbeit etwas Bedeutsameres zu einer neuen Art des Menschseins beitragen sollte, zu einem Menschen, dessen Sehschärfe mit seiner Beweglichkeit, dessen Tätigkeit mit seinem unbehinderten Denken Schritt hält.

Nur insofern unsere klinische Art der Arbeit zum Teil einer abwägenden, vernünftigen Lebensform wird, können wir dazu beitragen, den destruktiven Kräften entgegenzuwirken und sie neu zu integrieren, die durch die Spaltung im archaischen Gewissen des modernen Menschen freigesetzt wurden.

Abwägenkönnen im weitesten Sinne ist ein Geisteszustand, der tolerant gegenüber Unterschieden ist, in der Wertverteilung vorsichtig und methodisch, im Urteil gerecht, im Handeln umsichtig und – trotz all dieser scheinbaren Relativismen – fähig, zu glauben und fähig, sich zu empören. Sein Gegenpol ist das Vorurteil, eine Einstellung, die sich durch vorgefaßte Werturteile und dogmatische Zuordnungen auszeichnet; hier scheint alles klar umrissen und in Fächer eingeteilt zu sein, und das von »Natur« aus, weswegen es immer so bleiben muß, wie es stets gewesen ist. Aber der Geist des Vorurteils, der sich auf vorgefaßte Meinungen stützt, schafft eben dadurch eine Starrheit, die unbequem werden kann. Allerdings hat er den Vorteil, die Projektion alles dessen, was sich im eigenen Herzen fremdartig anfühlt, auf einen vagen äußeren Feind zuzulassen – ein Mechanismus, der eine gewisse beschränkte Stabilität und Standardisierung ermöglicht, bis eine Katastrophe das gesamte zerbrechliche Gebäude vorgefaßter Meinungen in Gefahr bringt.[3] Abwägenkönnen andererseits läßt eine größere Elastizität und Variabilität zu, obwohl es zugegebenermaßen einen unausgeglichenen und neurotischen Menschen, der es unter Umständen anwenden möchte, gefährdet. Wer alle Vorurteile aufgibt, verwirkt gleichzeitig den Vorteil des Projektionsmechanismus. Seine Gefahr liegt jetzt in der Introspektion und »Introjektion«, in einer übermäßigen Beschäftigung mit dem Bösen in ihm selbst. Ein gewisses Maß dieser Gefährdung müssen Menschen guten Willens auf sich nehmen können. Sie müssen lernen, mit den Ängsten, die aus dem Verzicht auf Vorurteile erwachsen, abwägend umzugehen und die Furcht auf ihr richtiges Maß zu beschränken. Die Psychoanalyse hat den Boden dafür vorbereitet, neue Kommunikationsformen müssen die Fundamente legen, die Gesellschaft muß das Gebäude errichten.

Das psychoanalytische Wissen stellt also, wie alles Wissen, nur ein Werkzeug in der Hand eines Glaubens oder aber eine Waffe im Dienst eines Aberglaubens dar. Statt den Schluß zu ziehen, daß bestimmte Einzelheiten der Erziehung und ihre exakte zeitliche und mengenmäßige Dosierung Menschen formt oder zerstört, und daß wir daher weiterhin den Weg ängstlicher Vorsicht und peinlich genauer Planung einhalten müssen, könnten wir vielleicht eine Alternative erwägen. Vielleicht bestehen die Beziehungen zwischen infantiler Angst und späterer Destruktionstendenz nur deshalb in den hier dargestellten Formen, weil sie Systemen von Aberglauben und Ausnutzung dienen. Es könnte durchaus sein, daß (innerhalb bestimmter Grenzen dessen, was ein Organismus integrieren und ein Ich synthetisieren kann) Details nur dort entscheidend werden, wo und wenn ihnen durch abergläubische Erwachsene vorgefaßte Meinungen und Befürchtungen zugeordnet werden: in welchem Fall die entscheidende Frage lautet, ob diese Erwachsenen und ihre Kinder innerhalb eines Systems leben, das seinen Aberglauben ausbalanciert; oder ob dieser Aberglaube fragmentarische und individualisierte Retardationen und Regressionen ausdrückt, die in scharfem Gegensatz zu bekannten Tatsachen, bewußten Methoden und formulierten Ansprüchen stehen.

---

[3] Siehe die Arbeit von T. W. Adorno, Else Frenkel-Brunswik, Daniel J. Levison und R. Nevitt Sanford »Die autoritäre Persönlichkeit«.

Unsere vereinten Bemühungen sollten sich daher auf die Lockerung des unbewußten Aberglaubens im Umgang mit kleinen Kindern und auf die politischen und ökonomischen Möglichkeiten richten, heranwachsenden Kindern ein Identitätsgefühl zu vermitteln. Dazu ist es aber notwendig, die grundlegende Tatsache zu verstehen, daß die menschliche Kindheit eine ganz fundamentale psychologische Basis für die Ausnutzung des Menschen darstellt. Die Polarität von Groß und Klein ist die erste in der Reihe der existentiellen Gegensätze wie männlich und weiblich[4], Herrscher und Beherrschter, Besitzender und Höriger, Schwarz und Weiß; lauter Gegensätze, um derentwillen in unserer Zeit wilde politische und psychologische Emanzipationskämpfe entbrannt sind. Das Ziel dieser Kämpfe ist die Anerkennung der getrennten Funktionen der Partner, die gleichwertig sind, nicht weil sie wesensgleich wären, sondern weil sie, gerade durch ihre Verschiedenheit, beide für eine gemeinsame Funktion wesentlich sind.

Wir müssen an dieser Stelle eine Behauptung einschränken – zumindest in ihrer vereinfachten Auslegung – die die erste Begegnung unseres Landes mit der psychoanalytischen Aufklärung kennzeichnet: die Behauptung nämlich, daß Frustration zu Aggression führt. Im Dienst eines Glaubens kann der Mensch sinnvolle Versagungen ertragen. Wir sollten vielleicht richtiger feststellen, daß es die Ausnutzung ist, die zu unfruchtbarer Wut führt: wobei unter Ausnutzung das gesamte soziale Gefüge zu verstehen ist, das einer spezifischen Frustration ihre zerstörerische Macht verleiht. Ausnutzung liegt dort vor, wo eine geteilte Funktion von einem der beteiligten Partner für seine eigene Pseudo-Erhöhung mißbraucht wird, wobei er den so erniedrigten Partner jedes Identitätsgefühles und jedes Glaubens an seine Integrität beraubt. Der Verlust der fruchtbaren *Gegenseitigkeit,* der eine derartige Ausnutzung kennzeichnet, zerstört unter Umständen die gemeinsame Funktion und am Ende den Ausnutzer selbst.

In unserem Lande ist das Kind vielleicht weitgehender als in irgend einem anderen größeren Lande Partner des Erwachsenen. Uns scheint die einfache tägliche Beobachtung, daß dort, wo in einer Familie der Geist der Kameradschaftlichkeit herrscht, wo Kindheit einen eigenen Status bietet, sich ein Identitätsgefühl, ein brüderliches Bewußtsein und Toleranz entwickelt, als kostbare Hoffnung für zukünftige Entwicklungen. Wir sind uns aber auch bewußt, daß die Unmenschlichkeit

---

[4] Margaret Mead bespricht das ausführlich in: Mann und Weib, Diana-Verlag, Konstanz, Stuttgart, Zürich, 1955.

riesiger maschineller Organisationen gerade diese so spezifisch amerikanischen Errungenschaften gefährdet. Verantwortliche Amerikaner kennen die Gefahr, die von einer totalen Kriegsmaschinerie und von ihren Parallelerscheinungen in Friedenszeiten droht. Aber nicht nur die Überorganisation gefährdet die kulturellen Werte, indem sie sie relativiert. Die rapide Ausbreitung der Kommunikationsmittel und der Einblick in die Relativität der kulturellen Inhalte gefährdet Menschen in Randsituationen, Menschen, die einer zahlenmäßigen Zunahme, einer immer engeren Nähe oder größeren Macht Anderer-als-sie-selbst ausgesetzt sind. Bei solchen Menschen erreicht das Bemühen um Toleranz einen Punkt, wo es sich gegen sie selbst wendet: es verursacht Angst. Gleichermaßen führt auch das Streben nach besonnener und abwägender Haltung keineswegs so unmittelbar zum Weltfrieden oder übrigens auch zu geistiger Gesundheit, wie unsere neue Friedenswaffe, die »seelische Hygiene« uns gerne glauben machen möchte: denn die tolerante Anerkennung anderer Identitäten gefährdet unsere eigene; das Über-Ich, das so lange Zeit Stab und Stütze jeder Moral war, wird jede echte Toleranz gefährlich erscheinen lassen, solange die Identität der Besonnenheit und Gegenseitigkeit nicht allgemein relevant und unentrinnbar geworden ist. Ein derartiges Abwägenkönnen ist im wesentlichen Sache der persönlichen und bürgerlichen Moral; alles, was die Psychologie dazu beisteuern kann, sind Unterweisungen in der Toleranz gegenüber der Angst und die damit Hand in Hand gehende Aufdeckung verborgener Unterdrückungs- und Ausnutzungstendenzen.

Hier aber tritt die Psychologie in ihre menschliche Krise. In vieler Hinsicht nämlich spielt sie die Rolle des Manipulators des menschlichen Willens. Wir zitierten William Blake, der das Spiel des Kindes und die Gründe des alten Mannes als Früchte zweier Jahreszeiten bezeichnete. Wir nahmen an, daß er damit beabsichtigte, die Würde des kindlichen Spiels anzuerkennen. Aber vielleicht wollte er damit auch auf den Anteil latenter Infantilität in den Gründen und Begründungen der Erwachsenen hinweisen. In der Anwendung der Vernunft liegt ja gleichzeitig die uralte Versuchung bereit, in Experiment und Beweisführung mit menschlichen Dingen so umzugehen, wie das Kind im Spiel mit ihnen umgeht: sie nämlich in Größe und Ordnung so zu reduzieren, daß sie handhabbar erscheinen. Menschliche Probleme werden dabei so behandelt, als sei das menschliche Wesen ein Tier oder eine Maschine oder ein statischer Gegenstand. Aus der Tatsache, daß das menschliche Wesen, wenn man es entsprechend anfaßt, bis zu einem gewissen Punkt alles das ist und unter bestimmten Bedingungen so reduziert werden kann, daß es nichts anderes ist als ein Faksimile dieser Reduktion, läßt sich ein gut Teil naiven Machtgefühls beziehen. Der Versuch aber, den Menschen dadurch ausnutzbarer zu machen, daß man ihn auf ein vereinfachtes Modell seiner selbst reduziert, kann zu keiner wesenhaften menschlichen Psychologie führen.

Die Alternative zu einer Ausnutzung des niedersten gemeinsamen Nenners der Menschen bestünde im wohlerwogenen Appell an ihre latente Intelligenz und in der systematischen Kultivierung neuer Formen des Gruppengesprächs. Darin kann der Psychoanalytiker aber nur in dem Ausmaß Rat erteilen, als er, zusätzlich zu den infantilen Ursprüngen erwachsener Ängste auch die sozialen und politischen Sicherungen begriffen hat, deren das Individuum für seine Stärke und seine Freiheit bedarf.

Ich empfehle dem Leser dieser Schlußfolgerungen, dabei an seinen eigenen Kompetenzbereich zu denken. Ich will mit zwei Beispielen aus dem meinigen schließen:

Ich hatte vor einigen Jahren Gelegenheit, von einer kleinen Gruppe von Ärzten über die Entwicklung der Technik der »natürlichen Geburt« zu hören, bei der sie sich als Pioniere betätigten (Es war Dr. Grantly D. Read, der sie in unserer mechanisierten westlichen Kultur wieder eingeführt hatte). Diese Begegnung wurde für mich zu einem der ermutigendsten Erlebnisse meines beruflichen Lebens. Die Tatsachen sind ja heute bekannt. In unseren Ausdrücken würden wir sagen, daß das Thema die Geburt ohne (infantile) Ängste ist. Die hoffende Mutter empfindet eine gewisse Furcht, weil sie weiß, daß der Schmerz unvermeidlich ist. Aber die Tatsache, daß sie durch Übung und Belehrung gelernt hat, sich der Lokalisation und der Funktion schmerzerzeugender Kontraktionen bewußt zu sein, und die Tatsache, daß sie das Recht hat, auf der Höhe der Schmerzkurve bewußt zu wählen, ob sie Erleichterung durch Narkotika haben will oder nicht: diese völlig abwägende Situation hält sie davon ab, den Angstzustand zu entwickeln, der in jüngerer Vergangenheit durch Unwissen und Aberglauben veranlaßt, häufig genug die wahre Ursache extremer Schmerzen war. So ist die Mutter in der Lage, in einem Spiegel über ihrem Kopf nach Wunsch die Ankunft ihres Kindes in dieser Welt zu beobachten; niemand sieht es vor ihr und niemand braucht ihr zu sagen, welchen Geschlechts es ist. Sie und die Hebamme sind Partner in einem Unternehmen; es gibt kein herablassendes Krankenschwesterngerede. Das Fehlen der künstlichen Amnesie während dieses höchst natürlichen Vorgangs bringt eine Anzahl erstaunlicher physiologischer Vorteile sowohl für die Mutter wie für das Kind mit sich. Aber mehr als das: der Gefühlseindruck des einzigartigen Erlebnisses und die volle Reaktionsfähigkeit auf den Trompetenstoß des ersten Schreies erwecken in den Müttern nach ihrer eigenen Aussage ein durchdringendes Gefühl der Wechselseitigkeit. Bei der zusätzlichen Neuerung, das Neugeborene im Zimmer der Mutter zu belassen, bleibt das Kind nahe genug, um gehört, berührt, beobachtet, gehalten und genährt zu werden; und die Mutter hat die Möglichkeit, die Idiosynkrasien ihres Kindes zu bemerken und kennen zu lernen.

Es war ein wenig verblüffend, die Ärzte in den frühen Tagen dieser Entwicklung von ihrer Arbeit, die Mütter durch Belehrung vorzubereiten, als von der »Indoktrinationsperiode« sprechen zu hören und den schließlichen Erfolg des Vorgehens als Ergebnis der »Vaterübertragung« auf den Geburtshelfer erklärt zu bekommen. In einem derartigen Maße hatten wir in den Tagen der Frauenemanzipation vergessen, daß die Geburt die »Arbeit« und die Begabung der Frau ist. In einem derartigen Ausmaße hatte der Fachmann die Illusion entwickelt, daß er das Leben lehren und inspirieren muß, während es doch nur der Auflösung des Aberglaubens bedurfte, den er und seine Lehrer mitgeschaffen hatten, und der Beschränkung seines technischen Eingreifens darauf, Mutter und Kind vor Zwischenfällen und Gefahren zu schützen.

Aber wie immer die Ärzte ihr Experiment benannten, sie ließen sich darauf ein, und Frauen aus allen Lebenskreisen wußten mit etwas verblüffter »Natürlichkeit«, worum es sich handelte. Ihre Töchter werden es sogar noch natürlicher wissen.

Derartige Beispiele könnten den Beginn einer neuen Ära bezeichnen. Die natürliche Geburt ist selbstverständlich keine wirkliche Neuerung. Aber ihre Wiedereinführung stellt eine wohlerwogene Mischung ewig natürlicher und fortschrittlich technischer Methoden dar. Auf diese Weise könnte die ganze schreckerregende Schlachtordnung von Befürchtungen und Aberglauben, die wir hier besprachen, Schritt um Schritt einer abwägenderen Behandlung zugeführt werden, und das besonders, wenn die Gruppenbelehrung durch Fachleute und die gegenseitige Aufklärung der Eltern in Gruppengesprächen in alle Phasen der Elternschaft hineingetragen würden. Denn ich glaube unbedingt, daß die neuen Diskussionstechniken, die jetzt – in der Industrie wie in der Erziehung – entwickelt werden, gute Aussicht haben, das Sicherheitsgefühl zu ersetzen, das früher von der Kontinuität der Tradition ausging. Die natürliche Geburt ist keine Rückkehr zur Primitivität. Sie wird noch eine Zeitlang die teuerste Form der Geburt sein, wenn wir die Investition an Zeit und Zuwendung in Rechnung stellen, die zu den technischen Hilfsmitteln der modernen Entbindung hinzukommen. Lassen Sie uns hoffen, daß unsere Gesellschaft ihren neuen Bürgern diese Investition an Zeit und Geld nicht nachträgt, und daß es sich für sie lohnen wird, diese Welt weniger betäubt betreten zu haben und bereiter, die Augen zu öffnen.

Ich habe hier versucht, den Ursprung von Einsichten hinsichtlich der verlängerten Ungleichheit von Kind und Erwachsenem als einen der Umstände, die im menschlichen Leben sowohl für die Ausbeutbarkeit wie für die technische und kulturelle Virtuosität verantwortlich sind, aus der psychoanalytischen Praxis und Theorie nachzuweisen. Ich bin mir schmerzlich bewußt, daß ich zum Zwecke dieses Nachweises meine klinische Erfahrung benutzt habe, ohne das Wesen des psychoanalytischen Prozesses selbst darzustellen, als einer neuen Form abwägender Partnerschaft in einer andern grundsätzlichen Ungleichheitssituation – der des Heilenden und des Kranken. Hier erinnert man sich dankbar des moralischen Schrittes, den Freud unternahm, als er Hypnose und Suggestion verwarf; eine Sache, die allzu leicht mit der Begründung der therapeutischen Zweckmäßigkeit rationalisiert wird. Als Freud entschied, daß er das bewußte Ich des Patienten veranlassen müßte, seine Ängste und Widerstände einzusehen, und daß der einzige Weg, Angst zu heilen darin bestand, sie in die Arzt-Patient-Beziehung eintreten zu lassen, forderte er sowohl vom Patienten wie vom Arzt, einen Schritt in der Entwicklung des Gewissens zu realisieren. Freud hat allerdings die hypnotische Couch für die analytische aufgegeben, womit er den gehemmten Willen des Patienten und die unvermeidliche infantile Regression mancher sadistischen und eigenwilligen Ausnutzung aussetzte. Aber die moralische Idee war deutlich und für alle erkennbar ausgesprochen: das »klassische« Arrangement war nur Mittel zum Zweck – nämlich eine menschliche Beziehung, in der der Beobachter, der gelernt hat, sich selbst zu beobachten, den Beobachteten lehrt, selbstbeobachtend zu werden. In seinen letzten Tagen muß Freud sich grimmig der Schwächen bewußt geworden sein, die sich bei vielen von uns zeigten, die wir versuchten, dieser revolutionären Idee gerecht zu werden: es ist eine Idee, mit der sich nicht leicht leben läßt, und die sich in einer Zeit verwirrter Identitäten nicht leicht aufrechterhalten läßt, eine Idee, die sich nicht leicht in Übereinstimmung mit den beruflichen Gebräuchen organisieren und in einen Rahmen der Zahlungsleistung einordnen läßt. Nur mit Bescheidenheit können wir daher genauer festlegen, an was für eine Art menschlicher Beziehung bei Freuds Neuerung gedacht war.

Wir haben die Frage aufgeworfen, in welchen Dimensionen sich die Arbeit des Psychoanalytikers bewegt.

Die erste Dimension erstreckt sich entlang der Achse *Heilung – Forschung*. Im Akt der Heilung selbst steht dem Psychotherapeuten ein Modell-»Experiment« zur Verfügung, das ein Angehen menschlicher Probleme gestattet, während der Mensch lebendig und völlig zur Teilnahme motiviert ist. Unbestreitbar kann ein menschliches Wesen Anteile seiner selbst (Gesicht, Gehör, Gedächtnis) für Experimente zur Verfügung stellen, als handelte es sich dabei um isolierte Funktionen; ein Experimentator kann menschliche Wesen experimentellen Situationen unterwerfen, als wären sie konfliktbefallene Tiere oder ratternde Roboter und er selbst ein objektiver Beobachter. Aber nur in der Arzt-Patient-Situation wird der volle Motivationskampf eines menschlichen Wesens Teil einer zwischenmenschlichen Situation, in der Beobachtung und Selbstbeachtung zum gleichzeitigen Ausdruck einer wechselweisen Motivation, einer Arbeitsteilung, einer gemeinsamen Aufgabe werden. Die freimütige und sich selbst kontrollierende Teilnahme des Beobachters an dieser Aufgabe bezeichnet neben der Dimension: Heilung – Forschung die zweite Dimension: *Objektivität – Teilnahme*. Um objektiv zu sein, muß der Arzt wissen. Aber er muß sein Wissen in der Schwebe halten können: denn jeder Fall, jedes Problem ist neu, nicht nur, weil jedes Ereignis individuell ist und jedes Individuum ein eigener Knotenpunkt von Ereignissen ist, sondern auch, weil er und sein Patient historischen Veränderungen unterliegen. Neurosen verändern sich, wie sich auch die weiterreichenden Folgeerscheinungen der Therapie ständig ändern. Das Wissen des Arztes muß daher immer wieder dem zwischenmenschlichen Experiment sich unterwerfen; neue Eindrücke müssen immer wieder ihrem gemeinschaftlichen Nenner in den Gestaltungen untergeordnet werden und diese Gestaltungen endlich müssen in überzeugende Begriffsmodelle abstrahiert werden. Die dritte

Dimension der klinischen Arbeit verläuft daher entlang der Achse von *Wissen und Phantasie*. Indem er eine Mischung von beiden benutzt, wendet der Arzt ausgewählte Einsichten auf Methoden an, die exakter experimentell sind.

Schließlich halte ich die Achse *Toleranz – Entrüstung* für eine Dimension der psychotherapeutischen Arbeit. Über die moralische Distanz des Therapeuten von der Vielzahl von Patienten, die ihm alle Arten von Konflikten und Lösungen vorbringen, ist viel geredet worden und wird viel geredet: natürlich muß der Arzt es den Patienten überlassen, ihren eigenen Stil der Integrität zu finden. Aber der Analytiker ist weiter gegangen. Wie ein gewisser Vogel hat er vorzugeben versucht, daß seine Wertskala verborgen bleibe, da seine klassische Position am Kopfende der »analytischen Couch« ihn den Blicken seiner Patienten entzieht. Wir wissen heute, daß die Kommunikation keineswegs in erster Linie eine Angelegenheit von Worten ist: Worte sind nur die Werkzeuge dessen, was sie bedeuten. In einer aufgeklärteren Welt und unter viel komplexeren historischen Bedingungen muß der Analytiker noch einmal das ganze Problem besonnener und wägender Partnerschaft ins Auge fassen, die den Geist analytischer Bemühung viel schöpferischer zum Ausdruck bringt, als völlig passive Toleranz oder autokratische Führung das tun.

Die »psychoanalytische Situation« ist der moderne, westliche Beitrag zu den jahrtausende alten Bemühungen des Menschen um systematische Introspektion. Sie begann als psychotherapeutische Methode und führte zu einer umfassenden psychologischen Theorie. Am Schluß habe ich vor allen Dingen Gewicht auf die möglichen Folgerungen sowohl aus der Theorie wie der Praxis für eine abwägendere Orientierung innerhalb der grenzenlosen Aussichten und Gefahren unserer technischen Zukunft gelegt.

VERÖFFENTLICHUNGEN VON E. H. ERIKSON
SEIT DER 1. AUSGABE VON »KINDHEIT UND GESELLSCHAFT«

Growth and Crises of the »Healthy Personality«. In: *Symposium on the Healthy Personality*, M. J. E. Senn, ed. New York (Josiah Macy, Jr. Foundation) 1950. Deutsche Übers. Wachstum und Krisen der gesunden Persönlichkeit, Beiheft z. Psyche, Stuttgart, Ernst Klett, 1953.

Sex Differences in the Play Configurations of Pre-adolescents, *Amer. J. Orthopsychiat.*, 21; 667–692, 1951.

On the Sense of Inner Identity. In: *Health and Human Relations:* Report of a Conference held at Hiddesen near Detmold, Germany. New York, Blakiston, 1953.

The Power of the Newborn (with Joan Erikson). *Mademoiselle,* June, 1953.

Wholeness and Totality. In: *Totalitarianism,* Proceedings of a Conference held at the American Academy of Arts and Sciences, C. J. Friedrich, ed. Cambridge, Harvard University Press, 1954.

The Dream Specimen of Psychoanalysis. *J. Amer. Psa. Assoc.,* 2; 5–56, 1954. Deutsche Übers. Das Traummuster der Psychoanalyse, *Psyche* VIII, 1954/5, S. 561.

Freud's »The Origins of Psychoanalysis«. *International Journal of Psychoanalysis.* Vol. 36, Part I, 1955. Deutsche Übers. Zu Sigmund Freud, The Origin of Psychoanalysis, Psyche IX, 1955/6, S. 90.

The Problem of Ego Identity. *J. Amer. Psa. Assoc.,* 4; 56–121. Deutsche Übers. Das Problem der Identität, *Psyche* X, 1956/7, S. 114.

The First Psychoanalyst. *Yale Review,* 46; 40–62.

Ego Identity and the Psychosocial Moratorium. In: *New Perspectives for Research in Juvenile Delinquency,* H. L. Witmer and R. Kosinsky, eds. U.S. Children's Bureau; Publication # 356, 1956.

The Confirmation of the Delinquent (mit Kai T. Erikson). *Chicago Review,* Winter, 1957.

Trieb und Umwelt in der Kindheit. In: *Freud in der Gegenwart,* T. W. Adorno and W. Dirks, Hrsg. Europaeische Verlagsanstalt, 1957.

Sex Differences in the Play Constructions of Pre-Adolescents, The Psychosocial Development of Children, and The Syndrome of Identity Diffusion in Adolescents and Young Adults. In: *Discussions in Child Development,* World Health Organization, Vol. III. New York, International Universities Press, 1958.

The Nature of Clinical Evidence. *Daedalus,* 87; 65–87.

Identity and Uprootedness in Our Time. Address at the 11th Annual Meeting of the World Federation for Mental Health, Vienna. In: *Uprooting and Resettlement;* Bulletin of the Federation, 1959, Deutsche Übers. Identität und Entwurzelung in unserer Zeit, *Psyche* XIII, 1959/60, S. 25.

Young Man Luther. New York: W. W. Norton, 1958. Deutsche Übers. *Der junge Mann Luther,* München, Szczesny o. J.

Late Adolescence. In: *The Student and Mental Health:* An International View, Daniel H. Funkenstein, ed. World Federation of Mental Health and International Association of Universities, 1959.

Identity and the Lifecycle. Monograph, *Psychological Issues,* Vol. I, No. 1. New York; International Universities Press, 1959. Mit einer Einleitung von D. Rapaport, » A Historical Survey of Psychoanalytic Ego Psychology«.

Psychosexual Development. In: *Discussions in Child Development,* World Health Organization, Vol. IV. New York, International Universities Press, 1960.

Introduction to *Emotional Problems of the Student,* Graham B. Blaine, Jr. und Charles C. McArthur. New York, Appleton-Century-Crofts, Inc., 1961.

The Roots of Virtue. In: *The Humanist Frame,* Sir Julian Huxley, Hrg. New York, Harper, 1961.

Youth: Fidelity and Diversity. *Daedalus,* 91; 5–27, 1962.

Reality and Actuality. *J. Amer. Psa. Assoc.,* 10, 451–473, 1962.

Herausgeber, *Youth: Change and Challenge.* New York, Basic Books, 1963. The Golden Rule and the Cycle of Life. *Harvard Medical Alumni Bulletin,* Winter, 1963.

Insight and Responsibility. New York, W. W. Norton 1964 (Deutsche Übersetzung im Ernst Klett Verlag, Stuttgart, in Vorbereitung).

NAMENREGISTER

Abraham, K. 174
Adorno, T. W. 407
Aichhorn, A. 13
Alexander II, von Russland, 368
Andrejew, L. 363

Backhaus, W. W. 346
Bateson, G. 13
Benedek, Th. 241
Benedict, R. 13, 285
Benet, Sula 353
Bismarck O. v. 344
Blake, W. 409
Blos, P. 13
Bradford, R. 291
Bucharin 374
Burlingham, D. 13
Buslaw, W. 371

Calas, N. 353
Calderon, P. 263
Carlos, Don 328
Churchill, W. 331
Cooper, Duff 332
Crockett, D. 294

Diderot, D. 81
Donskoi, M. 353
Dostojewski, F. 354, 370

Einstein, Albert 350

Fanny, die Schamanin 167 ff.
Fisher, S. 310
Flanner, J. 344
Frank, L. 13
Frenkel-Brunswik, E. 407
Freud, A. 13, 189, 226, 301
Freud, Sigmund 11, 42, 52, 54, 55,
    56, 57, 58, 59, 62, 64, 75, 107, 182,
    186, 204, 210, 211, 212, 218, 259,
    262, 265, 275, 276, 277, 278, 279,
    350, 405, 412

Gandhi, M. 403
Gerth, H. H. 340
Gesell, A. 65
Goethe, J. W. 344
Gorer, G. 353, 380
Gorki, M. 353 ff., 363, 365, 371, 377,
    379, 385 ff., 389

Hartmann, H. 90
Heine, H. 385
Hendrick, J. 253
Hitler, Adolf 320 ff., 331, 335 f.,
    337, 342, 345, 350, 367
Honzik, M. P. 96
Huxley, J. 269

Iwan der Schreckliche 364, 366 f.

Jesus von Nazareth 403
Jim, der Sioux 116 ff.
John, Henry 291
Johnson, T. und M. 297

Kant, I. 343
Katharina die Große, von Rußland
    368
Kinsey, A. 259
Kris, E. 90
Kroeber, A. 13, 108, 109, 162, 165,
    167

Leites, N. 353
Lenin, N. 354, 365, 389
Levison, D. 407
Levy, D. 75
Lewis, A. H. 294
Lincoln, A. 64
Lincoln, T. S. 149
Loeb, M. 13
Lomax, S. A. und Alan 293, 295, 296
Lorenz, K. 86
Loewenstein, R. 90
Luther, Martin 350

418